발해 사학사 연구

서울대학교 규장각한국학연구원 한국문화연구총서 36

발해 사학사 연구

초판 1쇄 발행 2020년 11월 20일
초판 2쇄 발행 2021년 10월 15일

지은이 송기호

펴낸곳 서울대학교출판문화원
주소 08826 서울 관악구 관악로 1
도서주문 02-889-4424, 02-880-7995
홈페이지 www.snupress.com
페이스북 @snupress1947
인스타그램 @snupress
이메일 snubook@snu.ac.kr
출판등록 제15-3호

ISBN 978-89-521-2913-0 94910
978-89-521-1069-5 (세트)

이 저서의 출판은 서울대학교 규장각한국학연구원의 2020년도 21세기 신규장각
자료구축사업의 지원을 받아 이루어졌음.

서울대학교 규장각한국학연구원 한국문화연구총서 36

발해 사학사 연구

송기호 지음

서울대학교출판문화원

Studies on the Historiography of Balhae

Kiho Song

Seoul National University Press

▌머리말▐

발해사 연구 3부작을 마무리하며

이제 발해사 연구 3부작을 마무리한다. 『발해 정치사 연구』(1995), 『발해 사회문화사 연구』(2011)를 이미 출간하였고, 마지막 책인 『발해 사학사 연구』(2020)를 세상에 내놓음으로써 필자가 구상했던 3부작이 완결되었다. 나이 쉰에 들어설 무렵부터 발해사에 대한 열정을 잠시 접어두고 생활사 책 집필에 매달리느라 15년의 세월을 보냈고, 발해로 되돌아와 연구 논문 정리에 마침표를 찍게 되었다.

이 책은 연구사가 주제인 만큼 최신의 연구 동향까지 반영해야 하겠지만, 실제로는 그러지 못하였다. 이 방면의 논문은 오래전에 발표한 것이 많은데, 수정이나 윤문만 가해서 발표 당시의 모습을 그대로 살렸기 때문이다. 논문마다 말미에 발표 연도를 적어서 독자의 이해를 돕고자 하였다. 몇 가지 사항에 한해서만 발표 연도 이후의 자료를 추가하되 각주에 '추기'로 표시하였다.

지금까지 필자가 연구해 온 결과, 발해는 '고구려를 계승한 外王內帝의 국가로서, 신라와 함께 남북국을 이루었다.'라고 요약해서 정의할 수 있다. 외왕내제 성격은 첫 번째 책에서, 고구려 계승성은 두 번째 책에서 실증적으로 다루었고, '남북국시대론'은 이 책의 제I부이면서 중심 주제이기도 하다. 남북국시대론은 발해사가 한국사에서 제자리를 잡게 하려는 노력에서 나온 것인데, 발해와 신라 사이에 대립만 아니라 상당한 교류도 있었던 사실을 밝힌 것은 이 논의에 힘을 실어 줄 것이다.

조선 후기에 발해사 연구가 이루어졌기에 후세에 와서 한국사의 한 부분이라고 당당히 내세울 수 있게 된 역사적 사실도 잊지 말아야 한다. 조선시대 발해사 연구를 탐색하여 제II부 전반에 실은 것에는 그런 의미가 있다.

연구를 시작하던 처음부터 중국을 비롯한 외국의 연구자도 설득시킬 수 있는 객관적인 연구를 하겠다고 다짐해 왔고, 그렇기 때문에 항상 사실에 기반을 두고 논증하려 나름대로 애를 썼다. 제II부 후반에 실린 북한, 일본, 러시아의 연구 동향은 그러한 작업의 밑거름이 되었다. 이런 연구들을 축적하면서 위와 같은 발해사 정의를 귀납적으로 도출해내었다.

중국의 연구 동향은 동북공정과 연관하여 제III부에서 비판적으로 다루었다. 여기에는 중국의 '지방정권' 주장에 대한 반론 논문을 포함하였다. 또 필자가 걸어온 발해 연구 과정을 기술한 글을 마지막에 부록으로 실었다.

작년 7월 초에 고대사를 전공하는 대학원생들과 함께 중국의 발해 유적을 돌아보았다. 학생들과 고구려 유적은 몇 차례 답사했지만, 발해 유적은 그때가 처음이었다. 발해 유적은 개방되지 않은 곳이 많아서 가 봐야 제대로 볼 수 없었기 때문에 포기하고 있다가, 정년을 코앞에 둔 시점에서 이제 더는 미룰 수 없다는 생각에 추진하게 되었다. 예상대로 박물관에서는 사진을 찍지 못하였고, 발굴된 성터나 고분군은 접근할 수 없도록 철망이 에워싸고 있었다. 발해사 연구가 얼마나 어려운지 학생들이 실감했을 것이다.

작년 9월에는 중국 길림대학에서 열린 국제회의에 다녀왔다. 중국에서 열리는 회의에 실로 19년 만에 참석할 수 있었다. 1993년부터 닫힌 학술회의 빗장이 조금씩 풀리는 것 같다. 학술토론이 성공적으로 끝나서 앞으로는 자주 열릴 수 있지 않을까 기대된다. 아울러 유적이나 발굴 자료 접근에서도 중국이 개방적으로 나아가길 기대해 본다.

이 책은 내년 2월 정년을 앞두고 출간하는 마지막 책이 된다. 여기까지 올 수 있었던 데에는 많은 분으로부터 은혜를 입었다. 이분들에게 제대로 인사도 못 하고 세월을 보냈기에, 대학을 떠나기 전에 이곳에서나마 감사한 마음을 꼭 남기고 싶다. 이분들의 뜻을 저버리지 않기 위해 정말 쉼 없이 달려왔다.

학생 시절에 금풍실업 김규태 회장님과 종로학원 정경진 원장님의 장학금이 있었기에 가난 속에서 꿈을 키울 수 있었다. 특히 정경진 원장님은 매점 운영권을 내주어 서울에서 가족이 생계를 꾸릴 수 있도록 해 주셨다. 초등학교 4, 5, 6학년 담임이셨고 6학년 때 방과 후 과외비를 배려해 주어 중학교 진학을 할 수 있게 해 주신 이광규 선생님, 고등학교 2학년 때 심한 폐결핵을 앓기 시작했는데, 병원에 가지 못하는 나를 위해 2년 가까이 날마다 집으로 오셔서 항생제 주사를 놓아 주신 초등학교 동창 김용세의 아버님, 고등학교 3학년 때 매달 용돈을 지원해 주신 고등학교 동창 전병태 부모님과 이를 주선해 주신 조강민 담임선생님, 눈이 나빠진 사실도 모르던 내게 첫 안경을 무료로 만들어 주신 대전안경원, 예비고사 수석 합격 기사가 나간 뒤에 집안 소식을 듣고 국내외에서 성금을 보내주셨던 분들을 잊지 못한다. 가난과 질병에서 버틸 수 있게 구원의 손길을 내미신 분들이다.

학문적으로 도움을 주신 분들은 이 책 부록에서 이미 거론했으나, 다시 한번 열거하겠다. 국내에서 구할 수 없었던 『동경성』 보고서를 복사해서 보내주신 가메다 슈이치 교수님, 초기에 발해 관계 글을 쓸 수 있도록 지원해 주신 경향신문사 박석홍 부장님, 쉽게 접근할 수 없었던 중국의 고고학 자료를 복사할 수 있게 허락해 주신 한양대학교 김병모 교수님, 중국 답사를 처음 실현시켜 주신 서울신문사 황규호 부장님, 연해주 답사와 발굴을 아낌없이 지원해 주신 전 고합그룹 장치혁 회장님과 나선화 님, 발굴 현장을 참관할 기회를 제공해 준 한국전통문화학교 정석배 교수와 동북아역사재단 및 국립문화재연구소, 크라스키노에 있는 농장을 방문할 수 있게 해 준 유니베라와 이를 소개해 주신 이인호 교수님, 일본의 발해 관련 유적을 답사할 수 있도록 연구비를 주선해 주신 규슈대학의 하마다 고사쿠 교수님, 북한의 조선중앙력사박물관의 발해 유물을 실견할 수 있게 해 준 국립문화재연구소에 감사를 드린다. 학문의 길에서 등불을 밝혀 주신 분들이다.

첫 직장인 한림대학교로 불러 주신 최영희 · 노혁진 교수님, 서울대학교에서 뒤를 잇게 해 주신 김철준 · 노태돈 교수님은 필자를 대학교수의 길로 이끌어 주셨다.

고등학교 때부터 활동한 동아리 '한다발'은 평생 살아갈 나의 길을 찾을 수 있도록 의식을 일깨워 주었다. 경남대학교 극동문제연구소에서 공산권 자료를 볼 수 있게 배려해 주신 염홍철 선배님, 미국 유학 시절 연해주 지도를 조각조각 복사해서 보내주신 고현욱 선배님이 이 동아리에서 맺은 인연이었다.

무엇보다도 서른에 홀로 되어 공사판과 공장을 다니시며 생계를 꾸려 나가신 조양임 어머님, 부모의 빈자리에서 남매를 키워 주신 변언년 외조모님, 학업을 포기하고 공장에 뛰어든 여동생 송영애, 항상 골골대는 남편을 헌신적으로 뒷바라지해 준 아내 정학선은 가족을 지탱해 준 평생의 크나큰 버팀목이었다.

정년 후에는 『발해사 탐색』이라는 발해 통사를 출간할 계획이다. 이로써 발해사 연구의 대장정을 마감하고자 한다. 혹시 가능하다면 3부작에 실리지 않은 논문을 모아서 추가로 출간할 수 있을지 모르겠다. 이 책 말미에 3부작 미수록 논문 목록을 참고할 수 있도록 게재하였다.

이 책을 내는 과정에서 여러 사람이 힘을 써 주었다. 대학원생 쉬리(許

莉)가 중국어 초록을 작성해 주었고, 대학원생 박주선, 김지희, 박유정이 초교 교정에 동참해 주었다. 이 책을 낼 수 있도록 결정해 주신 서울대학교 규장각한국학연구원과 서울대학교출판문화원에 감사하며, 특히 문장을 꼼꼼히 다듬어 주며 편집에 수고를 아끼지 않은 서울대학교출판문화원에 감사한다.

정년 마지막 학기에 석좌교수로 임명되었다. 필자로서는 영광스러운 자리이다. 명예로운 퇴진을 할 수 있게 추천해 준 학과 교수들에게도 고개 숙여 감사를 표한다.

2020년 10월
관악산 연구실에서
마지막 가을을 보내며
송기호

차례

제 I 부

남북국시대론

제1장 南北國時代論의 기초적 검토

제2장 남북국의 전쟁, 경쟁과 교류

제1장 南北國時代論의 기초적 검토

1. 머리말

'남북국시대론'이란 '통일신라시대' 또는 '통일신라 및 발해 시대'라는 용어 대신에 두 역사를 쉽게 포괄할 수 있는 '남북국시대'라는 시대구분 용어를 사용하자는 논의이다. 물론 발해사를 한국사의 한 부분으로 적극적으로 수용하기 위한 조치이기도 하다.

이러한 논의는 일찍이 柳得恭의 『渤海考』(1784)에서 비롯되었고,[1] 200년 가까이 지난 뒤에 李佑成이 이 문제를 다시 강력히 제기하였지만[2] 당시에는 일부가 이 주장에 호응하는 데 그침으로써 역사학계의 주류를 형성하지 못하였다.

그러다가 1980년대 들어 남한 학계에서도 발해사 연구가 활기를 띠기 시작하였고, 후반기에 들어서는 통일 문제가 현안으로 급부상하면서 남북국시대론이 다시 주목을 받게 되었다. 역사적 실체에 대한 연구가 현실적 상황과 맞물려 그에 대한 관심이 증폭된 것이다.

그런데도 아직 남북국시대론이 발해사 전공자를 중심으로 제기되는

---

1 송기호, 「조선시대 史書에 나타난 발해관」, 『韓國史研究』 72, 1991(본서 제3장) 참조.

2 李佑成, 「南北國時代와 崔致遠」, 『創作과批評』 38, 1975; 『韓國의 歷史像』 創批新書 41, 創作과批評社, 1982 改稿.

단계에 머물러 있으며, 개설서 또는 통시적인 논문에서 삼국시대 다음에 아무런 단서 없이 통일신라만 다루고 넘어가는 경우가 허다하다. 또 북한·중국·일본 학계에서는 이 용어에 부정적인 태도를 취하고 있기도 하다. 따라서 남북국시대론을 둘러싼 그간의 논의들을 점검해 보고, 아울러 남북국시대 용어의 타당성을 재차 제기하고자 한다.

2. 발해사의 성격

남북국시대가 설정되려면 발해사가 한국사의 일부라는 사실이 전제되어야 한다. 그리고 이 전제는 당위론적 차원이 아닌 실증적 차원에서 뒷받침되어야 한다. 그러나 그동안 우리 학계에서는 오히려 당위론적 차원에서 다루어 온 것이 사실이다.

발해사가 한국사에 속한다는 사실은 발해의 고구려 계승성뿐 아니라 고려에의 계승성, 신라와의 관계도 함께 검토하면서 규명되어야 한다. 조선 후기 실학자들이 학문적 연구를 개시한 이래로 거의 모두가 고구려 계승성을 찾는 데 집중해 왔고, 여러 부문에서 이러한 사실이 밝혀졌다. 그러나 이것은 전제를 충족시키기 위한 일부분일 뿐이므로 나머지 두 방면에 대해서도 연구가 필요하다. 그 가운데 발해와 신라의 관계에 대한 연구는 나름대로 진전이 있었으나, 이에 비해 고려에의 계승성 연구는 매우 미진한 편이다.

발해는 종족 구성, 중심지의 위치, 발해 멸망 이후의 상황 등 여러 면에서 오로지 한국사에만 속할 수 있는가에 대해서 의문을 던져 준다. 그런 면에서 고구려, 백제, 신라와는 매우 다른 역사적 성격을 지니고 있다. 과거에 발해사를 우리 역사로 적극적으로 인식한 시기보다는 오히려 배제한 시기가 더 길었던 것도 이러한 사정 때문이었다.

종족 이동이나 영토 변경이 빈번했던 지역에서는 특정의 역사가 과연 현재의 어느 나라 역사에 속하는가 하는 분쟁이 자주 일어나곤 한다. 발해사도 그러한 유형에 속한다고 할 수 있다. 또한 말갈인과 고구려인으로 이루어진 복합적인 발해 사회를 어디에 중점을 두고 파악하느냐에 따라서도 역사적 귀속이 달라질 수 있다. 현재로써 필자는 발해사가 한국사에 속해야 하는 것은 당연하지만, 다른 한편으로 만주 지역의 역사에도 속할 수 있는 양면성과 공유성을 지닌 존재라는 잠정적인 결론을 내리고 있다.

이러한 점에서 볼 때 발해사가 한국사에 속할 수 없고 당나라의 지방정권으로 오직 중국사에만 속한다는 중국의 주장이나, 고구려를 계승한 국가로서 오직 한국사에만 속한다는 북한의 주장은 모두 발해사의 일면만을 강조한 독단에 불과하다. 그리고 이런 논쟁 속에서 John C. Jamieson은 한 학술회의에서 자신의 견해가 더 객관적이라고 하면서, 발해사는 중국사에도 속하지 않고 한국사에도 속하지 않으며 오직 만주사의 한 부분이라고 주장하기도 하였다. 러시아도 러시아 극동 소수민족의 하나인 말갈족의 역사라고 정의하고 있다.

3. 남북국시대 용어의 적절성

이제는 그동안 남북국시대론을 중심으로 제기되었던 반론들을 검토하면서 남북국시대 용어의 타당성을 제기해 보겠다. 남북국시대라는 용어 사용에 반대하는 그간의 주장들을 살펴보면 크게 세 가지로 집약할 수 있다. 하나는 시대구분의 기준 문제와 관련된 경우이고, 다음은 발해사가 한국사에 속한다는 것을 부정하기 위한 경우이며, 또 하나는 현재의 시각이 강하게 투영된 경우이다.

첫째는 고병익, 이기백이 제기한 것이다. 이들은 발해사가 한국사에 속한다는 사실을 부정하는 것은 아니고, 다만 남북국시대라는 용어가 가지고 있는 왕조별 시대구분론의 한계성을 지적한다.[3] 이것은 물론 옳은 지적이다.

그러나 다른 기준을 가지고 시대구분을 하더라도 왕조별 시대구분 용어는 역사 서술의 기본이 된다. 한국사에서 '삼국시대'라는 용어나 중국사에서 '남북조시대'라는 용어가 현실적으로 흔히 통용되고 있다. 그렇다고 한다면, 신라와 발해를 '통일신라시대'보다 '남북국시대'라고 부르는 것이 문제점을 덜 안고 있으며, '통일신라 및 발해 시대'라고 하는 것보다 더 큰 편의성을 지니고 있다.

둘째는 발해사가 한국사에 속할 수 있다는 주장을 일일이 반박하여 그 타당성이 아예 없다거나 아니면 근거가 부족하다고 지적하는 경우이다.[4] 이렇게 되면 발해사를 한국사에 편입하기 어렵고, 남북국시대라는 용어도 사용할 수 없다는 결론에 이르게 된다. 하지만 이 부류에 속하는 대부분 글들이 자신의 논리만 고집하는 일방적인 주장에 그치고 있다. 남북한 학자들의 논리적 취약성을 파고들어 반박하는 사례도 있는데, 비록 그러한 취약성이 인정된다고 해서 그것만으로 반대의 논리가 타당성을 가지는 것은 아니다.

더 중요한 것은 셋째이다. 이것은 다시 두 종류로 나눌 수 있다. 첫째로는 발해와 신라는 하나의 통일체에서 갈라진 것이 아니므로 남북국시대라는 용어를 사용할 수 없다는 주장이다. 북한의 견해가 여기에 속하는

---

3 千寬宇 편, 『韓國上古史의 爭點』, 일조각, 1975, p.20.
李基白 · 李基東, 『韓國史講座』 I, 古代篇, 일조각, 1982, p.306.

4 중국의 대부분 논문과 일본의 다음과 같은 논문이 이 경우에 속한다.
浜田耕策, 「渤海史をめぐる朝鮮史學界の動向 ― 共和國と韓國の南北國時代論について」, 『朝鮮學報』 86, 1978.
李成市, 「渤海史研究における國家と民族 ―「南北國時代」論の檢討を中心に」, 『朝鮮史研究會論文集』 25, 1988.

데, 이들은 발해사가 한국사에 속해야 한다는 당위성을 인정하면서도 이 용어는 사용할 수 없다고 주장한다.[5] 이들이 사회구성체를 바탕으로 시대 구분을 하는 데에도 이유가 있지만, 이보다 더 근저에 깔린 이유는 현재의 남북한 관계와 직결시키고 있기 때문이다. 한국(조선)이라는 하나의 통일체를 상정하고 그것이 일시적이나마 갈라져 있는 것이 남한과 북한인데, 신라와 발해는 하나였던 적이 없으므로 이러한 용어를 사용할 수 없다고 주장한다. '남북한'과 '남북국'은 동격이 아니라는 것이다.

이것은 현재의 시각을 지나치게 과거에 투영한 것이다. 중국의 남북조시대라는 용어가 하나의 통일체에서 갈라진 것을 상정하고 사용한 것이 아님은 자명하다. 최근 중국에서는 발해사가 한국사에 속할 수 없다면서, 하나에서 갈라진 것이 아니기 때문에 사용할 수 없다는 북한의 논리를 차용하는 것을 볼 수 있다.

둘째로는 이와 비슷한 발상에서 나온 것으로서 당시 발해와 신라, 또는 발해와 고려 사이에 동족 의식이 존재하지 않았다고 주장하여 남북국시대론을 따르지 않는 경우이다. 이용범은 우리 역사와의 共同追憶體意識이 발해 역사에 결여되어 있다는 점을 지적하면서[6] 이를 한국사에 넣는 데에 주저한 적이 있다.

일본의 연구자 가운데 신라가 발해를 北國이라고 지칭한 것은 동일민족의 북쪽 부분이라는 의식에서 나온 것이 아니라 단순한 방위 개념에 불과한 것이라고 지적하는가 하면,[7] 고려로 들어온 발해인은 동족이 아니라

---

5 李成市, 위의 논문, p.39.

6 李龍範, 「渤海王國의 形成과 高句麗遺族」 上 · 下, 『東國大學校論文集』 10 · 11, 1972 · 1973; 「渤海王國의 社會構成과 高句麗遺裔」, 『中世 滿洲 · 蒙古史의 研究』, 동화출판공사, 1988 재수록, p.57.

7 酒寄雅志, 「渤海國家の史的展開と國際關係」, 『朝鮮史研究會論文集』 16, 1979, p.34 주 4. 李成市, 앞의 논문. p.45.

오히려 이민족으로 취급되었다고 주장한다.[8]

이러한 견해들에는 받아들이기 어려운 면도 있지만, '북국'의 용례에 대한 해석과 같은 것은 일면 타당성도 있다. 예를 들어 고구려를 북국, 일본을 남국으로 부른 것이나[9] 발해를 北, 일본을 南으로 부른 것[10]은 단순한 방위 개념으로 볼 수 있다. 신라가 자신을 東國으로 인식하면서 당나라를 西國으로 부른 것도 마찬가지이다.

그러나 남국, 북국이라는 용어가 민족동일체 의식을 포함하고 있는지에 따라 남북국시대 용어의 타당성을 검증하는 것은 출발부터 잘못되었다. 삼국시대 설정이 고구려, 백제, 신라가 가지고 있었던 민족동일체 의식을 근거로 한 것인가 하고 반문할 수 있다. 중국의 남북조시대 용어에 대해서도 동일하게 반문할 수 있다.

오히려 8세기에서 10세기 전반에 이르는 시기의 한국사 범주에 신라와 발해가 모두 포괄되어야 한다면, 당시에 사용되던 명칭에서 유래한 남북국시대라는 용어로 이 시대를 표현하는 것이 가장 적합하다는 생각이 출발점이 되어야 한다. 남북국이라는 용어 그 자체에는 민족동일체 의식이 포함되어 있지 않다고 하더라도 이 용어를 한국사 서술의 도구로 사용하는 것은 얼마든지 가능하다. 민족의식 여부는 고려 대상에서 제외한다 해도 발해사가 한국사와 연결될 가능성은 다른 측면에서 얼마든지 밝혀낼 수 있기 때문이다.

전반적으로 볼 때 민족과 민족의식이 확립된 근대 민족국가 단계의

---

8 北村秀人, 「高麗時代の渤海系民大氏について」. 『三上次男博士喜壽記念論文集』 歷史編, 平凡社, 1985.

9 『日本書紀』 권27, 天智天皇 元年 「夏四月, 鼠産於馬尾. 釋道顯占曰, 北國之人將附南國, 盖高麗破而屬日本乎.」.

10 『遍照發揮性靈集』 권5, 弘法大師全集 제10, 爲藤大使與渤海王子書 「渤海日本, 地分南北, 人阻天池.」.
『本朝文粹』 권9, 夏夜於鴻臚館餞北客.
(이상 주 7에 의거)

논리를 바탕으로 하여 고대나 중세의 상황을 판단하는 것은 잘못이다. 발해사를 바라보면서 현재적 기준을 직접 투영하기에는 무리한 점이 있다.

그러면 한국사에서 신라사와 발해사가 차지하는 비중이 다른데 어떻게 동일한 무게를 느끼게 하는 남북국시대라는 용어가 가능하겠는가 하는 의문이 제기될 수 있다. 후대에의 계승성 또는 한국사에서의 위상을 볼 때 신라가 발해보다 훨씬 높이 평가되어야 하는 것이 사실이다.

그렇지만 당시에는 발해와 신라의 국력이 비등한 적도 있었다. 당나라에서 책봉을 받은 양국 왕의 지위를 비교해 보아도 대체로 신라가 우위에 있었지만, 발해 문왕 후기에 해당하는 762년부터 문왕 말년까지는 발해가 일시적으로 앞서는 현상이 나타난다. 또 8세기에는 신라의 국력이 우위를 점하였지만, 신라 하대사회에 해당하는 9세기에는 오히려 발해의 국력이 앞서기도 하였다. 9세기에 일어난 爭長 사건은 전통적 우위를 유지하려는 신라와 현실적 우위를 인정받으려는 발해 사이의 경쟁 사건이었다. 발해는 9세기에 들어 해동성국이라는 칭호를 얻기까지 하였다. 따라서 당시의 상황만을 놓고 본다면 양국이 대등했던 면이 있다 해도 과장은 아니다.

그렇다면 시대구분의 기준이 무엇인가 하는 근본적 물음이 제기될 수 있다. 독립된 두 나라가 존재했던 당시의 상황이 기준이 되어야 할 것인가 아니면 그 뒤 한국사에의 계승성이 기준이 되어야 할 것인가 하는 점이다. 중국의 남북조시대에 이어 나타난 수나라가 북조를 계승한 국가였음에도 남북조시대라는 용어가 사용되는 것을 참조한다면, 전자의 기준을 가지고 남북국시대라는 용어를 사용할 수 있다. 반면에 삼국통일의 평가와 통일신라 용어 사용과 연계시킨다면 후자의 기준에서 다루어질 문제이다.

4. 삼국통일의 평가와 통일신라 용어의 사용 문제

남북국시대라는 용어 사용 문제와 직접 부딪히는 것이 삼국통일의 평가 문제이다. 전통적으로 삼국통일을 최초의 민족적 통일로 평가해 왔고, 남한에서는 지금까지도 이 견해를 그대로 수용하고 있다.

그러나 북한에서는 1950년대까지 이 견해를 따르다가 1960년대 이후 통일이 아닌 부분적 통합에 불과하다고 평가하였고, 1979년 『조선전사』 이후로는 이마저 부정하고 말았다. 이에 따라 용어도 '통일신라', '통합신라', '후기신라'로 변모해 갔다. 이렇게 삼국통일의 의의를 부정해 가면서 상대적으로 고려의 후삼국통일을 부각시켜, 마침내는 『조선전사』에 이르러 고려를 역사상 첫 통일국가로 인정하였다. 그러고는 이것을 한국사 연구의 주요 업적으로 내세웠다.[11]

이러한 북한의 주장은 발해사가 한국사에 속한다면 어떻게 신라의 통일을 인정할 수 있겠는가 하는 논리에 근거를 둔다. 그러나 내면적으로는 발해사를 신라사보다 우위에 놓아 발해의 정통성을 확보하려는 것이며, 나아가 북한의 정통성을 주장하려는 정치적 의도와도 밀접하게 연관되어 있다. 그런데도 겉으로 내세우는 주장만 따르면서 국내 일부 연구자들이 심정적으로 동조하는 경우도 보인다.

삼국통일과 남북국시대론이 상호 배치된다고 하면서 고려의 통일이 최초의 통일이라고 주장하는 것은 언제부터 단일국가가 되었는가 하는 기계적이고 외면적인 판단에 따른 것이다. 더구나 한국사에서 차지하는 발해사의 비중을 다시 생각해 보면 그렇게 쉽게 판단할 수는 없다. 발해는 비록 고구려 계승성을 지닌 국가이지만, 영토나 주민 모두 고구려

---

11 송기호, 「北韓의 渤海史·統一新羅史 硏究」, 『北韓의 古代史硏究』, 역사학회 편, 일조각, 1991(본서 제6장) 참조.

로부터 그대로 물려받은 것은 아니다. 그 성격에서도 통일신라와는 달리 한국사이면서 만주사에도 속할 수 있는 양면성을 보인다. 따라서 발해사를 한국사의 중심으로 보려는 시도는 역사적 실상과는 거리가 있을 수밖에 없다.

발해가 건국된 것은 고구려가 멸망한 지 30년이 지난 뒤이고, 통일전쟁이 마무리되고 20여 년이 흐른 뒤이다. 따라서 발해는 삼국통일이 일단락되고 나서 새롭게 등장한 국가로 보아야 한다. 발해의 건국은 삼국통일이 부분적인 통일에 그쳤던 한계성을 '보완'해 주는 사건이었다.

삼국통일에 대한 기왕의 평가는 다음과 같이 세 가지로 압축된다. 첫째, 이를 계기로 처음으로 하나의 민족공동체가 형성되어 민족국가 형성의 기반을 마련하게 되었다. 둘째, 통일전쟁이 외세인 당의 세력을 끌어들여 수행되었다. 셋째, 부분적 통일이 이루어져 한반도 북부와 만주 지역을 상실하였다. 첫째는 긍정적인 면이고, 둘째와 셋째는 한계에 해당한다. 남한에서는 긍정적인 면에 중점을 두는 반면에 북한에서는 부정적인 면에 중점을 두고 있는 셈이다.

한계가 있다고 하여 그 역사적 의의를 무시할 수는 없다. 두 번째 평가와 관련해서는 당나라에 대한 거국적 대항으로서, 세 번째 평가와 관련해서는 발해의 건국과 고려의 재통일, 조선의 북방 개척 등으로 이러한 한계들을 극복해 나아갔다고 할 수 있다. 이 당시의 외세는 민족국가가 형성된 현대의 외세와 성격이 다르다는 점도 염두에 두어야 한다. 당시와 현재의 상황에 모두 통일이라는 표현을 사용하고 있지만 현재처럼 하나의 민족이기 때문에 통일을 이룩해야 한다는 당위론적 차원이 아니고, 당시에는 상호 정복 전쟁의 결과로 나타나게 된 면이 더 크다. 당시의 민족의식과 현재의 민족의식에는 분명한 차이가 있다. 그런 의미에서 당시에 신라가 끌어들였던 당나라 세력을 지금의 외세와 등질적인 것으로 파악할 수는 없다.

부분적인 통일은 통일로 인정할 수 없다면 통일의 완결성이 기준이 되어야 하는데, 그 경우 어디까지 영토를 확보해야만 완전한 통일이 되느냐는 의문도 제기될 수 있다. 완전한 통일을 주장하는 근저에는 우리 역사 무대에서 만주를 상실했다는 아쉬움이 투영되어 있다. 이러한 아쉬움은 조선후기 실학자의 高句麗故土 회복 의식이나 渤海故土 회복 의식에서 시작하여 일제강점기의 失地 회복 의식과 결합하면서 지금까지 그대로 이어져 온 것이다. 그러나 통일에 대한 평가는 완전성보다는 역사적 계기성이 중요하다. 통일된 공동체를 한 번도 형성하지 못했던 단계에서 하나로 합쳐지는 단계로 나아가는 전환점이 중요하다. 그렇게 볼 때 고려의 통일보다는 그 이전에 나타난 신라의 통일이 더 의의가 있다.

신라가 통일 후에 9주와 9서당을 설치한 것은 삼국민을 동등하게 대우하여 이들을 하나로 통합하려는 의지를 보여 준 것이다. 三韓一統이라는 신라인의 의식도 여기서 비롯되었다. 이러한 통합 정책은 삼국의 역사적 경험들을 하나로 융합하기 위한 것으로, 고려 이후 현재에 이르기까지의 민족유산은 이런 과정을 통해 형성된 통일신라의 전통에서 비롯되었다는 점도 염두에 둘 필요가 있다. 고려가 비록 초기에 북방정책을 실시하고 발해 유민들을 받아들이면서 북방 지향적인 정권을 수립했다고 하지만, 내면적으로는 신라의 역사적 경험에 바탕을 두면서 발해의 역사적 경험을 제대로 포용하지 못했던 사실과 서로 대비할 필요가 있다.

결론적으로 발해가 한국사에 속한다는 것과 신라의 삼국통일이 역사적 의의가 있다는 두 가지 평가에서 어느 하나도 부정되어서는 안 된다. '남북국시대'라는 용어를 사용하는 것이, '삼국통일'을 인정하며 '통일신라'라는 용어를 사용하는 것과 상호 배치되는 것은 아니다.

5. 맺음말

발해사는 한국사에서 독특한 위치에 있는 것은 분명하다. 발해사의 역사적 성격을 논하고자 할 때 두 가지 시점이 제시될 수 있다. 하나는 신라와 발해가 병존하던 당시의 상황이라는 시점이고, 다른 하나는 뒤에 양자가 한국사에 어떻게 계승되었는가 하는 계승성이라는 시점이다.

전자를 기준으로 할 때 발해는 신라와 동등한 위치를 점할 수 있고, 그런 의미에서 남북국시대라는 용어를 사용할 수 있겠다. 후자를 기준으로 할 때는 그 역사가 한국사의 일부라는 사실에는 의문의 여지가 없지만, 계승성이라는 측면에서는 신라사의 경우와 상당히 달라진다. 이러한 두 가지 관점을 함께 고려한다면, 신라의 삼국통일도 인정되어야 할 것이고, 역시 통일 이전의 신라와는 질적·양적으로 달라진 이후의 신라를 통일신라로 불러도 좋다고 생각한다.

물론 형식 논리상으로 통일신라의 '통일'이라는 용어와 두 개 국가가 존재한다는 의미의 남북국시대라는 용어가 상호 배치되지 않겠느냐 하는 문제점이 여전히 남아 있기는 하다. 그러나 현재로써는 이상의 여러 검토로 보건대 남북국시대라는 시대구분 용어와 통일신라라는 용어의 병용을 비록 최상은 아니더라도 차선으로 받아들일 수 있다.

그동안 이 문제를 둘러싼 논의들을 보면 발해사의 역사적 성격을 규정하면서 현재의 분단 상황과 직결시키는 면이 없지 않았다. 비록 문제의식은 현재 상황에서 출발하겠지만 그렇다고 역사적 조건을 무시한 채 현재의 시각이 직접 투영되어서는 안 될 것이다. 그럴 경우 '역사의 현재화',[12] '역사의 수단화'라는 오류를 범할 위험성이 도사리고 있다.

지금의 영토 범위 안에 있는 과거의 역사는 모두 중국사에 속한다는

12 梁秉祐, 『歷史論抄』, 지식산업사, 1987, p.193 주 6.

주장도 이러한 예에 속한다. 중국에서는 이 논리에 따라 고구려사와 발해사를 중국사에 편입시키고,[13] 그 이전의 고조선사는 한반도 북부 안으로 축소하여 한국사에 편입시키고 있다. 따라서 이를 반박하려면 동일한 논리 선상에 있는 우리 시각부터 되돌아보아야 할 것이다.

한편으로는 실증적인 검토를 도외시한 채 당위론적 차원이나 심정적인 차원에서 발해사를 다루는 것도 금물이다. 남북한에서 발해사를 다룰 때 이러한 면이 크게 작용해 왔던 것도 사실이다. (1992년)

---

13 송기호, 「고구려사를 바라보는 또 하나의 시각—『高句麗簡史』」, 『韓國古代史論叢』 1, 한국고대사회연구소, 1991.

제2장 남북국의 전쟁, 경쟁과 교류

1. 상식의 역사

이 글에서는 삼국의 통일전쟁이 끝나고 발해가 건국된 이후, 통일신라와 발해 사이에 전개되었던 양국 관계를 전쟁, 경쟁, 교류라는 세 가지 주제로 살펴보고자 한다. 30여 년 전에 이런 주제로 논문을 발표한 적이 있으나[1] 아직도 두 나라가 대립 일변도였다는 생각을 고수하는 견해가 지속되고 있다. 또 이와 관련된 문제로서 발해와 신라를 한국사의 한 범주로 삼자는 南北國時代論도 이미 제기한 바 있는데,[2] 이에 대해서도 최근에 부정적인 시각이 불거졌다.

일본 학계의 견해가 전자에 속하는데, 이것은 스승 세대의 연구를 고수하면서 형성된 고정관념에서 벗어나지 못하는 학계 분위기와도 관련이 있다. 그러다 보니 대립의 장벽만 눈에 들어왔을 뿐 교류의 징검다리는 보이지 않았다.

예를 들어 李成市는 신라와의 沒交涉이 발해의 기본적인 국가 전략이었다고 주장하면서, 신라의 사신 파견이 두 차례에 그친 것은 기록의 멸실

---

1 송기호, 「東아시아 國際關係 속의 渤海와 新羅」, 『韓國史 市民講座』 5, 일조각, 1989.
2 송기호, 「南北國時代論의 기초적 검토」, 『한국고대사연구회 회보』 24호, 1992(본서 제1장).

때문이 아니라 실제로 그러했을 것이라는 견해를 피력하였다.[3] 酒寄雅志도 거의 동일한 견해를 표명하였다. 양국은 전 시대를 통해 몰교섭하였고, 신라는 발해에 대해서 일관되게 拮抗力으로 작용했다고 하면서도 이성시보다는 교류의 가능성을 좀 더 열어 두었다.[4] 赤羽目匡由도 이들의 뒤를 따라 "발해·신라 두 국가 사이에 우호적이고도 빈번한 교섭을 상정하기 어렵다."[5]라고 주장하였다. 이 논의에서 발해와 신라의 관계가 마치 일본을 중심에 두고 전개된 듯이 설명하는 일본 학계의 일반적인 경향도 드러난다.

다음으로 남북국시대론에 대한 부정적 견해는 2016년에 국정교과서 파동과 관련하여 불거졌다. 남북국이라는 용어가 좌파적인 사고를 반영한다고 하면서, 교과서의 집필 기준을 "통일신라와 발해가 병존한 시기를 남북국시대로 명명하는 인식이 학계에 큰 흐름을 형성하고 있음에 유의하라."라고 했던 것을 '통일신라와 발해로 명기하는 것이 학계의 일반적인 인식'이라고 변경하여,[6] 시대의 흐름에 역행하는 조처를 내렸다. 국사편찬위원회의 '교과서 용어 해설'에서도 '통일신라와 발해'로 시대를 설정하고, 표제어에도 '남북국시대'가 등장하지 않는다.

이에 다시 한번 발해와 통일신라의 관계에 대한 역사적 사실을 환기하고자 한다. 사실 역사가는 사료를 떠날 수 없다. 사료는 역사 연구의 출발점이요 확고히 디딜 수 있는 기반이 되지만, 그렇다고 사료에만 얽매이면 낭패를 볼 수도 있다. 남겨진 사료가 적은 고대사의 경우에 더욱 그러하

---

3 李成市,「渤海の對日本外交への理路」,『古代東アジアの民族と國家』, 岩波書店, 1998, pp.420~421.

4 酒寄雅志,「東北アジアのなかの渤海と日本」,『渤海と古代の日本』, 校倉書房, 2001(논문 a), p.116 및 맺음말, p.481.

5 赤羽目匡由,「八世紀中葉における渤海の対新羅関係の一側面 ―『三國史記』所引、賈耽『古今郡國縣道四夷述』逸文の分析」,『渤海の政治と社会』, 吉川弘文館, 2011(논문 a), p.37, p.40.

6 「국정 역사교과서는 '자랑스러운 대한민국'에 방점」,『연합뉴스』2016. 11. 25.

다. 때로는 사료보다 상식이 우선일 수 있는 경우가 있으니 남북국의 관계 서술이 그러하다.

현재 전해지는 양국 관계 사료는 오로지 신라인의 기록일 뿐이요 발해인의 기록은 없다. 그마저 양국 사이의 전쟁과 경쟁이 크게 부각되어 있는 실정이다. 이에 따라 "두 나라는 200여 년간 대립적이었다."라는 서술이 과거 교과서에 실릴 정도로 통설이 되었다. 그러나 상식의 시각에서 보면, 서로 국경을 마주하면서 200여 년간 대립만 했을지 의문이 들 수밖에 없다. 그보다 훨씬 짧은 기간인 70년간 벌어졌던 남북한의 관계만 보아도 그러하다. 싸우면서도 교류하는 게 자연 이치이다. 신라 東北境에 長城(關城)과 함께 關門을 두었듯이 발해와 신라 사이에는 대립과 교류가 병행되었던 것이다.

그런 의문을 품게 되니, 그에 대한 해답을 던져 주는 실낱같은 사료들이 눈에 들어왔다. 교류도 빈번했던 사실에 빛을 던져 주는 실마리들이다. 전쟁과 경쟁의 자료들을 먼저 살펴보고, 그다음에 교류의 문제를 짚어보고자 한다.

2. 전쟁과 경쟁

삼국통일은 삼국 사이에 벌어진 치열한 정복전쟁을 종식시키는 계기가 되었다. 이후 후삼국의 사례처럼 일부 내전을 제외하면, 한반도에서는 외세의 침략에 대한 방어전 성격의 전쟁이 주로 일어났다. 그러나 만주 땅에서 새로 등장한 발해에서는 주변 종족에 대한 정복 활동이 지속되었다. 이러한 정복의 여파가 당나라와 발해의 국제전으로 비화하고 마침내 신라와의 전쟁으로 이어진 일이 있다.

발해 武王은 시호에서 보듯이 정복에 공을 세운 임금이다. 그러나 黑

水靺鞨에 대한 공격을 둘러싸고 내부 갈등이 일어났고, 무왕의 동생 大門藝가 당나라로 망명하면서 당나라와 갈등을 벌이다가 732년 9월에 당나라를 직접 공격하는 사태로까지 비화하였다. 이에 당나라는 장수 蓋福順(葛福順)을 보내서 격퇴하게 하였다.

이에 대한 보복전으로 당나라에서는 以夷制夷 정책을 구사하였다. 733년 정월에 대문예를 幽州에 보내 군사를 징발하게 하였고, 그해 겨울에는 신라가 발해 남쪽을 공격하게 하였다. 그러나 신라의 군대는 추운 날씨에 대설까지 겹쳐 아무 성과 없이 회군하고 말았다.[7] 전투다운 전투는 없이 끝나고 말았던 것 같다.

734년 2월에 신라 金忠信이 다시 발해를 공격하겠다고 건의하였고, 당나라는 이를 허락하였다. 이때 그는 황제에게 올린 글에서 발해를 靺鞨, 凶殘, 夷俘로 부르며 노골적인 적대감을 표시하였고, "반드시 그 소굴을 뒤엎어 먼 변방을 평안케 할 것"이라고 맹세하였다.[8] 이런 표현은 당나라 조정의 강경한 분위기에 편승하여 발해를 재차 공격하기 위한 명분을 쌓으려는 전략에 따른 것이다. 또 신라가 당나라의 이이제이 정책에 말려든 측면도 있다.

이해 초가을에는 당나라가 신라 왕에게 "경은 마땅히 가까이서 틈을 엿보다가 엄습하여 이를 취하여, 신기한 공로를 이룬다면 큰 상을 주는데 더 무엇을 아끼겠는가?"[9] 하여 발해 공격을 독려하였다. 그러나 발해 공격은 실행되지 않았고, 735년에는 당나라로부터 浿江 이남의 영유권을 인

---

7 『舊唐書』 권199하, 渤海靺鞨傳, 「詔遣門藝往幽州徵兵以討之, 仍令太僕員外卿金思蘭, 往新羅發兵以攻其南境. 屬山阻寒凍, 雪深丈餘, 兵士死者過半, 竟無功而還.」.

8 『册府元龜』 권973, 外臣部, 助國討伐, 「本國發兵馬討除靺鞨, … 以討凶殘 … 蠢爾夷俘 … 必傾其巢穴, 靜此荒隅.」.

9 『文苑英華』 권471, 勅新羅王金興光書 제1, 「卿當隨近伺隙, 掩襲取之, 奇功若有所成, 重賞更何所愛.」.

정받는 '큰 상'을 받으면서[10] 이 일련의 사건은 종결되었다. 이때 신라는 패강에 수자리를 두어 발해를 경계하였으나,[11] 훗날 발해가 이 방면으로 진출하기 전까지는 무력 충돌이 일어날 수 없었다.

이 전쟁은 신라가 당나라의 요구에 따라 발해를 공격한 것이었다. 이를 계기로 신라로서는 큰 상을 받고자 하는 욕심이 있었는지 모르겠지만, 신라 스스로 발해에 대해서 김충신의 글과 같은 적대감을 실제로 가졌는지는 의문이다. 사실 두 나라 사이에 신라가 발해 공격에 실패한 것 말고는 아직 노골적으로 적대 의식을 드러낼 만큼 큰 사건은 없었다.

두 나라 사이에 전쟁의 가능성을 보여 주는 두 가지 사료가 더 있다. 하나는 발해 宣王이 9세기 전반에 남쪽으로 신라를 평정했다[12]는 기사이다. 선왕 재위 기간(818~830)과 元和 연간(806~820)을 고려하면 818년에서 820년 사이가 된다. 이때 신라를 공략했다면 대동강 이남으로 진출했어야 하는데, 그렇지 않은 것을 보아 대동강 이북을 차지한 사실을 이렇게 표현한 것으로 보인다. 평양의 安鶴宮址에서 출토한 와당 가운데 발해 시기로 추정되는 것이 있고,[13] 또 『新唐書』 渤海傳의 '樂游之梨'는 '樂浪之梨', 즉 '낙랑현의 배'일 것이므로 발해 세력이 평양까지 내려와 있었을 것이다.[14]

신라는 이에 대응하여 826년 7월에 300리에 이르는 浿江 長城을 쌓

10 『三國史記』 권8, 新羅 聖德王 34년, 「二月, 副使金榮在唐身死, 贈光祿少卿. (金)義忠廻, 勑賜浿江以南地.」.

11 『文苑英華』 권471, 勅新羅王金興光書 제2, 「近又得思蘭表稱, 知卿欲於浿江置戍, 既當渤海衝要.」.

12 『遼史』 권38, 地理志 2, 東京道, 興遼縣, 「唐元和中, 渤海王大仁秀, 南定新羅, 北略諸部, 開置郡邑, 遂定今名.」.

13 藤田亮策, 「新羅九州五京攷」, 『朝鮮學論考』, 藤田先生記念事業會, 1963, p.364.
早乙女雅博, 「渤海と高句麗」, 『日本と渤海の古代史』, 山川出版社, 2003, p.229.

14 신라 성덕왕 35년(736) 11월에 平壤·牛頭 2州의 地勢를 檢察했다고 하는데(『三國史記』 권8), 憲德王 17년(825) 정월 및 지리지 漢陽郡의 주석으로 보아서 이때의 평양은 北漢山州(楊州)를 가리킨다.

았는데,[15] 이 장성의 소재지는 정확히 알 수 없다.[16] 황해도 황주군에서 신평군에 이르는 동서 수백 리 길이의 慈悲嶺行城으로 추정하는 견해가 있는데,[17] 대동강에서 다소 떨어진 곳에 장성을 쌓은 것이 된다. 이를 따른다면 발해와 신라는 대동강을 경계로 삼아 지키되 서로 넘나들지 않음으로써 별다른 무력 충돌이 일어나지 않았던 것으로 보인다.

다른 하나는 926년 거란이 발해를 멸할 때 신라도 참전하여 상을 받았다[18]는 기사이다. 911년 이후 언젠가 발해가 거란 세력에 위협을 느껴 신라 등의 여러 나라와 비밀리에 결원했다고 하는데,[19] 이번에는 신라가 오히려 거란에 군사적 지원을 했다고 한다. 杜撰이 많은 거란 쪽 기록이어서 이들의 신빙성에 문제를 제기할 수 있으나, 두 사건 모두 사실이라 하더라도 신라가 이미 무너지고 있던 때이므로 별 의미가 없는 상징적인 사건에 불과했을 것이다.

한편으로 일본 연구자들이 중시하는 이른바 '일본의 新羅征討計劃'도 재검토할 필요가 있다. 일본 사료에 따르면 759년에 신라 침공 계획을 세웠으나[20] 결국은 흐지부지되고 말았다. 초창기 연구에서는 발해와의 연계

15 『三國史記』 권10, 新羅 憲德王, 「十八年, 秋七月, 命牛岑太守白永, 徵漢山北諸州郡人一萬, 築浿江長城三百里.」.

16 장성의 위치에 대해서 藤田亮策 이래 몇 가지 설이 있기는 하지만, 모두 근거를 가진 것은 아니다. 이하 참조 바람.
李基東, 「新羅 下代의 浿江鎭」, 『新羅骨品制社會와 花郎徒』, 一潮閣, 1984, pp.215~216.
趙二玉, 『統一新羅의 北方進出 研究』, 서경문화사, 2001, pp.229~230.
朴南守, 「신라 浿江鎭典의 정비와 漢州 西北境의 郡縣 설치」, 『東國史學』 54, 2013, pp.72~73.
전덕재, 「新羅 下代 浿江鎭의 設置와 그 性格」, 『大丘史學』 113, 2013, pp.59~60.

17 藤田亮策, 앞의 논문, p.364: 장상렬, 「동선관문의 건축 년대와 형식」, 『력사과학』 1985-2, p.45.

18 『遼史』 권70, 屬國表, 「天顯元年二月, 回鶻·新羅·吐蕃·党項·沙陀從征有功, 賞之.」.

19 『契丹國志』 권1, 太祖大聖皇帝, 「先是, 渤海國王大諲譔, 本與奚契丹, 爲唇齒國. 太祖初興, 併呑八部, 繼而用師, 併呑奚國. 大諲譔深憚之, 陰與新羅諸國結援, 太祖知之, 集議未決.」.

20 『續日本紀』 권22, 淳仁天皇 天平寶字 3년, 「六月 … 壬子, 令大宰府造行軍式, 以將伐新羅也. … 八月己亥, 遣大宰帥三品船親王於香椎廟, 奏應伐新羅之狀. … 九月 … 壬午, 造船

가능성을 언급하지 않았는데,[21] 鳥山喜一이 그런 '상상'을 하였고 다른 연구자들이 뒤를 따르면서 1970년대 이후에는 일본이 발해를 끌어들였다는 견해가 정설이 되었다.[22] 상상이 현실로 둔갑한 것이다. 이런 주장에 대해 일부 국내 연구자들도 무비판적으로 동조할 정도로 기정사실화되어 받아들이고 있다. 일본이 중심이 되어 대립적이었던 발해와 신라의 관계를 활용한 것으로 보는 것이다.

그러나 그럴듯하다고 해서 모두 사실은 아니다. 사료만 보면 발해 개입의 흔적을 찾을 수 없다.[23] 사실은 양국이 대립적이었다는 일본 학계의 고정관념에서 이런 주장이 나온 것이다. 727~758년까지 네 차례 파견된 발해 사신은 원래의 목적 외에 신라를 견제하려는 일관된 목적이 있었다는 주장[24]도 역시 그러하다. 727년 발해가 일본에 사신을 파견한 것은 주변 국가(종족)와의 긴장 국면과도 연관되어 있을 것이다. 그러나 후술하는 바와 같이 문왕 전반기 驛路의 존재를 보건대 문왕 때도 발해와 신라의 대립 기조가 변하지 않았다는 주장은 잘못이다.

발해 개입설이 나오게 된 것은 두 가지 정황 때문이다. 753년 신라에 파견되었다가 오만하다고 하여 접견을 거부당한 小野田守가 몇 년 뒤 발해에 사신으로 파견되었다가 758년에 귀국하였고, 그 후에 신라 침공 계획이 발표되었다는 점이 하나이다. 이로 보건대 일본이 발해와 신라 협공

五百艘, 北陸道諸國八十九艘, 山陰道諸國一百卌五艘, 山陽道諸國一百六十一艘, 南海道諸國一百五艘, 並逐閑月營造, 三年之內成功, 爲征新羅也.」.

21 和田軍一, 「淳仁朝に於ける新羅征討計劃について」 1 · 2, 『史學雜誌』 35-10 · 11, 1924.

22 鳥山喜一 저, 船木勝馬 편, 『渤海史上の諸問題』, 風間書房, 1968, p.248.
石井正敏, 「初期日渤交涉における一問題 ― 新羅征討計劃中止との關連をめぐって」, 『日本渤海關係史の研究』, 吉川弘文館, 2001.
酒寄雅志, 「八世紀における日本の外交と東アジアの情勢 ― 渤海との關係を中心として」, 앞의 책(논문 b), p.220.
酒寄雅志, 「渤海國家の史的展開と國際關係」, 앞의 책(논문 c), pp.66~67.

23 浜田耕策, 「大欽茂(文王)時代 ― 渤海의 歷史的 性格」, 『高句麗研究』 6, 1999, pp.72~73.

24 酒寄雅志, 앞의 논문 b, p.200, pp.210~211, p.215.

계획을 짰으리라는 것이다. 다른 하나는 신라가 762년 5월에 五谷, 鵂巖, 漢城 등 여섯 개의 성을 쌓은 것[25]은 발해의 침공에 대비한 것이라는 추정인데, 발해보다는 安史의 난에 방비했을 가능성이 더 크다.[26] 아니면 748년의 14郡縣 설치에 이은 패강 이남의 개척 과정이었을 가능성도 있다. 따라서 이 무렵에 발해가 일본과 연계하여 신라를 공격하려 했다는 것은 단지 추정에 불과하고, 설령 사실이라 하더라도 실행에 옮기지 못한 사건으로 이를 크게 부각시킬 이유가 없다.

이상으로 보건대 양국 사이에는 200여 년이라는 긴 세월에도 불구하고 물리적 충돌은 거의 없었다. 9세기에 당나라 조정에서 신라가 발해와 경쟁하는 구도가 형성되면서, 8세기 전반의 전쟁도 더욱 부각되었던 것 같다. 9세기에 신라는 하대의 혼란기로 접어든 반면에 발해는 海東盛國을 구가하고 있었다. 이에 따라 당나라에서 과거부터 받아오던 대우를 유지하려는 신라와 현실적인 국력 우위를 인정받으려는 발해 사이에 힘겨루기가 벌어졌다.

872년에는 발해 유학생 烏昭度가 신라 유학생 李同을 제치고 당나라 賓貢科 시험에서 앞자리를 차지하는 사태가 발생하였으니, 최치원의 글에서 보듯이 신라로서는 큰 치욕이었다. 그는 당나라에 보낸 글에서 "이미 사방의 조롱거리가 되었고, 길이 한 나라의 수치가 되었다."[27]라고 심경을 피력하였고, 또 874년 자신의 급제로 "실로 공정함을 만나서 예전의 수치를 씻었다."[28]라고도 하였다. 906년에는 신라 崔彦撝가 발해 烏光贊보다 앞섬으로써 갚음을 하였다. 이때 오광찬의 아버지 오소도가 마침 사

---

25 『三國史記』 권9, 新羅 景德王, 「二十一年, 夏五月, 築五谷·鵂巖·漢城·獐塞·池城·德谷六城, 各置太守.」.

26 朴南守, 앞의 논문, pp.75~76; 전덕재, 앞의 논문, pp.42~43.

27 『東文選』 권47, 新羅王與唐江西高大夫湘狀, 「旣致四隣之譏, 永貽一國之恥.」.

28 『東文選』 권47, 與禮部裵尙書瓚狀, 「實逢至公, 得雪前恥.」.

신으로 갔다가 이를 목격하고 시정을 요구했으나 최언위의 자질이 더 낫다는 이유로 받아들여지지 않았다.

양국의 경쟁은 사신의 서열을 두고서도 벌어졌다. 897년에 발해 왕자 大封裔가 신라 사신보다 윗자리에 앉기를 당나라에 요구한 爭長事件이 벌어진 것이다. 당나라는 "나라의 선후는 본래 강약으로 따지는 것이 아니니, 조정에서의 지위를 지금 어찌 성쇠를 근거로 바꿀 수 있겠는가? 마땅히 과거의 관례에 따를 것이다."[29]라고 대답하였다. 이 답변을 보면 당나라는 이 당시에 발해가 신라보다 국력에서 앞섰던 것으로 인식하고 있었다. 이때는 신라 효공왕 원년으로서 후삼국으로 분열되던 무렵인 반면에 발해는 14대 大瑋瑎가 왕으로 있으면서 9세기의 융성이 지속되던 시기였다.

이러한 사건들이 벌어지면서 신라로서는 발해에 밀리는 형세를 실감하였고, 당연히 당나라와 연합하여 발해를 쳤던 과거의 전쟁을 부각시켜 양국의 오랜 유대를 강조하고 싶었을 것이다. 나아가 당나라와 신라가 힘을 합쳐 고구려를 멸망시켰고, 그 잔당이 발해를 건국했다는 사실도 부각시키고 싶었을 것이다.

이 과정에서 발해에 대한 좋은 기억보다는 나쁜 기억이 크게 부풀려져 기록으로 남게 되었고, 이것이 후대 학자들의 시야를 가리게 되었다.

3. 교류

기억의 편린들을 이리저리 모으면 교류도 상당히 많았음을 추정할 수 있

---

29 『東文選』 권33, 謝不許北國居上表, 「國名先後, 比不因强弱而稱, 朝制等威, 今豈以盛衰而改, 宜仍舊貫.」.

다. 이런 기록들은 워낙 단편적이어서 연구자마다 해석이 제각각인데, 여기서는 임의의 해석을 되도록 배제하고 원래 기록을 존중하며 검토할 것이다. 특히 고대사 논문에서 기록을 그대로 따르지 않고 자신의 논리에 맞추고자 연대를 바꾸는 등 자의적으로 해석하는 경우가 많다. 후술하듯이 천정군 시절의 驛路를 정천군 시기로 끌어내리거나 탄항관문의 설치 시기를 경덕왕 이전 시기로 끌어올리는 것을 예로 들 수 있다. 그러나 다른 근거가 없다면 그대로 따르는 게 순리이다. 특정 역사 기록이 오류일 가능성보다 사실일 가능성이 훨씬 크기 때문이다. 그렇지 않으면 자칫 거짓이나 오류로 점철된 역사 기록처럼 비칠 수 있다.

우선, 발해의 주요 대외교통로 가운데 하나가 新羅道라는 사실을 잊지 말아야 한다. 발해에는 당나라로 오가던 朝貢道와 營州道, 거란으로 오가던 契丹道, 일본으로 오가던 日本道와 함께 신라도가 있었다.[30] 함경남도 북청에 있는 青海土城이 南京 소재지로 알려져 있는데, 이곳이 신라도의 거점 도시였다. 신라도에는 신라 국경 도시에서 발해 柵城府까지 39개의 驛이 설치되어 있었다.

> ① 賈耽古今郡國志云, 渤海國南海·鴨淥·扶餘·柵城四府, 竝是高句麗舊地也. 自新羅泉井郡至柵城府, 凡三十九驛.(『三國史記』 권37, 地理 4)

『古今郡國志』는 賈耽(730~805)이 말년에 지은 여러 저술 가운데 하나인 『古今郡國縣道四夷述』을 가리킨다. 『三國遺事』에는 『賈耽郡國志』라는

---

30 『新唐書』 권219, 渤海傳, 「龍原, 東南瀕海, 日本道也. 南海, 新羅道也. 鴨淥, 朝貢道也. 長嶺, 營州道也. 扶餘, 契丹道也.」.
참고로 발해 건국 이전에는 신라와 당을 오가는 한반도 서해안 노선을 新羅道라 부른 사례가 일본 기록에 보인다(『日本書紀』 권25, 白雉 5년〈654〉 2월).

이름으로 동일한 내용이 인용되어 있다.[31] 발해와 동시대인 당나라 때의 저술에 39개의 역이 개설되어 있는 사실을 증언하고 있어 주목된다.

발해 책성부는 지금 중국 길림성 琿春에 있는 八連城에 해당하지만, 신라 천정군의 소재지는 명확하지 않다. 일반적으로 뒤에 제시한 사료 ④의 고려 湧州說에 의거하여 양국의 국경선이었던 泥河를 龍興江(현 金野江)으로, 천정군을 德源(현 강원도 원산 북부)으로 비정하고 있는데,[32] 이 설을 따르겠다.

이 기록을 통해 신라 천정군에서 발해 책성부(동경)를 거쳐 발해 수도(上京城 또는 상경 천도 이전의 顯州)로 가는 신라도의 경로를 확인할 수 있다. 그 연장으로서 천정군에서 신라 수도까지도 驛路가 있었을 것이나, 그 경로는 명확히 알 수 없다. 천정군에서 왕경까지는 溟州나 朔州를 거쳤을 것이 분명하다.[33] 함경도 해안을 따라 남하하는 발해의 신라도와 마찬가지로 일반적으로는 溟州를 따라 내려왔을 것이다. 발해 신라도와 대응되는 이 경로의 명칭은 北海通이나 北海之路로 추정된다.[34] 사료 ②의 何瑟羅道가 新羅道처럼 '하슬라 방면의 길'이라는 의미로 쓰였을 가능성도 있다. 그렇지만 천정군이 朔州 관할이라는 점에서 영서 지방을 통하는 경로가 더 많이 이용되었을 가능성도 배제할 수 없다.

사료 ①과 관련하여 다음 자료를 더 살펴볼 필요가 있다.

---

31 『三國遺事』 권1, 靺鞨渤海, 「賈耽郡國志云, 渤海國之鴨淥 · 南海 · 扶餘 · 柵城四府, 並是高麗舊地也. 自新羅泉井郡〈地理志, 朔州領縣, 有泉井郡, 今湧州.〉, 至柵城府三十九驛.」.

32 池內宏은 용주설을 부정하고 和州說을 제기하여 국경선을 金津川(현 금진강), 천정군을 永興(현 함경남도 금야)으로 보았으나(池內宏, 「眞興王の戊子巡境碑と新羅の東北境」, 『滿鮮史研究』 上世 제2책, 吉川弘文館, 1960, pp.69~71: 赤羽目匡由, 「新羅泉井(井泉)郡の位置について」, 앞의 책(논문 b), pp.189~198 및 p.160 지도), 통설을 따르겠다.

33 정요근, 「통일신라시기의 간선교통로—王京과 州治 · 小京 간 연결을 중심으로」, 『한국고대사연구』 63, 2011, pp.166~176.

34 井上秀雄, 「新羅王畿の構成」, 『新羅史基礎研究』, 東出版, 1974, pp.401~402.
田中俊明, 「渤海建國初期의 對新羅關係」, 『北方史論叢』 10, 2006, pp.64~66.

② 二十年(721), 秋七月, 徵何瑟羅道丁夫二千, 築長城於北境.(『三國史記』 권8, 新羅 聖德王)

③ 南比新羅, 以泥河爲境.(『新唐書』 권219, 渤海傳)

사료 ②는 성덕왕 때 북쪽 경계에 長城을 쌓은 것으로서 발해 武王의 남하에 대비하여 천정군의 국경지대에 설치한 것으로 해석된다.[35] 하슬라도를 앞서 해석한 대로 '하슬라 방면의 길'을 가리킨다면 명주 북부에서 장정을 동원했다고도 해석할 수 있겠다. 이 축성은 이듬해에 毛伐郡城(關門城)을 쌓아 일본을 경계했던 것[36]과 짝을 이룬 것으로서 일반적인 경계 차원에서 남과 북에 쌓은 것이지 일촉즉발의 전쟁 분위기에서 나온 것은 아니다. 삼국시대 力役 동원은 2월과 7월에 많이 하였고, 특히 7월에는 築城 공사가 압도적이었던 점[37]을 보더라도 응급조치가 아니었다.

동해안으로는 발해 건국 이전에 이미 신라 영역이 泉井郡에까지 미쳤던 사실은 사료 ④에서 확인할 수 있다. 문무왕 21년(681)에 신라 영역으로 편입되었다고 하였으나, 문무왕 9년(669)에 이미 천정군은 신라 영역에 속해 있었다.[38]

---

35 이 장성의 소재지에 대해서는 영흥군(현 금야군)의 장성 유적을 지목한 견해가 있으나(池內宏, 앞의 논문, pp.50~69), 이 경우 泥河로 비정한 금야강의 북쪽이 되어 문제가 된다. 이 장성은 혹시 발해 것이 아닌가도 고려해 볼 일이다. 다른 한편 장성의 축조 지점이 전혀 다른 곳일 가능성도 배제할 수 없다. 만약 강릉에서 장정을 동원했다고 하면 축성 장소인 천정군까지는 너무 먼데다가, 부근의 삭주 백성을 동원하지 않고 명주 백성을 동원한 것도 부자연스럽다. 921년에 말갈 별부 達姑 무리가 登州(안변)를 공격했을 때 朔州(춘천)를 지키던 고려 장군이 이들을 격파한 것만 보아도 그러하다. 그런 점에서 국경선에서 멀리 떨어진 강릉 부근에 장성을 쌓았을 가능성도 있다. 어느 쪽이 옳은지 판단할 수가 없어서 일단은 통설을 따르겠다.

36 『三國史記』 권8, 新羅 聖德王 21년, 「築毛伐郡城, 以遮日本賊路.」; 『三國遺事』 권2, 孝成王, 「開元十年壬戌十月, 始築關門於毛火郡. 今毛火村, 屬慶州東南境, 乃防日本塞垣也. 周廻六千七百九十二步五尺, 役徒三萬九千二百六十二人, 掌員元眞角干.」.

37 김기흥, 『삼국 및 통일신라 세제의 연구—사회변동과 관련하여』, 역사비평사, 1991, pp.103~104.

38 『三國史記』 권8, 新羅 文武王 9년, 「夏五月, 泉井·比□□·□連等三郡民饑, 發倉賑恤.」.

그렇지만 이 장성을 쌓기 전까지 신라의 방어선은 이보다 남쪽에 있었다. 문무왕 21년(681)에 比列忽에 군사 3천 명을 주둔시켰고,[39] 효소왕 때(692~702)는 比列州에 둘레 1,180보의 성을 쌓았다고 한다.[40] 비열홀, 비열주는 천정군보다 남쪽에 위치하는 朔庭郡(현 강원도 안변)이다. 삭정군 북쪽으로는 통제력이 불안정했던 것 같다. 또 안변은 경기 북부로 가는 추가령(분수령), 영서로 넘어가는 철령, 영동으로 가는 동해안 길 세 갈래로 갈라져 남하할 수 있는 교통 요지인 점을 고려했을 것이다. 삼국 말기에는 신라와 고구려가 번갈아 차지하는 요충지였다.[41] 고려 때 동북 최북단인 和州에 995년 安邊都護府를 설치했다가 1018년 登州(안변)로 옮겨 북방민족의 방어 중심지를 남하시킨 것을 보아도 안변의 전략적 가치를 알 수 있다.

문무왕 15년(675)에 安北河邊에 鐵關城(鐵城)을 쌓았다고 하였는데,[42] 경주 남쪽의 모벌군성처럼 직선형의 성과 관문으로 이루어졌을 것이다. 성은 단절을 상징하고, 거기에 둔 관문은 왕래를 상징한다. 교류가 없으면 굳이 관문을 둘 필요가 없는 것이다. 발해와의 국경에서도 마찬가지이다.

안북하와 철관성의 소재지는 정확히 알 수 없다. 그런데 6년 뒤 비열홀에 정예의 군사를 주둔시켰고, 또 몇 년 뒤에 治所를 둘러싸는 城을 쌓은 것으로 보아 천정군 관내가 아니라[43] 비열주 관내에 있었을 것이다.[44]

---

39 『三國史記』 권7, 新羅 文武王 21년, 「沙飡武仙率精兵三千, 以戍比列忽.」.

40 『三國史記』 권35, 地理 2, 朔州, 「朔庭郡, 本高句麗比列忽郡, 眞興王十七年, 梁太平元年, 爲比列州, 置軍主, 孝昭王時築城, 周一千一百八十步, 景德王改名, 今登州.」.

41 『三國史記』 권7, 新羅 文武王 11년, 「又卑列之城, 本是新羅, 高麗打得三十餘年, 新羅還得此城, 移配百姓, 置官守捉, 又取此城, 還與高麗.」.

42 『三國史記』 권7, 新羅 文武王 15년, 「緣安北河設關城, 又築鐵關城.」; 『三國遺事』 권2, 文虎王法敏, 「安北河邊築鐵城.」.

43 池內宏은 『新增東國輿地勝覽』 德源 古跡 기록을 토대로 철관성을 望德山, 안북하를 北面川으로 추정하여(池內宏, 앞의 논문, pp.44~45), 천정군 관내인 현재의 덕원 북쪽으로 보았다. 김정호의 『東輿圖』에도 덕원 바로 북쪽에 있는 북면천 북쪽에 鐵關城, 鐵關의 지명이 보인다. 이곳일 가능성도 완전히 배제할 수 없으나, 사료 ⑤와 ⑥으로 보아서 안변부

구체적으로 안변의 남대천이나 아니면 그 북쪽의 학천 일대에 철관성이 있었던 것이 아닐까 생각한다. 안북과 후대의 지명인 안변은 北邊을 안정시킨다는 동일한 전략적 의미를 담고 있어 안북하에서 안변이 유래했을 가능성도 있다. 또 사료 ⑤와 ⑥의 설화를 역사적 사실로 인정할 경우에, 철관성과 군사 주둔지는 동일 장소가 된다.

이상의 조치들은 후술하는 바와 같이 양국 국경지대에 분포하는 異種族들을 경계하기 위한 것이었다. 안북하 부근에 철관성을 쌓았다는 기록에 바로 이어서 靺鞨이 阿達城, 七重城, 赤木城을 공격한 기록이 나오는데,[45] 이런 말갈 집단이 그들일 것이다. 이렇게 구축했던 방어선을 북쪽 최전선으로 끌어올린 것이 사료 ②이다.

사료 ③에 따르면 니하가 신라와 발해의 국경선이었다. 언제부터 이 국경선이 형성되어 있었는지 언급은 없다. 그렇지만 천정군이 발해 건국 이전부터 이미 신라의 최북단에 해당하였고, 그 뒤로도 변함이 없었다. 따라서 발해가 이 방면으로 남하하면서 일찍부터 니하, 즉 현재의 금야강에 국경선이 그어졌을 것이다. 그리고 721년에 신라가 이 강 남쪽을 따라 장성을 쌓았을 것이고, 나중에 탄항관문도 이곳에 만들었을 것이다(그림 2-1).

그런데 안변에서 북상했던 방어선은 9세기 언젠가 異種族의 발호로 다시 안변으로 남하했던 것 같다.[46] 평양이 발해 땅이었지만 궁예의 활동

남대천 부근일 가능성에 무게를 두고 싶다.

44 예로부터 남북을 연결하는 관문이었던 안변 남쪽의 철령이라는 지명이 여기서 유래했을 가능성이 있다. 고려 李穀(1298~1351)이 지은 「東遊記」에 "철령은 나라 동쪽의 요충지로서, 이른바 한 사람이 관문을 막으면 만 명이 열 수 없다는 곳이다. 그러므로 철령 동쪽인 江陵 등의 고을들을 관동이라 부른다."(『稼亭集』)라고 하였으니, 관북, 관서와 관동의 關이 고려시대에 설치했다는 鐵嶺關을 가리킨다.

45 『三國史記』 권7, 新羅 文武王 15년, 「靺鞨入阿達城劫掠, … 唐兵與契丹 · 靺鞨兵來, 圍七重城, 不克. … 靺鞨又圍赤木城滅之, …」.

46 赤羽目匡由, 「渤海 · 新羅接壤地域における黒水 · 鉄勤 · 達姑の諸族の存在様態 ―渤海の

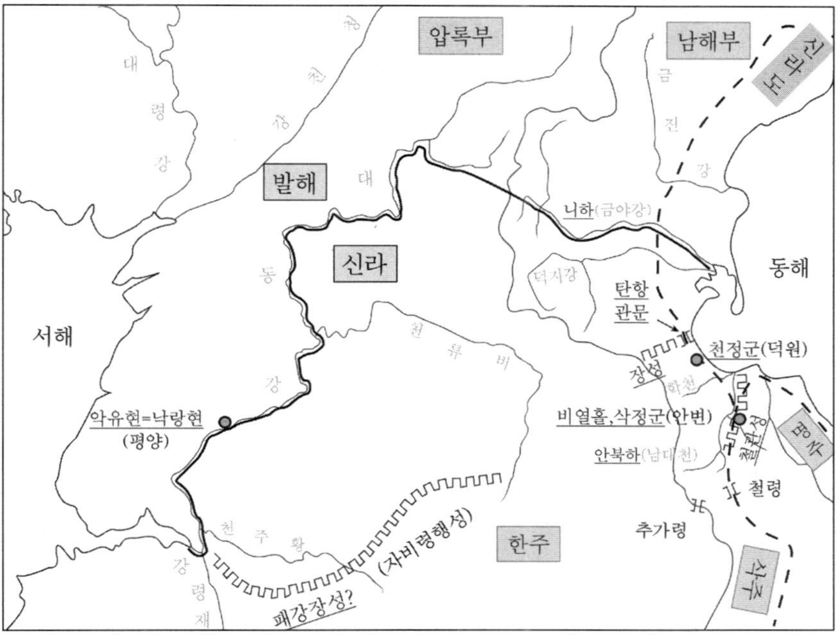

그림 2-1. 발해와 신라의 국경(밑줄은 당시 지명)

무대가 되었고, 고려 태조가 918년에 평양 古都가 황폐화된 지 오래되어 蕃人 차지가 되었다[47]고 하였듯이 발해 말에 평양이 이미 방기되었던 것과 유사하다.

> ④ 井泉郡, 本高句麗泉井郡, 文武王二十一年(681)取之, 景德王改名, 築炭項關門, 今湧州.(『三國史記』 권35, 地理 2, 朔州)

邊境支配の一側面」, 『渤海の政治と社会』, 吉川弘文館, 2011(논문 c), pp.163~164.

47 『高麗史』 권1, 太祖 원년 9월, 「丙申諭群臣曰, 平壤古都, 荒廢雖久, 基址尙存, 而荊棘滋茂, 蕃人遊獵於其間, 因而侵掠邊邑, 爲害大矣.」.

사료 ④에서는 두 가지 점을 검토할 필요가 있다. 하나는 천정군 명칭의 하한 연대이다. 원래 고구려 천정군이었는데 경덕왕 16년(757) 12월에 전국의 지명을 고칠 때 井泉郡으로 바뀌었다. 따라서 사료 ①의 신라도 驛들은 757년 이전에 설치된 것이다.[48] 또 사료 ①에서 남경, 서경, 동경 대신에 남해부, 압록부, 책성부라 한 것은 五京制度가 성립되기 전의 정보일 것이다. 오경제도는 대체로 762~760년대 말 사이에 성립하였다.[49]

발해 무왕(719~737) 때는 정복에 힘을 기울이면서 주변 국가(종족)와 마찰을 빚었기에 신라와의 관계도 좋지 않았다. 문왕(737~793)이 즉위한 뒤 內治로 전환하면서 양국 관계도 전기를 마련했을 것이다. 따라서 발해 문왕 전반기에 驛을 설치했던 듯하다. 신라는 효성왕(737~742)과 경덕왕(742~765) 시기이지만 아마도 경덕왕 때인 740년대 내지 750년대에 해당할 것이다.

다음은 炭項關門의 축조 연대이다. 위의 사료에서는 경덕왕 때 개명하면서 탄항관문을 쌓은 것처럼 보이나 시기를 앞당겨 보는 다른 해석도 있다.[50] 그러나 『三國史記』 신라의 지리 연혁은 연대순으로 서술되어 있다. 따라서 757년 경덕왕의 개명 때나 그 후에 탄항관문이 축조되었다고 보는 것이 타당하다. 장성을 쌓을 때 관문을 쌓았다고 보는 것이 순리처럼 보이지만, 다른 증거가 없는 한 시간을 거슬러 올려다보기가 어렵다. 지리 연혁은 모두 '景德王改名, 今…'의 형식을 띠는데, 사료 ③에만 굳이 '築炭項關門'을 끼워 넣은 것은 경덕왕 시기와 연관이 있기 때문일 것이다. 현재

48 이따금 후대에 개명 이전의 지명을 쓰는 경우를 들어 반론을 제기할 수 있지만, 다른 근거가 없는 한 원래 기록을 따르는 것이 순리일 것이다.

49 송기호, 「五京制의 연원과 역할」, 『발해 사회문화사 연구』, 서울대학교출판문화원, 2011, p.177.

50 681년 금진천과 금야강 사이에 있는 金坡嶺에 탄항관문을 축조했다고 보거나(池內宏, 앞의 논문, pp.46~47, p.70), 사료 ②와 연결하여 721년에 축조한 것으로 보기도 한다(赤羽目匡由, 앞의 논문 b, p.196).

로써는 757년 이후에 기존에 있던 장성에 축조했다고 볼 수밖에 없다.

이상의 검토를 통해 확실한 사실만 나열하면 다음과 같다. 발해와 신라의 국경선은 발해 초기부터 신라 천정군과 접하는 니하였고, 757년 이전에 니하를 건너 양국을 연결하는 驛路를 개설했으며, 신라는 757년 이후에 탄항관문을 설치하였다.

여기에 조금 더 가능성 있는 추론을 추가하면 다음과 같다. 721년에 니하(금야강)의 남쪽인 천정군 경내에 長城을 쌓아 신라의 방어선을 比列忽(안변)에서 북상시켜 무왕의 정복 활동과 그에 따른 남진에 대비하였다. 정복에서 내치로 정책이 바뀐 발해 문왕 전반기, 즉 신라 경덕왕 때 관계가 좋아져 757년 이전, 아마도 740년대 이후에 양국을 잇는 역로를 개설했으며, 점차 교류가 빈번해지면서 곧이어 빈번한 왕래의 상징인 탄항관문까지 장성에 설치하였다. 패강 장성에는 관문 설치 기사가 보이지 않는 것을 보아서 동해안의 이 관문이 핵심적인 왕래 거점이었다.

발해 무왕 때 긴장관계가 지속되었다가 문왕에 들어서 양국이 우호관계로 돌아선 것이다. 대립만 했다면 驛路와 關門은 필요 없었을 것이다. 이것만 봐도 양국 사이의 왕래가 지금 기록보다 훨씬 빈번했던 사실을 확인할 수 있다.

양국이 지속적으로 대립했다고 보는 연구자들은 이 사실에 대해 얼버무리거나 수긍하기 어려운 해석을 내놓았다. 후자의 사례로서 두 연구자의 해석을 들어 보겠다. 李成市는 발해의 교통로 가운데 조공도와 일본도는 각각 당나라와 일본으로 통하는 정치·경제적 대동맥이었다고 한 반면에 신라도는 적대적이었던 신라에 대비한 방어상의 간선교통로였다는 해석을 내놓았다.[51] 赤羽目匡由도 39역이 책성부에서 발해 영내를 이동하는 경로에 설치한 것으로서 천정군까지 이어진 것은 아니라고 하였고, 韓朝

51 李成市, 앞의 논문, p.423.

彩가 군사적 긴장 관계 아래서 국경을 통과할 수 있었던 것은 그가 당나라 칙사였기 때문이라고도 하면서, 양국 사이에 우호적이고 빈번한 교섭을 상정하는 것은 곤란하다고 주장하였다.[52] 그러나 이런 주장들은 사료를 왜곡한 것이다.

양국에 설치된 驛路를 이용한 사례는 당나라 사신 한조채의 기록에 보인다. 그는 발해에 사신으로 갔다가 764년에 신라로 직접 넘어간 다음에 당나라로 돌아갔는데,[53] 이때 신라도를 이용했을 것이다. 사료 ①의 역로 정보가 한조채로부터 당나라에 처음 전해졌다는 견해가 있지만,[54] 이것은 천정군 지명의 하한을 고려하지 못한 것이다. 앞서 언급했듯이 764년보다 이른 757년에 천정군이 정천군으로 바뀌었다. 오히려 신라도의 정보가 이미 있었기에 한조채가 이용했을 가능성이 크다.

양국 사이에 사신을 北國에 파견한 기록은 두 차례 나온다. 790년에는 일길찬 伯魚를 파견하였고, 812년에는 급찬 崇正을 파견했다고 한다.[55] 이때 당연히 신라도를 경유했을 것이다. 그런데 위에서 말한 역로 시설로 보아 두 차례만 사신을 파견하지는 않았을 것이다. 역로가 이미 개설되어 있었던 757년 이전에 왕래한 기록이 전혀 없는 것도 이상하다. 또 발해가 신라에 사신을 파견한 적도 있었을 터인데, 이에 관한 기록이 전혀 없는 것도 이상하다. 따라서 기록보다 더 빈번히 사신 왕래가 있었을 것으로 보는 게 마땅하다. 다시 말해 왜 이때만 신라가 사신을 파견했는지 그 배

---

52 赤羽目匡由, 앞의 논문 a, pp.36~37.

53 『續日本紀』 권25, 淳仁天皇 天平寶字 8년(764) 7월, 「甲寅〈十九〉, 新羅使大奈麻金才伯等九十一人到着大宰博多津. … 金才伯等言曰, 唐國勅使韓朝彩自渤海來云, 送日本國僧戒融, 令達本鄉已畢. 若平安歸鄉者, 當有報信, 而至于今日, 寂無來音. 宜差此使, 其消息欲奏天子. 仍賫執事牒, 參大宰府. 其朝彩者, 上道在於新羅西津, 本國謝恩使·蘇判金容爲取大宰報牒, 寄附朝彩, 在京未發.」.

54 赤羽目匡由, 앞의 논문 a, pp.23~35.

55 『三國史記』 권10, 新羅 元聖王 6년, 「三月, 以一吉湌伯魚使北國.」; 新羅 憲德王 4년 「秋九月, 遣級湌崇正使北國.」.

경을 따지는 일은 무의미하다. 양국의 역로를 통해 위의 세 차례보다 더 잦은 왕래가 있었을 것이 분명하기 때문이다.

사실 『三國史記』만 근거로 한다면, 697~779년까지 일본에서 네 번 신라에 사신을 파견한 것처럼 보이지만, 『續日本紀』에는 같은 기간에 22회 신라 사신이 가고, 15회 일본 사신이 온 것이 소상히 나온다.[56] 역사적 사실이 『삼국사기』에 얼마나 소략히 반영되어 있는지 알 수 있다. 발해와 신라의 사신 왕래 기록도 그럴 것이다.

한편 발해 건국 초기에 신라가 대조영에게 眞骨에 해당하는 大阿湌 관등을 수여했다고 하였으므로,[57] 신라도의 개설 전에도 교류가 있었음이 확인된다. 이때는 신라도에 해당하는 동해안을 경유했는지, 아니면 서해안을 경유했는지는 알 수 없다. 대립의 시각에서는 이 기록이 무시되거나 부인된다. 그러나 신라 왕이 당 황제에 보낸 공식 문서에서 거짓을 운위하지는 않았을 것이다.

이 밖에도 양국의 교류 증거로 몇 가지를 더 들 수 있다. 우선, 발해의 宣詔省이 9세기 후반에 등장하는 신라 宣教省의 설치에 영향을 끼쳤을 것이다.[58] 이보다 전에 발해 관제가 일본에 영향을 준 일이 있고, 선조성이나 선교성이라는 명칭이 다른 곳에서는 찾기 어렵기 때문이다. 또 발해 지배층에 신라계로 보이는 인물이 있어서 인적 교류의 흔적도 보인다. 발해 멸망 전후인 925년과 938년에 각각 고려로 망명한 朴漁, 朴昇이 그러한데,[59] 성씨가 중국에 없는 박씨인 것으로 보아 언젠가 신라에서 발해로

56 김은숙, 「일본과의 관계」, 『신라의 대외관계와 국제교류』, 경상북도, 2016, pp.212~213.

57 『東文選』 권33, 謝不許北國居上表, 「初建邑居, 來憑隣援, 其酋長大祚榮, 始授臣蕃第五品大阿餐之秩.」.

58 송기호, 「渤海國의 位相」, 『渤海政治史研究』, 一潮閣, 1995, pp.191~192.
송기호, 「대흠무—발해를 만든 제왕」, 『63인의 역사학자가 쓴 한국사 인물 열전』 1, 돌베개, 2003, p.156.

59 『高麗史』 권1, 太祖 8년, 「十二月戊子, 渤海左首衛小將冒豆干 · 檢校開國男朴漁等, 率民一千戶來附.」 및 위의 책 권2, 태조 21년 「是歲, 渤海人朴昇以三千餘戶來投.」.

들어가 출세한 인물일 것이다.[60]

연해주 크라스키노 성터에서 발굴된 扁瓶[61]이나 高杯[62]는 신라로부터 유입되었을 가능성이 크다. 특히 크라스키노 성터의 우물에서 출토한 '네 귀 달린 납작항아리'는 동일한 것이 울릉도 천부동 1호 무덤에서도 발굴되었다. 크라스키노 성터는 日本道의 경유지로서 新羅道와는 연결되지 않는데도 신라계 유물이 출토한 것은 발해와 일본 사이의 왕래 과정에서 신라와도 상호 접촉했을 가능성을 보여 준다.

『新唐書』 新羅傳에 전하는 長人國 설화를 둘러싸고 발해와의 연관 여부가 논쟁이 되므로, 이 문제를 추가로 검토해 보겠다. 장인국을 주제로 한 논문이 몇 편 있는데,[63] 여기서는 발해와 연계시킨 이성시의 주장에 주

金毓黻, 『渤海國志長編』 권16, 族俗考, 姓氏.
노태돈, 「고려로 넘어온 발해 박씨에 대하여—신라와 발해 간의 교섭의 한 사례 연구」, 『한국사연구』 141, 2008.

60 발해인 李光玄이 만난 道人이 발해, 신라, 일본을 돌아다녔다고 하였으나, 서술이 막연한 데다가 사료적 가치에 대해서도 논란의 소지가 있어서 논외로 하고, 참고 논문만 소개하겠다.
王勇, 「渤海商人李光玄について—『金液還丹百問訣』の史料紹介を兼ねて」, 『アジア遊學』 6, 勉誠出版, 1999.
임상선, 「'渤海人' 李光玄과 그의 道教書 檢討」, 『韓國古代史研究』 20, 2000.
임상선, 「『金液還丹百問訣』의 저자 李光玄과 그의 行績」, 『인문학논총』 13-2, 경성대학교 인문과학연구소, 2008.

61 한성백제박물관·부산박물관, 『러시아연해주문물전 프리모리에』, 2014, p.144.
小嶋芳孝·E. I. ゲルマン, 「クラスキノ城跡から出土したアスファルト状物質と容器の研究」, 『中国とロシア沿海地方における渤海の考古学的研究』, 金沢学院大学, 2016, p.111.
동북아역사재단 한국고중세사연구소·러시아과학원 극동지소 역사고고민속학연구소, 『연해주 크라스키노 발해성 2015년도 발굴조사』, 동북아역사재단, 2018, p.563.

62 동북아역사재단·러시아 극동분소 역사고고민속학연구소, 『2009년도 연해주 크라스키노 발해성 한·러 공동 발굴보고서』, 2011, 그림 83, 84.

63 方善柱, 「新唐書 新羅傳 所載 長人記事에 對하여」, 『史叢』 8, 1963.
李成市, 「八世紀新羅·渤海關係の一視角—『新唐書』新羅傳長人記事の再檢討」, 『古代東アジアの民族と國家』, 岩波書店, 1998.
李美子, 「『新唐書』 新羅傳·『太平廣記』 新羅條의 "長人國"기사에 관한 고찰」, 『白山學報』 65, 2003.
趙二玉, 「『新唐書』 新羅傳長人記事의 長人國—新羅의 靺鞨認識과 관련하여」, 『지역과 역사』 19, 2006.

목하고자 한다. 그는 양국의 군사적 긴장 아래서 신라 동북 변경의 발해 영역민에 대한 신라인의 인식을 나타낸 것으로 해석하였으니, 일상적 교섭이 적었던 데다가 군사적 긴장이 가해진 가운데 형성된 신라인의 幻影所産이라는 것이다.[64] 나아가 남북국시대론이 성립하기 어려운 근거로도 활용하였다.[65] 이 뒤로는 발해인 전체에 대한 인식처럼 확대 재생산되고 있다.

이 견해를 지지하는 논문이 있는가 하면,[66] 반론도 있다. 필자가 서평에서 이미 문제점을 간단히 제기한 적이 있고,[67] 다른 연구자들도 반론을 제기했지만, 장인국 사료를 다시 한번 검토할 필요가 있다.

> ⑤ 新羅, … 東距長人, 東南日本, 西百濟, 南瀕海, 北高麗. … 長人者, 人類長三丈, 鋸牙鉤爪, 黑毛覆身, 不火食, 噬禽獸, 或搏人以食. 得婦人, 以治衣服. 其國連山數十里, 有峽, 固以鐵闔, 號關門, 新羅常屯弩士數千守之.(『新唐書』 권220, 新羅傳)

> ⑥ 新羅國, 東南與日本隣, 東與長人國接. 長人身三丈, 鋸牙鉤爪, 不火食. 逐禽獸而食之, 時亦食人. 裸其軀, 黑毛覆之. 其境限以連山數千里, 中有山峽, 固以銕門, 謂之銕關. 常使弓弩數千守之, 由是不過.〈出紀聞〉(『太平廣記』 권481, 蠻夷 2, 新羅)

> ⑦ 又天寶初, 使贊善大夫魏曜使新羅, 策立幼主. 曜年老, 深憚之. 有客曾

---

64 李成市, 위의 논문, pp.399~400.
65 李成市, 위의 논문, p.401.
66 酒寄雅志, 앞의 논문 a, pp.108~109; 赤羽目匡由, 앞의 논문 a, pp.37~39 및 앞의 논문 c, pp.168~177.
67 송기호, 「서평: 한·일간의 거리 좁히기: 거울 저편의 肖像을 보며—李成市의 두 저서를 읽고」, 『韓國史論』 41·42합, 1999, pp.984~985.

到新羅, 因訪其行路. 客曰, 永徽中, 新羅日本皆通好, 遣使兼報之. 使人既達新羅, 將赴日本國, 海中遇風, 波濤大起, 數十日不止. 隨波漂流, 不知所屆, 忽風止波靜, 至海岸邊. 日方欲暮, 時同志數船, 乃維舟登岸, 約百有餘人. 岸高二三十丈, 望見屋宇, 爭往趨之. 有長人出, 長二丈, 身具衣服, 言語不通. 見唐人至, 大喜, 于是遮擁令入宅中, 以石填門, 而皆出去. 俄有種類百餘, 相隨而到, 乃簡閱唐人膚體肥充者, 得五十餘人, 盡烹之, 相與食噉. 兼出醇酒, 同為宴樂, 夜深皆醉. 諸人因得至諸院, 後院有婦人三十人, 皆前後風漂, 為所擄者. 自言男子盡被食之, 唯留婦人, 使造衣服. 汝等今乘其醉, 何為不去, 吾請道焉. 衆悅. 婦人出其練縷數百匹負之, 然後取刀, 盡斷醉者首, 乃行至海岸, 岸高昏黑不可下. 皆以帛繫身, 自縋而下, 諸人更相縋下, 至水濱, 皆得入船. 及天曙船發, 聞山頭叫聲, 顧來處, 已有千餘矣, 絡繹下山, 須臾至岸, 既不及船, 虓吼振騰. 使者及婦人並得還.〈出紀聞〉(上同)

장인국 설화는 중국 고대부터 전해 내려왔는데, 사료 ⑤에서 보듯이 『신당서』 신라전에도 실려 있다. 이미 이성시가 고증했듯이 이것은 『太平廣記』에 인용된 『紀聞』(사료 ⑥, ⑦)에 실려 있었던 것이라고 한다. 『紀聞』은 당나라 牛肅이 지은 傳奇小說集이지만, 지금은 전하지 않는다.

일찍이 김부식이 장인국에 대해서 허황한 것이라고 했듯이[68] 장인국 설화를 사실이 아닌 것으로 치부해 버리면 문제는 간단하다. 그러나 혹시 설화 가운데 역사적 사실을 담고 있다면 한번 검토해 볼 만하다.

첫째는 설화의 배경 연대이다. 사료 ⑦을 보면, 天寶(742~756) 초년에

68 『三國史記』 권34, 地理 1, 「新書又云, 東距長人, 長人者, 人長三丈, 鋸牙鉤爪, 搏人以食, 新羅常屯弩士數千, 守之. 此皆傳聞懸說, 非實錄也. … 又相傳, 東海絕島上有大人國, 而人無見者, 豈有弩士守之者.」.

魏曜가 신라로 사신을 떠나기 전에 어느 客으로부터 설화를 들었는데, 이 객은 永徽(650~655) 연간에 신라에 사신으로 갔다가 다시 일본으로 가는 도중에 표류해서 長人을 만난 것으로 되어 있다. 두 연대가 대략 90년이나 차이가 나서 신빙성이 떨어지지만, 배경 연대가 8세기뿐 아니라 발해 건국 이전인 7세기까지 올라갈 가능성을 보여 준다.

둘째는 長人 소재지이다. 신라의 동쪽에 있다고 해서 일본과 관련된 설화로 보기도 하는데, 함경도 지역을 가리키는 견해도 있다. 후자의 근거는 다음 한 가지 사항에 있다. 설화에 신라가 鐵闔(銕關)에 항상 弩士(弓弩) 수천 명을 배치하여 지킨다고 되어 있다. 이것은 앞서 언급한 두 사료, 즉 675년 안북하에 鐵關城을 설치하고 681년 안변에 정예의 군사를 주둔시킨 사실과 대응되는 듯하다. 만일 그렇다면 앞서 언급한 바와 같이 철관성과 군사 주둔지는 동일 지역이 된다. 따라서 681년 이후 721년 장성을 쌓아 전선을 북상시키기 전까지가 시대적 배경이 된다. 이것까지 고려하면 장인국 설화는 발해 건국 이전 또는 아직 발해 세력과 맞닿기 전인 건국 직후가 배경이 된다.

셋째는 장인의 실체이다. 신라의 두 조치는 고구려가 멸망하고 발해 세력이 남하하기 전 힘의 공백 지대에 있었던 존재에 대한 방어책이었으니, 신라 동북경에 거주하던 異種族이 그 대상이었을 것이다. 靺鞨, 狄賊이나 신라 말기 이후 蕃人, 北狄, 北蕃 등으로 불린 이들이 그들이다. 말갈은 강릉과 접해 있던 적이 있었고,[69] 675년 靺鞨이 북방의 阿達城을 공략하여 신라의 素那를 전사시켰고,[70] 693년에는 狄賊이 北溟 경계에서 金蘭(강원도 통천)에 놀러 간 신라의 國仙 夫禮郎을 잡아간 일이 있다.[71] 이들의

69 『三國遺事』 권1, 靺鞨渤海, 「又靺鞨地接阿瑟羅州」.

70 『三國史記』 권47, 素那傳.

71 『三國遺事』 권3, 栢栗寺, 「天授三年壬辰九月七日, 孝昭王奉大玄薩湌之子夫禮郎爲國仙, 珠履千徒, 親安常尤甚. 天授四年〈卽長壽二年〉癸巳暮春之月, 領徒遊金蘭, 到北溟之境, 被

실체에 대해서는 여러 설이 있지만,[72] 적어도 양국의 국경 지대에 이질적인 집단이 존재했던 것은 사실이다.

이들 집단은 정체성을 잃지 않고 있었던 것 같다. 886년에 狄國, 寶露國, 黑水國이 등장하고,[73] 진성여왕(887~897) 초년에 黑水가 신라를 침공했다고 하는데,[74] 발해나 신라의 통제력이 약화된 틈을 타서 다시 독자적 활동을 시작한 것으로 생각되기 때문이다. 10세기 들어서는 黑水, 達姑(達姤), 鐵利(鐵勒) 등이 등장하는데,[75] 이들 가운데 발해 북방으로부터 이주해 온 집단이 있을지는 모르겠으나 주로 발해의 통제를 벗어나 독자적인 활동을 시작한 상기의 이종족들일 것이다. 흑수와 철리는 원래 말갈 종족이고, 달고는 실위 종족이다.

이상으로 보건대, 설령 장인 설화가 역사적 사실을 반영한 것이라고 인정해도 발해인과 직결시키기는 어렵다. 상식으로 보아도 실존하는 국가를 이렇게 괴기한 이미지로 묘사했을 리가 없다. 이성시가 이 설화에 주목한 것도 역시 양국을 대립관계 속에서 바라보려는 선입견 때문이었다.

狄賊所掠而去, 門客皆失措而還, 獨安常追迹之, 是三月十一日也.」.

72 이들의 실체에 대해서는 원주민설, 만주 종족의 강제 또는 자발 이주민설이 제기되었으나, 모두 명확한 근거를 제시하기가 어려운 실정이다. 원래 室韋의 일종인 達姑가 靺鞨別部로 나오는 것은 이주민설과 맞지 않는 것처럼 여겨진다. 이들에 관한 몇 편의 논문을 제시한다.
池內宏, 앞의 논문, pp.55~60.
三上次男, 「新羅東北境外における黑水 · 鐵勒 · 達姑等の諸族に就いて」, 『高句麗と渤海』 吉川弘文館, 1990.
馬一虹, 「靺鞨與朝鮮半島諸國的關系」, 『靺鞨、渤海與周邊國家、部族關系史研究』, 中國社會科學出版社, 2011, pp.175~190.
赤羽目匡由, 앞의 논문 c.

73 『三國史記』 권11, 新羅 憲康王, 「十二年春, 北鎭奏, 狄國人入鎭, 以片木掛樹而歸. 遂取以獻, 其木書十五字云, 寶露國與黑水國人, 共向新羅國和通.」.

74 『東文選』 권43, 讓位表, 「而及愚臣繼守, 諸患併臻. 始則黑水侵疆, 曾噴毒液, 次乃綠林成黨, 競簸狂氛.」.
李基東, 「新羅 下代의 王位繼承과 政治過程」, 앞의 책, pp.175~176 및 赤羽目匡由, 앞의 논문 c, pp.155~158.

75 赤羽目匡由, 앞의 논문 c, pp.148~155.

그런가 하면 『入唐求法巡禮行記』의 추석에 얽힌 얘기를 들어 대립관계의 증거로 삼기도 한다.[76] 다음은 그 사료이다.

> ⑧ 十五日, 寺家設餺飩餅食等, 作八月十五日之節. 斯節諸國未有, 唯新羅國獨有此節. 老僧等語云, 新羅國, 昔與渤海相戰之時, 以是日得勝矣. 仍作節, 樂而喜儛, 永代相續不息. 設百種飮食, 歌儛管絃, 以晝續夜, 三箇日便休. 今此山院, 追慕鄕國, 今日作節. 其渤海爲新羅罰, 纔有一千人, 向北逃去. 向後却來, 依舊爲國. 今喚渤海國之者是也.(『入唐求法巡禮行記』 권2, 開成 4년 8월)

추석은 발해와 싸워 이긴 전승기념일이라는 설명인데, 酒寄雅志가 733년에 벌어졌던 전쟁을 가리킨다고 보았듯이 언뜻 그렇게 여겨진다. 그러나 내용을 검토해 보면 사정은 다르다.[77] 우선 8월 15일 날짜만 보아도 그러하니, 733년 전쟁은 겨울에 벌어져 계절이 전혀 다르다. 나당연합군이 고구려 평양성을 함락한 것이 9월이므로, 기존의 추석 명절에 이 전승기념이 결합되었을 것이다. 위의 문장에 발해가 세 번 나오는데, 앞의 두 발해는 실은 고구려이다. 고구려인 1천 명이 북쪽으로 도망가서 나라를 세운 것이 발해이기 때문이다. 따라서 발해와 고구려를 동일시했던 신라인의 생각을 읽을 수 있는 사료이지 발해와 신라의 대립을 보여 주는 것은 아니다.

---

76 酒寄雅志, 앞의 논문 a, p.109.

77 송기호, 「발해의 고구려 계승성 補論」, 『발해 사회문화사 연구』, 서울대학교출판문화원, 2011, p.309.

4. 남북한과 남북국

발해와 신라가 공존하던 시기를 南北國時代라고 한다. '통일신라와 발해의 시대'라는 용어보다 간단명료한 표현이다. 아마 우리 시대는 먼 훗날 '남북 분단의 시대' 또는 '남북한시대'로 불릴 것이다. 그런 점에서 과거와 현재를 비교해 보는 것도 의미가 있을 것 같다. 물론 1천 년 이상 차이가 나는 두 시대를 직접 비교하는 것에 반대할 수도 있다. 현재는 양자 모두 단일민족 의식을 하고 있지만, 과거에는 이와 동일한 의식이 없었다. 그럼에도 상식의 면에서 두 시대를 비교할 수 있다고 생각한다.

해방 직후에 골육상잔의 전쟁을 치름으로써 남북한 사이에는 씻기 어려운 갈등의 골이 형성되었다. 그런데도 양자 사이에는 반목을 기조로 하면서 상호 왕래도 제법 있었다. 대립과 교류가 교차한 것이다. 발해와 신라가 남북국을 이룬 직후에도 두 나라 사이에 전쟁이 있었지만, 전쟁의 강도에서는 1950년의 전쟁과 비할 바가 아니었다. 따라서 지금의 정황과 비교해 보더라도 남북국 사이에 대립과 교류가 교차했던 것이 사실에 맞을 것이다. 이것이 정상적인 역사상일 것이다.

1980년대 북한 바로알기운동이 벌어졌을 때, 당시 교과서 편찬에 관여하던 변태섭 교수께 기왕의 발해 서술에 고칠 것이 있다고 말했었다. 두 나라가 항상 대립적이었다는 기존의 서술을 바꾸어 두 나라 사이의 교류 사실을 적시해야 하고, 발해사를 한국사에 적극적으로 편입하기 위해서 남북국시대라는 용어를 써야 한다고 건의하였다.[78] 이 건의가 받아들여져 마침내 교과서에 반영되었다.

남북국시대론은 이념의 소산이 아니다. 신라는 嫡子요 발해는 庶子가 아니라 양국 모두 한국사의 적자로 삼아야 한다는 당위론이다. 그런데 양

78 『역사비평』 편집위원회 엮음, 『역사용어 바로쓰기』, 역사비평사, 2006, p.33.

국이 대립 일변도였다고 한다면, 李成市의 주장에서 보듯이 남북국시대를 제기하는 명분도 한계가 있을 수밖에 없을 것이다. 다행히 그것은 사실이 아니다.

당나라 登州에 나란히 있었던 渤海館과 新羅館[79] 사이에 정녕 냉기만 흐르지는 않았을 것이다. (2019년)

79 『入唐求法巡禮行記』 권2, 開成 5년 3월 2일, 「登州都督府, … 城南街東, 有新羅館·渤海館.」.

제 II 부

국내외 발해사 연구

제3장 조선시대 史書에 나타난 渤海觀

제4장 柳得恭의 생애와 저술

제5장 柳得恭의 『渤海考』와 成海應

제6장 북한의 발해사·통일신라사 연구

제7장 일본에서 접근한 발해사: 酒寄雅志와 石井正敏의 저서를 읽고

제8장 러시아 연해주의 발해사 연구

제3장 조선시대 史書에 나타난 渤海觀

1. 머리말

발해사는 한국의 역사에서 독특한 위치를 차지한다. 고구려, 백제, 신라 등의 역사가 우리의 역사로 당연시되었던 것과 달리 발해사는 그것이 과연 우리의 역사인가 아닌가 하는 기본적인 물음이 지속해서 제기되어 왔기 때문이다. 따라서 발해사의 경우는 그 실체를 밝히는 실증적인 측면과 함께 발해사를 어떻게 볼 것인가 하는 인식적인 측면이 항상 양립하는 특징이 있다.

발해사에 대해서는 당시 이웃하고 있던 신라에서 이미 靺鞨系 國家로 인식하기도 하고 高句麗系 國家로 인식하기도 하는 양면성이 나타났다.[1] 그러한 인식은 고려 이후에도 지속되었고, 더구나 고려에서 조선 중기에 이르는 기간에는 발해사를 우리 역사로 인정하지 않으려는 소극적 태도가 주류를 이루었다. 이에 따라 조선 후기에 이르러서야 발해사를 우리 역사에 넣으려는 본격적인 논의가 진행되었다. 발해사에 대한 실증적인 연구도 이 시기에 이르러 비로소 진행되었다. 조선 후기는 그 이전 어느 때보다도 발해에 대한 관심이 고조되던 시기로서, 이 시기의 연구 동

1 송기호, 「발해에 대한 신라의 양면적 인식과 그 배경」, 『韓國史論』 19, 서울대학교 국사학과, 1988.

향을 제대로 이해해야만 우리나라에서 전개되었던 발해사의 연구 흐름을 올바로 파악할 수 있을 것이다.

조선 후기 실학자들의 역사 인식에 대해서는 많은 연구가 있다.[2] 그러나 대부분 개인을 대상으로 하여 사학사적인 검토를 한 것이고, 한 주제를 가지고 通時代的으로 분석한 것은 그리 많지 않다. 발해사의 경우에도 역시 마찬가지이다. 조선 후기의 발해사 연구를 집중적으로 다룬 것으로는 石井正敏, 李萬烈 등의 글이 대표적이고,[3] 그 밖에 부분적으로 다룬 것이 몇몇 있을 뿐이다.[4]

이들은 그 당시에 발해사를 어떻게 생각했는가 하는 인식적인 측면에 중점을 둔 것으로 실증적인 연구가 어떻게 진행되었는가 하는 측면은 다루지 않았다. 실학 시기 연구의 특징이 문헌 고증이라고 한다면 당연히 이 측면에서도 검토가 필요하다. 또 인식적인 측면에서의 연구도 단지 발해를 우리 역사로 인정했는가 아니면 인정하지 않았는가에 집중되어 있어 이분법적인 분석에 머문 한계도 지적하지 않을 수 없다. 또한 발해사

---

2 주요 연구 목록은 다음에 제시되어 있다.
趙珖, 「朝鮮後期의 歷史認識」, 『韓國史學史의 硏究』, 한국사연구회 편, 을유문화사, 1985, pp.137~138.
조성을, 「조선 후기 사학사 연구현황」, 『韓國中世社會 解體期의 諸問題』 上, 한울, 1987, pp.308~310.
池斗煥, 「實學關係硏究論著總目錄」, 『泰東古典硏究』 3, 1987.
그 밖에 주요 연구 저서로는 다음이 있다.
韓永愚, 『朝鮮後期史學史硏究』, 일지사, 1989.

3 石井正敏, 「朝鮮における渤海觀の變遷 — 新羅~李朝」, 『朝鮮史硏究會論文集』 15, 1978.
李萬烈, 「朝鮮後期의 渤海史認識」, 『韓沽劤博士停年紀念史學論叢』, 지식산업사, 1981.
李龍範, 「實學者의 渤海史觀」, 연세대학교 국학연구원 16회 실학공개강좌 발표 요지, 1983. 6. 29.
孫玉良, 「柳得恭與《渤海考》」, 『學習與探索』 1986-6.

4 李龍範, 「渤海史硏究의 回顧와 國史」, 『韓國思想』 1964-7.
浜田耕策, 「渤海史をめぐる朝鮮史學界の動向 — 共和國と韓國の南北國時代論について」, 『朝鮮學報』 86, 1978.
李龍範, 「解題 — 淵泉先生 東史世家」, 『東方學志』 38, 1983.

에 관심을 표명한 이 시기의 문헌들이 모두 발해사를 우리 역사로 인정한 것은 아니라는 사실도 지적해 둘 필요가 있다.

따라서 이 글에서는 이상의 문제점에 유의하면서, 조선시대의 渤海觀을 발해사의 인식과 실증적 연구라는 두 측면에서 살펴보겠다. 전자의 경우에는 발해사 인식의 변화 과정에 초점을 맞추겠다. 후자의 경우에는 주로 地理考證을 중심으로 고찰하고자 하는데, 이 당시의 고증이 주로 이 분야에 집중되어 있기 때문이다. 다음으로 이 두 가지 측면에서의 고찰을 바탕으로 해서 발해관의 변천 과정을 정리한 후, 그러한 변화가 나타나게 된 계기를 검토해 보겠다.

2. 발해사 인식의 변화 과정

발해사를 본격적으로 다루게 된 것은 조선 후기 실학자들에 의해서이다. 이들은 발해사에 대한 종래의 소극적 태도를 극복하고, 발해사가 한국사의 범주에 정당하게 자리 잡아야 한다고 주장하였다. 그러나 이러한 인식의 변화는 단시일 내에 이루어진 것은 아니었다. 고려시대와 조선 전기, 중기까지 이어지던 종래의 관념을 벗어나기란 쉬운 일이 아니었으며, 특히 국사 체계의 기준을 제시한 조선의 대표적인 역사서『東國通鑑』에서 표명한 발해사 인식에서 벗어나는 것은 여간한 일이 아니었을 것이다.

단지 발해사를 한국사의 일부로 취급한 것과 그렇지 않은 것으로 조선시대의 역사서를 일도양단하는 기왕의 분석 틀로는 이러한 인식의 변화 과정을 제대로 규명하기가 어렵다. 따라서 이 글에서는 이 방법을 지양하고, 발해사에 대한 인식 자체의 변화 내용을 추적하여 귀납적으로 단계를 설정하고자 한다. 그 결과 조선 전기부터 후기에 이르는 역사 문헌들은 대략 다음과 같이 세 단계를 거치면서 발해사 인식이 변했음을 확인할 수 있다.

1) 인접 국가로의 인식 단계

발해사를 우리 역사로 인정하지 않던 단계이다. 이에 따라 발해사를 전혀 다루지 않은 경우도 있지만, 대부분 부분적으로나마 발해사를 서술하고 있기는 하다. 후자의 경우는 발해를 통일신라에 이웃했던 인접 국가로 인식한 것인데, 비록 발해사가 우리 역사는 아니지만 그렇다고 전혀 무관한 것도 아니라는 의식의 발로이다. 이러한 부분적인 관심은 장차 발해사를 재인식하는 단초가 되었다고 할 수 있다.

이 단계에서는 발해를 통일신라와 시간적으로 동시대이고 공간적으로 이웃했던 나라로 인식하였으며, 그 결과 발해사를 통일신라사 속에서 부수적으로 다루는 방식을 택하였다. 발해의 종족 구성이나 대조영의 출신에 대해서는 종래의 모호한 문헌 기록을 비판 없이 거의 그대로 답습하거나, 오히려 말갈족에 가깝게 이해하였다.

이러한 인식을 대표하는 역사서가 『東國通鑑』(1485)이다. 이 책에서는 발해사를 우리 역사로 보지 않았다. 그것은 거란에 대한 고려 태조의 정책을 비판한 史論에서 분명히 나타난다. 고려 태조가 거란 사신을 거부했던 사건을 들어 "거란이 발해에 신의를 저버린 것이 우리와 무슨 상관이 있기에 발해를 위하여 보복을 한다고 하는가?" 하고 비판하였다.[5] 발해와 우리와는 아무런 관련이 없다는 것으로, 이를 통해 발해사를 우리 역사로 인식하지 않았음을 확인할 수 있다.[6]

---

5 『東國通鑑』 권13, 고려 태조 25년조 史論(景仁文化社 영인본 제1책, 1987, pp.301~302), 「契丹之失信於渤海, 何與於我而爲渤海報復, 拒其使甚矣而流之于海島, 却其槖馳甚矣而致令餓死.」.

6 韓永愚, 『朝鮮前期史學史硏究』, 서울대학교출판부, 1981, p.203.

그렇다고 이 책에서 발해사를 전혀 다루지 않은 것은 아니다. 신라사나 고려사 속에 발해와 관련된 사실들이 간략히 언급되어 있다. 그 까닭은 安鼎福의 글에서 찾을 수 있다. 그는 발해를 우리 역사에 넣을 수는 없으나, 본래 고구려 옛 땅이고 우리와 이웃하여 서로 의지하는 관계를 맺었었기 때문에 『동국통감』에서 이를 갖추어 서술하였으며, 자신도 이를 따른다고 『東史綱目』 凡例에서 밝혔다.[7]

이처럼 『동국통감』에서는 발해를 우리 역사가 아니라 단지 인접국의 역사로서 다루었다. 이것은 그 후 조선시대 발해사 인식의 근간을 이루게 되었으니, 조선 후기에 새로이 등장하는 발해사 인식은 이 근간을 탈피한 결과물이다.

이와 같은 인식은 『東國史略』(朴祥, 16세기 초), 『東史纂要』(吳澐, 1606), 『東史補遺』(趙挺, 1646), 『東國通鑑提綱』(洪汝河, 1672), 『東國歷代總目』(洪萬宗, 1705) 등으로 거의 그대로 이어졌다. 이들도 통일신라의 역사 안에서 발해사를 다루었다. 그리고 『同文廣考』(영조대)에서는 발해를 東胡의 나라로 취급하였는데, 우리 역사로 인정하지 않는 점에서 이러한 의식을 계승한 것으로 볼 수 있다.[8]

『新增東國輿地勝覽』(1530)이나 『歷代紀年』(鄭逑, 17세기 초)처럼 발해사를 아예 다루지 않은 것도 있다. 전자는 비록 지리서이기는 하지만 建置沿革條와 같이 역사서의 역할을 하는 부분이 있는데, 함경도나 평안도의 경우 발해 시기에 대해서 전혀 언급이 없다. 이 점은 후술하는 후대의 지리서들과 비교된다. 후자는 신라사에서뿐 아니라 부록으로 달린 「東方三十五國」에서도 발해가 전혀 보이지 않는다. 이 책들에서는 발해사가 우

金哲埈, 「益齋 李齊賢의 史學」, 『韓國史學史研究』, 서울대학교출판부, 1990, p.325.

7 『東史綱目』 凡例(景仁文化社 영인본 제1책, 1987, p.14), 「渤海不當錄于我史, 而本爲高句麗故地, 與我壤界相接, 義關唇齒, 故通鑑備書之, 今從之.」.

8 『同文廣考』(奎 6885) 권4, 北荒諸夷考.

리 역사로 다루어지지 않았을 뿐 아니라 인접 국가의 역사로서 최소한의 관심마저 보이지 않았다. 이런 점에서 『동국통감』보다 발해사에 대해 더 소극적인 태도를 취했다고 할 수 있다.

반면에 『동국통감』의 발해사 인식을 그대로 계승하면서, 서술 분량이 오히려 증가한 경우도 있다. 그러한 것으로 『東史會綱』(林象德, 1711)이 있다. 원래 이 책의 고대사 부분은 『여사제강』과 『동국통감』을 참고하여 편찬되었기 때문에[9] 이들의 발해사 인식을 크게 벗어날 수 없었다. 그리하여 「年表」에는 발해사가 포함되어 있지 않다. 그러나 발해 자체의 영토에 대한 관심에서 나타난 것은 아니지만, 「附論辯諸條」에서는 弁韓 지방과 대동강 이북 땅의 소속 문제와 관련하여 발해에 대해서 언급하였고,[10] 본문의 발해사 분량도 많다.

『동국통감』적인 인식은 17세기까지도 주류를 이루었으며, 발해의 종족 구성에 관한 언급에서도 그러한 영향력이 확인된다. 『동국통감』에서는 "발해는 본래 粟末靺鞨이니, 즉 高句麗 別種이다."[11]라고 하였다. 이것은 『舊唐書』와 『新唐書』의 기록을 서로 결합한 것으로서, 같은 시기의 사서인 『三國史節要』와 동일하다. 또 『高麗史』나 『高麗史節要』가 발해는 본래 속말말갈이라고 하면서도 대조영을 '고구려인'으로 표현한 것과는 다르다.

『동국통감』의 표현은 『동사찬요』, 『동사보유』, 『동국통감제강』, 『동국역대총목』, 『동사회강』에 그대로 나타난다. 그러나 『동국사략』에서는 "발해는 본래 속말말갈이다."[12]라고만 하여 고구려와의 관련 구절을 삭제하

---

9 한영우, 앞의 책, 1989, pp.170~171.

10 『東史會綱』 附論辯諸條 三韓地方之辯(아세아문화사 영인본, 1974, p.15 상) 및 東方地名之辯(위의 책, pp.17 하~18 상).

11 『동국통감』 권10, 신라 聖德王 12년(앞의 책 제1책, p.220), 「渤海, 本粟末靺鞨, 卽高句麗別種.」.

12 『東國史略』 권2, 신라 성덕왕(『韓國史書叢刊』 1, 驪江出版社, 1986, p.51 상).

였다. 『동문광고』에서는 아예 대조영을 속말말갈인으로 단정하였다.[13] 이처럼 대부분의 역사서가 발해의 족속 구성이나 그 건국자인 대조영의 출신에 대해서 『구당서』와 『신당서』의 표현을 결합해서 만든 『동국통감』의 기술을 그대로 채택하였으며, 독자적인 해석은 보이지 않는다. 그렇지 않으면 아예 말갈인의 입장에서 서술하는 경우도 일부 보인다.

한편 鄭道傳은 고려가 발해를 與國(우방국)이라고 부르면서 발해 유민을 포용한 조치를 칭찬하였는데,[14] 『동국통감』에서는 이런 인식에 대해서 비판적인 입장으로 돌아섰다고 보는 견해가 있다.[15] 정도전의 글은 李齊賢의 贊과 史臣의 贊을 채용한 것으로서 이전의 역사 인식을 답습한 것이고, 더구나 『高麗史』의 '契丹嘗與渤海連和' 구절을 참고하건대[16] 與國은 '우리의 여국'이 아니라 '거란의 여국'이라는 의미로 사용된 것으로 보인다. 따라서 정도전 자신이 발해를 적극적으로 우리 역사로 인식했다고 판단하기에는 무리가 있다.

2) 고구려 계승국으로의 인식 단계

이러한 인식은 다시 두 시기를 거치면서 변화한다. 전기에서는 발해가 영토 면에서 고구려를 계승한 사실을 인식하였는데, 후기가 되면 영토의 계승뿐 아니라 발해를 건국한 사람들도 고구려 유민이었다는 사실을 인식하게 되었다. 이에 따라 후기에 이르러서야 비로소 발해가 우리 역사의

---

13 『동문광고』 권4, 北荒諸夷考.

14 『三峯集』 권12, 經濟文鑑別集 下, 君道, 高麗國 太祖, 「以契丹之強, 而侵伐與國則絕之, 以渤海之弱, 而失地無歸則撫之. … 而其宏規遠略, 深仁厚澤, 固已培養五百年之國脈矣.」.

15 韓永愚, 『鄭道傳思想의 硏究』 개정판, 서울대학교출판부, 1983, p.170; 한영우, 앞의 책, 1989, p.203.

16 『高麗史』 권2, 太祖, 「二十五年冬十月, 契丹遣使來遺橐駝五十匹, 王以契丹嘗與渤海連和, 忽生疑貳, 背盟殄滅, 此甚無道, 不足遠結爲隣, 遂絕交聘, 流其使三十人于海島, 繫橐駝萬夫橋下, 皆餓死.」.

일부라는 생각을 본격적으로 가지게 되었다.

(1) 영토의 계승 인식 단계

전기에서는 발해가 영토 면에서 고구려를 계승했던 데에 많은 관심을 기울였다. 그러면서 앞 단계보다 발해사에 대한 서술 분량이 훨씬 많아지고, 그것도 단지 사실의 나열에 그치지 않고 거기에 자신의 견해를 덧붙이기 시작하게 된다. 또 발해사를 지리적으로 통일신라에 이웃했던 나라로 인식했던 데에서 이제는 시간적으로 고구려를 계승한 나라로 인식하는 전환이 이루어졌다. 그 결과 발해사를 통일신라사 속에서 부수적으로 서술하던 형식에서 벗어나 고구려사에 붙이면서도 독립적으로 서술하는 형식으로 변하게 된다.

그러나 발해 건국자의 종족 출신에 대해서는 아직도 전 단계의 서술을 거의 그대로 인용하였다. 그리하여 발해사가 과연 우리나라 역사에 속하는지에 대해서 아직은 명확한 언급을 하지 못하거나, 여전히 부정적인 태도를 취하였다. 이러한 태도에 변화가 오는 것은 다음 단계에 가서야 가능해진다.

이러한 역사 인식에서 선구적인 역할을 한 것이 『東國地理誌』(韓百謙, 1615)이다. 한백겸이 이 책을 저술하게 된 동기 중의 하나가 조선이 왜 弱國이 되어 끊임없이 외적의 침입을 받게 되었는가 하는 역사적 원인을 찾는 것이었으며, 결국 그는 그런 원인을 고구려 영토의 상실에서 찾았다. 이 과정에서 발해를 고구려 영토의 계승국으로 이해하게 되었으니, 이에 따라 신라에 붙였던 발해를 옮겨 처음으로 고구려에 붙이게 되었다.

발해사 부분은 『東史』, 즉 『동사찬요』를 기본으로 하면서 『續文獻通考』를 인용하여 멸망 기록을 보충하였다. 또 『동사찬요』의 인용 부분에서 度地稽(突地稽)에 관한 자료를 덧붙였는데, 이것은 발해의 건국자와 직접 관련된 것으로 결과적으로 그가 돌지계나 걸걸중상, 대조영을 모두 속말말갈족이면서 고구려 별종으로 이해했던 것을 알 수 있다.[17] 그의 말갈 개념은 통설과는 달리 상당히 포괄적인 것으로서 여기에는 읍루와 부여 계통까지도 포함시켰으며, 그러한 부여의 후손들이 고구려에 복속되었다가 나중에 발해를 세운 것으로 설명하였다.[18] 이로 보건대 그는 발해가 부여 계통의 말갈족이 세운 나라로 인식했던 듯하나 더는 명확한 언급을 하지 않았다.

『東事』(許穆, 1667)의 역사 인식도 한백겸과 같이 영토적인 인식을 바탕으로 한 것이다. 그는 世家와 列傳의 구분 기준을 나라의 크기에서 찾았고, 작은 나라는 큰 나라에 정치적으로 附庸되었던 것으로 보았다.[19] 이를 근거로 발해가 고구려에 부용되었던 나라로 취급하여, 발해를 「고구려세가」에 붙여서 서술하였다. 고구려와 발해는 시간적으로 선후관계에 있으므로, 여기서 '부용국'이라는 의미는 단지 정치적 예속뿐 아니라 시간적 계승도 포함하는 것이다. 그런 의미에서 허목도 발해가 고구려를 계승했던 것으로 이해했다고 할 수 있다.

그러면서도 그는 서문에서 말갈이 강대해져 발해를 칭했다고 하였고,[20] 본문에서도 발해 항목을 「말갈열전」으로 설정하였다. 그 안에서 발해의 족속에 대해서 『동국통감』의 설명에서 '卽'자를 제외하고는 그대로 인용하였다. 그런데 우리나라 영역을 논하면서는 북쪽으로 말갈에 이어졌다고 하여,[21] 결과적으로 말갈이 조선에 포함되지 않는 것으로 설명하였다. 이렇게 되면 그가 말갈이 세운 발해를 우리 역사로 취급했는지가 모

---

17 사실 돌지계는 순수 속말말갈인으로 고구려 별종이라고는 할 수 없으므로, 걸걸중상이나 대조영과 같은 성격으로 볼 수 없다. 『舊唐書』 권199하, 北狄 靺鞨傳 참조 바람.

18 『東國地理誌』 後漢書扶餘國傳(一潮閣 영인본, 1987, pp.187~188) 및 後漢書挹婁傳(같은 책, p.189).

19 한영우, 앞의 책, 1989, p.113.

20 『東事』 序(『眉叟全集』 上, 驪江出版社, 1986, p.176 하), 「靺鞨强大, 後稱渤海.」.

21 위의 책 권4, 地乘(위의 책 上, p.205 상), 「朝鮮九域之地, 在燕齊外東南, 西際大海, 北連靺鞨.」.

호해진다.

결국 허목은 발해를 고구려 부용국으로 이해하면서 다른 한편으로는 말갈국가로 이해하였다. 그렇다면 고구려 부용국이라는 것은 종족적인 계승국이 아니라 영토적인 계승국이라는 한정된 의미를 가지는 것이다. 그럼으로써 비록 東國史 안에 「말갈열전」을 설정하기는 하였지만, 아직 발해가 우리 역사에 포함되는지에 대해서는 명확하지 않은 상태에 머물렀다.

이러한 발해사 인식은 『星湖僿說』(李瀷, 1720년대~1750년대)에서도 나타난다. 허목과 이익이 같은 畿湖南人系에 속하고, 이익이 발해에 관해 서술하게 된 직접적인 동기가 허목의 「발해(말갈)열전」이 소상하지 못한 데에서 출발하였으므로,[22] 양자의 관계를 이해할 수 있다. 그러나 이익이 체계적인 역사서를 편찬하지 못했기 때문에 이 책의 經史門을 통해서 그의 발해관을 엿볼 수밖에 없다.

이익은 「발해」 서술에서 주로 허목의 「말갈열전」을 참고하되, 각각의 역사적 사실에 자신의 견해를 덧붙이는 형식을 취하였다. 그도 조선이 왜약한 나라가 되었는가 하는 관심에서 발해를 다루었다. 일차적으로는 영토적 문제 때문이었던 것이다. 다른 사실들에 대해서 자신의 견해를 달면서도 발해의 종족에 대해서는 허목의 표현을 그대로 인용하고 말았듯이, 종족 문제에는 별로 주의를 기울이지 않았다.

그는 발해가 과연 한국사에 속할 수 있는지에 대해서는 오히려 부정적인 태도를 취하기도 하였다.[23] 발해가 요동, 요서 지방을 차지함으로써 고조선과 고구려 땅의 태반을 '잃었다'고 한 것이나, 고려 왕건이 거란 사신을 유배시키고 낙타를 죽인 것은 발해 때문이 아니고 다른 데에 뜻이

22 『星湖僿說』 經史門 渤海(慶熙出版社 영인본 上册, 1967, p.151 상).

23 이익이 발해를 我史로 인정하지 않았다는 사실은 石井正敏, 이만열도 지적하였다. 石井正敏, 앞의 논문, pp.62~63: 이만열, 앞의 논문, pp.458~459.

있기 때문이라고 하면서 발해가 우리와 무슨 상관이 있느냐는 『동국통감』의 史論을 그대로 인용한 것이 그 증거이다.

이 때문에 안정복이 이익의 『성호사설』을 재편하여 『星湖僿說類選』을 편찬하면서 「발해」를 「論史門」에 넣지 않고 여기에 부록으로 달린 「附夷狄」에 넣었다.[24] 이것은 안정복의 발해관이면서 이익의 발해관이기도 하다.

이익의 제자인 安鼎福이 지은 『東史綱目』(1754~1759)에서는 자신의 발해사 인식을 분명히 밝혔다. 앞에서 인용한 바 있듯이, 凡例에서 『동국통감』을 계승하여 발해가 우리 역사가 아니라고 적시한 것이다. 이에 따라 본문에서는 앞 단계와 마찬가지로 발해사를 신라사에 붙여서 서술하였다.

그러면서도 범례에서 발해가 고구려의 옛 땅에서 일어난 나라라고 한 데서나, 「傳授之圖」에서 신라 다음이 아니라 고구려 다음에 부여국과 발해국을 부기하여 놓은 데서는 다른 면을 보여 준다. 따라서 이 책은 비록 시기는 늦지만 인식 면에서는 첫째 단계와 둘째 단계 전기의 과도기 모습을 띤다.

한편 이 책에서는 대조영을 말갈인, 말갈 추장으로 설명하였다.[25] 또 발해 건국 세력이 乞乞仲象, 고구려 별종, 말갈 속말부락 乞四比羽, 고구려 유민(餘種)으로 이루어진 것으로 서술하여 대조영이나 그의 아버지인 걸걸중상이 말갈인일 뿐이지 고구려 별종은 아닌 것으로 이해했던 듯하다.

---

24 『星湖僿說類選』 권8하, 經史篇 論史門 附夷狄.

25 『동사강목』 傳授之圖 附渤海國(앞의 책 제1책, p.45): 권4, 신라 孝昭王 9년(같은 책, p.433): 성덕왕 12년(같은 책, p.436).

(2) 영토 및 주민의 계승 인식 단계

후기에는 발해가 고구려 영토를 계승했다는 점과 함께 발해 건국자도 고구려 유민이었다는 점을 분명히 하였다. 발해 건국자에 대해서는 고구려인으로 인식하기도 하였고, 때로는 비록 혈통상으로 속말말갈 출신이지만 이미 고구려에 복속되어 고구려화했던 사람으로 인식하기도 하였다. 후자의 경우 이전 단계의 인식과 비슷하지만, 종래의 표현을 답습하지 않고 자기 나름대로 재해석하여 표현하고 있는 점이 다르다.

이와 같이 발해를 고구려 유민들이 세운 나라로 확인함에 따라 비로소 발해사를 적극적으로 한국사로 취급하기에 이르렀다. 그러나 아직은 독립된 국가로서가 아니라 고구려 속국으로 다룸으로써 전기와 마찬가지로 고구려사에 붙였다.

이러한 인식의 틀을 최초로 제공한 것이 『疆界考』(申景濬, 1756)이다. 그의 발해사 인식은 「渤海國」에서 피력한 자신의 견해에서 뚜렷이 나타난다. 그는 『新羅古記』, 최치원의 글 등을 인용하면서 乞四比羽는 말갈인이고 乞乞仲象은 고구려인이라고 하였다. 또 고구려가 멸망한 지 10년 후에 대씨가 고구려 유민을 불러일으켜 옛 땅을 회복하였고, 바다를 건너 당의 刺史를 죽임으로써 前王(고구려 왕)의 치욕을 설욕하였으며, 忽汗州를 평양성이라고 부른 것은 옛 도읍지를 못 잊어 했기 때문이라고 하였다.[26] 그러면서 唐史에서는 발해를 外夷로 취급하여 잘라 버리고 麗史에서는 다른 나라로 취급하여 생략해 버림으로써, 전해지는 자취가 없어 애

26 『疆界考』 권5, 渤海國(『旅菴全書』 I, 경인문화사, 1976, p.223 상), 「按乞乞仲象, 或以爲泉蓋蘇, 或以唐虬髯客, … 觀之, 比羽是靺鞨人, 而仲象是句麗之人歟, … 大氏起於高句麗亡十年之後, 能嘘起殘盡, 恢復舊疆, 而又能越海加兵, 殺唐家刺史, 以雪前王之恥, 以所居忽汗州, 號平壤城, 其眷眷於舊都者, 可知矣.」.
여기서 10년 후라는 말은 잘못이니, 당시까지도 발해 건국 연대를 정확히 모르고 있었기 때문에 발생한 것이다. 홀한주를 평양성이라 했다는 것도 『요사』의 오류를 그대로 답습한 것이다.

석하다고도 하였다.[27]

이러한 것들은 발해가 고구려 영토를 계승했을 뿐 아니라 고구려인이 세운 나라임을 분명히 한 것이다. 그가 걸걸중상을 고구려인으로 단정한 것은 조선 초기의 『高麗史』와 『高麗史節要』[28]에서 대조영을 고구려인으로 설명한 이후로 처음이다. 더구나 고구려 왕을 '前王'으로 표현한 것은 발해가 고구려 계승국가임을 분명히 한 것으로 주목되는 표현이다.

그러나 발해의 강역을 논하는 데서는 위와 약간 다른 견해가 나타난다. 여기서 그는 압록강 이북의 수천 리가 고구려 땅이었는데 처음에 발해에 '잃었다가' 다시 거란에 잃었다고 하면서 이것은 신라인의 과오라고 한탄하였다. 그리고 이곳을 차지할 수 있는 기회가 세 번 있었는데, 그러한 기회를 잃고 천하의 약한 나라가 되어 주변국의 능멸을 당하니 원통하다고도 하였다.[29] 이것은 앞의 발해사 인식과 괴리가 되는 것으로 오히려 이익의 견해에 가깝다. 신경준의 발해사 인식이 기존 인식을 크게 바꾸는 것이면서 아직은 종전의 인식을 완전히 극복하지 못한 면도 있다는 것을 보여 준다.

이상의 인식은 그가 『東國文獻備考』(1770)의 「輿地考」 집필을 담당하면서 더욱 구체화되었으니, 여기서는 발해국과 定安國[30]을 부여국, 동옥저국, 報德國 등과 함께 고구려 속국으로 다루었다. 고구려의 속국에 보덕국, 정안국, 발해국이 포함되어 있으니, 여기서도 고구려 복속국이라는 의

---

27 위와 같음, 「唐史, 以外夷夷之, 麗史, 以外國略之, 遺跡不傳, 惜哉.」.

28 『高麗史』 권1, 태조 8년 추9월: 『高麗史節要』 권1, 태조 8년 12월.

29 『강계고』 권5, 渤海國 疆界(앞의 책, pp.223 하~224 상), 「按鴨水之北, 數千里提封, 自是朝鮮舊服, 而高句麗之所有也, 初失之於渤海, 又失之於契丹, … 噫, 此新羅人之過也, … 失此機會, 苟保彈丸, 遂爲天下之弱國, 至今受諸隣之侮, 不少, 嗚呼噫嘻.」.

30 정안국은 발해 유민국가인데, 신경준은 고구려 유민국가로 보았다. 그것은 정안국이 馬韓種이었다는 기록과 고구려=마한설을 결합하여 이해했기 때문이다.
위의 책 권5, 定安國(위의 책, p.221 하), 「按定安之始終疆域, 不可攷, 而史云, 本馬韓種, 則非出自粟末, 而乃高句麗遺民在我東者也, 唐時, 以高句麗爲馬韓, 所謂馬韓卽高句麗也.」.

미 외에 계승국이라는 의미가 내포되어 있다. 그것은 발해국에 대한 그의 註에서 분명히 드러난다. 그는 여기서 앞의 발해사 인식을 더욱 강화하여 대씨는 고구려 옛 장수로서 그 유민에서 일어나 前王의 땅을 모두 회복하였으며, 바다를 건너 당나라 登州刺史를 죽여 전왕의 치욕을 설욕했다고 하였으며, 대조영을 曠世의 호걸이라고도 하였다.[31]

신경준의 발해사 인식은 李萬運에게로 그대로 이어져 『紀年兒覽』(1777~1778)의 모태가 되었다. 이만운이 『동국문헌비고』를 9년 동안 수정, 보충하여 『增訂文獻備考』(1790)의 초고를 완성했던 데에서[32] 그러한 연결성은 충분히 짐작된다. 사실 『기년아람』의 역사 체계가 『동국문헌비고』의 「여지고」와 비슷한데, 특히 정안국과 발해국을 고구려 속국으로 규정한 것은 신경준의 영향임이 틀림없다.[33] 그러나 발해사 서술에서는 신경준의 견해나 자신의 견해를 달지 않고 단지 사료를 정리하는 데 그쳤다. 오히려 『신라고기』의 기록을 잘못 인용하여 대조영이 아닌 걸걸중상이 고구려 옛 장수였던 것으로 적고 있는데, 그 후의 역사서에서도 이를 종종 잘못 인용하고 있다. 책의 부록으로 실린 「附東國歷代地界」에도 발해사 항목이 있지만 그 내용은 앞의 그것과 대동소이하다.

이만운이 『기년아람』을 편찬하는 과정에서 李德懋가 교열, 윤문을 담당하였으니,[34] 이 책에는 두 사람의 역사 인식이 함께 담겨 있다. 이에 따라 이덕무의 저서인 『青莊館全書』(18세기 후반)에도 『기년아람』이 수록되어 있지만, 규장각 소장본 『기년아람』과는 다소 편차가 있다. 뒷부분에는

---

31 『東國文獻備考』(奎6199) 권6, 輿地考 渤海國, 「大氏, 以句麗舊將, 起自殘燼, 十一年之間, 能盡復前王之地, 又越海殺登州刺史韋俊, 以雪前王之恥, … 榮祚(祚榮), 可謂曠世之傑也.」.

32 高錫珪, 「'紀年兒覽'에 나타난 李萬運의 歷史認識」, 『韓國文化』 8, 서울대학교 한국문화연구소, 1987, p.77.

33 『紀年兒覽』(奎7471) 권4, 高句麗屬國.

34 고석규, 앞의 논문, p.81.

'增'이라는 頭註와 함께 일부 내용이 추가되어 있는데, 「渤海國州郡」[35]도 그런 것이다. 또 발해사의 경우 정안국과 함께 '高句麗所屬'으로 명시되어 있기도 하지만, 발해사 서술은 규장각 소장 『기년아람』보다 더 소략하다.

이덕무의 발해사 인식은 신경준과 약간 다른 모습도 보인다. 발해 건국자를 고구려인으로 보지 않고 종래의 견해처럼 고구려에 복속되어 있던 속말말갈 출신으로 본 것이 그것이다.[36]

『기년아람』의 발해사 인식은 『燃黎室記述』(李肯翊, 18세기 말)에도 영향을 끼쳤다. 정안국과 발해국을 고구려 속국에 넣은 것이라든가, 걸걸중상을 고구려 옛 장수로 잘못 서술한 것 등에서 확인할 수 있다.[37]

『기년아람』의 역사 체계는 그 후 『大東掌攷』(洪敬謨, 헌종대)로도 이어졌으니, 이 책에서도 정안국과 발해국을 「高句麗所統諸國」에서 다루었다. 또 걸걸중상을 고구려 옛 장수라고 하면서, 대조영을 高句麗 粟末人이라고 하였다.[38] 대조영을 속말말갈 출신으로 고구려화했던 사람으로 여겼던 것이 분명하다. 이것은 앞서 신경준이 고구려인이라고 규정한 것과 다르기는 하지만 고구려적인 요소를 강조한 데서는 동일하다.

3) 독립국으로의 인식 단계

이상의 두 단계를 거쳐 마침내 발해사를 신라와 대등한 독립국으로 인식하게 되었다. 여기에는 두 부류가 있으니, 첫째는 삼국이나 통일신라와 대

---

35 『青莊館全書』 권26, 紀年兒覽補編 增渤海國州郡(서울대학교 고전총서 2 영인본 中, 1966, pp.352~353).

36 위의 책 권23, 編書雜稿 宋史筌金列傳(위의 책 上, p.338), 「唐初, 有黑水粟末兩靺鞨, 俱附高句麗, 粟末靺鞨, 姓大氏, 後爲渤海國.」: 위의 책 권23, 編書雜稿 宋史筌金列傳(위의 책 上, p.338), 「唐初, 有黑水粟末兩靺鞨, 俱附高句麗, 粟末靺鞨, 姓大氏, 後爲渤海國」.

37 『燃黎室記述』 別集 9, 歷代典故 高句麗屬國(景文社 영인본 別集下, 1976, p.680) 및 渤海國(같은 책, p.693).

38 『大東掌攷』(奎956) 歷代考 高句麗所統諸國.

등하게 世家, 世紀로 다룬 경우이고, 둘째는 한 단계 나아가서 이 시기를 南北國時代로 부른 경우이다. 이 단계에 와서는 고구려 계승성보다는 통일신라와 대등했거나 때로는 발해가 신라보다 우위였다는 인식이 중심을 이루었다. 이에 따라 다시 통일신라와 共時性을 가지면서 발해사가 서술되는 체제를 띠게 된다.

먼저 첫째 부류이다. 그 시초는 『東史』(李種徽, 18세기 후반)에서 찾을 수 있다. 이 책은 비록 완성되지는 않았지만 紀傳體의 형식을 취한 최초의 한국 역사서이다.[39] 그 편목을 보면 단군, 기자 등 삼국 이전의 역사는 本紀에 넣었고, 부여, 발해, 가야의 역사는 世家에 넣었으며, 삼국은 누락되어 있다. 만일 삼국을 본기로 다루려다 미처 서술하지 못한 것이라면[40] 아직도 발해를 신라와 대등한 나라로 보지 않았고, 종래와 같이 한 단계 아래인 부여, 가야 등과 동등한 수준으로 이해했던 것 같다. 그런데도 발해를 고구려의 속국이 아니라 이제는 독립된 나라로 서술한 점은 그 의의가 지대하다.

이종휘는 발해가 고구려의 영토를 계승하였고, 발해 건국자도 고구려 유민이었음을 밝혔다. 우선 영토에 대해서는 「史論」에서 발해가 고구려의 영토를 계승했을 뿐 아니라 그보다 더 넓혀서 단군, 기자 시대의 영역을 비로소 완전히 복구했다고 하였다.[41] 또 발해가 망하고 고려가 들어서 浿水 이남만을 차지하면서 발해 땅의 5분의 2를 영유하게 되었다고도 하였다.[42] 이러한 의식은 『東國通志』(朴周鍾, 1868)에도 영향을 주었으니, 이 책

---

39 한영우, 앞의 책, 1989, p.250.

40 한영우는 「青丘古史敍」를 『東史』의 서문으로 보고, 상호 내용상 불일치를 지적하면서 그 원인의 하나로 이것을 들었다(위의 책, p.249).

41 『修山集』 권6, 史論 古史三國職方考論(景文社 영인본, 1976, p.125 하), 「蓋朝鮮起自檀君, 箕氏據之, 以傳於衛滿, 漢取諸衛滿, 以歸於高勾麗, 勾麗不能合全地, … 及唐取高句麗, 而復歸於渤海大氏, 始完檀箕之幅, 地方五千里, 有五京九州九十二郡縣, 至高麗, 復以浿水爲界, 而得其十之三四, 此朝鮮之疆域也.」.

42 위의 책 권11, 東史 渤海世家(위의 책, p.243 하).

에서는 발해가 역사상 가장 전성시대였다고 하면서 조선의 疆界가 이 시기에 다시 완비되었다고 하였다.[43]

이종휘는 우리나라 땅이 발해 시기까지 최대 판도를 이루다가 고려 이후에 축소되었다고 보았다. 이에 따라 우리나라가 약국이 된 것도 발해의 땅을 잃은 데에 있다고 생각했으며, 이제는 고구려 옛 땅이 아니라 발해의 옛 땅을 찾고자 하였다. 先春嶺 지역과 백두산 외곽 지역을 연결하는 교통로를 확보하게 되면 발해의 옛 땅이 수복되어 三韓과 朝鮮이 하나로 합쳐질 수 있으리라고 한 점,[44] 遼瀋 일대가 단군 이래 발해 때까지 우리 땅이었다가 지금은 중국 땅이 되었다고 하면서 이 지방의 점령을 주장한 점[45] 등에서 발해 고토 회복 의식이 확인된다.

한백겸, 이익, 신경준 등이 우리나라가 약국이 된 이유를 고구려 영토의 상실로 보면서 발해가 고구려의 영토에서 일어난 것을 '잃었다'고 표현한 것과 대비된다. 이들이 발해사에 대해서 관심을 많이 기울인 것은 사실이지만, 이 문제에 대해서는 신라 중심의 사고를 견지함으로써 위와 같은 설명을 하게 되었다. 그 결과 약국을 벗어나기 위해서는 고구려 땅을 되찾자는 高句麗故土 회복 의식으로 나타났다. 그러나 이종휘는 이와 달리 발해 땅을 되찾자는 渤海故土 회복 의식을 내세웠다. 이것은 아주 중요한 전환이라 할 수 있다.

발해의 건국자에 대해서는 대조영의 조상이 고구려 粟末人이라고 하였고, 贊에서는 대조영을 고구려 유민(餓隷)이라고 하였다.[46] 또 다른 곳에

---

43 『東國通志』 권5, 地理志上(太學社 영인본 上册, 1986, p.389).

44 『수산집』 권4, 先春嶺記(앞의 책, p.74 상), 「渤海故土, 亦將次第而復, 然則三韓朝鮮, 合而爲一 …」; 위의 책 권14, 東輿雜記 擬與金公宗瑞書(위의 책, p.311 상), 「我據先春, 則混同之南, 以至于海, 皆可奄有渤海扶餘之域 …」.
金哲埈, 「修山 李種徽의 史學」, 『韓國史學史研究』, 서울대학교출판부, 1990, p.387.

45 위의 책 권6, 贇二(위의 책, p.137 하): 김철준, 위의 논문, pp.392~393.

46 위의 책 권11, 東史 渤海世家(위의 책, p.243 하), 「贊日, 大祚榮, 以高麗一餓隷, 乘時鵲起, 奄有東北諸夷五千里地.」.

서는 고구려가 멸망한 후 유민들이 중국으로 강제로 이주당한 뒤 남은 사람들이 발해를 세웠다고도 하였다.[47] 이로 보건대 그도 대조영을 원래 속말말갈인이었다가 고구려화한 인물로 판단했음을 알 수 있다.

이종휘와 같은 발해사 인식은 洪奭周의 『東史世家』(1820년대)[48]에서 더욱 진전되었다. 그는 발해사를 신라 · 고구려 · 백제사와 함께 世家로 다루어 삼국과 발해를 동등하게 인식하였다. 그가 발해의 영토를 논하면서 단군, 기자, 위만 및 고구려의 옛 땅이 대부분 여기에 속했다고 한 것은 이종휘의 설명과 일치한다.[49] 발해의 건국자에 대해서도 속말말갈 출신으로 보면서 大씨가 항상 고구려에 붙어 있었기 때문에 고구려 별종이라 불렀다고 하였고,[50] 대조영을 고구려 유민으로 파악하기도 하였다.[51] 따라서 그도 건국자를 속말말갈 출신으로 고구려화한 인물로 판단하였다.

『海東繹史』(韓致奫, 1814)와 『海東繹史續』(韓鎭書, 1823)도 그와 같은 부류이다. 한치윤은 世紀로서 발해사를 독립적으로 다루어 신라사와 동등하게 되어 있다. 그러면서도 발해 지배자를 본래 속말부로서 고구려에 臣屬하였던 자로 보기도 하였다.[52] 한진서도 「古今疆域圖」에서 삼국과 함께 발해를 그 대상에 넣었다. 그러나 그도 역시 발해를 靺鞨之種이라 하였고,[53] 평양의 연혁을 서술하면서 이곳에 당나라 안동도호부가 설치되었

47 위의 책 권6, 史論 古史高麗儒林傳論(위의 책, p.127 하), 「而隋唐之時, 民遷於江淮, 而留者爲渤海之國.」.

48 한영우에 의하면 이 책은 『해동역사』보다 늦게 편찬된 듯하다고 하였으나, 여기서는 서술의 편의상 먼저 기술한다(앞의 책, 1989, p.410 주 48 참조).

49 『東史世家』 권4, 渤海世家(『淵泉全書』 6, 旿晟社, 1984, p.336 상), 「余嘗考渤海之疆, 南接于新羅, 檀君箕子衛滿氏及高勾麗之故地, 多在焉.」.

50 위와 같음(위의 책, p.332 하), 「靺鞨之種, 有曰粟末大氏者, 常附高句麗, 或曰高句麗之別種也.」.

51 위와 같음(위의 책, p.336 상), 「贊曰渤海高王, 以芟夷創殘之餘, 一呼而得四十萬衆, 表東海而有之者, 二百餘年.」.

52 『海東繹史』 권11, 世紀 渤海(경인문화사 영인본 上册, 1974, p.157).

53 『海東繹史續』 권9, 地理考 渤海 疆域總論(위의 책 下册, p.601).

다가 발해에 함락되었고, 고려에 이르러 비로소 版籍에 들어왔다고 하였다.[54] 이를 보면 체제상으로는 분명히 발해를 신라와 대등하게 다루고 있으나, 일부에서는 발해를 우리 역사로 생각하지 않았던 것 같은 부분도 보인다. 이것은 아직도 종래의 견해가 완전히 불식되지 못한 것을 보여준다.

거의 같은 시기에 저술된 『疆域考』(丁若鏞, 1811, 1833)의 인식도 이들과 일맥상통한다. 정약용은 일찍이 28세에 수석 합격했던 內閣親試의 試題인 "발해의 옛 땅이 반은 거란에 들어갔으니, 고려 왕조의 통일은 여한이 없느냐?"에 대해서 "고려가 다시 개척하지 못했으니 진실로 한탄할 일이다."라고 하였다.[55] 이처럼 거란의 수중에 들어간 발해의 땅을 되찾지 못한 것을 한탄한 것이라든가 고구려, 백제가 멸망한 후 발해가 이어서 일어났다고 한 데서 알 수 있듯이, 그도 이종휘처럼 고구려 땅이 아닌 발해 땅의 회복을 주장하였다. 이것은 그가 발해를 우리 역사에 적극적으로 넣은 인식의 결과이다. 또한 그것은 개인 차원에 머물지 않고 試題에서 보듯이 그 당시에 비교적 널리 퍼져 있었던 인식이기도 하다.[56]

이러한 그의 지리 인식을 구체화한 것이 疆域考와 그 續考이다. 그가 체계적인 역사서를 쓰지 않았기 때문에 그의 발해사 인식은 이를 통해 고찰할 수밖에 없다. 다만 여기서는 지리 고증에 중점을 두었으므로 그의 인식을 살필 수 있는 곳은 그리 많지 않다.

그는 한백겸의 설을 따라 한강(洌水)을 경계로 북쪽에는 조선, 4군, 고구려, 발해로 이어졌고, 남쪽에는 3한이 백제, 신라, 가야로 이어진 것으로

54 위의 책 권2, 地理考 朝鮮(위의 책, p.495).

55 『與猶堂全書』 제1집 제8권, 詩文集 對策 地理策(경인문화사 영인본 제1책, 1981 p.152 상, p.154 상).

56 박시형, 「다산 정약용의 력사관」, 『정다산』, 1962; 『정다산 연구』, 한마당, 1989, p.200.

설명하였다.[57] 그러므로 그에게는 발해사도 한국사에서 중요한 위치를 점하였다. 그는 발해를 강한 나라로, 신라를 약한 나라로 표현하였고,[58] 중국에 끊임없이 조공하는 자는 그 자취가 후세에 전해지고 발해처럼 강한 자는 오히려 陰厓의 草木처럼 이름마저 전하지 못하는 것을 한탄하였다.[59] 이처럼 북방계 국가와 남방계 국가가 거의 동등하게 발전했다고 하면서도,[60] 통일신라와 발해 가운데 발해사를 더 높이 평가한 일면도 드러난다. 이러한 정약용의 역사 인식은 나중에 북한에서 북방 중심의 고대사 체계를 세우는 데 영향을 주었던 듯하다.[61]

다음으로 둘째 부류를 살펴보겠다. 南北國時代論은 『渤海考』(柳得恭, 1784)에서 비롯되었다. 유득공은 서문에서 고려가 발해를 신라와 동등하게 다루어 南北國史를 써야 했는데 그렇지 못한 것은 잘못이라고 지적하여, 당시로써는 상당히 혁신적인 의식을 담았다. 그러면서도 본문에서는 걸걸중상을 건국자로 보면서 粟末靺鞨人으로서 고구려에 신하로 있었던 자로 보았다. 전체적으로 보아 이 책이 일차적으로 자료의 정리에 중점을 두었기 때문에, 본문에는 서문에 나타난 의식을 뒷받침하지 못한 한계가 있다.[62]

그의 의식은 『大東地志』(金正浩, 1864년경)로 이어졌다. 단군조선에서

57 한영우, 앞의 책, 1989, pp.369~370.

58 733년 신라가 당의 명령을 받아 발해를 공격한 것을 일컬어 다음과 같이 언급하였다. 『여유당전서』 제6집 제4권, 地理集 疆域考 *渤海續考*(앞의 책 제6책, p.352 상), 「新羅弱國也, 遠順皇勑, 近忤强鄰, 我(必?)無是理, 勑命皆誤算也.」.

59 위와 같음(위의 책, p.354 상).

60 한영우, 앞의 책, 1989, p.370.

61 조선 후기에는 북방사의 흐름이 고구려 또는 발해에서 끊어지고 신라의 남방사가 고려로 이어진 것으로 보았던 데에 비해, 북한에서는 발해의 전통이 고려로 이어지면서 오히려 한국사의 주류를 이루었다고 하여 상호 다른 점이 있다. 그러나 북한의 고대사 체계가 실학자들 특히 정약용의 영향이 컸던 점은 부인할 수 없다.

62 서문과 본문이 불일치하는 점에 대해서는 孫玉良도 지적하였다(孫玉良, 앞의 논문, p.129).

고려까지의 역사를 다룬「方輿總志」에서 발해사를 독립된 항목으로 다루었으며, 더욱이「발해국」에서는 삼한-삼국(신라, 가야, 백제)-삼국(고구려, 신라, 백제)-남북국(신라, 발해)으로 이어지는 독특한 고대사 체계를 제시하였다.[63]

이상으로 두 부류에 대해서 살펴보았다. 이들은 상호 모순되는 것이 아니고 오히려 보완적인 것이라 할 수 있다. 그럼에도 두 흐름이 한 사람에게서 동시에 나타나지 않고 각기 독립적으로 나타나는 것은 이 당시 발해사 인식이 더 진전되지 못한 한계를 보여 준다. 장차 이 두 부류가 하나로 융합되어 고대사 체계가 완성되어야 했음에도 19세기 초반을 지나면서 발해사 연구는 더는 진전되지 못하고 말았다. 그런 의미에서 조선 후기의 발해사 인식은 미완의 형태로 끝나 버리게 되었다고 할 수 있다. 미완의 사실은 발해사가 우리 역사라고 주장하면서도 막상 서술 과정에서는 종래의 부정적인 견해를 해소하지 못한 채 그대로 추종하는 곳이 자주 눈에 띈다는 데에서도 확인할 수 있다.

19세기 후반에 완성된 李裕元의『林下筆記』에는 여러 곳에서 발해 사료를 정리하였다.[64] 그러나 발해에 대한 관심이 아직 남아 있는 정도로서 종전처럼 체계적인 검토는 보이지 않는다.

한편 1708년에 조선에서 필사한 서울대학교박물관 소장「坤輿萬國全圖」에는 조선 옆에 "조선은 箕子의 封國이다. … 옛날에 삼한, 예맥, 발해, 실직, 가락, 부여, 신라, 백제, 탐라 등의 나라가 있었는데, 지금 모두 합병되었다."[65]라고 적혀 있어서 발해가 조선의 역사 속에 포함되어 있으나, 이것은 1602년 중국에서 만든 지도를 따른 것이기에 중국의 인식을 반영

63 『大東地志』권31, 方輿總志 渤海國(아세아문화사 영인본, 1976, p.615 상).

64 『林下筆記』권11, 文獻指掌編 渤海, 渤海王, 東人爲中州科, 東國年號: 같은 책 권36, 扶桑開荒攷 定安, 渤海: 같은 책, 권38, 海東樂府 渤海樂.

65 「朝鮮乃箕子封國. … 古有三韓穢貊渤海悉直駕洛扶餘新羅百濟躭羅等國, 今皆併入.」

하는 것이다.

영남대학교 박물관에 소장되어 있는 일본의 조선 지도인 「朝鮮國八道全圖」(1747), 「朝鮮八道之圖」(1806)에도 발해국이 한반도 북부에 표시되어 있어, 이 당시에 일본도 발해를 조선의 역사로 보았던 사실을 알 수 있다.[66]

3. 실증적 연구

실증적인 발해사 연구로는 지리 고증이 중심을 이룬다. 발해사에 대한 인식의 전환이 영토적인 관심에 바탕을 두고 있었기 때문이다. 그 밖의 고찰 대상으로서 발해 紀年, 遺民國家들과 함께 고증의 토대가 되는 자료 이용의 확대 문제도 지적할 수 있다.

발해의 지리 연구에서 기본적인 문헌은 『新唐書』 渤海傳과 『遼史』 地理志이다. 『신당서』 발해전에서는 행정구역의 명칭이 자세히 실려 있지만, 각각의 위치는 모호하게 설명되어 있다. 또 『요사』 지리지는 발해 유민을 요동으로 강제 이동시킨 뒤의 위치를 서술하고 있어서 발해가 마치 요동지방에 있었던 착각을 불러일으키게 하였다.

조선 전기 문헌들의 경우, 대부분 발해의 영토에 대해서 『신당서』의 기록을 옮겨놓는 데에 그쳤다. 그러다가 『동국지리지』, 『성호사설』에 이르러 고구려 옛 땅에 대한 관심이 표명되면서 고구려 영토를 계승한 발해의 영토에까지 관심을 기울이기 시작하였다.

이러한 영토에 대한 관심은 장차 지리 고증으로 발전할 수 있는 발판이 되었다. 우선 『동사회강』에서는 비록 발해 자체에 대한 관심에서 나타

---

66 영남대학교 박물관, 『영남대박물관 소장 韓國의 옛 地圖』 도판편, 1998, pp.187~188.

난 것은 아니지만, 『신당서』에서 발해가 弁韓 땅을 얻었다고 한 것에 대해서 자신의 견해를 표명하고, 대동강 이북이 발해 땅이었다는 점도 언급하여 발해 지리 고증에 첫걸음을 내디뎠다. 이 두 문제는 그 뒤 발해 지리 고증의 주요 대상이 되었다.

『동사강목』에 이르면, 『盛京通志』 기록을 정리하여 15府와 각각에 딸린 州들의 위치를 밝히고자 하였다. 그러나 『성경통지』는 『요사』 지리지의 오류를 답습한 것이므로, 안정복의 고증도 그러한 오류를 시정하지는 못하였다. 이러한 오류를 깨닫기 시작한 것은 『발해고』(1권본)부터이지만, 오류를 시정하면서 본격적으로 발해의 영역을 고찰한 것은 그의 『발해고』(4권본), 성해응의 지리 고증(본서 제6장), 정약용의 『강역고』, 한치윤과 한진서의 『해동역사』, 『해동역사속』에 이르러서이다. 이때 와서 비로소 발해 지리 고증의 백미를 보여 주게 되었으니, 이들이야말로 그 당시 학문의 대표자로 손꼽을 수 있다. 특히 『요사』 지리지의 기록이 錯亂된 원인을 밝힌 것은 당시 중국과 조선을 통틀어 처음으로서, 발해의 지리 고증에 획기적 전기를 마련하였다.

이제부터 지리 고증에서 주요 논점이 되었던 建國地 및 5京 15府의 위치와 발해의 西界 및 南界 문제를 자세히 다루겠다.

1) 建國地 비정

『舊唐書』와 『新唐書』에서는 대조영이 太白山 동북쪽, 東牟山에서 발해를 건국했다고 하였다. 태백산은 현재의 백두산을 가리키는 것이 분명하지만, 동모산이라는 이름은 다른 문헌에서 전혀 나오지 않기 때문에 어느 곳인지에 대해서는 확인할 길이 없었다. 따라서 첫 도읍지에 대해서는 여러 주장이 제기되어 왔고, 1949년 敦化 六頂山에서 貞惠公主 무덤이 발견되어서야 그 부근의 城山子山城이 첫 도읍지일 것이라는 설이 일반화되기에 이르렀다.

이 문제에 대해서 조선시대의 역사서들은 대부분 『신당서』의 기록을 그대로 옮겨놓았을 뿐이다. 그마저 이 책을 직접 인용하지 않고 『동국통감』에서 재인용하는 바람에 오류가 발생하였다. 『신당서』에서 '太白山의 동북쪽'으로 도망하여 건국했다고 하였는데, 이것을 『동국통감』에서는 '太伯山 동쪽'이라고 하여 방위에 오기가 있었다.

『동국역대총목』에서도 대조영이 太伯山 동쪽에 도읍을 정했다고 하면서, 이 산이 寧邊의 妙香山이라는 註를 달아놓았다.[67] 『三國遺事』의 단군신화에서 一然이 달아놓은 주석을 인용한 것이든가, 아니면 『동국여지승람』에서 묘향산을 일명 太伯山이라 한 것을 참작한 듯하다. 이렇게 되면 발해 건국지가 평안도나 함경도 지역이 되어 사실과 크게 틀어지게 되지만, 조선시대 역사서로서는 이 문제에 대해서 처음으로 자신의 견해를 밝힌 사례라고 하겠다.

『동사강목』에서는 태백산의 동쪽을 점거했다고 하면서도 태백산을 백두산에 비정하였다.[68] 그러면서 다른 곳에서는 東牟山을 瀋陽 동쪽의 天柱山으로 비정한 『성경통지』의 기록이 잘못된 것 같다고 하였으나,[69] 더는 언급이 없다.

이 『성경통지』의 기록은 『大明一統志』의 것을 그대로 받아들인 것인데,[70] 『강계고』에서는 동모산이 심양 동쪽 20리에 있다고 한 『대명일통지』를 인용하였으며,[71] 『동국문헌비고』에서도 이 설과 함께 영변설을 소개하였다.[72] 또 『대동장고』나 『대동지지』에서도 『대명일통지』의 설을 옮겨놓

67 『東國歷代總目』(가람古951.01) 신라 성덕왕 癸丑年.
68 『동사강목』 권4, 신라 효소왕 9년(앞의 책 제1책, p.433).
69 위의 책 附卷下, 地理考 渤海國郡縣考(위의 책 제3책, p.611).
70 『盛京通志』 권13, 山川 承德縣 天柱山(대만 文海出版社 영인본 제1책, 1965, p.464).
71 『강계고』 권5, 渤海國(앞의 책 I, p.222 하).
72 『동국문헌비고』 권6, 輿地考 渤海國.

는 데에 그쳤다.

이상에서 태백산을 묘향산으로 비정한 것이라든가 동모산을 천주산으로 비정한 것은 모두 잘못이다. 단지 안정복이 태백산을 백두산으로 제대로 비정했을 뿐 발해 건국지를 사실에 가깝게 규명해낸 사람은 아무도 없다고 해도 과언이 아니다. 이러한 잘못에서 벗어나 건국지를 비교적 정확하게 비정한 사람이 정약용이다. 그는 태백산을 백두산이라고 하였고,[73] 동모산을 額敦山으로 추정하였다.[74] 또 다른 곳에서는 첫 도읍지를 艾丹城에 비정하였다.[75] 애단성은 규장각 소장 '西北界圖'에 오늘날 延吉 부근에 표시되어 있고, 액돈산은 寧古塔(현 寧安) 서남쪽으로서 敦化 부근의 威虎嶺 富尒河 발원지에 해당한다고 한다. 따라서 앞의 추정보다는 발해의 건국지로 알려진 敦化에 가까워진 것을 알 수 있다.

그러나 『동사세가』에서는 대조영이 요동지방을 점거하여 건국한 듯이 서술하였다.[76] 『해동역사속』에서는 寧古塔城을 건국지로 보았고,[77] 또 다른 곳에서는 舊國의 소재지를 烏喇(현재의 吉林市 烏拉) 동남 지역이라고 하여,[78] 서로 괴리가 된다. 아무튼 이 비정들은 정약용에 비해 상대적으로 뒤떨어진 것으로서, 이러한 고증마저 이후에는 단절되어 버린다.

한편 『동사세가』에서는 대조영이 처음에 태백산 동북쪽에 있다가 얼

---

73 『여유당전서』 제6집 제2권, 地理集 疆域考 渤海考(앞의 책 제6책, p.322 상).

74 위와 같음(위의 책, p.322 하), 「東牟山, 旣是營州東二千里, 則正是我白頭山之東北, 今之額敦山, 或其變名也.」.
中京 고증에서도 같은 내용이 있다(같은 책, p.323 하), 「今鏡泊之南二百里, 有額敦山, 其高六十里, 正在虎兒河之西北, 或是東牟山也.」.
虎兒河, 즉 虎兒哈河는 牡丹江을 가리킨다.

75 위의 책 제6집 제4권, 地理集 疆域考 渤海續考(위의 책, p.351 하), 「大氏本都其中京, 今之艾丹城, 似是也.」.
같은 책(같은 책, p.352 하), 「舊國者中京也, 今之艾丹城, 或其舊地.」.

76 『동사세가』 권4, 渤海世家(앞의 책 제6책, p.333 상).

77 『해동역사속』 권9, 地理考 渤海 疆域總論(앞의 책 下冊, p.602).

78 위와 같음(위의 책, p.604).

마 후 동모산 지역으로 옮긴 것으로 서술하였다.[79] 이와 같은 견해는 뒤에 『대동장고』에서도 보이는데, 다른 사서들에서 건국지를 한 곳으로 생각했던 것과는 다르다.

2) 5京, 15府의 위치 비정

발해의 지방 행정구역인 5경, 15부, 62주의 위치에 대해서도 단지 『신당서』의 기록을 옮겨놓은 것이 대부분이다. 『동국통감』이 그러했기 때문에[80] 역시 이로부터 받은 영향일 것이다. 『東事』, 『동국통감제강』, 『강계고』, 『기년아람』, 『東史』, 『연려실기술』 등이 그러하다.

그러다가 『楓岩輯話』(柳光翼, 영조대)에서는 『신당서』와 함께 『요사』 지리지를 일부 인용하였고,[81] 『강계고』나 『청장관전서』에서도 『요사』 기록을 그대로 믿고 따른 사례가 보인다. 본격적으로 이 두 기록을 이용한 것은 『동사강목』에서이다. 여기서는 『신당서』와 『성경통지』를 활용하여 발해의 지리를 논하였다.[82] 그런데 『성경통지』나 여기에 참고가 되었던 『대명일통지』는 모두 『요사』의 오류를 답습하였다. 안정복이 『동사강목』에서 위의 두 책을 무비판적으로 받아들여 정리해 놓음으로써 5경 15부가 마치 요동을 중심으로 하면서 서쪽으로 요서 일부와 동쪽으로 송화강 동쪽 일부에까지 배치되어 있었던 것처럼 되었다. 결과적으로 발해의 중심지가 요동이 되어 버린 것이다.

이어서 『발해고』(1권본)에서는 『신당서』, 『요사』, 『大淸一統志』에서 운위한 발해 지리를 옮겨 적고, 각각의 자료 뒤에 유득공 자신의 견해를 달

---

79 『동사세가』 권4, 발해세가(앞의 책 제6책, p.332 하).
80 『동국통감』 권11, 신라 興德王 5년(앞의 책 제1책, p.242).
81 『楓岩輯話』(奎2967) 권1, 東方地名之辨.
82 『동사강목』 附卷下, 地理考 渤海國郡縣考.

아 놓았다. 여기서 그는 『대청일통지』의 기록대로 5경을 비정해 보면 西京이 동쪽에 있고, 東京이 남쪽에 있으며, 南京이 오히려 서쪽에 있는 결과를 빚어 상호 방위가 어긋난 점을 지적하여 의문을 제기하였다. 그러나 『요사』의 오류를 규명하는 더 이상의 진전은 없다.

5경 15부의 위치를 제대로 비정하기 시작한 것도 정약용과 한치윤, 한진서에 이르러서였다. 우선 이들이 『요사』 지리지의 오류 원인을 밝혔다는 점을 특기하지 않을 수 없다.

정약용은 「渤海考」에서 발해 강역의 대강과 15부의 위치를 고증한 다음 당시의 문헌들에서 15부의 위치가 착란된 원인을 규명하였다. 그는 15부의 위치를 분명하게 알 수 있는 데에도 오류가 발생하게 된 원인은 『요사』 지리지에 있으며, 그 후 『一統志』, 『盛京通志』 등이 이를 그대로 좇음으로써 발해를 마치 요동의 覇主였던 것처럼 만들었다고 지적하였다.[83] 그러면서 『요사』 지리지에서 발해가 요동에 있었던 것처럼 기술하게 된 것은 거란이 발해를 멸하고 그 부락을 사로잡아 요동에 옮기면서 발해 州, 縣의 이름을 가져다 붙였기 때문이라고 하였다.[84] 이와 동일한 지적은 한진서의 「地理考」에서도 보인다.[85]

그런데 정약용, 한진서 모두 5경 15부의 위치를 일일이 비정하고 나서 다시 기왕의 설이 가지는 오류를 지적하는 형식을 취했다는 점과 함께, 다른 한편으로 「지리고」가 원래 한치윤이 草稿를 만들어 놓았던 것을 한진서가 보완하여 완성한 것이라는 점[86]까지 고려하면, 정약용과 한치윤이 누가 먼저랄 것 없이 상호 교류하면서 이러한 견해를 제기했던 것 같다. 이러한 규명은 당시 청나라 학자들에서 전혀 나타나지 않았던 것으로

83 『여유당전서』 제6집 제4권, 지리집 강역고 발해고(앞의 책 제6책, p.326 하).
84 위와 같음, 「契丹旣滅渤海, 虜其部落, 多徙遼東, 遂取渤海州縣之名, 冒之於遼東諸邑.」.
85 『해동역사속』 권9, 지리고 발해 강역총론(앞의 책 下冊, p.601).
86 위의 책, 海東繹史地理考識(위의 책 下冊, p.465).

발해의 지리 고증에 획기적인 발판을 마련한 것이었다.

안정복의 비정과 이들의 비정 그리고 현재의 통설을 비교해 보면 〈표 3-1〉과 같다. 표를 살펴보면, 두 사람의 비정이 동일하거나 비슷한 것으로는 상경, 중경, 동경, 남경, 서경, 부여부, 막힐부, 회원부, 안원부가 있고, 서로 다른 것으로는 장령부, 정리부, 안변부, 솔빈부, 동평부, 철리부가 있다. 이 중에서 장령부, 정리부, 안변부, 솔빈부를 보면 정약용이 요동 부근에 비정했던 데에 비해 한진서는 이보다 더 동쪽 또는 북쪽으로 현재의 길림성이나 흑룡강성에 비정하였는데, 실제 발해 영역을 보건대 한진서의 견해가 더 진전된 것이다. 그런 의미에서 한진서의 고증이 정약용보다 정밀했다고 하겠다. 그러나 그의 고증도 현재의 중국 영토에 머물렀고, 러시아 연해주 지역에까지는 미치지 못하였다.

이렇게 해서 이 당시의 지리 고증은 한진서에서 만개하였고, 그 이후로는 중단되어 버렸다. 오히려 『대동지지』에서는 이들의 설보다는 종래의 설을 좇는 경향이 나타난다.[87] 따라서 실증은 19세기 초반을 경계로 끝을 맺고 말았다.

한편 영남대학교 박물관에 소장되어 있는 「沿革圖七幅」 가운데 발해 영역도가 포함되어 있는데, 작자 미상으로 19세기 이후 작품으로 추정하고 있다.[88] 이 지도를 보면, 상경은 만주 중부에 표시되어 있으나 동경과 남경은 요동에, 중경은 요서에 표시되어 있다. 이 지도에 서경은 보이지 않지만, 대체로 『동사강목』의 지리 고증을 따랐다. 따라서 『해동역사속』에 수록된 「渤海京府圖」보다 지리 비정이 뒤떨어진다.

---

87 『대동지지』 권19 및 권20의 咸鏡道 각 邑의 沿革條 및 권31의 渤海國 國都, 府縣條를 참조 바람.

88 영남대학교 박물관, 앞의 책, p.94.

표 3-1. 지리 고증 비교표

『新唐書』	『東史綱目』	『疆域考』	『海東繹史續』	현재의 비정
上京龍泉府	混同江 서쪽	寧古塔 虎兒哈河 南岸 古大城	영고탑 虎爾哈河 동쪽	寧安 上京城 (東京城)
中京顯德府	廣寧, 義州界	額敦山 부근, 艾丹城 = 건국지	烏喇 東南界 = 건국지	和龍 西古城 ≠ 건국지
東京龍原府	鳳凰城	鍾城 또는 鏡城	鏡城, 富寧 등지	琿春 八連城
南京南海府	海城縣	咸興	北青府 등지	함경남도 青海土城
西京鴨淥府	압록강 상류	虞芮, 慈城 북쪽 강 건너	江界 서북 강 건너	臨江 시내
長領府	永吉州界	興京 東界	永吉州 등지	樺甸 蘇密城
扶餘府	開原縣界	開原縣	개원현	農安 일대
鄚頡府	開原縣城 서북쪽	부여 서북쪽	개원현 동북쪽	?
定理府	興京 界內	瀋陽	영고탑 지방	연해주 니콜라예프카 성터?
安邊府	미상	興京 북쪽, 심양 동쪽	영고탑 지방	연해주 동부?
率賓府	鳳凰城 界內	興京 서남쪽	三水府 서쪽 압록강 내외	東寧 大城子古城
東平府	開原 東界?	烏喇 동쪽, 영고탑 서쪽	영고탑 동북쪽 흑룡강 지방	연해주 북부?
鐵利府	承德縣界	두만강 북쪽, 興開湖 남쪽	영고탑 동북쪽 흑룡강 지방	阿城 부근?
懷遠府	鐵嶺縣地	영고탑 좌우 북쪽의 땅	흑룡강 지방 西界	흑룡강성 동북부?
安元(遠)府	미상	영고탑 좌우 북쪽의 땅	흑룡강 지방 西界	흑룡강성 동부?

3) 발해의 西界와 南界

발해의 서쪽 경계에 대해서는 『요사』 지리지에 기록된 것처럼 요동지방까지도 포함되었는지 여부에 이목이 집중되었다. 그러므로 이 논의는 『요사』 지리지나 이것을 토대로 작성된 明, 淸대의 문헌들을 발해의 지리 고증에 이용하는 단계부터 나타나게 된다.

이익은 『성호사설』에서 대씨가 신라 말기에 분열된 것을 틈타 全遼(요동과 요서)를 취했다고 하였다.[89] 이것은 『신당서』에 발해가 고조선의 땅을 소유했다고 한 것을 근거로 한 것일 것이다. 이에 비해 『풍암집화』,[90] 『동사강목』, 『발해고』, 『연려실기술』에서 요동을 발해 영역에 넣은 것은 명, 청대의 문헌을 바탕으로 한 것이었다.

이들은 요동이 발해 땅이었던 것으로 여겼고, 심지어 요서마저 발해의 영역이었다고 하였다. 이것은 분명히 실상과 거리가 있다. 그렇지만 그것이 끼친 영향은 주목하지 않을 수 없으니, 이를 바탕으로 발해가 고구려 옛 땅을 계승했다는 논리를 이끌어 냈기 때문이다. 발해사가 고구려를 계승한 우리 역사라는 인식을 하게 되는 데에 중요한 역할을 했으므로 그 사학사적 의의가 크다고 하겠다.

요동이 발해 영역이었다고 생각한 것은 역시 『강역고』, 『해동역사속』에 와서야 시정되었다. 이미 언급한 바와 같이 『요사』의 오류 원인을 규명함으로써 요동은 발해 땅이 아니었다고 확언하기에 이르렀다.[91] 그리하여 정약용은 발해의 서쪽 경계가 太子河 남쪽, 靉河 서쪽으로 미치지 못했다고 하였고,[92] 한진서도 서쪽 경계를 開原縣으로 보았다.[93]

---

89 『성호사설』 天地門 生熟女眞(앞의 책 上冊, p.72 상) 및 경사문 발해(같은 책 下冊, p.152 상).

90 『풍암집화』 권1, 東方地名之辨에서 盖牟城, 挹婁國, 安市城이 모두 발해의 경역이었다고 하였다. 『연려실기술』도 이것을 그대로 인용하였다.

91 요동은 발해 영역이 아니었다는 주장도 있으나, 아마 발해 후기에는 영역에 편입되었을 것이다. 북한은 전자의 견해를 따르다가 손영종이 요동도 발해 땅이었다는 주장을 하였다(손영종, 「발해의 서변에 대하여」 1·2, 『력사과학』 1980-1·2). 영토 면에서도 발해가 고구려를 계승했다는 논리에서 나온 것으로서, 그 연원은 조선 후기까지 올라간다.

92 『여유당전서』 제6집 제2권, 지리집 강역고 발해고(앞의 책 제6책, p.322 상).

93 『해동역사속』 권9, 지리고 발해 강역총론(앞의 책 下冊, p.602).

발해의 남쪽 경계와 관련해서는 다음 세 가지 문제가 거론되었다. 첫째는 대동강 이북, 압록강 이남 지역이 과연 발해의 땅이었는지 하는 것이고, 둘째는 동해안 경계선이었던 泥河가 어디인가 하는 것이고, 셋째는 『신당서』에 弁韓이 발해 땅이었다고 한 것을 믿을 수 있는가 하는 것이다.

첫째 문제에 대해서는 그 지역이 발해 땅에 속했다가 나중에 弓裔가 이곳에 13鎭을 두면서 일부가 귀속되었다는 데에 대체로 의견의 일치를 보였다. 처음이 『동사회강』에서 주장하였고, 『풍암집화』, 『동사강목』, 『동국문헌비고』, 『東史』, 『발해고』, 『해동역사속』, 『동사세가』, 『대동지지』 등도 동일한 견해를 피력하였다.

그러나 『강계고』와 『강역고』에서는 견해가 약간 다르다. 『강계고』에서는 압록강과 대동강 사이가 신라나 발해의 소유가 아닌 空地로서 高德武가 나라를 세운 곳이며, 扶餘隆이 잠시 통치한 곳이라 하였다. 특히 고덕무는 후손에 이르기까지 200년간 나라를 유지하였으며, 이들은 독립된 형태를 취하고 있었으나 실제는 발해에 속한 것이나 마찬가지였기 때문에 발해의 판도로 보아도 상관없다고 하였다.[94] 비록 위치 비정은 다르지만, 고구려 유민이 요동지방에 독립된 '小高句麗國'을 유지했다는 견해와 유사하다.[95] 『강역고』에서는 薩水(청천강) 이북이 발해 땅이었고, 살수와 대동강 사이는 賊의 소굴이 되었다가 나중에 궁예에 의해 평정된 것으로 생각하였다.[96]

둘째로 니하가 어디인가에 대해서는 『풍암집화』, 『동국문헌비고』, 『해동역사』 등에서 대체로 원산만 부근으로 보았고, 이것은 니하를 龍興江으로 보는 현재의 통설에 가깝다. 그러나 『발해고』와 『대동지지』에서는 『遼

94 『강계고』 권5, 鴨綠江以南浿江以北之地所屬之辨(앞의 책 I, p.221 상).
95 盧泰敦, 「高句麗 遺民史 研究」, 『韓沽劤博士停年紀念史學論叢』, 지식산업사, 1981, p.86: 日野開三郎, 『小高句麗國の研究』 東洋史學論集 제8권, 三一書房, 1984.
96 『여유당전서』 제6집 제2권, 지리집 강역고 발해고(앞의 책 제6책, p.322 상, p.324 하).

史』 지리지의 오류를 좇아서 대동강으로 잘못 비정하였다. 또 정약용은 강릉 북쪽 泥川水로 비정하고, 발해가 양양 이북의 땅을 일시 소유했다가 다시 신라에 빼앗기면서 함흥을 경계로 했다는 설을 제기하였다.[97]

셋째 문제에 대해서는 『동사회강』에서 다룬 이래 『강계고』와 『강역고』에서 기록자의 잘못으로 지적하여 별다른 이견은 없다.

이상으로 지리 고증의 주요 논점에 대해서 정리해 보았다. 이 밖에 이 당시에 특징을 보였던 몇 가지 문제를 추가로 간단히 언급하겠다. 먼저 발해의 紀年 가운데 특히 발해의 건국 연도와 관련하여 『동국통감』에서는 『구당서』의 '聖曆中(698~700)'에 自立했다는 구절을 무시하고 713년 당이 대조영을 책봉한 연도를 택함으로써 그 후 거의 모든 사서가 이를 습용하였다. 그러다가 정약용, 한치윤이 비로소 '聖曆中' 구절에 주목하면서 그 중간치를 택하여 699년을 건국년으로 삼았다. 이 설은 근래까지도 계속 영향을 주다가 일본 기록을 따라서 698년으로 수정되었다.

다음으로 발해 유민국가에 대해서 주로 定安國이 언급되었는데, 『발해고』에 이르러서 興遼國이나 烏舍國도 다루게 되었다.

한편 발해에 관한 기초 자료로서 종래 중국 문헌 일변도에서 벗어나 점차 일본 자료도 참고하기 시작한 것을 주목할 만하다. 『청장관전서』, 『발해고』, 『해동역사』 등이 그러하다. 아울러 국내 자료로서 최치원의 글이나 永順 太氏의 족보를 이용하기 시작한 것도 눈에 띈다. 이러한 자료 이용의 확대는 발해사 이해의 폭을 더욱 넓혔다.

---

97 위와 같음(위의 책 제6책, p.322 하).
서병국이 이 설을 채택한 바 있다. 또 북한의 박시형이 정약용의 지리 고증을 높이 평가하면서도 이 비정은 잘못되었다고 지적하였으나, 최근 채태형은 오히려 이 설을 수용하였다.
徐炳國, 「新唐書渤海傳所載 泥河의 檢討」, 『東國史學』 15 · 16합, 1981.
박시형, 『발해사』, 김일성종합대학출판사, 1979; 박시형 저, 송기호 해제, 『발해사』, 이론과 실천, 1989, p.153.
채태형, 「발해 동경룡원부-훈춘 팔련성설에 대한 재검토」, 『력사과학』 1990-3.

4. 발해관의 변천과 그 계기

이상 조선시대의 발해관을 발해사 인식과 실증이라는 두 가지 측면에서 다루어 보았다. 이제 시기별로 발해관이 어떻게 변천했는가를 다시 생각하면서 아울러 그러한 변화를 가져오게 한 계기가 어디에 있었는가를 살펴보고자 한다.

15·16세기에 조선시대 발해사 인식을 지배한 것은 『동국통감』이었다. 지리서인 『동국여지승람』도 그러한 인식과 궤를 같이하였다. 이들은 발해사를 우리 역사로 취급하지 않았다. 따라서 이 시기에는 발해사에 대한 연구가 있을 수 없다.

이러한 인식에 변화를 가져오기 시작한 것이 한백겸의 『동국지리지』이다. 제목에서 알 수 있듯이 이 책은 원래 지리 문제를 다루었지만 역사서로서도 충분한 가치를 지닌다. 이 책이 저술되던 1615년경은 倭와 己酉條約을 체결하면서 임진왜란 이후의 혼란이 어느 정도 안정되어 갔지만, 또다시 북방으로부터 後金의 위협이 나타나기 시작하던 때였다. 이런 상황에서 그는 조선이 왜 弱國이 되어 끊임없이 외적의 침입을 받게 되었는가 하는 현실적인 문제의식을 던지게 되었고, 이것이 바로 이 책을 저술하게 된 동기의 하나가 되었다.[98]

그 결과 자연히 영토의 상실에 관심을 기울였고, 역사상 강역이 가장 확대되었던 때를 가장 발전한 시기로 인식하였다. 이것은 삼국통일 이후 신라의 수도 문제를 언급한 데에서도 잘 드러난다. 그는 신라가 삼국을 통합한 직후에 국토 한가운데로 도읍을 옮겨 4裔를 통제했더라면 고구려 옛 땅을 수습할 수 있었을 것이고, 遼瀋과 부여의 땅이 우리의 영토가 되

98 尹熙勉, 「韓百謙의 學問과 '東國地理誌' 著述動機」, 『震檀學報』 63, 1987, pp.167~168: 鄭求福, 「韓百謙의 史學과 그 影響」, 같은 책, p.182.

었을 것이라고 하였다.[99]

그는 조선이 약국으로 된 원인을 고구려 옛 땅을 잃은 데에서 찾았고, 여기서 高句麗故土 회복 의식이 싹트게 되었다. 그리고 그런 과정에서 고구려 옛 땅에서 일어난 발해에도 관심을 가질 수 있었다. 그러나 이 단계에서 발해가 우리 역사의 일부로 인식하지는 못하였고, 단지 발해가 고구려 옛 땅에서 일어났다는 지리적 관심에만 머물렀다. 그런 까닭으로 발해가 일어남으로써 고구려 옛 땅을 발해에 '잃었다'고 표현하였다. 이것은 북방의 한국사 흐름이 고구려에서 단절된 것으로 인식했던 사실을 보여준다.

한백겸의 생각은 이익에게서도 똑같이 나타난다. 그도 『성호사설』의 「발해」에서 영토와 관련된 것들을 중심으로 서술하고, 마지막으로 발해 멸망 뒤 영토의 향방을 다루었다. 여기서 발해가 신라 말기의 혼란을 틈타서 全遼를 취함으로써 고조선과 고구려 땅의 태반을 '잃게' 되었고, 또 고려가 일어났을 때는 미처 겨를이 없어서 발해의 땅이 거의 모두 거란에 들어갔기 때문에 마침내 조선이 약국이 되었다고 하였다. 이런 인식은 역시 『東事』, 『풍암집화』 등에서도 단편적으로 발견된다.

이와 같이 17세기 들어와 영토적인 관심을 가지면서 발해사 인식이 전환하기 시작하였다. 이 관심은 당시에 外侵을 빈번히 겪게 되면서 왜 조선이 약한 나라가 되었는가 하는 현실적인 문제의식에서 나타난 것이다. 이에 따라 이후에도 발해사 인식의 전환 과정에서 지리서들이 중요한 역할을 하였고, 발해사에 대한 실증적인 연구도 지리 고증에 집중되었다.

17세기 이래의 발해사 인식을 한 차원 높여 준 것은 18세기 중반에 쓰인 신경준의 『강계고』로서, 이 책도 지리서이다. 이 책에 이르러서야 비로소 발해가 고구려 유민이 세운 나라라고 인식하게 되었고, 고구려 땅이

---

99 『동국지리지』 新羅國都(앞의 책, p.251).

발해로 계승된 것을 옛 땅을 '회복했다'고 하였다. 그리고 발해사를 서술하면서 고구려 왕을 前王이라고 표현하였다.[100] 이 책이야말로 발해사를 적극적으로 우리 역사로 편입한 시초가 된다.

그러나 다른 곳에서는 고구려 영토의 상실에 대해서 언급하면서 이익의 설을 거의 그대로 받아들여 기존 인식을 벗어나지 못하는 측면도 보인다. 그의 발해사 인식은 이만운, 이덕무 등이 계승하였다. 그러나 이들은 발해사를 고구려 속국으로 다루는 형식만 계승했을 뿐이지 실제 서술 내용은 종래의 인식을 벗어나지 못하였다.

발해사 인식에 다시 한번 전환을 가져온 것이 이종휘의 『東史』이다. 그는 발해가 고구려 영토를 계승했을 뿐 아니라 그보다 더 넓혀서 단군, 기자 시대의 영역을 비로소 완전히 복구했다고 하였다. 이 말대로 하면 우리 역사상 최대 판도를 가졌던 나라는 발해가 된다. 그는 북방사가 고구려에서 끝난 것이 아니고 발해에까지 이어진 것으로 인식한 것이 분명하다. 우리나라가 약국이 된 것은 발해의 땅을 잃었기 때문이라고 하여, 그 이전에 고구려 땅을 잃은 데에서 찾은 것과 사뭇 다르다. 이에 따라 高句麗故土 회복 의식이 아닌 渤海故土 회복 의식으로 전환하게 되었다. 이러한 의식은 그 뒤에 여러 사서로 이어졌다.

그러면 18세기 중·후반에 다시 한번 나타난 이러한 의식의 변화는 어디서 연유하는가? 그것은 바로 1712년 백두산에 定界碑가 세워진 것과 관련이 있을 것이다.[101] 정계비가 세워진 후 북방 영토에 대한 관심이 그 어느 때보다 고조되었다. 그리하여 유득공, 홍양호, 정약용, 신경준을 비롯한 많은 학자에서 이 지역에 대한 관심이 나타났다.

발해의 영트와 관련해서는 『발해고』에 실려 있는 유득공의 「自序」를

100 『강계고』 권5, 발해국(앞의 책 I, p.223 상).
101 이만열, 앞의 논문, pp.467~470.

들 수 있다. 여기서는 고려가 발해사를 쓰지 않아서 발해 옛 땅을 회복할 근거를 마련하지 못한 점을 안타깝게 여겼다. 이종휘도 만주 지역에 깊은 관심을 기울였던 것은 『修山集』의 편목만 살펴보아도 금세 알 수 있다.

18세기 말부터 19세기 초까지 유득공, 성해응, 정약용, 한치윤, 한진서는 발해고토 회복 의식을 실증적 연구라는 순수학문 영역으로 승화하였다. 이미 앞 시대에서도 그러한 실증적 연구의 발단은 보이지만, 이들에 이르러서 비로소 학문다운 연구 결과가 나타나게 되었다. 학문으로의 발전이 앞 시대의 고토회복 의식에서 비롯된 것이기 때문에 자연히 지리 고증에 치우치게 되었고, 그 외 발해사 실상에 대한 연구에는 미처 미치지 못한 점은 한계로 지적할 수 있다. 그러한 한계를 극복하는 것은 그다음 단계에서 이루어져야 할 것이었으나 19세기 중반 이후 학문 연구의 전반적인 퇴조에 따라 중단되어 버리고 말았다. 그런 의미에서 발해사 연구는 미완성인 채 지금까지 내려온 셈이다.

5. 맺음말

이상으로 조선시대의 발해사 인식과 실증적 연구를 검토해 보고, 이를 토대로 발해관의 변천 과정을 정리하면서 아울러 그 변천의 계기에 대해서 살펴보았다.

우선 발해사 인식의 변화 과정에서는 발해사를 우리 역사로 취급하지 않던 단계에서 어떻게 우리 역사로 인식하는 단계로 변화해 갔는가를 추적해 보았다. 이를 세 단계로 나누었으니, 첫째 단계는 『동국통감』의 발해사 인식으로서, 여기서는 발해사를 우리 역사가 아니라 단지 신라에 이웃했던 역사로 다루었다. 이러한 인식은 15 · 16세기를 지나 17세기까지 주류를 이루었고, 그 후에도 큰 영향을 주었다.

이러한 인식을 극복하기 시작하는 둘째 단계는 대체로 전기와 후기로 다시 나뉜다. 전기에서는 발해를 고구려 영토를 계승했던 나라로 생각하였으니, 한백겸의 『동국지리지』가 그 선구를 이룬다. 그러나 이 시기에는 발해사가 우리 역사의 일부인지에 대해서 아직도 부정적인 시각이 많았다. 그러다가 후기에 들어서면서 발해가 고구려 영토를 계승했을 뿐 아니라 그 건국자도 고구려 유민이었다는 인식이 나타나면서 적극적으로 발해사를 우리 역사의 일부로 취급하기에 이르렀다. 이러한 인식에 앞장을 선 것이 신경준의 『강계고』이다.

마지막으로 셋째 단계에서는 앞 단계에서 주로 고구려 계승에 초점을 맞추어 발해사를 인식하던 태도에서 한 걸음 나아가 발해를 당시 통일신라와 대등했던 독립국으로 다루거나 때로는 발해가 신라보다 우위였다고 생각하기에 이르렀다. 이 단계에서는 두 갈래 흐름이 나타났으니, 하나는 삼국이나 통일신라와 대등하게 世家, 世紀 등으로 다루는 경우이고, 다른 하나는 남북국시대론을 주장하는 경우이다. 전자의 경우는 이종휘의 『東史』가 선구를 이루었으며, 후자의 경우는 유득공의 『발해고』가 그러하였다. 장차 이 두 흐름이 융합되어 발해사가 한국 고대사에서 제대로 자리를 잡았어야 할 터인데 그러지 못한 채 19세기 중반 이후 중단되어 버림으로써 조선시대 발해사 인식은 미완으로 끝나고 말았다.

다음으로는 이러한 인식이 한 차원 높아져서 나타나게 된 실증적 연구를 검토하였다. 발해사에 대한 인식의 전환이 주로 영토적인 관심에서 나타났기 때문에 실증적 연구도 자연히 지리 고증이 중심이 될 수밖에 없었다. 이러한 지리 고증에서는 건국지의 위치, 5京 15府의 위치, 발해의 西界 및 南界 문제가 중심을 이루었다.

건국지에 대해서는 太白山과 東牟山이 과연 어디인가 하는 점이었다. 이 문제에 대해서는 돈화시 부근의 額敦山으로 비정한 정약용이 현재의 통설에 가장 가깝다. 5경 15부의 위치 비정은 『요사』 지리지나 이를 토대로 만들어진 명·청대의 문헌들을 어떻게 이해하는가 하는 점과 밀접하게 관련되어 있다. 이 책들은 발해가 마치 요동에 있었던 것처럼 서술하였는데, 그러한 오류가 왜 발생했는가를 규명하고 이들의 위치를 역시 현재의 통설과 비슷하게 비정한 것이 『강역고』와 『해동역사속』이다.

서계 문제와 관련해서는 요동이 과연 발해의 영토에 포함되었는가 하는 점이었는데, 이것도 역시 이 책들에 와서야 그렇지 않다고 확언하기에 이르렀다. 또 남계 문제와 관련해서 세 가지 문제가 거론되었는데, 첫째는 대동강 이북 압록강 이남 지역이 발해의 땅이었는가 하는 점이고, 둘째는 신라와의 경계를 이룬 泥河가 어디인가 하는 점이다. 그리고 셋째는 『신당서』에 弁韓이 발해 땅이 되었다고 한 것이 옳은 것인가 하는 점이다. 첫째 문제에 대해서는 이 지역이 발해 땅에 속했다가 나중에 弓裔가 이곳을 취하면서 일부가 그에게 귀속되었다는 데에 대체로 의견이 일치하였다. 그러나 일부에서는 다른 견해가 피력되기도 하였다. 둘째 문제에 대해서는 니하를 대체로 원산만 부근으로 보았으나 달리 보는 견해도 일부 있었다. 셋째 문제에 대해서는 기록자의 잘못으로 보는 데에 이견이 없다.

발해의 지리에 대해서는 『동국지리지』에서부터 독자적인 관심을 기울이기 시작하여 『동사회강』, 『동사강목』 등으로 이어졌지만, 정약용과 한치윤, 한진서가 가장 탁월한 업적을 남겼다. 이들은 『요사』 지리지가 착란된 원인을 밝혀 발해 지리 고증에 획기적인 전기를 마련하였으며, 구체적인 위치 비정에서도 과학적인 연구 결과를 남겼다. 그러나 이들을 마지막으로 발해사에 대한 실증적인 연구도 끝나 버리고 만다.

이러한 지리 고증 외에 실증적인 연구 분야로서 발해 紀年, 유민국가 등의 문제도 지적할 수 있으며, 이와 아울러 일본 자료나 국내 자료를 다양하게 이용하기 시작했다는 사실도 지적할 수 있겠다.

이러한 발해사 인식과 지리 고증을 토대로 발해관의 변천 과정을 시기별로 재정리하면서 그 변천의 계기에 대해서 개략적으로 살펴보았다.

조선시대 발해관은 15 · 16세기의 인식이 17세기 초반, 18세기 중 · 후반, 19세기 초반을 경계로 획을 그으면서 변화해 가다가 19세기 중반부터 다시 퇴조해 버렸다. 그러한 변화의 계기가 된 사건은 17세기 초반의 경우에는 16세기 말에서 17세기 초에 걸친 여러 차례의 外亂이었으며, 18세기 중 · 후반의 경우에는 18세기 초반의 定界碑 설치였다. 특히 이 시기에 들어 종래의 高句麗故土 회복 의식이 渤海故土 회복 의식으로 전환한 것은 발해사를 적극적으로 우리 역사로 인식한 결과로서 아주 중요한 의미가 있다. 그리고 18세기 말부터는 종래의 인식 단계에서 한 차원 높아져 순수 학문적 연구로 발전하였다.

이상으로 조선시대 발해관의 변천 과정에 대해서 살펴보았다. 조선시대의 발해사 인식과 연구는 결국 실학이 퇴조하는 19세기 초반을 경계로 중단되어 버렸다. 이 당시의 발해사 인식과 연구가 미완인 채 후세에 넘겨지게 된 것이다.

그러한 중단은 금세기를 거치면서도 계속되다가 겨우 1960년대 들어서야 북한과 남한에서 각기 독자적으로 재개되었다. 조선 후기의 발해관은 특히 북한 사학계에 커다란 영향을 주었다. 이들이 북방 중심의 역사체계를 성립하는 기초를 마련하게 하였고, 결국은 발해가 모든 면에서 고구려를 계승했다는 이데올로기를 낳게 되었다. 반면에 남한에서는 상대적으로 이 시기의 발해사 인식을 적극적으로 계승하지 못한 감이 있다. 그런 의미에서 그 당시의 발해관을 제대로 이해하고 아울러 그것을 계승해 나갈 토대를 마련한다는 것은 중요한 일이 아닐 수 없다. (1991년)

제4장 柳得恭의 생애와 저술

1. 머리말

朴齊家가 지은 유명한 글에 다음과 같은 내용이 있다.

> 지난 戊子년(1768)과 己丑년(1769) 사이에 내 나이가 18, 19세였는데, 朴美仲(박지원) 선생이 문장에 조예가 아주 깊어 당시에 명성이 나 있는 것을 듣고서, 마침내 백탑의 북쪽에 있는 그의 집을 찾았다. … 이때 炯菴(이덕무)의 사립문은 그 집의 북쪽을 대하고 있었고, 洛書(이서구)의 행랑은 그 집의 서쪽을 마주하고 있었고, 수십 걸음을 지나면 서씨(徐常修)의 書樓가 있었으며, 여기서 북동쪽으로 꺾어지면 2柳(유득공과 그의 숙부 柳璉)가 거처하는 곳이 있었다.[1]

이 글은 박제가가 박지원을 처음 찾아갔을 때를 회상한 것이다. 여기서 말하는 白塔은 지금의 탑골공원을 가리키므로, 박지원(1737~1805)을 필두로 한 북학파들이 그 부근에 옹기종기 모여 살았던 것을 알 수 있다. 이때 柳得恭의 나이는 21, 22세로 그의 숙부와 함께 이들과 어울렸다.

유득공은 한국사에서 북학파의 한 사람이며 4檢書의 한 사람으로 지

1 『貞蕤集』 문집 권1, 白塔淸緣集序.

목되는 인물이고,[2] 漢文學史에서는 4家의 한 사람으로 꼽힌다.[3] 이처럼 국사학과 국문학에서 동시에 주목받는 인물이지만, 국문학계에서는 다수의 연구가 있는 데 비해 국사학계에서의 연구는 상대적으로 미미하다. 그가 북학파의 한 사람으로 지목되고는 있지만, 다른 북학파 인물들에 비해 생애나 사상을 체계적으로 조명한 글은 전무하다시피 하고, 저술마저 제대로 정리되지 않은 채 여러 곳에 분산되어 있는 실정이다.

국사학계에서는 그의 전체 저술보다는 사실상 『渤海考』에만 관심을 가져왔다. 지금까지의 연구들이 이 책 하나에 집중되어 있는 데에서 확인할 수 있다. 그러나 그의 역사 인식을 제대로 이해하기 위해서는 다른 역사서들도 함께 고려하지 않으면 안 된다. 아울러 그의 역사 인식은 그의 문학론과도 밀접하게 관련되어 있기 때문에 이것도 함께 검토되어야 한다. 이러한 문제의식에서 출발하다 보니, 이 글은 유득공을 체계적으로 이해하기 위한 기초 자료의 정리에 중점을 두었다.

2. 생애

아직 유득공의 行狀이 발견되지 않아서 그의 생애에 대해서는 불분명한 것이 많다. 현재 그의 행적을 추적할 수 있는 것으로는 그가 지은 부친 및 숙부의 묘지명, 모친의 행장[4]과 함께 그의 글 속 여기저기 나타나는 단편

---

2 4檢書는 정조 3년(1779) 6월 1일에 임명된 초대 4검서인 李德懋(1741~1793), 柳得恭, 朴齊家(1750~1805), 徐理修를 가리킨다.

3 선조 때의 한문 4대가와 구별하기 위하여 新4家 또는 後4家라고도 부른다. 4家에는 4검서에도 속하는 이덕무, 유득공, 박제가와 함께 李書九(1754~1825)가 포함된다. '4가'라는 말은 『韓客巾衍集』의 서문에서 비롯되었다.

4 이들은 모두 『泠齋集』 권6에 실려 있다.
그의 생애를 보완할 수 있는 글인 성해응의 「柳惠甫哀辭」가 다음 장에 소개되어 있다(본서 제5장).

적인 언급들이 고작이다.

그의 字는 惠風, 惠甫이고, 號는 泠齋, 泠庵(泠菴), 歌商樓, 古芸堂, 古芸居士, 恩暉堂 등이 있다. 특히 古芸堂은 芸洞이라고도 불리던 校書館洞(충무로 2가 부근)에 오랫동안 살았기 때문에 붙인 堂號이다.[5]

부친 柳璉(1726~1752)은 16세 때 한 살 위였던 南陽 洪씨(1725~1801)와 결혼하여 8년 만인 1748년 11월 5일에 외아들 유득공을 낳았다. 유득공의 증조부인 柳三益과 외조부인 洪以錫이 庶子였기 때문에 그는 서얼 신분으로 태어났다. 그와 가깝게 지냈던 4가 중에서 이덕무, 박제가도 역시 서얼 신분이었다. 이로부터 1807년 60세로 사망할 때까지를 대체로 성장기, 북학파 인사들과의 교유기, 관료로서의 활동기로 나눌 수 있다.

먼저, 성장기는 태어나서부터 20세 전후까지이다. 그가 5세 때 불행하게도 그의 부친이 27세를 일기로 요절하였다. 이때 그는 형제도 없이 외톨이였던 데다가 몸까지 약하여 병을 자주 앓았기 때문에 항상 모친의 근심거리가 되었다. 이에 주위 사람들이 큰물을 건너면 이를 피할 수 있다고 하여, 7세 때 어머니와 함께 銅雀 나루를 건너 南陽의 白谷에 있는 외가로 갔다. 그러나 외가는 무반 집안이라 외숙들이 말을 타고 매를 사냥하며 호기를 자랑하는 것을 보면서 자랄 수밖에 없었다. 이를 보다 못한 모친은 대대로 글짓기를 업으로 삼은 집안이니 이곳에 있어서는 안 되겠다고 하여 그가 10세 무렵 서울로 올라오게 된다.

서울의 옛집으로 돌아오니 집은 낡아서 비바람을 피하기 어려울 지경이었고, 옷가지와 세간살이는 대부분 사라졌고, 성의 서쪽에 있던 밭도 주인이 바뀌었으며, 노비들도 흩어져 버린 뒤였다. 얼마 후 귀한 집들이 많은 慶幸坊(종로구 경운동)으로 이사하여 모친이 삯바느질로 끼니를 마련해가면서 그가 이웃 글방에서 공부할 수 있도록 하였다. 비록 가난했지만

5 『漢京識畧』 권2, 各洞(『朝鮮時代 私撰邑誌』 1, 한국인문과학원, 1989, p.438).

모친은 지극한 정성으로 그에게 늘 곱게 옷을 입혀 보는 이로 하여금 가난한 집 자식인 줄 모르도록 했다고 한다. 또한 유득공이 머물던 宋씨 집안은 부유했지만 이들에게 전혀 의지하지 않고 자력으로 공부했다고 成海應(1760~1839)이 적기도 하였다.[6]

18, 19세 때 이르러서는 시 짓기를 배워서 일찍이 능하다고 생각해 보지 않은 적이 없었다고 스스로 술회하였다.[7] 이 무렵 그에게 큰 영향을 주었던 사람은 숙부인 柳璉(柳琴, 1741~1788)이었을 것이다.[8] 그리고 冠禮를 치른 후 비로소 부친의 책들을 꺼내 보고 자신의 글재주가 아버지를 이어받은 것이라는 사실을 깨달았다고 한다.

20세 이후 그는 북학파 인사들과의 교유기에 접어든다. 이 글 첫머리에 인용한 글은 그가 학문에 열중하면서 청운의 뜻을 품었던 시기에 해당한다. 이 당시에 그는 숙부와 함께 박지원, 이덕무, 박제가 등과 일문을 이루면서 교유하였다. 그러다가 23세 되던 해(1770)에 조부상을 당하였고, 3년상을 끝낼 무렵인 25세 때 箕子로부터 後百濟에 이르는 시기의 우리나라 한시들을 모은 『東詩萌』 1권을 엮고 서문을 지었다.[9]

이듬해인 1773년 윤3월에 박지원, 이덕무와 함께 개성을 거쳐 평양으로 유람을 하고,[10] 「西京雜絕」 15수, 「松京雜絕」 9수를 비롯한 여러 편의 시를 남겼다. 이해 가을부터 이듬해 초까지 공주를 유람하였고, 늦봄에 다시 공주 유람을 떠나 「熊州雜絕」 3수 등의 기행시를 남겼다. 이러한 옛 도읍지에의 여행은 뒤에 『二十一都懷古詩』를 짓는 모태가 되었다.

1774년 봄에 그는 司馬試에 입격하여 生員이 되었다. 이때 그의 나이

6 『研經齋全集』 본집 권11, 柳惠甫哀辭(旿晟社, 1982).
7 『영재집』 권7, 雪癡集序.
8 鄭良婉, 『朝鮮朝後期 漢詩 研究』, 성신여자대학교출판부, 1983, pp.21~22.
9 『영재집』 권7, 東詩萌序.
10 『雅亭遺稿』 권3, 癸巳春遊記: 『青莊館全書』 권70, 附錄 상, 계사년.

27세로 영조 50년에 해당한다. 이를 전후해서는 자신의 심경을 토로한 시들이 주류를 이룬다. 비로소 자신의 처지를 되돌아보게 되면서 암울한 심정을 노래했던 것이다. 이덕무, 박제가와 더불어 답답한 심경을 詩로 달랬다고 한 때가 이 무렵이다.[11] 이러한 시기에 정리된 문집이 『歌商樓集』이다. 여기에는 아직 벼슬길에 나아가지 않았던 29세까지의 시 100편이 수록되어 있는데, 4가의 공동문집으로서 그의 숙부가 엮은 『韓客巾衍集』의 제2권을 이룬다. 1776년 11월에 숙부가 燕行하면서 『한객건연집』을 청나라 문사들에 소개하였고, 이듬해 초에 李調元과 潘庭筠의 품평과 서문을 받게 되면서 그곳에서 이름이 나게 되었다. 이해 3월에는 영조가 승하하고 정조가 즉위하여 규장각을 설치하게 된다.

30세 때(1777)는 후에 『竝世集』의 바탕이 되었던 『中州十一家詩選』을 엮었고, 이듬해 봄에는 鐘崗(서울 명동 鐘峴)에 머물면서 유명한 『二十一都懷古詩』를 지었다. 이해에 이덕무와 박제가가 연행을 다녀왔고, 가을에 자신도 瀋陽을 방문하여 처음으로 중국 땅을 밟았다. 이 당시에 瀋陽書院의 17인으로부터 贈別詩를 받아서 나중에 『병세집』에 수록하였다.

32세이던 1779년 6월 1일에 檢書官에 임명되고, 한 달 뒤에 왕명을 받들어 「奎章閣八景」 8수를 지어 바치면서, 마침내 관료로서의 활동기에 접어든다. 35세 되던 늦봄에는 강화도 외규장각에 머물면서 서적들을 조사하였고, 가을에는 충청도 지방을 巡營하면서 여러 편의 시를 남겼다. 36세 때는 검서관으로서 金井道(충남 청양 방면) 察訪을 겸직하였다.

37세 때(1784) 윤3월에 『渤海考』를 완성하였다. 이듬해 12월에 堤川縣監으로 임명되었다가[12] 곧바로 抱川縣監으로 바뀌어 지방관 생활을 시작했다. 이 무렵 포천이 고향인 12세 아래의 成海應과 교유가 시작되었던

11 『연경재전집』 본집 권11, 柳惠甫哀辭.

12 『日省錄』 정조 9년(1785) 12월 28일.

듯하다. 1788년 1월에 楊根(양평) 군수로 옮겼으며, 42세 때인 1789년 10월에 사임하고 서울로 돌아와서 廣興倉 主簿로 있었고, 다시 이듬해 5월에는 司䆃寺 주부로 옮겼다.[13]

자리를 옮기자마자 청나라 건륭제의 80세 생신 축하 사절의 일원으로 뽑혀 박제가와 함께 燕京을 다녀오게 되었는데, 이것이 1790년의 1차 연행이다. 5월 27일에 서울에서 출발하여 熱河와 연경을 방문하고 여러 문사와 교유한 뒤 10월 10일 압록강을 건너왔으니, 이 여정을 글로 남긴 것이 『灤陽錄』이다.

연행에서 돌아온 뒤 왕이 지은 「釋王寺碑文」을 받들고 함경도 안변까지 다녀왔으며, 47세(1794)에 加平郡守로 부임하였다. 그러나 다음 해에 임지에서 일어난 池得雲의 딸 사망 사건을 잘못 다루었다고 하여 임금으로부터 "여러 해 동안 검서를 하면서 文案에 밝더니, 지방관으로 나간 뒤로는 풍속 교화를 제대로 하지 못한다."라는 꾸지람을 듣고 6월에 파직되었다.[14]

서울로 돌아와 7월에 다시 검서관에 임명되었고, 49세 때인 1796년 8월에 通政大夫(정3품)에 올라 五衛將에 임명되었으며, 처인 전주 이씨는 淑夫人의 爵을 받았다. 그러나 그가 언제 혼인했는지는 기록에 나타나 있지 않다. 이해에 장남 本學, 차남 本藝가 각각 검서관이 되었다.

53세(1800)에 豊川都護府使로서 지방관으로 나갔으나 이해 6월에 정조가 승하하였다. 승하 직후인 7월에 왕으로부터 하사받은 책의 목록을 작성하였는데, 모두 308권이라고 적었다. 그를 아꼈던 정조가 세상을 떠나자 결국 이듬해 정월에 부사의 직을 그만두고 서울로 돌아왔다. 이로써 1779년 검서관이 된 이후 20여 년에 걸친 관직 생활을 마감하게 되었는

13 『灤陽錄』 권1, 鴨綠江.
14 『古芸堂筆記』 권5, 池女獄案.

데 두 번에 걸쳐 검서관이 되었고, 그 중간 시기와 만년에는 지방관으로서 포천, 제천, 양근, 가평, 풍천(황해도 송화)에 주재하였다.

풍천에서 돌아와 쉬려고 할 즈음인 1801년 정월 말에 왕명을 받들어 朱子書 善本을 구하러 2차 연행 길에 올랐다. 그해 2월 25일 서울을 출발하여 4월 1일에 연경에 들어간 뒤 32일간 머물고 6월 11일에 서울로 돌아오기까지 도합 107일이 소요되었다. 이 여행에서 돌아온 후 『燕臺再游錄』을 저술하였다.

연행에서 돌아온 뒤인 8월 5일에 모친상을 당하였으니, 77세를 일기로 사망한 모친은 그의 생애에 커다란 영향을 주었던 사람 중에 첫 손가락에 꼽힌다. 그 후로 그의 행적은 거의 알려져 있지 않다. 다만 서울 근교와 한강 상류를 유람하고 여러 문사와 교유하면서 만년을 여유롭게 지냈던 것으로 추측될 뿐이다. 『이십일도회고시』의 을사년(1785) 서문에 의하면, "검서관에 임명된 후 7년 동안 일곱 번 자리를 옮겼는데, 봉록은 의식을 지탱하기에 족하게 되었고, 집은 붓과 벼루를 늘어놓을 만큼 되었다." 라고 하여 젊었을 때의 고생을 디디고 비교적 넉넉한 생활을 하게 되었음을 알 수 있다.

그는 60세를 일기로 1807년 9월 1일에 세상을 떠나, 성해응이 은거하던 抱川 香山에서 남쪽으로 20리 떨어진 楊州 松山(의정부 송산동)에 묻혔다.[15] 이곳은 그의 부친이 묻힌 곳이기도 하다. 슬하에 장남 本學, 차남 本藝와 2녀를 두었는데, 두 아들 모두 검서관을 역임하였다. 특히 柳本藝는 서울의 지리지인 『漢京識畧』을 저술하였으니, 『京都雜志』를 지은 부친의 영향이 컸을 것이다. 차남은 韓鎭書의 누이, 차녀는 성해응의 조카와 혼인

15 『연경재전집』 본집 권11, 柳惠甫哀辭.
[추기] 그의 묘소는 경기도 의정부시 낙양동 산120번지에 있었으나, 한국수자원공사의 공사 때문에 2003년 8월에 자일동 산129번지 文化柳氏 中郎將 종중 묘소로 이장되었다.

하였다.

3. 저술 및 문학론

유득공의 저술은 서울대학교 규장각과 국립중앙도서관 등에 흩어져 보관되어 있다. 이들은 대부분 필사본으로서 종합적으로 정리되지 않은 채 분산적으로 활자화되거나 영인되었을 뿐이다.

그의 저술은 네 가지로 분류할 수 있다. 첫째는 자신의 시문들을 모은 것이거나 이와 관련된 것이다. 그의 시문은 대부분 『泠齋集』에 수록되어 있다. 이 책은 모두 15권으로 구성되어 있는데, 5권까지는 그가 지은 古今體詩 1,033수가 연대순으로 배열되어 있다. 여기에는 『歌商樓集』(1776)에 수록되었던 100편의 시도 포함되어 있다. 그리고 6권에서 15권까지는 墓誌文에서 시작하여 雜著에 이르기까지 53편의 글이 실려 있다. 이 문집은 그의 사후에 엮은 것으로 여겨지지만, 여기에 서문이나 그의 행장이 수록되어 있지 않고 「海東繹史序」도 누락되어 있는 것으로 보아 미완성인 채 끝나 버린 듯하다. 『泠齋詩鈔』, 『泠齋詩稿(泠齋詩集)』, 『後雲錄』에는 그의 시 일부가 초록되어 있다.

25세 때는 箕子에서 후백제에 이르는 우리나라의 시들을 모아서 『東詩萌』(1772)을 엮었다. 이것은 우리나라 시들을 집대성하여 『大東詩紀』를 편찬하기 위한 원대한 포부 속에 시작된 것으로 여겨지지만, 『대동시기』의 편찬은 실현되지 않았고 『동시맹』마저 전하지 않는다.[16]

---

16 『영재집』 권7, 東詩萌序.
『고운당필기』 권5, 東詩緣起.

둘째는 시문에도 속하기는 하지만, 직접 燕行과 관련된 것들이다. 그는 두 차례에 걸쳐 연행을 다녀왔는데, 이보다 앞서 청나라 문사들의 시문을 모은 것이 『中州十一家詩選』(1777)이다. 이 책에는 陸飛를 포함한 11명의 시를 수록하였는데, 주로 洪大容과 그의 숙부가 연경에 갔을 때 수집한 자료에서 발췌한 것이다. 나중에 이 책을 모태로 하면서 내용을 확대하여 『竝世集』(1796)으로 완성하였다.[17]

그의 연행과 직접 관련된 것으로는 『灤陽錄』(일명 『熱河紀行詩註』)과 『燕臺再游錄』이 있다. 『난양록』은 1790년의 첫 번째 연행 때 지은 시와 그에 대한 주를 실은 것으로 1795년에 완성하였다. 『연대재유록』은 1801년의 두 번째 연행을 인물 중심으로 기록한 것으로 이때 지은 시는 『영재집』에 따로 수록되어 있다. 연행할 때의 斷想들을 모아 놓은 『金臺臆語』가 『후운록』에 수록되어 있다.

셋째는 『二十一都懷古詩』(1778), 『渤海考』(1784), 『四郡志』(1795년경)와 같은 역사서인데, 이들은 뒤에서 다루겠다.

넷째는 『古芸堂筆記』와 『京都雜志』이다. 『고운당필기』는 신변의 잡사와 단상들을 연대순으로 써 내려간 것이다. 그의 행장이 없는 마당에 그의 행적을 파악할 수 있는 중요한 자료이지만, 아쉽게도 제3권에서 제6권까지만 전한다. 제3권이 1792년에서 시작되고, 제6권이 1801년에서 끝나므로, 생애 후반기의 기록들이 남아 있는 셈이다. 이 기록이 언제부터 비롯되었는지는 분명하지 않지만, 이덕무가 1780년 정월에 『泠齋筆記』를 언급하고 있으므로 그 이전에 시작된 것으로 보인다.[18] 『경도잡지』도 언제

17 서문은 1796년에 지었으나, 이미 『난양록』에서 『병세집』을 언급하고 있으므로 그 이전에 완성한 듯하다(『난양록』 권2, 李墨莊鳧塘二太史).

18 『청장관전서』 권70, 부록 상, 경자년 정월.
정약용도 이 책에 대해서 언급하였다(『與猶堂全書』 제1집 권22, 柳冷齋筆記評).

쓰였는지는 알 수 없으나,[19] 우리나라 세시풍속을 기록한 최초의 글로서 金邁淳의 『洌陽歲時記』, 洪錫謨의 『東國歲時記』 편찬에 영향을 주었다.

이상으로 유득공의 저술을 개관하여 보았다. 그의 저술을 보면 그는 역사가라기보다는 시인이었고, 그의 역사 저술은 시문의 연장선에서 이루어졌다. 따라서 그의 역사서 저술 배경이나 역사 인식을 이해하기 위해서는 그의 문학과 문학론을 먼저 살피지 않을 수 없다.[20] 그의 문학론은 북학파와 궤를 같이한다.[21] 여기서는 이들의 문학론을 참조하면서 그의 글을 중심으로 문학과 문학론을 간단하게 정리해 보겠다.

이를 위해서 우선 그가 46세 되었을 때 젊은 시절을 회상한 글을 살펴볼 필요가 있다.[22] 이덕무, 박제가와 함께 상투를 틀고 백탑의 서쪽에서 시를 논할 때 당·송·원·명의 시에서 오로지 어느 하나만 좋아하거나 싫어하지 않았으니, 모든 문장을 두루 섭렵하여 그 정수를 받아들이려는 데에 목적을 두었기 때문이라고 하였다. 이것은 어느 한 시대나 한 작가만을 표준으로 삼던 종전의 문학론과는 다른 것이다. 이에 대해서 그는 시를 짓는 것을 약을 짓는 데에 비유하여 설명하였다.[23] 약초의 종류가 날로 늘어나고 의학이 점차 발달함에 따라 약의 조제 방법도 복잡해지듯이, 시간이 지나면서 시의 숫자가 늘어남에 따라 어느 한 시대의 시만 고집할

---

19 1790년에 연행했을 때 李鼎元이 "근래 저작으로 歲時記와 같은 것이 없는가" 하고 물은 것으로 보아 1790년 이전에 저작된 것으로 여겨진다(『난양록』 권2, 李墨莊覔塘二太史).

20 유득공의 생애와 문학론에 대해서는 다음의 글들을 참고하였다.
정양완, 앞의 책.
宋寯鎬, 『柳得恭의 詩文學 硏究』, 太學社, 1985.
鄭鎭憲, 「泠齋 柳得恭의 生涯와 業績」, 전북대학교 사학과 석사학위논문, 1982. 2.
송준호, 「《열하기행시주》에 나타난 류득공의 문화 의식」, 『애산학보』 5, 1987.
金允朝, 「泠齋 柳得恭 詩 硏究」, 성균관대학교 한문학과 석사학위논문, 1986. 2.

21 북학파들의 문학론에 대해서는 다음을 참조 바람.
鄭玉子, 『朝鮮後期 文學思想史』 제3장, 서울대학교출판부, 1990.

22 『고운당필기』 권4, 檢書體.

23 『영재집』 권7, 秋室吟序.

수 없다고 주장하였다.

이러한 문학론에 부합되기 위해서는 광범위하고 풍부한 독서가 요구되었다. 그는 중국 역대의 시들을 두루 섭렵했을 뿐 아니라 그 당시에 청나라에서 지은 시에 대해서도 깊은 관심을 가졌다. 즉 古文과 時文에 동등한 관심을 기울였다. 이러한 그의 의식은 『중주십일가시선』 서문에 잘 나타나 있는데, 이것은 뒤에 『병세집』 서문과 거의 같다.

그는 중국의 시뿐만 아니라 주변 국가의 시도 중시하였다. 『중주십일가시선』에 없던 일본, 安南, 琉球 3국의 시를 『병세집』에 부록으로 수록하였고, 일본의 시를 높이 평가하기도 하였다.[24] 이것은 전통적인 화이관이 극복되면서 중국 일변도에서 벗어나는 시대적 추이와도 일치한다.

이러한 의식은 우리나라 역대 시에 대한 재평가 작업으로 연결되었다. 종래의 중국 시 중심에서 벗어나 우리나라 시의 역사를 재구성하려 하였고, 이러한 작업의 일환으로 『동시맹』을 엮었다. 우리의 옛 시들을 중국 문헌에서 찾아내 수록하였고, 중국의 시 형식과 다른 것들을 우리 시의 역사 속에 편입시킨 것은 이 책의 주된 특징으로 손꼽을 수 있다. 이처럼 시야가 크게 확대된 그의 문학론은 그의 폭넓은 역사 인식의 형성에도 영향을 끼치지 않을 수 없었을 것이다.

북학파의 시는 일반적으로 회화성과 음향성에 뛰어났다. 송준호는 유득공의 시를 회화성에 중점을 두어 평가를 한 반면, 정양완은 음향성에 중점을 두어 평가하였다. 지금으로서는 어느 쪽을 따를지 단언하기 어렵지만, 그가 두 요소 모두를 겸비하고 있었던 것은 분명하다.

그는 시와 그림이 일치되어야 한다고 생각하였다. "시와 같은 그림이 아니면 메말라서 운치가 없고, 그림과 같은 시가 아니면 컴컴하여 드러나지 않는다. 詩文과 書畵를 모두 갖추어야지 하나만 가지고서는 안 된다."

---

24 위의 책 권7, 日東詩選序.

라고 주장하였다.[25] 따라서 그의 시에서는 뛰어난 회화성과 사실성을 찾아볼 수 있다.

그뿐 아니라 그의 시는 음향성도 뛰어났으니, 이러한 음향성은 글자의 속성에 대한 연구 없이는 불가능하다. 그가 자주 우리나라 한자의 음이 중국보다 古音을 지니고 있다고 지적하였고, 곳곳에서 우리말을 詩語로 사용하였으며, 민요풍의 가락을 시에 원용한 것은 이러한 태도와 연관된다. 이에 대하서 박제가는 그의 시 짓는 솜씨가 소리와 글자에 모두 다 지극하다고 지적한 적이 있다.[26]

그러나 그의 시는 국내에서는 그다지 좋은 평가를 받지 못하였다. 당시에 4가의 시를 두고 檢書體라고 하여 낮추어 부르는 것을 보고 유득공 자신이 가소로운 일이라고 언급한 적이 있다. 더구나 이들을 아꼈던 정조로부터도 이들의 문체가 稗官 小品에 불과하다는 평을 들었다.[27] 그러나 성해응이 유득공의 哀辭에서 "선비들이 모두 암송하면서 새로운 소리라고 칭하였다."라고 지적한 것은 이들의 시가 당시에 상당한 반향을 불러일으켰음을 보여 준다.

그의 시는 국내보다 중국에서 더 높이 평가받았다. 일찍이 그의 숙부가 가져간 『한객건연집』을 李調元과 潘庭筠이 품평함으로써 청나라 문사들에 알려지게 되었다. 이조원은 책 속에 재주와 기개가 종횡으로 담겨 있으니 진정 조선 문학의 봉황이라고 평가하였고, 반정균은 재주와 정서가 풍부하고 시의 격조와 운율이 아주 높으니 조선 시인의 대가라고 평가하였다.[28]

---

25 위의 책 권7, 湖山吟稿序.
26 『정유집』 문집 권1, 柳惠風詩集序.
27 이에 대해서 이들을 보호하기 위한 언사였다고 해석한 견해도 있다(정옥자, 앞의 책, pp.80~81).
28 『한객건연집』 권2 말미 참조.

4. 역사서

1)『二十一都懷古詩』

여기에는 저자인 유득공이 쓴 두 개의 서문이 붙어 있어 책의 간행 경위에 대해서 비교적 소상히 알 수 있다. 31세 때인 1778년 鐘崗에 머물면서 韓百謙의 『東國地理誌』를 보고 시상을 얻을 때마다 하나씩 지은 것이라고 한다. 이렇게 만들어진 시의 抄本을 이해에 연행했던 이덕무와 박제가를 통해 潘庭筠에게 보내어 '반드시 전하여야 할 작품'이라는 칭찬을 들었다. 이듬해에 공직에 나가면서 바쁜 나날을 보내다가 1785년 8월에 이르러 한가해진 짬을 내어 첫 번째 서문을 지었다.

이렇게 완성된 것을 1790년 그가 첫 번째 연행할 때 직접 가지고 가서 紀昀에게 주었고, 다시 북경 유리창에서 만난 羅聘이 그의 친구 鮑以文을 위해서 한 부를 부탁했으나, 한 부밖에 가지고 가지 못하여 주지 못했다고 한다. 10년 뒤 박제가가 연행했을 때 나빙이 기윤에게서 빌려다 등사한 것이 책상 위에 놓여 있는 것을 목격하였다. 이에 자신의 시에 대해서 긍지를 지니게 되었지만, 기윤에게 주었던 작품은 따로 부본을 남겨두지 않았기 때문에, 다시 주석을 붙이고 1792년 2월에 두 번째 서문을 썼다.

이러한 곡절로 중국과 우리나라에는 각각 다른 것이 전래되었다. 중국에서는 기윤에게 전해진 첫 번째 작품이 翁方綱, 葉志詵을 거쳐 趙之謙에게 넘어가서 鶴齋叢書로 출간되었다.[29] 국내에서는 이덕무의 교정을 거친

---

29 李丙疇,「柳泠齋의 懷古歌」,『漢陽』4-7, 1965, p.187.
藤塚鄰,『淸朝文化東傳の研究』, 國書刊行會, 1975, p.40.

두 번째 작품이 1877년에 간행되었고, 근년에 번역되었다.[30] 이 작품은 단군조선에서 시작하여 고려에 이르기까지 21개의 도읍지를 43수의 시로 읊고 각각에 주석을 단 것으로 일종의 連作詩集이면서 역사서라고 할 수 있다. 서문에서 밝혔듯이 이를 짓는 데에는 한백겸의 역사서가 커다란 영향을 주었지만, 그 이전에 古都 개성 · 평양 · 공주를 유람한 것도 중요한 토대가 되었다.

그런데 작품의 대상이 된 지역을 살펴보면, 굳이 도읍지로 손꼽지 않아도 될 곳이 많이 포함되어 있다. 강릉은 예국의 수도로서 그리고 신라 말 김주원의 근거지로서 두 번이나 언급되어 있다. 이를 보면 굳이 도읍지가 아니라도 우리 역사의 무대였던 곳이면 대상에 포함했다는 것을 알 수 있다. 예 · 맥 · 한을 독립된 항목으로 설정한 것은 우리 역사의 뿌리에 대한 인식과 연결되는 것으로, 눈여겨볼 만하다. 그런데도 발해와 한4군이 대상에서 제외되어 있는 것은 31세 무렵에는 아직 북방의 역사에 주목하지 못했음을 보여 준다.

결론적으로 그 내용보다는 우리나라 역사를 시의 소재로 삼았다는 사실 자체에 더 큰 비중을 두고 평가해야 할 것이다. 더구나 민요풍의 가락을 이용했기 때문인지 어린 자식과 아이 종이 모두 듣고 쉽게 암송했다고 한다. 이렇게 우리 가락을 바탕에 깔면서 우리 역사를 대상으로 삼았기에 중국의 문사들이 그토록 선호했던 것인지도 모른다.

2) 『渤海考』

유득공이 역사가로서 확고한 자리를 잡게 된 것은 무엇보다 『발해고』 때

30 金鎭浩 역, 『註釋 二十一都懷古詩』, 東京, 1955.
黃淳九 역주, 『海東韻記』, 태학사, 1970.

문이다. 역사학계에서의 연구가 모두 이 책에 집중되어 왔던 데에서도 확인할 수 있다.[31]

많이 알려진 조선고서간행회 간행본[32]에는 박제가와 유득공 자신이 쓴 서문이 붙어 있으나, 이 밖에 성해응이 지은 서문,[33] 이규경이 지은 발문,[34] 근대에 『황성신문』에 실린 논설 '讀渤海攷'[35]가 전한다. 1801년 연행했을 때 마침 四庫全書 교감 임무를 맡고 있던 錢東垣의 요청으로 이 책의 義例를 적어 준 적도 있다.[36]

유득공의 서문은 1784년 윤3월에 지은 것으로 이 책을 지은 경위와 목적이 잘 드러나 있다. 그는 검서관으로서 규장각에 소장된 책들을 많이 읽을 수 있었기에 이 책을 저술할 수 있었다고 한다. 그러나 북방의 역사에 관심을 갖게 된 것이 근본적인 동기였을 것이다. 박제가가 서문에서 암시하듯이 유득공이 『이십일도회고시』를 쓸 적에는 한반도의 역사에만 국한되었고, 나아가 한반도 밖으로 시야를 확대한 것이 『발해고』이다. 유득공의 나이 31~37세 사이에 이렇게 의식의 변화가 있었으니, 심양을 잠시 다녀왔던 경험도 계기가 되었을 것이다.

이 책은 「君考」에서 「屬國考」에 이르는 9장으로 구성되어 있다. 그가 책 이름에 굳이 '考'자를 붙인 이유도 그의 서문에 적혀 있다. 아직은 자료 정리에 그치고 있을 뿐이지 역사서로서의 체계를 갖추지 못했기 때문

---

31 李龍範, 「柳得恭 渤海考」, 『韓國의 古典百選』, 新東亞 1969-1 부록, 동아일보사.
李龍範, 「冷齋 柳得恭」, 『李乙浩博士停年紀念 實學論叢』, 全南大 湖南文化硏究所, 1975.
孫玉良, 「柳得恭與《渤海考》」, 『學習與探索』 1986-6.
김혁철, 「실학자 류득공의 발해력사관」, 『력사과학』 1991-1.

32 이 인쇄본과 그 저본이 된 필사본 외에도 여러 종류의 필사본이 뒤늦게 확인되었다(본서 제5장 참조).

33 『연경재전집』 외집 권9, 渤海考序.

34 국립민속박물관 소장 4권본 필사본(민속 24323).

35 『황성신문』(국립중앙도서관 검색) 1910년 4월 28일자 2면 논설.

36 『燕臺再游錄』 錢東垣.

이라고 한다. 그래서 그런지 「군고」에서 대조영의 아버지 乞乞仲象을 粟末靺鞨人으로 설명하여 대씨가 고구려인이라고 한 서문과 모순된다. 또한 서문에서 표방한 남북국시대론에 걸맞은 내용이 본문에는 보이지 않는다. 이렇게 서문과 본문이 상호 모순되는 것처럼 보이는 점을 중국의 孫玉良이 지적하여 서문의 저자에 대해 의문을 제기하였고, 서문에 제시한 발해사관을 말년에 포기했던 것으로 추측하였지만, 이것은 잘못 이해한 것이다. 이러한 문제점은 미완성의 역사서이기 때문에 나타난 것이다.

그러한 미숙성은 興遼國王과 烏舍國王을 「군고」에 넣은 데 반해 定安國은 「속국고」에 넣은 데에서도 찾을 수 있다. 발해 멸망 후에 활동한 유민들의 기록을 근거로 해서, 발해가 언제 망했는지 알 수 없지만 926년에 망한 것은 아니라고 주장한 것도 역시 그러하다. 그런 한계가 있지만 최초로 발해사를 체계화하려 한 사학사적 의의는 퇴색되지 않을 것이다.

「地理考」에서는 『新唐書』, 『遼史』, 『淸一統志』를 인용하면서 자신의 견해를 달고 있는데, 李龍範은 이곳이 오류가 제일 많은 부분이라고 지적하였다. 그러나 그러한 오류는 저자에서 기인한 것이 아니라 『요사』 지리지의 두찬에서 비롯되었다. 오히려 「지리고」에 보이는 단편적인 견해들에는 주목할 만한 것이 많다. 『청일통지』에서 郭州를 찾아내어 『신당서』에서 누락된 사실을 밝혀낸 것이라든지, 거란 태조가 발해를 병합하여 103개의 성읍을 얻었다고 하였는데, 기록에 남아 있는 군현이 113개가 되므로 이상하다고 지적한 것은 그의 고증학적인 태도를 잘 드러낸다. 또한 『청일통지』의 견해를 따라 발해 5경의 위치를 비정하게 되면 동경·서경·중경·남경의 방위가 뒤죽박죽되어 버린다는 사실을 들어 의문을 제기한 것도 중요하다. 이 밖에 대동강 이북 땅과 요동이 발해에 편입되었을 가능성을 제기한 것이나 남경에서 바다를 통해 신라와 통했을 것이라는 견해를 피력한 것도 눈여겨보아야 할 대목이다.

『청일통지』는 『요사』의 잘못을 답습하고 있어 오류가 많지만, 이따금 그 잘못을 지적한 대목도 눈에 띈다. 유득공은 이를 인용하면서 『요사』의 두찬을 더 많이 지적하였다. 다른 저서인 『난양록』이나 『사군지』에서도 역시 이러한 잘못을 지적하였다. 그가 이러한 의문을 제기한 것은 그다음 연구자에 이르러 『요사』의 오류를 극복하고 발해의 지리를 제대로 비정할 수 있는 밑거름이 되었다는 점에서 그 의의가 크다. 그런 의미에서 성해응의 서문에 그가 지리학에 밝았다고 한 것은 적절한 지적이다.

이 책에는 모두 22종의 책이 인용되었다. 이 가운데 일본의 역사서가 포함되어 있는 점이 주목된다. 그는 李書九가 일본인의 시를 모아 엮은 『日東詩選』에 서문을 썼고, 이 책의 편찬보다 뒤의 일이지만 왕명을 받들어 이덕무와 함께 『國朝兵事』(1791)를 엮으면서 일본의 兵制도 포함하였으며, 이덕무의 『蜻蛉國志』에 서문을 써 준 바도 있다.[37] 이와 같이 일본에 관심을 가진 그로서는 그 역사서를 인용하는 것이 당연하겠지만, 일본 자료를 토대로 「國書考」라는 독립된 항목을 설정한 사실은 높이 평가받아야 마땅하다. 인용된 국내 자료로서 눈에 띄는 것은 『永順太氏族譜』이다.

그가 사학사에서 확고한 위치를 점하고 있는 것은 무엇보다 서문에 나타난 혁신적인 발해관 때문이다. 이미 잘 알려진 대로 그는 고려가 발해까지 우리 역사에 넣어 '南北國史'를 써야 했는데 그렇지 않았다고 서두를 꺼낸 뒤, 발해를 세운 大씨가 고구려인이고 발해가 차지하고 있던 땅도 고구려 땅이었다고 하여 발해가 고구려를 계승한 나라임을 강조하였다. 또 김씨와 대씨가 망한 뒤에 왕씨가 이를 통합하여 고려라 했다고 하여 발해의 고려 계승성도 언급하였다. 이것이 발해사를 한국사에 적극 편입하려는 南北國時代論의 효시가 된다. 나아가 발해 영토가 거란과 여진에 넘어가 버렸지만, 고려가 발해사를 서술하지 않음으로써 이제는 이

37 유득공의 일본관에 대해서는 다음을 참조 바람.
河宇鳳, 『朝鮮後期 實學者의 日本觀 研究』, 일지사, 1989, pp.144~146.

땅을 다시 찾으려 해도 근거가 없게 되었다고 한탄해 마지않았다.

이러한 의식은 박은식의 『韓國痛史』에도 영향을 주었으니, 그는 이 책에서 "나라가 멸망함에 미쳐 이른바 발해사라는 책이 후세에 보이지 않으니 무슨 까닭인가. … 그러므로 후대 사람들이 발해사가 서술되지 않았음을 보고 고려가 부진했음을 알 수 있다고 하였으니, 어찌 믿지 않을 수 있겠는가."[38]라고 하면서 유득공의 논지를 계승하였다.

유득공이 발해 옛 땅을 되찾자는 의식을 갖게 된 것은 18세기에 나타나는 북방 영토에 대한 관심과도 무관하지 않다. 그러나 그는 한 걸음 더 나아가 발해사를 우리 역사 속에 넣을 것을 적극적으로 주장하고, 이를 뒷받침하기 위하여 발해사를 나름대로 체계화하고자 노력함으로써 그 자신을 한국사학사 한가운데 우뚝 세우는 데에 누구도 주저하지 않게 만들었다.[39]

3) 『四郡志』

1910년에 조선고서간행회에서 활자화한 것이 남아 있으나, 여기에는 서문이 달려 있지 않아서 간행 경위를 알 수 없다. 현재로써는 작자의 서문이 확인되지 않고, 다만 유득공이 사망한 지 19년이 되는 해(1825)에 지은 성해응의 서문만 남아 있다.[40]

이 서문에 의하면 두 사람은 북방의 역사에 대해서 자주 논하였고, 이 책도 유득공 혼자가 아니라 두 사람이 공동으로 편찬한 것임을 알 수 있다. 편찬 연도에 대해서는 자세히 알 수 없지만, 이 책과 중복되는 내

---

38 박은식 저, 김태웅 역해, 『한국통사』, 아카넷, 2012, pp.308~309.

39 조선시대의 발해사 인식에 대해서는 다음을 참조 바람.
송기호, 「조선시대 史書에 나타난 발해관」, 『韓國史硏究』 72, 1991(본서 제3장).

40 『연경재전집』 외집 권9, 四郡志序.

용이 『고운당필기』에 나타나므로 1795년경으로 추정된다.[41] 이때 초고본을 두 사람이 각각 소장했다가 여러 해가 흐른 뒤에 성해응이 다시 찾아내고 이 책을 편찬하던 때를 어제의 일처럼 회상하면서 서문을 짓게 되었다고 한다.

이 책에는 「表」에서 시작하여 「題詠」에 이르기까지 모두 12항목이 설정되어 있다. 항목마다 중국의 각종 문헌에서 관련된 자료를 뽑고, 그 끝에 자신의 견해를 덧붙이는 형식으로 되어 있다. 자료의 범위는 중국의 한나라에서 당나라까지로 잡았기 때문에 여기에는 한4군 자체의 역사뿐 아니라 이와 관련된 후대의 자료까지 포함되어 있다. 예컨대 발해 玄菟州 刺史였던 高南申도 「名宦」조에 들어가 있는 것은 이 때문이다.

이 책에는 그가 중국 문헌을 두루 섭렵한 사실이 드러나 있을 뿐 아니라 그의 정밀한 고증학적 태도가 잘 나타나 있어서 한4군에 대한 자료집 역할을 하기에 충분하다. 특히 그의 고증학적 태도는 곳곳에 나타나는데, 종래에 2郡 대신에 관습적으로 써 오던 2府라는 용어가 잘못되었음을 지적하고, 浿水가 세 곳에 있는 것처럼 되어 있는 기존 자료들을 재검토하여 패수가 대동강을 지칭하는 것이 옳다고 하였다. 더욱이 한4군에서 난다는 물고기 이름을 일일이 고증하고 있는 것은 가히 경이로운 것으로 그가 다방면에 걸쳐 박식한 사실을 잘 보여 준다.

그의 역사 인식도 엿볼 수 있으니, 그는 한4군이 2군이 되고, 2군이 늘어나 3군이 되고, 이것이 변하여 3국(특히 고구려)이 되었다고 하였다. 당나라 이후에는 발해가 고구려를 이어서 낙랑군과 현도군의 땅을 점거하였으며, 五代 이후에는 낙랑군 땅이 고려에 들어갔으나 현도군 땅은 여진

---

41 『고운당필기』 권5, 樂浪人 및 二府之誤.
특히, 王景에 관한 자료를 1795년에 처음 찾아냈는데 『사군지』에 실려 있는 것으로 보아 적어도 1795년 이후에 쓰인 것이다.

에 잃고 말았다고 하였다. 이것은 한강을 중심으로 하여 북쪽 판도의 변화를 설명한 것이고, 한강 이남은 한4군에 포함되지 않는 韓의 땅으로서 따로 고려하고 있다.

그가 『발해고』 편찬 때부터 지니고 있었던 북방 영토에 대한 관심의 연장선에서 이 책을 썼다는 것을 알 수 있다. 이렇게 북방에 대해 관심을 가지게 된 것은 이미 『발해고』 서문에 나타나 있듯이 북방 영토를 회복하고자 하는 의식에서 비롯되었다. 이러한 의식은 현실적으로 조선의 崇文抑武 정책을 비판하여 尙武的이고 北方的인 기질을 회복해야 한다는 주장으로 나타났고,[42] 때로는 서해의 섬들에 사람들을 이주시켜 이를 개척하자는 건의로도 나타났다.[43] 이러한 주장은 당시에 일고 있던 廢四郡 복구 논의와 밀접하게 연관되어 있는 것이기도 하다.[44]

결국 그는 발해의 옛 땅을 회복해야 한다는 생각을 가지고 『발해고』를 저술하였고, 북방 역사의 연원을 밝히고자 하는 의도에서 『사군지』를 저술하였다. 이러한 연구는 나중에 丁若鏞, 韓致奫 등의 연구 업적이 나올 수 있는 토대를 마련한 것으로 평가할 수 있다.

5. 역사 인식

앞에서 지적했듯이 일차적으로 유득공은 역사가라기보다는 시인이었기 때문에 자연히 그의 역사 인식은 문학론에서 비롯되었다고 해도 과언이

42 성해응의 「四郡志序」에 구체적으로 드러나 있는데, 이것은 유득공의 의식이기도 했을 것이다.

43 『고운당필기』 권4, 西海諸島.

44 姜錫和, 「丁若鏞의 地方制改革案 硏究」, 『國史館論叢』 34, 1992, pp.274~279.
金文植, 「成海應의 經學觀과 對中國 認識」, 『韓國學報』 70, 일지사, 1993.

아니다. 훌륭한 시를 짓기 위해서는 고금과 동서를 막론하고 모든 문학 작품을 섭렵해야만 한다는 생각을 가졌고, 그런 가운데 우리 역사와 관련된 사료에도 주목하지 않을 수 없었다. 그의 저서에 중국의 서적들이 다양하게 인용되고 있는 것은 이 때문이다.

더욱이 그는 사실성이 뛰어나고 음향성이 탁월한 시를 지었는데, 이것은 글자의 속성과 소리에 대한 정통함 없이는 불가능하다. 글자 하나하나에 대한 관심은 그로 하여금 고증학적인 태도를 가지게 하였다. 물론 여기에는 청나라 고증학으로부터의 영향도 무시할 수 없다. 그가 지은 역사서에는 이러한 태도가 곳곳에 배어 있다.

이상과 같이 문헌을 두루 섭렵하고 글자의 속성과 소리에 관심을 기울인 결과 그는 우리 역사와 관련된 새로운 자료들을 자주 찾아내곤 하였다. 예를 들어 『이십일도회고시』에서 韓과 관련해서 미처 언급하지 못했다가, 말년인 1798년 『詩經』에 기록된 韓侯를 처음 발견하고 우리나라 사람으로 3韓을 논하면서 이를 다룬 사람이 없었다고 지적하였다.[45] 또한 『尙書』에 나오는 馯貊의 馯이 韓을 지칭하는 것이라고 주장하였고, 『爾雅疏』에 나오는 鳧臾가 부여와 동일한 것으로서 단지 발음이 변한 것일 뿐이라고 논증하기도 하였다.[46]

그가 정확한 고증을 위하여 얼마나 고심했나 하는 것은 발해 率賓府의 위치 비정에서 찾아볼 수 있다. 그는 『발해고』를 편찬하면서 솔빈부의 위치를 삼수, 갑산 등지로 비정하였다. 그런데 『新唐書』에 의하면 솔빈부에서 말이 난다고 하는데, 그 골짜기에서는 말이 나지 않는다는 지적을 받자 내내 고민하게 된다. 그러다가 갑산에서 女眞坪을 지나서 있는 端川에서 좋은 말이 나는 것을 알게 되어 비로소 증거를 찾아내게 되었다고

45 『고운당필기』 권6, 韓.
46 위의 책 권6, 馯 및 鳧臾.

기뻐하였다.[47] 솔빈부의 실제 위치와 괴리가 있지만 그의 고증학적 태도를 엿볼 수 있는 대목이다.

그는 중국과 조선 외에 다른 나라들에 대해서도 관심을 기울였다. 그가 언급한 것만 해도 만주, 몽골, 回回, 安南(베트남), 南掌(라오스), 緬甸(미얀마), 대만, 일본, 琉球(오키나와)가 있고, 서양의 紅毛番(영국)과 阿蘭陀(화란)도 있다. 세계관이 넓어짐에 따라 중국 일변도의 관념을 극복할 수 있었고, 그 결과 『발해고』에서 일본 사료까지 인용할 수 있게 되었다.

이상과 같이 그 나름의 역사 인식이 형성되었던 배경에는 그의 다방면에 걸친 문학적 관심이 가로놓여 있었다. 그러면 그의 역사 인식이 어떠한 것이었는가를 살펴볼 차례이다. 그러나 그의 인식을 체계적으로 보여 주는 기록이 없기 때문에 단편적인 자료들을 모아서 이를 재구성할 수밖에 없다.

먼저 사료에 대한 태도이다. 그는 『삼국사기』나 『삼국유사』에 전적으로 의존했던 종래의 견해들에 대해서 비판적이었다. "우리나라 사람들이 고려 승려가 지은 古記만 보고 여러 사서를 다시 검토하지 않아서 3한 이전의 역사를 알지 못하게 된 것은 탄식할 일이다."라고 하였고,[48] "東史에 서술된 것은 황당한 것들이고 고기도 모두 믿기 어려우니, 중국 역대의 사서들을 두루 살펴 근거로 삼는 것만 못하다."라고 지적하였다.[49] 이와 동일한 주장이 『海東繹史』 서문에도 보인다. 이러한 태도는 그가 중국 사서를 섭렵한 자신감에서 표출한 것이었다.

일차적 사료인 우리나라 금석문에도 관심을 기울였다. 부여에 남겨진 소정방과 유인원의 비를 『이십일도회고시』의 한 주제로 삼았고, 연행했을

---

47 위의 책 권4, 女眞坪.
48 위의 책 권3, 駕洛國.
49 『사군지』 封爵.

때 이들 탁본을 羅聘에게 선물로 주기도 하였다.[50] 1798년에는 신라와 고려의 비문 8점을 판독하고 그 내용을 분석하였으며, 이들을 詩題로 삼았다.[51] 특히 탁본을 보고 스스로 黃草嶺 순수비 비문을 판독해내어, 이 비가 진흥왕 29년(568)에 만들어진 것이고, 승려를 道人이라 한 것은 6朝 시대의 풍습이며, 진흥왕이 이곳까지 개척했다는 사실이 『삼국사기』에 누락되어 있다고 적시하였다.[52]

그는 우리의 풍습에 대해서도 관심을 기울였다. 최초로 세시풍속을 기록한 『경도잡지』를 저술했을 뿐 아니라 중국의 炕이 고구려의 온돌에서 비롯되었다고 하였고,[53] 옥저의 민며느리 제도에 대해서도 언급하였으며,[54] 단오절에 쑥떡을 해 먹는 풍습이 발해에서 비롯되었다고도 하였다.[55] 이렇게 우리 것에 관심을 갖게 된 것은 중국 시에 대한 일방적인 모방에서 벗어난 그의 문학론과 궤를 같이하는 것으로서, 이것이 우리 역사에 대한 애착으로 연결되었다는 점에서 중요한 의미를 지닌다.

이제는 그가 인식했던 한국사 체계를 살펴보자. 『사군지』에서 한강을 경계로 하여 북쪽과 남쪽의 역사를 구분한 견해는 韓百謙의 영향이다.[56] 일찍부터 한백겸의 영향을 받았던 것은 31세에 『동국지리지』를 보고 『이십일도회고시』를 쓴 데서 확인된다. 그러나 『이십일도회고시』를 쓸 때만 해도 주제가 한반도 안에 국한되었고, 게다가 한강 이남의 역사에 중점을 둔 것을 발견할 수 있다. 이에 비해 『발해고』와 『사군지』는 그가 한강 이북의 역사로 중심을 옮기면서 북방의 역사에 중점을 둔 역서서이다. 따라

50 『난양록』 권2, 羅兩峰.
51 『영재집』 권5, 新羅眞興王北巡碑 및 新羅三殘碑.
52 『고운당필기』 권6, 羅麗古碑.
53 위의 책 권6 및 『金臺臆語』 참조.
54 『고운당필기』 권3, 沃沮預婦.
55 『京都雜誌』 권2, 端午.
56 韓永愚, 『朝鮮後期史學史研究』, 일지사, 1989, p.24.

서 그간에 역사 인식에서 커다란 변화가 있었음을 짐작할 수 있다.

그가 북방의 역사에 주목하게 된 것은 나약해져 버린 조선의 현실에 대한 비판적 시각과도 무관하지 않다. 『발해고』 서문에서 우리 역사의 무대였던 만주를 잃어버린 것을 통탄하였고, 『사군지』 서문에서는 조선의 崇文抑武 정책을 비판하면서 북방 영토를 강건하고 尙武的인 기질의 고향으로 생각하였다. 그뿐 아니라 우리나라 역사에서 신기한 공을 세운 사람들로 을지문덕, 안시성 성주, 강감찬, 김윤후, 朴義를 열거하였는데,[57] 이들은 모두 외적을 무찌른 사람이니 이로부터 가히 그의 역사 인식을 엿볼 수 있다. 만주족이 중원으로 들어와 점차 상무적인 기질을 상실해 가고 있는 것을 건륭제가 한탄했던 사실을 인용한 것도 그러한 의식에서 나온 것이다.[58]

6. 맺음말

유득공은 서얼로 태어났고 부친마저 일찍 세상을 떠났기 때문에 신분상으로나 경제적으로 불우한 환경에서 자랐다. 자신의 답답한 심경을 토로한 시들이 주로 20대에 지어진 것이라는 사실은 이러한 사정을 잘 보여 준다.

그러나 30대 이후에 들어 밝고 일상적인 주제들로 바뀐 것은 그가 마침내 어두운 환경을 디디고 일어선 사실을 반영한다. 여기에는 시대적 배경도 무시할 수 없다. 그가 신분적 제약이 있었음에도 32세에 검서관으로 출발하여 20여 년간의 관직 생활을 거쳐 만년에 정3품의 通政大夫에까지 올랐던 것은 서얼 敍用 규정을 뛰어넘은 것으로서 정조의 특별한 배려가

57 『고운당필기』 권4, 東人立奇功者.
58 『난양록』 권1, 滿洲諸王.

없이는 불가능했기 때문이다. 검서관들을 내각에 두고 가까이했던 것은 이들의 신분이 남달랐기 때문이라고 정조가 말한 사실은 이를 잘 대변해 준다.

유득공은 불우한 환경을 극복하면서 스스로 자신의 세계를 구축해 갔으니 박지원, 이덕무, 박제가, 이서구 등과 같은 북학파 인사들과의 교유가 없었으면 불가능했을 것이다. 이 과정에서 문장가로 출발하여 많은 시를 남겼고, 나중에는 역사가로서도 중요한 업적을 남겼다. 역사가로서 처음에 남방 중심의 역사 인식에서 시작하여 나중에 북방 중심의 역사 인식으로 변모해 갔으니, 그 결과 나타난 『발해고』와 『사군지』는 그로 하여금 한국사학사에 뚜렷한 족적을 남기게 하였다. 특히 발해사를 체계적으로 정리하려 한 그의 노력은 더욱더 높이 평가받아야 할 것이다. (1993년)

※ 추기: 아들 유본예가 쓴 유득공 행장이 발견되었다고 하나, 내용을 접하지 못했다. 16세(1763)에 전주 이씨를 맞아 혼인한 사실이 여기에 나오는 것 같다.

제5장 柳得恭의 『渤海考』와 成海應

1. 머리말

조선시대의 발해사 인식 및 연구에 대해서는 오래전에 논문을 발표하였고,[1] 柳得恭(1748~1807)의 생애와 그의 저술을 따로 고찰하였다.[2] 그 뒤에 『渤海考』를 번역하면서 두 가지 필사본이 존재한다는 사실을 새로 확인하였다.[3] 그동안 일반적으로 알려져 온 인쇄본인 朝鮮古書刊行會本은 9考로 이루어진 1卷本[4]이었는데, 이와는 달리 4권으로 增補된 필사본이 국립중앙도서관에 소장되어 있다는 사실을 발견하게 된 것이다.

유득공에 관한 글을 쓸 때 이미 자료를 복사해 두었지만, 당시에는 시간에 쫓겨 검토하지 못하고 쌓아 두었다가 몇 년이 흐른 뒤 번역 과정에서

1 宋基豪, 「조선시대 史書에 나타난 발해관」, 『韓國史硏究』 72, 1991(본서 제3장).

2 宋基豪, 「한국의 역사가—柳得恭」, 『韓國史 市民講座』 12, 1993(본서 제4장).

3 柳得恭 지음, 송기호 옮김, 『발해고』 한국고전총서 1, 홍익출판사, 2000, '옮긴이의 말'과 '해제' 참조.
[추기] 이 책은 몽골어로도 번역되었다(Юү Дыггон 저, Ц. Цэрэндорж 역, 『Пархэгийн Шинждэд(발해고)』, Улаанбаатар, 2014).

4 실제로는 9考로 분류되어 있을 뿐이지만, 4卷本과 비교하기 위해서 편의상 1권본이라 부르기로 한다. 林相先은 書評에서 1권본을 9考本, 4권본을 5考本으로 바꾸어 부를 것을 제안했으나(林相先, 「柳得恭의 《渤海考》 異本: 유득공 著, 송기호 譯, 2000, 『발해고』, 홍익출판사」, 『歷史學報』 166, 2000, p.239), 편의상 원래 호칭대로 쓰겠다. [추기] 김종복 교수가 5종을 추가로 확인하여 4권본은 모두 7종이 되었다(김종복 옮김, 『정본 발해고』, 책과함께, 2018, pp.22~25).

뒤늦게 두 필사본의 존재를 파악하게 되었다. 『발해고』 번역본에 1권본과 함께 영인하여 싣고자 하였으나 지면이 너무 많아지는 문제가 발생하여 포기할 수밖에 없었고, 이에 따라 4권본에 대한 간단한 검토 내용만 소개하는 데에 그치고 말았다. 그런데 林相先이 필자의 번역서에 대한 書評에서 경희대학교 도서관에 또 다른 4권본 필사본이 존재한다는 사실을 밝혔고,[5] 그의 호의로 복사본을 얻어 볼 수 있게 되었다.

결국 유득공의 『발해고』에는 인쇄본인 조선고서간행회본(1911년 간행, 1976년 景文社 영인), 필사본인 1권본 1종(국립중앙도서관 古2824-19), 4권본 2종(국립중앙도서관 한貴古朝-90-4 및 경희대학교 도서관 소장본)이 있는 것으로 확인되었다.[6] 따라서 1권본과 4권본의 내용을 자세히 비교해 볼 필요가 생겼다.

한편 유득공과 忘年交를 맺었던 成海應(1760~1839)의 저서인 『研經齋全集』이 1982년에 영인되어 9册으로 출간되었지만, 그의 저서에서도 발해사가 언급되어 있다는 사실을 필자의 논문들이 발표된 뒤에야 뒤늦게 알게 되었다. 두 사람은 奎章閣 檢書官으로서 절친한 관계를 유지하여 성해응의 글에는 유득공에 대한 자세한 언급이 보이고, 그의 발해 지리 고증도 유득공의 고증과 밀접한 관련이 있으므로 이 글에서는 성해응에 관한 내용도 함께 다루어 앞서 발표한 연구를 보충하고자 한다.

유득공의 1권본과 4권본에서 큰 차이를 보이는 것은 지리 고증이고, 성해응의 연구도 지리 고증에 집중되어 있으므로 이 글에서는 지리 고증

---

5 임상선, 위의 논문, pp.240~241. 원래는 鄭鎭憲이 찾아낸 것으로서 그의 저서에 간단히 언급되어 있다(정진헌, 『실학자 유득공의 고대사 인식』, 신서원, 1998, p.110, p.249).

6 이후에도 4권으로 된 수정본이 추가로 확인되어 모두 7종에 이르는데, 이들을 통해 세 차례의 수정을 거친 사실이 확인되었으나(김종복 옮김, 앞의 책 참조), 내용에서 크게 달라진 것은 아니다. 김종복의 견해에 따르면 여기서 다루는 국립중앙도서관 4권본은 첫 번째 초고본, 경희대학교 도서관 4권본은 마지막 완성본에 해당한다. 국립민속박물관 소장본에는 1815년 쓴 李圭景의 跋文이 달려 있다.

의 상호 비교가 주된 내용이 될 것이다. 그러한 연구가 조선 후기 발해의 지리 고증 역사에서 어떠한 위치를 차지하는지 아울러 살펴보겠다.

2.『渤海考』 필사본 비교

우선 잘 알려진 1권본부터 간단히 훑어보고, 이어서 4권본을 1권본과 비교하면서 검토해 가는 수순을 밟도록 하겠다. 1권본은 유득공 자신의 서문에서 밝히고 있듯이 본문이 君考, 臣考, 地理考, 職官考, 儀章考, 物産考, 國語考, 國書考, 屬國考의 9考로 구성되어 있고, 그 앞에 朴齊家 서문과 柳得恭 自序, 目錄, 引用書目이 붙어 있다. 유득공은 서문을 甲辰年(1784) 윤3월 25일에 썼다. 이 밖에 겉표지 뒤에 別紙로 붙어 있었던 王系圖는 추후에 타인이 덧붙인 것으로 보이는데,『東史綱目』의 '傳授之圖'를 바탕으로 자료를 약간 추가하여 작성한 것이다.

君考에는 1대 高王 大祚榮에서 마지막 왕 大諲譔까지 14명의 왕이 실려 있고, 여기에 대조영의 아버지 震國公, 발해 멸망 후 부흥운동을 했던 興遼主와 烏舍城 浮渝府 琰府王이 추가되어 있다. 마지막에 실린 按文에서는 발해가 926년이 아니라 그 이후에 멸망한 것으로 적었다.

臣考에는 大門藝, 大壹夏, 馬文軌, 蔥勿雅로부터 大鸞河, 李勛에 이르기까지 83명가량의 전기가 실려 있다. 배열 순서는 발해 내부에서 활동하거나 당나라와 관련된 인물들이 먼저 나오고, 다음에 일본에 사신으로 갔던 인물들이 등장하며, 마지막으로 멸망 후의 유민들이 이어지도록 하였다.

地理考에서는『新唐書』渤海傳,『遼史』地理志,『淸一統志』의 기록을 차례로 싣되, 발해의 京府州縣에 맞추어 재정리해 놓았다.『신당서』기록 말미의 按文에서는 62州 가운데 2州가 누락된 사실을 지적하였다. 또 발해 5경 가운데 상경을 寧古塔, 중경을 吉林, 동경을 鳳凰城, 남경을 海

城縣, 서경을 압록강 근처로 비정하면서도 이럴 경우에 방위가 서로 맞지 않는 모순을 밝혀냈다. 바다를 통한 교통로에 대해서도 간단히 언급하였다.

『요사』 기록 말미의 按文에서는 발해의 城邑 숫자가 遼 太祖가 얻었다고 하는 103개보다 더 많은 사실을 지적하여 의문을 제기하였다. 『청일통지』 기록 말미의 按文에서는 발해와 신라의 국경선이 德源郡과 中和府를 잇는 선에 있었다고 하였고, 나중에 거란이 압록강 이북을 차지하고 그 남쪽은 弓裔가 점령한 것으로 보았다. 그러면서 泥河를 浿水로 잘못 비정하였다.

職官考에서는 『新唐書』 발해전에 나오는 문무관 직제를 그대로 옮겨놓고, 말미의 按文에서는 일본·한국 기록에 산견되어 나타나는 文武散官, 勳官, 封爵을 추출해 놓았다. 儀章考에서도 『신당서』 발해전 자료와 함께 『遼史』와 『宋史』 자료를 하나씩 인용하였다. 物產考와 國語考도 역시 『신당서』 발해전 자료를 옮겨놓았다. 國書考에서는 일본과 오고 간 國書 6편을 실었고, 屬國考에서는 定安國 관련 자료를 실었다.

이상 1권본의 전체 내용을 간략히 개관하였다. 1권본은 4권본으로 다시 엮이면서 면모를 일신하게 된다. 4권본에는 두 종류가 있다고 하였으니, 우선 양자를 먼저 검토하는 것이 옳을 것이다. 국립중앙도서관 소장본과 경희대학교 도서관 소장본은 필체가 다르기 때문에 동일인이 쓴 것은 아니지만 내용은 대동소이하다. 다만 경희대학교 도서관 소장본에는 柳得恭의 自序가 날짜가 생략된 채 실려 있는 데에 비해 국립중앙도서관 소장본에는 이 서문이 아예 보이지 않을 뿐이다.

사실 유득공의 자서는 1권본에 해당하는 것이고, 뒤에 언급하다시피 成海應의 서문이 4권본에 해당하는 것이므로[7] 이를 덧붙여야 했을 것이

7 『渤海考』 번역 시에 이를 1권본 서문으로 잘못 판단했으므로(송기호 옮김, 앞의 책, p.23, p.27), 이를 바로잡는다. 임상선도 이 잘못을 지적하였다.

다. 「四郡志序」의 예로 보건대 『발해고』 완성 당시에 서문이 쓰인 것이 아니라 아마 유득공 死後에 쓰였기 때문에 4권본에 실리지 않았던 것으로 판단된다. 그의 서문에서 이 책을 "알아주는 사람이 극히 적어 함부로 버려지게 되니, 실로 애석한 일이다."[8]라고 한 것은 완성 시기와 시간적 격차가 있음을 암시해 준다.

이 밖에 국립중앙도서관 소장본에는 수정 加筆이 상당히 보이지만, 경희대학교 도서관 소장본에는 이 수정이 모두 반영되어 깨끗이 정서되어 있다. 이로 보건대 林相先의 지적대로[9] 전자가 먼저 쓰인 것이 분명하다. 이를 확실히 보여 주는 한 예로서 目錄의 수정 부분을 들 수 있다. 전자의 地理考에서 '京府建置', '州縣沿革', '山川古今名'과 함께 원래는 15府의 명칭을 모두 나열했던 것을 고쳐서 '十五府辨'으로 망라해 놓았는데, 후자에서는 수정된 제목만 등장한다. 또 地理考의 '十五府辨'에서, 전자의 경우에 按文은 別行으로 한 자씩 낮추어 써야 할 것이라는 頭注가 붙어 있는데, 후자에서는 이 지시를 충실히 따라 필사되어 있다.

따라서 1권본, 국립중앙박물관 소장 4권본, 경희대학교 도서관 소장 4권본의 순서로 작성된 것임을 확인할 수 있다. 그렇지만 4권본의 완성 시기를 보여 주는 직접적인 자료는 없다. 4권본을 대상으로 한 성해응의 「渤海考序」가 『研經齋全集』에서 「四郡志序」 직전에 있는 것으로 보아[10] 서로 비슷한 시기에 쓰인 것으로 여겨지는데, 후자의 작성 연대가 유득공의 死後 19년이 지난 1825년에 해당하여 전자도 이 무렵에 지어졌을 것이므로 4권본 연대 추정의 근거가 될 수 없다. 이렇게 4권본 완성 시기를 정확히 파악할 수 없지만, 저자가 사망한 1807년 이전은 분명하며, 이것은 丁

---

8 『研經齋全具』 外集 1, 渤海考序 「而知者鮮少, 顧漫棄之, 可勝惜哉.」.

9 임상선, 앞의 논문, pp.240~243.

10 『研經齋全集』 外集 1, p.179(旿晟社 1982년 영인본, 이하 동일).

若鏞의 『疆域考』(1811, 1833)나 韓鎭書의 『海東繹史續』(1823)의 발해 지리 고증보다 앞선다.

4권본의 체제와 내용을 검토하면서 1권본과 비교해 보도록 하겠다. 우선 양자의 체제를 비교하면 〈표 5-1〉과 같다. 白面을 제외하고 1권본은 1면당 10행 22자씩 총 88면으로 되어 있는 데에 비해 4권본은 2종 모두 1면당 10행 21자씩 총 125면으로 되어 있어서, 전체적으로 35% 정도 분량이 증가하였다. 특히 地理考의 내용이 대폭 늘어난 것이 눈에 띈다. 그만큼 다른 어느 부분보다 이곳의 내용이 크게 바뀐 것을 짐작할 수 있다.

1권본의 서론은 朴齊家와 柳得恭의 서문, 간단한 目錄(목차), 引用書目으로 구성되어 있지만, 4권본에서는 대폭 바뀌어 五京圖, 五京表, 상세한 目錄(목차)으로 구성되어 있다. 오경도와 오경표는 지리 고증에서 밝힌 5경의 위치를 地圖와 沿革表로 나타낸 것으로서, 이 오경도와 비슷하면서 좀 더 자세한 지도가 『海東繹史續』에 '渤海京府圖'로 실려 있어 참고가 된다.

권1의 君考에서는 興遼主와 琰府王의 수록 순서가 서로 바뀌었고, 物產考와 國語考의 편목이 삭제되면서 그 내용이 大諲譔 王의 서술에 추가되어 있다. 그 밖에 王의 '諱'를 '名'으로 용어를 바꾸고 일부 내용을 삭제하거나 보충한 것이 있지만, 전체 틀은 크게 달라지지 않았다. 다만 마지막에 실린 按文에서, 1권본에서는 '渤海未嘗亡也'라고 하여 926년에 발해가 멸망하지 않았다고 하였지만, 4권본에서는 이를 '渤海雖亡而猶有餘部'로 수정하여 926년의 발해 멸망을 인정하고 그 뒤에 나타난 琰府王을 유민세력으로 봄으로써 비로소 역사적 사실에 가깝게 서술하였다.

권2의 臣考에서는 人名의 수록 순서를 일부 바꾸고 32명을 추가하였다. 衛均, 大素賢, 高模翰, 崔烏斯, 大鸞河, 李勣 6명을 高仁義 앞으로 당겨 배치함으로써 일본에 파견되었던 발해 사신들이 발해 유민들 중간에 끼어 있는 형태가 되어 배열 원칙이 흐트러져 버렸다. 그렇지만 馬孝愼,

표 5-1. 『渤海考』 체제 비교표

1권본 『발해고』		4권본 『발해고』	
분량	1면당 10행 22자씩 총 88면	분량	1면당 10행 21자씩 총 125면
서론	〈王系圖〉 序文(박제가, 유득공) 간단한 目錄 引用書目	서론	五京圖 五京表 상세한 目錄
권1	君考	권1	君考
권1	臣考	권2	臣考
권1	地理考	권3	地理考
권1	職官考	권4	職官考
권1	儀章考	권4	
권1	物産考	권4	
권1	國語考	권4	
권1	國書考	권4	藝文考
권1	屬國考	권4	附 定安國考

4권본은 국립중앙도서관 소장본을 기준으로 하였다.

貞泰, 璋璿, 楊成規 등 32명을 새로 발굴하여 자료를 보완하였다. 32명 가운데 馬孝愼과 烏孝愼은 동일 인물로서 馬자는 烏자의 誤記이고, 裵文은 잘못 파악한 것으로 발해 인명이 아니므로 실제는 30명이 추가된 셈이다. 말미에 按文을 추가하였는데, 여기에는 儀章考의 일부 내용을 옮겨와 신고, 이어서 고증할 만한 사료가 주변국 史書에 제법 남아 있는 것만 보아도 발해가 海東盛國이라 불린 이유를 알 수 있다고 덧붙였다.

다음으로 권3에 앞서 편의상 권4부터 검토하겠다. 여기에는 職官考, 藝文考가 설정되고 定安國考가 부록으로 달려 있다. 物産考와 國語考는 앞서 지적한 대로 君考에 통합하였고, 의장고의 일부는 臣考에 넣고 나머지 일부는 職官考에 品服 항목을 설정하여 옮겨놓았다. 따라서 의장고, 물산고, 국어고 3考는 내용을 분산시키고 편목은 삭제해 버렸다.

직관고는 文職, 武職, 品服 항목을 신설하였지만, 내용에는 변화가 없다. 오히려 발해 官制 관련 자료를 제시했던 按文을 생략하고, 발해 儀衛에 관련된 『遼史』 기록도 빼 버렸다. 예문고에서는 당 玄宗의 勅書 4편을 추가하였고, 康王의 王啓와 告喪啓의 순서를 바꾸었으며, 마지막에 按文을 덧붙였다. 안문에서는 발해가 일본에 대해서 사위를 칭한 것은 사실이 아니며, 발해의 국서를 보더라도 대등한 관계를 보여 주었다고 지적하였다. 마지막으로 1권본의 屬國考는 4권본에서 定安國考로 명칭을 바꾸고 등급도 낮추어 부록으로 다루었으며, 말미에 定安國의 소재지를 興京·鳳凰城 등지로 비정하는 按文을 추가하였다.

권3 地理考로 돌아가 보겠다. 전체 125면에서 이 부분이 42면이나 되어 전체 분량의 34%를 차지하고, 1권본의 18면과 비교하더라도 2.2배가량 증가하였다. 그만큼 4권본에서 지리고가 차지하는 비중이 높아지고 1권본에 비해 내용이 많이 바뀐 것을 추측할 수 있다.

지리고에서는 京府建置, 州縣沿革, 山川古今名, 十五府辨, 渤海新羅分界의 다섯 항목을 새로 설정하였다. 첫째, '京府建置'에서는 『新唐書』 발해전의 내용을 원문대로 수록하였다. 1권본에서 5경, 15부, 62주의 순서대로 재정리했던 것과는 다르고, 아울러 5경의 위치를 비정했던 按文을 삭제하였다. 둘째, '州縣沿革'에서는 『遼史』 地理志에서 발해 지리와 관련된 곳만 추출하여 원문 그대로 실었다. 이것도 역시 1권본에서 발해 지리를 중심으로 재정리했던 것과 차이가 나고, 발해 城邑의 숫자에 의문을 제기했던 按文도 삭제하였다. 셋째, '山川古今名'에서는 太白山, 東牟山, 天門嶺, 釣魚臺, 粟末江, 忽汗河, 鴨淥江, 黑水, 奧婁河, 泥河에 관한 자료를 정리하여 차례로 실었는데, 이들은 모두 발해 지리와 관한 지명들이다. 1권본에 실렸던 『淸一統志』의 발해 지리를 삭제하는 대신에 이를 새로 추가한 것으로 본격적인 발해 지리 고증에 앞서 기초 자료를 정리한 부분이라고 할 수 있다.

그 내용을 보면 태백산은 장백산(백두산), 속말강은 混同江(송화강), 압록강은 그대로 압록강, 흑수는 흑룡강으로 보아 사실과 합치하고, 니하를 조선 德源府로 비정한 것이나 천문령을 永吉州 界內로 비정한 것은 사실에 근접해 있다. 그렇지만 동모산을 奉天府 天柱山으로 비정하고, 오루하를 承德縣, 즉 지금의 瀋陽으로 비정한 것이나 釣魚臺를 발해 유적으로 설정한 것은 『성경통지』의 기록을 그대로 취신한 것에 불과하다. 이렇게 본다면 발해 건국지를 천주산이 있는 심양 부근으로 생각한 것을 알 수 있다. 또 홀한하를 청나라의 虎爾哈河, 즉 지금의 牡丹江으로 비정한 것은 옳지만, 그러면서도 『明一統志』 기록에 따라 금나라 수도와 발해 수도를 동일시하여 按出虎水, 즉 지금의 阿什河에도 비정하고 있어 두 강을 하나로 혼동하였다.

넷째, '十五府辨'은 저자의 독창적인 견해가 가장 많이 드러나 있는 곳이므로 내용을 자세히 검토해 보겠다. 형식은 『新唐書』, 『遼史』, 『大明一統志』, 『盛京通志』, 『清一統志(清統志)』[11] 등을 인용하고, 그다음에 자신의 고찰을 담은 按文을 行을 바꾸되 한 글자씩 낮추어 서술하는 방식을 택하였다. 1권본에서 5경의 위치를 설명하면서 고증 근거를 제시하지 않은 것과 비교된다.

우선, 5경의 지리 고증이다. 上京의 위치에 대해서는 『清一統志』의 설을 좇아 寧古塔 西南境으로 비정하였는데, 1권본에서도 영고탑으로 비정한 바 있다. 中京의 위치에 대해서는 東京遼陽府에 비정한 『요사』 지리지의 잘못을 자세히 비판하고 吉林烏喇城 동남으로 비정한 『청일통지』의 설을 그대로 따랐다. 1권본에서도 吉林으로 비정하였다.

東京의 위치에 대해서는, 『요사』 지리지의 잘못을 답습한 『청일통지』의 기록을 비판하고, 신라 泉井郡에서 39개 驛, 즉 1,170리 떨어진 거리

11 『大明一統志』는 원래 제목대로 쓴 반면에 『大清一統志』는 『清統志』 또는 『清一統志』라고 약칭한 것은 大清이라는 용어를 피하려 한 것으로 對明義理論의 한 표현인 것으로 보인다.

를 계산하여 鏡城府界로 비정함으로써 그의 과학적인 고증 태도를 잘 드러냈다. 이것은 1권본에서 鳳凰城으로 비정했던 데에서 진일보한 것이다. 이에 따라 발해가 함경북도에서 東北海를 건너 일본과 교류했던 것으로 추정하였다.

南京의 위치에 대해서는 沃沮가 요동의 海城縣이 아니라 咸鏡道에 있었다고 하면서, 沃沮城에 설치했던 玄菟郡治가 咸興에 있었다는 『文獻備考』의 설을 바탕으로 남경이 함경도 咸興府에 해당하는 것으로 고증하였다. 아울러 발해 수도에서 바라보면 함경도 쪽의 바다가 정남에 해당하므로 南海라 불렀을 것이라고 하였다. 이것은 『요사』와 『청일통지』의 기록을 그대로 취신하여 海城縣으로 비정한 1권본의 오류를 극복한 것이다.

西京의 위치에 대해서는 다소 복잡하게 고증하였다. 고구려 기록에 나오는 故國과 新國을 각각 國內城과 丸都城으로 비정하고, 이는 발해의 西京과 桓州에 대응하는 것으로 설명하였다. 그런 다음에 賈耽의 『道理記』를 근거로 하여 환주는 江界府에 비정하고, 서경의 소재지인 神州는 조선 廢四郡 경내에 비정하였다. 地理考 말미의 按文에서도 역시 신주를 폐사군 등지로 설정해 놓았다. 그러면서 『通志』와 李勣의 말을 인용하여 국내성은 압록강 이북에 있었으므로 발해 서경은 江界府에서 동북 200리 떨어진 압록강 밖에 있었다고 하면서, 『청일통지』에서 평양 서쪽으로 비정한 것은 잘못이라고 지적하였다. 그런데 '五京圖'에서는 압록강 북쪽에 표시함으로써 이 견해를 반영하고 있는 반면에 '五京表'에서는 江界府·廢四郡 등지로 비정하여 오히려 앞의 추정을 따랐다.

압록강 남쪽과 북쪽 두 견해가 등장하여 혼란스럽게 된 셈인데, 성해응의 「渤海考序」에서는 후자의 견해를 취하였다. 발해의 신주(서경)와 환주를 고구려의 국내성과 환도성에 대응시킨 것은 잘못이지만, 현재 서경으로 비정되는 臨江이 강계의 동북쪽에 해당하므로 결과적으로는 역사적 사실에 근접해 있다. 이것은 1권본에서 압록강 근처일 것이라고 막연히

표 5-2. 5경 비정 비교표

	『遼史』 地理志	1권본	4권본	현재
上京	遼陽	寧古塔	寧古塔 西南境	寧安
中京	顯州(현 北鎭) 또는 遼陽	吉林	吉林烏喇城 동남	和龍
東京	開州(현 鳳城)	鳳凰城	鏡城府界	琿春
南京	海州(현 海城)	海城縣	咸興府	北青
西京	淥州(현 臨江)	압록강 근처	江界 동북 200리 압록강 밖/江界府·廢四郡 등지	臨江

추측한 데에서 진전된 것이다. 이상 1권본과 4권본의 5경 비정을 간단히 비교하면 〈표 5-2〉와 같다.

다음으로 1권본에서는 고증하지 못한 나머지 10府의 위치를 4권본에서는 어떻게 고찰했는지 살펴보겠다. 長嶺府에 대해서는 가탐의 『도리기』를 토대로 길림 지방으로 막연히 추정하였고, 扶餘府에 대해서는 吉林烏喇로 통하는 요해처인 開元縣(開原縣)에 있었다고 하여 『청일통지』의 견해를 따랐다. 鄚頡府는 藁離國地에 설치했다는 『요사』 지리지의 기록에 따라 부여부의 북쪽, 즉 개원현의 북쪽으로 비정하였다.

定理府의 소재지에 대해서는 『요사』, 『청일통지』 모두 奉天府(현 瀋陽)로 설명하여 이 설을 그대로 따랐다. 그러면서 契丹道가 지나던 부여부가 정리부의 서쪽에 있어야 하는데 오히려 동쪽에 있게 된 것은 영토의 伸縮에 따른 변화 때문으로 보았다. 安邊府에 대해서도 봉천부 지방에 있었던 것으로 추정하였다. 率賓府에 대해서는 다소 길게 논증하였는데, 『성경통지』에서 興京 東南邊外에 있다고 한 설을 받아들여 三水·甲山 등지로 결론지었다.

東平府는 『요사』 지리지가 잘못되었다고 지적하고 흑룡강 지방으로 비정하였다. 鐵利府에 대해서도 역시 흑룡강 지방으로 막연히 비정하였고, 懷遠府에 대해서도 『요사』 지리지의 잘못을 지적하면서 역시 흑룡강 지방으로 추정해 놓았다. 마지막으로, 安遠府도 흑룡강 지방에 있었던 것으로 결론지었다. 그러면서 이상의 4府가 흑룡강 지방에 있었던 근거로서 『新唐書』 黑水靺鞨傳에 拂涅·越喜·鐵利 등의 부락이 남쪽으로 발해와 접했다고 한 기록을 들었다. 이에 따라 이들을 遼東의 州縣으로 비정한 『요사』 지리지는 견강부회한 것으로서, 그 문제점을 『청일통지』에서 자세히 밝혀 놓으면서 安遠府의 慕州가 淥州 서쪽 200리에 있었다고 한 것은 잘못이라 지적하였다.

지금까지 언급한 유득공의 5경과 10부의 위치 고증 내용을 『요사』 지리지, 『성경통지』, 『청일통지』 및 뒤에 언급할 성해응의 지리 고증과 함께 정리하면 〈표 5-3〉과 같다. 이 표를 보면 『요사』 지리지에서 遼 東京道 관내, 특히 요동지방에 발해 행정구역이 집중되어 있었던 것처럼 서술된 오류를 『성경통지』(1684년 완성), 『청일통지』(1764년 완성본),[12] 『발해고』를 거치면서 점차 시정해 나간 것을 일목요연하게 파악할 수 있다. 『성경통지』에서 수정된 上京, 扶餘府, 率賓府, 東平府, 懷遠府 가운데 寧古塔으로 비정한 上京의 위치가 사실에 근접하였고, 『청일통지』에서 새로 수정된 中京, 西京, 率賓府, 安遠府 가운데 中京과 率賓府가 사실에 가까운 방향으로 제시되었으며, 『발해고』 4권본에서 새로 수정된 東京, 南京, 西京, 長嶺府, 率賓府, 東平府, 鐵利府, 懷遠府, 安遠府 가운데 東京, 南京, 西京, 長嶺府, 東平府, 鐵利府, 懷遠府, 安遠府가 사실에 근접해 간 것을 확인할 수 있다. 이처럼 유득공의 고증에서는 앞선 고증보다 많은 부분에서 수정이 이루어진 것을 발견할 수 있다. 성해응의 고증은 유득공의 고증과 달라진 부분이 있지만, 사실성에서는 유득공보다 크게 진전된 것이 아니다.

이상으로 발해의 행정구역 설정이 『요사』 지리지에서는 현재의 요령

---

12 이후 수정된 嘉慶重修本에서는 봉황성 대신에 봉황성이 속한 岫巖廳을 동경용원부의 소재지로 삼았다.

표 5-3. 지리 고증 비교표[13]

『新唐書』	『遼史』 地理志	『盛京通志』	『淸一統志』	『渤海考』 4권본	成海應 고증
上京龍泉府	故平壤城, 遼陽 (현 遼陽)	寧古塔/ 烏喇界內/ 永吉界內	寧古塔 西南境	寧古塔 西南境	寧古塔 南境/ 寧古塔 西南境
中京顯德府	遼 顯州 (현 北鎭)/遼陽	廣寧府 (北鎭)	吉林城 東南	吉林烏喇城 東南	吉林烏喇城 東南
東京龍原府	遼 開州 (현 鳳城)	鳳凰城 (현 鳳城)	鳳凰城	鏡城府界	六鎭 지역/ 鏡城과 富寧 사이의 龍城 舊地
南京南海府	遼 海州 (현 海城)	海城縣 (현 海城)	海城縣 (현 海城)	咸興府	咸興府
西京鴨淥府	遼 淥州 (현 臨江)		平壤西境	江界府 동북 200리 鴨綠江外/ 江界府 · 廢四郡 등지	廢四郡境/ 淸北等地
長嶺府	遼 東京道 관내			吉林 지방	靉陽 · 寬奠 등지/ 吉林地方
扶餘府	遼 龍州 (현 農安)	開原縣 (현 開原)	開原縣 (현 開原)	開元縣	開原縣境
鄚頡府	遼 韓州 (현 昌圖)	開原縣 西北		開元縣 북쪽	鴨綠水源 북쪽
定理府	遼 東京道 관내	奉天府 (현 瀋陽)	奉天府 (현 瀋陽)	奉天府	奉天府
安邊府	遼 東京道 관내			奉天府 지방	奉天府界
率賓府	遼 東京道 관내	鳳凰城界內	吉林城 東南	三水甲山 등지	三水 · 甲山 · 厚州 에서 昌城까지, 압록강 건너 興京까지
東平府	遼 遼州 (현 新民)	廣寧界內		黑龍江 지방	黑龍江 경내
鐵利府	遼 廣州(현 瀋陽 서남)/遼 東京道 관내	章義站 (瀋陽 서남)		黑龍江 지방	鐵嶺衛
懷遠府	遼 信州 (현 懷德)	鐵嶺縣 (현 鐵嶺)	鐵嶺縣 (현 鐵嶺)	黑龍江 지방	率賓府와 이웃
安遠府	遼 慕州 (현 渾江?)		慕州城 (朝鮮境內)	黑龍江 지방	寧古塔 · 吉林等地

성 동부 일대에 집중되었다가 『청일통지』에서 길림성 일대까지 확장되었고, 유득공의 4권본 단계에 와서는 흑룡강 지방까지 확대됨으로써 발해 본래의 모습을 찾아가는 과정이 한눈에 들어온다. 이것은 유득공이 拂涅·越喜·鐵利 등 부락의 위치를 전한 『新唐書』 흑수말갈전의 기록을 찾아낸 성과이기도 하다. 특히 『청일통지』에서 『요사』 지리지의 잘못을 직접 언급한 대목이 주목되는데, 유득공이 이 영향을 받아서 『요사』의 오류를 인식하고 더 적극적으로 이를 극복하였다. 그의 다른 저서인 『灤陽錄』이나 『四郡志』에서도 역시 이러한 오류를 지적하였다.

유득공의 발해 지리 고증은 뒤에 언급하다시피 성해응에게 영향을 주었고, 마침내 丁若鏞, 韓鎭書에 이르러 일단락된 것을 볼 때 발해 사학사에서 차지하는 그의 위상은 크다고 할 것이다. 다시 말해 중국 지리서를 토대로 하면서 국내에서 발해 지리 고증의 출발점을 마련한 인물이 바로 유득공이다. 그런 점에서 발해 지리 고증의 선구자라고 할 수 있다.

이제 다시 4권본 지리고로 돌아가서 다섯 번째 항목인 '渤海新羅分界'를 살펴보겠다. 여기서는 발해와 신라의 국경선 관련 자료를 싣고 난 뒤에 세 개의 按文을 붙여 놓았다. 1권본에서도 5경의 상대적인 위치가 맞지 않는다고 하여 『요사』 지리지의 錯亂을 지적한 바 있지만, 첫 번째 按文에서는 그 원인을 처음으로 밝혀 놓았다는 점에서 의의가 있다. 그는 요나라가 발해를 병탄하고 民과 邑을 옮기면서 地名도 이동하였는데, 지리지의 편찬자가 이를 식별하지 못했기 때문에 착란되었다고 지적하였다. 이것은 정약용이나 한진서의 지적보다 앞서는 것으로 주목해야 할 대목

13 『遼史』 地理志에서는 忽汗州와 中京顯德府를 혼동하여 상경과 중경을 동일시하는 듯이 서술해 놓았고, 또 故平壤城은 襄平城을 잘못 쓴 것으로서 후대의 많은 학자가 오판하게 만들었다. 『盛京通志』에서는 上京의 위치에 대해서 세 곳이 모두 다르게 설명되어 있다. 『淸一統志』는 솔빈부 위치에 대해서 "廢率賓路, 在城東南."으로 되어 있는 것을 丁若鏞과 韓鎭書 모두 '寧古塔城 동남'으로 인용했으나 본문 내용으로 보아 '吉林城 동남'이 옳다. 또 성해응의 저서에서 위치를 조금씩 다르게 고증한 것은 이를 병기하였다.

이다. 아울러 발해 영역을 북쪽으로 흑룡강, 동쪽으로 바다, 서쪽으로 開原·瀋陽 등지, 남쪽으로 함경도 德源과 평안도 平壤으로 설정하여 지금 생각하고 있는 발해 영역과 별 차이를 보이지 않는다. 그러면서 『신당서』 다음에 『요사』를 서술하고 山川을 고증해낸 다음에 5경 15부를 고증하는 순서로 항목을 잡은 이유를 설명하고 있다. 따라서 이 문장은 地理考 전체의 按文에 해당한다.

그다음의 문장이 '渤海新羅分界' 항목의 按文으로서, 1권본보다 좀 더 자세하게 발해와 신라의 경계와 관련된 연혁을 다루었다. 압록강 남쪽은 발해가 멸망하기 이전에 弓裔가 먼저 탈취했던 것으로 보았고, 여진족의 땅이 되어 버린 나머지 지역은 고려를 거치면서 점차 회복해 가다가 마침내 世宗 때 6진을 설치함으로써 두만강을 경계로 하게 되었고, 그 결과 발해의 龍原府, 南海府, 率賓府가 우리 판도에 들어오게 되었다고 고증하였다. 그러나 사실은 용원부와 솔빈부는 두만강 밖에 있었다.

마지막 按文은 追記的인 성격을 띠는 것으로서 압록부 산하 네 개 주의 위치를 추가로 고증해냈는데, 桓州는 江界, 神州는 廢四郡 등지, 豊州는 雲山, 正州는 成川으로 각각 비정하였으나, 역사적 사실과는 거리가 있다. 신주(압록부)의 경우는 앞에서도 이미 언급한 바 있다.

지금까지 4권본의 내용을 1권본과 비교하면서 자세히 검토해 보았다. 전체적으로 볼 때 저자의 장점이 가장 잘 드러난 곳이 지리고임을 알 수 있다. 성해응이 서문에서 유득공이 "본디 지리학에 밝았다."[14]라고 한 것도 다 이를 두고 이른 말일 것이다. 그런 까닭으로 성해응의 발해 지리 고증도 유득공으로부터 영향을 받았음이 틀림없다.

14 『研經齋全集』 外集 1, 渤海考序, 「惠甫素明於地理之學」.

3. 成海應의 柳得恭 언급과 발해 지리 고증

유득공과 성해응은 이덕무, 박제가와 함께 奎章閣의 檢書官으로 근무하면서 밀접한 관계를 유지하였는데, 특히 두 사람 간의 학문적 연계가 컸던 것으로 보인다.[15] 유득공의 생애 및 두 사람의 관계에 대해서는 성해응이 쓴 「柳惠甫〈得恭〉哀辭」[16]와 「渤海考序」,[17] 「四郡志序」[18]에 잘 나타나 있으므로 이를 중심으로 정리해 보겠다.

유득공의 생애에 대해서는 이미 정리한 적이 있으므로,[19] 여기서는 유득공이 사망한 지 6년 뒤인 1812년에 쓰인 「柳惠甫〈得恭〉哀辭」를 바탕으로 재구성하겠다. 유득공은 어려서 아버지를 여의고 서까래 서너 개의 초라한 집에서 어머니를 모시고 살았고, 어머니 李(洪의 잘못인 듯)氏는 어진 분으로 바느질로 가난한 집안 살림을 꾸려 나갔다. 그는 한때 宋氏家에 기숙하고 있었는데, 그 집안은 왕실 외척과 연계가 있어 노래·춤과 술·음식이 주야로 끊이지 않았지만 그는 이에 개의치 않고 홀로 학업에 힘써 마침내 生員試에 급제하였다.

유득공은 이 무렵 炯菴 李德懋, 楚亭 朴齊家와 만나자마자 서로 막역한 사이가 되었다. 세 사람은 각기 다른 특장을 지니고 있었으니, 이에 대해서 성해응은 다음과 같이 묘사하였다. 이덕무는 아주 해박하여 의심나거나 난해한 것을 물으면 그 즉시 줄줄 대답하여 끊어지지 않았고, 박제가는 성격이 기발하여 술 마시고 방담하면서도 날카롭기가 칼끝 같아서 감히 범접하지 못하였고, 유득공은 조용히 담소할 때 그 자태가 빼어났고

15 金文植, 『朝鮮後期 經學思想硏究』, 一潮閣, 1996, p.78.
16 『硏經齋全集』 本集 1, p.233 및 外集 1, pp.313~314. 이 두 곳에 동일한 내용이 실려 있다.
17 『硏經齋全集』 外集 1, p.179.
18 위의 책, pp.179~180.
19 송기호, 앞의 논문, 1993, pp.134~139.

문장도 아주 뛰어났다고 한다. 이 세 사람이 서로 만나서 호기 있게 시를 지어 자신들의 답답함을 풀었으니, 선비들이 이를 돌려가며 암송하면서 '新聲'이라 불렀다고 한다.

유득공은 문장에 뛰어났을 뿐만 아니라 '實學'에도 힘을 써서 지리와 사물에 관한 책을 많이 지었다. 이덕무, 박제가와 함께 규장각 검서관에 천거되어 조정의 편찬 사업이 있을 때마다 왕의 명령으로 매번 참여했다고 한다. 1790년에 박제가와 함께 乾隆帝의 萬壽節 축하 사절을 따라[20] 熱河와 燕京을 방문했을 때, 연경에서 중국의 명사인 潘庭筠·李鼎元·羅聘 등과 속마음을 터놓을 정도로 가까이 교유하였고, 回回·蒙古·生番[21]·緬甸·臺灣 등의 사절과 필담으로 그들의 풍속을 알아냈다. 이로부터 그의 문장이 더욱 분방해지고 탁월하게 되었지만, 宣祖 때와는 달리 때를 못 만나 그의 文才가 크게 드러나지 못했다고 성해응은 한탄하였다.

유득공은 정조의 배려로 안으로는 軍資監, 司䆃寺, 濟用監의 벼슬을 역임하고, 밖으로는 抱川縣監을 비롯하여 府郡縣 네 곳을 다스렸다. 政事에도 뛰어나 교활한 吏胥라도 터럭만큼도 그를 속일 수가 없었다고 평가하였다. 한편 성격이 근실하고 신중하여 궁중의 일을 감히 누설하지 않았고, 홀로 서적·의복·음식물·藥丸을 임금으로부터 하사받아 이름을 떨친 것이 셀 수 없을 정도였다고 하였다. 그가 임금을 모실 때, 綠衣의 관직으로 늙는 것을 안타깝게 여겨서 그에게 緋衣 한 벌을 내리고 通政大夫 敎旨를 하사했다는 대목에서 그에 대한 정조의 지극한 총애를 엿볼 수 있다. 1807년에 사망한 그는 성해응의 집이 있는 포천 香山에서 남쪽으로 20리 떨어진 松山에 묻혔고, 성해응은 매번 집 앞 언덕에 올라 그의 묘소

20 『研經齋全集』 本集 1, 送柳惠甫得恭朴次修齊家之燕, p.24.
『研經齋全集』 外集 5, 柳惠風熱河詩注, p.286.

21 臺灣에 羈縻되어 있는 섬 나라로서 중국의 남쪽 끝 바다에 멀리 떨어져 있다고 한다(『正祖實錄』 권27, 13년 3월 乙丑).

를 멀리 바라보며 탄식하곤 했다고 한다.

이처럼 성해응의 글에서 유득공에 대한 절절한 사모의 정을 느낄 수 있다. 사실 성해응은 12세나 아래로, 유득공은 과거나 벼슬에서 모두 그의 선배가 되었다. 규장각 검서관도 유득공이 1779년에 임명되었던 데에 비해 성해응은 1788년에 발탁되었다. 두 사람의 인연은 두 번에 걸쳐 맺어졌다. 처음은 유득공이 1784년에 성해응의 고향인 포천의 현감으로 갔을 때로서, 성해응은 그 전해에 갓 進士가 되어 고향에 머물러 있던 시기였다.[22] 따라서 두 사람의 교류는 이때 시작되었을 것이다. 다음은 규장각 검서관으로서 동료가 되었던 때로서, 유득공은 1794년에 加平郡守로 나가 있다가 이듬해 검서관으로 복귀하였고, 성해응은 1788년에 검서관으로 처음 임명되었으므로 1795년 이후에 해당한다. 유득공이 포천의 지방관이 되었을 때는 백성들을 공경스럽게 다스리면서도 오히려 기대에 미치지 못한 듯이 생각하였고, 동료가 되어서는 호방하고 익살을 잘 부리며 스스로 까다롭게 절제하지 않아서 마침내 두 사람은 나이를 잊은 친구가 되었다고 하였다.

성해응은 그와 함께 1795년 봄에 임금을 모시고 玉流泉에 나들이 하던 때를 회상하기도 하였다. 시기로 보아 가평군수로 나가 있으면서 왕의 부름을 받아 隨從했던 것으로 보인다. 임금이 수레를 타고 禁苑을 돌아 옥류천에 납시었을 때 성해응과 유득공, 박제가가 大臣, 閣臣을 따라갔는데, 마침 봄비가 싱그럽게 개이고 꽃의 기운이 사람을 훈훈하게 만들었으며, 흐르는 계곡물 소리가 들을 만하고 채색한 누각이 서로 바라보고 서 있는데, 수라간에서 진귀한 안주를 내어 하사하고, 다시 芙蓉亭으로 가서 낚시하면서 御製詩韻에 부쳐 賡進詩를 짓도록 명했다가 달이 뜨자 물러

22 성해응의 생애는 크게 세 시기, 즉 고향 포천에 머물러 있던 성장기(1760~1788), 仕宦期(1788~1815), 著述記(1815~1839)로 구분된다(김문식, 앞의 책, p.74).

났던 일이, 생생하기가 어제 일과 같다고 상기하였다.

이들은 단순히 친분 관계만 있었던 것은 아니었고, 학문적 동지이기도 하였다. 이는 『四郡志』를 공동으로 저술했다는 성해응의 「四郡志序」에서 확인된다. '내가 일찍이 유득공과 함께 고구려 將相과 完顔部族 가운데 위대한 인걸 다수가 우리 땅에서 배출되었지만 지금은 그 토착민들을 함부로 방기했음을 논하였다. 또한 우리 풍속에 근거 없는 이야기를 좋아하는 것을 한탄하였으니 彭吳가 檀君의 신하이고, 韓終이 辰韓王이 되었고, 虬髯客이 泉蓋蘇文이고, 薛仁貴가 積城의 龍門에서 태어났다고 하는 것은 모두 근거가 없다. 劉曜가 平壤府卒이 된 것이 『晉書』에 실려 있고, 王頎가 고구려를 추격하여 咸興까지 갔던 것이 『三國志』에 실려 있는 것에 이르러서는, 도리어 이를 자세히 밝힐 사람이 없는 것은 輿地에 명확하지 않기 때문이라 하였다. 이에 서로 더불어 책을 지어 『사군지』라 하고 상자 속에 넣어 두었다가, 지금 유득공이 사망한 지 19년이나 지나 그 초고를 바라보니 그때 교정을 보고 수정을 하면서 득실을 상고하고 좋고 나쁜 것을 논하며 웃고 즐거워하던 것이 바로 어제 일처럼 생생하게 생각나서 마침내 감흥을 이기지 못해 이 책의 서문을 짓는다."[23]라고 하였다. 이 내용으로 『사군지』는 두 사람의 합작품임을 확인할 수 있다.

그뿐 아니라 「渤海考序」에서 언급하였듯이, 유득공이 본래 지리학에 밝아서 그가 인용하고 고증한 것이 모두 정연하고 사리에 맞는다고 하면서도 鴨淥府의 소재지에 대해서는 이견을 제시하였는데, 이것은 유득공의 지리 고증 성향에 자극을 받아 성해응이 발해의 지리 고증에 나섰던 계기를 보여 준다. 이렇게 성해응의 지리 고증은 유득공의 영향에서 비롯된 것으로 생각된다.

그렇다면 성해응의 발해 지리 고증으로 옮겨가 보겠다. 이들은 모두

23 『研經齋全集』 外集 1, 四郡志序.

外集에 실려 있는데, 「渤海疆域辨」[24]에서 5경과 나머지 10부의 소재지를 간략히 설명하였고, 「渤海長嶺府」,[25] 「渤海東京龍原府」,[26] 「渤海南京南海府」,[27] 「渤海西京鴨綠府」,[28] 「渤海率賓府」,[29] 「渤海上京龍原府」,[30] 「渤海中京顯德府」,[31] 「渤海鴨淥府神州」,[32] 「渤海銅州」[33]에서 각 府州의 소재지를 따로 좀 더 자세히 고증해 놓았다. 각 京府의 위치를 고증하는 방식은 『渤海考』 4권본 地理考와 동일하여 먼저 『新唐書』 발해전과 賈耽道理記, 『遼史』 지리지, 『金史』, 『大明一統志』, 『盛京通志』, 『淸一統志』, 『匽從錄』, 『文獻備考』, 『三國史記』 등의 관련 사료를 제시하고 다음에 자신의 견해를 덧붙였다. 그런데 관련 사료와 고증에서 『발해고』 4권본과 동일하거나 유사한 내용이 상당수 발견되어 두 사람 사이의 밀접한 연관성을 반영하고 있다. 그 내용을 정리해 보겠다.

上京龍泉府의 위치는 「渤海疆域辨」에서 寧古塔 南境으로, 「渤海上京龍原府」에서 西南境으로 비정하였으니, 『청일통지』의 견해를 그대로 따른 것이다. 그러면서 중경현덕부에서 설명해야 할 顯州 布의 產地 문제를 여기서 잘못 다루었고, 역시 『大明一統志』의 기록을 좇아서 금나라의 上京會寧府와 발해의 上京龍泉府가 동일한 장소에 있었던 것으로 잘못 파악하였다.

中京顯德府는 「渤海疆域辨」과 「渤海中京顯德府」에서 『청일통지』의

---

24 『研經齋全集』 外集 1, pp.353~355.
25 『研經齋全集』 外集 5, p.39.
26 위의 책, p.43.
27 위와 같음.
28 위의 책, pp.43~44.
29 위의 책, pp.44~45.
30 위의 책, p.56. 龍原府는 龍泉府의 잘못이다.
31 위의 책, pp.56~57.
32 위의 책, p.102.
33 위의 책, p.254.

견해를 따라 吉林烏喇城 동남쪽으로 비정하면서, 『요사』 지리지에서 東京遼陽府와 平壤城에 해당하는 것으로 본 것을 비판하였다.

東京龍原府의 소재지에 대해서는 「渤海疆域辨」에서 『요사』 지리지의 開州說을 비판하고 六鎭 지역으로 비정하였고, 「渤海東京龍原府」에서는 北關 지역 가운데 鏡城과 富寧 사이에 있는 龍城址로 좀 더 구체적으로 지적하였다. 그도 유득공처럼 泉井郡(德源)에서 1,170리 떨어진 지점에서 東京의 소재지를 찾았다.

南京南海府는 「渤海疆域辨」에서 咸興府 지역으로 비정하면서 북서쪽으로 北青까지 관할했던 것으로 생각하여 晴州(睛州)가 북청에 있었다고 설명하였다. 그러면서 『청일통지』에서 海州故城으로 비정한 것을 비판하였다. 「渤海南京南海府」에서도 동일한 견해를 표명하였으며, 유득공의 지적처럼 중경현덕부[34]에서 바라보게 되면 함흥 쪽의 바다가 정남이 되기 때문에 남해라는 명칭이 생겼다고 설명하였다. 이러한 南海說은 「渤海南海道說」에서도 반복되어 있다.[35]

西京鴨淥府는 「渤海疆域辨」에서 4개 주 가운데 神·桓·豊 3개 주가 압록강 이남의 江界·廢四郡·옛 延州(평안북도 영변군 연산면) 등지에 있었다고만 했을 뿐 서경의 구체적인 소재지는 지적하지 않았다. 「渤海西京鴨綠府」와 「渤海鴨淥府神州」에서도 淸北(청천강 이북) 등지로 비정하였는데, 고구려의 국내성을 서경으로, 환도성을 桓州로 대응시키면서 환주는 江界府에 있었고[36] 神州는 廢四郡 지역에 있었다고 한 것은 유득공의 잘못

---

34 발해 수도를 유득공이 상경으로 본 것과는 달리 성해응은 중경으로 보았다. 이에 따라 남해를 바라보는 기준 시점이 유득공의 글에서는 寧古塔 일대였는데, 여기서는 중경현덕부로 바뀌어 있다.
『研經齋全集』 本集 3, 渤海南海道說, 「渤海都顯德府, 在今白頭之北.」.
『研經齋全集』 外集 1, 渤海彊域辨, 「夫渤海卽我東北境, 而其都在吉林烏拉.」.

35 『研經齋全集』 本集 3, p.176.

36 『研經齋全集』 外集 1, 丸都議, p.246. 여기서도 고구려 丸都=발해 桓州=조선 江界說이 제기되었다.

을 그대로 따른 것이다. 그러면서도 국내성은 압록강 북쪽에 있었으니 江界·渭原의 압록강 건너편에 해당한다고 지적함으로써 서경이 압록강 밖에 있었던 것처럼 설명하여 앞의 주장과 모순되는데, 이것도 유득공이 범한 잘못과 동일하다. 雲山郡을 豊州 소재지로 본 것도 유득공의 견해를 따른 것이다. 다만 正州를 成川府로 비정한 것은 오류라고 하면서 압록강 북쪽에 있었던 것으로 추정하여 유득공과 다른 견해를 제시하였다.

그의 「渤海考序」에서는 유득공의 남경, 동경 비정에 동의하면서 서경의 비정에는 이견을 제시하였는데, 유득공이 "압록부가 강계에서 동북쪽으로 200리 떨어진 압록강 북쪽에 있었다고 하였는데, 내가 압록부 관할에 있던 신주·환주 등을 살펴보니 압록강 남쪽에 있었지 강 북쪽에 있었던 것은 아니다."[37]라고 지적하였다. 이것은 유득공의 4권본 지리 고증을 비판한 것인데, 사실 이 책에서는 서경의 소재지를 廢四郡과 압록강 북쪽으로 동시에 비정하고 있어 모순이 나타나고, 성해응의 고증에서도 이러한 잘못을 그대로 답습하고 있는 것을 볼 때 「발해고서」의 주장과 실제 유득공·성해응의 고증 내용에 차이가 드러난다. 다만 이 서문을 볼 때 유득공의 경우에는 압록강 북쪽을, 성해응의 경우에는 압록강 남쪽을 특히 염두에 두었다고 판단된다. 아니면 서문과 실제 지리 고증 사이에 시간적 차이가 있어서 생각에 변화가 온 것인지도 모르겠다.

이상의 5경을 제외한 나머지 10부를 살펴보겠다. 長嶺府는 「渤海疆域辨」에서 靉陽·寬奠(현 寬甸) 등지에 있었던 것으로 보면서도, 여기서 동북쪽으로 다소 떨어진 곳으로서 渾河의 발원지인 長嶺子(현 哈達嶺)·納綠窩集(현 輝發河 남쪽)이 長嶺舊地가 아니겠는가 지적하였다. 하지만 「渤海

37 『研經齋全集』 外集 1, 渤海考序, 「惠甫素明於地理之學, 其所援据辨核, 皆秩然有序, 如南海府定爲咸興, 柵城府定爲鏡城. 獨以鴨綠府謂在江界東北二百里鴨綠江北, 余以其所領神桓諸州觀之, 在江南而不在江北也.」.

長嶺府」에서는 좀 더 막연히 吉林 지방으로 설정하였고, 그러면서도 장령부는 眞番郡이 있던 곳이라고 잘못 설명하였다.

率賓府는 「渤海疆域辨」에서 三水·甲山·厚州(평안북도 후창군 후창면)로부터 昌城까지, 그리고 압록강 건너 興京(지금의 요령성 新賓縣)에 이르는 지대를 포괄한 것으로 고찰하였다. 「渤海率賓府」에서는 솔빈부의 남쪽이 三水·甲山府 등지에 해당한다고 하였고, 『盛京通志』의 견해를 받아들여 솔빈부의 建州가 청나라가 일어난 興京 지역에 있었다고 하였다. 아울러 솔빈부의 특산물인 말이 삼수·갑산에서 난다는 말은 듣지 못했다고 하면서, 그 배후지인 端川府에서 나는 좋은 말을 가리키는 것이라고 하였다.

이상을 제외한 나머지 府는 「渤海疆域辨」에서만 위치 고증이 이루어졌다. 扶餘府는 지금의 開原縣境에 해당하고, 鄚頡府는 솔빈부에 가까운 곳으로서 鴨綠江 발원지 북쪽에 해당하고, 定理府는 『청일통지』의 견해를 수용하여 奉天府에 해당하는 것으로 보았다. 安邊府도 봉천부 경내에 있었던 것 같다고 하였고, 東平府는 黑龍江 경내에 있는 것 같다고 하면서 『遼史』 지리지의 오류를 지적하였다. 鐵利府는 鐵嶺衛로 추정하면서 義州도 역시 이에 속한다고 보았으며, 懷遠府는 솔빈부와 이웃했던 곳으로 막연히 추정하였고, 安遠府는 寧古塔·吉林 등지로서 黑龍江 밖에까지 미치지는 않았을 것으로 추정하였다. 이 밖에 3獨奏州 가운데 涑州는 混同江隣部라 하였고, 따로 「渤海銅州」에서 甲山 경내에서 구리가 생산되는 것을 근거로 銅州의 소재지로 추정하였다.

이상으로 15부의 지리 고증에 대해서 정리해 보았다. 이를 비교표로 만든 것이 앞서 제시한 〈표 5-3〉이다. 유득공의 고증과 비교하면, 西京을 비롯하여 막힐부, 철리부, 회원부, 안원부의 소재지에 대해서 이견이 나타나고, 나머지는 일치한다. 따라서 두 사람의 지리 고증은 아주 근접해 있다. 그렇다면 누가 누구에게 영향을 주었던 것일까. 성해응이 「渤海考序」에서 유득공이 지리에 밝았다고 하였고, 또 유득공의 4권본 지리 고증에 이견을 제시하기도 하였으므로 유득공의 연구를 염두에 두면서 나름대로 견해를 덧붙이거나 수정한 결과가 성해응의 지리 고증인 것으로 판단된다. 이들의 지리 고증은 그다음에 丁若鏞, 韓鎭書의 단계로 나아가기 위한 것으로서,[38] 발해 지리 고증의 시발점을 열었다는 데에 큰 의의가 있다.

이 밖에 성해응의 글에는 발해와 관련된 내용이 조금 더 실려 있다. 먼저, 서북의 疆域에 관한 서술에서 「발해」 항목을 설정하여,[39] 『신당서』 발해전의 발해 지리를 인용하여 실으면서 大祚榮을 속말말갈인으로서 고구려의 신하였던 사람으로 생각한 것 외에 다른 견해는 제시하지 않았다. 아울러 서북 강역의 沿革表에서는 당나라 安東都護府가 발해 땅이 되었고, 肅愼 지역에는 발해의 上京 · 中京 · 定理府 · 安邊府 등이 설치되었으며, 眞番郡 자리에는 長嶺府가 설치되었고, 玄菟郡 자리에는 발해 率賓府가 설치되었으며, 舊玄菟郡 자리에는 南京이 설치되었던 것으로 설명하였다.[40] 다른 곳에서는 발해 및 유민 大延琳의 국가, 定安國의 연호를 정리하여 수록하였다.[41]

한편 발해 유민국가인 定安國에 대한 관심[42]도 유득공에게 자극받은 것으로 보인다. 먼저 정안국 관련 사료를 인용한 뒤에 국왕 烏玄明의 上表文을 보니 발해 유민이 틀림없다고 고찰하였고, 그 위치에 대해서는 扶餘府가 開原縣에 있었고, 契丹이 遼陽 이북에 있었으며, 生女眞이 混同江과 백두산 일대에 있었으므로 정안국은 압록강 내외의 熟女眞 부락에 있었을 것이라고 고증하였다. 그러면서 「渤海疆域辨」 말미에서 정안국이 송나라에 稱臣하면서 독자적인 연호를 사용하였으니, 이것은 놀라운 일이

---

38 이에 대해서는 송기호, 앞의 논문, 1991, p.71의 표와 비교하기 바람(본서 제3장).
39 『研經齋全集』 外集 5, 渤海, pp.34~35.
40 「西北疆域辨上」의 沿革表, 위의 책, p.32.
41 『研經齋全集』 外集 3, 歷代帝王年號考, p.352.
42 『研經齋全集』 外集 5, 定安國, p.65.

라고 지적한 것은 특기할 만하다. 아울러 南海府가 발해 멸망 뒤에도 끝까지 거란에 저항한 것을 높이 사면서 이를 조선의 六鎭北邊民의 忠義와 연계시키기도 하였다.

4. 맺음말

유득공은 불우한 처지를 딛고 정조의 특별한 후원 아래 18세기 후반에 활동하였던 學人이면서 官人이었다. 그의 대표작인 『渤海考』도 규장각의 도서를 열람할 수 있었기에 저술이 가능하였고, 따라서 정조의 배려로 檢書官이 되지 못했다면 세상에 나올 수 없었을 것이다. 그런 점에서 이 책은 정조 시대 문예발흥기의 한 산물이라 할 수 있다.

그는 1784년에 『발해고』 1권본을 저술한 후 이를 증보하여 다시 4권본으로 엮어냈다. 1권본 내용은 기왕에 많이 알려졌지만, 4권본은 근래에 확인되었고 그 완성 시기도 불확실하다. 다만 그가 사망한 해가 1807년이므로 4권본은 1권본으로부터 10년 전후에 완성되었을 것으로 추측된다.

새롭게 알려진 4권본은 1권본에 비해 편목의 구성이 달라져 전체 9考가 5考 및 1附考로 바뀌었다. 내용에서도 발해의 멸망 시기를 올바로 파악하는 변화가 보이고, 30명의 발해 人名과 4편의 당 玄宗 칙서가 추가되는 성과가 나타나지만 地理考를 제외하고는 크게 달라지지 않았다. 지리고 가운데서도 '十五府辨' 항목에서 저자의 독창적 연구가 두드러진다.

5경 가운데 東京은 1권본에서 鳳凰城으로 비정했다가 4권본에서 鏡城府界로 수정하였고, 南京은 1권본에서 海城縣으로 비정했다가 4권본에서 咸興府로 수정하였으니, 이것은 『遼史』 지리지와 『淸一統志』의 오류를 모두 극복한 것이다. 西京의 위치에 대해서도 『청일통지』에서 엉뚱하게 平壤 서쪽으로 지적한 것을 압록강 근처로 바로잡아 놓았다. 나머지 10府

에서도 『新唐書』 黑水靺鞨傳 기록을 토대로 東平府, 鐵利府, 懷遠府, 安遠府의 위치를 黑龍江 지방으로 비정한 것도 『요사』 지리지나 『청일통지』의 오류를 극복하고 발해 영토 고증의 시야를 흑룡강 일대까지 넓혔다는 데에서 큰 의의를 지니며, 역사적 사실에도 더욱 근접해 간 것을 알 수 있다.

유득공과 속 깊은 교유를 했던 12세 연하의 성해응[43]의 글에는 유득공의 생애 및 자신과의 관계를 담은 것이 있다. 이를 통해 유득공의 생애를 다시 한번 정리할 수 있었다. 그리고 지리 고증에 특히 관심을 가지고 있었던 그의 성향에 성해응도 감화를 받은 결과 『四郡志』를 공동 집필하고, 『渤海考』의 서문을 짓고, 스스로 발해의 지리 고증에 나선 사실을 확인할 수 있었다.

성해응의 발해 지리 고증은 유득공과 세부적으로 다른 부분이 보이지만 크게 보면 동일 범주에 들어 있다. 오히려 압록강 남쪽으로 비정한 西京의 위치나 鐵嶺衛로 비정한 鐵利府의 위치에서는 역사적 사실에서 퇴보한 감도 있다.

이상과 같이 두 사람의 지리 고증은 그 뒤에 나타난 丁若鏞이나 韓鎭書의 연구와 비교해 볼 때도 크게 뒤떨어지지 않는다. 결국 유득공은 『요사』 지리지의 오류를 일부 극복한 『盛京通志』와 『清一統志』의 고증을 더욱 발전시킨 인물이면서 조선에서 발해 지리 고증의 길을 열어 놓은 선구자였다. 그리고 성해응은 이 선구자에 감화되어 나름대로 고증을 시도했던 인물이면서 그다음 정약용과 한진서에서 일단락된 발해 지리 고증의 징검다리 역할을 했던 인물이었다. 그런 점에서 발해 사학사에서 두 사람이 차지하는 비중은 지대하다고 할 것이다. (2002년)

---

43 [추기] 참고로 성해응과 그 일가의 묘소는 현재 경기도 포천시 가산면 금현리(대대울 마을)에 있다.

제6장 북한의 발해사·통일신라사 연구

1. 머리말

북한도 우리 민족의 일부라는 당연한 사실에도 불구하고 여러 가지 제약으로 인해 순수 학술 차원에서 북한 연구가 제대로 진행되지 못한 것이 그간의 실정이었다. 역사학 연구도 마찬가지로 해방 이후 한국사 연구가 남북한에서 상호 교류 없이 개별적으로 이루어져 이질화된 부분이 상당 수 있다. 북한의 역사학에 대한 연구는 1970년대 중반에 들어와서야 시작되었다. 이로부터 북한에 대해 본격적으로 논의되기 시작한 1988년 이전까지 간헐적으로 연구 논문들이 발표되기는 하였으나,[1] 이 당시는 자료 접근의 기회가 일부에만 주어졌기 때문에 연구자가 제한될 수밖에 없었

1 1988년 이전에 발표된 북한 역사학에 관한 글은 다음과 같다.
申一徹, 「1950年代 北韓의 國史觀 形成」, 『北韓』 1975-4.
Ch'oe Yong-ho, "History in North Korea: its Role and Characteristics", *Journal of East and West Studies*, No. 1, Yonsei University, 1976.
北韓研究所, 『北韓社會科學院이 發刊한 '朝鮮史' 批判』, 北韓研究叢書 5, 1978.
Ch'oe Yong-ho, "Reinterpreting Traditional History in North Korea", *Journal of Asian Studies*, Vol. XL, No. 3, 1981.
梁泰鎭, 「北韓史學界의 研究性向 分析—特히 1960年代를 前後하여」, 『北韓學報』 7, 1983.
朴性鳳, 「'조선전사'에 나타난 古代史觀 批判」, 『統一論叢』 3-2, 국토통일원, 1983.
金昌順, 「'주체사상의 역사과학' 批判」, 위의 책.
梁泰鎭, 「'조선전사'의 編纂體系와 時代史 區分 批判」, 위의 책.
韓永愚, 「變造와 歪曲의 史學」, 『月刊朝鮮』 1985년 4월호; 「北韓의 歷史學」, 『韓國의 文化傳統』, 을유문화사, 1988 재수록.

다. 연구 내용도 북한 역사학에 대한 자료 정리와 소개에 그치거나, 비판만 전제로 한 것도 있어 현재 상황과는 격세지감을 느끼게 한다.

1988년경에 이르러 북한의 출판물에 대한 개방이 어느 정도 이루어지면서 역사학계에서 북한의 역사학에 관한 본격적인 논의가 시작되었을 뿐 아니라[2] 일반인 사이에서도 그동안의 북한 연구 성과에 관심이 고조되었다. 그러나 연구자가 광범하게 확산되었다는 점을 제외하고는 아직 북한에서의 한국사 연구에 대한 전반적 흐름을 추적하는 선에 머물고 있어, 북한 학계의 학문 성과에 대한 체계적 정리가 되어 있지 않다. 북한 역사학계의 성과와 그 성격을 제대로 파악하기 위해서는 더 구체적이고 심층적인 검토가 있어야 할 것이다.

이러한 사정은 이 글에서 다루고자 하는 발해사·통일신라사 연구 검토에서도 예외가 아니다. 이 시기를 다룬 글은 드문데,[3] 이들마저 주로 몇

---

2 고대사(통일신라까지)와 관련하여 1988년 이후 발표된 것은 다음과 같다.
좌담회, 「북한에서는 우리 역사를 어떻게 보는가」, 『역사비평』 1988년 겨울호.
李基東, 「北韓에서의 古朝鮮 硏究」, 『韓國史 市民講座』 2, 일조각, 1988.
李光麟, 「北韓의 歷史學」 『東亞硏究』 16, 서강대 동아연구소, 1988.
강만길, 「남북한 역사인식의 같은 점과 다른 점」, 『창작과 비평』 63, 1989년 봄호.
이기동, 「북한 역사학의 특성과 고대사 서술」, 『문학과 사회』 5, 문학과지성사, 1989년 봄호.
권오영, 「식민사학의 극복과 고대한일관계—김석형 '고대한일관계사'(한마당, 1988)」, 『한국역사연구회회보』 2, 한국역사연구회, 1989.
송호정, 「북한에서의 고·중세사 시기구분」, 『역사와 현실』 창간호, 한국역사연구회, 1989.
송기호, 「북한의 발해사 연구와 '발해사'」, 『발해사』, 이론과실천, 1989.
김정배 편, 『북한이 보는 우리 역사』, 을유문화사, 1989.
朴性鳳, 「'조선전사' 원시·고대·고려편의 분석 비판」, 『國史館論叢』 3, 국사편찬위원회, 1989.
李光麟, 「北韓學界에서의 '古朝鮮' 硏究」, 『歷史學報』 124, 1989.
李光麟, 「北韓의 考古學—특히 도유호의 硏究를 中心으로」, 『東亞硏究』 20, 1990.
김영하, 「후기신라와 발해의 성립」, 『북한의 한국사인식』 I, 한길사, 1990.
송기호, 「북한의 발해 고고학과 '발해문화'」, 『역사와 현실』 3, 1990.

3 朴性鳳, 앞의 논문, 1983.
신형식, 「統一新羅에 대한 '조선전사'의 敍述과 그 批判」, 『북한이 보는 우리 역사』, 을유문화사, 1989.
朴性鳳, 앞의 논문, 1989.

몇 개설서만 검토 대상으로 삼았다. 이러한 문제점을 염두에 두면서, 여기서는 북한의 역사서인 『조선통사』(1956, 1962, 1977, 1987년판)와 『조선전사』(1979년판)뿐 아니라 개별적인 저서, 논문도 가능한 한 모두 망라하여 검토 대상으로 삼고자 한다.

원래 북한의 역사 연구는 남한에서와 달리 집단적으로 이루어지기 때문에 개인적인 견해는 배제되고 공식적인 견해만 표명된다.[4] 대체적인 경향을 보면 1950년대 후반에서 1960년대 전반에 이르는 토론기에서는 개인적인 견해가 다양하게 표출되었지만, 최근에 올수록 집단성이 더욱 강화되어 연구 논문들에서 개인적인 특성이 거의 사라지고 있다. 이 때문에 북한의 글들을 망라할 수만 있다면, 쉽게 북한 역사학 내용을 파악할 수 있을 것이다. 그러나 '조선혁명'을 하기 위하여 한국 역사를 잘 알아야 한다는 김일성의 교시처럼 북한의 역사학이 정치와 긴밀히 연결되어 있다는 사실을 고려하면 그러한 인식은 피상적인 관찰에 불과할 것이다. 북한 역사학을 제대로 이해하기 위해서는 북한 내부의 정치적 변화까지도 통찰할 수 있어야 하기 때문이다. 북한 외부에서 그러하기는 매우 어려운 실정이므로, 결국 북한 역사학을 분석한다는 것은 언뜻 쉬운 듯하면서도 실제는 매우 어려운 과제에 속한다.

이러한 한계성을 절감하면서도, 어쩔 수 없이 연구 결과물만 중심으로 하여 북한에서 발해사·통일신라사 연구가 어떻게 진행되어 왔는가를 살펴보고자 한다. 우선 삼국통일에 대한 평가 문제를 다루고, 이와 관련하여 후삼국통일에 대한 평가 문제, 민족 형성 문제, 한국사 인식 체계 문제를 다루겠다. 그리고 발해사 연구 성과를 문헌사와 고고학으로 나누어 검

김영하, 앞의 논문, 1990.

4 연구 과정에 대해서는 다음을 참조 바람.
旗田巍, 「朝鮮民主主義人民共和國を訪れて」, 『朝鮮と日本人』, 勁草書房, 1983, pp.262~263.

토할 것이며, 다음으로 통일신라사 연구 성과를 검토하겠다. 북한에서는 신라사보다 발해사에 중점을 두기 때문에 신라사에 대한 연구 성과물은 거의 없는 형편이다. 따라서 발해사에 대한 검토 분량이 상대적으로 많아질 수밖에 없다. 마지막으로 전체를 총괄하는 의미에서 북한에서의 역사 연구의 원칙을 정리하고, 그러한 원칙이 발해사와 신라사에는 어떻게 적용되어 나타났는가를 다루고자 한다. 그 밖에 역사 체계, 역사 서술과 내용에서 발견되는 특징들을 다룸으로써 결론에 대신하고자 한다. 서술 방식은 먼저 각각의 주제에 대한 연구 성과가 어떠한 것이 있고, 그것이 시기에 따라 어떠한 변화상을 보여 왔는가를 개괄하고, 그다음에는 각론으로서 핵심적인 연구 주제를 선정하여 좀 더 구체적으로 다루도록 하겠다.

2. 삼국통일, 후삼국통일의 평가

삼국통일에 대한 평가 문제는 남북한 역사학계 모두의 공통된 관심사이다. 이 문제에 대해 남북한이 1950년대에는 동일한 시각을 보이더니 그 이후로 북한의 견해가 점차 달라지기 시작하여 지금에 이르러서는 커다란 시각차가 드러나고 있다. 이것은 전영률이 해방 이후 40여 년간 축적되어 온 북한의 역사학 연구 성과를 정리한 글에서도 확인할 수 있다. 그 부분을 인용하면 다음과 같다.

> 신라 통치배들이 외세를 끌어들여 고구려와 백제를 멸망시켰으나 고구려의 북쪽 땅은 당나라의 강점 밑에 놓여 있었고 신라는 조선판도의 대동강 이남만 병합했을 뿐이다. 고구려의 옛 땅에는 또한 그 유민들이 말갈족과 함께 고구려의 장군인 대조영의 지휘 밑에 발해국(698~926년)을 세웠다. 그리하여 우리나라에서는 북쪽에 발해, 남쪽에 신라가 서로 병립한 국면이 조성

되었으며 이런 국면은 근 230년간 계속되었다. 따라서 신라는 통일국가가 아니라 국토의 남쪽 지역을 차지한 조선의 한 개 지역왕조에 지나지 않았으며 우리나라의 첫 통일국가는 고려라는 것이 과학적으로 밝혀지게 되었다.[5]

이러한 인식은 그 자체로 끝나는 것이 아니라 역사 서술 용어, 한국민족의 형성 시기, 후삼국통일의 역사적 의의 등의 문제와도 직결되고, 나아가 한국사에서의 고구려와 신라, 그리고 발해와 신라의 위상까지도 연관되어 실로 한국 고대사 전체 체계의 변화까지 야기하는 결과를 가져왔다. 따라서 현재 남북한 사이에 신라의 삼국통일에 대한 시각차가 크다는 것은 그만큼 북한의 한국 고대사(북한에서는 중세사에 해당) 체계가 달라져 있다는 것을 의미한다. 이러한 점을 염두에 두면서 북한에서 1950년대 이래 각 시기에 따라 삼국통일에 대한 평가가 어떻게 달라졌는가를 살펴보고, 이와 연관된 문제들도 다루겠다.

1) 삼국통일 평가

북한에서는 1950년대까지만 해도 삼국통일에 대한 평가가 남한의 역사학이나 이전의 전통사학과 별 차이가 없었다. 이는 1956년에 간행된 『조선통사』를 보면 알 수 있다. 림건상이 집필한 제3장의 제목이 '신라에 의한 삼국 통일'로 되어 있고, 제1절의 세부 항목의 제목도 '七세기 신라의 조선 통일 정책'으로 되어 있어 신라를 주체로 한 삼국의 통일을 긍정적으로 평가하였다. 그리고 신라가 통일을 성취하기 위해서 당나라 세력을 끌어들인 데에 대한 비난은 아직 나타나지 않고, 고구려 멸망 후 당나라에

5 전영률, 「…력사과학이 걸어온 자랑찬 40년」, 『력사과학』 1983-3: 이병천 편, 『북한학계의 한국근대사논쟁』 창비신서 90, 창작과비평사, 1989 재수록, pp.301~302.

대한 삼국민의 대결에 서술의 비중을 두었다. 이것은 현재 북한 학계의 견해와는 크게 다르며, 오히려 남한 역사학계와 같다.

그러던 것이 1962년판에 와서는 시각이 변하기 시작하였다. 박시형이 집필한 제6장이 '삼국통일'이 아니라 '신라에 의한 국토 남부의 통합…'으로 바뀌어 버렸다. 이때부터 북한 학계가 '통일' 대신에 '통합'으로, '삼국 전체'의 통일 대신에 '국토 남부'의 통일로 규정하여 삼국통일의 역사적 의의를 제한적으로만 인정하게 된 것이다. 이 점은 신라의 對唐 정책에 대한 평가에서도 마찬가지이다. 신라가 당나라의 도움을 받았지만 백제·고구려와의 전쟁 과정에서 결정적 역할을 수행한 것은 언제나 신라군이었다고 하여[6] 신라의 주체성을 부각하면서도, 신라가 당나라를 끌어들인 착오로 처음에 추구한 삼국의 완전한 통일을 달성하지는 못했다고 하였다.[7]

이렇게 신라의 통일을 전면적으로 부정하지 않고 신라에 의한 부분적 통합을 인정하는 입장은 1977년판에도 그대로 이어져, 제4장 제1절의 제목이 '신라에 의한 국토 남부의 통합…'으로 1962년판과 동일하다. 그러나 구체적 서술 내용에서는 신라의 행위를 부정적으로 바라보기 시작하였으니, 신라가 당나라 세력을 끌어들인 것을 사대주의 사상의 발로로 보면서 이것은 신라 통치배가 민족에 엄중한 죄과를 저지른 것이라고 하였다.[8]

1979년에 간행된 『조선전사』에 이르면, 신라에 의한 국토의 부분적 통합이라는 평가마저 사라지고, 당의 침략에 대한 투쟁만을 부각하기 시작하였다. 그리고 종래와 같이 대동강 이남이 아니라 압록강 이남에서 당

---

6 과학원 력사연구소, 『조선통사』 상, 1962, p.163(이하 『조선통사』, 1962).

7 위의 책, p.168.

8 사회과학원 력사연구소, 『조선통사』 상, 1977; 오월, 1988, p.136, p.140(이하 오월에서 간행된 것을 저본으로 함).

나라 침략군을 완전히 구축했다고 하여,[9] 한반도 안에서 외부 세력을 완전히 몰아냈음을 주장하였다. 용어상으로도 신라, 통일신라, 통합신라를 폐기하고 그 대신 후기신라를 내세웠다. 이는 신라의 삼국통일을 전면적으로 부정하고, 상대적으로 고려에 의한 후삼국통일을 앞으로 내세우려고 했기 때문이다.

이러한 입장은 1987년판 『조선통사』에서 더욱 강화되었다. 즉 제4장에서 신라의 통일에 대해서는 전혀 언급하지 않고, 다만 신라-당 연합군에 대한 고구려·발해 인민들의 반침략투쟁을 중점적으로 서술하고, 압록강 이남에서 침략군을 격퇴했다고 하였다. 결과적으로 이 전쟁을 역사상에서 흔히 일어났던 침략전쟁의 하나로 규정하고, 그럼으로써 그에 대한 반침략투쟁에만 관심을 기울였다. 이에 따라 제4장의 제목이 '7세기중엽의 반침략투쟁…'으로, 제1절의 제목이 '7세기중엽 신라-당련합군의 침공을 반대한 고구려·백제 인민들의 투쟁…'으로 바뀌었다.

결국 삼국통일을 전면적으로 부정하고, 고구려·백제 인민들의 반침략투쟁만을 내세우게 되자, 7세기 이후의 신라에 대한 서술 용어도 변모하게 되었다. 종전까지는 이 시기의 신라를 단순히 신라로 부르거나[10] 통일신라로 부르기도 하고,[11] 한반도 남부만 통합했다는 의미에서 통합신라로 변형하여 부르기도 하였으며,[12] 때로는 하나의 글에서 통일신라와 통합신라의 용어가 섞여 나올 정도로 용어의 통일이 이루어지지 않았다.[13] 그러던 것이 『조선전사』부터는 후기신라로 용어가 단일화됨으로써 '통일' 내

---

9 사회과학원 력사연구소, 『조선전사』 4, 1979, p.242(이하 『조선전사』).

10 다음의 예를 들 수 있다.
과학원 력사연구소, 『조선통사』, 1956.

11 다음의 예를 들 수 있다.
력사연구소 고대 및 중세사 연구실, 「자료: 통일 신라 시대의 금석문」, 『력사과학』 1958-2.

12 다음의 예를 들 수 있다.
최원희, 「우리 나라 삼국 및 통합 신라 시기의 직물 생산과 염색」, 『고고민속』 1963-1.

13 위의 논문 참조.

지 '통합'이라는 말은 이 시기 역사 서술에서 완전히 사라지고 말았다.

2) 후삼국통일 평가

북한에서 신라 삼국통일의 의의를 약화할수록 상대적으로 고려의 후삼국 통일을 중시하게 되는 것은 당연하다. 1956년판에서는 후삼국통일의 의의에 대한 언급이 없다가, 1962년판에서 삼국통일을 부분적으로 인정하면서 리용중이 집필한 제8장 제3절의 제목이 '고려에 의한 통일 위업의 완수'로 나타났다. 여기서 그는 고려가 고구려 고지의 일부를 수복하여 한반도의 통일을 달성했다고 하였다.[14]

이러한 견해는 1963년에 간행된 리용중 자신의 저서에도 이어져, 후삼국의 통일을 7세기 신라에 의한 삼국의 통합과 대비하면서 우리나라 인민들의 주체적 역량에 의한 통일이라는 점을 강조하였다.[15] 이는 1977년판에도 이어져 후삼국통일이 신라에 의한 국토 남부의 통합을 보완했다고 지적하였다.[16]

그러나 『조선전사』에 이르면 삼국통일을 전면 부정하고, 고려를 역사상 첫 통일국가로 인정하였으며,[17] 이것이 앞에 인용한 전영률의 글에서 알 수 있는 것처럼 한국사 연구의 중요 업적으로 손꼽히는 데까지 이르렀다.

---

14 『조선통사』, 1962, pp.255~256.
15 김준진, 「리용중 저, '후삼국의 출현과 고려에 의한 그의 통일'에 대하여」, 『력사과학』 1964-4, p.64.
16 『조선통사』, 1977[1988], p.181.
17 『조선전사』 6, p.29.

3) 민족 형성 문제

북한의 역사 서술에서 고구려가 일찍부터 나라와 민족을 통일하기 위한 정책을 실시했다고 설명하는 것 등은 한국 민족이 그 이전에 이미 형성되어 삼국민 사이에 상호 동일민족의식이 존재했다는 것이 전제되었기 때문이다. 따라서 삼국의 통일 의식 문제는 바로 한국 민족이 언제 형성되었는가와 직결된다.

1956년판에서는, 고구려 · 백제 · 신라의 3개 準民族이 하나의 조선 준민족으로 형성된 것은 삼국통일이 맺어 준 산물로서 후세 조선 민족 형성의 토대가 되었다고 하였다. 여기서 준민족이란 유물사관의 민족이론에 입각한 것으로, 이에 의하면 원시사회에서 씨족 · 부족 공동체가 형성되었다가 계급과 국가가 출현하면서 준민족(nationality, 민족체)이 형성되었고, 자본주의 발전 과정에서 민족(nation)이 형성된다고 한다.[18] 그렇다면 삼국통일 이전에 삼국을 포섭할 수 있는 동일 민족 의식이 형성되어 있었다고 할 수 없게 된다.

삼국통일을 계기로 조선 준민족이 형성되었다는 견해는 1962년판에 와서 폐기되어 민족 문제에 대한 언급이 사라졌다. 이것은 박시형이 그 직전에 발표한 논문[19]에서 주장한 내용이 그대로 적용되었기 때문일 것이다. 즉 그가 1962년판 6, 7장을 집필하면서 한국사의 전개 과정을 종래의 3국에서 남북 2국으로 이어진 것으로 규정하여,[20] 발해사를 신라사와 대등한 지위로 격상하였다. 이에 따라 삼국통일의 의의가 약화되고, 여기에 민족 형성이 논의될 여지가 없게 되었다.

---

18 콘스탄티노프 F. V. 저, 김창선 편역, 『사적유물론』, 새길, 1988, pp.106~109.
빅토르 아파나셰프 저, 김성환 역, 『역사적 유물론』, 백두, 1988, pp.101~103.

19 박시형, 「발해사 연구를 위하여」, 『력사과학』 1962-1.

20 『조선통사』, 1962, p.173.

민족 형성 문제가 다시 본격적으로 언급된 것은 주체사상이 강화되면서부터이다. 『조선전사』에 의하면 인류 역사의 여명기부터 우리나라에 사람이 살기 시작하여 신석기시대에 '조선옛류형사람'이 형성되었고, 이들은 현재의 '조선사람'으로 이어졌다고 하여[21] 결과적으로 한국 민족이 신석기시대에 형성된 것으로 주장하였다. 고려의 후삼국통일을 한국사상 최초의 민족적 통일로 삼는 것과 함께 고려해 보면, 여러 종족이 하나의 국가를 수립하기도 전에 먼저 동일 민족이 형성되어 있었다는 셈이 되어 상호 모순을 낳고 있으며, 역시 앞서 설명한 유물사관의 민족이론과도 전혀 다른 것이다.[22] 북한에서 고구려 장수왕이 평양으로 천도한 것을 민족 통일정책의 일환으로 설명하는 것이라든가, 고조선 이래의 반침략투쟁이 한국 민족의 애국심에 바탕을 둔 것으로 설명하는 것은 민족이 그전에 형성되어 있었다는 것이 전제되어야 가능하다.

4) 고구려 · 발해 중심의 역사 인식

이상과 같은 변화 과정은 북한의 역사관이 신라 중심에서 고구려 중심으로 변화해 가는 과정과 궤를 같이한다. 1956년판에서는 삼국통일 과정을 신라의 입장에서 서술하여 신라 중심의 역사 인식을 보여 주었고, 이것은 1962년판에도 대체로 계승되었다. 그러나 두 책 사이에는 일부 달라진 면도 있다. 1962년판에서는 삼국의 통일전쟁 과정을 신라의 입장에서 서술하면서도, 6세기 중반 이후 고구려가 한강 유역을 회복하기 위하여 남쪽으로 진출했던 것을 고구려의 반도 통일 정책의 일환으로 설명하여[23] 고

---

21 『조선전사』 1, pp.59~64, pp.307~360.
이것은 다음 책의 내용과 동일한 것으로 보인다.
『조선사람의 기원에 관한 인류학적 연구』, 과학백과사전출판사, 1978.

22 신상석, 『민족논쟁의 결산』, 일송정, 1989 참조.

구려에 의한 통일 정책을 부각하는 단초를 마련하기 시작하였다.

1977년판에 이르면 장수왕의 평양 천도도 고구려의 삼국 통합정책과 연결하여 설명하였다.[24] 그러면서 진흥왕의 북진정책에서 보이는 바와 같이 신라도 삼국의 통합을 지향하였으나, 신라는 자신의 힘에 의해서가 아니라 외세에 의거하여 이룩하려고 했다는 점을 지적하여[25] 사대주의 집단으로 몰아갔다.

『조선전사』에 이르면 고구려 평양 천도의 목적이 삼국통일의 원대한 이상을 실현하기 위한 것이라고 평가하고,[26] 반면에 신라의 북진정책은 외세를 끌어들였다는 점에서 그 이전의 북진 과정마저 민족에 대한 배신 행위로 규정하여 비난하였다.[27] 이렇게 신라를 낮추고 고구려를 높이는 작업은 1987년판에 와서 극명하게 나타난다. 여기서는 제3장 제4절의 제목이 '고구려에 의한 국토통일정책의 추진…'인 데에서 추측할 수 있는 바와 같이, 고구려만이 일찍부터 나라와 민족을 통일하기 위한 정책을 실시하였으며, 신라는 처음부터 삼국을 통일하기 위한 지향을 가지고 있지 않았다고 서술하였다.[28] 그 뒤 전준현도 신라의 외세 의존 정책이 고구려에 의해서 완성 단계에 이르렀던 국토통일의 위업을 파탄시켰으며, 신라는 처음부터 통일을 지향하지 않았고 삼국통일을 실현할 힘도 없었다고 규정하였다.[29] 이리하여 고구려의 행위는 민족을 위한 것이고 신라의 행위는 반민족적인 것으로 규정하는 고구려 중심의 역사 인식이 북한에서 확고하게 자리 잡게 되었다.

---

23 『조선통사』, 1962, p.154.
24 『조선통사』, 1977[1988], p.100.
25 위의 책, p.105.
26 『조선전사』 3, p.150.
27 『조선전사』 4, pp.188~195.
28 『조선통사』, 1987, pp.135~136, p.141.
29 전준현, 『조선인민의 반침략투쟁사』, 고조선-발해편, 과학백과사전종합출판사, 1988, p.282.

고구려 중심의 역사 인식은 통일신라·발해사 서술에도 영향을 주어 발해가 신라보다 비중이 더 크게 됨으로써, 결과적으로 발해사 중심의 역사 인식으로 이어지게 된다. 이러한 인식이 확립된 것은 1977년 전후로, 이것은 통사의 장·절 제목을 비교해 보면 쉽게 확인할 수 있다. 『조선통사』 1977년판이나 『조선문화사』 1977년판까지는 발해사와 신라사를 동시에 서술할 경우 신라사를 앞에 내세웠지만, 『조선고고학개요』(1977), 『조선전사』(1979)와 『조선통사』 1987년판 등에서는 거꾸로 발해사를 앞에 내세웠다. 이 영향으로 북한에서의 발해사·통일신라사 연구는 발해사에 집중되어 있다.

북한 학계가 이상과 같은 입장을 취하게 된 데에는 고구려·발해 등의 유적·유물에 접근이 용이한 반면 신라 등 남한 지역의 역사 자료는 접하기 어렵다는 지리적 조건에서 기인한다고 할 수도 있다. 그보다 더 근본적인 것은 현재의 남북한 대치 상황을 당시 신라와 고구려, 신라와 발해의 대결 상황과 등치하려는 정치적 목적에 기인하기 때문이다. 고구려 중심의 한국사 체계를 통해 북한의 정통성을 확인하고, 통일을 추구하는 과정에서 당나라 세력을 끌어들인 신라가 비난받는 것처럼 미군 세력을 배경으로 한 남한이 비난받아야 마땅하다는 논리를 끌어내려는 것이다.[30]

3. 발해사에 대한 문헌 연구

발해사 연구는 북한에서 주요 연구의 하나로 내세워질 만큼 일찍부터 활

---

30 다음의 글에서 그러한 것을 느낄 수 있다.
보 구나르손, 「스웨덴 기자가 본 오늘의 북한」, 『한겨레』 1988년 9월 29일자 기사 중 역사학자 김재홍과의 인터뷰 내용.

발히 진행되어 왔다.[31] 북한의 발해사 연구는 1960년대부터 시작되었는데, 그간 발표된 저서와 논문은 다음과 같다.

(1) 박시형, 「발해사 연구를 위하여」, 『력사과학』 1962-1.

(2) 최은학, 「자료 발해 정혜공주 묘비」, 『력사과학』 1965-3.

(3) 주영헌, 「발해 중경 현덕부에 대하여」, 『고고민속』 1966-2.

(4) 조중 공동 고고학 발굴대, 『중국 동북 지방의 유적발굴보고(1963~1965)』 후편, 사회과학원출판사, 1966.

(5) 주영헌, 『중국 동북 지방의 고구려 및 발해 유적 답사 보고』, 사회과학원출판사, 1966.

(6) 주영헌, 「발해의 공예」, 『고고민속』 1967-1.

(7) 주영헌, 「발해는 고구려의 계승자」, 『고고민속』 1967-2.

(8) 장상렬, 「발해상경돌등의 째임새」, 『고고민속』 1967-3.

(9) 리정기, 「청해토성 및 교성리토성 답사보고」, 『고고민속』 1967-4.

(10) 주영헌, 『발해문화』, 사회과학출판사, 1971.

(11) 장상렬, 「발해건축의 력사적위치」, 『고고민속론문집』 3, 사회과학출판사, 1971.

(12) 「부록: 몇개의 발해건축에 대한 외관복원」, 『고고민속론문집』 3, 사회과학출판사, 1971.

(13) 박시형, 「발해력사는 조선력사의 한 부분이다」, 『력사과학』 1976-3.

(14) 박시형, 『발해사』, 김일성종합대학출판사, 1979.

(15) 손영종, 「발해의 서변에 대하여」(1)·(2), 『력사과학』 1980-1·2.

(16) 리준걸, 「유적소개 새로 발굴된 24개돌」, 『력사과학』 1984-2.

(17) 박영해, 「발해는 고구려를 계승한 국가」, 『력사과학』 1986-3.

---

31 전영률, 앞의 논문, 1988[1989], p.302.

(18) 리준걸, 「함경남북도 일대의 발해 유적 유물에 대한 조사 보고」, 『조선고고연구』 1986-1.

(19) 장상렬, 「발해의 도시성에 대하여」, 『조선고고연구』 1987-3.

(20) 리준걸, 「새로 알려진 고구려와 발해의 금귀걸이」, 『조선고고연구』 1987-4.

(21) 박영해, 「발해의 대외관계에 대하여」, 『력사과학론문집』 12, 과학백과사전출판사, 1987.

(22) 채희국, 「발해의 정혜공주묘와 정효공주묘에 대하여」, 『조선고고연구』 1988-2.

(23) 한인호, 「발해의 령광탑」, 『조선고고연구』 1988-3.

(24) 김종혁·김지철, 「신포시 오매리 금산발해건축지 발굴중간보고」, 『조선고고연구』 1989-2.

(25) 박진욱, 「최근년간 우리 나라 동해안일대에서 발굴된 발해유적들과 그 성격에 대하여」, 『연변대학조선학국제학술토론회론문집』, 학술토론회조직위원회, 1989.

(26) 손영종, 「발해는 조선 중세의 당당한 독립국가」, 『력사과학』 1990-2.

(27) 채태형, 「발해 동경룡원부-훈춘 팔련성설에 대한 재검토」, 『력사과학』 1990-3.

(28) 김종혁·김지철, 「신포시 오매리 절골1호발해건축지 발굴보고」, 『조선고고연구』 1990-2.

이상은 전적으로 발해사만 다룬 것이고, 이외에 부분적으로 다룬 개설서로는 『조선고고학개요』(1997), 『조선전사』 5·6권(1979), 『조선철학사개요』(최봉익, 1986) 등이 있다.

발해사 연구의 출발점은 1962년에 발표된 박시형의 논문이다. 이것은 그 이전에 간행된 1956년판 『조선통사』를 참고하면 이해가 간다. 이 책의 서문에서는 발해사가 제대로 서술되지 못한 점을 결함의 하나로 지적하였고,[32] 본문에서는 발해 멸망 연도를 927년으로 오기하는[33] 등 서술 내용이 빈약하다. 이 사실은 당시까지도 발해사가 제대로 연구되지 못했음을 반영한다.

박시형의 논문에서는 발해를 고구려인이 창건한 국가로 규정하면서 발해에 관한 중국, 한국, 일본의 사료들을 폭넓게 검토하였다. 또 이를 바탕으로 발해인 자신뿐 아니라 중국인, 신라인, 일본인도 발해가 고구려인의 국가라는 것을 인정하고 있었다는 것을 주장하고, 마지막에 "발해는 그 주민, 령역, 주권의 일체 면에서 다 고구려의 후계자인 동시에 또 문화적 면에서도 틀림없이 그의 훌륭한 계승 발전자였다."[34]라는 결론을 내렸다.

여기서는 이들 문제만 다룬 것은 아니고, 그 외에 大氏의 出自, 발해의 국호인 振國과 震國의 문제, 중국 역사서인 『구당서』와 『신당서』의 사료적 평가 문제, 발해와 신라의 교류 관계, 발해 사회계층의 하나인 수령의 성격, 발해와 고려의 혼인관계, 대광현의 고려 망명 시기 등 상당히 폭넓은 문제까지 손을 대면서 발해사 해명의 기초 작업을 수행하였다. 그리고 마지막에 가서 발해사 연구의 중요성에 대하여 다음과 같이 결론을 내렸다.

> 발해사는 응당 조국 력사에서 해당한 중요 지위를 차지해야 하며 또 그 정치, 경제, 문화 각 방면에 관한 더욱 심오한 연구가 가해져야 한다. 이것은 조국 력사를 심오하게 연구하고 우리 선조들의 우수한 문화 전통을 계승 발전할데 대한 우리 당 과학 정책의 실현에서 귀중한 부문으로 되여야 한다.[35]

32 『조선통사』, 1956, p.2.
33 위의 책, p.107.
34 박시형, 앞의 논문, p.32.
35 위와 같음.

북한의 한국사 연구에서 발해사가 큰 비중을 차지해야 하고, 연구의 주된 내용은 발해의 고구려 계승성을 밝히는 것이라고 하여 장차 북한에서 진행될 발해사 연구의 방향과 내용을 제시하였다. 그 후 박시형이 북한의 발해사 연구를 주도하면서 이 주장이 실제로 관철되었다.

이것은 발해사를 한국사에 편입하기 위해서 본격적으로 논증을 시도한 최초의 논문이며,[36] 한말 계몽사가들 이후에 단절된 발해사 연구 전통을 다시 잇는 최초의 논문이라는 점에서, 남북한을 통틀어 사학사에서 의의가 대단히 큰 글이다. 외국에서도 이 글에 관심을 가지게 되어 일본에서 두 번이나 번역 소개되었고,[37] 중국에서도 번역 소개되었다.[38]

그의 견해가 본격적으로 반영되기 시작한 것은 1962년판 『조선통사』에서이다. 이 책의 6·7장을 그가 담당하여 집필하였는데, 여기서는 발해사를 신라사와 대등한 지위로 끌어올렸다. 주영헌은 1966년 고고학 자료를 바탕으로 발해의 중경현덕부 위치를 고증하여 정약용의 비정에 동의하기도 하였다. 1960년대에 발표된 나머지 글들은 대부분 고고학 조사 및 이를 토대로 한 연구 결과물이다.

1970년대 초반에 발표된 주영헌의 『발해문화』는 1960년대 작업의 연장선에서 나온 것으로, 그는 고구려의 계승자라는 박시형의 주장을 고고학적으로 뒷받침하는 데에 주력하였다. 장상렬의 논문도 1960년대 작업의 연속이었다.

1970년대 후반 들어 박시형이 발표한 글은 새로운 사실을 밝힌 것이

---

36 李成市, 「渤海史研究における國家と民族 ― 南北國時代論の檢討を中心に」, 『朝鮮史研究會論文集』 25, 1988, p.38.

37 朴鐘鳴 역, 「渤海史研究のために」, 『古代朝鮮の基本問題』, 學生社, 1974.
在日朝鮮人科學者歷史部會 역, 「渤海史研究のために」, 『渤海文化』 부록, 雄山閣, 1979 (1964년 『朝鮮の現代科學技術』 제2집에 번역 소개된 것을 전재한 것임).

38 李東源 역, 劉鳳翥 校, 「爲了渤海史的研究」, 『渤海史譯文集』, 黑龍江省社會科學院歷史研究所, 1986.

아니고 1962년의 논문을 간추려 반복하면서 발해가 고구려 계승국임을 더욱 강조한 것이다. 주체사상이 강화된 단계에서 발해사 연구 방향을 재차 제시했다는 점에서 나름대로 중요성을 지닌다. 1979년 3월 단행본으로 출간한 그의 『발해사』도 1962년에 발표한 논문을 확대 발전시킨 것이다. 같은 해 10월에는 거의 같은 내용을 담은 『조선전사』 5 · 6권이 간행되었다.

이처럼 1970년대 후반 이후 고구려의 계승성에 집착하면서 그것을 더욱 강조하는 방향으로 변화를 보이기 시작하더니, 1980년대 들어 주체사상이 확고해지며 한층 더 강화되었다. 이러한 경향은 손영종, 박영해, 장상렬, 채희국 등이 발표한 글에서 확인할 수 있으며, 뒤에서 언급하고자 하는 대씨의 유래와 국호의 연원에 관한 해석, 지리 고증의 변화 속에서도 찾아볼 수 있다.

예를 들어 손영종은 1980년의 논문에서 건국기에 이미 발해가 요동지방을 영유했다고 하면서 "바로 그렇기 때문에 발해는 정치, 경제, 문화에서, 그 령역과 주민구성에서 명실공히 고구려의 계승자로 되었던 것이다."라는 결론을 내렸고,[39] 박영해는 1986년의 논문에서 박시형이나 주영헌 등이 제시했던 기존의 견해를 정리하여 발해가 고구려의 계승자임을 다시 한번 강조하였다. 장상렬은 1987년의 논문에서 "발해의 도시성을 통하여 고구려와 발해사이의 계승관계를 다시한번 밝히려고 한다."라고 하였으나[40] 기존의 발표 내용을 벗어나지 못하였다. 채희국도 1988년의 논문에서 정혜공주묘와 정효공주묘를 통해 고구려의 계승성을 밝히고 있지만, 정효공주묘 자료가 발해사 연구에 추가된 것 외에는 역시 마찬가지이다. 이런 까닭으로 1980년대에 들어와서 참고할 만한 것은 북한에서 새로

39 손영종, 「발해의 서변에 대하여」(2), 『력사과학』 1980-2, p.33.
40 장상렬, 「발해의 도시성에 대하여」, 『조선고고연구』 1987-3, p.25.

이 발굴 조사된 유적, 유물에 대한 보고뿐이며, 그 외는 주장만 강변하는 글들이다.

결국 북한의 발해사 연구는 박시형의 1962년 논문에서 출발하여, 이를 확대 발전시킨 『발해사』와 고고학적으로 뒷받침한 주영헌의 『발해문화』에서 완성되었고, 그 후에는 이를 반복하면서 고구려의 계승성만 더욱 강조하는 방향으로 변모하였다.

이렇게 발해사 인식이 고구려 계승성 일변도로 변모함으로써 다수의 논문이 발표되었음에도 그 내용에서는 단조로움을 면치 못한다. 또 그것은 남한이나 중국의 발해사 인식과도 대비된다. 북한에서 "발해국은 고구려 강국이 멸망한후에 그 고구려 사람들에 의하여 옛 고구려의 령토우에 다시 세워진 봉건국가였다."[41]라고 흔히 정의하는데, 이러한 정의는 남한에서 발해가 고구려 유민에 의해 세워졌다고 인식하는 것과 비슷하게 보인다. 그러나 북한에서는 한국사의 흐름을 고구려 중심으로 인식하면서 발해가 전적으로 고구려만 계승하고 그로부터만 영향을 받았다고 하는 데에서 서로 다른 점이 드러난다. 발해사를 바라보는 이러한 시각은, 말갈인이 중심이 되어 세운 나라로 보면서 발해의 거의 모든 것이 당나라로부터 영향을 받았다는 중국의 시각과 정반대이기도 하다. 남북한과 중국의 발해사 인식을 비교해 보면 남한의 발해사 시각은 북한의 고구려 일변도 인식이나 중국의 당나라 일변도 인식과 비교할 때 더 객관적일 수 있다는 전망이 가능하다.

이상의 자료를 토대로 몇 가지 분야의 특징적인 내용을 검토해 보겠다.

---

41 박시형, 「발해력사는 조선력사의 한 부분이다」, 『력사과학』 1976-3, p.19.

1) 건국기의 문제

고구려 중심의 역사 인식 아래서는 고구려인이 역사의 주체일 수밖에 없다. 이것은 발해 건국의 계기가 된 696년 이진충의 난에 대한 설명에도 적용되었다. 일반적으로 이진충의 난을 계기로 대조영 집단이 당나라 영주를 벗어나 동모산 지역에 나라를 세운 것으로 알려져 있다. 이 난에서 대조영과 그 집단이 주동적 역할을 했다는 기록은 없다. 그런데 북한에서는 시기에 따라 미묘한 차이를 보이면서, 이들이 주동적인 역할을 했다는 방향으로 변해 갔다.

1956년판 『조선통사』에서는 일반적인 설명대로 이진충의 난이 일어나자 세력을 규합하여 당의 기반에서 벗어났다고 하였다. 그러나 박시형의 1962년 논문에서는 대조영 집단이 영주를 벗어나 동방 진군을 단행했다고 하였고,[42] 1962년판에서는 영주 지방의 舊고구려 유민들, 즉 고구려인과 말갈인이 거란인의 반란에 합류하여 서남으로 진공하고, 이때 대조영이 고구려인, 말갈인을 규합하여 당의 통치에서 벗어나 동방으로 진군했다고 하여,[43] 이진충 난에서의 고구려인의 능동성을 부각하기 시작하였다.

이것은 박시형의 『발해사』에 이르러 다시 바뀌었다. 난이 일어나자 거란군은 당나라를 직접 공격하는 서부전선을 맡고, 걸걸중상과 대조영이 이끄는 고구려인 부대는 말갈인 부대와 함께 동부전선을 맡아, 후자는 영주의 동방 및 동남방을 공격하였으며 요서 지방에 있던 안동도호부를 공격하여 타격을 주었다고 하였다.[44] 이러한 고구려 유민의 능동성 부각은 박영해의 글에서 더욱 강화되었다.[45] 이들은 주체사관의 영향 아래 아전

42 박시형, 앞의 논문, 1962, p.8.

43 『조선통사』, 1962, pp.170~171.

44 박시형, 『발해사』, 김일성종합대학출판사, 1979; 이론과실천, 1989, pp.44~46(이하 이론과실천사 간행본을 저본으로 함).

인수 격으로 사료 해석을 행한 예에 해당한다.

다음으로 大씨의 유래에 대해서 살펴보겠다. 대조영을 고구려인으로 볼 것이냐 말갈인으로 볼 것이냐 하는 문제는 발해가 고구려인의 나라인가 말갈인의 나라인가 하는 문제와 직결되어 명확한 해결의 실마리를 잡지 못하고, 나라마다 제각각 유리한 해석을 하는 것이 현재의 실정이다. 박시형은 1962년의 논문에서 이를 언급하면서, 발해 왕실이 일본에 대하여 天孫[46]이라고 칭한 것을 보아 고구려 왕실의 혈통을 직접 이은 가계일 것이라고 하면서도 "대씨가 고구려 왕실과 직접 혈연관계까지는 가지고 있지 않았다고 하더라도 그는 적어도 고구려인들이다."라고 유보적인 결론을 내렸고, 한편으로 계몽 시기 역사가 중에는 "대씨는 원래 고구려 왕실의 고씨와 같이 높고 크다는 뜻의 고구려말의 대음으로서 사실상 고씨와 동일한 것이라는 설들도 있다."라고 소개하였다.[47]

1979년의 『발해사』에 와서는 "대조영은 본래 고구려왕실의 고씨로서 그 옛장군의 한 사람이였고 본인은 물론 자기의 혈통을 잘알고 있었지마는 일정한 시기에 일정한 동기로 하여 새로 대씨를 칭하게 된 것이라고 추측된다."라고 하면서, 결국 고씨와 대씨는 同姓異氏라고 단정하였다.[48] 이러한 해석의 변화도 발해가 고구려의 정통을 이어받았다는 것을 강조하기 위한 것으로서 현재로써는 대씨가 고구려 왕실인 고씨에서 나왔다는 결정적인 근거는 없다. 오히려 대조영은 중앙의 순수 고구려인이었다기보다 변방 출신일 가능성이 높다.[49]

---

45 박영해, 「발해는 고구려를 계승한 국가」, 『력사과학』 1986-3, p.20.

46 그 뒤 박시형의 이런 견해에 대해서 천손의식은 고구려 고유의 것이 아니라는 반론이 제기되었다.
朱國忱 · 魏國忠, 「再論渤海王國的族屬問題」, 『北方論叢』 1983-1, pp.106~107.
金香, 「關于天孫的理解」, 『北方文物』 1988-2.

47 박시형, 앞의 논문, 1962, pp.3~4.

48 박시형, 앞의 책, 1979[1989], pp.53~54.

49 이 문제에 대해서는 다음을 참조 바람.

발해라는 나라 이름의 유래에 대해서는 일반적으로 다음과 같이 이해해 왔다. 대조영이 처음 나라를 세우고 진국이라고 했다가 나중에 발해라는 국명으로 바꾸게 된 것은 713년 당나라가 사신을 보내 대조영을 '渤海郡王'으로 임명했기 때문이다. '발해군왕'이라는 것은 당나라가 대조영을 명목상 중국 산동 지역에 있던 渤海郡에 봉한 것을 의미하므로, 발해라는 국호는 바로 당나라의 지명에서 유래한 것이다.[50] 박시형도 1962년의 논문에서는 이 사실을 인정하였는데,[51] 1979년에 이르러서는 태도를 바꾸어 "이전 고구려때와 같이 멀리 서남쪽 발해연안까지도 국력이 미치리라는 희망을 가지고 붙인 이름이였다."라고 설명하였다.[52]

이 해석은 손영종의 논문에서 다시 바뀌어 대조영이 이미 발해 연안 지역을 장악했기 때문에 발해라는 국호가 생기게 되었다고 하였다.[53] 이렇게 국호의 설명이 변하는 것은 발해가 고구려의 옛땅을 이미 건국 초기부터 회복하여 영역 면에서도 고구려를 계승했다는 점을 내세우고, 한편으로는 발해가 명목상이나마 당나라에 종속되어 있었다는 점을 부인하려는 데에 목적이 있었다.

이상으로 이진충 난에서의 대조영 집단의 역할, 대씨의 유래, 발해 국명의 유래에 대한 해석의 변화 과정을 살펴보았다. 이들 내용은 모두 발해가 고구려 계승국으로서 모든 면에서 고구려의 정통을 이은 것으로 설명하는 데에 귀결되는 특징을 지닌다.

이러한 일방적인 관심으로 인해 다른 면에서는 부실한 곳도 발견되는데, 걸걸중상과 대조영에 대한 설명이 그러하다. 원래 『삼국유사』에 인용

노태돈, 「대조영, 고구려인인가 말갈인인가」, 『역사비평』 겨울호, 1989.

50 鳥山喜一, 『渤海史上の諸問題』, 風間書房, 1968, pp.59~60.
李殿福·孫玉良, 『渤海國』, 文物出版社, 1987, pp.21~22.

51 박시형, 앞의 논문, pp.17~18.

52 박시형, 앞의 책, 1979[1989], p.50.

53 손영종, 「발해의 서변에 대하여」(1), 『력사과학』 1980-1, p.40.

된 『신라고기』 및 『제왕운기』를 보면, 대조영이 고구려의 장수였다고 하였고, 박시형도 이 사실을 인정하였다.[54] 그런데 1977년판과 1987년판에서는 오히려 걸걸중상이 고구려의 장군이었다고 서술하여, 기록과 동떨어져 있음을 발견할 수 있다.

2) 주민 구성과 '首領'

발해 주민이 고구려 유민과 말갈인을 주축으로 구성되었다는 것은 주지의 사실이다. 박시형은 1962년 논문에서 발해의 주민 구성에 관심을 가지고 일본, 한국, 중국의 기록을 검토하여, 발해 사회가 지배층을 형성한 소수의 고구려 유민과 피지배층을 형성한 다수의 말갈인으로 구성되었다고 결론지었다.[55] 현재 중국에서 이 주장을 받아들이고 있지는 않지만, 남한은 이 견해에 동의한다. 따라서 이 방면의 연구에서도 박시형이 선구적 역할을 하였다.

그의 견해는 1976년 논문과 1979년 저서에 이어졌고, 『조선전사』에도 반영되었다. 예컨대 『발해사』에서는 '발해국의 종족구성'을 하나의 절로 독립시켜 자세히 다루었다. 그 내용을 보면 발해국 성립 시 고구려인이 중심이 되었고, 건국 후에도 왕실의 대씨를 비롯하여 고씨, 이씨, 장씨 및 기타 고구려 후예들이 중앙이나 지방 관청들에서 거의 권력을 독차지했다고 하였다. 또 발해 건국지는 옛 고구려국의 영토였으며, 발해 문화도 고구려 그것을 계승하여 발전시킨 것이라고 하면서, 이러한 사실은 당시 발해인 자신뿐 아니라 일본인, 신라인, 당나라인도 인정했다고 하였다.[56]

54 박시형, 앞의 논문, 1976, p.19.
55 박시형, 앞의 논문, 1962 참조.
56 박시형, 앞의 책, 1979[1989], pp.51~61.

박시형은 1962년 논문에서 이와 관련하여 일본의 『類聚國史』 기록을 나름대로 해석하였는데, 그의 독특한 견해가 '首領'의 해석에서 나타난다. 『유취국사』에 나타나는 "大村曰都督, 次曰刺史, 其下百姓皆曰首領"이라는 구절은 해석하기가 어려워 연구자마다 제각각인데, 그는 이 수령을 특별한 현임 관직이 없는 자를 지칭하는 것으로 후세 조선시대의 '양반'과 같은 개념으로 이해하였다.[57] 이 해석은 그 뒤에도 변화 없이 그대로 나타났다. 1976년의 논문을 예로 들면, 촌리에서 대부분 말갈인으로 구성된 백성들이 도독, 자사, 현승 등의 현직에 있지 않은 토착민(『유취국사』에 나오는 土人을 지칭), 즉 고구려 사람을 모두 수령이라 불렀다고 하였다. 그리고 이것은 고구려 때의 조의, 선인 신분제도를 이어받은 것이고, 신라 골품제에서 4두품 이상 등의 신분에 해당하며, 후대 조선 봉건사회의 양반에 해당하는 것이라 하였다.[58]

하나 주목할 것은 수령에 대한 용어의 변화이다. 수령은 위에 인용한 바와 같이 당시에 사용하던 역사적 용어이다. 그리하여 박시형의 1962년 논문이나 1962년판 『조선통사』까지 그대로 이 용어를 사용하였다. 이것이 1970년대 들어와 변경되어, 1977년과 그 이후의 모든 저서와 논문에서 수령 대신에 '두령'이라는 용어를 채택하였다. 김일성에 대한 피휘 때문으로, 이것은 현재의 문제로 과거의 용어마저 변경한 경우이다.

3) 지리 고증

발해사 지리 고증은 그들이 역점을 두고 있는 분야의 하나이다. 그 내용을 보면 과거 丁若鏞의 고증과 중국인 金毓黻의 연구 결과를 계승하면서

57 박시형, 앞의 논문, 1962, p.6.
58 박시형, 앞의 논문, 1976, p.21.

한편으로 고구려 계승성이라는 입장에서 일부를 수정하였다. 그간의 지리 연구에서 특징적인 점들은 중경현덕부의 위치, 요동지방 및 대동강 이북 지방의 발해 영역 여부, 연해주 지역의 각 부 위치 비정, 泥河의 위치 비정 등에서 나타났다.

中京의 위치에 대해서 그동안 학설이 분분한 채 첫 도읍지와 중경이 동일한 지역인지 여부조차도 밝혀져 있지 않았다. 西古城이 중경의 소재지라는 주장은 일본인 鳥山喜一에 의해 제기된 이래 현재에 이르러서는 정설이 되었다. 즉 중경의 소재지는 첫 도읍지와는 다른 곳으로 중국 길림성 和龍에 있는 서고성이라는 것이다. 이러한 주장은 그 뒤의 고고학 조사를 통해 뒷받침되었는데, 1971년 이곳에서 가까운 河南屯 고분에서 순금제 장식품들이 발견되었고, 1980년에는 龍頭山 고분군에서 정효공주 무덤이 발견되었던 것이다.

그러나 북한에서는 이 견해를 받아들이지 않는다. 1966년 주영헌이 정약용의 지리 고증을 계승한다면서 첫 도읍지인 돈화 敖東城을 중경으로 삼았다고 주장하였다. 정약용의 고증에 의하면 중경의 위치는 첫 도읍지와 일치하며, 구체적으로 額敦山 부근이라 하였다.[59] 주영헌의 견해는 박시형에 의해서도 받아들여져[60] 북한의 통설이 되었다. 돈화 오동성이 중경 소재지라고 할 경우에 상경의 소재지였던 上京城이나 동경의 소재지였던 八連城과 그 구조가 비슷한 서고성이 과연 어떠한 성격의 성이었는가를 해명해야 할 것인데, 여기에 대해서는 언급이 없다.

주영헌의 『발해문화』에서도 발해의 주요 성으로 서고성, 팔련성을 들고 그 구조에 대해서 자세히 설명하면서도 정작 서고성이 발해 5京 중 어느 성에 해당되는지에 대해서는 언급이 없다. 다만 채희국의 1988년 논문

59 丁若鏞, 『與猶堂全書』 6, 疆域考 2, 渤海考, 中京.
60 박시형, 앞의 책, 1979[1989], pp.172~176.

에서 서고성이 중경의 소재지라는 설을 소개하여 그 가능성에 대한 여운을 남겼으나, 그도 결국은 기존 설을 따랐다.[61]

다음으로 遼東이 과연 발해의 영역에 속했는가 하는 문제이다. 요동지방은 고구려가 멸망한 뒤에 당의 영역에 속하게 되었으나 실제로는 고구려 유민들의 자치적인 상태에 놓여 있었다.[62] 따라서 이 지역에 발해의 세력이 미친 것은 9세기에 들어와서인데, 이때도 이 지역을 완전히 복속시킨 것인지 여부에 대해서 의견이 갈린다.

박시형은 『발해사』에서 압록강 하구까지 발해의 영역이었으나, 고구려 부분을 이루고 있던 요동지방과 그 서남쪽으로 연결된 요동반도 쪽은 발해국에서 계승하지 못한 것 같다고 하였다.[63] 이 같은 견해는 6개월 정도 뒤에 출판된 『조선전사』에서 수정되기 시작하였다. 여기서는 "발해건국이후 이 지역은 발해령토안에 포괄되였다."라고 하면서[64] 박시형이 연해주 지방으로 비정하던 안원부의 위치를 『조선전사』에서는 요동지방으로 수정하였다.[65]

이러한 해석은 손영종의 1980년 논문에서 더욱 강화되어, 발해가 건국된 직후에 이 지역을 자신의 직속지 또는 후국 지역으로 영유하게 되었다고 하면서, 역시 지금의 태자하, 혼하 유역에 안원부를 비정하였다.[66] 이 견해는 북한에서 최근의 주요 연구 성과의 하나로 꼽았다.[67] 이러한 변화는 물론 발해가 이미 초창기에 고구려의 영역을 완전히 회복하여 영토

---

61 채희국, 「발해의 정혜공주묘와 정효공주묘에 대하여」, 『조선고고연구』 1988-2, p.21.

62 日野開三郎, 『小高句麗國の研究』 日野開三郎 東洋史學論集 8, 三一書房, 1984.
盧泰敦, 「高句麗遺民史 硏究 ― 遼東·唐內地 및 突厥方面의 集團을 중심으로」, 『韓沽劤博士停年紀念 私學論叢』, 지식산업사, 1981.

63 박시형, 앞의 책, 1979[1989], p.155.

64 『조선전사』 5, p.54.

65 위의 책, p.55의 지도 참조.

66 손영종, 앞의 논문(1), p.41 및 같은 논문(2), p.33.

67 「최근년간 조선고고학연구에서 이룩한 주요성과」, 『조선고고연구』 1986-1, p.7.

상으로 충실히 고구려를 계승했다고 주장하려는 의도에서 나온 것이다.[68] 이에 따라 『조선전사』에서는 『唐會要』에 보이는 고구려 멸망 이후의 '고려'를 요동의 독립된 세력으로 보지 않고 발해로 취급하여 발해가 중국에 악기, 악곡 2부를 보냈다고 하였다.[69]

泥河는 발해와 신라가 동쪽에서 경계를 이루던 강이다. 일찍이 정약용은 이 강을 강릉 북쪽 泥川水로 비정하면서 발해가 양양 이북의 땅을 일시 소유했다가 나중에 함흥 이북으로 후퇴했다고 하였다.[70] 박시형은 진흥왕 순수비의 위치를 근거로 정약용의 오류를 지적하고 니하는 금야의 용흥강으로 비정하였으니,[71] 그의 견해는 타당한 것이다.

그런데 채태형은 동경용원부가 현재의 중국 훈춘현 팔련성에 해당한다는 기존의 설을 부정하고, 오히려 정약용의 설을 근거로 강릉을 기점으로 하여 39개의 驛 거리에 있는 함경북도 청진시 청암 구역 부거리로 비정함으로써 동경의 위치를 한반도 안으로 끌어들이려는 의도를 보였다.[72]

4) 대외관계

대외관계 면에서 관심을 끄는 것은 신라와의 관계이다. 이미 1956년판 『조선통사』에서 양국이 계속 평화 상태를 유지했던 것을 보아 상호 왕래가 잦았으리라는 것은 의심할 바 없다고 하였다.[73] 박시형도 양국 관계에 관심을 기울여, 1962년 논문에서 발해와 신라의 교섭이 『삼국사기』 기록보다 더 빈번했을 것인데 김부식이 고의로 발해를 삭제하려다 그만 부주

68 위의 논문, p.7 참조.
69 『조선전사』 5, p.171.
70 정약용, 앞의 책 疆域考 2, 渤海考.
71 박시형, 앞의 책, 1979[1989], pp.152~154.
72 채태형, 「발해 동경룡원부-훈춘 팔련성설에 대한 재검토」, 『력사과학』 1990-3 참조.
73 『조선통사』, 1956, p.107.

의하여 일부를 남기게 된 것이라고 하여,[74] 양국 관계에 대한 기본 입장을 이때 이미 제시하였다. 이러한 견해는 남한 학계에서 양국 관계를 적대 관계에 중점을 두어 서술해 온 것보다 진전된 것이다.

『발해사』에 이르면 신라가 발해에 두 차례 사신을 파견했다는 『삼국사기』 기록보다 실제는 좀 더 왕래가 있었을 것이라고 하면서도, 한편으로는 동족인 두 나라가 수백 년간 내왕이 매우 적었던 것은 전적으로 7세기 중엽 이후 심한 사대주의 외세 의존 정책에 매달린 신라봉건통치계급들의 죄악의 결과라고 단정해 버림으로써 상호 모순되는 견해를 표출하였다.[75] 양국 관계가 빈번했을 것이라고 하는 그간의 견해와 신라를 사대주의 집단으로 규정하려는 새로운 견해가 상치되어 조화를 이루지 못했기 때문이다.

양국 관계에 대한 서술은 『조선전사』에 이르러 발해사 부분과 후기신라사 부분에 모두 나타나 더욱 적극성을 띠었다. 특히 신라의 5개 주요 간선교통로(5通)가 존재하였고 이 중 적어도 두 개가 발해와 연결되어 있었다는 후자에서의 서술은 井上秀雄의 견해를 수용한 것이다.[76] 그 밖의 내용은 박시형의 주장을 그대로 따랐다. 박영해는 발해의 대외관계를 개관하면서 신라와의 관계는 동족 국가와의 관계이므로 연구 대상으로 삼지 않았다고 하는 이색적인 주장을 폈다.[77]

고고학자는 문헌사에서보다 더 적극적으로 양국 사이에 교류가 활발했던 것으로 보았다. 장상렬은 발해 건축과 통합신라(통일신라) 건축의 공통성은 성시와 건축 계획, 돌 쓰는 솜씨, 자[尺]와 건축 부재 등 여러모로

---

74 박시형, 앞의 논문, 1962, pp.10~11, p.26.
75 박시형, 앞의 책, 1979[1989], pp.77~78.
76 『조선전사』 5, p.210, p.312.
井上秀雄, 『新羅史基礎研究』 東出版, 1974, p.402.
77 박영해, 「발해의 대외관계에 대하여」, 『력사과학론문집』 12, 과학백과사전출판사, 1987, p.190.

나타나는데, 이들을 살펴보면 양국의 기술 발전 수준이 대등하였으며 서로 교류하고 있었다는 것을 말해 준다고 하였다.[78] 또 그 뒤에 나온 고고학 개설서에서도, 이 당시에 발해와 신라가 두 나라로 갈라져 있었으나 "그들은 언어와 풍습이 같은 한겨레로서 화목하게 살았으며 접촉과 교류를 계속하였다. 이러한 관계는 그들이 같은 문화를 이어받은 사정과 함께 두나라 문화의 공통성을 이루게 하는 중요한 요인으로 되었다."라고 하였다.[79]

박시형은 "당시 동방의 국제 정세가 어떻게 되어 있었던지 간에 적어도 이백수십 년간 국경을 접하고 있던 동족의 두 나라가 이와 같이 몰교섭할 수는 없었을 것이다."[80]라고 지적하였다. 비록 직접적인 기록은 별로 없으나 간접적으로 양국의 교섭을 시사하는 자료들이 제법 나타나는 것으로 보아 이 지적은 옳다.[81]

다음으로 당나라와의 관계이다. 이 문제는 반침략투쟁이라는 측면에서만 고려하기 때문에 당나라로부터의 문화, 제도 등의 유입은 관심 밖의 일이다. 발해가 당나라는 물론 일본 또는 그 밖의 여러 나라와 경제, 문화 교류를 활발하게 했던 것은 사실이지만, 주체사상의 입장에서 볼 때 그러한 요소들은 발해의 기본 요인이 될 수 없다는 것이다. 결과적으로 외국으로부터의 문화 유입은 무시되었다.

발해의 정치제도가 당나라의 것을 받아들여 완성된 것임은 주지의 사실인데도, 『발해사』에서 그러한 사실을 애써 외면하려는 것도 이와 같은 태도에서 비롯되었다. 즉 3성 6부를 비롯한 발해의 제도가 당나라 제도에

78 장상렬, 「발해건축의 력사적위치」, 『고고민속론문집』 3, 사회과학출판사, 1971, pp.162~164.
79 『조선고고학개요』, p.259.
80 박시형, 앞의 논문, 1962, p.10.
81 宋基豪, 「東아시아 國際關係 속의 渤海와 新羅」, 『韓國史 市民講座』 5, 일조각, 1989 참조.

서 연유한 사실을 일부 인정하면서도 발해의 중앙관청인 1대, 7시, 1원, 1감, 1국, 1원을 당나라의 것과 비교하지 않고, 직접적인 연관이 없는 조선시대의 관청들과 비교하였다.[82]

발해는 전성기까지도 흑수말갈만은 완전히 복속하지 못했던 것으로 여겨진다.[83] 그러나 박시형은 이들을 10대 선왕 시기에 완전히 정복했다고 하였고,[84] 탁영해는 시기를 더욱 끌어올려 2대 대무예 때 정복이 이루어졌다고 하여[85] 발해가 모든 말갈족을 일찍부터 정복했다고 주장하였다.

5) 멸망기의 문제

발해의 멸망 원인은 명확히 알려진 것이 없지만, 대체로 발해 사회의 종족적 이원성과 내부의 권력 다툼에서 찾고 있다. 박시형의 『발해사』에서도 그 원인으로 사회계급적 모순과 일치하는 종족신분적 모순 및 통치계급 내의 모순과 알력을 들었다.[86] 그런데 발해 말기의 계급 투쟁 문제를 종족적 모순과 적절히 결합하지 못한 채 적당히 얼버무리고 있는 인상이다. 피지배층인 말갈이 지배층인 고구려인에 저항한 구도가 되기 때문일 것이다. 왕통의 교체와 봉건관료 사이의 文尊武卑 풍조도 원인으로 제시하였는데, 이것은 어디까지나 다른 왕조들에서 그러한 일이 허다했기 때문에 발해의 경우도 적용될 수 있을 것이라는 추측에 불과하다.

발해 멸망 시기 발해와 신라, 발해와 고려와의 관계는 역시 김육불의 『渤海國志長編』에 의존하였다. 김육불은 이 책에서 921년 발해와 고려의

82 박시형, 앞의 책, 1979[1989], pp.110~125.

83 酒寄雅志, 「渤海國家の史的展開と國際關係」, 『朝鮮史研究會論文集』 16, 1979, p.22. 王承禮 저, 송기호 역, 『발해의 역사』, 한림대학교 아시아문화연구소, 1987, p.95.

84 박시형, 앞의 책, 1979[1989], p.93, p.156.

85 박영해, 앞의 논문, 1987, p.194.

86 박시형, 앞의 책, 1979[1989], pp.96~101.

왕실이 혼인관계를 맺었고, 925년에는 발해가 신라와 친선관계를 도모했던 사실을 고증하였다.[87] 이 연대는 잠정적인 것으로서 정확히 말하자면 전자는 918~925년 사이이고, 후자는 911년 직후가 된다.[88] 그러나 박시형은 김육불의 의견을 그대로 받아들였다.[89] 『조선전사』에서는 박시형의 견해를 옮기면서 전자의 근거로서 『資治通鑑』 기록을 제시하여야 하는데, 오히려 후자의 근거가 되는 『契丹國志』 기록을 제시하는 잘못을 범하였다.[90]

『遼史』에 따르면, 거란이 발해를 멸할 때 연합군을 참가시켰고, 여기에 신라군도 참여했다고 되어 있는데,[91] 박시형은 이를 인용하여 참전한 여러 나라 이름을 나열하면서 신라만 누락시켰다.[92] 불편한 자료로 판단했기 때문인 것 같다.

6) 유민 활동

박시형의 『발해사』는 발해가 멸망한 뒤의 유민 활동을 후편으로 삼아 자세히 다루었다. 그는 먼저 고려로 들어온 발해 유민에 대해서 언급하면서 고려가 고구려의 옛 영토를 되찾기 위해 벌인 투쟁에 발해 유민들이 합류했다고 하였다. 이어서 발해 옛 땅에서 일어난 정안국과 오사성 발해국, 발해 유민들이 강제로 요동지방으로 옮겨진 뒤에 나타난 동란국(동단국), 흥료국, 대발해국을 상세히 서술하면서 이들의 활동을 국토 회복을 위한

---

87 金毓黻, 『渤海國志長編』 권3, 1934 참조.
88 송기호, 「발해 멸망기의 대외관계—거란·후삼국과의 관계를 중심으로」, 『韓國史論』 17, 1987(『渤海政治史硏究』, 일조각, 1995 재수록) 참조.
89 박시형, 앞의 논문, 1962, p.28.
박시형, 앞의 책, 1979[1989], p.103.
90 『조선전사』 6, p.41.
91 송기호, 앞의 논문, 1987 참조.
92 박시형, 앞의 책, 1979[1989], p.104.

투쟁으로 설명하였다. 이렇게 유민 활동에 대해서 자세히 다룬 것은 외국 침략자에 저항하는 사회주의적 애국심의 고양과 밀접한 관련이 있는 것으로 보이지만 유민사를 비중 있게 다루었다는 점에서 의미가 있다고 하겠다. 그 서술 내용은 남한 학계와 별 차이가 없다.

4. 발해사에 대한 고고학 연구

북한에서의 발해사 연구는 문헌뿐 아니라 유적, 유물을 바탕으로 한 고고학 연구도 진행되었다. 발해의 영역이 만주 동부 지역과 더불어 한반도 북부까지 포괄했으므로 그러한 연구가 가능한 것이다. 반면에 남한의 경우 발해 유적을 직접 눈으로 확인할 수 없었고, 그간 중국이나 북한 현지의 지표 조사나 발굴 자료마저 입수하기 어려웠기 때문에 1980년대 와서야 초보적인 연구가 진행되기 시작하였다.

그동안 북한에서 발표한 발해사 관련 글은 앞에서 나열했으므로, 그중에서 유적이나 유물을 단순히 소개했거나 지표 조사, 발굴 결과를 발표한 것을 추리면 다음과 같다.

(1) 최운학, 「자료 발해 정혜공주 묘비」, 『력사과학』 1965-3.
(2) 조중 공동 고고학 발굴대, 『중국 동북 지방의 유적발굴보고(1963~1965)』 후편, 사회과학원출판사, 1966.
(3) 주영헌, 『중국 동북 지방의 고구려 및 발해 유적 답사 보고』, 사회과학원출판사, 1966.
(4) 리정기, 「청해토성 및 교성리토성 답사보고」, 『고고민속』 1967-4.
(5) 「부록: 몇개의 발해건축에 대한 외관복원」, 『고고민속론문집』 3, 사회과학출판사, 1971.

(6) 리준걸, 「유적소개 새로 발굴된 24개돌」, 『력사과학』 1984-2.

(7) 리준걸, 「함경남북도 일대의 발해 유적 유물에 대한 조사 보고」, 『조선고고연구』 1986-1.

(8) 「발굴 및 답사 소식」(1)·(2), 『조선고고연구』 1986-1·2.

(9) 리준걸, 「새로 알려진 고구려와 발해의 금귀걸이」, 『조선고고연구』 1987-4.

(10) 한인호, 「발해의 령광탑」, 『조선고고연구』 1988-3.

(11) 김종혁 · 김지철, 「신포시 오매리 금산발해건축지 발굴중간보고」, 『조선고고연구』 1989-2.

(12) 박진욱, 「최근년간 우리 나라 동해안일대에서 발굴된 발해유적들과 그 성격에 대하여」, 『연변대학조선학국제학술토론회론문집』, 학술토론회조직위원회, 1989.

(13) 김종혁 · 김지철, 「신포시 오매리 절골1호발해건축지 발굴보고」, 『조선고고연구』 1990-2.

또 이들 자료를 바탕으로 연구한 것은 다음과 같다.

(1) 주영헌, 「발해 중경 현덕부에 대하여」, 『고고민속』 1966-2.

(2) 주영헌, 「발해의 공예」, 『고고민속』 1967-1.

(3) 주영헌, 「발해는 고구려의 계승자」, 『고고민속』 1967-2.

(4) 장상렬, 「발해상경돌등의 째임새」, 『고고민속』 1967-3.

(5) 주영헌, 『발해문화』, 사회과학출판사, 1971.

(6) 장상렬, 「발해건축의 력사적위치」, 『고고민속론문집』 3, 사회과학출판사, 1971.

(7) 박영해, 「발해는 고구려를 계승한 국가」, 『력사과학』 1986-3.

(8) 장상렬, 「발해의 도시성에 대하여」, 『조선고고연구』 1987-3.

(9) 채희국, 「발해의 정혜공주묘와 정효공주묘에 대하여」, 『조선고고연구』 1988-2.

이외에 발해에 대해서 부분적으로 언급한 글도 있다.[93] 또 『조선고고학개요』(1977)를 비롯한 『조선통사』, 『조선전사』 등의 개설서에도 고고학 연구 성과들이 반영되었다. 『조선유적유물도감』 가운데 제8권(1991)에서 발해 유적과 유물의 사진을 체계적으로 소개했으나 중국의 비협조로 만주의 유적과 유물 사진을 제대로 수록하지 못한 한계가 있다.

북한에서의 고고학 연구는 1950년대에 시작되었다. 『문화유산』 창간호에 실린 도유호의 글에 따르면,[94] 1950년대에 함경북도 화대군(옛 명천군)에 소재한 고분군을 답사하여 발해 유적일 것이라는 인상을 받았다고 하면서, 장차 발굴을 통해 발해 것으로 판명된다면 실로 거대한 사변이 될 것이라고 하였다. 발해 유적이 한반도에서 처음 확인되기 때문이다. 『조선전사』에서 1950년대에 초보적인 발해 유적 조사가 진행되었다고 하였는데,[95] 이 답사를 가리키는 듯하다. 그러나 1960년대에 발표된 일련의 연구사 정리에는 이 답사가 언급되어 있지 않다.[96]

고고학 연구가 제대로 진행된 1960년대에는 북한 학자들이 중국의 발해 유적 발굴에 참여했다는 점이 주목된다. 1963년 4월에 김일성과 주

93 다음의 글들을 예로 들 수 있다.
박진욱, 「우리나라 활촉의 형태와 그 변천」, 『고고민속』 1967-1.
김장겸, 「고려의 고구려옛땅 남부지역 통합」, 『력사과학』 1986-1.
「최근년간 조선고고학연구에서 이룩한 주요성과」, 『조선고고연구』 1986-1.
한인호, 「우리 나라 중세 도시리방제도에 대하여」, 『조선고고연구』 1987-2.

94 도유호, 「민족 문화 유산의 계승 발전과 고고학 및 민속학 연구소의 당면 과업」, 『문화유산』 1957-1, p.3.

95 『조선전사』 5, p.145.

96 「해방후 조선 고고학이 걸어 온 길」, 『문화유산』 1960-4.
「해방 후 발굴 년표」, 『고고민속』 1965-1.

은래가 만주 지역의 공동 발굴에 합의하였고,[97] 이에 따라 북한과 중국이 '조중 공동 고고학 발굴대[中朝聯合考古隊]'를 조직하여 1963년 8월 23일부터 1965년 7월 19일까지 모두 4차에 걸쳐 만주 지역의 유적을 답사 및 시굴, 발굴하였다. 이때 발해 유적뿐 아니라 청동기와 고구려 유적도 함께 조사되었는데, 특히 고조선의 유적으로 언급되는 강상과 누상 무덤에 대한 발굴도 이루어졌다. 여기에는 박시형, 김석형, 주영헌, 채희국 등 주요 연구자가 참여했다고 하며, 발굴된 발해 유적으로는 영안 동경성(상경성), 돈화 육정산 고분군, 영안 대주둔 고분군이 있다. 발굴 유물은 공동 합의에 따라 반반씩 나누었고, 나눌 수 없는 경우에는 북한에 복제품을 제공했다고 한다. 이 당시의 유물들은 북한의 중앙력사박물관 발해실, 북경의 사회과학원 고고연구소 전시실에서 볼 수 있다.

발굴 결과는 북한에서 『중국 동북 지방의 유적발굴보고(1963~1965)』로 출간하였다. 이 보고서는 中文으로도 작성하여 양국에서 동시에 발표할 예정이었지만,[98] 전하는 바에 의하면 마침 중국에서 문화혁명이 일어나 여의치 않자 북한에서만 출간하게 되었다고 한다. 중국은 뒤늦게 동경성과 육정산 고분군에 대한 발굴 내용을 출간하였다.[99]

청동기시대 및 고구려, 발해 유적들을 답사한 결과는 주영헌이 집필

---

97 [추기] 유홍준, 「'잃어버린 王國' 발해의 향기」, 『중앙일보』 1998. 12. 5. 15면.

98 이상은 다음을 참조 바람.
조중 공동 고고학 발굴대, 『중국 동북 지방의 유적발굴보고(1963~1965)』, 사회과학원출판사, 1966, 머리말.

99 段鵬琦, 「渤海上京龍泉府遺址的調査與發掘」, 『新中國的考古發現和硏究』, 文物出版社, 1984.
段鵬琦, 「渤海墓葬的發掘」, 위의 책.
黑龍江省文物考古工作隊, 「渤海上京宮城第2,3,4號門址發掘簡報」, 『文物』 1985-11, p.52.
趙虹光, 「渤海上京龍泉府城址調査發掘工作的回顧」, 『北方文物』 1988-2, p.27.
정식 보고서는 더 늦게 출간되었다.
中國社會科學院考古硏究所 편저, 『六頂山與渤海鎭 — 唐代渤海國的貴族墓地與都城遺址』, 中國田野考古學報告集 考古學專刊 丁種 56號, 中國大百科全書出版社, 1997.

하여 따로 출간하였다.[100] 이때 답사한 발해 유적은 다음과 같다. 성지는 7개로서 돈화 오동성, 화룡 서고성, 연길 성자산산성, 훈춘 팔련성, 영안 동경성·우장성·성장습자(성장랍자)산성[101]이며, 고분군은 5개로서 화룡 팔가자, 영안 대주둔·남양·삼령둔, 돈화 육정산 고분군이고, 그 밖의 유적으로 돈화의 24개석 유적 하나가 있다.

주영헌은 이 두 가지 보고서를 토대로 1960년대 후반에 3편의 논문을 발표하였고, 장상렬도 1편의 논문을 발표하였다. 먼저 주영헌은 정약용의 고증과 현지 조사 자료를 바탕으로, 돈화 오동성이 발해의 첫 도읍지며 중경현덕부였다고 주장하였다. 이에 대한 자세한 내용은 앞에서 언급하였다. 그리고 「발해의 공예」에서 발해의 도자기, 기와, 벽돌, 석제공예품, 금속공예품을 설명하고, 이어서 발해의 공예가 고구려를 계승하였고 다시 고려에 이어졌다고 하였다. 이것은 박시형의 1962년 논문에서 주장한 발해의 고구려 계승성을 유적, 유물을 통해 뒷받침한 첫 논문에 해당한다. 그는 이를 확대 발전시켜 「발해는 고구려의 계승자」라는 글을 발표하였다. 여기서도 무덤, 살림집 등의 유적과 기와, 도자기, 무기, 부처(불상) 등의 유물을 바탕으로 발해가 고구려 문화를 계승하였고, 뒤에 다시 고려에 넘겨주었다고 주장하였다.

장상렬은 「발해상경돌등의 째임새」에서 돌등(石燈)의 각 부분을 측정하여 발해의 기본 단위자[尺]를 추정하고, 이는 고구려 자를 계승한 것이라고 주장하였다. 또 동경성 내에서 발견된 정자터를 복원하려 하였다. 결국 이들은 1960년대 중반에 진행되었던 답사와 발굴에서 확인된 발해 유적, 유물을 기초로 하여 발해의 고구려 계승성을 추적하는 데에 주안점을 두었다.

---

100 주영헌, 『중국 동북 지방의 고구려 및 발해 유적 답사 보고』, 사회과학원출판사, 1966.
101 한자 '磖'자를 북한에서는 '습'으로 발음하나 남한에서는 '랍'으로 발음한다.

1967년 초에는 사회과학원 고고학연구소에서 동해안 일대의 고조선 관계 유적을 조사하면서 청해토성과 교성리토성을 지표 조사하였다. 이때 청해토성을 발해 시기의 성으로 추정하였고, 교성리토성은 기와편과 그곳의 입지 조건에 근거하여 발해와의 국경 지역에 두었던 신라 井泉郡 소재지로 추정하였다.

이렇게 1960년대 전반에는 중국 지역의 유적과 유물을 주된 자료로 삼았다. 그러나 1960년대 후반 이후 중국의 태도 변화로 그쪽의 새로운 자료를 제대로 접할 수 없게 된 데다가 주체사관의 영향도 있어서인지 북한 지역의 발해 유적에 관심을 돌리기 시작하였다. 다만 1970년대에는 유적 조사가 활발하지 못하여 1972년에 청해토성만 조사하는 데에 그쳤다.[102] 따라서 새로운 고고학 자료가 별로 추가되지 못한 채 1960년대에 발표된 내용을 확대, 발전시킨 글들이 1970년대 전반에 나타났다. 1971년에 간행된 주영헌의 『발해문화』와 장상렬의 발해 건축에 관한 논문이 그러하다. 『조선고고학개요』(1977)와 『조선전사』(1979)도 주영헌, 장상렬의 연구 내용을 그대로 답습하였다.

1980년대에 들어오면 북한에서 발해 유적, 유물을 찾는 작업이 본격적으로 수행되어 다수의 유적이 조사되었다. 1980년대 말까지 확인된 북한 지역의 발해 유적은 다음과 같은데, 이들은 모두 함경도에 소재한 것이고, 청해토성을 제외하면 1980년대에 들어와 처음 조사된 것이다.

① 평지성: 청해토성(북청토성, 토성리토성), 회령군 인계리토성, 김책시 성상리토성

② 산성: 어랑군 지방리산성 · 장연산성 · 남증산성, 함흥시 덕산산성(덕산

102 이곳은 1985년에 다시 조사되었다.
「발굴 및 답사 소식」(1), 『조선고고연구』 1986-1, p.46, p.48.

동 평산성), 회령군 운두산성, 북청군 평리산성 · 룡전산성

③ 江岸 보루: 어랑천 및 명간천 유역의 강미봉보루 · 장승목보루 · 노루목브루 · 석양대보루 · 귀암대보루 · 팔경대보루 · 안교동보루, 신포시 하천산보루

④ 차단성: 어랑군 새덕차단성 · 지방리차단성

⑤ 건믈터: 청해토성 내의 집자리들, 개심사, 청진시 송평구역 및 어랑군 회문리 24개석, 신포시 오매리 절골 및 금산건축지

⑥ 무덤: 함남 리원군 · 북청군 · 신포시 · 홍원군, 함북 회령군 · 청진시 · 화대군 지역의 고분군에서 수천 기 확인, 수백 기 발굴

이 시기에는 주로 장상렬, 채희국, 한인호 등이 연구 논문을 발표하였다. 이 중 장상렬은 발해의 도시 성, 특히 동경성을 통해, 채희국은 정혜공주묘와 정효공주묘를 통해, 한인호는 발해 시기의 것으로 추정되는 영광탑을 통해 고구려와 발해 사이의 계승 관계를 살피려고 하였는데, 문헌연구와 마찬가지로 이들은 기왕의 연구를 재탕하는 수준에 그쳐 주목되는 것이 별로 없다.

이상 발해사에 대한 고고학 연구 과정을 살펴보았다. 이 방면의 연구도 발해 유적, 유물의 검토를 통해 발해의 고구려 계승성을 추적하고, 나아가 발해 문화가 고려에 계승되었다는 것을 밝히는 데에 최종 목적이 있다고 하겠다. 그러나 고구려의 계승성에 대한 검토가 전반적으로 막연하여 객관적인 논증이라기보다는 단순한 주장 차원에 머물고 있는 느낌이다. 고구려의 유적, 유물과 비교하면서 당나라 등 외국의 경우와는 전혀 비교하지 않은 점도 문제점으로 지적할 수 있다. 이러한 점은 1980년대에 들어와 더욱 심하게 나타나서 모든 것이 고구려를 계승했다는 식으로 전개되었는데, 주체사관의 강화에 따라 더욱 국수주의적으로 변한 것을 보여 준다.

다음은 주요 유적에 대한 개황과 연구 성과를 살펴보겠다.

1) 성터 연구

주영헌은 1960년대 전반에 실시한 중국 지역의 조사 내용을 토대로 『발해문화』에서 성터들을 정리하였다. 여기서는 발해의 도시 유적으로 오동성터, 팔련성터, 서고성터, 상경용천부터를 소개하였다. 일반적으로 오동성터나 성산자산성은 발해의 첫 도읍지로, 팔련성터는 동경용원부의 소재지로, 서고성터는 중경현덕부의 소재지로, 동경성은 상경용천부의 소재지로 비정한다. 그러나 주영헌은 오동성터를 중경 소재지로 보았고, 이것이 북한 학계에서 통설로 받아들여지고 있다. 이에 대해서는 이미 앞에서 설명하였다. 이후의 논문들에서도 중국의 성터들에 대해서 언급하였으나 모두 고구려 계승성에만 집착하여 새로운 내용은 없다.

1960년대 이후 함경도 지역에서 발해 성터들이 발견됨으로써 관심이 이곳에 쏠리게 되었는데, 그중 가장 중요한 것이 청해토성이다. 청해토성은 함경남도 북청군(신창군) 하호리에 위치하며, 『新增東國輿地勝覽』에서는 虛川坪城이라 하였고, 근래에는 북청토성, 신창토성, 하호토성, 토성리토성으로도 불렸다. 1954년에 국가 지정 고적 제172호로 등록되었다.[103] 1967년 초에 지표 조사되었고, 1972년과 1985년에 발굴되었다.[104] 국보유적 제187호(국보급 478호)로 지정되어 있다.

1967년 초 이 성을 조사할 적에는 지표 조사만 실시하여 그곳에서 채

---

103 전주농, 「조선 고고학의 창시자 추사 김정희」, 『문화유산』 1961-4, p.67 각주 12.

104 리정기, 「청해토성 및 교성리토성 답사보고」, 『고고민속』 1967-4.
「발굴 및 답사 소식」(1), 앞의 책.
이곳에서 선사 유적, 유물도 발견되었다.
렴주태, 「함경북도에서 새로 알려진 유적과 유물」, 『고고민속』 1965-2, pp.64~65.

집된 활촉(화살촉)을 토대로 발해 시기에 사용되었을 것으로 막연히 추정하였다. 그 뒤 자세한 조사 결과 다음의 몇 가지 점에서 발해 시기의 성이라는 결론을 얻었다. 우선 성의 규모, 형태, 지형 구조 등이 중국 동북지방의 오동성, 팔련성, 서고성과 비슷하고, 그 안에서 발견된 집자리의 구들 시설이 동경성에서 발견된 것과 동일하며, 집자리에서 출토된 유물이 중국 동북지방 것과 동일하다는 점이다. 다음으로 토성 안의 북문 가까이에서 고려 무덤이 발견되어 이 성이 고려 시기에는 이미 폐기되었던 것을 알 수 있어, 사용 연대의 하한이 고려 이전이라는 점이다.[105]

일찍이 발해 남경남해부의 소재지에 대해서 학설이 분분하여 德源설, 鏡城설, 咸興설, 北青설 등으로 나뉘었다. 鳥山喜一이 1925년 북청 일대를 조사하면서 城串山山城과 청해토성(당시의 肅愼 고성)을 확인하였으나, 후자는 제대로 조사하지 못한 채 池內宏의 견해와 같이 전자를 남경의 소재지로 생각하였다.[106] 따라서 청해토성이 제대로 조사되기 시작한 것은 북한에 의해서이다.

1977년판 『조선고고학개요』에서는 전혀 언급이 없다가 박시형의 『발해사』(1979)에서 비로소 이 성을 남경남해부 자리로 추정하였다.[107] 반면에 같은 해에 간행된 『조선전사』(1979)에서는 남경남해부의 위치가 단지 신창 부근으로 짐작된다고 하였고,[108] 유적 설명에서도 발해 도시성의 하나로 취급하지 않고 단순히 발해 변방의 소형 성터로 취급하였다.[109] 그러나 그 뒤로는 남경남해부 자리로 지목하는 것이 일반적인 추세이다.

북한의 성터 연구에서도 고구려 계승성이 추구되고 있는 것은 여타

105 리준걸, 「함경남북도 일대의 발해 유적 유물에 대한 조사 보고」, 『조선고고연구』 1986-1, p.36.
106 鳥山喜一, 앞의 책, pp.163~164, p.221 주 82.
107 박시형, 앞의 책, 1979[1989], p.184.
108 『조선전사』 5, 1979, p.56.
109 위의 책, p.153, p.155.

분야와 동일하다. 그렇지만 모든 것이 고구려를 계승했다고 주장하는 데에는 문제점이 있다. 주영헌이나 그 이후 여러 사람의 글을 보면,[110] 오직 이 문제를 해명하는 데에만 집착하고 외래 문화 요소를 무시한다. 초기 도읍지는 산성인 성산자산성을 중심으로 하여 고구려 계승성을 보이지만, 그 후에 축조된 동경성, 서고성, 팔련성 등의 평지성은 당나라 장안성을 본뜬 것으로 보아야 한다. 이 시기에 일본의 도성도 장안성을 따랐다.[111]

도시 문제와 관련하여 더 언급할 것은 발해의 천도 연대이다. 박시형의 『발해사』에서는 755년에 첫 도읍지에서 상경으로 수도를 옮겼고, 785년에는 일시 동경으로 옮긴 일이 있으나, 794년 다시 상경으로 돌아왔다고 하였다.[112] 이보다 일찍 간행된 주영헌의 『발해문화』에서도 755년과 794년의 연대를 명시하였다.[113] 그러나 이 연대는 일찍이 김육불이 잠정 추정했던 것으로서, 그의 연구가 북한의 발해사 연구에 영향을 주었음을 확인할 수 있다. 『新唐書』의 기록을 보면 天寶(742~756. 6.) 말기, 貞元時(785~805. 7.) 등으로 모호하게 서술되어 있어 연대를 단정적으로 처리할 수는 없다.

2) 고분 연구

북한의 고분 연구도 1960년대 전반에 조사된 중국 자료를 토대로 출발하였다. 이것도 주영헌이 주도하였는데, 그는 원래 고구려 벽화고분 연구의 제1인자로서 1961년에 간행된 저서 『고구려벽화무덤의 편년에 관한 연

---

110 다음을 예로 들 수 있다.
주영헌, 『발해문화』, 사회과학출판사, 1971, pp.156~157.
장상렬, 앞의 논문, 1971, p.160.

111 宋基豪, 「발해 城址의 조사와 연구」, 『韓國史論』 19, 국사편찬위원회, 1989, pp.454~458.

112 박시형, 앞의 책, 1979[1989], pp.76~77.

113 주영헌, 앞의 책, 1971, p.13.

구』가 일본에 번역, 소개되기도 하였다.[114]

그는 이러한 지식을 바탕으로 발해 고분을 연구하였으니, 자연히 고구려 고분과 발해 고분과의 연관성에 중점을 둘 수밖에 없다. 「발해는 고구려의 계승자」나 그 뒤에 나온 『발해문화』가 그런 것이다. 『발해문화』 제2장에서는 무덤의 구조와 매장 방식을 중점적으로 고찰하였다. 이때까지 발견된 고분들은 석실묘, 석곽묘, 석관묘인데, 그는 이들을 모두 돌간흙무덤(석실봉토분)으로 일률적으로 규정하고, 크기에 따라 큰 것, 중간 것, 작은 것으로 구분하였다.

『조선전사』에서는 발해 고분을 전부 돌간흙무덤으로 부르는 데에 문제점이 있다는 것을 인식한 탓인지, 돌칸(돌간)흙무덤과 돌곽흙무덤으로 2분하고, 다시 돌칸흙무덤은 큰 것과 작은 것으로 2분하였다.[115] 이 3분 방식은 명칭만 달라졌을 뿐 주영헌의 분류와 동일하다.

1980년대 들어와 함경도 지역의 발해 고분을 조사하면서 분류가 더욱 세분되었다. 즉 돌곽흙무덤, 돌곽돌무덤, 돌각담무덤, 돌칸흙무덤으로 나누고, 돌칸흙무덤은 다시 큰 것, 중간 것, 작은 것으로 나누었다.[116] 중국의 새로운 자료를 바탕으로 벽돌무덤(전축분)을 연구한 채희국의 논문도 발표되었다.

북한에서는 이렇게 다양한 고분이 모두 고구려 계통이라고 주장한다. 일반적으로 석실봉토분은 고구려 계통에 속한다고 할 수 있으나 토광묘는 말갈 계통에 속하며, 전축분은 중국 계통에 속한다. 따라서 무덤 양식에서도 발해의 종족적·문화적 복합성이 나타난다. 그런데도 채희국은 전축분인 정효공주묘마저 고구려식이라고 주장하면서 그 근거로 평양 역전

---

114 朱榮憲 저, 永島暉臣愼 역, 『高句麗の壁畫古墳』, 學生社, 1972.

115 『조선전사』 5, pp.158~160.

116 리준걸, 앞의 논문, pp.34~35.

벽화 무덤, 평양 대성산 기슭의 고구려 고분을 예로 들었는데,[117] 이것은 분명히 잘못된 것이다.

매장 방식에서는 여러 사람을 함께 묻는 多人葬 현상이 많이 나타나는데, 북한은 이를 가족무덤으로 보았다. 예컨대 대주둔 제1호 무덤에 8명의 인골이 발견된 것을 설명하면서 가족무덤이라 하였다.[118] 그러나 가운데에 있는 4명의 인골 중 가운데에 묻은 2명만 널(관)에 넣어 묻었고, 그 양쪽에 눕힌 2명은 널을 쓰지 않고 가운데의 널과 양쪽 벽 사이에 끼워 넣어 약간 공중에 떠 있었다고 보고된 점을 고려할 필요가 있다. 이로 보아 관 안에 넣은 사람과 관 밖에 끼인 사람은 동시에 매장되었으며, 양자는 신분적 차이가 있다고 상정할 수 있다. 그렇다면 이들을 모두 가족 성원으로 볼 수 없으며, 오히려 주인공과 거기에 순장된 사람들로 볼 수 있다.

이러한 매장 방식은 다른 발해 고분에서도 종종 나타난다.[119] 그런데 북한의 경우 순장 대상은 노예이고, 노예가 존재하는 것은 고대 노예제 사회이므로, 중세사회로 편년되는 발해에서는 순장 현상이 나타날 수 없다는 도식적인 인식으로 인해 가족장으로 해석하는 경향이 있는 듯하다. 그러나 순장제는 사회 관습을 반영하는 것이지 사회구성체와 직결시킬 필요는 없다.[120]

---

117 채희국, 앞의 논문 참조.

118 주영헌, 앞의 책, 1971, p.77.

119 송기호, 「발해의 '多人葬'에 대한 연구」, 『韓國史論』 11, 1984 참조.

120 순장제의 성격에 대한 논의가 많은데, 순장제가 노예사회에 유행하기는 하였으나, 노예사회의 지표로 순장 현상을 들 수는 없다. 그런데 북한에서는 1950년대 후반기의 토론기에 봉건론자들이 순장제=노예사회론을 암묵적으로 지지한 반면, 노예론자들은 시기 구분 기준이 될 수 없다는 것을 분명히 밝혔다. 그러나 토론기가 끝난 뒤 고조선 시기 무덤이라고 하는 강상, 누상 무덤이 발견되고 여기서 순장 현상이 나타나면서, 고조선=노예사회의 증거로서 순장제를 들게 되자 순장제=노예사회론이 통설로 되었다. 이에 대해서는 다음을 참조 바람.
과학원 력사연구소, 『삼국 시기의 사회 경제 구성에 관한 토론집』, 과학원출판사, 1958; 일송정, 1989 재간, pp.57~58(도유호의 글), p.214(정찬영의 글), p.274(채희국의 글), p.349(백남운의 글).

최근 발해 고분 조사에 진전을 보이고 있는 것은 주목할 필요가 있다. 함경남북도 일대에서 발견된 고분 중에 고구려식과는 다른 것이 존재하고, 이것이 발해 시기의 고분들이라는 것이 밝혀진 것은 최근에 이르러서이다.[121] 이 일대에서 발해 고분들이 더 많이 발견되고, 따라서 이곳의 고분 편년에도 커다란 진전이 있을 것으로 기대된다. 이와 같은 문제는 이미 국내성 지역에서도 제기되어 집안의 석실봉토분 중에 발해시기의 것이 포함되어 있음이 밝혀지고 있으므로,[122] 앞으로 고구려 영역과 발해 영역이 겹쳐지는 지역의 고분 편년에 도움이 될 것이다.

화대군 정문리 창덕 3호 무덤에서 발견된 순금제 귀걸이도 주목된다.[123] 이것은 1973년 중국의 하남둔 고분에서 발견된 순금제 장식품들에 이어 두 번째로 발견된 순금 제품으로 고구려 양식을 잇고 있다고 한다. 그러나 고구려 유물일 가능성도 배제할 수 없다.

3) 북한 내의 기타 주요 유적

이 밖에 북한 지역에서 발견된 중요 유적으로 개심사와 오매리 절골유적, 어랑군 회문리 24개석이 있다. 개심사는 10대 宣王 9년(826)에 처음 지은 절로 확인되었다. 이 절은 함경북도 명천군 보촌리의 개심대에 위치하며, 중심 건물인 대웅전과 심검당, 음향각, 관음전, 산신각 등 다섯 채의 건물로 이루어져 있다. 1948년 대웅전 보수 시에 글쪽지가 들어 있는 나무함

김용간 · 황기덕, 「기원전 천년기전반기의 고조선문화」, 『고고민속』 1967-2, pp.15~17.
리지린, 「조선고대사회의 성격」, 『력사과학론문집』 2, 1971; 『古代朝鮮の基本問題』, 學生社, 1974 번역 수록, pp.59~60.

121 리준걸, 앞의 논문, p.37.

122 吉林省考古研究室 · 集安縣博物館, 「集安高句麗考古的新收穫」, 『文物』 1984-1, p.41.
耿鐵華 · 林至德, 「集安高句麗陶器的初步研究」, 위의 책, p.61과 p.63.

123 리준걸, 「새로 알려진 고구려와 발해의 금귀걸이」, 『조선고고연구』 1987-4.

이 출토했는데, "발해 선왕 9년 병오 3월 15일 룡강성, 석두현, 해성사, 금강곡, 칠보산, 개심사 창건자는 대원화상이고 목수는 팽가와 석가이다."라고 적혀 있었다.[124]

새로 발견된 글쪽지의 원문을 싣고 있지 않아 자세한 상황을 알 수 없어 안타깝다. 이 내용이 원문과 동일하다면 발해가 즉위년칭원법을 사용했던 증거가 된다. 즉 선왕 9년이 병오년으로 826년이 되므로 선왕 원년은 818년이 되는데, 이해 2월에 대인수가 왕이 되었으므로 즉위년을 원년으로 삼은 것을 알 수 있어 정효공주 묘지 고증을 통한 연구와 일치한다.[125] 문헌에 나타나지 않는 행정구역명과 행정 체계도 확인할 수 있다. 개심사가 있는 함경북도 명천군 보촌리는 발해 시대에 용강성 석두현이었는데, 앞으로 발해의 지방 행정 체계 연구에 새로운 자료가 될 것이다.

또 함경남도 신포시 오매리 절골 유적에서 발견된 건축지는 고구려 문화층과 발해 문화층이 겹쳐 있는데, 발해 문화층에서 고구려 때인 546년에 만든 금동판이 발굴되었다. 이 금동판에는 '대왕'이 불탑을 만들어 세운 내용 113자가 새겨 있다. 금동판이 고구려 때 만들어져 발해 시대까지 전승되었다는 중요한 사실을 알려주어, 함경도에서 고구려의 불교 전통이 발해까지 이어진 것을 밝혀 주었다.[126]

1983년 6월에는 사회과학원 고고학연구소가 함경북도 어랑군 회문리에서 24개석 유적을 발굴하였고,[127] 이와 같은 유적이 청진시 송평 구역에도 있었다고 한다.[128] 이들이 발견되기 전에는 24개석 유적이 오동성 부근

---

124 리준걸, 앞의 논문, 1986, p.34.

125 孫玉良, 「渤海紀年訂補」, 『社會科學戰線』 1982-1.

126 박진욱, 「최근년간 우리 나라 동해안일대에서 발굴된 발해유적들과 그 성격에 대하여」, 『연변대학조선학국제학술토론회 론문집』, 1989, p.292.

127 리준걸, 「새로 발굴된 24개돌」, 『력사과학』 1984-2.
이 내용은 중국에 번역되어 소개되었다.
李運鐸, 「朝鮮發現渤海二十四塊石建築址」, 『博物館研究』 1984-2.

128 리준걸, 앞의 논문, 1986, p.34.

인 돈화 城郊(江東), 官地, 海青房(林勝), 腰甸子의 4곳과 圖們市의 馬牌 1곳에서 발견되어, 특수한 성격의 유적이 아닌가 추정되어 왔다.[129] 박진욱은 발해 왕이 상경에서 남경으로 왕래할 때 숙소로 쓰인 건물터로 추정하기도 하였지만,[130] 일본 大野城 안에서 발견된 창고터가 이와 같은 형태를 띠고 있어 창고 건물지로 여겨진다.

5. 통일신라사 연구

북한에서 발표된 통일신라사 연구는 개설서를 제외하고 다음의 몇 편에 불과하다.

(1) 리여성,「석굴암 조각과 사실주의」,『문화유산』1957-4.
(2)「자료: 신라 장적 잔본(新羅帳籍殘本)」,『력사과학』1957-4.
(3) 박시형,「신라 장적(新羅帳籍)의 연구」,『력사과학』1957-6.
(4) 력사 연구소 고대 및 중세사 연구실,「자료: 통일 신라 시대의 금석문」,『력사과학』1958-2.
(5) 오장환,「신라 장적에서 본 9세기 전후 우리 나라의 사회 경제 형편에 대한 몇 가지 문제」,『력사과학』1958-5.
(6) 리용중,『후삼국의 출현과 고려에 의한 그의 통일』, 과학원출판사, 1963.

---

129 歷史系敦化文物普査隊第二小組,「敦化縣二十四塊石遺址調査記」,『吉林大學人文科學學報』1958-3.
장상렬, 앞의 논문, 1971, p.116.
연변박물관,『연변문화유물략편』, 연변인민출판사, 1989, p.87, p.94.

130 박진욱, 1939, p.292.

(7) 최원희, 「우리 나라 삼국 및 통합 신라 시기의 직물 생산과 염색」, 『고고민속』 1963-1.

(8) 리정기, 「청해토성 및 교성리토성 답사보고」, 『고고민속』 1967-4.

(9) 림건상, 「신라의 '정전제'에 대하여」(1)·(2), 『력사과학』 1977-4, 1978-1.

여기에는 자료를 소개하는 것도 있어 실제 연구 논문은 극소수이다. 그마저 1950년대 말에서 1960년대 초에 걸쳐 주로 발표되었고, 그 이후에는 거의 없는 형편이다. 따라서 1960년대 중반 이후 통일신라에 대한 인식의 변화는 그간에 간행된 『조선통사』나 『조선전사』를 통해 검토할 수밖에 없다. 북한의 통일신라사 연구는 발해사 연구에 비해 수적으로나 질적으로 뒤떨어져 있으며, 이 부분에서 뚜렷한 성과를 남긴 것마저 한두 가지 주제에 한정되어 있어 발해사 연구와 크게 대조를 이룬다. 이렇게 연구가 부진한 것은 역시 주체사상이 강화되면서 통일신라를 사대주의 집단으로 규정했던 것과 관련이 있을 것이다.

이들 자료와 개설서를 바탕으로 북한에서의 통일신라사 연구 가운데 중요하다고 생각되는 시대구분 문제, 촌락문서 연구, 신라 말에서 고려 초로의 전환 과정에서 나타난 사회 주도세력에 대한 인식 문제를 다루고자 한다.

1) 시대구분

북한에서 진행된 한국사 시대구분 논쟁 중에서 7세기 이후부터 고려 이전까지의 사회를 어떠한 사회로 볼 것인가 하는 문제는 거의가 통일신라만을 대상으로 삼았다. 이는 발해사 사료에서 발해의 사회 경제 구성을 살필 수 있는 것이 전혀 없기 때문이다. 이 글에서 시대구분 문제를 통일신라 항목에서 다루는 것도 이런 이유에서이다.

일찍이 1956년판 『한국통사』의 서문에서는 이 책의 결함을 몇 가지 지적하면서 그중 하나로 "특히 고조선과 고구려, 백제, 신라의 사회 구성 및 시대 구분에 관한 문제에는 아직 명확한 과학적 규정을 주지 못하고 중성적(中性的)인 설명과 표현으로 충당"[131]되었다고 하였다. 이것은 본문 목차에서도 확인할 수 있다. 고조선 사회까지를 원시 공동체 사회로 규정했으면서, 삼국의 사회 성격을 나타내는 내용은 제목에 드러나지 않았고, 이어서 7세기 이후는 '봉건관계의 발전'으로 규정하였다. 결국 고대사회가 언제부터 언제까지인지를 제대로 밝히지 못한 채 통일신라 이후를 봉건사회 단계로 삼았던 것이다. 이것은 당시에 진행되기 시작한 고대사회 성격에 관한 토론이 결말을 보지 못했기 때문이다.

1950년대 중반부터 벌어지기 시작한 시대구분 논쟁은 1960년대 전반까지 활발하게 전개되었다. 이 논쟁은 북한의 한국사 연구에서 대표적인 업적의 하나로 꼽을 수 있을 만큼 중요하다. 한국사 전반에 걸쳐 진행된 여러 논쟁 중에서 고대사 분야는 삼국시대가 과연 노예사회인가 아니면 봉건사회인가에 초점이 모였다. 이에 따라 7세기 이후가 어떠한 사회였는가 하는 것은 이 논쟁의 부수적인 문제에 해당하였다. 이 당시의 논쟁 중 통일신라의 사회 성격과 관련된 부분을 정리하겠다.

삼국시대를 노예사회로 보려는 노예론자와 봉건사회로 보려는 봉건론자 가운데 통일신라의 사회 성격에 관심을 더 많이 기울인 것은 노예론자들이다. 삼국시대를 노예사회로 규정함으로써 그 이후 노예사회에서 봉건사회로 넘어가는 시점이 어디인가를 아울러 해명할 필요가 있었기 때문이다.

먼저 노예론자들의 주장을 살펴보겠다. 이들은 삼국시대를 노예사회

131 『조선통사』, 1956, p.2.

로 설정하고, 통일신라를 노예제의 붕괴기 내지는 봉건주의의 발생기로 보았다.[132] 백남운의 경우 『조선사회경제사』를 쓸 적에 이미 삼국시대 말기에 봉건적 요소의 맹아 형태가 내포되었고, 신라 통일 후는 그 봉건적 요소들이 더 많이 발생했다고 설명하였는데, 이 견해는 그 뒤에도 변하지 않았다.[133] 구체적으로 그는 노예제의 발전기를 5~7세기, 봉건 요소의 발생기를 6~7세기, 노예제의 붕괴기를 7~8세기로 보았다.[134]

노예론자의 견해는 백남운을 필두로 도유호, 림건상, 한길언, 리응수로 이어졌다. 그 내용을 『삼국 시기의 사회 경제 구성에 관한 토론집』에 실려 있는 것을 중심으로 살펴보겠다. 도유호는 백남운의 견해와 비슷하여,[135] 통일신라 260여 년간을 노예사회가 봉건사회로 넘어가는 과도기로 보았고,[136] 신라 말기에 일어난 도적 봉기를 노예 폭동으로 보았다.[137]

림건상은 역사상 첫 봉건지주 정권이 통일 이후 출현했다고 하였다. 구체적으로 보면 5세기 이후 예농 및 외거노비 등 농노제적 관계가 발생하기 시작하여, 5~7세기에 생산력의 급속한 발전에 따라서 더욱 확대, 강화되었다. 또한 사상 면에서도 봉건적 사상이 지배적으로 되어 갔는데, 불교, 유교, 도교의 침투가 그것이다. 이러한 환경 속에서 신라에서는 지주적 신흥세력(화랑단)을 중심으로 하는 신흥세력과 족장적·노예주적 귀족들과의 야합으로 김춘추 정권이 수립되었으며(654), 새 정권은 봉건적 토지 정책을 실시하고, 봉건 당나라와의 연계를 강화하면서 삼국통일을 지향하여 근본적인 혁명을 담당했다고 하였다.[138] 한길언은 봉건적 요소의

---

132 정찬영·김세익, 「조선 노예 소유자 사회의 존재 시기 문제에 대한 론쟁 개요」, 『력사과학』 1961-3, p.63.

133 『삼국 시기의 사회 경제 구성에 관한 토론집』(이하 『토론집』), 1958[1989], p.348.

134 정찬영·김세익, 앞의 논문, p.63.

135 위와 같음.

136 『토론집』, 1958[1989], p.57.

137 위의 책, p.193.

138 위의 책, p156.

발생은 철제 농구의 보편화와 우경의 보편화가 결합되어 농업 생산력이 일층 제고되었을 시기 이후에 있게 된다고 하면서, 신라에서는 6세기 초기 이후 점차 봉건적 우클라드가 발생하고 있었다고 하였다.[139] 이에 따라 백남운과 같이 8~9세기에 봉건주의가 성립했다고 하면서,[140] 한편으로 신라 말기의 도적 봉기를 노예 폭동으로 보는 도유호의 견해를 수정하여 봉건주의에 반대하는 농민들의 폭동 투쟁으로 규정하였다.[141]

마지막으로 리응수는 봉건사회의 시초를 7세기경으로 보는 견지의 부당성을 지적하면서, 통일신라 시기에 와서 노예시대 절정기에 도달했다가 그 후 2세기간의 과도기를 경과한 뒤 고려 왕조에 이르러 비로소 봉건사회로 이행했다고 하였다.[142]

이상과 같이 노예론자들은 신라의 삼국통일을 계기로 신라 사회가 급격히 발전했다는 점을 전제로 하였다. 이에 비하여 봉건론자들은 이때 아무런 질적인 변화가 없었던 것으로 여겼다. 예컨대 정찬영은 한 사회에서 다음 사회로 교체될 때는 그 이전 사회의 제반 모순이 가장 첨예하게 나타나며 치열한 계급투쟁이 동반된다고 하면서, 그러한 점에서 볼 때 삼국통일은 계기점이 될 수 없다고 하였다.[143]

이때의 시대구분 논쟁은 1960년대 전반에 림건상과 김석형, 정찬영에 의해서 각기 정리되었고, 최종적으로 봉건론자의 입장에서 노예론자의 입장을 절충하는 선에서 결말을 보았다.[144] 1962년판 『조선통사』의 서

정찬영·김세익, 앞의 논문, p.64.

139 『토론집』, 1958[1989], p.188.

140 위의 책, p.193.
韓吉彦, 「論新羅國的社會經濟構造的性質」, 『歷史硏究』 1987-11, 북경.

141 위의 책, p.193.

142 위의 책, pp.411~414.
정찬영·김세익, 앞의 논문, p.63.

143 『토론집』, 1958[1989], p.228.

144 武田幸男, 「奴隸制と封建制」, 『朝鮮史入門』, 太平出版社, 1966, pp.113~114.

술 체제는 그러한 결과를 보여 준다. 이 책에서는 고조선, 부여, 진국 등을 노예소유자사회로, 삼국 이후를 봉건사회로 서술함으로써, 결국 삼국시대를 봉건사회로 규정하는 봉건론자의 입장을 중심으로 하면서도 노예사회가 존재했다는 노예론자의 입장도 수용하여 그 이전 사회를 노예사회로 규정하였다. 이에 따라 통일신라는 봉건관계가 발전된 단계로 보게 되었고, 1977년판, 1987년판에 이르러서는 목차에서 이것을 확실히 표명하였다.

발해사를 어떠한 사회 단계로 규정할 것인가는 사료의 한계로 인해 제대로 논의되지 못하였다. 발해의 사회 성격은 그 자체의 연구 결과로서가 아니라 삼국시대의 사회 성격이나 통일신라의 사회 성격에 따라 결정되었다. 채희국은 시대구분 토론 과정에서 한국사 전 체계에서 제기되는 문제점들을 지적하는 가운데, 고구려가 멸망한 이후 그 유민들이 세운 발해국은 누가 보든지 봉건국가라고 하면서, 이것은 고구려 봉건제도를 계승한 것이라고 주장하였다.[145] 백남운은 시대구분에 대해서 논평하면서 장차 발해를 과학적으로 구명할 것을 촉구하였다.[146] 그러나 그 후 발해의 사회 성격에 대한 구체적인 논의는 나타나지 않았다.

2) 촌락문서(신라장적) 연구

촌락문서가 학계에 소개된 것은 1953년 野村忠夫가 『史學雜誌』에 소개하면서였다. 이것이 북한에 알려져 1950년대 후반 『력사과학』에 그 전문이 실렸고, 박시형과 오장환이 이를 바탕으로 연구 논문을 발표하였다. 박시형은 남한에서 최남선이 이 문서를 해제한 것도 참고하여 주목된다.[147] 그

송호정, 앞의 논문, pp.129~130.

145 『토론집』, 1958[1989], pp.273~274.

146 위의 책, p.358.

147 박시형, 「신라 장적(新羅帳籍)의 연구」, 『력사과학』 1957-6, p.11.

런데 이들의 연구는 촌락문서 연구 자체로 끝나는 것이 아니라 위에서 언급한 시대구분 논쟁의 연장선에서 이루어져 최종적으로 통일신라의 사회 성격을 규명하려 한 점도 특징으로 지적할 수 있다.

박시형의 연구는 그 뒤 『조선토지제도사』에도 반영되었다. 그리고 이 문서에 대한 관심은 1962년판에도 나타나지만, 그 중요성에 비해 내용이 빈약하여 네 줄 정도로 간단히 언급되었을 뿐이다.[148] 더구나 1977년판, 1987년판에서 이 문서에 대해서 전혀 언급하지 않은 것은 이해하기 어렵다. 반면에 림건상은 촌락문서의 烟受有田畓을 丁田制와 관련하여 언급하였고, 『조선전사』에서도 비교적 상세히 다루어서 『조선통사』의 서술 태도와는 상반되는데, 무슨 이유인지 알 수 없다. 이제 촌락문서에 관한 그간의 견해를 몇 가지 중요한 주제별로 정리하겠다.

문서의 작성 연대에 대해서 박시형은 전번 式年을 계사년으로 보고 이번 식년을 병신년으로 보아 816년(헌덕왕 8년)과 876년(헌강왕 2년) 중 하나로 추정하면서 후자가 가능성이 더 크다고 하였다.[149] 이것은 오장환에게도 그대로 받아들여졌다.[150] 『조선토지제도사』에 오면 양자의 가능성을 배제한 채 876년으로 고정되어 버렸다.[151] 그러나 림건상은 당시 신라의 對倭 관계를 고려하여 816년설을 제시하였다.[152] 그 뒤 작성 연대에 대한 다른 견해는 보이지 않고, 『조선전사』에서도 이 문제에 대한 언급이 없다. 다만 이 책에서는 '인민과 토지에 대한 봉건 국가의 장악, 지배의 강화' 단계에서 설명하고 있어, '대토지사유의 발전', '봉건적 착취의 강화'라는 신라 말기의 상황으로 파악하고 있지는 않은 것으로 보아, 중대사회의 모

---

148 『조선통사』, 1962, p.182.

149 박시형, 앞의 논문, 1957, p.11.

150 오장환, 「신라 장적에서 본 9세기 전후 우리 나라의 사회 경제 형편에 대한 몇 가지 문제」, 『력사과학』 1958-5, p.67.

151 박시형, 『조선토지제도사』 상, 과학원출판사, 1960, p.114.

152 림건상, 「신라의 '정전제'에 대하여」(1), 『력사과학』 1977-4, p.27.

습으로 보고 있는 듯하다. 남한에서 이보다 이른 시기로 보고 있는 것과 대비된다.

문서의 성격과 작성자에 대해서 오장환은 "호별 장적이 州에 의하여 촌 단위로 통계적 방법에 의하여 집계된 집계장의 일부"[153]라고 하였고, 『조선전사』에서는 이 문서가 호적, 전적(토지대장)이 아니고 이를 바탕으로 작성한 집계대장으로 웅주(공주)에서 작성했을 가능성이 크다고 하였다.[154]

孔烟에 대해서는 오장환의 견해가 주목된다. 그에 앞서 박시형은 공연은 烟戶, 즉 일반호를 의미한다고 하여 자연호설을 제시하고, 이를 전제로 호당 인구를 산출하여 이 시기에 후대 봉건 시기에도 보통 볼 수 있는 정도의 대가족을 이루었다고 하였다.[155] 한길언도 자연호설을 전제로 가부장적 복합제 가족으로 규정하였다.[156] 그러나 오장환은 이 견해에 반대하고 공연을 부역 수탈을 위해서 인위적으로 조직한 課戶라고 주장하여 편호설을 제기함으로써[157] 이 방면 연구에 중요한 진전을 가져왔다. 현재 공연에 대한 해석은 자연호설과 편호설 및 절충설이 있는데, 이 중 편호설은 오장환에 의하여 처음 제기되어 상당 시각이 경과한 후 남한의 이태진에 의해 다시 제기되었다.[158] 그러나 림건상은 공연은 자연호이고, 계연은 공연을 일정한 기준에 의하여 묶은 것으로서, 계연이 바로 인위적으로 만든 과호라고 하여 오장환과 다른 견해를 피력하였다.[159]

촌락문서에 반영된 토지 지배 양식에 대해서 북한에서는 연수유답을

153 오장환, 앞의 논문, p.68.
154 『조선전사』 5, p.226.
155 박시형, 앞의 논문, 1957, p.11, p.14.
156 오장환, 앞의 논문, p.71.
157 위와 같음.
158 金基興, 「新羅 '村落文書'에 대한 新考察」, 『韓國史研究』 64, 1989, pp.13~15.
159 림건상, 「신라의 '정전제'에 대하여」(2), 『력사과학』 1978-1, p.41.

정전제도와 관련하여 해석하였다. 박시형은 연수유답이 정전제도 연구에 중요하다고 하면서, 이 기록은 정전제도가 876년경까지 명목상으로 남아 있었음을 보여 준다고 하였다.[160] 오장환은 한길언이 정전제가 전국적으로 실시되었다고 주장한 데 반대하여, 국가의 직접적 소유지에 한하여 실시되었다고 하였다. 그리고 연수유답은 정전제 실시를 계기로 국가로부터 받은 점유지를 의미하는 것이 아니라 농민들이 경작하고 있는 토지 일반을 의미한다고 하였다.[161] 림건상도 연수유전답을 정전제의 흔적으로 보았다. 또 정전제의 실시라는 것이 일부 無田 농민들에게 토지를 나누어 준 경우도 있었을 것이나, 일반적으로 원래 농민이 가지고 있던 토지를 법적으로 등록한 데에 불과한 것이라고 하였다.[162]

『조선전사』에서는 연수유답이 조상 대대로 물려 내려오는 토지로서 이를 마치 국가에서 나누어 준 것처럼 기록했다고 하고, 이것이 촌락문서에 실리게 된 직접적 계기는 722년에 실시된 정전제라고 하여 역시 정전제와 연결하였다. 그리고 정전제가 균전제처럼 전국 토지의 재분배, 평균분배가 아니었음을 촌락문서가 증명해 준다고 하였다.[163] 박시형이 정전제도를 일종의 균전제도로 보는 것과 다르다.[164] 일반적으로 이 문제에 대해서는 정전제나 균전제적인 것을 반영한 것인가 아니면 녹읍제적인 것을 반영한 것인가를 결론짓지 못하고 있는 것이 그간의 실정인데,[165] 북한에서는 정전제적인 측면에서만 이를 다루었고, 그러면서 중국의 균전제와 연결하지 않으려는 경향을 분명히 나타냈다.

160 박시형, 앞의 논문, 1957, pp.15~16.
박시형, 앞의 책, 1960, p.115.
161 오장환, 앞의 논문, p.75.
162 림건상, 앞의 논문, 1977, p.29.
163 『조선전사』 5, pp.235~236.
164 박시형, 앞의 책, 1960, p.106.
165 李泰鎭, 「新羅 統一期의 村落支配와 孔烟」, 『韓國史研究』 25, 1979, p.25, p.55.

오장환은 결론으로서 9세기 전후의 사회 계급적 관계가 고려, 조선 시기와 별 차이가 없으므로, 이보다 이전에 봉건제도가 발생하였고, 따라서 우리나라에서는 노예소유자적 사회가 형성되지 못했다고 하여 봉건론의 입장을 취하였다.[166]

이상의 논점 외에도 計烟의 해석, 연령 편제, 호 구분의 기준, 余子·法私의 해석 등의 문제들이 있으나 여기서는 생략하겠다.

3) 신라 말기의 주도세력

남한의 경우 신라사회가 붕괴되어 가는 신라 말기를 하대사회라고 지칭하고, 이 시기에 기존 질서가 무너지면서 장차 새 왕조를 건설할 새로운 세력이 형성되는 것으로 이해하고 있다. 이러한 세력으로 지방의 호족 세력과 중앙의 육두품 세력이 주목되었고, 따라서 이 시기는 중앙의 진골 세력이 아니라 이들과 농민의 중간 계층에 속하는 호족과 육두품이 시대를 이끌어 간다고 보고 있다.

그러나 북한에서는 하대사회라는 용어를 사용하지 않고 '9세기'와 '후삼국'이라는 용어를 병용하였다. 또 역사를 보는 시각도 다르기 때문에 신라 말기 사회의 주체에 대한 서술도 달라진다. 역사의 원동력을 계급투쟁에서 찾으면서 피지배층은 항상 선하고 지배층은 항상 악하다는 이분법적 논리가 관철됨으로써 신라 말기 사회 양상도 지배 계층인 진골 귀족과 피지배 계층인 농민의 대립으로 인식하였다. 따라서 시대의 주도자는 농민층이며, 중간 계층은 농민들의 일시적인 동반자일 따름이다.

이에 따라 개설서들에서 농민층의 항쟁이 제목으로 내세워졌는데, 1956년판 『조선통사』부터 '농민봉기' 내지 '농민폭동'이 표제어로 등장한

166 오장환, 앞의 논문, p.78.

다. 1963년에 출간된 리용중의 저서에서는 9세기 '전반기'와 '후반기'의 농민폭동을 구별하여 대등하게 서술하더니,[167] 『조선전사』에서는 9세기 전반기를 '농민폭동'의 시기로, 9세기 후반기를 '농민전쟁'의 시기로 규정하였다. 그러면서 이 농민전쟁은 첫째로 조선인민의 계급 투쟁 역사에서 최초의 대규모 투쟁이었으며, 둘째로 신라의 봉건 통치 체제와 신분질서에 심대한 타격을 주었다는 데에 역사적 의의가 있다고 하였다.[168] 이 논지는 1987년판에도 그대로 계승되었다.[169]

이처럼 신라 말기 사회변동의 원동력으로 농민 항쟁을 지목하면서 그 역사적 의의를 점차 높이 평가함에 따라 '봉기'에서 '폭동'으로, '폭동'에서 '전쟁'으로 용어가 바뀌었다. 이렇게 되자 중간 계층의 역할은 무시되는 결과를 빚었으니 『조선전사』의 서술을 예로 들 수 있다. 여기서는 9세기 농민전쟁에 참여한 기본 군중은 농민 대중(양인), 부곡민, 노비들이고, 이 밖에 일부 몰락한 귀족, 중하급 관리, 지방 토호들이 참여했다고 하였다. 그러면서 후자의 부류는 일시적인 동반자에 불과하다고 하였고, 또한 이들이 뒤섞인 계급의 복잡성을 이 시기 농민전쟁의 한계성으로 지적하였다.[170]

이것은 후삼국의 설명에도 반영되어 궁예나 견훤이 결국 또 다른 봉건군주로 변질되어 농민들은 이들에게 다시 예속되는 결과를 가져왔다고 하였고,[171] 고려에 의한 후삼국통일도 실제는 인민대중의 투쟁으로 이룩된 것으로, 이 결실을 봉건통치배들이 탈취한 것이라고 설명하였다.[172]

이에 따라 중간 계층으로 상정되는 호족 세력이나 육두품과 같은 용

167 김준진, 앞의 논문, p.63.
168 『조선전사』 5, pp.293~294.
169 『조선통사』, 1987, pp.177~180.
170 『조선전사』 5, pp.290~292.
171 『조선통사』, 1987, p.182, p.184.
172 『조선전사』 6, p.10.

어도 사용하지 않는다. 豪族의 경우 일부에서 '지방호족세력'이라는 용어가 사용된 예가 있기도 하지만,[173] 일반적으로 지방귀족, 토호, 성주(성 우두머리), 장군 등으로 지칭하거나 아니면 이들을 아울러서 '지방봉건세력', '중소봉건세력', '군소봉건세력' 등으로 지칭하였다. 중앙의 중요한 세력으로서 육두품 세력을 상정하지 않는 것도 남한의 역사 인식과 다르다.

마지막으로 이와 관련하여 禪宗에 대한 인식을 살필 필요가 있다. 역시 계급 투쟁의 관점이 관철됨으로써 선종에 대한 이해도 남한의 인식과 다르기 때문이다. 남한의 경우 선종을 지방 호족 세력의 중요한 사상적 기반이 된 것으로 이해하는 데 비해, 북한의 경우 선종에 대하여 『조선통사』에서는 아예 관심을 기울이지 않았고, 『조선전사』에서 겨우 몇 줄의 서술을 하면서 그것도 계급 투쟁의 관점에 중점을 두었다. 즉 9세기 지배계급 안의 모순과 투쟁은 불교 사원 안에서도 반영되어 상층 귀족 중들을 반대하는 하층 중들의 투쟁이 강화되었으니, 선종 불교철학은 이러한 투쟁 과정에서 지방세력과 하층 승려들의 요구를 반영하여 출현한 것이라고 하였다.[174]

6. 북한 역사 서술의 특징: 맺음말을 대신하여

이상 북한의 발해사·통일신라사 연구를 정리하여 보았다. 여기서는 그 내용을 간략히 정리하고, 북한의 역사 인식과 서술에 나타나는 몇 가지 특징을 살펴봄으로써 결론에 대신하고자 한다.

삼국통일의 평가 문제에서는 1950년대의 긍정론에서 출발하여 점차

173 『조선통사』, 1977[1988], p.164.
174 『조선전사』 5, p.349.

부정론으로 변모하는 과정을 살펴보고, 이에 따라 7세기 이후의 신라에 대한 지칭 용어도 달라지는 것을 지적하였다. 또 이것은 후삼국 통일의 역사적 의의를 높이 평가하는 문제와 궤를 같이한다. 이에 따라 최근에는 삼국통일 자체를 부정하고 후삼국 통일을 최초의 민족적 통일로 인정하게 되었다.

이러한 인식은 한국 민족이 7세기(삼국통일) 이전에 이미 형성되었다는 것을 전제로 한다. 그래야만 고구려 장수왕이 평양으로 천도한 것을 단순히 정복 과정으로 보지 않고, 민족 통일 정책의 일환으로 설명하거나 고구려가 일찍부터 나라와 민족을 통일하기 위한 정책을 실시했다고 설명할 수 있는 것이다.

이러한 역사 서술의 변화 과정은 북한의 역사 인식이 신라 중심에서 고구려, 발해 중심으로 변화해 가는 것과도 일치한다. 따라서 초기와는 달리 고구려의 행위는 신라나 백제에 비해 높이 평가받게 되고, 이 시기 역사 서술의 목차에서도 발해사가 신라사보다 앞에 놓이게 되었다.

발해사 연구는 북한 역사학의 주요 성과에 해당한다. 발해사 연구를 주도한 것은 박시형으로서 그가 1962년에 발표한 논문이 그 뒤의 발해사 연구의 기저를 이루었다. 발해사 연구의 주제는 하나로 초점이 맞춰지는데, 그것은 발해가 고구려를 계승한 나라인 것을 증명하려는 것이다. 이리하여 발해사 연구가 수적으로 많은 것에 비해 단조로운 면을 보여 주었고, 최근에 이를수록 더욱 심하다.

박시형이 문헌 연구를 통해 발해의 고구려 계승성 연구를 주도했다면 주영헌은 박시형의 주장을 고고학적으로 뒷받침하면서 연구를 주도하였다. 1960년대에는 주로 북한이 중국에서 조사한 자료를 기초로 하고 있었으나 1980년대에 이르면 북한 지역에서 발견되는 발해 유적, 유물이 주축이 됨으로써 연구 대상에서 변화가 나타났다.

반면에 통일신라 연구는 상대적으로 부진을 면치 못하고, 발표 시기마저 1950년대 말에서 1960년대 초반에 걸쳐 있다. 따라서 1960년대 중반 이후에는 이 시기에 대한 연구가 거의 보이지 않는다. 이것은 주체사학의 입장에서 통일신라를 사대주의 집단으로 규정하기 시작하면서 관심을 두지 않은 결과로 여겨진다.

전반적으로 1950·1960년대의 역사 인식과 1970·1980년대의 역사 인식에는 현격한 차이가 보인다. 앞 시대는 활발한 토론을 통해 학문적 다양성이 나타나면서 역사 연구에도 상당한 진전이 있었지만, 다음 시대는 주체사상 일변도의 역사 인식으로 인해 다양성을 가지지 못하고 경직화되어 가는 것도 느끼게 한다.

그러면 과연 이상과 같은 북한의 발해사·통일신라사 연구가 북한의 전체 역사 서술과 어떤 연관을 맺으면서 나타나고 있는가를 몇 가지 점에서 살펴보겠다.

1) 역사 연구 원칙

역사 연구의 원칙 문제이다. 북한에서는 역사 연구를 과연 어떠한 원칙 아래 진행할 것인가에 대해서 많은 관심을 기울여 왔다.[175] 이를 정리하면 다음과 같다.

한국사의 평가는 민족 내부의 문제, 즉 대내적인 것과 민족 간의 문제, 즉 대외적인 것으로 나누어 볼 수 있다. 민족 내부의 문제에서 적용될

---

175 이러한 글로서는 다음의 것이 중요하다.
「권두언: 우리 나라 력사를 조선 인민의 립장에서, 로동 계급의 립장에서 연구 분석하자」, 『력사과학』 1961-1.
김석형, 「력사연구에서 당성의 원칙과 력사주의 원칙을 관철할데 대하여」, 『력사과학』 1966-6.
『위대한 수령 김일성 동지의 혁명사상에 의한 민족문화유산연구』, 사회과학출판사, 1972(이하 『민족문화유산연구』로 약함).

것은 '당성 · 노동계급성의 원칙'과 '역사주의 원칙'이며, 민족 간의 문제에서 적용될 것은 '사회주의 애국주의'이다.

민족 내부의 평가 원칙으로 내세워지는 당성 · 노동계급성의 원칙이란 역사적 사실을 노동계급의 입장, 노동당의 입장에서 연구 분석하자는 것이다. 따라서 이를 적용하다 보면 사회 전체의 계급을 지배계급과 피지배계급으로 양분하여, 지배계급은 항상 악하고 피지배계급은 항상 선한 것으로 된다. 그럼으로써 역사 발전의 원동력은 피지배계급의 지배계급에 대한 저항에서 찾게 되고, 이에 따라 역사를 항상 계급 갈등론 내지 계급 투쟁론의 입장에서만 찾게 되며, 계급 조화론 내지 계급 화해론은 반동사상으로 낙인찍게 된다. 또 중간 계층이 가끔 상정되기도 하지만 그것은 어디까지나 일시적인 것이지 기본 세력이 될 수 없다고 하였다.

이러한 태도는 발해와 통일신라 시기의 역사 서술에도 그대로 반영되었다. 예컨대 신라 말기 사회변동의 기본 세력은 농민이 되고 중간 계층은 일시적인 동반자에 불과한 것이라 하였고, 선종의 발생 원인도 불교 내의 계급 투쟁에서 찾았다. 이 밖에도 여러 곳에서 그러한 원칙이 반영된 것을 찾을 수 있다. 예컨대 원효의 화쟁론을 반동적이고 기만적인 것으로 규정하던서, 그가 노리는 것은 근로하는 사람들에게 자주성과 창조성을 거세해 버려 봉건지배계급에 무조건 순종하는 노예로 만들려 했다고 한 것이라든지, 의상의 철학이 모순을 가리면서 계급 투쟁에 관한 사항을 말살하고 착취 사회에서의 계급적인 협조와 조화를 설교하는 것이라고 비판한 것이라든지,[176] 과거에 『봉건지배계급을 반대한 농민들의 투쟁』이라는 책이 시리즈로 출간된 것도 그런 사상적 배경에서 나온 것이다.

이렇게 북한 역사학이 계급 투쟁론 내지 계급 갈등론을 기저로 사회계급을 양분하여 설명하는 것은, 남한의 역사학이 상대적으로 계급 조화

---

176 『조선전사』 5, pp.341~346.

론에 바탕을 두면서 전환기에는 신라 말의 육두품이나 호족, 고려 말의 중소지주층과 같은 중간 계층이 시대를 이끌어 나아간 것으로 인식하는 것과 대조적이다.

다음으로 역사주의 원칙이란 역사상의 모든 사물 현상을 당대의 역사적 조건과 환경에서 정확하게 평가하자는 것으로, 이 원칙에 철저히 서야 역사적으로 진보적인 것과 반동적인 것을 정확히 가려낼 수 있으며, 그중에서 오늘날 노동계급이 비판적으로 계승해야 할 것과 참고로 할 것 등을 정확히 식별할 수 있다고 한다.[177] 그러나 북한의 역사 연구에서 후자의 목적이 전자의 원칙을 규제함으로써 역사주의 원칙이 제대로 관철되고 있는지는 의문스럽다.

대외적인 문제로서 사회주의 애국주의의 고양 문제이다. 외국의 침략에 대해서 언급할 때 우리가 어떻게 당했는가가 중요한 것이 아니고, 민족의 위기가 극도로 절박한 시점에 희생을 무릅쓰고 어떻게 싸웠는가가 역사 서술의 주제가 되어야 한다는 것이다. 이리하여 대외 문제에서는 반침략투쟁이 중요시되었고, 선도적 역할을 한 애국 명장들이 부각되었다.

이 원칙이 적용됨으로써 최근에 이르러 삼국통일 전쟁에 대한 서술에서 당, 신라군에 대한 인민들의 반침략투쟁이 대부분을 차지한다. 또 『조선인민의 반침략투쟁사』가 고조선-발해편, 고려편 등의 시리즈로 1988년부터 출간되는 것도 그러한 맥락에서 나온 것이다. 이러한 사실은 북한의 역사사전 항목에 나타나는 인물 분석을 통해서도 확인할 수 있다. 『력사사전』의 180명 국내인 가운데 94명이 김일성과 관련된 인물들이고, 1910년 이전의 인물은 78명으로서 그 가운데 26명(33.3%)이 역사상 대외항쟁에서 공을 세운 인물들이라고 한다.[178] 그리고 민족문화유산의 평가 문제

177 『민족문화유산연구』, p.19.
178 Ch'oe Yong-ho, 앞의 논문, 1976, p.15.

에서도 역시 옛 명장들과 그들의 애국주의가 하나의 커다란 주제로 되어 있는 것도 이런 원칙에서이다.[179]

이렇게 대외관계를 반침략투쟁이라는 시각에서만 다룸으로써 외래 문화가 한국 사회에 어떻게 영향을 주었는가는 무시된다. 발해 문화처럼 중국 영향을 크게 받은 경우에도 이를 부정하고 애써 고구려를 계승했다고 강조하게 된다. 다른 나라와의 관계를 설명할 때 복고주의에 물들게 되면 배타주의로 빠지고, 민족 허무주의에 물들게 되면 사대주의로 빠지게 된다고 하면서 이들을 모두 극복해야 할 대상으로 삼았으면서도,[180] 실제는 배타주의로 흐르고 말았다.

북한이 이처럼 지나치게 반침략투쟁을 강조하여, 결과적으로 수많은 외침을 물리치고 끈질기게 살아온 조선 민족은 세계 최고의 민족이며, 따라서 이러한 민족으로부터 세계 최고의 지도자인 김일성이 나타나는 것은 필연적이라는 메시아적 개인 숭배까지 도출해내기에 이르렀다.[181]

이상과 같은 북한의 배타주의적 대외관계사 연구는 유물사관의 민족이론에서 일반적으로 제기되는 사회주의적 애국주의와도 거리가 멀다. 유물사관에서는 사회주의적 애국주의가 사회주의적 국제주의로부터 단절된다면 그것은 필연적으로 일면적이고 폐쇄적으로 발전할 것이라고 지적하였는데,[182] 북한이 이런 문제점을 안고 있다.

북한의 역사 연구에 이상의 원칙들이 1960년대 후반 이후 본격적으로 적용되기 시작하면서 한국사가 결과적으로 계급 투쟁과 대외 항쟁 일변도의 역사가 되어 버렸다. 이러한 역사 이해는 다양성을 지니지 못함으로써 역사의 일면을 전체인 것처럼 오도하게 된다. 발해사·통일신라사

179 『민족문화유산연구』, pp.76~107.
180 위의 책, p.28.
181 신상석, 앞의 책, p.85.
182 코징 A. 지음, 김영수 옮김, 『사적유물론적 민족이론』, 아침, 1989, p.232.

연구에서도 예외가 아니다.

2) 역사 체계

역사 인식에서 볼 때 두드러진 것은 이미 지적한 바와 같이 고구려, 발해 중심의 역사 체계이다. 이러한 역사 인식은 1960년대부터 나타나기 시작하여 1970년대 이후에는 고조선-고구려-발해-고려-조선-북한으로 이어지는 북방 중심의 역사 체계를 확립하게 되었다. 북한의 지리적인 입장에서 볼 때 북방사에 관심을 가지는 것은 당연하지만, 이것이 정치적 성격을 띠면서 북한의 정통성을 주장하는 한 방편으로 나타나게 되었다.

남방사에 대한 연구가 상대적으로 열세에 놓여 있는 사정은 이해되지만 이를 무시하고 연구를 등한시하는 것은 문제가 심각하다. 이렇게 되면 통일을 지향한 역사 인식이 될 수 없고, 분열을 초래하는 지방 의식의 표출에 불과하게 될 것이다.[183]

북방사 중심의 인식은 북방 국가들의 상호 계승성에만 집착하여 북방사에서마저 역사의 다양성을 외면하는 결과를 빚었다. 발해사 연구를 예로 들면 이미 앞에서 여러 번 언급했듯이 발해가 오직 고구려의 전통만 계승했다고 하는데, 주영헌의 글이나 그 뒤에 나온 여러 사람의 글을 보면 갈수록 그러한 경향이 심하게 나타난다. 어느 나라에나 나타나는 요소를 마치 고구려에만 존재하였고 이것을 발해가 계승한 것처럼 설명하는 비교상의 오류도 눈에 띈다. 비교 기준도 추상적이고 모호한 것이 많아 객관적으로 보기 어렵다.

이렇게 되자 외국 문화의 영향력은 무시되는 결과를 가져왔다. 주영헌의 설명을 예로 들어 보자. 그는 발해가 당나라는 물론 일본, 그 밖의 여

183 韓永愚, 앞의 논문, 1985[1988], p.275.

러 나라와 경제문화 교류를 활발하게 했던 것은 사실이지만, 그것이 발해의 기본 요인은 될 수 없으며 발해 문화의 바탕을 이룰 수 없다고 하였다.[184] 이러한 것이 전통문화를 이해하는 기본 입장으로서, 이에 따라 외국 문화와의 비교 연구가 거의 진행되지 않았다. 고대 한일관계 연구를 통해 우리나라가 일본에 영향을 주었던 것을 유독 강조하면서도 외국으로부터의 문화 유입을 애써 축소, 외면하려는 것은 문제가 아닐 수 없다.

고구려를 이어받은 발해의 문화전통은 다시 고려에 계승되었다고 하였는데,[185] 심지어 장상렬은 고려자기가 송나라에서 배워 온 것이 아니라 발해의 것을 계승한 것이라 하였다.[186] 그러나 비록 일부 유적, 유물에서 상호 유사성이 발견된다 하더라도 그것이 고려 문화 전체에서 차지하는 비중이 얼마나 큰 것인가도 검토했어야 한다. 또 단순히 일부 유물에서 보이는 형태의 유사성만으로 계승성을 논의하는 것도 문제가 있다.

최근에 발간되기 시작한 『조선유적유물도감』에서 북한 자신이 발굴한 유적, 유둘뿐 아니라 남한의 보고서에 실린 사진 자료들도 함께 싣고 있는 것은 그러한 의식을 극복하는 실마리를 보여 주는 듯하다. 비록 이 책에 남한의 보고서를 인용했다는 것이 명시되지 않았고 북한 자료보다 훨씬 적게 실렸지만, 앞으로 눈여겨볼 필요가 있다.

3) 서술 체제와 내용

역사를 서술하는 체제와 내용에서도 특징이 있다. 이러한 특징은 북한에

---

184 주영헌, 앞의 책, 1971, p.170.
185 다음을 예로 들 수 있다.
주영헌, 위의 책, 1971, p.171.
장상렬, 앞의 논문, 1971, pp.165~168.
186 장상렬, 위의 논문, p.166.

서 생각하는 역사학의 기능에서 살필 수 있다. 김일성이 "조선혁명을 하기 위해서는 조선력사를 알아야 하며 … 우선 우리 나라의 력사, 우리 인민의 투쟁력사를 연구하며 근로자들 속에서 그것을 널리 선전하는 것이 무엇보다 중요합니다."[187]라고 한 바와 같이, 역사를 일반 근로자에게 교육하는 것이 연구의 주된 목적이다. 그 결과 역사의 대중화 작업이 일찍부터 시작되었고, 다양하게 전개되었다.

서술을 평이하게 하고 한글화함으로써 대중이 쉽게 접근하게 하였다. 원래 1956년판에서는 한글과 한자를 병행하여 사용하였고, 1962년판에서는 한자를 괄호 안에 넣어 표기하였다. 그러나 1960년대의 어문정책 결과 1977년판 이후로는 한자가 완전히 사라졌다. 신라 말기의 세력인 城主를 '성 우두머리'로 풀어쓴다든가 석실봉토분을 '돌칸흙무덤'으로 바꾸었다. 이러한 한글화 작업은 역사의 대중화 작업을 지향하려는 우리 학계의 입장에서 볼 때도 높이 평가받을 만하다.

그러나 이러한 작업에는 무리가 따르기도 하였다. 억지로 한글로 풀어써서 역사적 용어의 의미가 상실되는 경우도 있다. 한글 전용을 고집하다 보니 오히려 전문가가 아니면 이해할 수 없는 용어들이 섞여 있기도 하고, 고육지책으로 괄호 안에 한자의 음과 훈을 한글로 표기하는 편법도 나타난다. 이런 것은 한자로 표기하면 더 효율적이라는 생각이 든다.

한글화하면서 일상적인 용어를 그대로 차용했지만 그중에는 비속어까지 섞여 있어 경박한 표현이 나타나기도 한다. 이것은 반침략투쟁 의식과 반봉건 계급 투쟁 의식과 관련하여 상대방에 대한 적개심을 불러일으키려는 의도에서 나타나는 경우가 많다. 반면에 충성의 대상이 되어야 할 인물들에 대해서는 최고의 존칭을 쓰고 있다.[188]

187 사회과학원 력사연구소, 『력사사전』 I, 사회과학출판사, 1971, p.623에서 재인용.
188 韓永愚, 앞의 논문, 1985[1988], p.278.

역사 연구가 대중 교화의 수단으로 이용되기 때문에 논문들이 순수 학문적 성격을 띠는 데에 한계가 있다. 분량상 한두 면의 논문이 있는가 하면, 참고문헌이나 註가 제대로 달려 있는 것이 거의 없다. 이것은 우리 입장에서 보면 연구 성과의 축적 과정을 파악하는 데 어려움을 준다. 또한 여러 가지 가능성을 가진 역사적 사실을 모두 설명하지 않고 하나로 단정하는 것도 이러한 배경에서 나온 것으로 판단되는데, 이것은 이해하기는 쉬울망정 역사의 진실을 말하는 것은 아니다. 예컨대 발해의 천도 시기가 중국 기록에는 모호하게 서술되어 있는데, 한 연대로 고정해 버린 것은 앞에서 지적한 바 있다.

북한의 다른 글들과 마찬가지로 역사 서술에서 교시문이 나타나는 것을 언급하지 않을 수 없다. 서두에 지적했듯이, 북한의 역사 연구는 집단적으로 이루어지는데, 그 출발점이 되는 것이 교시이다. 이러한 교시문이 등장한 것은 1960년대 이후이다.[189] 개설서만 보면 1962년판에서는 김일성의 교시문이 인용되면서 아직은 고딕으로 강조되지는 않는 단계였는데,[190] 그 뒤에는 김일성의 교시문이 고딕으로 강조되어 등장하는가 하면 최근에는 김정일의 교시문마저 등장한다. 이러한 교시문에는 역사 연구의 방향성을 제시하기보다는 단순히 인용을 위한 인용문들도 나타난다. 그러한 예로 『김일성저작집』에서 인용한 화가 솔거에 대한 교시문 전문을 인용하여 보겠다.

> 옛날의 이름난 화가 솔거는 벽에 소나무를 어찌나 잘 그려 놓았던지 날아가던 새들이 그것이 진짜 소나무인 줄 알고 거기에 앉으려다가 벽에 부딪

189 韓永愚, 위의 논문, p.273.
190 『조선통사』, 1962, p.117을 예로 들 수 있다.

쳐서 떨어졌다고 합니다.[191]

서술 문제에서 몇 가지를 더 들어 보겠다. 역사 서술은 어디까지나 역사적 사실에 입각해야 하는 것이 상식이다. 그러나 북한의 역사 서술에는 근거 없이 또는 근거를 대지 않고 상상력으로 서술하는 경우도 종종 눈에 띈다. 발해 말기에 문·무 간에 알력이 있었다든가, 신라가 처음부터 국토를 통일하려는 생각이 없었다든가, 발해의 사상으로 조의, 선인의 武人道 사상을 지적하는 것[192] 등의 서술이 곳곳에서 발견된다.

그렇지만 역사 서술에서 기층 민중에 대한 관심이 지속적으로 나타나는 것은 주목할 필요가 있다. 이것은 역사 연구 원칙에 따라 피지배층에 중점을 둠으로써 나타나는 현상이기도 하지만, 기층 민중에 대한 관심은 우리에게도 중요하기 때문이다. 예컨대 신라의 농업, 수공업, 국내 상업 등에 대한 서술에서 하층 민중에 대한 생활 모습이나 지방 사회의 삶의 모습 등을 조망한 것 등이 그것이다.[193]

이상으로 북한의 발해사·통일신라사 연구를 개관하였다. 남북한 학계가 갈수록 골이 깊어지는 것을 어쩔 수 없이 느끼게 되는데, 장차 이 문제점들을 어떻게 상호 포섭, 조화해 나아가면서 해결하느냐 하는 것이 남북한 역사학계 모두의 과제라고 하겠다. (1991년)

---

191 『조선통사』, 1987, p.170.
192 『조선통사』, 1962, p.213.
193 『조선전사』 5, pp.250~258.

제7장 일본에서 접근한 발해사
酒寄雅志와 石井正敏의 저서를 읽고

1. 두 저서

2001년 가을로 접어들 무렵 일본으로부터 두 권의 발해사 연구서를 거의 동시에 받았다. 하나는 國學院大學 栃木短期大學 일본사학과 교수로 있는 酒寄雅志(사카요리 마사시)의 저서이고, 다른 하나는 中央大學校 文學部 교수로 있는 石井正敏(이시이 마사토시)의 저서였다. 그동안의 연구 성과를 일단 정리하려는 듯이 모두 두툼하게 장정되어 있었다. 전자는 514면이고 후자는 682면에 달하니, 전체 1천여 면에 이르는 두 책을 모두 독파하는 데에만 상당한 시일이 소요되었다. 일본에서의 발해사 연구를 대표하는 두 사람의 저서인 만큼 그 내용에서도 충실함을 느낄 수 있었다.

이를 대상으로 서평을 씀으로써 일본에서 발해사 연구가 어떻게 진행되어 왔는지 전반적으로 검토해 볼 기회를 얻고자 하며, 또한 저서를 직접 보내준 두 교수의 성의에 보답하고자 한다. 비슷한 시기에 일본에서 출간된 두 책의 서지 사항은 다음과 같다.

酒寄雅志, 『渤海と古代の日本』, 校倉書房, 2001. 3. (514면)

石井正敏, 『日本渤海關係史の研究』, 吉川弘文館, 2001. 4. (682면)

사카요리의 책은 14편의 논문과 1편의 付論으로 구성되어 있다. 50대

초반(1949년생)의 나이로, 20여 년간 써 온 글들을 엮어 모교인 國學院大學에 박사학위논문으로 제출했던 것을 책으로 펴낸 것이다. 그보다 두 살 위(1947년생)인 이시이의 책은 15편의 논문과 8편의 補論·付論으로 구성되어 있다. 보론과 부론이 많이 달려 있는 것에서 드러나듯이, 1970년부터 써 온 글들을 모아 내면서 자신의 글이 발표된 뒤에 새로 제기된 견해들을 꼼꼼히 재검토하는 치밀함을 보여 준다.

이처럼 연배와 연구 경력이 비슷한 두 사람이 30년 가까이 써 온 논문들을 동시에 단행본으로 펴냄으로써 오랜 기간 고심해 왔던 결과물이 일단락되어 세상에 나오게 된 것이다. 그런 만큼 켜켜이 쌓인 세월의 무게가 두 저서에서 묵직하게 느껴진다.

두 사람은 전후 세대의 발해사 연구자를 대표한다. 따라서 식민지 시대 연구자들과는 관점과 연구 주제에서 큰 차이를 보인다. 그러한 두 사람이 공통으로 고대 일본과 발해의 관계사를 일본적 시각에서 연구해 왔다는 점에서, 양자를 충실히 읽어 내려가면 최근 30년 이래로 일본 나름대로 복원해 본 발해 역사상이 여실히 드러날 것이다. 따라서 두 책의 검토는 우리에게도 시사하는 바가 클 것으로 기대된다.

두 책 외에 2002년 초 上田雄의 발해사 저술도 출간되었지만,[1] 여기서는 논외로 한다.

2. 두 시각: 律令制 國家와 高句麗 繼承國

한국에서의 발해사 연구는 한국사학자가 주도하고 있지만, 일본에서의 발해사 연구는 사정이 조금 다르다. 일본사학자로서, 동양사학자로서, 고고

1 上田雄, 『渤海使の研究ー日本海を渡った使節たちの軌跡』, 明石書店, 2002.

학자로서 접근하는 다양한 길이 열려 있는 것이다. 일본사학자로는 鈴木靖民, 石井正敏, 酒寄雅志 등이 있고, 동양사학자 가운데서도 중국사학자로는 古畑徹, 河上洋, 한국사학자로는 李成市, 浜田耕策 등이 있으며, 고고학자로는 小嶋芳孝가 있다. 이렇게 본다면 사카요리, 이시이 두 교수의 연구는 일본사의 시각에서 발해를 바라보았다는 공통점이 있음을 지적할 수 있다. 이러한 사실은 내용을 구체적으로 검토하는 과정에서도 잘 드러날 것이다.

먼저 출간된 酒寄雅志의 글부터 살펴보겠다. 이 책은 크게 3편으로 꾸려져 있는데, 주제를 중심으로 재구성해 보면 연구사(序章과 10, 11장), 발해의 대외관계사(1, 2장 및 5~9장), 발해사 자체(3, 4장), 기타(終章)로 나눌 수 있다.

첫째, 연구사에서는 과거 일본의 발해사 연구가 식민지 지배와 밀접히 연계되어 있는 점을 규명하였다. 발해는 말갈족이 세운 미개야만 국가로서 그 대척점에 있던 문화국인 당나라나 고구려의 문화적 식민지에 불과하다고 인식하였고, 그럼으로써 문화국 일본이 말갈족의 후신인 滿洲國을 지배하는 역사적 정당성을 부여하려 했다는 것이다(酒 14, 374~375). 발해 동경성(상경성)에서 일본 화폐인 和同開珎 1점이 출토됨으로써 일본과 만주 사이에 있었던 우호관계의 연원을 발해까지 끌어올릴 수 있게 되었다고 환성을 질렀고, 일본 천황에게 실견하도록 배려했던 사실은 이 당시의 분위기를 잘 보여 준다(酒 376).

이 밖에 지금의 旅順에 세웠던 당나라 사신 崔忻의 鴻臚井碑가 일본 皇宮으로 반출된 경위를 구체적으로 전하는 사료를 일본 防衛研究所圖書館에서 찾아냈고(酒 391), 그 반출에 당시의 저명한 동양사학자인 內藤虎次郎이 비밀리에 관여했을 것이라고 추정함으로써(酒 415~416) 발해 관련 유물의 일본 반출 과정을 파헤쳐 보였다. 이렇게 황궁을 운위하면 자칫 우익으로부터 위협받을 수 있다는 사실을 필자가 일본에서 들은 적이 있다.

다른 한편으로 『朝鮮史』를 편수할 때 今西龍의 주장으로 발해사가 한국사에서 제외되었던 사실을 밝혀낸 것(酒 14, 370)도 일제강점기 발해 연구사의 공백을 하나 메울 수 있게 해 주었다.

둘째, 발해의 대외관계사는 특히 일본과의 관계사에 중점을 두었다. 그는 다른 일본 학자들과 마찬가지로 이른바 '일본의 新羅征討計劃'을 중심에 놓고 동아시아의 질서를 바라보았다. 8세기 발해와 신라의 관계를 대립 일변도로 해석하면서 그 한가운데 일본이 서 있는 것처럼 설명하였다. 727~758년까지 네 차례 파견된 발해 사신은, 표면적으로 내세운 목적 외에도 신라를 견제하려는 일관된 목적이 있었다고 주장하면서(酒 200, 210, 211, 215), 759~762년 사이에 진행되었던 '신라정토계획'에도 발해가 동맹을 맺어 적극적으로 가담한 것으로 해석하였다(酒 66~67, 220).

그리고 841년에 작성된 발해 中臺省牒의 양식이 수미일관하게 上申文書 형식으로 되어 있는 점으로 보아, 9세기에 발해는 일본의 附庸國으로서 조공했음을 반영한다고 주장하였다(酒 271). 이처럼 발해를 신라와 지속적으로 대립하면서 일본에는 조공을 바친 국가로 이해하였다. 이 밖에 발해 사신의 일본 측 통역인 渤海通事를 검토하여 漢語가 공용어였다고 추정하였고(酒 308), 일본의 雅樂인 '新靺鞨'이 발해에서 전해진 음악인 것으로 보았다(酒 323).

셋째, 발해사 자체에 대해서는 당나라로부터의 律令制 도입과 그 적용 실상에 주된 관심을 기울였다. 일본 학계의 율령제 국가론과 연관된 것이다. 발해는 처음에 武周時代의 율령에 바탕을 두면서 開元 25年令 등을 단계적으로 받아들여 9세기 중엽에 율령제를 완비함으로써 해동성국을 이루게 되었던 것으로 해석하였고(酒 60, 80, 180), 발해의 시대구분도 이를 기준으로 삼았다(酒 88~89). 그렇지만 발해의 지방 지배는 확고하지 않아 羈縻支配方式을 취하고 있었기 때문에 율령제가 하층부에까지 확산되지 못하였고, 결국 이것이 발해 사회의 불안정 요인이 되었다고 지적하였다(酒 62, 110, 124). 이렇게 본다면 상층부는 율령제, 하층부는 기미지배로 운영되던 국가상이 드러난다. 발해를 율령제 국가로 바라보는 시각은 우리와 분위기가 다르다. 한국사학계에서는 신라가 율령제 국가였다고 생각하지 않으며, 발해도 이런 관점에서 바라보기 때문에 율령제적 시각에서 발해를 다루는 데에 주저하고 있다.

이 밖의 글에서는 발해의 城址 자료를 정리하여 각 지역의 영역 지배방식을 검토하였고, 발해 중대성첩에 서명한 인물을 분석하여 東宮이 정치에 적극적으로 참여한 사실을 밝혀내기도 하였다.

마지막으로, 중국 주변의 국가들이 스스로 小帝國을 표방하면서 자국 중심의 華夷思想을 지니고 있던 사례들을 삼국과 발해, 일본과 베트남을 예로 들어 규명하는 글을 종장으로 삼았다. 이렇게 발해가 자국 중심의 인식을 지니고 있었다고 설명하면서도, 앞서 발해를 일본에 조공한 부용국으로 본 사실은 역시 그의 발해관이 발해사 자체로부터가 아니라 일본사로부터 접근한 것임을 보여 준다.

石井正敏의 책은 序說 및 4부로 구성되어 있다. 이 가운데 서설과 제2, 3부에서는 발해와 일본과의 외교관계 전개 과정을 다루어 이 책의 핵심 부분을 이루고, 이와 관련하여 제4부에서는 외교문서 양식과 일본에서의 國書開封權 문제를 다루었다. 반면에 제1부에서는 발해왕의 계보, 『類聚國史』에 보이는 발해의 지방사회 양상, 한국에서의 발해관 변천 과정 등을 다룸으로써 발해사 자체의 기본 문제를 취급하였다.

먼저, 발해와 일본의 외교관계를 개시와 전개로 양분하여 논술하고 있지만, 저자가 가장 핵심으로 삼은 내용은 고구려 계승국 의식 문제이다. 두 나라가 공통으로 발해를 고구려 계승국으로 인식했으나 그 의미는 전혀 다르게 받아들여졌다고 한다. 발해는 과거 강대한 고구려의 후신으로 자칭했던 반면에, 일본은 과거 조공국으로서 고구려를 떠올리는 이중적 구조를 띠고 있었다는 사실을 여러 차례 지적하였다(石 18, 166, 379, 414).

이에 따라 외교문서의 양식이나 문장 때문에 양자 사이에 분란이 일어나기도 하였지만, 양국의 명분을 크게 흔들어 놓을 정도로 커다란 분쟁으로까지는 비화되지 않은 불안정한 관계를 유지하였고(石 553, 555), 나중에는 무역의 실리를 위해서 발해가 일본의 요구를 적당히 따라 주는 외교 전략을 쓰기도 하였다(石 420, 484, 555). 이러한 발해의 정책은 일본의 요구를 끝까지 거절했던 신라의 태도와 비교된다고 지적하였다(石 559).

그의 견해는 일본 사료를 그대로 추종하여 일본을 종주국으로, 발해를 조공국으로 인식하는 일본 학계의 통설을 반박한 것이다. 그는 발해 國書에 쓰인 '隣好', '隣義', '放廻'라는 용어는 결코 부용국에 쓸 수 있는 용어가 아니며(石 377, 407), 또 武王의 국서에 당나라로부터 책봉된 官爵을 쓰고 있는 것도 일본과 자신을 당나라의 제후국으로 동등하게 인식하고 있음을 보여 주는 것으로(石 484, 553), 이러한 사실로 보건대 발해는 어디까지나 일본과 대등한 국가로 자처해 왔음을 이 책에서 분명히 밝혔다. 이러한 견해는 앞서 지적한 사카요리와 거리가 있다.

다음으로 일본 大宰府와 緣海國司가 언제부터 발해 국서의 개봉권을 지니게 되었는가 하는 문제의 해명에도 힘을 기울여 몇 편의 글을 실었다. 종래에는 발해 사신이 일본 수도에 들어간 뒤에 외교문서를 전달하였으나, 이것이 변경되어 외교사절이 상륙한 곳의 國司 또는 대재부에서 미리 문서를 베껴 중앙의 太政官으로 보내고, 그곳에서 사전에 내용을 검열하여 사절을 맞을지 여부를 결정함으로써 태정관이 입국 심사를 하게 되었다고 한다(石 464, 555). 또 이러한 변화의 결정적 계기로 771년에 도착한 제7차 발해 사신 壹萬福 때의 외교문서 분쟁을 지적하였다(石 463, 555, 580). 아울러 국서개봉권은 대재부와 동일한 시기에 緣海의 國司들에게도 부여되었음을 강조하였다(石 593, 607).

이상의 견해는 대재부가 원래부터 국서 개봉권을 가지고 있었다는 平野邦雄을 비롯한 여러 연구자의 주장에 대한 반박이기도 하다(石 465~468,

577, 616~617, 632~633, 651~653). 이 책에서, 이시이가 자기 견해의 타당성을 증명하는 데에 꽤나 고심하여 다른 학자들의 반박에 일일이 대응하고 있음을 발견할 수 있지만, 일본사 사료에 정통하지 못한 필자로서 이 논쟁에 대해서는 판단을 유보하지 않을 수 없다.

마지막으로 발해사 자체에 관한 논의는 중요한 것만 간단히 정리하겠다. 사료의 결핍 때문에 다양하게 제시된 20여 종류의 발해왕 계보도를 나름대로 분류하고 난 뒤에, 大嵩璘을 문왕의 손자로(石 78), 大元義를 乞乞仲象의 증손자로 설정하여(石 91의 圖) 세계도를 작성하였다.

『類聚國史』에 보이는 '土人'과 '靺鞨'은 고구려화의 정도에 따라 구별된 개념으로서 토인은 고구려인으로 보아야 한다는 견해를 표명하였는데(石 126~127), 이에 대해서는 수긍이 가지만 같은 구절에 등장하는 '百姓'을 일반 서민으로 보지 않고 村長 아래에 속한 지배 계층의 일원으로 파악하고 있는 점(石 142)이나, 首領을 都督·刺史의 아래서 여러 잡역에 종사했던 지방의 하급 관리로 해석한 점(石 146)은 납득하기가 어렵다.

이상으로 두 저서의 중요한 내용을 정리해 보았다. 크게 보면 둘 다 일본의 對渤海關係史를 다루고 있고 일부 논의에서 중복되는 부분도 보이지만, 발해를 바라보는 기본 시각은 두 사람이 다르다. 사카요리는 발해를 일본사학의 연장이라 할 수 있는 율령제국가론에서 바라본 반면에 이시이는 고구려 계승 국가라는 인식을 바탕에 깔고 발해사에 접근하였다. 이 점에서 각 저서의 특색이 드러난다고 할 수 있다.

3. 남겨진 문제들

먼저 두 저서를 읽고 난 뒤 느낀 점이나 문제점을 지적해 보고자 한다. 첫째, 일본 사료를 기본으로 삼으면서 일본사학의 시각에서 발해사를 바라보았기 때문에 어쩔 수 없는 현상이라 치부할 수도 있겠지만, 한국사학자로서 절실히 느낀 것은 당시 동아시아의 역사 구도가 마치 일본의 주도 아래 움직이는 것처럼 서술하고 있다는 점이다. 이에 대해서는 李成市도 이미 지적한 바 있지만,[2] 이 두 저술도 예외는 아니다.

대표적인 예로서 '신라정토계획'을 들 수 있다. 일본이 주도하여 발해와 함께 신라를 협격하려 했다고 주장하면서, 이 주장을 근저에 깔고 발해와 신라의 관계를 설정함으로써 양국이 일관되게 대립과 沒交涉의 상태에 있었던 것으로 해석한다. 사카요리의 견해는 앞에서 서술했지만, 이시이도 두 나라가 공모하여 신라를 협격하려 했다는 설에 동조하면서(石 438, 441, 461), 발해의 제2차(739)와 제3차(752)의 사신 파견 이면에 신라의 견제 목적이 들어 있었던 것으로 파악하였다(石 436~437).

사실 일본과 발해의 동맹설은 초창기에 鳥山喜一가 그 가능성을 제기했던 것으로 浜田耕策이 지적했듯이 사료적 뒷받침 없이 상황 논리에 기초를 둔 가설에 불과하다.[3] 그럼에도 그러한 주장이 1970년대 이후에는 정설화되었고, 그 바탕에서 동아시아의 질서를 논한다. 그렇다 보니 마치 발해와 신라가 지속해서 대립하고, 그러한 환경에서 일본이 삼국 관계의 주도권을 쥐고 있던 역사상을 그려 내게 되었다. 사카요리가 그러한 주장의 중심에 서 있고 이시이도 그 흐름 속에 있는 것으로 판단된다.

신라가 발해에 사신을 파견한 것이나 양국 사이에 교통로가 존재한 것으로 보아, 이들이 항상 국교를 단절한 것은 아니고 때로는 교역 등을 행했을지도 모른다고 사카요리가 지적했으면서도, 이것은 어디까지나 부차적인 것이고 양국은 항상 대립적이었다고 판단하였다(酒 116). 그러기에

---

2 李成市 지음, 김창석 번역, 『동아시아의 왕권과 교역—신라·발해와 정창원 보물』, 청년사, 1999, pp.20~21, pp.119~120.

3 浜田耕策, 「大欽茂(文王)時代—渤海의 歷史的 性格」, 『高句麗研究』 6, 발해건국 1300주년(698~1998), 1999, pp.72~73.

양국은 전 시대를 통해 몰교섭하였고, 신라는 일관되게 발해에 대한 拮抗力으로 작용했다고 결론을 내렸다(酒 481).

이것은 어디까지나 일본 사료에서 바라본, 그리고 일본사의 눈에서 바라본 발해관일 뿐이다. 발해로부터 바라보게 되면 사정은 달라진다. 발해에는 핵심적인 대외교통로로서 新羅道가 엄연히 존재하였고, 양국 사이에 39개의 驛과 함께 양국의 관문인 炭項關門이 설치되어 있었던 사실도 확인된다.[4] 비록 발해와 신라 사이에 이루어진 교류의 사례가 극히 적게 남아 있지만, 양국 사이에 상설적인 교류가 있었음을 추정하게 해 주는 사실들이다. 따라서 長人說話나 『入唐求法巡禮行記』의 추석 유래 설화를 양국의 지속적인 대립을 증명하는 증거로 지나치게 강조하는 것(酒 108~109)은 문제가 있다. 이에 대해서는 이성시의 저서에 대한 서평에서 밝힌 바 있다.[5]

둘째로는 두 사람이 상반된 견해를 표명한 '靺鞨國' 정체에 눈을 돌려 보겠다. 사카요리는 '新靺鞨'이 발해로부터 전래된 음악이라고 주장하면서 사료에 등장하는 말갈국을 발해국 또는 그에 복속된 靺鞨諸部를 지칭하는 것으로 해석하였다(酒 323). 이에 따라 720년 정월에 諸君鞍男 등을 보내어 그 풍속을 관찰하게 했다는 말갈국을 발해국으로 판단하였고, 일본 多賀城碑에 기록된 말갈국 역시 발해국을 가리키는 것으로 이해하였다(酒 202, 323, 424~425). 이와 함께 발해에서는 漢語, 渤海語, 高句麗語 등 다중 언어가 구사되었다고 하면서 발해어를 말갈의 전통적 언어라고 주장하였다(酒 305). 그러나 발해 상층부에서 사용된 언어를 지칭하는 것으로 보이는 발해어를 고구려어를 배제한 채 말갈어로 규정해야 하는지 의문

4 宋基豪, 「東아시아 國際關係 속의 渤海와 新羅」, 『韓國史 市民講座』 5, 일조각, 1989 및 본서 제2장.

5 宋基豪, 「한 · 일간의 거리좁히기—거울 저편의 肖像을 보며」, 『韓國史論』 41 · 42, 서울대학교 국사학과, 1999, pp.984~985.

스럽다. 이처럼 사카요리는 말갈을 발해와 일치시키는 견해들을 곳곳에 드러냈다.

이에 반해 이시이는 720년의 말갈국은 肅愼이라고 불린 일본 열도의 北邊 또는 北海道地方을 일컫는 것이고, 多賀城碑의 말갈국 역시 발해를 가리키는 것이 아니라고 하였다(石 247). 이를 뒷받침하기 위해서 『類聚國史』와 『令集解』에 나오는 말갈이 발해와 다른 존재인 것을 밝혔고, 마침내 사카요리가 규명에 심혈을 기울였던 雅樂 '新靺鞨'에 이르러서도 발해의 별칭이 아니라 四夷의 하나로서 북방 민족을 지칭하는 용어인 것으로 해석하였다(石 245). 이렇게 되면 '신말갈'은 발해악이 아니게 된다.

이렇게 일본 측에 보이는 말갈을 발해로 볼 것인가 여부를 두고 두 사람이 상반된 견해를 표명하였는데, 이는 두 사람의 기본적인 발해 인식에서 비롯된 면도 있다. 사카요리는 鈴木靖民과 함께 발해의 지방사회, 즉 수령제에 관심을 기울임으로써 발해의 지배 아래 있던 말갈 집단의 독자성에 초점을 맞추어 발해 사회의 실체에 접근하려고 하였다. 그러다 보니 자연히 말갈의 기반 위에 선 발해국을 상정하게 되었고, 그런 과정에서 발해를 말갈로 호칭했을 가능성을 인정하게 되었다. 반면에 이시이는 일본에서 발해를 고구려의 계승자로 인식하고 있었기 때문에 말갈국으로 부를 가능성은 희박하다는 생각을 하고 있다(石 234).

필자로서는 적어도 720년의 말갈국과 多賀城碑의 말갈국을 발해국으로 상정하기는 어렵다고 생각한다. 신라가 683년에 '靺鞨國民'을 黑衿誓幢으로 삼았다는 기록이 『三國史記』 권40에 실려 있는데, 이때는 발해가 건국되기 이전이기 때문에 이 말갈국을 발해국으로 비정할 수는 없다. 이처럼 '靺鞨國'이라 기록되어 있다고 해서 반드시 특정한 국가를 지칭하는 것으로 볼 수는 없다. 막연히 말갈족을 가리키는 것일 수도 있고, 아니면 이시이의 견해처럼 전혀 다른 집단을 지칭하는 것일 수도 있다. '신말갈'이 과연 발해악인지 여부를 필자로서는 판단하기 어렵다. 다만 발해악으로 불리던 것을 왜 하필 말갈이라는 용어로 대체하여 신말갈로 바꾸게 되었는지 하는 점은 납득이 가지 않는다.

이상 큰 문제를 중심으로 논의를 전개하였는데, 이제는 책을 읽을 때 눈에 띄었던 작은 문제를 몇 가지 지적해 보겠다. 먼저, 발해인 隱繼宗이 행한 3拜에 관한 해석이다. 사카요리는 이를 근거로 발해 지배층에서는 再拜가 아니라 3拜가 전통적인 예법이었던 것으로 해석하였다(酒 332). 그러나 이것은 『高麗史』에 기록되어 있듯이 '나라를 잃은 신하가 행하는' 특수한 상황에서의 예법이다. 여기서 '古之禮'라 한 것은 발해의 전통적 예법이라는 뜻이 아니라 역사적으로 전해 내려오는 예법이라는 뜻으로 보아야 한다. 그런 의미에서 3배를 발해의 일반적인 예법으로 해석하는 것은 잘못된 것이다.

발해가 일본에 사신을 자주 파견하였지만, 대형 선박을 건조할 수 있는 기술은 도중에 일본으로부터 배움으로써 100명 이상을 승선시킬 수 있게 되었고, 이에 따라 823년부터 100명이 넘는 사절을 정기적으로 파견할 수 있었다고 한 견해도 재고해 보아야 할 사항이다(酒 242~243). 종래에 여러 척으로 분승해 왔던 사신이 100명 이상 파견되었을 때부터 한 척의 대형선에 동승했는지 여부는 확인할 수 없고, 873년의 경우 60명이 두 척의 배에 탄 것으로 보아도 선박 수에 대한 기록이 없는 9세기 나머지 使行의 경우도 분승했을 가능성이 있다(酒 240의 表). 따라서 사카요리의 견해는 억측으로 여겨진다. 발해는 일본과 당나라로 배를 많이 띄웠던 나라였고, 때로는 일본과 당나라를 연결하는 중계국 역할까지 했던 나라였는데, 그런 나라에서 대형 선박 건조 기술을 일본으로부터 배웠다고 상상하는 것은 발해의 수준을 너무 낮게 보는 것이 아닐까 하는 의구심이 든다.

이시이는 『類聚國史』의 '無州縣舘驛'을 두고서 '州縣과 館驛이 없다'가 아니라 '州縣에 舘驛이 없다'는 해석이 옳다고 주장하였다(石 114~115). 그러나 이것은 뒤의 문구와 연결시켜 이해해야 한다. 다시 말해 바로 뒤에 나오는 '村里'와 앞에 서술된 '州縣'이 서로 대비되는 단어로서, 주현이 설치되지 않은 채 촌락들이 개별적으로 흩어져 있던 사실을 설명하는 대목인 것을 염두에 두어야 한다. 사실 이 문장은 관역의 유무가 아니라 주현의 유무에 중점을 두었다.[6] 따라서 『類聚國史』의 해당 기록에만 한정시켜 해석한다면 '주현과 관역이 없다'는 해석이 옳다.

다음으로 발해인이 敦煌에서 활동한 예로서 '渤海高公'이라는 인물을 제시하였는데, 이것은 일찍이 土肥義和가 제시한 견해를 그대로 따른 것이다(石 215). 그러나 付記에서 다시 밝혔듯이(石 219) 이는 중국 渤海郡(縣)의 名望氏族인 高씨의 한 사람이지 발해국과는 무관한 인물로 보아야 한다. 土肥義和의 글은 1988년 한국에서의 학술 발표회 논문으로 제출된 것으로서,[7] 이때 필자가 지정 토론을 맡아 이 문제점을 이미 지적하였다.

771년에 보낸 발해 국서에서 발해와 일본의 관계를 종래처럼 兄弟로서 칭하지 않고 舅甥으로 칭하여 일본에서 문제가 된 적이 있다. 이에 대해서 이시이는 형제보다는 구생이 더 소원한 관계이기 때문에 일본의 답서에서 무례하다고 꾸짖었다고 해석하였다(石 594). 반면에 필자는, 발해의 天孫 칭호와 함께 고려해 보면, 과거에는 일본이 형이고 고구려가 동생이었지만, 이제는 일본이 사위이고 발해가 장인이 되는 관계를 요구했기 때문에 양국 사이의 위상이 역전되어 버려 일본에서 반발한 것으로 해석하였다.[8] 과연 어느 쪽이 옳은지 정확히 판단하기는 어렵지만, 이시이의 견해처럼 구생관계가 형제관계보다 더 소원한 것으로 해석할 수 있는지 검토해 볼 여지가 있다.

---

6 宋基豪, 「渤海의 地方 統治와 그 실상」, 『韓國 古代社會의 地方支配』, 韓國古代史研究 11, 한국고대사연구회, 新書苑, 1997, p.253; 『발해 사회문화사 연구』, 서울대학교출판문화원, 2011 재수록, p.113.

7 土肥義和, 「敦煌發見 漢文文書에 나타난 韓國關係 記事에 관하여」, 『大東文化研究』 23, 성균관대학교 대동문화연구원, 1989.

8 宋基豪, 『渤海政治史研究』, 一潮閣, 1995, p.102.

필자의 글과 관련하여 두 가지를 더 지적해 보겠다. 발해 康王이 즉위한 직후인 796년 일본에 보낸 국서에 '官僚感義, 奪志抑情'했다고 한 구절이 있는데, 이를 앞뒤의 문장과 연계시켜 "大嵩璘이 겨우 목숨을 부지하다가 갑자기 國喪을 당하여 왕위에 오르니, 신하들이 뜻을 바꾸고 감정을 억제하였다."라고 해석함으로써 즉위 이전에 신하들 사이에 내분이 있었던 사실을 상징적으로 표현한 것이 아닌가 하고 필자가 해석해 보았다.[9] 이에 대해서 이시이는 '奪志抑情'은 '奪情起復'과 동일한 것으로서 喪中의 관료가 服喪하려는 감정을 빼앗아 직무에 복귀시켰다고 해석하였다. 新王 대숭린이 단순히 겸손을 표하면서 선조의 위업을 계승한다는 결의를 서술한 것이지, 관료가 불평불만을 억제하고 정쟁을 일시 중단하여 신왕의 통치에 협력했던 것으로 해석할 수 없다고 하여(石 94) 필자의 의견에 이의를 제기하였다. 이시이는 이를 증명하기 위해서 중국의 용례를 뒤지는 치밀함을 보여 주었는데, 그렇게 용례를 두루 찾아서 사실을 증명하려는 용의주도함이 그의 저서 곳곳에서 발견되어 필자에게 많은 자극이 되었다.

외교문서는 사실을 직접 기술하기보다는 의례적인 문장이 중심이 되기 때문에 이 국서에서도 발해 내부의 문제를 직접 드러내지 않았을 수 있다. 그러나 다른 국서와 달리 독특한 구절이 삽입되어 있어서 이를 통해 발해의 내부 사정을 추정해 보고자 시도했던 것도 사실이다. 워낙 사료가 적기 때문에 좁은 틈새라도 비집고 들어가 들여다보고자 했던 것이 필자의 솔직한 심정이었다. 아무튼 필자의 견해에 대해서 다른 해석이 가능함을 제시해 준 이시이에게 감사를 표한다.

하지만 다른 곳에서 제기한 비판은 필자의 글을 오해한 것이다. 『類聚國史』의 발해 都督·刺史·首領에 관한 기록을 해석하는 다양한 설이 鈴

9 송기호, 위의 책, p.141.

木靖民의 글에 제시되어 있어 이를 注에 인용한 뒤에 곧이어 필자의 해석을 제시한 적이 있는데, 이시이는 이 문장을 잘못 이해함으로써 필자가 스즈키의 견해를 오해했다고 지적하였다(石 157). 아무래도 누군가 한글 논문을 번역해 주는 과정에서 잘못이 있었던 듯하다.

4. 공유와 교류

사카요리는 序章에서 발해사의 과제를 언급하면서 역사 인식의 공유를 제안하였다. 발해사에 대한 동북아시아 각국의 서로 다른 생각들이 뒤섞여 그 역사상을 형성하는 데에 방해가 되고 있다고 하면서, 예로서 족속 문제를 둘러싼 이견들을 제시하였다. 그리고 하나의 대안으로서 발해를 구성하는 말갈족, 고구려족, 예·맥족, 부여족 등 동북아시아 지역 민족 집단의 자립성과 함께 발해가 이들 민족 집단을 어떻게 포섭하여 지배하려 했는가를 밝힘으로써, 발해의 국가적 특질을 분석해내는 것이 유효한 방법이라고 제안하였다(酒 24~26). 다시 말해 다양한 민족 집단의 독자성을 인정하면서 각 집단 간의 상호 연관성 속에서 발해사를 바라보아야 하며, 그중 한 민족 집단만 대상으로 해서는 문제가 해결되지 않을 것이라는 의미이다. 그의 견해는 특히 발해 사회의 기층에 자리 잡고 있던 민족 집단들의 자립성에 유의하는 특징이 있다. 그러나 그러한 접근이 발해를 주체로 놓은 내면으로부터 비롯되어야지 일본사를 주체로 놓은 상태에서 이루어지는 外部的이고 他者的인 것이 되어서는 안 될 것이다. 그런 점에서 사카요리의 견해에도 한계가 있다.

발해가 여러 민족(종족) 집단으로 구성된 것은 주지의 사실이다. 필자도 이미 지적한 적이 있듯이 고구려의 연장에서 발해를 바라볼 수 있지만, 말갈족의 역사로부터 발해를 바라볼 수도 있다. 어느 나라의 역사이냐 하는 귀속 문제에 매달릴 것이 아니라 서로 공유할 수 있는 역사라는 전제 아래 상호 교류를 통해 공동의 역사상을 만들어 가는 것이 무엇보다 중요하다. 사카요리도 지적했듯이 그러한 것이 '동북아시아 국가들의 공생'을 위한 테마가 될 수 있을 것이다.

이를 위해서는 무엇보다 연구 결과의 상호 교류와 이해가 전제되어야 한다. 아쉽게도 일본의 연구에서는 한국 논문이 잘 인용되지 않는다. 사카요리의 저서에는 아주 빈약하게 인용되어 있고, 이에 반해 이시이의 저서에는 근래의 논문이 여러 편 附記에 인용되었지만 국내 학계의 전반적인 연구 동향을 이해하지 못한 상태이기 때문에 인용 논문의 선정에 문제점이 엿보인다. 그럼에도 한국 논문을 이해하려 한 노력에는 경의를 표한다. 중국과 러시아, 한국, 일본 학자 사이에 이와 같은 상호 이해와 교류가 앞으로도 지속해서 이루어질 때 객관적인 발해의 역사상이 떠오를 수 있을 것이다. (2002년)

제8장 러시아 연해주의 발해사 연구

1. 머리말

발해는 만주 동부에 웅거하면서 서쪽으로 요동까지, 남쪽으로 평안도와 함경도까지, 그리고 동쪽으로 연해주[1]까지 세력을 확장했으므로 발해 유적은 이 범위에 분포해 있다. 따라서 발해사의 전모를 파악하기 위해서는 중국과 북한뿐 아니라 연해주의 유적과 유물에 대해서도 체계적으로 접근하지 않으면 안 된다. 그런데도 1980년대까지는 이 지역을 답사하기는 커녕 현지의 연구 동향도 제대로 파악하지 못하였다. 한국과 러시아 연해주는 두만강을 사이에 두고 접경해 있지만 과거에는 멀고 먼 곳이었다. 그러나 지금에 와서 연해주는 한국과 불가분의 관계를 맺게 되었으니, 대체로 세 단계를 거치며 발전해 왔다.

첫 번째 계기는 1990년 9월 한국과 러시아(소련) 사이에 맺은 국가 수교이다. 이를 통해 양국 사이에 서로 왕래할 수 있는 길이 열리게 되었는데, 상호 적대시하던 1980년대까지의 상황에 비추어 볼 때 획기적인 전환점이었다.

1 흔히 沿海州라 하는 곳은 현재의 행정구역으로 '프리모르스키 邊區(Приморский край)', 즉 沿海邊區를 가리킨다. 남북 길이가 900km로 길쭉한 형태를 띠고 있는데, 면적은 165,900km^{2}이다. 인구는 약 210만 명으로, 점점 줄어드는 고민을 안고 있다. 고려인은 2만 명에 미치지 못한다. 발해 유적은 연해주에서도 특히 남부 일대에 집중되어 있다.

두 번째 계기는 군사도시였던 블라디보스토크가 1992년 1월에 비로소 외국인에게 개방된 일이다. 이를 계기로 블라디보스토크를 거점으로 삼아 연해주 일대를 답사할 수 있게 되었다.

세 번째 계기는 1994년 서울과 블라디보스토크 사이에 직항로가 개설된 것이다. 종전에 하바롭스크나 일본 니가타를 경유해야 하는 번거로움이 사라짐에 따라 실제 시간뿐 아니라 마음의 거리 또한 크게 단축되었다. 그 뒤로 부산과도 직항로가 개설되었고, 속초와 자루비노를 잇는 뱃길도 열렸다. 러시아 연해주는 이렇게 점점 우리에게 다가왔으며, 앞으로 북한이 개방된다면 그 거리는 더욱더 단축될 것이다.

러시아 연해주는 한반도와 비슷한 크기로 광대한 땅인데, 서로 인접해 있는 만큼 우리 역사와 밀접한 관련을 맺어 왔다. 고대에 북옥저의 근거지였고 발해의 영역이었다. 또 근대에 와서는 독립운동의 기지였고, 현재 고려인의 생활 터전이기도 하다. 물론 두 지역에서 이루어지는 경제적 교류는 굳이 언급하지 않아도 될 만큼 활발하다.

이러한 교류에 힘입어 필자도 1992~2011년까지 연해주를 스무 차례 방문할 수 있었다. 1990년대에는 고려학술문화재단의 전적인 지원으로 유적 답사나 발굴에 직접 참여하였고, 근래에는 한러 공동으로 이루어지는 발굴 현장을 참관할 수 있는 기회를 얻었다. 때때로 발해에 관한 학술회의에도 참석하여 상호 이해의 폭을 넓혀 나갔다. 이제는 연해주 고대사를 연구하는 전문 인력이 늘어나고 연구 범위도 다양해져 이 방면의 연구가 더욱 발전될 것으로 기대된다.

이 글은 앞으로의 연구자를 위해서 2012년까지의 조사 및 연구 성과를 총정리하는 데 목적을 두었다. 먼저 19세기 이래 러시아 연해주 현지에서 이루어진 연구 성과를 정리한 후에 남북한 및 중국과 일본에서의 연구 동향을 덧붙이겠다. 그런 다음 한러 수교 이후 발해사 연구를 중심으로 양국 공등으로 이루어진 조사 및 교류의 경과와 결과를 정리하겠다.

마지막으로 더 나은 학술적 교류와 발해사 이해를 위해서 러시아 측 연구를 비평하는 장을 마련하고자 한다. 양국의 역사와 문화가 다른 만큼 발해사에 대한 견해도 다를 수밖에 없으므로, 러시아의 발해사 이해를 우리 시각에서 비판적으로 점검하는 데에 할애하려는 것이다. 그럼으로써 양국 간의 인식 차이를 좁혀 발해사 본질에 더욱 가깝게 다가설 수 있는 기회를 마련하고자 한다.

2. 연해주 발해 연구의 여정

연해주에서 발해사 연구가 한러 수교를 즈음한 1990년대 초반까지 어떻게 진행되어 왔는가를 이해하는 데에는 몇 편의 글이 참고가 된다.[2] 이들

---

2 小島武男,「ロシヤに於ける渤海研究者及び文献について」,『史學』10-1, 三田史學會, 東京, 1930(블라디보스토크의 국립극동대학교 교수였던 마트베예프 제. 엔.(Матвеев З. Н.)이 1929년에 발표한 글을 발췌하여 번역한 것).
샤프쿠노프 에. 붸.,『발해국과 연해주의 발해 문화 유적』, 과학출판사, 레닌그라드, 1968, pp.6~14: Шавкунов Э. В., Государство Бохай и памятники его культуры в Приморье. Наука, Л., 1968.
オクラドニコフ ア・ペ・ 저, 加藤九祚・加藤晋平 역,『シベリアの古代文化—アジア文化の一源流』講談社, 1974, pp.21~46.
林樹山・姚鳳,「蘇聯對渤海國的硏究」,『中國史硏究動態』1981-12.
바실리예바 테. 아.,「조국의 문헌을 통해서 본 연해주 발해 유적 연구사」,『소련 극동의 중세 고고학에 관한 새로운 자료』, 소련과학원 극동지부 극동민족 역사학・고고학・민족학 연구소, 블라디보스토크, 1989: Васильева Т. А., История изучения бохайских памятников Приморья в отечественной литературе // Новые материалы по средневековой археологии Дальнего Востока СССР. Ин-т истории, археологии и этнографии народов Дальнего Востока ДВО АН СССР, Владивосток, 1989.
샤프쿠노프 에. 붸.,「러시아에서의 발해사 연구」,『발해의 민족 형성과 연구사』 발해사 국제학술회의 발표 요지, 고려대학교 민족문화연구소, 1993. 3. 26;『渤海史의 綜合的 考察』, 민족문화연구총서 68, 고려대학교 민족문화연구원, 2000 재수록.
샤프쿠노프 에. 붸. 엮음, 송기호・정석배 옮김,『러시아 연해주와 발해 역사』 대우학술총서 번역 97, 민음사, 1996.
정석배,「러시아의 발해 연구 동향과 쟁점」,『동아시아의 발해사 쟁점 비교 연구』, 동북아

을 바탕으로 발해 연구사를 정리해 보겠다.

러시아인들이 극동지방에 대해서 최초로 정보를 얻게 된 것은 카자흐(Казах, Cossack)인으로부터였다. 1655~1656년쯤에 청나라 군대와 싸웠던 카자흐인들이 아무르강 하구 부근의 트이르(Тыр)에서 사원[3]을 발견하였고, 그로부터 20년 뒤의 외교관이요 여행가였던 스파화리 엔. 게.(Спафарий Н. Г.)[4]가 이들로부터 소식을 듣고 러시아에 처음으로 알렸다. 여기서 말하는 카자흐인들이란 그 시기로 보아 코사크인 대장이었던 스테파노프 오.(Степанов О.) 휘하의 사람들로 여겨진다. 흥미로운 것은 청나라의 요청으로 1654년, 1658년 두 차례에 걸쳐 朝鮮軍이 흑룡강에 출병하여 전투를 벌인 상대가 바로 이들이었다.[5] 그러나 17세기 말에서 18세기 초의 학자였던 레메조프 에스. 우.(Ремезов С. У.)가 이 사원을 두고 알렉산드로스 대왕이 남긴 것이라는 엉뚱한 해석을 했을 정도로 아직은 극동지방을 제대로 이해하지 못하고 있었다.

러시아인들이 극동지방의 역사에 대해서 개괄적으로나마 이해하게 된 것은 19세기 중엽에 활동한 비추린 엔. 야.(Бичурин Н. Я. 또는 Бичурин Иакинф, 1777~1853), 고르스키 붸.(Горский В.), 바실리예프 붸. 페.(Васильев В. П., 1818~1900)와 같은 저명한 중국학 연구자 덕이었다. 발해국의 존재

역사재단, 2009.

3 이 사원은 明나라 때 特林(Тыр) 지방에 세워진 永寧寺를 의미한다. 이에 대해서는 다음을 참조 바람.
鳥居龍藏, 『人類學及人種學上より見たる北東亞細亞』 岡書院, 동경, 1924, pp.286~292.
李健才, 『東北史地考略』 吉林文史出版社, 1986, pp.198~203.
和田清, 「明初の滿洲經略」 下, 『東亞史研究』 滿洲篇, 東洋文庫, 1955.
아르테미예프 아. 에르., 『아무르강 하류의 15세기 불교 사원』, 블라디보스토크, 2005: Артемьев А. Р., Буддийские храмы XV в. в низовьях Амура, Владивосток, 2005.

4 이 사람은 원래 루마니아인으로서, 1675년 청나라에 러시아 대사로 파견되었다. 그의 저서 『시베리아와 중국』 제57장에는 조선에 관한 기사가 실려 있는데, 이것은 러시아인이 쓴 최초의 조선관계 기사라고 한다. 朴泰根, 「러시아의 동방경략과 수교이전의 한러교섭」, 『韓露關係100年史』, 韓國史研究協議會, 1984, pp.9~10.

5 朴泰根 역주, 『國譯 北征日記』. 한국정신문화연구원, 1980.

도 이때 알게 되었다. 특히 러시아정교회 선교단장이었던 비추린 엔. 야[6]는 러시아 동양학의 선구자로서, 그가 소개한 자료를 통해 연해주에 거주했던 숙신, 읍루, 옥저, 말갈 등의 고대 종족명과 그들의 역사가 알려졌다. 19세기 중엽에는 처음으로 아무르강 유역에 대한 조사 활동이 이루어졌으나 발해 영역이었던 연해주까지 미치지는 못하였다.

1860년 북경조약으로 우수리강 동쪽 연해주 지역이 러시아 영토로 편입되면서 이곳의 역사에 대한 러시아인들의 관심은 한층 고조되었다. 아노소프 엔.(Аносов Н.), 로파틴 이. 아.(Лопатин И. А.), 팔라디 카파로프(Палладий Кафаров, 1817~1878) 등은 이 시기에 활동한 인물이다. 아노소프 엔.과 로파틴 이. 아.는 광산기사로서 연해주 남부 지역에 대한 지질 조사를 벌이는 과정에서 古城에 관한 기록을 많이 남겼는데, 이 중에는 현재 남아 있지 않은 성터에 대한 기록도 많다고 한다.

러시아정교회 선교단의 일원으로 중국에 와 있던 팔라디 카파로프는 연해주 역사 중에서 중세사를 집중적으로 연구한 인물이다. 그의 연구에는 고고학 자료뿐 아니라 중국, 한국과 일본의 문헌 자료도 활용되었다. 그는 1870~1872년 러시아 지리학회의 의뢰를 받아 우수리스크를 답사하여 그곳에 남아 있는 유적들이 대부분 발해 시대의 것이라고 확신하였다. 특히 사료를 토대로 크라스키노에 발해 시대의 항구 유적이 있을 것으로 추정하였고, 실제로 그 뒤에 발해의 항구 도시였던 크라스키노 성터가 부근에서 확인되었다. 따라서 그는 사료를 근거로 하여 연해주에 발해 유적이 존재한다는 것을 증명한 최초의 인물이다. 그러나 발해의 국도였던 忽汗城이 우수리스크 부근에 존재한다고 오판할 정도로 아직 초보적인 단계에 머물렀다.

---

6 이 사람은 朝鮮에 관한 글도 써서 러시아 韓國學의 선구자라고도 할 수 있는 인물이다. 박태근, 앞의 논문, pp.27~28.

이 무렵 쉐벨레프 엠. 게.(Шевелев М. Г.)가 『唐書』를 검토하여 발해와 관련된 귀중한 자료들을 수집했지만 간행되지는 못하였다. 그는 특히 연해주와 일본 열도 사이에 상대방의 어부들이 표착하는 예가 많은 점에 유의하여 두 지역 사이의 해류에 관심을 가졌다. 그 결과 발해에서 일본으로 출발하던 곳이 연해주였고, 따라서 발해 영토가 연해주까지 미쳤다는 결론에 도달하였다.

1884년에는 블라디보스토크에 '아무르邊區 연구회(ОИАК)'가 창립되어 연해주 유적에 대한 체계적인 조사가 가능하게 되었다. 이때 회장을 맡은 부세 에프. 에프.(Буссе Ф. Ф.)가 처음으로 연해주 역사를 몇 개의 시대로 구분하였고, 여기서 발해를 중세의 첫 시기로 설정하였다. 이 연구회의 일원이었던 크로포트킨 엘. 아.(Кропоткин Л. А.)는 발해 유적을 포함한 연해주의 96개 유적에 대한 조사 자료를 저서로 출간하였다. 한편 신문기자였던 파노프 붸.(Панов В.)는 1892년 『극동』 신문에 발해와 일본의 외교관계에 관한 일본 측 문헌 기록을 소개하였다.

20세기에서의 연구는 군사측량가이기도 했던 아르세니예프 붸. 카.(Арсеньев В. К., 1872~1930)로부터 비롯되었는데, 그는 연해주 남부에서 발견된 중세의 성지와 보루들을 기록하였다. 1916년에는 표도로프 아. 제.(Фёдоров А. З.)가 우수리스크시와 그 부근의 중세 유적들을 조사하여 분포도를 작성함으로써 지금은 사라진 유적들의 소재지를 확인할 수 있게 해주었다.

그러나 이때까지도 극동지방의 역사에 대해서 개괄적으로 이해하는 수준에 머물러 있었기 때문에, 샤프쿠노프 에. 붸.(Шавкунов Э. В., 1930~2001)의 지적에 의하면 발해에 관해 제대로 언급한 사람은 비추린 엔. 야., 고르스키 붸., 파노프 붸. 등 불과 몇 명에 불과하다고 한다. 이러한 사정은 1917년 혁명 이후에도 크게 변하지 않았다.

1929년에 국립극동대학교 교수였던 마트베예프 제. 엔.(Матвеев З. Н.)

이 당시에 가능한 한 모든 고대 문헌을 수집하여 『발해』라는 책을 출간하였다. 이것은 지금까지도 발해사에 대한 훌륭한 자료집이 되고 있다. 1939년에는 하얼빈에서 활동한 러시아 학자[7] 포노소프 붸. 붸.(Поносов В. В.)가 東京城(상경성)에 대하여 초보적인 조사 결과를 발표하였다.[8]

1953년에 이르러 극동고고학조사단이 소련과학원 고고학연구소의 주관으로 조직되었고, 이듬해에는 블라디보스토크에 '소련과학원 극동역사학 · 고고학 · 민족학 분과'가 설치됨으로써 발해사 연구에 획기적인 진전을 가져오게 되었다. 조사단의 단장을 맡은 인물은 유명한 고고학자 오클라드니코프 아. 페.(Окладников А. П., 1908~1981)였다. 그의 제자인 샤프쿠노프 에. 붸.도 여기에 참가함으로써 극동으로 자리를 옮겨 발해사 연구에 투신하게 된 계기가 되었다. 1957년에는 오클라드니코프 아. 페.가 동경성 발굴보고서를 바탕으로 일본인들의 왜곡된 시각에 대한 비판적인 글을 발표하였다.

발해 유적에 대한 본격적인 발굴은 1958년에 시작되었다. 그보다 2년 전에 우수리스크의 地誌學者인 브이스트렌코 이. 에프.(Быстренко И. Ф.)의 제보로 알려진 코프이토(Копыто) 산 위의 절터를 샤프쿠노프 에. 붸.가 1958년과 1959년에 발굴하였다. 1959년에는 코프이토 절터 부근에 있는 산과 강 건너의 아브리코스(Абрикос) 산에서 각각 발해 무덤을 발굴하였다. 이때 아브리코스 산기슭에서도 절터를 확인하여 1960년에 발굴하였다. 그리고 같은 해에 샤프쿠노프 에. 붸.가 크라스키노 성터를 답사하여 발해 시기의 유물들을 수집함으로써 발해 시대의 성터임을 확인하였다.

---

7 이들에 대해서는 다음 책에 소개되어 있다. 鳥居龍藏, 『滿蒙の探査』, 萬里閣書房, 東京, 1928, pp.87~89.

8 포노소프 붸. 붸., 「동경성 유적에 대한 초보 보고」, 『東京城』 부록, 東方考古學叢刊 甲種 第五冊, 東京 · 京都, 1939: Поносов В. В., Предварительное сообщение о разведке развалин Дунцзин-Чэна // Tung-Ching-Ch´êng, Tokyo & Kyoto, 1939.

이해에 『극동고고학조사단 총간』 제1집이 간행되었다. 또 1959년에는 연해주 통사의 일부로서 우수리스크 일대의 발해 유적을 포함하면서 발해사가 처음 정리된 책이 출간되었고,[9] 나중에 캐나다에서 영어로 번역되어 국내에도 알려지게 되었다.[10]

이러한 일련의 조사 과정에서 샤프쿠노프 에. 붸.가 발해사 연구의 핵심을 이루었다. 그는 1968년에 『발해국과 연해주의 발해 문화 유적』을 출간했는데, 발해사에 관한 최초의 체계적인 연구서로 손꼽힌다. 이 가운데 연해주 발해 유적을 다룬 제4장은 1980년대에 들어서 중국과 한국에서 각각 번역, 소개되었고,[11] 곧이어 중국어로 완역되었다.[12] 1960년대와 1970년대에는 그의 주도 아래 노보고르데예프카(Новогордеевка, 과거의 크루글라야 소프카(Круглая Сопка)) 성터와 취락지, 마리야노프카(Марьяновка) 성터, 니콜라예프카(Николаевка) I 및 II 성터들이 조사되었다. 그리고 1980년대 이후에는 크라스키노 성터 발굴과 함께 아브리코스 절터와 코프이토 절터에 대한 후속 발굴이 이루어졌고, 새로운 유적으로 콘스탄티노프카(Константиновка) 취락지, 스타로레첸스코예(Старореченское) 성터 등도 발굴되었다. 이리하여 조사 및 발굴 대상 유적이 더욱 확대되고 연구 내용도 심화되었다.

1990년대에 들어서는 한러 공동 발굴이 주를 이루었는데, 이 과정에

---

9 오클라드니코프 아. 페., 『연해주의 먼 과거—연해주의 고대사 및 중세사 개관』, 연해주 서적출판사, 블라디보스토크, 1959: Окладников А. П., Далёкое прошлое Приморья (Очерки по древней и средневековой истории Приморского края). Примор. кн. изд-во, Владивосток, 1959.

10 Okladnikov A. P., "The Soviet Far East in Antiquity: An Archaeological and Historical Study of the Maritime Region of the U.S.S.R.", *Translations from Russian Sources*, No. 6, Arctic Institute of North America, University of Toronto, Canada, 1965.

11 林樹山, 「蘇聯濱海邊區的渤海文化遺存」, 『東北考古與歷史』 1, 1982.
宋基豪, 「沿海州의 발해 문화 유적」, 『白山學報』 30·31합, 1985.

12 林樹山 역, 蔡曼華·姚鳳 校, 「渤海國及其在濱海邊區的渤海文化遺存」, 『民族史譯文集』 1985-13, 中國社會科學院民族研究所歷史研究室資料組編.

서 발굴된 유적들은 뒤에 소개하겠다. 이 밖에 겔만 예. 이.를 중심으로 2000년부터 고르바트카(Горбатка) 성터에서 주거지, 우물, 수혈 등이 지속해서 발굴되었는데,[13] 우물이나 쪽구들에서 고구려 문화의 영향이 확인되어 주목된다.

연해주에서의 발해사 연구는 1971년 7월 1일에 크루샤노프 아. 이.(Крушанов А. И.)가 조직한 연구소인 '러시아과학원 극동지부 극동민족 역사학 · 고고학 · 민족학 연구소'가 주도하고 있다. 여기에는 샤프쿠노프 에. 붸.를 주축으로 다수의 연구자가 소속되어 있었으며, 대부분의 발해 관련 서적들이 이 연구소 이름으로 간행되었다. 대다수 발해 유물은 이 연구소에 보관되어 있고, 일부가 전시되어 있다.

블라디보스토크 소재 국립극동대학교(2010년 이후 국립연방대학교)에서도 1994년에 이곳으로 자리를 옮긴 샤프쿠노프 에. 붸. 교수를 중심으로 발해사 연구가 활성화되었으나, 2001년에 타계하고 말았다. 2005년에는 발해연구소가 설립되어 크루퍈코 아. 아.(Крупянко А. А.)를 중심으로 발해 유적 조사에 나서고 있다. 이 대학도 고려학술문화재단의 지원으로 1995년 소규모로 유물전시실을 운영하다가 1999년 정식으로 박물관을 세워 발해 유물을 포함하여 구석기시대부터 여진시대까지의 고고 유물을 전시하고 있다. 이 밖에 '아르세니예프 붸. 카. 기념 국립연해주연합지역학박물관'(이하 아르세니예프 박물관)도 발해 유물을 보관하고 있고, 일부가 전시되어 있다. 러시아에서는 연구소나 대학에서 연구를 전담하고 있으며, 박물관은 유물의 보관과 전시 기능을 주로 담당하고 있다.

---

13 겔만 E. I., 「제2장 고르바트카 성터 발굴보고서」, 『2004년도 러시아 연해주 발해 유적 발굴보고서』, 고구려연구재단, 2005.
Gelman Evgenia I., "발해의 옛 도시 고르바뜨까에 대한 조사 총화", *the Ancient History of States in North-Eastern Asia*, Far Eastern National University, International Conference, Vladivostok, 2007. 10. 2.

연해주의 역사를 체계적으로 정리한 두 책이 크루샤노프 아. 이.의 책임편집으로 1989년과 1991년에 각각 출간되었다.[14] 첫째 책에 실려 있는 발해사 부분은 국내에서 번역되었고,[15] 중국에서는 책 전체가 번역되었다.[16] 이와 함께 유적 현황을 행정구역별로 파악할 수 있는 자료집도 출간되었다.[17]

1994년에는 발해사 연구 성과를 집약한 『발해국과 러시아 극동의 종족들』이 출간되었는데, 샤프쿠노프 에. 붸.를 책임감수자로 하여 13명의 학자가 공동으로 집필한 것으로서 당시까지의 최신 자료와 연구 성과들이 망라되어 있다. 이 책은 한국과 중국에서 번역되어 출간되었다.[18] 샤프쿠노프 에. 붸. 사후인 2005년에는 구석기시대에서 18세기에 이르기까지 주요 논점별로 25편의 논문이 시대별로 수록된 通史에 가까운 책이 간행되었는데,[19] 여기에 3편의 발해 논문이 수록되어 있다.

---

14 크루샤노프 아. 이. 책임편집, 『소련 극동사—고대부터 17세기까지』, 과학출판사, 모스크바, 1989 Крушанов А. И. отв. редактор, История Дальнего Востока СССР (С древнейших времён до XVII века). Наука, М., 1989.
크루샤노프 아. 이. 책임편집, 『소련 극동사—봉건 및 자본주의(17세기~1917년 2월)』, 과학출판사, 모스크바, 1991: Крушанов А. И. отв. редактор, История Дальнего Востока С::СР (в эпоху феодализма и капитализма(XVII в.- февраль 1917 г.)). Наука, М., 1991.

15 샤프쿠노프 에. 붸.·세메니첸코 엘. 예. 저, 송기호 역, 「소련 연해주의 발해 문화 연구」, 『韓國史論』 23, 1990.

16 成于衆 역, 王德厚·候玉成 校, 『蘇聯極東史—從遠古到17世紀』, 哈爾濱出版社, 1993.

17 스트류첸코 이. 게. 외, 『연해주의 역사 유적 및 문화 유적』 자료 집성, 제2부, 고고 유적, 러시아과학원 극동지부 극동민족 역사학·고고학·민족학연구소, 1991: Стрюченко И. Г. и др., амятники истории и культуры Приморского края (Матерaлы к Своду), Часть II, Археологические памятники, Ин-т истории, археологии и этнографии народов Дальнего Востока ДВО РАН, Владивосток, 1991.

18 샤프쿠노프 에. 붸. 엮음, 송기호·정석배 옮김, 앞의 책.
沙弗庫諾夫 Э. В. 외 저, 宋玉彬 역, 『渤海國及其俄羅斯遠東部落』, 東北師範大學出版社, 1997.

19 안드레예바 줴. 붸. 책임편집, 『고대 및 중세의 러시아 극동—발견, 문제점, 가설』, 극동과학출판사, 블라디보스토크, 2005: Андреева Ж. В. отв. редактор, Росийский Дальний Восток в древности и средневековые (открытия, проблемы, гипотезы),

러시아의 발해 연구사를 보면 1940년대까지는 연구의 개척기였다. 1950년대에 발해고고학이 본격화되면서 오클라드니코프 아. 페.가 연구의 제1세대를 이루었고, 그의 뒤를 이어 샤프쿠노프 에. 붸.가 제2세대를 이루었으며, 볼딘 붸. 이.를 비롯하여 다수의 제3세대 연구자들이 그의 뒤를 따르고 있다.

오클라드니코프 아. 페.는 발해 고고학의 선구자로서 부셰 에프. 에프., 아르세니예프 붸. 카.와 함께 극동학 연구의 대표적인 인물로 추앙받고 있다. 샤프쿠노프 에. 붸.는 그의 제자로서 발해 고고학에 평생 매진하면서 연구의 꽃을 피웠다. 그는 1953년 레닌그라드 국립대학 동방학부 중국역사학과 학생으로 같은 해에 오클라드니코프 아. 페.가 조직한 소련과학원 극동고고학탐사대의 일원으로 연해주를 탐사했으며, 이를 계기로 그의 학문 방향이 결정되었다.

학부 졸업논문으로 「발해국(Государство Бохай)」을 쓰고, 졸업 후인 1955년에 블라디보스토크에 위치한 소련과학원 극동역사학·고고학·민족학 분과에 취직하였다. 1962년 노보시비르스크 국립대학에서 박사후보학위를 받고, 이때의 논문을 1968년에 『발해국과 연해주의 발해 문화 유적』으로 출간하였다. 그리고 1984년에는 소련과학원 극동지부에서 박사학위를 받고, 1990년에 학위논문을 『12~13세기 여진-우디게 문화와 극동 퉁구스족의 기원 문제』[20]로 출간하였다. 1991년에 정교수가 되었고, 1994년에는 소련과학원 사회과학부 정회원으로 선출되었다. 그해에 줄곧 근무하던 '러시아과학원 극동학센터 극동민족 역사학·고고학·민족학연구소'를 떠나 블라디보스토크 소재 국립극동대학교에 적을 두었다

Дальнаука, Владивосток, 2005.

20 Шавкунов Э. В., Культура чжурчжэней-удигэ XII-XIII вв. и проблема происхождения тунгусских народов Дальнего Востока. Наука, М. 1990.

가 2001년에 타계하였다. 그는 1954년 처음 논문을 발표한 이래로 발해, 여진 등 다양한 분야에 걸쳐 3권의 단독 연구서를 포함한 22권의 단행본, 16권의 편저, 129편의 논문, 40편의 조사보고서 등 도합 288편에 이르는 업적을 남겼다.[21]

이후에는 그의 제자들이 제3세대를 이룬다. 그가 학위논문을 지도한 연구자만 해도 8명으로서 이 가운데 렌코프 붸. 데.(Леньков В. Д.), 셰메니첸코 엘. 예.(Семениченко Л. Е.), 볼딘 붸. 이., 이블리예프 아. 엘., 겔만 예. 이.가 발해사 연구자이다.[22] 이외에 디야코바 오. 붸.가 있다. 다른 시대를 주로 연구한 니키틴 유. 게.(Никитин Ю. Г.), 클류에프 엔. 아.(Клюев Н. А.)도 한러 공동 발굴에 참여하면서 발해사도 다루고 있다.

필자가 파악한 바로는 발해에 관한 논문과 저서가 연해주에서 2012년까지 275편 정도 발표되었다. 러시아 연구자는 발해사를 말갈사의 연장에서 보기 때문에 말갈을 다룬 것도 발해사 논저에 포함시키지만, 이 숫자에는 순수하게 말갈만 다룬 것은 제외하였다. 발해 연구는 대부분 고고조사와 관련된 것이고 문헌 연구는 극히 적다. 1842년 비추린 엔. 야.의 글이 발표된 뒤로부터 1940년대까지 18편, 1950년대 10편, 1960년대 19편, 1970년대 29편, 1980년대 50편, 1990년대 69편, 2000년대 10년간 69편, 2010~2012년에 12편이다. 블라디보스토크가 개방되고 한러 수교가 이루어지는 등의 변화가 일어난 1990년대부터 연구가 활발해진 것을 숫자로도 확인할 수 있다. 연구자별로 보면 샤프쿠노프 에. 붸.가 최다를 차지한다.

---

21 디야코바 오. 붸. 외, 『퉁구스-만주에 관한 당면 문제—제1회 샤프쿠노프 기념논문집』, 극동과학출판사, 블라디보스토크, 2008, pp.340~359: Дьякова О. В. и др., Тунгусо-Маньчжурская Проблема Сегодня (Первые Шавкуновские Чтения), Дальнаука, Владивосток, 2008.

22 위의 책, pp.359~360.

연해주의 발해 유적은 연구자마다 숫자를 달리 파악하고 있을 정도로 아직 불분명하다. 유적 자체의 연대관뿐 아니라 발해 영역의 한계를 어디까지로 보느냐에 따라 숫자가 달라지게 된다. 겔만 예. 이.는 전체 약 150곳의 후보지에서, 발해 유적으로 확정할 수 있을 정도로 유물이 제대로 확인된 유적은 30곳에 불과하며, 성터 15곳, 고분군 2곳, 주거유적 약 10곳, 절터 5곳이 체계적으로 조사 또는 발굴되었다고 하였다.[23] 디야코바 오. 붸.는 발해 유적으로 49곳을 제시한 반면에[24] 니키틴 유. 게.와 정석배는 265(266)곳을 제시하였다.[25] 후자의 자료에 따르면 한카호 북단-올가를 경계로 한 남쪽에 주거유적 172곳, 유물산포지 14곳, 성터 34곳, 고분군 11곳, 절터 6곳, 도로 유적 2곳, 동굴 유적 2곳이 있고, 그 북쪽에는 주거유적 3곳, 성터 21곳, 동굴 유적 1곳이 있다고 한다. 이렇게 지역을 나눈 것은 발해 영역을 이 남쪽 지역으로 한정하느냐 아니면 북쪽 지역까지 포함하느냐 하는 논쟁이 있기 때문이다. 이 가운데 러시아의 연구자들이 대부분 동의하는 발해 유적은 성터 15곳, 주거유적 9곳, 절터 6곳, 고분군 3곳, 동굴 유적 1곳 등 34곳(크라스키노 절터와 성터는 동일 지역이지만 2곳으로 산정)에 불과하다.

우수리강 동쪽인 연해주는 1858년 璦琿條約으로 청나라와 러시아의 공동 관리 지역으로 되었다가 1860년 北京條約으로 러시아 영토에 편입되었다. 이 때문에 북경조약을 맺은 장소인 중국의 承德 피서산장에는 "국가의 치욕을 잊지 말자(勿忘國恥)"라는 안내판이 붙어 있다. 그 이전에는 청나라 吉林將軍의 관할 지역이었던 곳이다. 청나라 때는 연해주 지리

23 디야꼬바 O. V. 저, 정석배 역, 「러시아 연해주 발해유적 발굴의 결과와 의의」, 『高句麗渤海研究』 38, 고구려발해학회, 2010, p.258, p.260.

24 디야꼬바 O. V. 저, 정석배 역, 「연해주 발해문화의 토기—지리, 형식 분류, 기원」, 『高句麗研究』 25, 고구려연구회, 2006, pp.219~222 및 p.238 지도.

25 한국전통문화학교 · 러시아과학원 극동지소 역사학고고학민족학연구소, 『연해주의 발해유적과 꼰스딴찌노브까 1 주거유적』, 2010, pp.17~18, p.135, pp.161~189 유적 목록.

에 대해서 간단한 지식만 있었을 뿐이지 이곳 유적에 대한 정보는 제대로 없었다. 다만 지금의 우수리스크에 있는 土城들의 존재에 대해서는 일찍부터 알려져 있었다.

우수리스크의 두 성터에 대해서는 청나라 康熙 연간(1662~1722)에 만들어진 『盛京吉林黑龍江三省標注戰迹圖』에서부터 보인다. 1764년에 修定된 『大淸一統志』에도 두 성터에 대해서 비교적 상세히 기술되어 있으며, 청나라 말기의 曹廷杰도 자세히 기술하였다.[26] 두 성터 때문에 청나라 때 이곳을 雙城子라고 불렀다.

20세기 들어 이곳의 유적을 처음으로 답사한 한국인으로 張道斌을 언급하지 않을 수 없다. 그는 1912년경 블라디보스토크로 망명하여 한국사 교재를 편찬하여 가르치면서, 우수리스크(송왕령) 지역의 성터를 고구려 柵城 또는 발해 東京 소재지로 추정하였다.[27] 그가 큰 구릉상에 성이 있다고 한 것으로 보아[28] 우수리스크시 남쪽 교외에 있는 끄라스노야르(Краснояр) 성터를 지칭한 것으로 여겨진다. 최근 북한에서 발간된 도록에서 이를 발해 유적으로 간주하고 있는 것도 이 영향 때문인지 모르겠다.[29]

이 성터는 근년에도 조사가 계속 이루어지고 있는데, 화폐나 陶器 같은 유물들과 집자리 유적을 통해 금나라 때 속한 것으로 확인되었다. 특히 蒲鮮萬奴가 세운 東夏國(東眞國)의 수도로 여겨지고 있다. 반면에 발해 東京의 소재지는 1924년에 鳥山喜一이 처음으로 조사하여 알려지게 된 琿春의 八連城이고, 우수리스크는 率賓府 관할 지역으로 비정되고 있다.

---

26 張泰湘, 「唐代渤海率賓府辨」, 『歷史地理』 1983-2.
27 張道斌, 「暗雲짙은 舊韓末」, 『思想界』 1962-4, p.289.
28 汕耘紀念事業會, 『汕耘張道斌全集』 권2, 時事文化社, 1982, p.449.
29 조선유적유물편찬위원회, 『조선유적유물도감』 8, 발해편, 외국문종합출판사, 평양, 1991, pp.179~180.

비록 장도빈이 답사한 곳이 발해 동경이 아니더라도 한국인 학자로서는 처음으로 이 지역을 답사하여 발해 유적으로 추정했다는 점에서 발해 연구사에서 차지하는 의의가 지대하다. 이러한 그의 견해는 연해주 고려인 사회의 역사가였던 桂奉瑀에게도 계승되었던 사실이 주목된다.[30] 뒤에 우수리스크를 답사했던 鳥居龍藏도 역시 발해 동경의 소재지라고 하였지만, 어떠한 연계가 있는지는 알 수 없다.

그 뒤 연해주 유적을 답사한 사람은 일본의 鳥居龍藏이다. 그는 1919년에 동부 시베리아를 6개월에 걸쳐 답사하면서 블라디보스토크와 우수리스크를 방문하였다. 블라디보스토크 박물관에서는 이곳에 진열된 우수리스크 출토의 文字 石板을 처음 확인하여 突厥 文字가 새겨져 있는 것으로 추정하면서, 발해와 돌궐 사이에 왕래가 있었던 사실을 보여 주는 것이라고 하였다.[31] 우수리스크로 가서는 南城과 西城, 그리고 부근의 유적을 답사하여 이곳을 발해 동경의 소재지로 추정하였다.[32] 당시에 그는 크라스노야르 성터의 존재에 대해서도 소문을 들었으나 이곳에 과격파가 출몰한다고 하여 방문하지는 못하였다.

2차 세계대전 이후 1980년대까지 연해주 유적에 대한 관심은 중국이나 일본에서 현지의 연구를 소개하는 정도에 머물렀다. 중국에서는 1960년에 코프이토 절터 발굴 소식을 전한 적이 있지만,[33] 본격적으로 관심을 갖게 된 것은 1980년대 들어와서이다. 이때부터 샤프쿠노프 에. 붸.의 1968년 저서를 비롯하여 러시아 측 연구를 번역하여 소개하기 시작하였

30 뒤바보(계봉우), 「俄領實記」 1, 『獨立新聞』 49, 1920년 3월 1일자, 上海.
「… 그러나 宿緣이 未盡한 渤海東京城(今소왕령)은 舊主人 우리를 企望한 지 已久하였다. …」

31 鳥居龍藏, 앞의 책, 1924, 目次 다음에 붙어 있는 挿畵 第4圖 설명 참조.

32 위의 책, pp.367~383.
남성(유즈노 우수리스크 성)이 발해 성터로 지목되어 왔으나, 2019년 현재까지도 발해 층위가 확인되지 않아서 서성과 마찬가지로 금나라 성터로 보고 있다고 한다.

33 蘇聯大使館新聞處 供稿, 「渤海王國的遺迹」, 『考古』 1960-1.

다. 『北方文物』과 『歷史與考古信息』이라는 잡지에 주로 번역되었고, 북방문물잡지사에서는 여러 권의 譯文集을 출간하였다.[34]

일본에서는 일찍이 1930년에 小島武男이 연구 동향을 소개한 글이 있고, 1966년에 와서 江谷寬이 코프이토 절터와 아브리코스 절터의 발굴 보고를 소개하였다.[35] 그러다가 1970년대 이후에 『シベリアの古代文化』(1974), 『シベリア極東の考古學―沿海州篇』(1982)과 같은 번역서가 출간되었는데, 여기에는 발해 유적 연구와 조사 내용이 자세히 소개되어 있다. 한편 『シベリア極東の考古學』 1 · 2에 실려 있는 번역자 中村嘉男의 해설에는 발해에 대한 러시아 학자들의 전반적 견해가 소개되어 있을 뿐 아니라 나름대로의 의견도 첨가되어 있다. 이 중에는 발해사 연구에서 참고할 만한 것도 있다. 발해가 東슬라브의 경우처럼 원시공동체 사회에서 직접 봉건사회로 이행했다고 하여 두 곳을 상호 비교하면서도 행정 기구나 노동 분업 형태에서는 서로 다른 면을 보인다고 지적하였다. 또한 펠트 호수의 점토 퇴적 두께로 보아 8세기는 지구의 온난기에 해당하는데, 이 영향으로 水田과 농경 · 목축의 북방 한계선이 하바롭스크까지 북상하였으며, 이것이 바로 북방에 치우쳐 있던 발해의 경제적 기초가 되었다고 하였다.

1990년대에 들어 일본에서 '環日本海(東海)'의 붐이 일면서 발해에 대한 관심이 높아지기 시작하였다. 그 속에서 北陸地方이나 新潟을 중심으로 발해에 대한 연구 열기가 고조되었다. 1990년 이후 이와 관련된 전시

34 吳文銜 主編, 『東北亞考古資料譯文集』 俄羅斯專號, 北方文物雜誌社, 1996.
楊志軍 主編, 『東北亞考古資料譯文集』 渤海專號, 北方文物雜誌社, 1998.
楊志軍 主編, 『東北亞考古資料譯文集』 高句麗,渤海專號, 北方文物雜誌社, 2001.
楊志軍 主編, 『東北亞考古資料譯文集』 4, 北方文物雜誌社, 2002.
楊志軍 主編, 『東北亞考古資料譯文集』 5, 北方文物雜誌社, 2004.

35 江谷寬, 「沿海州における佛敎遺蹟―渤海時代のアブリコソボ寺院」, 『古代學』 13-2, 1966.

회가 열렸는가 하면[36] 학술회의도 여러 차례 개최되었고,[37] 기업이 후원한 책자도 간행되었다.[38]

이들은 주로 일본 내의 발해 관련 유적이나 유물을 대상으로 삼았다가, 나아가 연해주 유적으로도 눈길을 돌렸다. 田村晃一을 중심으로 한 답사단이 1992년 8월에 연해주를 답사하면서 길이 열리게 되었지만, 발굴 작업은 한국에서 먼저 시작함으로써 늦어졌다고 한다. 이로부터 1994년까지 2회에 걸쳐 많은 발해 유적을 답사하였고, 1996년에는 스타로레첸스코예 성터와 시넬니코보 산성을 측량 및 발굴하였으며, 1997년에는 시넬니코보 산성의 측량 및 발굴, 마리야노프카 토성 답사를 시행하였다. 이때 공동 연구도 진행하였다.[39]

그 뒤로는 크라스키노 성터 발굴에 집중하였다. 이곳은 발해와 일본을 오가던 항구 도시였으므로 일본 연구자들이 흥미를 갖지 않을 수 없었을 것이다. 이에 따라 1998~2009년에 이르기까지 거의 매년 조사를 해왔다.[40] 일본이 발굴을 시작했을 때는 외환위기의 발생으로 한국 측의 참

---

36 石川縣立歷史博物館,『魅惑の日本海文化』1990. 10.
北海道開拓記念館,『第40回特別展 ロシア極東諸民族の歷史と文化一ロシア科學アカデミー極東支部所藏資料』, 1994.
石川縣立歷史博物館,『波濤をこえて一古代・中世のアジア交流』, 1996. 10.

37 몇 가지 사례를 들면 다음과 같다.
森浩一 외,『古代日本海文化の源流と發達』, 環日本海金澤國際シンポジウム, 1985.
糀谷好晃 편,『松原客館の謎にせまる一古代敦賀と東アジア』, 氣比史學會, 1994.
新潟大學環日本海研究會,『渤海と環日本海交流』, 環日本海論叢 第8號, 1995.
『古代能登の對岸世界』, TOGIシンポジウム, 2004.

38 『越の海, 波濤の道一古代國際交流の據點・北陸』, 北陸電力株式會社 地域總合研究所, 1994.
小嶋芳孝 외,『對岸諸國における渤海研究論文集』, 北陸電力株式會社 地域總合研究所, 1997.

39 田村晃一 편,『環日本海地域の古代文化交流一日ロ共同研究による』, 文部省科學研究費報告書, 1995.

40 田村晃一・V. I. ボロディン 외,「ロシア沿海州における渤海時代遺跡の調査概報(1)」,『青山考古』14, 東京, 1997.
田村晃一,「ロシア沿海州における渤海時代遺跡の調査概報一平成9年度調査」,『北方ユー

여가 잠시 중단되어 있던 시기였지만, 2004년 고구려연구재단이 조사를 재개한 뒤에도 일본 측의 연구는 지속되었다. 한국 측에서는 성터 북서쪽 절터 일대의 발굴에 집중해 온 반면에 일본 측에서는 성벽 측량, 東門址 및 그 부근의 성벽 조사에 집중하였다. 이에 따라 성벽 축조 방식, 甕城이나 雉(馬面)와 같은 성벽 시설 연구에서 나름의 성과를 거두었다.[41]

주된 연구자로는 青山考古學會를 중심으로 조사와 연구를 진행해 온 田村晃一, 小嶋芳孝가 있다. 이 밖에 臼杵勳, 菊池俊彦, 菊池徹夫, 大貫靜夫 등도 말갈을 비롯한 연해주 고고 문화를 연구하였다.

남한에서는 1960년대 초반까지 장도빈이 과거의 조사 경험을 토대로 개설서에 우수리스크를 동경 소재지로 비정하였으나, 그동안 학계의 주목을 받지는 못하였다. 그러다가 지난 1985년부터 필자가 러시아 측 연구 성과를 번역하여 몇 편의 글로 발표하고, 이를 토대로 제한적이나마 러시아 측의 연구 동향을 검토한 바 있다.[42] 1990년대부터는 한국과 러시아의 공동 조사 및 발굴이 활발히 이루어지게 되었다.

특기할 만한 것은 국내에서 발해뿐 아니라 크로우노프카 문화에 대한 관심이 높아졌다는 사실이다. 이 문화 자체보다는 한반도 중부의 중도

ラシア學會會報』10, 北方ユーラシア學會, 1998.
田村晃一,『古代國家渤海と日本の交流に關する考古學的調査』平成8年度—平成10年度科學研究費補助金(海外學術調査)研究成果報告書, 1999(1차 발굴보고서).
田村晃一,「ロシア沿海州における渤海時代遺跡の調査(第二次)」,『青山史學』16, 1999.
田村晃一 외,『「日本道」關連渤海遺跡の考古學的調査』平成11·12年度科學研究費補助金研究成果報告書, 2001(2~5차 발굴보고서).
田村晃一 외,「2001年度ロシア·クラスキノ土城發掘調査概要報告」,『青山史學』20, 2002(6차 발굴보고서).
クラスキノ土城發掘調査團,「2002年度ロシア·クラスキノ土城發掘調査概要報告」,『青山考古』21, 青山考古學會, 2003(7차 발굴보고서).
田村晃一,『クラスキノ(ロシア·クラスキノ村における一古城跡の發掘調査)』, 渤海文化研究中心, 2011(종합보고서).

41 田村晃一,「クラスキノ土城の調査とその意義」,『발해 고고학의 최신 성과』, '해동성국—발해' 서울대학교박물관 특별전 기념 국제학술대회 발표 요지, 2003. 8. 22.

42 宋基豪,「渤海史 研究 動向」,『韓國上古史學報』1, 1988.

식 토기 문화 발원지에 대한 관심 때문이다. 노혁진이 2004년에 처음으로 중도식 토기 문화는 크로우노프카 문화로 대표되는 연해주 일대에서 무산 호곡동 유적 등으로 대표되는 함경도를 거쳐 강원도 동해안 일대로 전개된 후, 일파는 동해안을 따라 남하하여 동해시 송정동 등의 유적을 남겼고, 다른 일파는 영동에서 태백산맥을 횡단하여 한강 상류로 진출하여 중도 유적 등을 남기고 계속 남하하여 서울과 경기 지역의 한강 하류권과 중원 지방 등 중부권의 유적들을 남겼다고 주장하여,[43] 크로우노프카 문화의 주인공들이 직접 남하한 것으로 이해하였다. 홍형우는 크로우노프카 문화와 중도식 토기 문화의 공통점으로 나무그루터기 혹은 柱狀 파수가 부착된 鉢形土器와 호, 고배, 시루 등의 토기, 주조철부를 비롯한 철제 유물, 有肩石斧를 비롯한 마제석기, 쪽구들(온돌), 凸자형 주거지 등을 지적하였다.[44] 근래에 연해주와의 교류가 촉진되면서 이 주장은 더욱 힘을 얻게 되었고, 급기야 한반도 온돌의 기원이 단결(團結)-크로우노프카 문화에 있다는 사실을 밝힌 연구서가 출간되었다.[45] 옥저 문화에 대한 4명의 공동 연구서도 출간되었다.[46] 2007년에는 환동해고고학연구회를 결성하여 그해 한국고고학전국대회에 자유패널에서 발표회를 가졌고, 그 결과물을 나중에 단행본으로 엮어 냈다.[47]

이러한 견해는 기왕의 시각을 교정하는 계기가 되었다. 그동안 문화 전파 내지 주민 이동은 중국에서 요령성과 서북 지방을 거쳐 이루어진 것으로 이해해 왔다. 그렇지만 연해주에서 함경도를 거쳐 남하하는 또 다른

---

43 노혁진, 「中島式土器의 由來에 대한 一考」, 『호남고고학보』 19, 2004, p.104.

44 홍형우, 「연해주 초기철기시대의 연구 현황과 과제」, 『철기시대 한국과 연해주』, 주류성, 2009, p.43.

45 송기호, 『한국 고대의 온돌—북옥저, 고구려, 발해』, 서울대학교출판부, 2006.

46 강인욱 외, 『고고학으로 본 옥저문화』, 동북아역사재단, 2008.

47 환동해고고학연구회 편, 『철기시대 한국과 연해주—크로우노프카 문화와 중도식토기문화의 비교연구』 환동해고고학 총서 1, 주류성, 2009.

경로가 존재한다는 사실을 새삼 일깨워 준 것이다. 이와 관련하여 바라바쉬-3 주거지에서 발굴된 철기 유물이 중원의 영향을 받은 것인지 아니면 중원보다 더 오래된 독자적인 것인지 논쟁이 되어 왔지만, 연해주에서 남하하는 철기 문화를 상정하는 계기가 된 것도 주목된다.

크로우노프카 문화와 중도식 토기 문화의 연계를 확정 짓기에는 아직 갈 길이 많이 남아 있다. 무엇보다 북한 함경도의 고고 자료가 거의 공백 상태에 있어서 연해주와 한반도 중부를 연결하는 고리가 끊어져 있다는 점을 지적할 수 있다. 이런 상황에서 주민이 이주해 온 것인지 아니면 단순히 문화가 전파되어 온 것인지도 단정할 수 없다. 단선적인 문화전파론이나 주민 이주설에 대해서 의문을 제기하는 것도 이 때문이다.[48]

크로우노프카 문화는 중국에서 團結文化로 명명하고 있어서 흔히 단결-크로우노프카 문화로 부른다. 연대의 상한과 하한은 연구자마다 큰 차이를 보이는데, 전반적으로 볼 때 기원전 3세기에서 기원후 1세기를 중심으로 하면서 이보다 상한을 더 올리거나 하한을 더 내린다.[49] 중국과 러시아에서는 한국과 달리 이 문화의 주인공이 누구인가에 주로 관심을 기울였고, 대체로 北沃沮人의 산물로 보고 있다. 그런데 이현혜는 이를 비판하였다. 북옥저가 문헌에 등장하는 시기는 이 문화가 끝나갈 무렵인 기원후 1세기 말에서 2세기 초엽이므로 서로 연대가 맞지 않는다는 것이다. 그리고 북옥저의 범위는 두만강 유역을 크게 벗어나지 않는다고 하여, 단결-크로우노프카 문화와 공간적으로도 완전히 일치하지 않는다는 것이다. 따라서 시공간적으로 불일치하는 양자를 결합시킨 것은 '고고학자들의 논문 속에서 만들어진 허구의 옥저상'이라고 비판하였다.[50] 그러나 이 주장

---

48 심재연, 「강원도 중도식토기 문화에 보이는 동북지방 요소」, 『국가형성에 대한 고고학적 접근』, 한국고고학회, 2007, pp.488~493.

49 홍형우, 앞의 논문 재수록, pp.65~67.

50 이현혜, 「沃沮의 기원과 문화 성격에 대한 고찰」, 『韓國上古史學報』 70, 2010, p.63.

에 대해서도 의문이 남아 있다. 단결-크로우노프카 문화는 북옥저의 기층 문화일 가능성이 있다고 하였는데, 공간적으로 볼 때 이 문화를 계승하면서 일부 지역에서만 나중에 북옥저로 발전한 것이 된다. 그런데 단결-크로우노프카 문화를 계승하면서 북옥저인이 남긴 것으로 여겨지는 고고 문화는 발견되지 않는다. 즉 선주민의 문화는 뚜렷한데, 북옥저의 문화는 실체를 찾을 수 없는 문제가 발생한다. 차라리 북옥저인이 일찍이 단결-크로우노프카 문화를 영위하였고, 고구려가 이 일대로 진출하면서 비로소 역사 문헌에 등장한 것으로 파악하는 것이 타당할 듯하다.

연해주는 남한 학자들만 교류의 장으로 삼아온 것이 아니다. 북한의 연구 논문에서 연해주의 일부 유적이 1970년대부터 보이지만 체계적인 정리는 이루어지지 않았고, 1991년에 유적유물 도감이 편찬될 때 연해주 유적이 간략히 소개되었다.[51] 1990년에 북한 연구자들이 연해주 답사를 하였고, 1991년에는 콘스탄티노프카 취락지 발굴에 참여하였다. 1993년에는 코프이토 절터 발굴에 참여하고 크라스키노 유적 발굴도 참관하였다. 러시아 연구자들은 1991년에 북한의 오매리 유적 발굴에 참여하여 사방 4m 범위의 작은 부분을 담당했다고 한다. 그러나 1993년 여름 코프이토 절터를 발굴할 때 한국의 매스컴이 갑자기 방문하는 돌발 사건이 발생하였고, 이 때문에 발굴 도중에 철수한 뒤로는 발굴 교류가 더는 이루어지지 않고 있다고 한다. 이 무렵에 연해주 발해 유물에 대한 연구 논문이 발표되었다.[52] 근래에 사회과학원 고고학연구소에서 『조선고고학전서』를 내면서 연해주 남부 일대의 주거지 및 발해 성터를 간단히 정리했을 뿐이다.[53]

51 편찬위원회, 앞의 책.
52 림호성, 「연해주에서 드러난 발해의 활과 화살에 대한 고찰」, 『조선고고연구』 1994-1.
53 사회과학원 고고학연구소, 『흑룡강성 및 남연해주일대의 고대집자리』 조선고고학전서 20, 진인진, 2009.

이상과 같이 러시아 연해주의 유적을 둘러싸고 남북한과 일본, 중국이 관심을 기울이며 활발히 교류하고 있다. 크라스키노 성터는 그런 관심이 특히 집중되어 있는 곳이다. 이 성터는 발해 東京에 속하면서 日本道의 출발점이기도 하다. 그런 점 때문에 남한과 일본 연구자들이 경쟁적으로 발굴해 왔다. 그런데 동경 소재지인 八連城과 그 예하의 鹽州 소재지인 크라스키노 성터 사이에는 국경이 가로놓여 국적을 달리하고 있다. 그런 이유에서인지 크라스키노 성터 발굴에는 중국도 관심을 갖기 시작하여, 2011년 여름에 처음으로 발굴에 참여하였다. 이처럼 크라스키노 성터는 한·일·중에서 각축을 벌이며 관심을 기울일 정도로 연해주 발해 유적에서 독보적인 중요성을 지니고 있다.

3. 한·러 공동 조사와 보고서

연해주와 한국의 학술 교류는 수교가 이루어진 1년 뒤인 1992년부터 시작되었다. 그 이전에는 영어 번역서[54]나 일본어 번역서[55]를 통해서 간접적으로 연구 동향을 파악했는데, 자료 입수는 미미하였다. 필자의 경우 1980년대 초에 『世界考古學事典』(平凡社, 1979)을 통해서 처음으로 샤프쿠노프 에. 붸.의 1968년 저서를 알게 되었고, 京都大學 도서관을 통해서 복사물을 구해 볼 수 있었다.

사회과학원 고고학연구소, 『발해의 성곽과 건축』 조선고고학전서 41, 진인진, 2009.

54 Okladnikov A. P., 앞의 책, 1965.

55 다음을 예로 들 수 있다.
オクラドニコフ ア·ペ· 저, 加藤九祚·加藤晋平 역, 앞의 책.
オクラドニコフ ア·ペ· 외 저, 荻原眞子외 역, 『シベリア極東の考古學』 2, 沿海州篇, 河出書房新社, 1982.

1992년부터 최근에 이르기까지 한국 고대사·고고학계와 러시아 학계의 교류는 1998년경을 경계로 해서 크게 두 시기로 나눌 수 있다.[56] 이 동안에 학술 교류는 발해를 매개로 이루어졌고, 최근에 와서야 초기 철기시대, 청동기시대, 신석기시대 등 다른 분야로 확대되었다.

제1기는 '현황 파악기'이다. 이때는 연해주 유적을 처음으로 답사하면서 러시아 연구자들의 연구 성과를 이해하던 단계였다. 이 기간에는 고려학술문화재단과 대륙연구소가 답사와 발굴을 주도하였다. 기록을 남기기 위해서 두 기관의 활동 내역을 자세히 정리해 보았다(표 8-1).

두 기관에서 벌인 5차의 답사 및 6차의 발굴에 대한 결과는 몇 권의 책으로 정리되었다.

(1) 송기호, 『발해를 찾아서—만주, 연해주 등 답사기』, 솔, 1993(개정증보판, 2017) 및 『발해를 다시 본다』, 주류성, 1999(개정증보판, 2008).
(2) 원호식 편, 『러시아 연해주 발해유적』, 대륙연구소, 1994.
(3) 연해주 문화유적 조사단 편, 『연해주에 남아 있는 발해—沿海州 渤海遺蹟 調查報告』, 高麗學術文化財團, 1999.
(4) 문명대·이남석·Voldin V. I. 외, 『러시아 연해주 크라스키노 발해사원지 발굴보고서』, 고구려연구재단, 2004.

블라디보스토크가 개방되고 한·러 수교가 이루어지면서 러시아 극동지역에 대한 경제적 관심도 고조되었다. 1990년대 초에 유엔개발계획

---

56 그간의 교류 경과를 전반적으로 정리한 것으로 다음 글이 있다.
송기호, 「해외 발해 유적의 조사 현황과 방향」, 『해외소재 우리역사 관련 문화유적의 현황과 보존』, 문화재연구소, 1995. 5. 24.
정석배, 「한러 공동 발해유적 발굴조사의 성과와 과제」, 제51회 전국역사학대회 발표문, 2008. 5. 31.

표 8-1. 제1기의 답사 및 발굴 연표

① 고려학술문화재단	
1차 답사 (1992. 8)	- 하바롭스크 박물관, 블라디보스토크 박물관, 과학원 역사고고연구소 방문 - 니콜라예프카 성터, 노보고르데예프카 성터, 크라스키노 성터, 코프이토 절터, 유즈노 우수리스크 성터, 크라스노야르 성터 답사
2차 답사 (1992. 11)	- 하바롭스크 사카치-알랸 암각화 및 나나이족 마을 답사 - 니콜라예프카 성터, 코르사코프카 절터, 샤이가 성터, 파르티잔스크 박물관, 아나니예프카 성터 답사
1차 발굴 (1993. 8)	- 아브라모프카 III 말갈 주거지 발굴 - 아브라모프카 강 연안의 주거지 · 고분군·산포지 등 조사, 니콜라예프카 I, II 성터 답사
3차 답사 (1994. 3)	- 마리야노프카 성터, 코르사코프카 절터, 코프이토 절터, 스쵸클랴누하 성터, 라코프카 일대 말갈 주거지들 답사
2차 발굴 (1994. 8)	- 아브리코스 취락지 및 코프이토 산기슭에 분포한 적석 유구 시굴 - 코프이토 절터, 아브리코스 절터, 코르사코프카 절터 및 주변, 크로우노프카 강 연안 유적, 콘스탄티노프카 취락지, 바실리예프카 마을 부근 산상 유구, 미하일로프카 II 말갈 주거지 답사
3차 발굴 (1995. 7)	- 마리야노프카 성터 발굴 - 고르바트카 성터, 유르코프 산성, 우수리스크 절터, 크라스노야르 성터 답사
4차 답사 (1997. 8)	- 국립극동대학교 박물관 수장고 유물 조사 및 아르도프산 석축 주거지 발굴 현장 답사
② 대륙연구소	
1차 답사 (1992. 8)	- 과학원 역사고고연구소 방문 - 크라스키노 성터, 코르사코프카 절터, 코프이토 절터, 콘스탄티노프카 유적, 아나니예프카 성터, 우수리스크, 샤이가 성터 답사
1차 발굴 (1993. 5)	- 코르사코프카 절터, 우수리스크 절터, 크라스키노 고분 발굴
2차 발굴 (1994. 7)	- 크라스키노 절터 1차 발굴
3차 발굴 (1998. 7)	- 크라스키노 절터 2차 발굴(한국미술사연구소에서 담당)

(UNDP)은 두만강 유역에 대규모 자유무역지대와 공단 등을 설립하려는 계획을 추진하였고, 북한의 청진, 중국의 연길, 러시아의 블라디보스토크를 잇는 삼각지대 개발안도 마련하였다. 러시아 고려인, 중국 조선인을 활용하면서 경제난에 시달리는 북한의 경제력을 높이려는 목적이 있었다.

이에 대한 중국과 러시아의 우려 때문인지 결과적으로는 구체적인 성과를 내지 못하고 말았다. 이를 대신하여 최근에 중국에서는 북한과 독자적으로 중국과 북한을 연결하는 창지투(長吉図) 개발을 추진하고 있다.

다른 한편으로 유럽과 연결하는 물류의 거점으로서 나홋카 항구와 보스토치니 항구가 주목되었다. 이곳에서 시베리아 횡단열차를 통해서 화물을 운송하는 것이 경제적이었으므로, 이 항구의 물동량을 확보하기 위해서 한일 간에 경쟁이 일었다. 한국에서는 그 배후지에 한국공단을 설립하는 구체적인 안도 마련했지만 경제위기로 중단되고 말았다.

이러한 분위기 속에서 국내에서는 '환동해', 일본에서는 '환일본해'에 대한 붐이 일었고, 이것은 학문적 관심으로까지 확대할 수 있는 호기가 되었다. 또 고려학술문화재단의 장치혁 회장은 역사학자인 부친의 망명지였기에 연해주 탐사에 지원을 아끼지 않았다.

그러나 1997년 말 한국사회에 닥친 외환위기는 당시까지 활발했던 연구에 찬물을 끼얹었다. 기업 활동이 크게 위축되어 더는 뒷받침을 할 수 없었다. 러시아에서도 1998년 8월에 모라토리엄을 선언하면서 역시 경제적 시련을 겪었다. 이런 사정으로 한·러 간의 고고학 교류는 일시 중단되었으며, 2000년대에 들어 재개됨으로써 제2기가 시작되었다.

제2기는 '발굴 조사의 심화·확대기'이다. 앞 단계와 다른 새로운 조사 기관이 참여하였고, 조사 숫자도 늘고 수준도 높아졌다. 국립문화재연구소는 2000~2002년까지 3년간 아무르강 하류에 있는 수추섬 신석기 유적을 발굴하였고, 다음 해인 2003년부터 그 활동 범위를 연해주로 확대하였다. 한국전통문화학교도 2003~2008년까지 6차에 걸쳐 발해 유적을 발굴하였다.

2003년 여름에 불거진 중국의 동북공정은 크라스키노 발굴을 재개하는 원동력이 되었다. 고구려연구재단(동북아역사재단)에서는 2004년부터 대륙연구소의 사업을 이어받아 매년 크라스키노 성터를 발굴해 왔다. 여기에 한국전통문화학교, 부경대학교 등에서도 새로운 분야를 개척하면서 연해주 발굴에 가세하였다.

이들의 활동 내역을 정리하면 〈표 8-2〉와 같다. 조사 결과도 보고서로 속속 출간되었다.

(1) 국립문화재연구소 · 러시아과학원 시베리아지부 고고학민족학연구소, 『연해주 불로치까 유적』 I · II · III, 2004 · 2005 · 2006.

(2) 볼딘 V. I. · 겔만 E. I., 『2004년도 러시아 연해주 발해 유적 발굴보고서』, 고구려연구재단, 2005.

(3) 한국전통문화학교 · 극동국립기술대학교, 『연해주 체르냐찌노 5 발해 고분군』 I · II · III · IV, 2005 · 2006 · 2007 · 2009.

(4)-1 고구려연구재단 · 러시아극동 역사고고민속학연구소, 『2005년도 러시아 연해주 크라스키노성 발굴보고서』, 고구려연구재단, 2006.

(4)-2 동북아역사재단 · 러시아극동 역사고고민속학연구소, 『2006년도 러시아 연해주 크라스키노성 발굴보고서』, 동북아역사재단, 2007.

(4)-3 동북아역사재단 · 러시아과학원 극동분소 역사고고민속학연구소, 『2007년도 러시아 연해주 크라스키노성 발굴보고서』, 동북아역사재단, 2008.

(4)-4 동북아역사재단 · 러시아과학원 극동분소 역사고고민속학연구소, 『2008년도 연해주 크라스키노성 발굴보고서』, 동북아역사재단, 2010.

(4)-5 동북아역사재단 · 러시아과학원 극동분소 역사고고민속학연구소, 『2009년도 연해주 크라스키노성 발굴보고서』, 동북아역사재단, 2011.

(4)-6 동북아역사재단 · 러시아과학원 극동분소 역사고고민속학연구소, 『2010년도 연해주 크라스키노성 발굴보고서』, 동북아역사재단,

표 8-2. 제2기 발굴 연표

국립문화재연구소		한국전통문화학교		고구려연구재단 (동북아역사재단)		강인욱 (서울대 고고미술사학과)	
2000~2002	수추섬 발굴	2003~2008	체르냐티노-5 고분군 발굴	2004~2012	크라스키노 성터 매년 발굴	2005	드보랸카-1 유적
2003~2005	불로치카 발굴	2007~2008	체르냐티노-2 주거유적도 발굴				
2006~2009	연해주 유적 지표조사	2010~	연해주 발해 유적 현황 파악, 발굴된 발해 유적의 발굴보고서 국내 간행 사업	제주문화예술재단		부경대학교	
2007~2009	西아무르 유역의 트로이츠코예 고분, 돌고예 오제로 유적, 오시노보예 오제로 유적 발굴			2003	아무르 중류 노보페트로프카 III 유적	2007~2009	바라바쉬-3 유적 발굴
2007	연해주 소콜로프카 유적 발굴			2004	아무르 중류 그로마투하 유적		
2008~2012	연해주 콕샤로프카-1 발해성 발굴						

2011.

(4)-7 동북아역사재단 · 러시아과학원 극동분소 역사고고민속학연구소, 『2011년도 연해주 크라스키노성 발굴보고서』, 동북아역사재단, 2012.

(5) 국립문화재연구소 · 역사학고고학민속학연구소, 『연해주의 문화유적』 I · II · III, 2007 · 2008 · 2010(II권에 소콜로프카 유적 발굴보고 포함).

(6) 한국전통문화학교 · 극동국립기술대학교 · 역사학고고학민족학연구소, 『연해주 체르냐찌노 2 옥저 · 발해 주거유적』 I · II, 2008 · 2009.

(7) 국립문화재연구소 · 역사학고고학민속학연구소, 『연해주 콕샤로프카-1 평지성』, 2012.

2012년까지 이루어진 발굴 성과를 연해주에만 한정하여 시대별로 재정리하면 〈표 8-3〉과 같다.

강인욱이 서울대 학생들과 함께 참여하여 발굴한 드보랸카-1 유적에서는 신석기시대 주거지, 청동기시대 多人葬 석곽묘가 발굴되었다.[57] 특히 석곽묘는 만주에서 연해주로 유입된 문화로서 연해주 청동기 문화를 이해하는 데 중요한 자료가 되었다.

연해주 초기 철기 문화는 얀콥스키 문화, 크로우노프카 문화, 폴체 문화(올가 문화)로 구분된다. 얀콥스키 문화에 속하는 바라바쉬-3 주거지 조사에서 첫해에 8점의 철기가 발굴되는 이변이 일어났다. 이렇게 많은 철기가 발굴된 것은 처음 있는 일이었고, 얀콥스키 문화에서 철기가 발견된 것은 30여 년 만의 일이라고 한다. 연해주 선사유적에 대한 한·러 합동 발굴의 신호탄을 이루는 이 발굴에서 기대 이상의 수확을 이룬 것이다. 연해주 철기 문화의 기원을 밝히는 데에 획기적인 자료가 될 것으로 기대된다.[58]

57 클류에프 N. A · 강인욱, 「2004~2006년 러시아 연해주 드보랸카1유적의 발굴과 연해주로 초기신석기 및 청동기문화전파의 문제(Раскопки памятника Дворянке-1 в Приморье в 2004-2006 гг., -к проблемам среднего раннего неолита и распространиния бронзовой культурыы в Приморье)」, 『동북아문화연구』 19, 동북아시아문화학회, 2009.

58 강인욱 · Kluyev N. · 김재윤 외, 「한러 국경지역서 만난 철기유적 바라바쉬-3 얀꼽스끼문화 주거지 발굴」, 『계간 한국의 고고학』 2008년 봄호.

표 8-3. 연해주 발굴 · 시굴 유적 일람표

시대	유적	발굴 연도	발굴 기관
신석기~청동기	드보랸카-1 유적	2004~2006	강인욱
얀콥스키 문화	바라바쉬-3 주거지	2007~2009	부경대학교
	소콜로프카 유적	2007	국립문화재연구소
크로우노프카 문화	체르냐티노-2 주거지	2007~2008	한국전통문화학교
크로우노프카-폴체 문화	불로치카 주거지	2003~2005	국립문화재연구소
말갈 문화(발해 건국 이전)	아브라모프카 III 주거지	1993	고려학술문화재단
발해	코르사코프카 절터	1993	대륙연구소
	크라스키노 성터, 절터	1994, 1998, 2004~2012	대륙연구소, 고구려연구재단, 동북아역사재단
	적석 유구 시굴, 묘광 미발견	1994	고려학술문화재단
	마리야노프카 성터	1995	고려학술문화재단
	체르냐티노-5 고분군	2003~2008	한국전통문화학교
	체르냐티노-2 주거지	2007~2008	한국전통문화학교
	콕샤로프카-1 성터	2008~2012	국립문화재연구소
발해 이후	우수리스크 절터	1993	대륙연구소
	크라스키노 고분	1993	대륙연구소

소콜로프카 유적은 70여 기의 봉토분과 다수의 적석유구로 이루어져 있는데, 이 가운데 커다란 원형 적석유구 2기를 발굴하였다. 1호는 얀콥스키 문화로 편년되지만, 2호는 교란되어 얀콥스키 문화 유물과 더불어 후대의 유물이 뒤섞여 있었다. 이들은 원래 발해 고분으로 추정하여 발해 세력이 시호테알린산맥을 넘어 동해안까지 진출했는지 확인하고자 했지만, 발굴 결과 의례용 토기 등이 매납된 얀콥스키 문화의 제사유구로 판명되었다.[59]

59 홍형우 외, 「아무르강 유역에서 발해 관련 유적 확인—한러 공동발굴조사 성과발표」, 문화재청 보도자료, 2007. 9. 18.

크로우노프카 문화는 北沃沮人들이 남긴 것이다. 이와 관련된 유적으로 체르냐티노-2 주거지가 있는데, 이곳에서 발해 주거지, 폐기물 구덩이와 함께 크로우노프카 문화 시기의 주거지, 토기가마터가 발굴되었다.[60] 특히 한 구역에서 층위를 달리하며 크로우노프카 문화, 발해 문화, 19세기 고려인 단계의 온돌이 각각 발굴되어 연해주 온돌의 역사를 한 곳에서 살필 수 있었다. 크로우노프카 문화와 발해 문화 사이에 있었던 말갈 문화 단계가 이 유적에서는 확인되지 않는 점도 주목된다.

불로치카 주거지도 발굴되었다. 이곳에서 3년간 23기의 주거지가 조사되었는데, 신석기시대에 속하는 자이사노프카 문화 주거지 3기, 크로우노프카 문화 주거지 5기, 폴체 문화 주거지 15기로 이루어져 있다.[61] 여러 시기에 걸쳐 조성된 주거집단의 변화 양상을 살필 수 있는 유적으로서, 특히 크로우노프카 문화 주인공들이 발명한 쪽구들이 폴체인에게까지 전수된 모습을 살펴볼 수 있어 흥미롭다.

아브라모프카 III 주거지는 부근에서 발굴된 말갈 토광묘군과 더불어 발해 건국 직전 연해주에 거주하던 말갈인의 주거 양상을 보여 주었다.

앞에서 연해주 발해 유적의 숫자에 대해서 언급했지만, 이 가운데 한·러 공동 발굴이 이루어진 곳은 아주 제한적이지만, 나름대로의 성과를 거둔 것은 부인할 수 없다. 지금까지 발굴된 발해 유적에는 절터, 성터, 주거지, 고분이 있다.

코르사코프카 절터에서는 발해 유적에서 처음으로 봉황문 와당이 발

국립문화재연구소·역사학고고학민속학연구소, 「소콜로프카 유적 발굴조사」, 『연해주의 문화유적』 II, 2008.

60 정석배, 「체르냐찌노 2 주거유적—제5차 한러 공동 연해주 발해 문화유적 발굴조사」, 『계간 한국의 고고학』 2007년 겨울호.
한국전통문화학교·극동국립기술대학교·역사학고고학민족학연구소, 『연해주 체르냐찌노 2 옥저·발해 주거유적』 I·II, 2008·2009.

61 국립문화재연구소·러시아과학원 시베리아지부 고고학민족학연구소, 『연해주 불로치까 유적 III—제6차 한러공동발굴조사』, 2006, p.285.

굴되어 주목을 끌었고, 기와 가마터도 발굴되었다.

크라스키노 성터에서는 북서쪽에 위치한 절터와 그 주변을 발굴해 왔다. 특히 초창기에 발굴한 절터에서는 金銅佛手, 金銅菩薩立像, 연꽃 봉오리 장식 등이 출토되어 발해 불교문화사 연구 자료를 확보하였다. 다만 코르사코프카 절터에서 섞여 발굴된 근세 기와의 '秋豊' 명문을 발해 연호로 오해하거나 크라스키노 부근에서 발굴한 발해보다 늦은 시기의 고분을 발해 고분으로 판단하는 잘못도 있었다.[62] 이것은 연해주 유적에 대한 정보가 부족했던 초창기의 어쩔 수 없는 시행착오였다. 이에 더하여 당시에 발굴된 佛手 등 일부 유물의 행방이 묘연하다는 것도 아쉬운 일이다.

크라스키노 성터는 2004년부터 매년 조사가 이루어졌는데, 적어도 세 차례에 걸쳐 증축된 것으로 여겨진다. 문화층도 2.5m에 달할 정도로 두꺼운데, 2005~2007년의 발굴을 통해서 북서부의 일부 주거 지역에서는 최대 6개 층위까지 형성되어 있는 것으로 판명되었다. 최하위층이 과연 발해 층위인지 아니면 그 이전 고구려 층위에 해당하는지는 아직 논란이 있지만, 이 성터에서는 말갈계 유물이 거의 보이지 않고 고구려계 유물이 절대다수를 차지한다는 점에서 주목할 만하다. 층위를 달리하는 다수의 주거지가 발굴되었는데, 쪽구들이 사용된 것은 발해 초기부터가 아니라 그 뒤인 사실이 밝혀졌다. 2009년도 발굴에서는 쪽구들이 설치된 지상식 주거지와 화덕이 설치된 수혈 주거지로 나뉘는 것을 볼 수 있었다. 또 이전에 '主(川)', '日'과 같은 한두 글자의 명문이 발견된 적은 있지만, 2008년도 발굴에서는 '道隆' '弘知'라는 네 글자가 병렬적으로 쓰인 토기가 확인되었다. 그러나 읽는 순서와 인명 여부가 명확하지 않다. 2009년에는 남문지 근처의 주작대로에 대한 조사도 시행되었으나 물이 차올라서 별다

62 李南奭, 「크라스키노 고분 발굴 성과와 고고학적 의의」, 『전망』 8, 대륙연구소, 1993.
韓圭哲, 「연해주 발해유적 발굴과 향후 발해사 연구의 과제」, 위의 책.

른 성과를 거두지는 못하였다.

마리야노프카 성터는 연해주의 발해 유적 가운데 당시까지는 최북단에 위치하여, 발해의 통치 범위를 추정하는 기준점이 되었다. 그런 만큼 발해 변경의 성터를 이해할 수 있는 의미 있는 유적이다. 이곳에서 다수의 수혈 주거지와 석축 담장 일부를 발굴하였다. 발굴을 통해 부싯돌처럼 사용된 鐵片인 부싯쇠가 발굴되었고, 물소 뿔에 龍 모양을 새긴 독특한 손잡이도 발굴되었는데, 나중에 양자가 합체되는 것이 확인되었다. 그 후의 검토 결과 이것은 샤먼이 의례용으로 사용했던 것으로 추정되었다.[63] 최근에는 이보다 북쪽에서도 발해 성터가 발견되기 시작하고 있다.

콕샤로프카-1 성터는 2008년도에 발굴을 시작하여 2014년에 마무리하였다.[64] 발해 영역으로 볼 때 동북쪽으로 가장 멀리 떨어진 발해 성터로서 우수리강 상류에 위치한다. 따라서 발해의 동북쪽 변경의 실상을 파악하기 위해서 발굴 대상으로 삼았다. 사다리꼴의 평지성으로서, 지표 조사 시 다수의 인물이 손을 잡고 있는 형상의 토기편이 수습되었다. 또 내부 중심지에서 300여 m 둘레의 장방형 담장이 둘러쳐진 구역이 발견되었고, 그 북부에서 7동의 由자형 평면의 쪽구들 건물이 나란히 배치된 것이 확인되었다. 2010년에는 器臺 여러 점이 발해 유적에서 처음으로 발굴되었고, 越州窯 제작의 참외형 청자 注子도 발굴되었다. 다만 출토 유물이 적은 데다가 시기가 발해 후기 내지 멸망 직후로 추정되어 건물의 성격을 파악하기가 어려운 실정이다. 이 성터는 고구려에서 멀리 떨어진 곳임에도 말갈 토기가 발견되지 않아 특기할 만하다. 따라서 말갈족의 중심지는

63 샤프쿠노프 에. 붸., 「마리야노프카 성터에서 출토된 독특한 모양의 부싯쇠 손잡이」, 『러시아과학원 극동지부 통보』 1996-2, 블라디보스토크: Шавкунов Э. В., Уникальный держатель от кресала из Марьяновского городища // Вестник Дальневосточного отделения российской академии НАУК, No. 2, Владивосток, 1996.

64 국립문화재연구소 · 역사학고고학민속학연구소, 『연해주 콕샤로프카-1 평지성』, 2012.

아니었고, 시기가 늦는 데다가 제사나 의례에 사용되는 기대가 출토된 것으로 보아 발해 멸망 후 유민들의 중심지였을 가능성이 크다.[65] 콕샤로프카-1 성터는 15부의 하나인 安邊府의 소재지로서 발해 멸망 직후에 활동한 유민들의 근거지였으며, 건물지는 이때 조성된 宗廟(7廟) 유적으로 판단된다.[66]

연해주에서 발해 시대의 성터와 절터는 많이 발견되었지만, 그에 비해서 고분의 존재가 제대로 드러나지 않는 숙제를 안고 있었다. 오래전에 코프이토 절터와 아브리코스 절터 부근에서 소수의 고분이 발굴된 적이 있어서,[67] 이를 재차 확인하기 위해서 적석묘로 추정되는 유구들을 1994년에 시굴해 본 적이 있었다. 그러나 적석 아래서 묘장 시설이 전혀 발견되지 않아서 실패하고 말았다. 다행히 1997년에 체르냐티노-5 고분군이 발견되었고, 2003년에는 크라스키노 성터 주변에서 발해 석실묘의 존재가 확인되었다.[68]

체르냐티노-5 고분군은 연해주에서 본격적으로 발굴된 고분 유적이다. 2003~2008년에 한국과 공동으로 147기를 발굴하였고, 그 이전에 발굴된 41기를 합치면 188기에 이른다. 이렇게 대량의 고분이 발견되고 또 발굴된 것은 연해주에서 처음 있는 일이어서 그 자체만으로도 성과가 크다. 토광묘가 대다수를 이루면서 석실묘, 부석묘, 위석묘, 무시설 무덤 등 다양한 고분 양식이 확인되었고, 장법에서도 生葬, 화장, 굴지장, 단인장, 다인장, 1차장, 2차장 등 역시 다양한 모습이 나타나서 매우 주목된다.[69]

---

65 겔만 예. 이.는 정안국과 연계시켰으나, 정안국 중심지와 거리상으로 너무 멀다. Gelman E. I. 저, 정석배 역, 앞의 논문, p.261.

66 송기호, 「발해건축사 연구 동향과 콕샤로프카1 성터 건물지의 성격」, 『건축역사연구』 80, 한국건축역사학회, 2012.

67 지금은 러시아에서 발해 고분으로 인정하지 않는 추세이다.

68 니끼친 Yu. G., 「끄라스끼노 성터 부근의 발해 고분 발굴(2003년)」, 『연해주 체르냐찌노 5 발해고분군(IV)』, 2009.

69 정석배 · 니끼친 Yu. G., 「체르냐찌노 5 발해고분군의 고분유형과 출토유물」, 『고구려연구』

이것은 말갈인이 다수 살고 있던 지역에서 발해 중앙 문화를 흡수해 가는 양상을 여실히 보여 준다. 그런 점에서 발해 지방사회의 변천 상황을 그려 볼 수 있는 흥미로운 자료이다.

이상 설명한 유적 외에 아무르강 연안에서 수추섬·노보페트로프카 III·그로마투하 신석기 유적, 트로이츠코예 말갈고분, 돌고예 오제로 유적, 오시노보예 오제로 유적이 발굴되었다.[70] 특히 트로이츠코예 말갈고분은 발해 영역 밖에 있던 黑水靺鞨人의 무덤 양상을 보여 주는 중요 자료이다.[71]

지금까지의 발굴 성과를 살펴보면, 제2기에는 제1기보다 지역적으로나 시대적으로 대상 범위가 크게 확대된 것을 느낄 수 있다. 연해주 일대에 한정되었던 발굴이 아무르강 일대까지 넓혀졌고, 발해 시대에 초점을 맞추었던 조사도 발해 이전 단계인 얀콥스키 문화, 크로우노프카 문화, 폴체 문화로도 거슬러 올라갔다. 이것은 한국사와의 관련성에서 접근하던 태도에서 이제는 연해주 자체의 역사에 대한 관심으로 발전했음을 의미한다.

26, 2007.

70 국립문화재연구소·러시아과학원 시베리아지부 고고학민족학연구소, 『러시아 아무르강 하류 수추섬 신석기시대 주거유적 발굴조사보고서』 I·II·III, 2001·2002·2003.
홍형우 외, 앞의 보도자료, 2007.
국립문화재연구소·러시아과학원 시베리아지부 고고학민족학연구소, 『트로이츠코예 고분군』, 2008.
국립문화재연구소·러시아과학원 시베리아지부 고고학민족학연구소, 『돌고예 오제로 유적』, 2009.

71 발해인 또는 속말말갈인이 西아무르 지역으로 이주하여 남긴 것이라는 주장도 있으나, 이주의 근거가 명확하지 않아서 납득하기 어렵다. 『新唐書』 흑수말갈전에는 남흑수말갈과 북흑수말갈로 양분되어 있고, 모두 16부락으로 나뉘어 있다고 하였으므로, 흑수말갈에도 다양한 집단이 존재했던 것을 알 수 있다.
므일니꼬바 L. N.·네스쩨로프 S. P. 저, 정석배 역, 「西아무르 유역의 말갈 뜨로이쯔꼬예 그룹 토기와 민족문화사」, 『高句麗渤海硏究』 32, 2008.
정석배, 「아무르·연해주 지역의 말갈—연구현황과 과제」, 『高句麗渤海硏究』 35, 2009, p.91.

그러한 배경으로 연구 인력의 변동을 들 수 있다. 제1기에서는 주로 발해사를 중심으로 한국 연구자들이 참여했지만, 제2기에 들어서는 러시아에서 공부한 유학파 고고학자들인 정석배, 강인욱, 홍형우, 김재윤 등이 가세하였다. 이들은 러시아어를 제대로 구사할 수 있는 장점을 가지고 독자적으로 자신의 연구 주제와 관련된 발굴을 진행하였다.

이에 따라 연구자별로 대상 시대가 점차 분화되기 시작했으니 바람직한 현상이다. 모스크바에서 정석배, 노보시비르스크에서 강인욱, 홍형우가 박사학위를 받은 뒤, 연해주에서는 김재윤이 2010년에 신석기시대를 주제로 고고학 박사학위를 처음 받았다.[72]

이상으로 두 시기에 걸쳐 이루어진 답사 및 발굴 성과를 자세히 정리해 보았다. 이 밖에도 1994년에 고려학술문화재단(장치혁 회장)이 국립극동대학교에 한국학대학을 설립하고 발해전시실을 개관하는 데에 지원하였고, 2005년 10월에는 이 대학교에 발해연구소를 설립하여 5년 단위로 매년 연구비를 지원해 왔다. 또 국립문화재연구소에서는 수추섬 유적과 불로치카 유적의 발굴 성과를 바탕으로 2006년에 '아무르·연해주의 신비'라는 국내 전시회를 열었는데, 이 도록과 함께 국내에서 출간된 몇 가지 서적을 더 살펴볼 필요가 있다.

(1) 국립문화재연구소, 『한러 공동발굴특별전 아무르·연해주의 신비』(도록), 2006.

(2) 강인욱, 『춤추는 발해인』, 주류성, 2009.

(3) 한국전통문화학교·러시아과학원 극동지소 역사학고고학민족학연구소, 『연해주의 발해유적과 꼰스딴찌노브까 1 주거유적』, 2010.

---

72 金재윤, 『연해주 및 인접한 동아시아 신석기시대 후기의 토기 연구(Керамика позднего неолита Приморья и сопредельных территорий Восточной Азии)』 2010. 5.

(4) 아트쪠미예바 N. G. 지음, 정석배 옮김, 『연해주 여진의 주거 건축』, 학연문화사, 2011.

강인욱의 저서는 대중용 역사기행이다. (3), (4)는 〈표 8-2〉에 제시했듯이 2010년부터 새롭게 시작한 한국전통문화학교의 사업 결과물이다. 콘스탄티노프카-1 주거유적 보고서는 러시아에서 1987~1992년 사이에 네 차례 발굴한 발해 주거지 자료를 정리하여 책으로 펴낸 것이다. 중국과 러시아 국경에 근접한 곳에 위치하는 이 유적에서 발해 시대 쪽구들이 발굴되어 주목을 받아왔던 곳이다. 정석배는 이 보고서를 발간하면서 발굴 과정에서 상하 두 층의 중세 문화층을 12~13세기 女眞 시기, 발해 후기로 각각 비정한 러시아 연구자의 견해가 잘못된 것임을 발견하고, 두 층위 모두 발해 시기에 해당된다는 사실을 밝혀냈다. 상하 두 층의 5기 쪽구들 주거지가 모두 발해 것이라는 것이다. 이 사실은 보고서뿐 아니라 별도 논문으로도 발표하였다.[73]

여진족의 주거 건축에 관한 번역서는 이 방면의 전공자가 12~13세기 女眞族의 주거 건축 자료를 종합적으로 정리한 책이다. 우리가 직접 접할 수 없는 여진 건축 자체에 대한 이해를 높이는 것은 물론 발해 주거지를 복원하는 데 중요한 참고 자료가 될 것이다. 특히 발해 멸망 후 여진족 사이에서 다양하게 발달한 쪽구들의 역사를 이해하는 데 긴요한 책이다.

4. 이해의 심화를 위하여

1998년은 발해 건국 1300주년이 되는 해였다. 이 해를 기념하기 위해서

73 정석배, 「꼰스딴찌노브까 1 주거유적 쪽구들 연구」, 『高句麗渤海硏究』 38, 2010.

학술회의를 처음으로 조직하기 시작한 것은 러시아 연구자들이었다.[74] 발해 건국 1300주년을 기념하여 '발해의 별'이라는 인삼주를 출시한 곳도 연해주였다. 이를 통해 발해사에 대한 러시아 연구자의 남다른 애정을 느낄 수 있다. 그렇지만 발해사 연구가 연해주 자료를 중심으로 이루어지고 있는 데에서 나름대로 한계성을 지닌다. 따라서 양국 연구자들이 발해사 실체에 더욱 다가가기 위해서는, 한국의 시각에서 그들의 연구를 비판적으로 바라볼 필요가 있다.

앞에서는 발굴과 답사를 중심으로 한 교류를 언급하였는데, 한·러 간에는 다른 형태의 학술 교류도 잦아지고 있다. 러시아의 발해사 연구 성과가 처음으로 국내에 번역되어 소개된 것은 1985년으로서, 필자가 번역한 샤프쿠노프 에. 붸. 저서(1968년)의 일부였다. 이것은 1960년대까지 조사된 연해주의 발해 유적 현황을 파악하는 데에 일조하였지만, 그동안 지명과 유적 명칭이 많이 바뀐 데다가, 국내에서 간행된 러시아어 사전도 없었고 연해주 지도마저 입수하기 어려웠던 시절인지라 유적의 소재지를 파악하는 데에 애를 먹었다.

1990년대 초까지 몇 편의 글이 번역되었고, 1996년에는 당시까지의 연구 성과를 집대성한 단행본이 완역되어[75] 지금도 국내 연구자들의 지침서 역할을 한다. 이제는 『고구려연구』(2008년부터 『고구려발해연구』) 등의 학

---

74 그 결과물은 다음 두 책에 담겨 있다.
The First International Symposium of Bohai Culture—To the 1300 anniversary of the foundation of Bohai state, Primorski historic-archaeological society *Antiquities of North-Eastern Eurasia* (Vladivostok), The Society of North-Eurasian Studies (Tokyo), Vladivostok, 1996. 10. 3.~5.
아르테미예프 아. 에르. 책임편집, 『동부 아시아의 고대사와 중세사—발해 건국 1300주년에 부쳐: 국제학술회의(블라디보스토크, 1998. 9. 21~26) 자료집』, 블라디보스토크, 2001: Артемьев А. Р., Древняя и средневековая история Восточной Азии -К 1300-летию образования государства Бохай: Материалы междунар. науч. конф. (Владивосток, 21-26 сентября 1998г.), Владивосток, 2001.

75 샤프쿠노프 에. 붸. 엮음, 송기호·정석배 옮김, 앞의 책.

술지, 『계간 한국의 고고학』 등의 소식지에 러시아의 주요 성과들이 소개되고 있다.

러시아에서 한국의 연구 성과를 검토하고 이해하려는 시도는 1992년에 나타났지만[76] 아직까지 미미한 편이다. 이것은 러시아 자료가 1차 사료적 성격을 띠는 고고 조사의 결과물인 데 비해 한국 측 자료는 이를 바탕으로 한 연구 결과물이기 때문이기도 하다. 또 러시아 연구자들이 한국어를 구사하지 못하는 데에도 원인이 있다. 다행히 근래에 고려인 연구자가 한국 측 성과를 소개한 글이 발표되었지만, 이런 활동이 지속될지는 아직 미지수이다.[77]

1993년 3월에 샤프쿠노프 에. 붸.가 국내 학술대회에 참가하여 논문을 발표[78]한 이래, 지금까지 일일이 열거할 수 없을 정도로 학술대회 교류가 활발히 이루어져 왔다. 대개 러시아 연구자들이 국내에 초청되어 발표하는 형식을 취하였다. 이에 비해 러시아 연해주에서는 발해 건국 1300주년 기념 학술회의가 두 차례 열렸고, 이 밖에 2007년 10월에 고려학술문화재단이 주최하여 한·북·러 학자가 참여한 '동북아 고대사 학술회의'

---

76 샤프쿠노프 에. 붸., 「객관적인 입장에서—한국 연구자들의 연구 활동에 나타난 발해(대한민국 송기호의 발표문에 의함)」, 『러시아와 아시아 태평양지역』 1992-2, 러시아 과학원 극동지부 극동민족 역사학·고고학·민족학연구소, 블라디보스토크: Шавкунов Э. В., С объективных позиций-Бохай в трудах корейских исследователей (По публикациям Сон Ки Хо, Республика Корея) // Россия и АТР, No. 2, Ин-т истории, археологии и этнографии народов Дальнего Востока ДВО РАН, Владивосток, 1992.

77 김 알렉산드르, 「대한민국에서의 발해사 연구」, 『러시아와 아시아 태평양지역』 2003-3, 블라디보스토크: А. Ким, Изучение истории Бохая в Республике Корея // Россия и АТР, No. 3, Владивосток, 2003.
김 알렉산드르, 「발해국사—남한의 연구자료에 의함」, 박사학위논문 요약문, 블라디보스토크, 2007: Ким Александр Алексеевич, История государства Бохай (по материалам исследований южнокорейских учёных), Автореферат диссертации на соискание ученой степени кандидата исторических наук, Владивосток, 2007.

78 샤프쿠노프 에. 붸., 1993년 3월 발표문(2000 재수록).

가 국립극동대학교에서 개최되었으며,[79] 2010년에는 국제고려학회 주관으로 이 대학교에서 '동아시아세계와 발해'라는 국제학술워크숍이 한·러 수교 20주년을 기념하여 개최되었다.[80] 블라디보스토크에서 열린 회의는 이렇게 손에 꼽을 정도밖에 되지 않아서 불균형이 심하다.

러시아 연구자들은 발해사를 중세 초기로 편년하고 있어서, 우리가 고대국가로 다루는 것과는 다르다. 이들은 발해를 노예제사회를 거치지 않고 원시사회 해체기에 속하는 말갈 단계에서 곧바로 중세 국가로 이행한 것으로 보고 있다. 즉 "서기 1천년기 후반은 … 낡은 원시공산관계가 비로소 도처에서 와해되기 시작하여 새로운 계급관계로 이행되던 때였다. 계급관계로 이행하던 정점은 바로 7세기 말 발해국의 건국이었다."라고 설명한다.[81] 결국 러시아에서는 발해를 연해주 최초의 封建國家이면서 多民族國家로 규정한다.

그러면 러시아 학자들이 발해사를 어떠한 시각에서 보려는가를 먼저 검토하지 않을 수 없다. 이것은 연해주 고고학 자료에 대한 해석의 기본 입장이기도 하기 때문이다. 이를 위해서는 우선 오클라드니코프 아. 페.의 견해부터 살펴보아야 한다.[82] 그는 시베리아 여러 민족에 대한 기존의 연구들을 보면 두 가지 편견이 들어가 있는 것을 알 수 있으니, 모든 문화가 유럽에서 비롯되어 주변의 야만 지역으로 퍼졌다고 생각하는 '유럽 중심주의'와 중국에서 비롯되어 주변 지역으로 퍼졌다고 하는 '아시아 중심주의' 또는 '중국 중심주의(中華主義)'가 바로 그것이라고 지적하였다. 이들은 한 민족의 인종적 우월성을 인정하고 다른 민족의 능력을 제대로 인정

79 Far Eastern National University, International Conference, *The Ancient History of States in North-Eastern Asia*, Vladivostok, 2007. 10. 2.

80 국제고려학회 · 러시아 극동국립대학교 한국학대학, *IV International Conference on Korean Studies*, 발표 요지, 2010. 10. 4.~7.

81 샤프쿠노프 에. 붸. 엮음, 송기호 · 정석배 옮김, 앞의 책, p.35.

82 オクラドニコフ ア · ペ· 저, 加藤九祚 · 加藤晋平 역, 앞의 책, 1974, pp.9~21.

하지 않는다는 점에서 본질적으로 동일한 것으로서, 이러한 편견을 모두 배제하고 시베리아 민족 문화의 독자성을 밝혀야 한다고 강조하였다.

실제로 그는 고고학, 민족학 자료와 문헌 자료로 볼 때 극동지방과 그 인접 지역에 있었던 고대 종족들은 동방뿐 아니라 서방의 카자흐스탄, 중앙아시아, 유럽과 러시아 스텝 지역의 突厥과도 문화적·정치적·경제적 관계를 맺고 있었던 사실이 확인되었다고 하면서, 과거에 중국이 중앙아시아와 극동지방에서 헤게모니를 쥐고 있었다고 하는 전통적 관념의 환상은 소멸되어 버렸다고 결론짓기도 하였다.[83]

이러한 기본 시각은 샤프쿠노프 에. 붸.의 발해사 연구에도 그대로 적용되었다. 그는 1968년의 저서 서문에서 발해가 외국 학자들의 주장처럼 중국이나 일본에 신하로서 종속되어 있었던 것이 아니라 독립된 주권국가였다는 점을 실물 자료를 바탕으로 증명하려는 데에 목적을 두고 있다고 하였고, 결론에서는 발해 문화가 독자적인 풍격과 특징을 지니고 있었다고 글을 맺었다.[84] 이러한 인식은 현재까지도 그대로 고수되고 있으니 발해는 어디까지나 '독자적이고 독립적인 왕국'이었다고 하면서 중국의 '당나라 지방정권설', 한국의 '남북국시대론'을 모두 비판하였다.[85]

그런데 발해의 독립성 규명은 그 자체로 끝나는 것이 아니다. 샤프쿠노프 에. 붸.가 "연해주의 역사는 우리 위대한 多民族 조국의 역사에서 뗄 수 없는 한 부분이다."[86]라고 지적했듯이 러시아 역사의 한 부분으로 편입하려는 데에 궁극적인 목적이 있다. 다시 말해 발해를 독립된 주권국가로 취급하여 중국사와 한국사에서 분리한 것은 결국 自國의 역사 속으로 편입하려는 의도가 있었기 때문이다. 2차 세계대전 이후 스탈린이 만주

83 위의 책, p.193.
84 샤프쿠노프 에. 붸., 앞의 책, p.14, p.121.
85 샤프쿠노프 에. 붸. 엮음, 송기호·정석배 옮김, 앞의 책, 머리말 및 연구사.
86 샤프쿠노프 에. 붸., 앞의 책, p.117.

를 중국에서 분할하여 통치하려 하였고, 1960년대에 들어 양국 간에 영토 분쟁이 있었던 역사적 배경과도 무관하지 않다. 따라서 이들은 발해사가 한국사에 속한다고는 전혀 생각하지 않는다.[87] 결국 말갈-발해-여진(금나라)-현재의 연해주 소수민족으로 이어지는 계승 관계 속에서 발해사를 바라본다.

러시아인들이 이곳에 이주해 오기 시작한 19세기 후반 이후의 역사와는 성격이 전혀 다른 그 이전의 역사마저 그들 역사의 한 부분으로 편입시키려는 것은, 중국인들이 만주 지역을 자신의 영토로 만들었다고 하여 고구려, 부여, 발해를 자기 역사의 한 부분으로 편입시키려는 의도와 다르지 않다.[88] 말갈의 역사로 바라보려는 점에서는 중국과 러시아가 동일하지만, 이 말갈을 서로 자국의 역사와 관련시키려는 점에서는 대립되어 있다. 그러면서 러시아에서는 중국의 인식을 '중국 중심주의'라고 비판하고, 중국에서는 러시아의 인식을 '패권주의'로 비난하였다.[89]

주지하다시피 발해는 여러 종족으로 이루어진 나라이다. 샤프쿠노프 에. 뷔.는 발해를 다수의 말갈 부족들과 함께 일부의 고구려인, 위구르인, 돌궐인, 실위인, 소그드인 등으로 구성된 나라로 보았다.[90] 발해는 말갈인이 주도적으로 세운 나라였으며, 고구려인은 이들에게 가장 많은 영향을 끼치기는 하였지만, 그렇다고 한국 학자들이 주장하는 것처럼 고구려의

---

87 한 예로서 러시아에서 간행된 다음 책에는 발해사가 포함되어 있지 않다.
소련과학원 동양학연구소, 『한국학 논저목록(1917~1970)』, 과학출판사, 모스크바, 1981.

88 송기호, 「고구려사를 바라보는 또 하나의 시각」, 『韓國古代史論叢』 1, 한국고대사회연구소, 1991.
송기호, 「발해사, 남북한·중·일·러의 자국 중심 해석」, 『역사비평』 1992년 가을호; 「발해사 이해를 위하여」, 『발해를 찾아서』 개정판, 솔, 2017 재수록.

89 薛虹, 「外國的渤海史研究」, 『學習與探索』 1982-6.
薛虹, 「蘇聯的渤海史研究 — 兼評蘇聯對渤海國的研究」, 『中國史研究動態』 1983-1.

90 샤프쿠노프 에. 뷔., 앞의 책, p.57.
샤프쿠노프 에. 뷔. 엮음, 송기호·정석배 옮김, 앞의 책, 제4장 제2절.

후예국가로 볼 수는 없다고 주장한다.[91] 결과적으로 발해의 발전에 크게 기여한 것은 고구려인이었지만 그들은 어디까지나 발해의 주체민족은 아니었다고 한다. 아마 이것은 마르크스주의가 피지배민족을 중심으로 역사를 해석하는 데에서 기인한 것으로 보인다.

다음으로 러시아에서의 발해사 연구가 연해주 일대의 고고학 자료에 거의 전적으로 의존함으로써 해석상에 문제가 발생하는 점을 지적하지 않을 수 없다. 연해주 지역과 관련된 발해사 기록은 전무하다시피 하므로, 이곳에서는 고고 연구가 주축을 이루고 있다. 그러나 유적에 대한 전면적 발굴이 이루어지지 않고, 몇 개의 지점을 선정하여 소규모로 발굴하는 방법을 택하기 대문에 개별 유적의 전모를 밝히기는 쉽지 않다. 그러므로 현지의 연구는 유적보다는 여기서 출토된 개별적인 유물 연구에 더 중점을 둔다. 만주나 북한에서 발견된 유적이나 유물과의 비교 연구가 제대로 이루어지지 않고 있어서 해석상에 문제점을 드러내는 부분도 있다. 발해가 말갈계 국가라고 주장하는 것도 연해주 지역의 고고 자료에 대한 해석을 발해사 전체의 성격으로 확대하여 해석하고 있는 것과 무관하지 않다.

연해주는 발해 중심지와는 멀리 떨어진 변방이었다. 따라서 이곳의 문화 성격을 가지고 발해 문화의 전체 성격을 규정하려는 것은 잘못이다. 이러한 확대 해석의 예로서 다음과 같은 것을 들 수 있다. 샤프쿠노프 에.붸.가 연해주의 발해 문화를 전기와 후기로 나누면서, 그 기준을 위구르국이 키르기스인에 의해 멸망한 840년경으로 삼았다. 그것은 이 시기 이후에 위구르 지역으로부터 발해로 피난민이 대거 들어오면서 문화 변동이 이루어졌기 대문이라고 한다.[92] 사실 연해주 지역에서는 중앙아시아나 남부 시베리아로부터 영향을 받은 유물들이 발견된다. 그렇다고 이를 전체

91 샤프쿠노프 에. 붸. 엮음, 송기호 · 정석배 옮김, 위의 책, 맺음말.
92 샤프쿠노프 에. 붸. · 셰메니첸코 엘. 예. 저, 송기호 역, 앞의 논문, pp.557~564.

로 확대하여 발해사 시기 구분의 기준으로 삼는 것은 문제가 있다.

발해 도기의 전공자인 디야코바 오. 붸.는 도기 제조상에 보이는 말갈적 전통을 규명하였다.[93] 이러한 말갈-발해-여진으로 이어지는 문화적 계승성은 이 밖에 무기, 장식, 주거지의 구조 등 여러 방면에서 현지 연구자들에 의해 규명되고 있다. 발해 당시에 연해주에 설치된 행정구역들은 샤프쿠노프 에. 붸.의 지적과 같이 핵심부가 아닌 外廓府에 해당하였으며, 이들 외곽부는 경제 수준이 낮았고 부족 조직이 그대로 유지되고 있었다.[94] 따라서 『新唐書』에는 변방에 설치되었던 府에 대해서 대체로 '어느 부족의 옛 땅'이라는 유래가 밝혀져 있다. 이러한 사정을 고려한다면 연해주에서 발견되는 유물에는 토착적이고 지방적인 전통이 강하게 남아 있을 수밖에 없다. 따라서 이러한 점을 고려하지 않고 연해주의 유적과 유물을 통해 발해 문화의 전체 성격을 규정하려는 것은 지나친 확대 해석이다.

발해사를 바라보는 기본 시각에서 이상과 같은 문제점이 있지만, 문헌 기록이 없는 상황에서 유적과 유물을 통해 연해주의 발해 역사를 복원하려 노력하는 점은 높이 살 만하다. 더욱이 1970년대 이후로 연구 자료가 어느 정도 축적됨에 따라 연구자들 사이에 전문화가 이루어지고 있어, 이들의 연구에서 밝혀진 사실 중에는 발해사의 새로운 면을 이해하는 데에 도움을 주는 것도 있다.

이상과 같은 연구 내용을 중심으로 몇 가지 사항을 더 지적하고자 한

93 디야코바 오. 붸., 「발해인의 도기 제조에 보이는 말갈 전통」, 『소련 극동의 고고자료』, 소련과학원 극동학센터 극동민족 역사학·고고학·민족학 연구소, 블라디보스토크, 1981: Дьякова О. В., Мохэские традиции в гончарстве бохайцев // Материалы по археологии Дальнего Востока СССР. Ин-т истории, археологии и этнографии народов Дальнего Востока ДВНЦ АН СССР, Владивосток, 1981.
디야코바 오. 붸., 『소련 극동의 중세 초기 도기들—4~10세기의 사료로서』, 과학출판사, 모스크바, 1984: Дьякова О. В., Раннесредневековая керамика Дальнего Востока СССР (Как исторический источник IV-X вв.). Наука, М., 1984.

94 샤프쿠노프 에. 붸., 앞의 책, pp.60~62.

다. 첫째, 동양 문화를 제대로 이해하지 못하거나, 한자로 쓰인 문헌 사료의 해석에 미숙함이 드러난다는 점이다.[95] 이것은 단순한 실수에 그치는 것이 아니라 발해사 전체상을 그려 나가는 데에 자칫 잘못된 출발점이 될 수 있다. 1980년대에 러시아 자료를 번역하면서 사전에도 나오지 않는 전문용어, 특히 기와 용어를 해석하면서 애로를 겪은 적이 있다. 오니가바라(онигавара, 鬼面瓦), 슈비(шуби, 鴟尾)가 그러한 것들이다. 나중에 알고 보니 오클라드니코프 아. 페.가 일제강점기 일본인의 『東京城』 보고서를 기초로 연구를 시작하면서 일본어 발음을 차용한 것이었다. 이제는 중국 용어를 차용하여 치붸이(чивэй, 鴟尾), 치붼(чивэнь, 鴟吻) 등으로 쓰고 있다. 이처럼 서양 용어에 없을 만큼 독특한 동양 문화를 제대로 이해하기가 어려울 것임이 충분히 짐작된다.

그러한 사례로서 불상에 대한 이해를 들 수 있다. 보리소프카 절터에서 출토된 '남자 塑像'[96]은 아미타정토에서 아기의 몸으로 다시 태어난 중생을 표현한 동자상으로 여겨진다.[97] 크라스키노 성터 인근에서 발견되어 블라디보스토크 아르세니예프 박물관에 전시 중인 青銅像도 관리라기보다는 經卷을 들고 있는 문수보살로 생각된다고 한다.[98] 역시 보리소프카 절터에서 출토된 두 개의 청동상을 하나는 불상, 하나는 관리상으로 보고했는데,[99] 절에서 출토된 것으로 보아 둘 다 불교 조각품으로 보아야 할

---

95 일찍이 북한에서 출토되어 아르세니예프 박물관에 전시되어 있는 토기를 3세기경의 고구려 것으로 국내에 보고한 적이 있는데, 사실은 4세기경의 중국 토기로 판단된다. 이것도 그러한 잘못을 무비판적으로 받아들인 사례의 하나이다.
김정배, 「北韓出土 延熙二年銘 土器」, 『泰東古典研究』 10, 태동고전연구소, 1993.

96 高句麗研究會 · 러시아科學院 시베리아分所 考古民族學研究所, 『러시아 연해주 발해 절터』 학연문화사, 1998, pp.46~47.

97 姜熺靜, 「발해 후기의 불교조각과 신앙」, 『동악미술사학』 4, 東岳美術史學會, 2003, pp.31~32.

98 崔聖銀, 「渤海(698-926)의 菩薩像 樣式에 대한 考察」, 『高句麗 · 渤海 研究』 II, 강좌 미술사 14, 발해미술特輯號, 1999, pp.61~62.

99 高句麗研究會 · 러시아科學院 시베리아分所 考古民族學研究所, 앞의 책, p.40, p.196.

것이다. 자세히 보면 관리상이라 한 것은 불상이고, 다른 하나는 승려 또는 나한상으로 여겨진다. 꽂는 막대가 아래쪽에 달려 있는 것도 발해 불상에 특징적인 요소이다.

1994년 8월에 국립극동대학교에 소장된 유물을 조사할 때 샤프쿠노프 에. 붸.가 주초석이라고 설명한 유물에 눈이 갔다. 아브리코스 절터 부근에서 수집된 것이었는데, 상부에 연화문이 조각되고 가운데 구멍이 뚫려 있었다. 그래서 이것은 주초석이 아니라 석등 下臺石이라고 일러주었고, 그 뒤에 논문으로 소개되었다.[100]

한문 해석에서의 오류는 1996년에 번역서를 내면서 각주로 일일이 지적한 적이 있다. 따라서 세세한 것은 제외하고 몇 가지 사례만 언급하겠다. 『新唐書』 발해전에 나오는 '襲王'은 왕위를 承襲했다는 의미인데, 이를 '습격을 감행하는 왕'이라는 諡號로 오해함으로써 大仁秀와 大彝震이 정복군주라는 근거로 삼았다.[101] 비슷한 사례로서 李謹行이 임명받은 '積石道經略大使'라는 관직을 문장으로 잘못 해석해서 말갈이 중국과 지속해서 교류하기 위하여 '돌길'을 축조했다고 오해하였다.[102]

동모산에 축성한 것은 대조영이 건국할 때인데도 걸사비우와 걸걸중상이 이끌던 초기로 잘못 해석하였고,[103] 대조영이 북경 부근의 渤海郡을 차지했기 때문에 渤海郡王으로 봉해진 것으로 잘못 설명하였다.[104] 발해 관제도 오해하였다. 발해는 당나라 제도를 받아들여 선조성, 중대성, 정당성 3성 체제를 갖추었는데, 마치 左省과 右省의 두 개 관부로 나뉘어 있는

---

100 샤프쿠노프 에. 붸., 「아브리코스 佛堂 부근에서 발견된 石燈 基臺石」, 『러시아과학원 극동지부 통보』 1995-3, 블라디보스토크: Шавкунов Э. В., Находка постамента каменного фонаря вблизи Абрикосовской кумирни // Вестник Дальневосточного отделения российской академии НАУК, No. 3, Владивосток, 1995.

101 샤프쿠노프 에. 붸. 엮음, 송기호 · 정석배 옮김, 앞의 책, p.58, p.66.

102 위의 책, p.232.

103 위의 책, p.49.

104 위의 책, p.51.

것처럼 설명하였다.[105] 발해 사신이 너무 자주 온다고 해서 일본에서 聘期를 줄이도록 요구한 것을 사절단 숫자를 줄이도록 요구한 것으로 잘못 이해한 곳도 있다.[106] 글자의 유사성 때문에 된장(豉)을 북(鼓)으로 오해하고,[107] 매(鶻)를 비둘기(鴿)로 誤讀하거나 꿩 꼬리(雉尾)를 꿩 깃털로 잘못 해석하였다.[108]

다행히 최근에 중국 사료를 바탕으로 발해 통사를 다시 씀으로써[109] 이런 오류가 답습될 가능성은 적어졌다. 그런데 러시아 연구자에게 중국 측 사료는 잘 소개되어 있는 반면 한국 측 사료는 제대로 알려져 있지 않다. 그런 까닭으로 대조영이 고구려 장수였다는 사실이 한국 측 사료에 기록되어 있음에도 『舊唐書』 발해전의 애매한 구절에서 비롯된 것이라고 잘못 지적하였다.[110] 이에 따라 대조영은 고구려인이 아니라고 주장하였으며, 이것은 발해사가 한국사에 속한다는 남북국시대론을 비판하는 근거가 되었다. 또 勿吉 및 靺鞨을 가리키는 단어로 '무크리(мукри)' 또는 '무쿠리(мукури)'를 사용하는데,[111] 이 단어가 나오는 『梵語雜名』에는 '高麗畝俱理'로 되어 있으므로 오히려 고구려를 가리키는 것으로 보아야 한다. 이 밖에 소설에 불과한 자료를 근거로 삼아서 발해에서 돌궐 문자가 사용되었다고 주장한 사례도 있다.[112]

둘째, 고구려 문화와 말갈 문화, 여진 문화를 바라보는 시각의 문제이

105 위의 책, p.74.
106 위의 책, p.236, p.283.
107 위의 책, p.68.
108 위의 책, p.69.
109 이블리예프 아. 엘., 「발해사 개관」, 『선사 및 중세 시기의 러시아 극동—발견, 문제, 가정』, 극동과학출판사, 블라디보스토크, 2005: Ивлиев А. Л., Очерк истории Бохая // Российский Дальний Восток в древности и средневековье: открытия, проблемы, гипотезъ, Дальнаука, Владивосток, 2005.
110 위의 책, p.29.
111 위의 책, p.7.
112 위의 책, p.246.

다. 이에 대해서는 국내 학계에서 자주 지적되었지만,[113] 다시 한번 제기할 필요가 있다. 한국에서 발해사를 고구려의 연장선에서 바라보듯이, 러시아 연해주에서는 말갈의 발전선에서 바라본다. 발해 건국 이전에는 연해주가 고구려 영역 밖이었기에 말갈 유적들만 남아 있고, 멸망 이후에는 여진족(금나라 포함)의 유적들만 전해진다. 따라서 연해주의 역사는 말갈-발해-여진으로 이어졌다. 이에 따라 러시아 연구자들은 발해 문화에 보이는 고구려 요소를 당 요소처럼 '외래적'인 것으로 볼 따름이지 '주류' 또는 '본원적'인 것으로 인식하지 않는다. 자신들이 직접 다루고 있는 연해주 발해 유적을 통해 발해 전체를 이해하기 때문이다.

그러나 발해 전체로 눈을 돌리게 되면 문제가 없지 않다. 다시 강조하지만 연해주는 발해의 변방임을 잊지 말아야 한다. 발해를 제대로 이해하려면 중앙 문화, 지배층 문화를 먼저 파악한 다음에 변방 문화, 피지배층 문화에 접근해야 한다. 발해 영역은 과거 고구려 영역이었던 곳과 그 외부의 말갈 거주지였던 곳으로 양분되어 문화 양상이 크게 달라진다. 고구려 영역이었던 북한의 함경도나 중국 연변 지역에서는 고구려 문화가 농후하게 나타나는 반면, 말갈 거주지였던 연해주에서는 말갈 문화가 우세하다.

그런데 발해 핵심 지대인 敦化나 上京城 지역은 고구려 영역 외곽이거나 밖이었음에도 발해 건국 뒤에 고구려 문화가 상층부를 점하고 있는 것이 뚜렷이 나타난다. 이것은 발해 지배층의 구성을 이해하는 데에 요체가 된다. 고구려 영역이었던 지역에서 발해 건국 뒤에 말갈 문화가 이입되어 확산되는 현상은 거의 확인할 수 없지만, 그 반대로 순수 말갈 지역

---

113 송기호, 「渤海의 高句麗 繼承性 補論」, 『東아시아 속의 渤海와 日本』 2007. 11. 3. 한일국제심포지엄; 『발해 사회문화사 연구』, 서울대학교출판문화원, 2011 재수록.
정석배, 앞의 논문, 2008, pp.750~751.

이었던 곳에서는 발해 건국 뒤에 고구려 요소가 확산되었다. 이것은 고구려계 인물들이 발해에서 주도권을 쥐고 있었던 사실을 여실히 보여 준다.

지배층의 무덤들인 六頂山古墳群에서 고구려와 말갈 요소가 함께 보이지만, 최상층부는 石室墓로 대표되는 고구려 문화가 중심을 이루고 아래로 내려올수록 말갈 요소가 증대한다.[114] 이것은 고구려계인들이 지배층을 주도했던 사실을 반영한다. 연해주에서도 토착의 말갈 문화가 영위되다가 발해에 편입된 뒤로 중앙의 선진 문화가 유입되어 변화를 겪었다. 그 중앙 문화의 핵심에는 고구려계 문화가 있었다. 그러한 변화를 뚜렷이 보여 주는 유적이 연해주에 몇 개 있다.

먼저 크라스키노 성터이다. 이 성은 발해 때 처음 축조되었다가 멸망 직후에 폐기되어[115] 발해 시기 단일 문화층으로 이루어진 것으로 확인되었다. 이에 따라 연해주의 다른 유적에서 발견되는 유물이 발해 것인지 아니면 그 전후 다른 시기의 것인지를 판별하는 지표 유적이 된다.[116] 러시아 연구자들도 최근 이 점에 주목하기 시작하였다.

이 유적은 고구려 때 축조된 것이 아닌데도 성벽 축조 방식, 성벽 시설, 성벽 내부에서 발견된 유적과 유물에서 고구려 전통을 강하게 띠고 있다.[117] 특히 석축 성벽 구조는 고구려 평양성, 발해 상경성과 통한다. 고구려 영역이 동북쪽으로 柵城에 이르렀으므로 이 성 가까이에는 고구려

114 송기호, 「六頂山 古墳群의 성격과 발해 건국집단」, 『汕耘史學』 8, 1998; 『발해 사회문화사 연구』, 서울대학교출판문화원, 2011 재수록.

115 이블리에프 아. 엘.·볼딘 붸. 이., 「크라스키노 성지 조사의 성과와 연해주 발해고고학에서의 의의」, 『2006년도 러시아 연해주 크라스키노 성 발굴보고서』, 동북아역사재단, 2007, pp.98~99.

116 이블리예프 A. L. 저, 강인욱 역, 「러시아 연해주 발해고고학 연구의 어제와 오늘」, 『계간 한국의 고고학』 2007년 여름호, p.147.

117 田村晃一, 앞의 논문, 2003, pp.23~25.
임상선, 「발해 크라스키노성에 나타난 고구려 문화 요소」, 『2005년도 러시아 연해주 크라스키노성 발굴보고서』, 고구려연구재단, 2006.

유민들이 거주하였을 것이고, 발해에서는 이들을 이주시켜 새로운 성을 축조했을 것이다. 특히 성벽 내외부에 돌을 쌓고 그 사이를 흙으로 채우는 축조 방식은 발해 상경성에도 그대로 적용했을 뿐 아니라, 연해주의 니콜라예프카 성터, 시넬니코보-1 성터, 고르바트카 성터, 오크라인카 성터 등의 축조에도 적용함으로써 고구려계 문화가 말갈 지역으로 확산되어 갔다.[118] 발해 건국 뒤에 발생한 고구려계 문화의 확산 경향을 감지할 수 있다.

다음은 체르냐티노-5 고분군이다. 이곳에서 다양한 양식의 고분이 발굴된 사실은 앞서 언급하였다. 발굴자는 고분 종류에 따라 구역 배치가 다른 것을 지적하고, 이것이 시간적 차이인지 위계 차이인지 앞으로 해결할 과제로 미루었다.[119] 그러나 토착 말갈족은 전통적으로 토광묘를 조성하였으므로 이곳에 등장하는 石墓 전통은 발해 건국 후에 이곳으로 유입된 정황을 반영한다. 발굴자도 북쪽에 있는 토광묘들은 말갈 후기에서 발해 시기에 조성된 것이고, 남쪽 부분의 석실묘와 부석묘, 위석묘 등은 발해 시기에 조성된 것으로 보아 시간적 차이를 염두에 두고 있다.[120] 이곳에 유입된 석묘는 육정산고분군에서 보듯이 고구려 전통을 반영하는 것이요, 그것도 발해 중앙으로부터 전파된 것이다.

이 고분군에서는 다수의 토기가 출토되었는데, 이를 말갈 토기와 발해 토기로 양분해 보았다. 말갈 토기는 手製, 모래나 석립 함유 胎土, 산화소성에 의한 황갈색 또는 갈색의 색상, 심발형 또는 화병형의 기형이 특징적이고, 발해 토기는 輪製, 泥質 胎土, 환원소성에 의한 회색 또는 흑색의

---

118 이블리에프 아. 엘.·볼딘 붸. 이., 앞의 논문, p.100.
119 정석배·니끼친 Yu. G., 앞의 논문, p.63.
120 정석배·니끼친 Yu. G., 위의 논문, p.72.
한국전통문화학교·극동국립기술대학교·역사학고고학민족학연구소, 『연해주 체르냐찌노 5 발해고분군(III)—제4차 한러 공동 연해주 발해문화유적 발굴조사』, 2007, p.342.

색상, 병형 또는 호형의 기형이 특징적인 것으로서 고구려 전통을 반영한다.[121] 정석배는 이 양자를 말갈 시기 말갈 토기, 발해 시대 말갈유형 토기(말갈계 발해 토기), 발해 시대 발해 토기로 분류할 것을 제안하였다.[122] 그가 다른 곳에서 언급했듯이 '발해 시대 발해 토기'는 '고구려계 발해 토기'로 부르는 것이 좋겠다.

그런데 고구려계 토기는 크라스키노 성터에서 대다수를 차지하면서 연해주에서 동북쪽으로 갈수록 비율이 감소하고, 그 반대로 구연부 아래에 덧띠가 달린 말갈계 토기는 크라스키노 성터에서는 적고 여기서 멀어질수록 증가한다고 한다.[123] 이것은 발해 중앙 문화의 침투가 변방의 경계 지역으로 갈수록 미약해지는 자연스러운 현상이다.

이 밖에도 쪽구들이나 우물 등에서도 고구려 전통이 연해주에 확산되는 현상이 확인된다. 다행히 근래에 이르러 러시아 연구자들도 발해 문화에 보이는 고구려적 요소를 중시하기 시작하였다.[124] 그렇지만 아직 현지의 유적 여건으로 말미암아 말갈 문화를 중심에 두고 발해를 바라보는 데서 벗어나지는 못하고 있다.

셋째, 발해 동쪽 경계선에 관한 논의이다. 발해 연구의 초창기에 오클라드니코프 아. 페.와 샤프쿠노프 에. 붸.는 연해주 전체를 발해 영역으로 상정했지만, 1990년대 중반부터 연해주 일부 지역으로 좁혀 보기 시작하

---

121 정석배 · 니끼친 Yu. G., 앞의 논문, p.64.

122 한국전통문화학교 · 극동국립기술대학교, 『연해주 체르냐찌노 5 발해고분군(I)—제1 · 2차 한러 공동 연해주 발해문화유적 발굴조사』, 2005, p.137.

123 이블리에프 아. 엘. · 볼딘 붸. 이., 앞의 논문, pp.100~101.

124 Gelman E. I. and Boldin V. I., "Koguryŏ's Influence on Parhae (Bohai) Culture", *Journal of Inner and East Asian Studies*, Vol. 1, Koguryo Research Foundation, 2004.
디야꼬바 O. V. 저, 강인욱 역, 「연해주 중세시대 성지에 보이는 고구려의 전통」, 『계간 한국의 고고학』 2007년 봄호.
이블리예프 A. L. 저, 강인욱 역, 앞의 논문, pp.146~147.

였다.[125] 그러나 구체적으로 어떻게 국경선을 그을지에 대해서는 연구자마다 다르다.[126]

1994년에 출간된 단행본에서, 발해 동쪽 국경은 동해에서 파르티잔스크강을 따라 북상하다가 우수리강 상류로 이어졌고, 다시 강물을 따라 북상하다가 비킨강 하구에서 남서쪽으로 급히 꺾여 내려간 것으로 보았다.[127]

디야코바 오. 붸.는 연해주에서 확인된 49개 발해 유적 목록을 제시하였고, 특히 연해주 북동부에 발해 유적이 29개가 발견된 사실을 들어 반론을 제기하였다.[128] 그녀는 명확히 언급하지는 않았지만, 발해 영역이 시호테-알린 산맥을 넘어 동해안까지 미쳤던 것으로 설명함으로써 파르티잔스크강을 경계로 했던 것은 아니라고 보았다. 최근에는 연해주 동북 해안가에서 발해 때 고구려 유민들이 쌓은 것으로 보는 石城들을 조사해서 보고하였다.[129]

샤프쿠노프 에. 붸.의 아들인 샤프쿠노프 붸. 에.도 경역 문제를 거론하였다.[130] 기왕에 거론되던 니콜라예프카 성터, 스쵸클랴누하 성터 등이 사실은 발해 유적이 아니라고 주장하면서, 발해 동쪽 국경을 대폭 좁혀서 설정하였다. 즉 라즈돌나야강과 아르쵸모프카강을 사이에 두고 북상하여 일리스타야강 상류를 건넌 뒤에 아르세니예프카강을 따라 북상하여 우수리강 상류로 연결된 것으로 보았다.

125 디야꼬바 O. V. 저, 정석배 역, 앞의 논문, pp.218~219.

126 정석배, 「연해주 발해시기의 유적 분포와 발해의 동북지역 영역문제」, 『高句麗渤海研究』 40, 2011.

127 샤프쿠노프 에. 붸. 엮음, 송기호 · 정석배 옮김, 앞의 책, p.62.

128 디야꼬바 O. V. 저, 정석배 역, 앞의 논문, p.219.

129 디야꼬바 O. V. 저, 강인욱 역, 앞의 논문.

130 샤프쿠노프 붸. 에., 「발해국의 동쪽 국경선 문제에 대하여」, 『러시아와 아시아 태평양 지역』 2005-4, 블라디보스토크: Шавкунов В. Э., К вопросу о восточной границе государства Бохай // Россия и АТР, No. 4, Владивосток, 2005.

대체로 러시아 연구자들은 키로프스키 구역의 마리야노프카 성터를 최북단으로 삼아서 서쪽으로 한카호 북단, 동쪽으로 올가를 잇는 선을 경계로 그 이남을 발해 영역으로 삼는다.[131] 그리고 이블리예프 아. 엘.은 솔빈부와 용원부만이 분명하게 연해주 지역으로 비정되고, 회원부, 안원부, 동평부, 안변부, 정리부는 발해의 동쪽이 아니라 북쪽과 서쪽에 있었다고 주장한다.[132]

발해 국경을 정하는 데에는 문헌 사료가 중요하지만, 자세한 정보를 얻을 수 없을 경우에는 부득이 고고 자료에 의존해야 한다. 러시아 연구자들이 근거로 삼는 고고 자료는 두 가지이다. 하나는 발해 유적의 분포 범위이다. 그러나 발해 문화의 분포 범위가 영역과 반드시 일치하지는 않는다. 이런 문제점을 극복하기 위해서는 발해가 통치 거점으로 삼았던 성터의 분포 범위를 확인하는 것이 필요하다. 그렇지만 아직은 성터 발굴이 제대로 이루어지지 않은 채 지표 채집이나 간단한 시굴을 통해 얻은 지식으로 논의되고 있는 형편이다. 발해 때 축조된 성터인지 여부에 대한 논란은 여기에 기인하며, 이를 확증하기 위해서는 장차의 발굴 결과를 기다려야 한다. 이 밖에 관청이나 사원의 소재지를 알려주는 기와의 분포 범위도 중요하지만, 이것도 역시 체계적인 정보가 없는 형편이다.

그런데 5경 15부의 위치 비정을 해 보면, 러시아 연구자의 주장보다 훨씬 북쪽으로 국경선이 올라가야 하는 것을 알 수 있다. 東平府에 沱州와 黑州가 있는 것은 그 영역이 미타호, 즉 한카호에서 흑수, 즉 아무르강까지 미치는 것을 짐작하게 해 준다. 우수리강을 기준으로 동쪽에 동평부가 있었고, 서쪽에는 안원부와 회원부가 있었던 것으로 여겨진다.

발해 영역에는 고구려 성터를 이어받아 산성을 중심으로 지배했던 곳

131 한국전통문화학교 외, 2010, pp.15~16.
132 정석배, 앞의 논문, 2009, pp.282~286.

이 있고, 발해 때 새롭게 축성한 평지성을 중심으로 지배했던 곳이 있는가 하면, 발해 동북부에는 성을 쌓지 않고 지배를 했던 곳이 있었던 것으로 판단된다. 발해 영역이 유적의 분포 범위와 반드시 일치하지 않는 것은 이 때문이다.

다른 하나는 니콜라예프카 성터에서 발견된 靑銅 魚符에 대한 해석 문제이다. 샤프쿠노프 에. 붸.가 처음 이를 소개하면서 이 부절은 국경에 파견된 발해 장군에게 수여된 것으로 해석하였다. 따라서 니콜라예프카 성터는 발해의 전초 기지였고, 이로부터 동쪽으로는 발해와 적대적인 종족이 살았다고 주장하였고,[133] 이런 생각은 지금도 이어진다.[134]

그런데 중국의 姚玉成은 唐 또는 五代에 중원 왕조에서 말갈인에게 수여한 것이라고 반박하였다.[135] 이 부절에 쓰인 '左驍衛'가 발해 10衛에 속하지 않는 것으로 보아서, 靺鞨 首領이 중원으로부터 수여를 한 것으로 판단하는 것이 타당할 것이다.[136] 또 이 부절의 연대가 721년 이후로부터 五代까지에 걸치지만, 발해 멸망 이후에 五代國家들이 이 지역에 영향력을 행사할 수 없었던 점을 고려하면 발해와 동시기에 해당한다고 할 수 있다.

그렇다고 해서 말갈 수령이 발해 통치 밖에 있었던 근거가 되지는 않는다. 일단 이 부절의 주인공은 니콜라예프카 성 안에 거주했던 것으로 보이는데, 이것은 발해 지배 체제 아래에 있었던 사실을 반영한다. 그는 발해 성에 거주하면서 현지 말갈인을 통치하던 지방관을 겸했던 말갈 수

133 샤프쿠노프 에. 붸. 저, 송기호 역, 「연해주에서 출토된 발해의 청동제 符節」, 『韓國古代史論叢』 3, 한국고대사회연구소, 1992, p.423.
134 이블리예프 A. L. 저, 강인욱 역, 앞의 논문, p.144.
135 姚玉成, 「俄羅斯尼古拉耶夫斯克遺址出土魚形靑銅信符考實」, 『北方文物』 1993-3, p.50.
136 宋基豪, 「渤海의 地方統治와 그 실상」, 『韓國 古代社會의 地方支配』 韓國古代史硏究 11, 한국고대사연구회, 신서원, 1997; 『발해 사회문화사 연구』, 서울대학교출판문화원, 2011 재수록.

령이었을 것이다. 따라서 당나라와의 교류도 발해 조정의 공식 경로를 통해 이루어졌음이 분명하다. 이를 뒷받침하는 발해 사료들이 있다.

발해는 외국에 사신을 파견할 때 중앙정부의 대표자뿐 아니라 지방세력 대표자도 동행시켰다. 함화 11년(841) 中臺省牒에 기록된 65인의 大首領이 그들이다. 792년에 楊吉福이 押靺鞨使의 직책으로 말갈사신을 인솔하여 당나라에 갔고, 일본에 갔던 사신인 高洋弼도 鐵利人을 대동하는 책임을 맡았다. 또 798년에 당나라에 파견된 茹富仇는 虞侯婁蕃長·都督이었으니, 그가 虞婁部의 대수령이면서 발해 지방관을 겸했던 사실을 반영한다. 이 우루부의 소재지는 연해주 일대로 추정되므로 니콜라예프카 성터일 가능성도 배제할 수 없다.

이상의 자료로 볼 때 부절의 주인공인 聶利計는 茹富仇처럼 말갈 수령과 발해 지방관을 겸한 인물이었으며, 중앙 사신단과 함께 중원에 파견되었을 때 이 부절을 수여했던 것으로 볼 수 있다. 지리적으로 보아 발해에 적대적이었던 연해주의 말갈 수령이 발해 영역을 우회하여 당나라와 교류하기란 쉽지 않았을 것이다. 따라서 부절과 발해 영역을 연계하려 한다면 이런 상황을 염두에 두어야 한다.

5. 맺음말

한·러 사이에 공동 조사가 활발해지면서 발굴 방법 차이 때문에 이견이 여러 차례 발생하였다. 러시아식 발굴법은 한국식과 다른 데다 모스크바의 지침에 따라야 하기 때문에 전면 발굴 등을 할 수 없는 문제점이 있었다. 이에 따라 몇 년에 걸쳐 소규모로 진행되어 유적의 성격이나 전모를 제대로 파악하기 어려운 상황도 벌어졌다. 발굴 결과에 대한 해석에서도 이견이 드러났고, 여름이나 초가을에 한정하여 야영하면서 발굴해야 하는 열악한 조건도 이겨내야 하였다. 그러한 한계 속에서도 서로 양해하고 배우면서 발굴을 해 왔다.

오랜 염원이었던 발해 전시실이 국립중앙박물관에 만들어졌지만, 이를 채울 만한 마땅한 유물이 없다. 발해 유물은 국내에서 서울대학교박물관에만 소장되어 있지만, 그마저 전시하기가 어려운 편린들이 대부분이다. 이러한 환경에서 발해 고고학을 이해하고, 이를 토대로 발해사를 복원해내는 일은 지난한 일이다. 이런 면에서도 러시아 측의 도움이 필요하다.

발해 유적이 중국, 북한, 연해주에 걸쳐 있지만, 한국 학자로서 북한 유적은 아예 실견조차 할 수 없는 상황이고, 중국 유적은 정치적 이유로 접근이 차단되어 있어 공식적 교류에 엄두를 낼 수 없다. 따라서 연해주의 발해 유적만 유일하게 열려 있는 소통의 공간이다. 그런 점에서 연해주와의 고고학적 교류는 발해사 연구자들에게 큰 의미가 있다.

발해 문화를 이해하면서 중국 연구자들이 당 문화 일변도에 빠지고 한국 학자들이 고구려 문화 일변도에 빠질 때, 러시아 연구자들은 문화적 다양성에 주목하였다. 발해 고고 자료에서 돌궐, 위구르, 소그드와 이란, 거란과 실위 등의 영향을 찾고자 하였다.[137] 발해 문화를 편향되게 이해하는 것을 지양하고, 이렇게 다양한 접근을 할 수 있는 발판을 마련해 준 것은 러시아 연구자들의 공로이다.

그렇지만 연해주의 유적으로 발해 전체를 해석하려는 데에는 분명 한계가 있다는 것을 명심해야 한다. 연해주 유적을 통해서 발해에 더 가까이 접근하는 것은 중요한 일이지만, 자칫 연해주 발해를 전체 발해인 것

---

137 샤프쿠노프 에. 붸. 엮음, 송기호 · 정석배 옮김, 앞의 책, p.279.
샤프쿠노프 에. 붸., 「발해 문화 형성의 특징에 대하여」, 『러시아과학원 극동지부 통보』 1995-1, 블라디보스토크: Шавкунов Э. В., О специфических особенностях формирования культуры Бохая // Вестник Дальневосточного отделения российской академии НАУК, No. 1, Владивосток, 1995.

처럼 오해하는 잘못은 피해야 한다.

마지막으로 러시아어 표기법이 서로 다르고, '러시아과학원 극동지부'와 같은 고유명사도 연구자마다 달리 번역해서 쓰고 있다. 이것은 자료 검색 등에서 문제를 불러올 것으로 예상된다. 따라서 연구자 사이에 표준화 작업이 이루어져야 할 것이다. (2015년)

제 III 부

중국의 동북공정과 발해사

제9장 중국의 한국 고대사 빼앗기 공작

제10장 중국의 동북공정, 그 후

제11장 대외관계에서 본 발해 정권의 속성

제9장 중국의 한국 고대사 빼앗기 공작

2003년 여름부터 심상치 않은 소식이 연달아 보도되었다. 중국이 고구려사를 빼앗으려는 저의를 드러내기 시작했다는 뉴스들이 그것이다. 첫째는 『중앙일보』 김창호 기자가 연변에서 취재해 온 것으로 '東北工程'이라는 대규모 연구 프로젝트를 진행하면서 '고구려 빼앗기'를 본격화하고 있다는 기사였다.[1] 둘째는 중국 기관지인 『光明日報』 2003년 6월 24일자에 실린 「고구려는 중국의 소수민족 정권」이라는 제목의 논설이 개인 사업가의 제보로 소개된 것이다.[2] 셋째는 중국이 유네스코 세계문화유산 등재를 위해서 集安의 고구려 유적을 대대적으로 정비하고 있으며, 이를 위해서 한국인의 출입을 금지하고 있다는 텔레비전 보도였다.[3]

이러한 소식들을 접하면서 그동안 물밑에서 진행되던 한·중 사이의 역사 전쟁이 마침내 수면 위로 부상했다는 생각이 들었다. 일반 언론에 적극적으로 보도되면서 전공자의 영역에만 머물던 문제가 국민 전체의

---

1 「"고구려를 중국사의 일부로" 中학계 '역사 빼앗기' 대규모 프로젝트」, 『중앙일보』 2003. 7. 15.
「중국의 고구려사 빼앗기 '동북공정' 연구목록 입수—中, 고조선부터 백두산 국경문제까지 다뤄」, 『중앙일보』 2003. 8. 6.

2 「中 당보 "고구려史는 중국史" 신동아 9월호 시론 全文 게재」, 『동아일보』 2003. 8. 20. 및 『신동아』 2003년 9월호 관련 기사.

3 「한·중 역사 전쟁—고구려는 중국사인가」, KBS 일요스페셜, 2003. 10. 12.
「광개토왕비 등 고구려 유적변화상 첫 공개, 고구려의 중국사 편입 움직임 맞물려 파문 예상」, 『중앙일보』 2003. 10. 14.

관심사가 되기 시작한 것이다.

사실 중국의 이러한 정책은 오랫동안 진행되어 온 것으로 새삼스러운 일이 아니다. 국내에 간간이 그 소식이 전해졌고 국내 연구자들도 이와 관련된 글을 발표해 왔다. 이번에 비로소 절박함을 느끼게 된 것은 중국 정책의 초점이 발해사에서 고구려사로 옮겨갔기 때문이다. 누구도 의심하지 않던 고구려마저 중국이 가져가겠다고 하니 여간 당혹스러운 것이 아니다.

필자도 이 문제의 심각성을 일찍부터 깨닫고 있었으나 굳이 상대방을 자극하여 연구에 지장을 받아서는 안 되겠다 싶어 참아 왔었다. 그러나 국가 차원에서 공세를 해 오는 마당에 이제는 망설일 필요가 없겠다는 생각이 들어 2003년 10월 10일에 서울대학교 한국문화연구소에서 발표회를 가졌다. 이 글은 그때의 발표를 기본으로 하여 작성하였다. 중국의 정책은 내부 문건을 통해 비공개로 진행되므로 진상에 접근하기가 매우 어렵다. 따라서 외부에 드러난 사건과 자료를 중심으로 외면적으로 정리할 수밖에 없는 한계가 있음을 밝혀둔다.

1. 발해에서 고구려로, 다음에는 고조선

중국사회과학원 中國邊疆史地研究中心[4] 홈페이지에 소개된 동북공정의 2003년 연구 과제는 〈표 9-1〉과 같다.

중점 과제 대부분이 한국사와 연관되어 있는 것을 알 수 있다. 속국과 조공 문제, 국경선 문제, 발해 유적 현황, 간도 문제, 고조선 연구, 한반도 연구가 그것이다. 현지에서는 정치적인 의도가 아니라고 하겠지만 적어도

4 [추기] 2014년 中國社會科學院 中國邊疆硏究所로 변경되었다.

표 9-1. 2003년 동북공정의 연구 과제

범위	과제 명칭(*은 중점 과제)
1. 중국 강역 이론 연구	- 중국 '국가', '강역', '邊界' 이론 문제 연구 - 고대 중국의 주변 족속, 국가에 대한 관념 및 근대적 변화 연구 * 봉건 시기 藩屬, 속국, 조공제도 연구
2. 동북지방사 연구	- 동북변강 역사 형성 및 변천 연구 * 동북변강 영토, 界務 교섭, 변계조약 문제 연구 * 발해 유적 현상 조사 연구 * '간도' 문제 연구 - 근대 이래 중국 동북 역사지리에 대한 일본, 러시아의 조사 및 연구
3. 동북민족사 연구	* 명청 시기 동북 族群 의식 및 변강사회 연구 - 동북변강지구 跨界 민족 연구 * 고조선의 역사, 族源, 문화 연구
4. 중조관계사 연구	* 조선반도 고문명 기원 - 조선반도 國, 族 연구
5. 중국 동북변강과 러시아 원동지구의 정치, 경제 관계사 연구	- 중국 동북변강과 러시아(소련) 원동지구 민족정책 비교 연구 * 중·러 동쪽 변계 연혁 및 계무 문제 연구

중국 동북지방의 변강 문제에서 한반도와 관련된 사항들이 핵심이 된다는 사실을 의식하고 있는 것이 분명하다. 고구려와 발해가 소홀하다는 느낌이 들겠지만, 이미 전년도의 과제에 다수 포함되어 있었다. 오히려 여기에 제시된 과제들은 고구려와 발해 연구 이후에 대한 포석이 깔려 있다는 생각을 지울 수 없다. 이에 대해서는 뒤에서 다시 언급하겠다.

만주 지역과 관련된 한국 고대사로는 민족의 형성, 고조선, 부여, 고구려, 발해를 들 수 있다. 이 가운데 부여는 논쟁으로 여기지 않고 있다. 중국에서 너무나 당연한듯이 그들 역사로 다루고 있기 때문이다. 이를 제외한다면 가장 일찍부터 귀속 문제가 불거진 것은 발해사이므로 이로부터 얘기를 풀어 가겠다.

2001년 10월 연변조선족자치주 박물관에 들렀다. 발해 전시실이 새롭게 단장되어 있었는데, 전시실 첫머리에 달린 안내판에는 다음과 같이

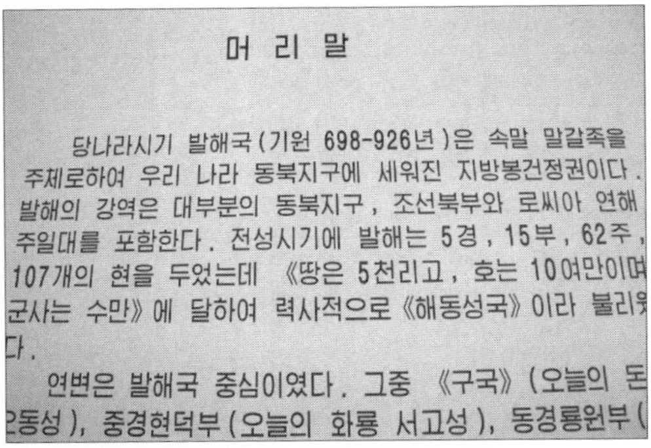

그림 9-1.
연변조선족자치주 박물관의 발해 안내판

쓰여 있었다(그림 9-1).

> 당나라시기 발해국(기원 698-926년)은 속말말갈족을 주체로 하여 우리 나라 동북지구에 세워진 지방봉건정권이다. 발해의 강역은 대부분의 동북지구, 조선 북부와 로씨아 연해주일대를 포함한다. …

발해는 고구려인이 아니라 속말말갈족이 주체가 되었고, 독립국가가 아니라 당나라의 지방세력이었다는 두 개의 명제가 제시되어 있는 것이다. 앞의 명제에 따라 발해는 부여-고구려로 이어지는 계보도가 아니라 숙신-읍루-물길-말갈로 이어지는 계보도에 들어가 있다(그림 9-2).[5] 그리고 뒤의 명제에 따라 역사 지도에서 발해국이 사라지고, 그 자리가 당나라 영역으로 표시된 사례도 있다(그림 9-3).[6]

중국 학자들이 공식처럼 받아들이는 이 정의는 이미 20여 년 전에 제시되었다. 길림성의 王承禮(1928~1996)와 흑룡강성의 朱國忱(1935~)·魏

5 徐秉琨·孫守道 主編, 『東北文化』, 商務印書館, 1996, p.119.

6 예를 들어 『隋唐文化』(陝西博物館 편, 中華書局, 1990)의 「唐時期全圖」에는 당나라, 신라, 일본만 독립국으로 표시되어 있고 발해는 당나라 영토에 들어가 있다.

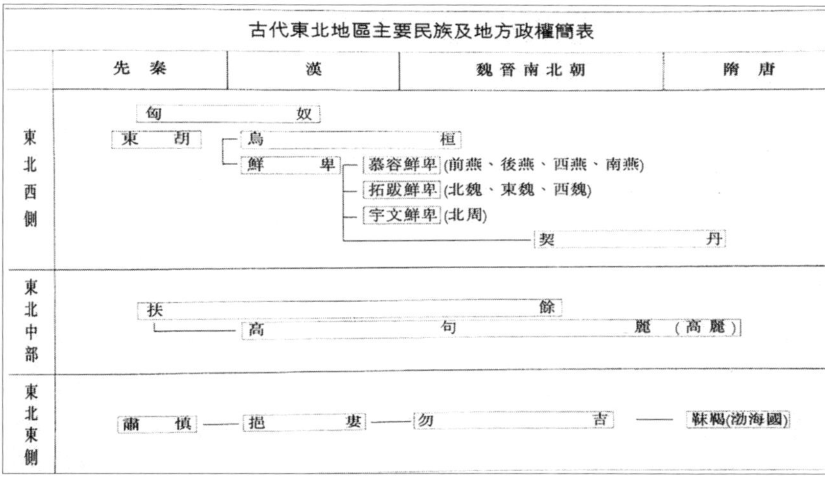

그림 9-2. 만주 주요 민족 정권 도표

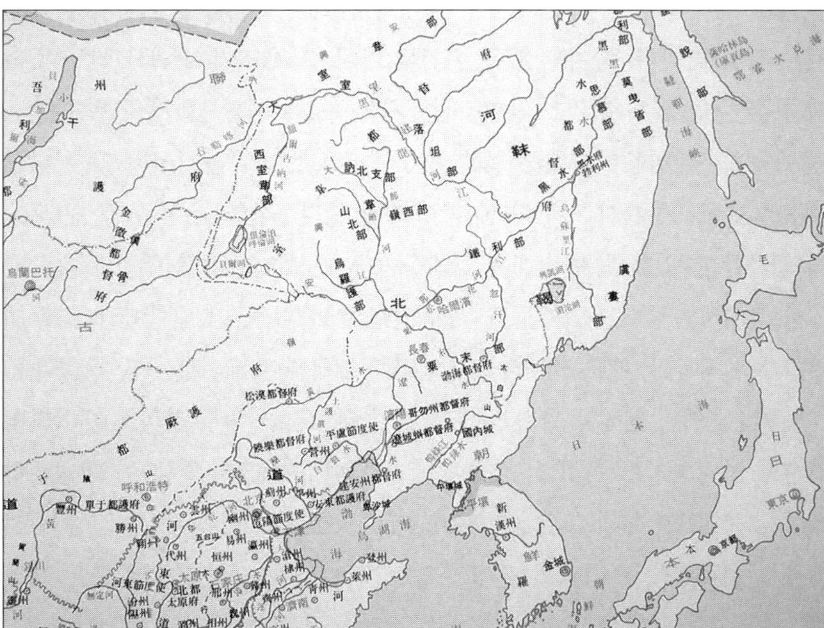

그림 9-3. 발해가 사라진 중국의 역사 지도

國忠(1937~)이 이를 주도하였다. 이들은 1984년에 나란히 저서를 출간하였는데, 각각 책머리에서 발해를 '말갈의 속말부를 주체로 한 지방민족정권'과 '속말말갈을 주체로 건립된 區域性 지방민족정권', '광대한 지구에 건립한 지방민족정권'과 '당나라 예속하의 지방민족정권, 즉 1개 특수한 변방 州郡'[7]으로 거의 동일하게 규정하였다. 왕청리의 책은 이전에 발표한 글들을 모아 놓은 것이므로, 개혁 개방 직후에 이미 정의를 내려놓고 그 틀 안에서 발해사 연구를 시작한 셈이다. 이 정의는 공공연하게 되어 오늘에 이르고 있다. 중국 학자 가운데도 이러한 주장에 회의를 가지는 사람이 있지만, 공개적으로는 거론할 수 없는 분위기가 되어 버렸다. 한 연구자가 학술지에 기고한 글에서 발해가 고구려를 계승한 면이 있다고 언급한 적이 있는데, 입장을 바꾸라며 원고를 되돌려 받았다고 한다.

2002년 봄 다른 한 연구자는 국내 일간지와 인터뷰를 했다가 곤욕을 치른 적이 있었다. 하지도 않은 얘기를 가지고 「우리가 발해사 연구 소홀땐 다른 나라 역사 될지도 몰라」라는 제목으로 기사를 낸 것을 보고 출국일자를 한 달 미루면서 정정기사를 요구하였고, 받아들여지지 않자 다른 신문을 통해 「발해사 정치적 해석 안타깝다」라는 인터뷰 기사를 낸 뒤에야 출국할 수 있었다. 연변대학 발해사연구소는 조선문제연구소에 속하지 못하고 역사연구소 산하기구로 되어 있을 뿐 아니라, 이 대학에서 중국 대외관계사 책을 낼 때도 발해사는 중국사로 취급되어 제외할 수밖에 없다.

중국에서는 발해사 관련 회의가 많이 열렸지만 내부 회의로 개최되어 진상을 파악하기가 어렵다. 최근에는 2003년 8월 23일, 24일에 연변대학에서 고구려발해학술토론회가 개최되었다. 그런 회의에서는 자신들의 견해를 강화하려는 조직적인 움직임을 보이곤 한다. 단편적으로 들은 얘기

7 王承禮, 『渤海簡史』, 黑龍江人民出版社, 1984, p.1.
朱國忱 · 魏國忠, 『渤海史稿』, 黑龍江省文物出版編輯室, 1984, p.1.

이지만, 1995년 7월에는 심양에서 발해사가 한국사라고 하는 한국 학자들의 견해에 어떻게 대응할 것인가 하는 학술회의를 열었는가 하면, 1996년 8월에 하얼빈에서 열린 발해사학술회의에서는 지방정권설을 견지하자고 결의했다고 한다. 또한 1996년 10월 일본 니가타에서 열린 발해사 학술회의에서는 발해가 고구려 계승국인가 여부를 두고 일본 학자와 중국 학자 사이에 논쟁이 있었다고 한다. 그러면서 발해사 전공 중국 학자들이 한국의 학술회의에 참석하는 것조차 막고 있다.

앞으로 고구려 빼앗기 정책이 궤도에 오르면 발해가 고구려계 국가라는 사실을 극구 부정하려는 중국인의 노력도 사라질 것이다. 아직은 고구려 귀속 정책과 발해 귀속 정책이 서로 조화를 이루지 못하여, 한쪽에서는 고구려가 중국사라고 하면서 다른 한쪽에서는 발해가 고구려계가 아니라고 주장하는 모순을 보인다. 2001년 3월 하얼빈에서 열린 회의에 참석했을 때도, 마지막 날에 대조영이 고구려계 인물이 아니라는 것을 중국 학자들이 극력 주장하여 열띤 토론이 벌어진 적이 있었다. 회의 뒤에는 중국 학자들만 따로 모여서 대책을 숙의하고, 원로들이 제대로 대응하지 못하는 젊은 학자들을 꾸짖기도 했다고 한다. 그러나 이제는 고구려사도 중국사라고 하는 마당에 이 논쟁은 자칫 부질없는 것이 되어 버릴 위기에 봉착하였다.

발해의 귀속 문제와 관련하여 문헌 기록에 모호한 점이 있는 것도 사실이다. 중국에서는 일찍이 이 사실에 눈을 돌려 자기네 역사로 만드는 작업에 착수하였고, 이것이 일단락되었다고 생각하자 다음으로 고구려 공작을 시도하고 있는 것이다.

고구려를 중국사로 보려는 조짐은 이미 1980년대 후반부터 나타나기 시작하였다. 길림성의 李殿福(1934~)과 孫玉良(1936~)이 1989년 한국정신문화연구원에 체류할 때 집필하여 이듬해 한국에서 출간한 『고구려간사』에 이미 고구려를 한국사에서 떼어내려는 시도가 드러난다.

왕검성은 낙랑군의 치소가 되었다. 따라서 훗날 건립된 고구려국과 그 이전에 형성된 고조선정권은 아무런 계승관계도 없다. … 이는 고구려와 고조선이 시대의 간격이 있으며, 역사적으로 무관하며, 개념이 다른 두 개의 정권이었음을 말한다. 더욱이 오대시대(五代時代) 한반도에서 일어난 왕씨의 고려왕조 역시 고구려와는 무관하다.

고려는 신라 한족(韓族)을 주체로 하여 건립된 국가로 신라의 후계정권이었다. 요컨대 이른바 고구려국이 중국 고대 동북 경내의 예맥족이 세운 할거정권으로 중화민족사의 일부분임은 많은 명확한 사실로 완전히 증명된다. 훗날 이 정권이 발전함에 따라 한반도의 역사와 관계를 맺기 시작했다.[8]

두 저자는 고구려를 고조선, 고려와 무관한 것으로 보고 한국사로부터 분리해내서 중화민족사의 한 부분에 넣고 있음이 명백하다. 이 시기에는 아직 고조선을 한국사로 간주하고 있다. 이들은 고구려와 수·당과의 전쟁도 국제전이 아닌 1국의 내전이라 강변하였다.

고구려의 수당과의 항쟁의 성질은 변방의 소수민족 할거정권과 중원의 통일정권과의 사이에서 진행된 통제와 반발로 인해 빚어진 투쟁으로 일국의 내부 모순에 속한다고 할 수 있다. 따라서 수당의 고구려에 대한 정벌은 침략에 속하는 것이 아니고, 고구려의 수당에 대한 저항 역시 반침략이라 할 수 없다. 양자 사이에는 국가 대 국가의 관계가 성립될 수 없으니 이하 서술하는 사실 중에서 그 완전한 답을 찾을 수 있다.

첫째, 고구려인 및 그 선조인 예맥족은 예로부터 중국의 다민족 중의 일원이었다.

---

8 李殿福·孫玉良 공저, 姜仁求·金瑛洙 공역, 『高句麗簡史』, 삼성출판사, 1990, pp.22~23.

둘째, 고구려정권은 한 현도군 경내에서 건립되어, 현도군의 통제를 직접 받았으며 한대에는 한의 고구려 현령이 그 名籍을 주관했다.

셋째, 고구려 역대의 왕들은 모두 중원정권의 책봉을 받아 중원정권의 관리조직의 일원으로 중원정권을 대신하여 그 지역 인민을 직접 관리했다.

넷째, 고구려의 왕들은 중원정권에 사신을 보내 조공하는 등 신하의 예를 다했고 아울러 조정으로부터 보답품과 명령을 받았다.

다섯째, 고구려정권은 중원정권과의 예속관계를 탈피하여 독립한다고 선포하지 못했고, 중원정권도 내내 고구려에 대한 관할을 포기하지 않았다.

여섯째, 고구려는 평양으로 천도한 후에도 중원과의 예속관계를 유지하였으니 실질적인 관계 변화는 발생하지 않았다. 다만 고구려 세력이 더욱 발전하여 그 관할 범위가 확대되었을 뿐이었다.[9]

예맥족의 역사가 한국사에 속한다는 전통적 인식을 깨고 있다는 점에서 당시로서는 주목을 받았지만,[10] 중원과의 밀접한 관계가 곧 중국의 속국임을 의미한다는 주장은 비합리적이어서 우리가 치지도외한 면도 없지 않았다.

이들은 고구려가 멸망한 뒤에는 옛 땅에 남아 있던 사람들과 중원으로 들어간 사람들이 대다수를 차지하였고, 게다가 장수왕의 후손을 비롯한 고씨들이 지금도 요동에 살고 있는 사실을 들면서 "상술한 바를 종합하면 고구려가 멸망한 후 고구려족은 한족 족체의 주요 부분이 되었고, 그 다음으로 신라 그리고 그다음 말갈"[11]로 흘러들어갔다고 결론을 내렸다.

---

9 위의 책, pp.128~129.

10 송기호, 「서평: 고구려사를 바라보는 또 하나의 시각 ― 『高句麗簡史』」, 『韓國古代史論叢』 1, 한국고대사회연구소, 1991.

11 李殿福·孫玉良 공저, 앞의 책, p.209.

고구려 유민의 대다수가 漢族이 되었으니 자연히 고구려도 중국사에 속한다는 논리이다.

이 주장은 요령성의 孫進己(1931~2014) 손에서 더욱 확대, 발전되었다. 그는 『동북민족원류』(1989)와 『동북민족사연구』(1994)를 저술하여 부여, 고구려, 발해를 포함한 예맥족의 역사가 중국사임을 강하게 주장하면서 동북민족사 전반의 중국사 귀속 문제를 이론적으로 선도하였다. 특히 『동북민족사연구』에서 고구려 귀속 문제와 관련하여 몇 개의 조목으로 나누어 자신의 주장을 밝히고 있으니, 이를 요약하면 다음과 같다.

1. 고구려의 귀속은 오늘날의 국경이 아니라 장기적인 귀속 여부가 판정 기준이 되어야 한다.
2. 고구려를 세운 맥족은 고대 조선족의 한 갈래가 아니라 중국의 한 민족이었다. 그리고 고구려는 한나라 현도군에서 일어난 나라이다.
3. 고구려가 차지하기 전에 한반도 북부는 漢族의 땅이었고, 韓人의 거주지가 된 것은 12세기 이후의 일이다. 기씨조선과 위씨조선은 중국 역사이다.
4. 고구려가 중국과 전쟁하면서 독립한 시기는 일시적인 것이고, 대부분은 중국 역대 중앙정권의 지방정권에 속하였다.
5. 고구려인의 후예는 주로 한족이 되었고, 오늘날 한국인의 선조는 주로 신라에서 왔다.
6. 수·당이 고구려를 친 것은 대외침략전쟁이 아니라 국내 민족 간 전쟁이다. 그리고 한족의 거주지였던 요동을 '수복'하는 전쟁이었다.
7. 고려 왕조는 신라 계통으로서 고구려와는 무관하다.
8. 오늘날의 한국인은 한반도 남부에서 신라인을 핵심으로 형성되었고, 이들이 북쪽으로 확장하여 현재의 국경선이 형성된 것이다. 따라서 한국인은 원래의 중국 영토를 점유한 것이지 중국이 조선의 영토를

쳐들어간 것이 아니다.[12]

이 글은 1993년 8월에 열린 集安 회의에서 북한의 박시형과 언쟁을 벌인 직후에 쓴 것이어서 다소 강한 어조가 느껴진다. 무엇보다 이것이 개인 견해로 끝나지 않고 뒤에 언급하듯이 국가 정책에까지 그대로 반영되었다는 데 심각성이 있다. 그가 한국사의 범위를 신라사로 한정하면서 한반도 북부마저 중국 영토였다고 주장한 것은 경악스럽기까지 하다.

이 주장은 중국 학계에서 공론화 과정을 겪으면서 점차 통설로 자리잡게 된다. 1990년대 후반부터 고구려사 관련 회의가 부쩍 많아진 것도 이와 무관하지 않다.[13] 과거의 주장이 중국 동북지방 차원에서 진행되었다면, 근래에 들어서는 중앙정부에서 적극적으로 개입하여 직접 관리하기 시작했다는 점에서 경각심을 가지지 않을 수 없다. 처음에 언급한 동북공정이 가장 대표적이다.

동북공정은 국가의 승인을 받아 중국사회과학원이 주축이 되어 실행하는 중대 사업으로서 2002년 2월 28일에 정식 발족하였다. 경비는 5년간에 걸쳐 국가 財政部에서 1천만 위안, 중국사회과학원에서 125만 위안, 동북 3성에서 375만 위안을 조달하는 것으로 되어 있다. 우리 돈으로 24억 원에 달하는 규모이고, 그것도 중앙정부에서 대부분을 지원하고 있다는 것은 그만큼 국가적 관심이 높다는 것을 의미한다. 이에 따라 2002년도에는 67과제에 286만 2,500위안의 연구비를 지급하였는데, 한국 관련 연구 및 번역 과제로는 '『삼국사기』 상세 주석 및 연구'와 같은 한국 사료, '기자

---

12 孫進己, 『東北民族史研究』 1, 中州古籍出版社, 1994, pp.286~292: 『高句麗研究』 15(학연문화사, 2003)에도 번역문이 실려 있다.

13 이에 대한 구체적인 내용은 다음 글에 정리되어 있다.
余昊奎, 「中國學界의 高句麗 對外關係史 研究現況」, 『韓國古代史研究』 31, 한국고대사학회, 2003, pp.36~45.

와 기자조선 연구', '조선한국사학계의 고조선, 부여 연구 논저 선편'과 같은 고조선·부여 관련 사항, '호태왕비 1580년', '簡明 고구려사', '압록강 이남의 고구려 유적 조사 연구', '조선한국학계 고구려 연구 문헌'과 같은 고구려 관련 사항, '발해국사', '발해사론', '발해 移民의 治理와 귀속 연구', '국외 발해사 연구 자료 회편'과 같은 발해 관련 사항, '朝文 상관 중요 저작 및 자료 번역', '중조 변경사—백산자료원총서 선택 번역', '조선반도 현상황 연구', '한국과 조선의 경제, 사회상황 비교'와 같은 기타 사항이 포함되어 있다.

이것은 중국과 국경을 맞대고 있는 한국이나 이와 관련된 역사를 순수하게 학문적으로 연구하는 것으로 판단할 수도 있다. 그러나 다음과 같은 동북공정의 취지문을 음미해 보면 분명히 정치적 의도가 강하게 깔려 있으며, 특히 한국을 크게 의식하고 있다는 사실을 발견할 수 있다.

> 특별히 근 10여 년 이래로 동북아의 정치와 경제의 지위가 날로 상승함에 따라 세계 이목이 쏠리는 뜨거운 지역이 되었으니, 我國(중국) 동북의 변강지구는 동북아의 중심에 위치하여 극히 중요한 전략 지위를 가지고 있다. 이런 형세 아래 일부 국가(한국을 지칭하는 것이 분명함: 필자)의 연구기구와 학자들이 역사 관계 등의 연구에서 의도적으로 사실을 왜곡하고 있고, 소수 정치인들이 정치적 목적으로 여러 가지 잘못된 주장을 공공연히 펼치면서 혼란을 야기하고 있다. 이리하여 동북 변강의 역사와 현상 연구가 많은 도전에 직면하는 결과를 낳게 되고, 아울러 이 방면의 학술연구에 새로운 과제를 떠안게 되었다. … 동북 변강의 역사와 현상에 대한 연구 분야 건설 및 발전을 더욱 촉진하고, 동북변강 지역의 안정을 더욱 강화하기 위해서 중앙의 허가를 받아 중국사회과학원과 동북 3성이 연합하여 대형 학술과제인 "동북변강의 역사와 현상 系列 연구 공정"을 2002년 2월에 정식으로 발족하였다. 이 공정은 5년을 기한으로 하며, 학과와 지역 및 분야를 초월하는 대규모 사업이

다. … 이 가운데 중요한 연구 내용은 고대 중국 강역 이론 연구, 동북지방사 연구, 동북민족사 연구, 고조선·고구려·발해사 연구, 중조관계사 연구, 중국 동북 변강과 러시아 원동지구의 정치·경제관계사 연구, 동북변강사회 안정 전략 연구, 한반도 정세 변화 및 그에 따른 중국 동북 변강 안정에 대한 영향 연구 등이다. … 상술 과제 연구를 완성하기 위해서 '동북공정' 전문가위원회에서 5개의 의식을 반드시 강화할 필요가 있다고 강조하였으니, 첫째는 정치 의식이다. 이번 공정은 직접적으로 국가의 長治久安을 목표로 하는 것으로서 국가통일, 민족단결, 변강안정의 대목표로부터 출발할 필요가 있다. …(동북공정 홈페이지)

이로써 연구 대상의 중심이 한국에 놓여 있음을 알 수 있다. 이러한 의도는 또 다른 곳에서도 간취된다. 고구려 관련 자료로서 홈페이지의 '학술동태-학술회의'에는 2002년 7월에 개최된 '제2회 동북변강역사와 현상 및 고구려학술토론회'를 정리한 글(李大龍)이 있다. 여기서는 고구려 민족의 근원을 중국 고대민족인 高夷로 끌어붙이려 한 주장이 눈에 띄는데, 이것은 고구려 민족이 중국에서 유래한 것으로 부회하려는 의도가 분명하다.

가장 눈길을 끄는 것은 「熱点聚焦(핫이슈)—고구려 문제」에 실린 내용이다. 이 난에는 변경 이론과 함께 중국의 국경 분쟁과 관련된 몽골 서북의 唐努烏梁海(투바), '東突'(동투르키스탄) 문제, 南沙群島 문제, 釣魚島 문제가 나열되어 있는데, 여기에 엉뚱하게 '고구려 문제'가 포함되어 있다. 다른 사항들은 현재의 영토 소유권 분쟁인데 유독 고구려라는 역사 문제를 함께 싣고 있는 의도는 굳이 따지지 않아도 명백하다.

'고구려 문제'를 클릭해 보면 5편의 글이 나타난다. 첫째 글인 「고구려는 고대 중국의 1개 지방민족정권」(李大龍)에서는 자기 주장의 근거로서 다음과 같이 네 가지를 들고 있다.

1. 고구려 정권은 西漢 시기 현도군 고구려현 경내에서 변강 민족이 건립한 지방정권이다.
2. 고구려의 활동 중심이 여러 차례 옮겨졌지만, 평양 천도까지 한사군의 범위에서 벗어나지 않았다.
3. 고구려는 계속해서 중국 역대의 중앙왕조와 臣屬 관계를 유지하였고, 스스로 '중국' 밖으로 떨어져 나가려 하지 않았다.
4. 고구려 멸망 후 주체부는 한족으로 융합되었다.

둘째 글은 「고구려, 고려 및 조선족은 혼동해서는 안 된다」(厲聲)라는 것으로서, 이들 3자 사이에는 아무 연관이 없으며, 현대의 중국 조선족은 신라인을 주체로 형성된 것이라고 주장하였다. 넷째 글은 「고씨 고려와 왕씨 고려는 성격이 서로 다른 정권」(楊保隆)으로서, 건국 시기와 역사 발전의 귀속이 다르고, 통치 구역이 다르며(왕씨 고려는 기본적으로 신라 강역을 계승), 민족 구성이 다르고(왕씨 고려는 신라인 위주), 또 왕씨 고려는 고씨 고려의 후예가 아니며 그 왕족도 역시 그러하다는 주장을 폈다. 천도 과정을 소개한 셋째 글(馬大正)과 중국의 고구려사 연구 100년을 정리한 다섯째 글(馬大正)은 객관적 정리에 치중하였지만, 1980년대 이전에 고구려를 한국사로 본 것에 대하여 오류라고 지적하였다. 이들 필자가 동북공정의 주축 인물이라는 점에서 이 프로젝트의 의도가 분명하게 드러난다. 또한 쑨진지의 견해가 차용되고 있는 점도 주목된다.

『광명일보』에 실린 논설은 중국의 의도를 더욱 명확하게 증언해 준다. 필자가 邊衆으로 되어 있는데, 동북공정을 주도했던 마다정의 필명이라 한다. 이 글이 기관지에 실린 것은 그만큼 국가적 관심사임을 반영하는 것이며, 그 내용은 중국의 입장을 대변하고 있다고 해도 과언이 아니다. 이를 간단히 정리하면 다음과 같다.

우리(중국)는 고구려 민족이 중국 동북 역사상의 1개 민족으로서 고구려 정권이 중국 동북 역사상의 변강민족정권이라고 인식하고 있으니, 그 근거는 다음과 같다. 첫째, 고구려 민족의 선조는 중국 동북지구에서 활동하였다. 둘째, 고구려 발원지 및 도성은 모두 한사군 범위에 속하며, 중국에 부단히 칭신, 조공하고 하사품을 받았다. 셋째, 한나라에서 당나라에 이르기까지 역대 중국 왕조는 분열시기까지 포함하여 모두 고구려를 변강민족정권으로 인식하였다. 넷째, 고구려는 7세기에 이르는 장구한 시간을 거치며 책봉, 조공, 納質을 하면서 臣屬 관계를 유지하였고, 중국의 밖에 있으려는 시도를 하지 않았다. 이에 따라 고구려 멸망 후 당나라에 대해서 망국의 한을 품지 않았고 오히려 당나라의 통일대업에 적극 참여하였다. 다섯째, 고구려 멸망 후 대다수가 漢族으로 융합되었고, 일부만이 반도민족이 되었다.

다음으로 왕씨 고려는 고구려의 계승자가 아니다. 고려는 고구려와 시간적으로 현존하며, 반도 중남부에서 신라를 대신해 일어난 정권이다. 또한 주민도 한반도 남부의 삼한 후예인 신라인, 백제인이 주축이었다. 왕건은 고구려 후예가 아니라 낙랑군의 후예일 가능성이 높다. 따라서 한국의 역사는 3한-신라와 백제-고려-조선으로 이어졌으며 한반도를 벗어난 적이 없다.

왕씨 고려를 고구려의 계승자로 본 것은 『오대사』, 『송사』 등의 중국 역사서에서 착오를 범했기 때문이다. 특히 『명사』에서는 이성계를 조선국왕으로 봉하면서 기자조선-위씨조선-한사군-고구려-고려-조선의 계승관계를 인정하여 기자조선-위씨조선-한사군-고구려로 이어지는 중국 역사를 한국사에 넣는 큰 착오를 범하였다. 결국 왕씨 고려와 조선은 고구려와 기자조선을 '도용'한 정권이었다.

이 글의 심각성에 대해서 따로 췌언을 덧붙일 필요는 없다. 앞에 제시한 쑨진지-리다룽으로 이어지는 주장이 여기서도 계승, 확대되고 있다는 사실만 주지시키고 싶다. 『삼국사기』에서 이미 3국을 한국사의 범주로 다루었고, 당나라에서 고구려를 마한으로, 고구려인을 삼한인으로 불렀다는 사실만으로도 중국사가 아닌 것이 분명한데, 자신들에게 불리한 기록은 고려조차 하지 않는다.

문제는 이러한 주장이 유네스코 세계문화유산 지정에도 영향을 주었다는 것이다. 2003년 7월 초 북한 고구려 고분군의 세계문화유산 등재가 연기되었다는 보도가 나왔다. 국제기념물유적협의회(ICOMOS) 평가보고서에서 중국의 유적과 비교 연구가 필요하며, 북한의 고분은 보존에 문제가 있다는 이유를 들었는데, 이 보고서의 책임자가 중국 학자였다고 한다. 이렇게 등재를 연기해 놓고 고구려 유적이 밀집해 있는 고구려 국내성의 유적들을 군대까지 동원하여 대대적으로 정비하고 있다는 사실이 밝혀지게 되었다. 외부인의 집안 출입마저 철저히 통제한 채 벌어진 비밀 작업이었다. 문화재 보존에서 우위에 있다는 사실을 입증하여 북한을 제치고 중국의 유적을 등재하려는 처사로 보인다. 그래야만 고구려가 중국사라고 하는 주장이 탄력을 받을 수 있다고 판단했을 것이다. 그러나 고구려 고분이 북한 쪽의 유적이라서 그런지 우리는 아직도 그 심각성을 깨닫지 못하고 있는 듯하다.

이와 같은 최근의 사건들은 중국 당국의 공세가 집요하게 진행되고 있음을 여실히 보여 준다. 언젠가 발해처럼 고구려가 중국의 역사 지도에서 지워질 날이 올지도 모른다. 그런데 그들의 정책 대상이 고구려에 머물 것 같지 않다는 데 우려를 금할 수 없다. 쑨진지와 삔중의 글을 보면, 한국사의 범위를 한반도 남부의 신라계 국가로 한정하였다. 자연히 고조선-고구려·부여-발해로 이어지는 역사는 중국사가 되어, 한반도 북부까지 장악하려는 의도가 엿보인다. 중국은 그동안 자기 영토 안에 있던 과거의 역사는 모두 중국사라는 논리를 펴왔고, 그에 따라 만리장성도 중원 왕조의 국경선이 아니라 농경민족과 유목민족이 섞이지 않도록 하는 경계선이라고 학생에게 가르친다. 그리고 이제는 중국의 국경선을 넘어 한

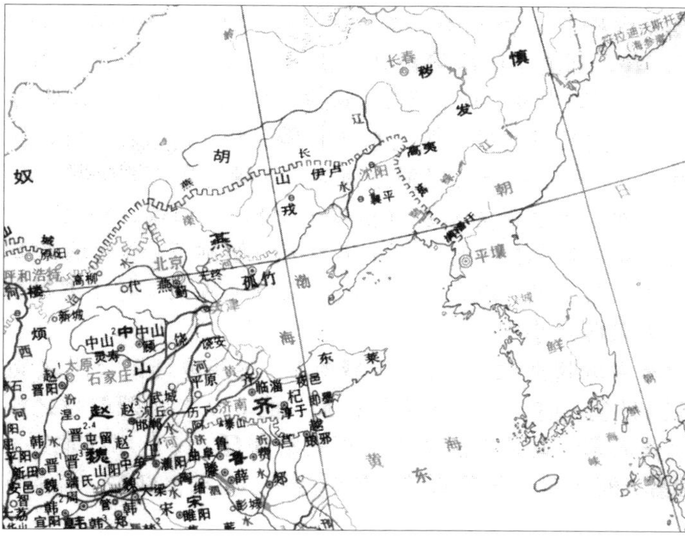

그림 9-4. 한반도까지 들어와 표시된 중국 장성

반도 북부까지 넘보고 있는 것이다. 단순한 역사 차원의 문제가 아니라 장차의 정세 변화에 대비하여 북한에 대한 연고권을 주장하려는 정치적 의도까지 깔려 있는 듯하다. 동북공정의 취지문에도 보이듯이 한반도의 정세 변화가 중국 동북지방에 어떠한 영향을 미칠 것인가 하는 전략적 연구는 벌써 통일 이후의 상황에 대비하려는 움직임으로 보인다. 이 글 처음에 제시한 연구 목록에 유난히 한반도 관련 과제가 많이 나타나는 것도 이 때문일 것이다.

중국은 그들의 역사 체계를 완성하기 위해서 고구려의 귀속 정책이 일단락 되면, 다음에는 고조선으로 옮겨갈 것이다. 기씨조선과 위씨조선을 이미 중국의 정권으로 규정하기 시작한 것은 앞서 살펴본 바와 같다. 『고구려간사』에서 고구려를 고조선, 고려와 분리시켜 중국사로 규정하였지만, 쑨진지와 볜중의 글에서는 고조선마저 자기네 역사로 주장하였다. 지금 중국의 역사 지도에는 한결같이 중국 연·진·한의 장성이 청천강 부근까지 뻗은 것으로 그려져 있다(그림 9-4).[14] 이것은 고조선이 만주에 있었다는 설을 부정하면서, 청천강 일대까지 중국의 세력권에 속해 있었고, 한국사에 속하는 고조선은 그 이남에 있었다는 논리를 펴려는 것이다. 그런데 근래에 들어 고조선이 중국사라고 주장하면서 청천강 이남의 땅도 중국의 영역이었다는 억지를 부리기 시작하였다. 이렇게 볼 때 고구려 다음으로 고조선이 타깃이 될 것으로 판단된다. 이러한 논의를 아마추어 연구자들이 아닌 70세 전후의 학계 원로들이 주도하고 있다는 점에 주목해야 한다.

2. 중국의 소수민족 정책과 '大漢族主義'

중국의 정책은 발해와 고구려에만 그치지 않고 앞으로 고조선을 비롯하여 한국사 체계 전반에까지 미치는 큰 소용돌이를 몰고 올 것이다. 그 근본적인 원인은 중국의 소수민족 정책에서 비롯되었으므로, 이를 따져 볼 필요가 있다.

주지하다시피 중국은 56개 민족으로 구성된 나라이다. 2000년의 자료에 따르면 중국 인구는 12억 6천여 만 명인데, 이 가운데 한족이 91.9%, 나머지 55개 소수민족이 8.1%가 되어 한족이 절대다수를 차지한다. 반면에 소수민족이 살고 있는 영토는 63.7%에 달한다. 소수민족이 모두 떨어져 나간다고 가정하면 산술적으로 한족은 36.3%의 땅에 91.9%의 인구가

---

14 郭沫若 主編, 『中國史稿地圖集』 上册, 地圖出版社, 1979, p.23, p.30.
譚其驤 주편, 『中國歷史地圖集』 제1책, 地圖出版社, 1982, pp.41~42 및 제2책, pp.3~4, pp.27~28.
王雅軒 · 王鴻賓 · 蘇德祥 주편, 『中國古代歷史地圖集』 遼寧敎育出版社, 1990, p.26, p.32, p.40.
譚其驤 주편, 『簡明中國歷史地圖集』, 地圖出版社, 1991, pp.13~14, pp.15~16, pp.17~18.

살아야 한다. 여기에 중국의 고민이 있다. 분리운동이 활발한 소수민족으로는 서방의 위구르족과 티베트족이 있다. 과거에는 내몽골도 분리운동에 적극적이었지만 지금은 그 불길이 사그라들었고, 그 대신 통일 이후에 한반도와 연계 가능성이 있는 조선족이 포함되었다는 얘기가 들린다. 김영삼 대통령이 중국을 방문했을 때 조선족 대표를 접견조차 못 한 일이 있었다. 중국에서는 우리나라에 살고 있는 화교를 자기 교포라고 하면서도 조선족은 한국의 교포가 아니라고 한다. 조선족은 한국을 가리켜 母國, 故國이라는 말은 쓸 수 있으나 祖國이라는 말은 사용할 수 없다고 한다. 이처럼 조선족 단속에 골몰하고 있다.

우리나라에서 표류하고 있는 '재외동포특별법'은 중국의 입김이 작용한 대표적인 사례이다. 이 법이 발의될 때부터 중국 측이 "재외동포의 범위를 포괄적으로 규정해 중국 내 조선족의 민족주의를 자극할 잠재성을 여전히 남겨놓았다."라고 항의함에 따라 1999년 발효 당시 1948년 8월 15일 정부 수립 이후에 이주한 동포로 한정해 버렸다. 이에 따라 가장 어려운 시기에 이주한 조선족, 고려인, 재일동포는 제외되고 미주동포는 포함되는 불공평한 결과를 빚었다. 마침내 2001년 11월 헌법불합치 판정을 받았고 제외된 동포들을 다시 포함하는 법 개정을 준비하고 있다. 그런데 중국은 법 개정과 관련하여 입법 자료 수집을 위해서 중국을 방문하려던 국회의원의 비자 발급을 몇 차례 거부하고, 현지에서도 공안원의 방해로 제대로 성과를 거두지 못했다고 한다.

그뿐 아니라 티베트 망명 정부를 이끌고 있는 달라이 라마를 초청하려던 시도도 중국의 입김으로 무산되었다. 심지어는 2002년 8월에 달라이 라마가 서울을 경유하여 몽골을 방문하려 했지만 우리 항공사가 승객의 안전이 우려된다고 하여 항공권 발급을 거부하는 사태까지 벌어졌다. 중국의 민감한 대응에 우리가 너무 눈치를 보고 있다는 느낌이 든다.

이러한 일련의 사건들은 중국의 정책이 얼마나 예민하게 수행되고 있는가를 보여 준다. 중국 헌법 序言에 "중화인민공화국은 전국의 各族 인민들이 공동으로 세운 '통일적 다민족국가'이다. 평등, 단결, 互助의 사회주의 민족 관계를 이미 확립하고 앞으로 이를 계속 강화해 나간다. 민족단결을 수호하는 투쟁에서 대민족주의, 주로 大漢族主義를 반대해야 하며, 아울러 지방민족주의도 반대해야 한다. 국가는 일체의 노력을 기울여 전국 각 민족의 공동 번영을 촉진한다."라는 문구가 있다. 중국은 여러 민족이 공동으로 세운 국가로서 소수민족 분리운동과 대한족주의를 동시에 배격한다고 선언하고 있다. 그러나 실제로는 한족을 주체로 삼는 대한족주의로 나아가고 있다.

중국에서 대한족주의를 배제한다는 것은 한갓 구호에 그치고 있으며, 실제로는 지방민족주의를 배격하는 데에 주안점을 두고 있다. 기실 중국에서 '민족주의'라는 말은 소수민족 분리주의와 등치되고 있으며 대한족주의는 여기서 제외되어 있다. 이를 제대로 이해하기 위해서는 중국 민족정책의 변화 과정을 살펴보아야 한다.[15]

소수민족 정책에 대한 중국 공산당의 최초 언급은 1922년 7월에 나왔다. 이때 몽골, 티베트, 回疆 3部에 자치를 실행하여 民主自治邦으로 삼고 자유연방제에 따라 이들을 아우르는 중화연방공화국을 건설한다고 선언하여 민족자결권과 연방제를 표방하였다. 1931년 11월의 중화소비에트 헌법에서도 "중국내 소수민족의 자결권을 승인한다. 또 각 소수민족이 중국을 이탈하여 독립국가를 형성하는 권리를 승인한다."라고 규정하여 자결권과 분리권을 보장하였다. 그러나 1938년 10월 마오쩌둥의 정치보고에서 종래의 자결권 보장이 자치권 승인으로 후퇴하고 소수민족을 무마하기 위해서 大漢民族主義 비판을 처음으로 제기하였다. 1947년 5월에

15 이에 대해서는 사사키 노부아키의 책(佐佐木信彰, 『多民族國家中國の基礎構造ーもうひとつの南北問題』, 世界思想社, 1988)을 참조하였다.

내몽골에서 자치정부 성립을 선언하고 1949년 7월에 티베트에서 '驅漢事件'이 발생하였는데, 그 직후인 9월에 민족의 자결권과 연방제 승인은 완전히 사라지고 그 대신에 민족자치권을 보장하는 쪽으로 선회하였으며, 곧이어 10월에 중국 정부가 수립되었다. 1950년 10월에 인민해방군의 티베트 진군이 개시되었고, 1954년 9월에 제정된 중국 헌법에서 대한족주의와 지방민족주의를 배격하고 자결권과 분리권의 부정·금지를 규정함으로써 민족자치정책이 법제적으로 완비되었다.

이상의 과정을 보면 처음에 민족자결권과 분리권을 인정하다가 소수민족의 자치권만 보장하는 방식으로 민족정책이 후퇴하면서 이를 달래기 위해서 대한족주의 비판을 들고나온 것을 알 수 있다. 이런 점에서 민족 간의 평등은 구실에 그치고 말 소지가 있었다.

중국은 현실적으로 '56개 민족의 통일적 다민족국가'가 아니라 '한족을 주체로 한 통일적 다민족국가'인 것이다. 예를 들어 왕청리는 책 첫머리에 "발해사는 우리 위대한 조국의 한족을 주체로 한 다민족 역사책에서 중요한 항목을 차지하고 있다."라고 썼다. 중국의 역사 교과서를 보면, 발해사에서 '車書本一家', 즉 당나라와 발해는 모든 문물에서 한 집안을 이루었다는 사실을 부각하고 있다. 티베트의 원류인 토번의 역사에 대해서도 당나라 금성공주가 토번에 시집간 사실을 적시하면서 '和同爲一家', 즉 당나라와 토번이 두 개의 정권이지만 친척과 같은 우호관계를 맺었으므로 한집안과 같다는 사실을 지도하도록 교사들에게 지시한다. 중원을 중심에 둔 동화정책인 '거서본일가'와 '화동위일가'가 그들의 교육목표이며 역사학의 화두인 것이다.

쑨진지는 만주 민족사의 원류를 모두 개관한 뒤에 다음과 같이 결론을 내렸다.

또 동북 각 민족의 流向, 즉 흐름과 향방은 그 상황이 얼마나 복잡하든간에 결국은 최종적으로 하나로 모여들어 하나의 통일된 중화민족을 형성해 가고 있다. … 이상으로 볼 때 비록 현재까지 아직도 융합되지 않고 한 개씩의 민족들로 존재하고 있는 많은 민족들은, 이러한 발전·변화 추세로 볼 때 장래에는 마침내 하나의 통일된 중화민족으로 융합될 것으로 보인다. 전체 발전의 과정으로 보면, 한족은 계속해서 매번의 민족 대융합 때마다 그 핵심 작용 곧 용광로 작용을 하였다.[16]

장차 모든 소수민족이 한족에 융합될 것이라는 이 주장은 스탈린의 민족이론과 대한족주의가 기묘하게 결합된 대표적인 사례이다. 스탈린은 장차 민족이 소멸할 것으로 예견하였는데, 이것이 중국에 들어와서는 한족만 남고 나머지 소수민족은 사라질 것이라는 전망으로 변형되었다.

더구나 우리를 당혹스럽게 하는 것은 역사에서의 '多數性' 문제이다. 다수를 차지하는 사람들이 어디에서 왔고 어디로 흘러들어갔는가가 역사적 성격을 규정하는 기준이 되어야 한다는 것이다. 소수통치자의 원류를 가지고 전체 민족의 원류로 삼는 것은 마르크스의 기본 관점에 위배된다고 주장한다. 여기서 마르크스주의와 중화주의가 또다시 기묘하게 결합된 것을 볼 수 있다. 다수 민중의 향배가 역사를 결정한다는 논리를 다민족국가에 적용하면 절대다수를 차지하는 한족이 언제나 주체가 될 수밖에 없다. 이렇게 마르크스주의가 소수민족에게 오히려 폭압적 논리로 작용하고 있다. 현대판으로 다시 태어난 중화주의인 것이다. 러시아에서의 논리도 이와 동일하다고 한다.

조선족도 결국은 한족에 동화될 존재로 보면서 장차 혹시나 있을지도 모를 이탈의 가능성을 부단히 차단하려 노력한다. 그 일환으로 한국사와 관련된 역사를 하나씩 중국사로 만들어 가고 있다. 발해, 고구려, 고조선

16 孫進己 저, 임동석 역, 『東北民族源流』, 동문선, 1992, pp.457~459.

이 그 희생 제물이다.

3. 集安 회의 이후

중국의 정책은 우리가 자초한 면도 없지 않다. 처음에 중국을 긴장시킨 것은 북한의 주체사관이었다. 중국과 북한은 '抗美援朝'로 맺어진 혈맹관계를 유지하면서 1963년에서 1965년까지 조중 공동 고고학 발굴대를 조직하여 만주 지역의 유적을 공동으로 발굴하고 당시에 발굴된 유물을 북한에도 할애하여 양국의 우의를 다졌다. 그런데 이것이 문제의 발단이었다. 북한은 이후 이들 고고학 자료를 활용하여 만주 땅에서 일어난 고조선, 고구려, 발해사 체계를 확립하였다. 이것이 중국을 자극한 것이다. 양국에서 공동으로 보고서를 내기로 협정을 맺어 놓고, 중국에서 문화혁명으로 혼란을 겪자 북한에서 자기 입맛에 맞게 작성하여 발표했다고 하여 중국에서 크게 노하여 그 후로는 합작이 불가능하게 되었다. 북한도 이후 주체사관을 강화해 나갔고, 이 주장이 중국에 번역되어 더욱 심기를 건드렸다. 중국에서의 1980년대 발해사, 고구려사 연구는 여기에 대응하는 것들이었다.

1992년 한·중 수교를 계기로 한국인의 발길이 잦아졌고, 1993년 8월에는 길림성 집안에서 남북한 학자와 중국, 일본의 학자들이 한자리에 모여 '고구려문화 국제학술회의'를 열었다. 이때 고구려가 누구의 역사인가 하는 문제는 서로 언급하지 않기로 약정했는데, 첫날 토론에서 북한의 박시형이 "과거의 고조선·고구려 땅이 지금 중국 영토가 되었다고 해서 그 역사를 어떻게 중국사에 갖다 붙여 중국 소수민족 운운하는가 이해할 수가 없다."라고 일갈한 뒤 중국과 당당히 대결했던 고구려의 위세를 언급하였다. 이때 지병인 심장병에도 불구하고 쑨진지가 흥분하여 항의하다

쓰러지기까지 했다고 한다. 이 무렵에 집필된 그의 고구려 귀속 문제 논문이 앞서 인용한 것이다. 이날 토론은 서둘러 중단되었고, 다음날의 종합 토론은 취소되었다. 문제는 여기서 끝나지 않았다. 중앙정부에 이 사실이 알려지자 앞으로는 허락 없이 고구려와 발해 관련 국제회의를 열 수 없다는 지시를 내렸고, 그 후로 공식적인 국제회의가 열리지 못한 채 중국 학자들 내부에서만 회의가 지속되고 있다.

집안 회의가 열렸을 때 철문으로 막아놓았던 고구려 벽화고분을 개방하였고, 조선일보에서 7기를 촬영하고 돌아와 그해 11월부터 235일에 걸쳐 전국을 순회하면서 '아! 고구려—1천5백 년 전 집안 고분벽화' 전시회를 개최하여 모두 350만여 명이 관람하는 성황을 이루었다. 이것도 중국 당국을 자극하여 고분 개방에 관여했던 중국 학자들이 구속되고 징계받는 사태가 발생하였다.

이 사건은 중국의 단속정책을 가져오는 결정적 계기가 되었다. 여기에 국수주의자들의 행태도 한몫하였다. 이미 1980년대 초에 정부의 비호 아래 소위 재야 사학자들이 단군조선의 영토가 북경까지 아우르고 신라가 만주까지 통일했다고 주장하면서 군부대의 정신교육 강사로 여기저기 돌아다녔고, 육군사관학교 교장실에는 '만주수복'이라는 글씨를 걸어놓아 그곳을 방문했던 중국군 고위층을 경악하게 만든 적이 있다. 1995년에 국내의 한 국수주의 단체에서 검은 유니폼을 입고 만주를 행진하는가 하면, 압록강에서 배 위에 태극기를 꽂자 공안원들이 싸움을 벌이면서 국기를 강물에 쑤셔 넣는 사건도 발생하였다.

이 무렵 중국에서는 한국인들이 조선족에게 민족 감정을 부추기고 과거의 영토 회복을 주장하고 있다는 불만을 공개적으로 표명하였고, 연변에서는 한국을 연상시키는 상점 간판을 달지 못하게 하는 조치가 시달되었다. 〈선구자〉 노래가 금지되고 윤동주 시비, 김정숙 기념비 등도 철거되었으며, 백두산 천지에서의 비디오 촬영도 금지되었다. 1995년도 신문들을 들추어 보면 이런 기사들이 유난히 많은 것을 확인할 수 있다. 쑨진지도 발해에 관한 근래의 논문에서, 일부 연구자들이 황당하게도 중국 대부분이 고대 한국 강토였다고 주장하면서 공공연하게 "우리의 땅을 돌려 달라", "우리 영토를 회복하자"라는 구호를 외친다고 지적하였고, 또 한국의 일부 국회의원들의 언행까지 적시하였는데,[17] 이 구절이 동북공정의 취지문에 그대로 반영되어 있는 것은 결코 우연이 아니다. 쑨진지의 글, 동북공정의 취지문, 볜중의 글이 모두 일관된 것을 볼 때 이는 절대로 개인 차원에 머무는 일이 아니다.

여기에 중국을 더욱 분노하게 하는 사건이 발생하였다. 장천 1·2호분 도굴 사건이다. 1996년 8월에 두 벽화고분의 철문이 뜯기고 상당 부분 도굴되었는데 당국에서는 한국인이 사주했을 것으로 판단하고 있다는 말을 현지에서 들었다. 그런데 2000년 7월에 장천 1호분이 다시 도굴되어 무덤 벽화가 완전히 사라졌고, 다른 벽화고분도 도굴된 사실이 밝혀졌다. 마침내 범인이 잡혀 그 배후에 한국인이 있다는 사실이 확인되었고, 벽화 조각이 국내에 들어와 있다는 보도도 나왔다. 2003년에 조선족 도굴범들이 사형되었다는 기사도 있었다.

엉뚱한 애국심 때문이든지 아니면 고미술상들의 경제적 이해 때문이든지 한국인들과 관련된 이런 사건들을 심심찮게 들을 수 있다. 1997년 상경성 남대묘에서 발해 유물을 훔치던 사람이 경비원을 살해한 사건이 발생하였는데, 범인은 한국인이 시켜서 한 것이라고 자백했다 한다. 또 유학생이 발굴 현장의 인부를 꼬드겨 유물을 빼돌린 사건도 있었다. 이런 일련의 사건들이 중국 당국을 긴장하게 만들어 왔던 것이다. 최근의 공세는 이런 행태에 대한 역공의 의미도 담겨 있다.

---

17 孫進己, 「讓渤海史研究成爲促進東北亞各國友好的橋梁」, 『博物館研究』 2002-3, p.26.

4. 제2의 나당전쟁인가? 그리고 유네스코 등재가 시급하다

2003년 8월에 고구려 빼앗기와 대조되는 기사가 눈길을 끌었다. '국사의 해체'라는 다소 선정적인 기치를 내걸고 민족주의 사학을 비판하는 자리였다. 우리 국사가 너무 민족주의적이고 폐쇄적이므로 한·중·일 공동의 역사를 모색해 보자는 취지였다. 일부 수긍이 가는 부분도 있지만, 현실과 괴리된 너무나 이상주의적이라는 생각이 든다. 이날 임지현은 "한국이 국사를 해체한다면 일본의 역사교과서 왜곡이나 고구려사를 중국사에 포함하려는 중국의 움직임에 오히려 근원적 비판의 칼을 들이댈 수 있다."라고 주장했다고 한다. 그러나 중국의 정책을 보면 이 발언이 얼마나 낭만적이고 순진무구한지 알 수 있다. 중국의 참여 없는 민족해체론은 한갓 공염불에 그칠 수밖에 없다. 거대한 나라가 욕심을 버리지 않고 있는데 작은 우리나라만 옷을 벗어 버리면 일이 잘 해결될 것이라는 생각은 분명 현실 인식이 잘못된 것이다. 서양 이론을 그대로 우리 사회에 대입할 수 없는 고민이 여기에 있다.

이종욱은 『역사충돌』이라는 책을 써서 발해는 말갈족의 역사이며 현재 우리가 그 땅을 지배하고 있지도 않은데 우리 역사에 넣는 것은 역사적인 침략 행위라는 어이없는 주장을 내놓았다. 그가 신라 중심사관에 매몰되어 있는 것이 아닌가 우려된다.

우리의 불행한 운명은 강대한 중국에 바짝 붙어 있어 그들로부터 끊임없이 영향을 받을 수밖에 없다는 데에서 비롯된다. 중국 주변에서 일어난 나라 가운데, 심지어 중국을 지배하기까지 했던 이민족조차 지금까지 제대로 살아남은 민족은 없다. 우리 민족과 몽골 정도이다. 우리 민족의 진정한 위대성은 중국에 흡수되지 않고 지금까지 살아남았다는 데에 있다고 생각한다. 그런데 중국은 현대에 와서도 중화주의를 버리지 않고 있다. 거대한 용광로가 되어 주변을 지속해서 용해하려 든다. 그 중국이 점점 성장하면서 우리에게 영향력을 확대해 오고 있다.

2003년 2월 대통령 취임사에서 "존경하는 국민 여러분, 오랜 세월 동안 우리는 변방의 역사를 살아왔습니다. 때로는 자신의 운명을 스스로 결정하지 못하는 의존의 역사를 강요받기도 했습니다. 그러나 이제 우리는 새로운 전기를 맞았습니다. 21세기 동북아 시대의 중심국가로 웅비할 기회를 맞이하고 있습니다."라고 호기 있게 외쳤다. 그러나 곧 중국으로부터 항의를 받고 '동북아경제 중심국가 건설'이라는 국정과제의 명칭에서 '중심국가'라는 말을 삭제하여 '동북아경제 추진'이라는 어정쩡한 형태로 남은 것이 우리의 자화상이다. 앞서 언급한 바와 같이 달라이 라마 초청과 재외동포특별법에도 영향을 끼치고 있는 것이 중국이다.

그런가 하면 2002년 가을에 미국 버클리대학 도서관에서 동아시아 도서전시회를 개최한 적이 있는데, 한국 도서 부문에 발해사 코너를 설치했으나 중국인들이 항의하여 철거하는 소동이 있었다는 얘기를 들었다. 서양에서까지 이런 난리가 일어나고 있다. 아무리 중국사라 해도 한국인이 다루면 안 된다는 논리는 어디에서 나온 것인지 알 수가 없다. 중국 내 고구려 유적을 답사하다 보면 출입이 금지된 곳이 많다. 2002년 8월 고구려 안시성으로 불리는 성터에 들어가기 위해 마을 입구에 들어섰다가 곤욕을 치른 적이 있다. 한 관리인이 뛰쳐나와 우리의 앞길을 막고 급히 핸드폰으로 공안에 전화를 하는 바람에 꼼짝없이 2시간 동안 잡혀 있었다. 그나마 성안으르 들어가지 않은 것이 확인되어 일찍 풀려나게 되었는데, 아마도 당 태종을 물리친 곳이기에 중국인의 자존심을 건드리는 장소라 하여 다른 성들과 달리 출입을 금지하고 있었던 것이 아닌가 생각된다.

그러나 우리는 중국을 너무 안이하게 보고 있다. 우호 관계를 맺었다고 해서 행복감에 젖어 있는 것이다. 1997년 가을부터 1년간 하버드대학 옌칭연구소에 거문 적이 있다. 이때 한 외교관의 고백을 잊을 수가 없다. 중국이 정신없이 부상하여 미국에서 난리인데 왜 한국은 그리 태평하냐고,

만나는 미국인마다 얘기해서 비로소 중국 문제가 심각하다는 것을 깨닫게 되었다고 하였다. 이해 11월 1일에 중국의 장쩌민 국가주석이 하버드 대학을 방문하여 연설하였다. 이 무렵에 텔레비전에서 쏟아져 나오는 영화 광고들은 중국의 인권을 다룬 〈레드 코너〉와 달라이 라마의 생애를 다룬 〈티베트에서의 7년〉, 〈쿤둔〉이었다. 〈뮬란〉이라는 중국 소재의 만화영화를 만들면서 다른 한편으로 이러한 비판 영화를 만드는 것에서 미국의 힘을 보았다. 우리의 참담한 현실과 대조를 이루어 깊은 인상이 지금까지 남아 있다.

우리의 운명에 큰 입김을 불어 넣을 수 있는 중국이 바짝 붙어 있다. 우리가 국내 문제에 휘둘리고 있고 나아가 남북통일 문제에 정신이 팔려 있을 때 중국은 동북공정의 연구 제목에서 보듯이 통일 이후 만주 지역에 끼칠 영향까지 내다보고 있다. 통일학이라고 해야 고작 남북 문제에 시야가 한정되어 있어 그다음에 벌어질 문제는 아직 안중에 없는 우리와 대조가 된다.

지금 중국이 저런 공세를 해 와도 우리에게는 뾰족한 대책이 없다. 고조선, 고구려, 발해 연구자라고 해 보아야 고작 손에 꼽을 정도이다. 이제 와서 갑자기 연구비를 쏟아붓는다고 해도 지급할 대상이 마땅치 않을 것이다. 그렇다고 팔짱만 끼고 그저 바라만 보고 있자니 가슴이 답답하다. 당나라가 백제와 고구려를 집어삼키려 하자 이에 대항하여 나당전쟁을 벌였듯이, 중국이 북한 땅에 대한 기득권을 주장하며 신라계 국가만 우리에게 떼어주려고 하는 마당에 제2의 나당전쟁을 벌여야 할지도 모른다는 생각이 든다. 중국 정부가 팔을 걷어붙이고 나서는 판이니 이제 학문의 문제가 아니라 정치·외교의 문제요 우리 민족 생존의 문제가 되었다. 그러나 전쟁에 나설 전사가 별로 없는 것이 우리의 서글픈 현실이다. 학자는 하루아침에 길러지는 것이 아니다.

정부는 긴 안목의 정책을 펴야 할 것이다. 처음에 소개했듯이 신문과 방송의 보도, 그리고 개인의 제보를 통해서 사태를 파악해야 하는 우리의 현실을 반추해 보아야 한다. 중국의 간행물들을 종합적으로 수집하는 연구소가 국내 어디에 있는지 묻고 싶다. 모두 개인적으로 책을 구매해서 연구하고 있으니 경제적 부담은 물론이고 그 한계는 명백하다. 앞으로 수집과 연구에서 체계를 갖추어 연구의 기반을 마련하는 것이 필요하다. 그러나 지금 오히려 국수주의와 아마추어리즘으로 중국에 대응하려는 움직임마저 보인다.

무엇보다 우리에게 닥친 가장 시급한 것은 북한을 도와서 고구려 벽화고분을 유네스코 세계문화유산에 등재하는 일이다. 중국이 선점해 버리면 세계 무대에서 고구려사가 우리 역사라는 주장이 무색해질 것이다. 그러니 남북한이 힘을 합쳐 우리 역사를 지켜내어야 우리 후손에게 떳떳할 것이다. 이것이 일차적인 급선무이고, 이를 해결한 다음 긴 호흡의 정책이 뒤따르는 것이 마땅하겠다. (2003년)

제10장 중국의 동북공정, 그 후

1. 머리말

중국의 동북공정은 2002년 2월에 시작하여 2007년 1월에 종료되었다. 국내에서는 이 연구 사업이 착수된 줄도 몰랐다가 1년 반이 지난 2003년 7월에 처음 보도되면서 그 실체가 드러났다. 이에 따라 여론이 물 끓듯 일어나 역사 왜곡 문제는 한·중 양국의 외교적인 현안으로 부상하였고, 급기야 국내에 대응연구기관을 설립하는 데까지 이르게 되었다.

지금 동북공정 사업은 이미 끝났지만 역사 분쟁이 사그라진 것은 아니다. 사업이 끝난 뒤에도 왜곡된 역사 해석은 확대 재생산되고 있다. 2011년 2월 현재 중국사회과학원 중국변강사지연구중심 홈페이지에는 '東北工程簡介' 항목이 2005년에 시작된 '新疆項目'(원래 명칭 新疆歷史與現狀綜合研究), 2010년에 새로 시작된 '北疆項目'(원래 명칭 北部邊疆歷史與現狀綜合研究)과 함께 소개되어 있다(그림 10-1). 동북공정의 후속으로 신강과 북쪽 경계에 대한 사업이 지속되고 있는 것을 볼 수 있다. 新疆과 北疆에서 느낄 수 있듯이 동북공정은 기본적으로 邊境 문제로 다루어 왔던 것을 확인할 수 있다.

이 사실은 과거 중국변강사지연구중심의 홈페이지에 '고구려 문제'를 영토 분쟁지인 투바공화국(唐努烏梁海), 동투르키스탄 문제('東突'問題), 남사군도 문제(南沙群島問題), 조어도 문제(釣魚島問題)와 병렬해 놓은 데서도

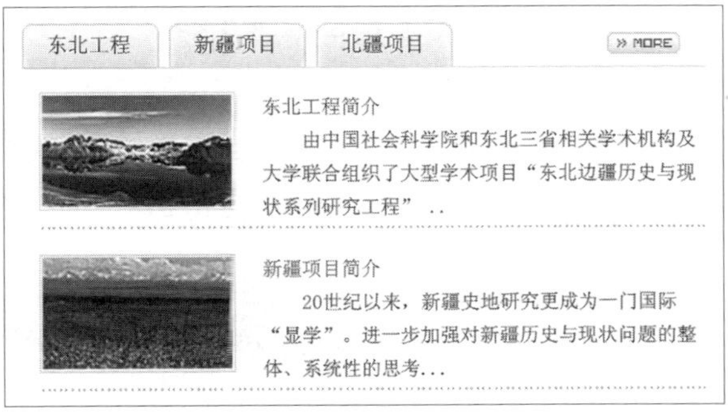

그림 10-1.
중국변강사지연구중심 홈페이지

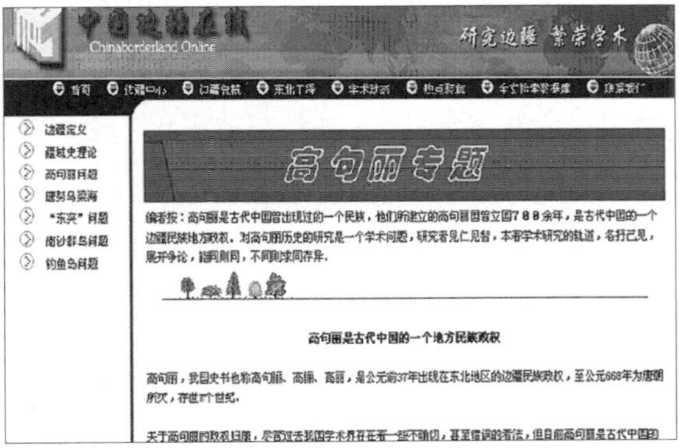

그림 10-2.
중국변강사지연구중심 홈페이지의 고구려와 변경 문제

엿볼 수 있었다(그림 10-2). 이처럼 역사 분쟁은 본질적으로 영토 분쟁이다. 따라서 동북공정은 영토 분쟁에 대비하여 만주 지역의 영유권을 확고히 하려는 데에 목적이 있었던 것이 분명하다.

여기서 나아가 북한 영역도 염두에 두고 있다는 의구심을 갖지 않을 수 없는 일들이 벌어지고 있다. 주지하다시피 고구려 문제를 다루면서 평양 천도 이후의 역사도 중국사라고 하였고, 고구려와 수·당의 전쟁을 중국 영토 안에서 벌어진 內戰이라고 주장하였다. 그러더니 근래에는 기자조선과 위만조선이 평양에 있었다고 하면서 역시 중국의 역사라는 주장을 제기하고 있다.

이렇게 평양 일대가 고대부터 원래 중국 영역이었다고 주장하는 속내는 장차 북한에서 일어나는 돌발 상황 시에 중국이 개입하기 위한 명분 쌓기가 아닌가 의심하게 한다. 최근에 천안함 사건이나 연평도 사건에서 중국이 북한을 감싸고, 북한은 더욱더 중국에 경도되는 상황이 이러한 의구심을 증폭해 준다. 중국이 장차 북한을 점령할 것이라는 우려가 국내에 급속히 확산되고 있는 것도 심상치 않은 일이다.

필자는 동북공정과 관련하여 이미 한 편의 논문과 한 권의 책을 발표하였고,[1] 이들은 모두 영문으로 번역되었다.[2] 논문은 동북공정이 처음 보도된 직후에 쓴 것이고, 책은 동북공정이 마무리된 뒤에 동아시아의 역사·영토 분쟁을 종합적으로 정리한 것이다. 논쟁이 한창일 때 동북공정에 대한 국내의 대응에 문제가 없는지를 검토한 학술 발표문을 작성한 적도 있다.[3]

이 글에서는 이 학술 발표문에 새로운 자료를 보충하여 정리하면서도 동북공정이 종료된 후에 전개된 중국 측의 움직임 그리고 동북공정에 대한 남한과 북한의 대응에 초점을 맞추었다. 특히 이론적인 것보다 실제 사례를 중심으로 서술하고자 하며, 내용은 비판적 회고가 중심을 이룰 것이다.

2. 중국: 끝나지 않은 동북공정

2010년 8월에 중국 신강위구르자치구의 실크로드 답사를 다녀왔다. 2009

---

1 송기호, 「중국의 한국고대사 빼앗기 공작」, 『역사비평』 65, 겨울호, 역사비평사, 2003.
송기호, 『동아시아의 역사분쟁』, 솔, 2007.

2 Song Kiho, "China's Attempt at "Stealing" Parts of Ancient Korean History", *The Review of Korean Studies*, Vol. 7, No. 4, The Academy of Korean Studies, 2004.
Song Kiho, *The Clash of Histories in East Asia*, Northeast Asian History Foundation, 2010.

3 송기호, 「동아시아 역사 충돌—대응과 반성」, 『21세기 한국 고등교육의 미래와 인문학』, 2005 한국하버드옌칭학회 학술대회 발표문, 2005. 6. 29.

그림 10-3. 신강위구르자치구의 민족 단결 표어

년 7월에 그 주도인 우루무치에서 위구르족과 한족 사이에 유혈 폭동이 벌어졌다. 그만큼 한족에 대한 위구르족의 반감이 큰 곳이다. 이곳을 여행하는 과정에서 "신강의 비약적 발전을 촉진하여 신강의 長治久安을 실현하자", "민족 단결을 강화하여 화목한 신강을 건설하자"(그림 10-3), "각 민족의 공동 단결을 견지하여, 분투하자 공동 번영 발전을" 등의 표어를 종종 목격할 수 있었다. 중국이 신강 지역의 경제를 발전시켜 위구르족의 민족의식을 누그러뜨리려 노력하고 있는 사실을 실감할 수 있었다.

이미 언급했듯이 동북공정보다 3년 뒤에 新疆項目 사업을 시작하였다. 중국에서 역사 문제는 곧 영토 문제이고, 다른 한편으로 소수민족의 문제이기도 하다. 중국은 끊임없이 소수민족의 분리 운동을 차단해 왔으니, 변경 지역을 중국 역사의 무대요 중국의 땅으로 확고히 하려는 것도 이 때문이다. 그런 점에서 동북공정은 조선족을 비롯한 만주 소수민족의 단속에도 목적이 있다.

특히 조선족은 모국을 가지고 있는 민족이기에 한반도의 정세 변화에 민감할 수밖에 없어서 중국에서는 더욱 신경을 쓰지 않을 수 없는 처지이다. 성악가 조수미가 올림픽 기간에 북경에서 독창회를 열면서 〈선구자〉를 레퍼토리에 넣었으나 당국의 검열에 걸려 부를 수 없었다고 했는데,[4] 조선족의 민족의식을 부추기는 노래라고 생각했기 때문이다.

근래에 동아시아에서 일어난 일련의 사건들은 장차 중국의 행보와 관련하여 주목하지 않을 수 없다. 그런 사례로서 우선 중국과 일본 사이에 벌어진 영토 분쟁을 들 수 있다. 2010년 8월 보도에 따르면, 중국에서는 오키나와가 일본 땅임을 인정했던 태도를 갑자기 바꾸어 학계를 동원하여 중국 영토라는 주장을 쏟아내고 있다고 한다. 19세기에 청나라가 일본과 다툼을 벌이다가 청일전쟁 이후에 포기한 영유권 문제를 새삼 들고 나온 것이다.[5] 2006년 6월 이후로 오키나와가 중국 땅임을 밝히는 논문이 20여 편이나 발표되었고, 2009년 12월 북경에서 열린 중국 역사학자 심포지엄에서도 이런 주장이 공개적으로 제기되었다고 한다.[6] 아직은 초기 단계이지만 향후 중국이 어떤 태도로 나올지 귀추가 주목된다.

영토 분쟁을 더욱 극적으로 보여 주는 것은 2010년 9월 7일 일본 尖閣 열도, 즉 釣魚島 열도 부근에서 일본 해상보안청 소속 순시선이 중국 어선의 저인망 조업을 단속하면서 촉발된 양국의 갈등이다. 중국 어선이 순시선을 들이받은 범죄 때문에 선원을 체포하여 구속했지만, 결국 중국의 압력에 이기지 못하여 2주일 남짓 지난 뒤에 석방하고 말았다. 일본과의 격돌에서 중국의 힘을 한껏 과시한 사건이었다. 이런 사건들로 일본에서는 센카쿠 탈환을 위한 군사훈련을 실시하고, 오키나와에 주둔 병력을 증강하는 조처를 내렸다.

그런가 하면 9월에는 일본의 방위백서에서 우리의 항의에도 불구하

4 「선구자를 부를 수 없었던 베이징」, 『중앙선데이』 2008. 10. 12.
5 「"오키나와는 우리 땅" 목청 높이는 중국」, 『중앙일보』 2010. 8. 19.
6 이원우, 「중국학자의 오키나와 영유권 주장에 관한 동향」, 『동북아역사문제』 2010년 11월호, pp.11~12.

고 변함없이 독도를 일본 영토로 명시하였고, 11월 초에는 러시아 메드베데프 대통령이 일본과 영유권 분쟁을 겪고 있는 쿠릴열도를 방문하자 일본에서 항의하는 소동이 벌어졌다. 이렇게 2010년 하반기에도 동아시아에서 영토 분쟁이 집중적으로 부각되는 사건들이 발생하였고, 중국은 이 문제에 대해서 점점 더 공세적인 태도를 취하고 있어 앞으로 사태는 더욱 악화될 가능성이 커지고 있다. 중국이 조용한 외교에서 적극적인 외교로 전환했음을 실감나게 해 준다.

중국은 그동안 조용히 국력을 키우는 韜光養晦의 정책을 취해 왔지만, 이제부터는 힘을 바탕으로 기세등등하게 타인에게 압력을 가하는 咄咄逼人의 정책으로 전환하였다. 이러한 중국의 공세적 외교정책은 역사와 영토 문제를 둘러싸고 각지에서 충돌을 일으키게 될 것이다. 북한 영토 및 한국 북방사를 둘러싼 한·중 간의 충돌도 불가피하게 지속될 것이다. 이에 따라 국내에서는 몽골과 연방제를 실시하여 중국에 대응하자는 주장까지 나온다.

중국은 동북공정의 논리를 앞으로도 더욱 적극적으로 견지해 갈 것이다. 그러한 사례를 몇 가지 들어 보겠다. 동북공정으로 국내 여론이 들끓자 중국은 중앙이 아닌 지방 차원, 정부 차원이 아닌 학계 차원에서 일어난 일이라고 해명하였다. "지방정부와 출판물은 중앙에서 일일이 통제하기 어렵다."라는 말도 하였다. 그러나 2004년 4월 중국 외교부 홈페이지에서 고구려를 제외하였고, 한국이 항의하자 아예 전근대 역사를 삭제해 버린 채 지금까지 복구하지 않는 것은 결코 지방정부 차원의 일이 아니라는 사실을 증언해 준다.

전근대 역사를 삭제해 버릴 때 1945년 이후의 역사만 다루어 한국이 마치 신생국인 것처럼 여기게 하였는데, 2009년 7월에는 이를 더욱 개악하여 우리 역사가 마치 일제 식민지로부터 출발한 것처럼 만들어 놓았고, 2011년 5월 갱신 후에도 이 상황은 변하지 않았다. 한국의 '簡況'란에

简况 位于亚洲大陆东北部朝鲜半岛南半部。东、南、西三面环海。属温带季风气候，年均气温13℃～14℃，年均降水量约1300～1500毫米。

1910年至1945年，朝鲜半岛沦为日本殖民地。1945年8月日本投降，美苏军队分别进驻半岛南北部。1948年8月15日半岛南半部建立大韩民国，李承晚出任首届总统。1960年李承晚在全国性学生运动中下台，同年8月尹潽善任总统。1961年朴正熙发动军事政变，此后长期执政。1979年朴正熙遇刺身亡，全斗焕发动政变，并于1980年出任总统。1987年韩国修改宪法，实行总统直选，同年卢泰愚当选第13届总统。此后金泳三、金大中、卢武铉和李明博先后当选第14届至17届总统。

그림 10-4. 중국 외교부 홈페이지의 한국 소개

"1910년부터 1945년까지 조선반도는 일본 식민지로 전락하였다. 1945년 8월 일본이 투항하고, 미·소 군대가 각각 반도 남북부에 진주하였다."(그림 10-4)라고 한국 소개를 시작하고 있다.

중국의 이런 왜곡은 2006년 5월에 새로 개관한 북경의 首都博物館 진열실에서도 살펴볼 수 있다. 북경시 역사에 관한 상설전시실의 역사 지도 가운데 〈19세기 세계형세도〉를 보면, 한반도에 '朝鮮(日占)'이라고 표기하여 마치 19세기부터 일본 식민지가 된 것처럼 여기게 한다(그림 10-5). 중국 외교부 홈페이지와 우연한 일치를 보이는 것인지 궁금한 대목이다.

그뿐 아니라 시대를 거슬러 올라가 〈世界形勢全圖(前 200~600)〉에는 한반도에 고구려만 적고, 고구려 영역까지 중국과 동일한 색으로 칠해 놓았다. 그것도 주변 색과 언뜻 구분되지 않도록 교묘하게 표시를 해 놓았다(그림 10-6). 발해는 아예 지도상에 나타나지도 않았다.

중국 외교부 홈페이지나 근래에 개관한 수도박물관 전시실을 보면, 역사 왜곡이 단순히 동북 3성에서 벌어진 학계 차원의 일이 아닌 것을 짐작할 수 있다. 분명히 중앙정부의 지시 아래 움직이고 있는 것이다. 동북공정이 끝날 무렵에 중국 학자들이 이 사업을 계속하자는 제안을 했지만, 당국에서 받아들이지 않았다고 한다. 한국과의 외교 마찰을 고려해서 그런 조처를 내렸겠지만, 정부의 허가 없이는 진행될 수 없는 사실을 역설적으로 증언해 주는 일이다. 또 남한 학자들의 자유로운 견해를 중국 학자들이 한국 정부의 공식 견해로 오해하곤 하여, 한국 실정을 잘 아는 유

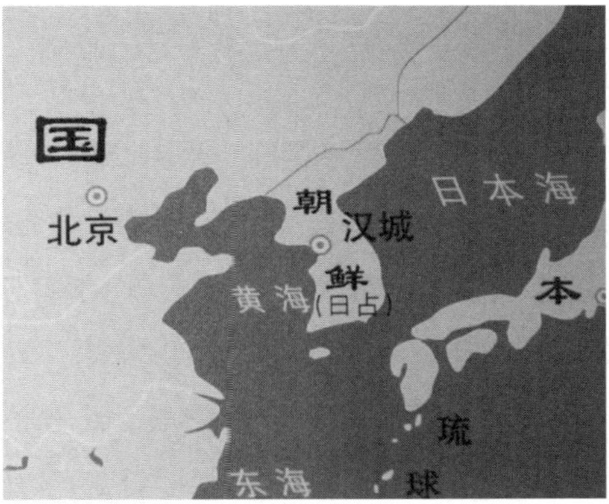

그림 10-5.
〈19세기 세계형세도〉의 한반도 부분

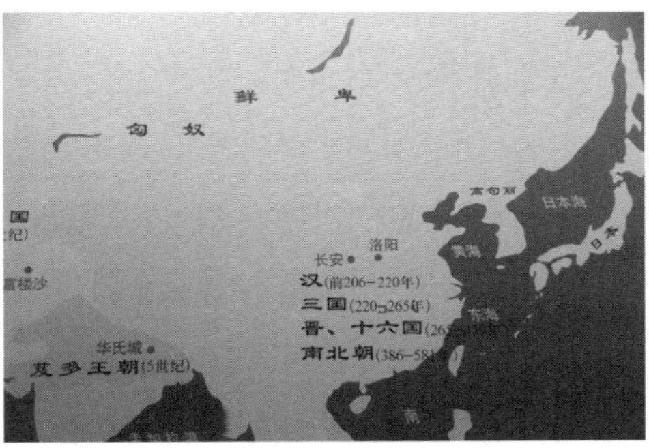

그림 10-6.
고구려를 중국사로 표시해 놓은 〈세계형세전도〉

학생이나 연변 학자들이 그런 게 아니라고 해명한 적이 있다고 한다. 이렇게 학자 개인의 견해를 잘 이해하지 못하는 것은 중국에서의 연구가 관변 일변도라는 증거이기도 하다.

외교부나 박물관 차원에서의 왜곡 사례를 들었지만, 역사학계도 동북공정의 이념을 충실히 따르고 있는 것은 물론이다. 중국 학자들은 발해사, 고구려사, 고조선·한민족 형성의 순서로 한국사를 왜곡해 오고 있다. 일찍이 1980년대 초에 발해사를 자기 것으로 만들어 버렸다. '말갈족이 주체가 되어 세운 지방정권'이라는 논리를 이때 개발하였다. 1992년 한·중 수교와 더불어 한국인들이 백두산과 고구려 유적을 답사하면서 분란을 일으킨 데에 자극받아 1990년대 후반부터는 고구려를 중국사로 만드는 작업에 본격적으로 착수하였다. 그리고 동북공정의 시작으로 이 작업은 노골화되었다.

동북공정의 핵심 역할을 한 馬大正은 '邊衆'이라는 필명으로 기관지인 『光明日報』 2003년 6월 24일자에 「고구려는 중국의 소수민족 정권」이라는 글을 기고하였다. 이것이 이후 고구려 연구의 지침이 되었다. 나중에 "2003년 6월에 '고구려민족은 중국 역사상의 변강 민족이고 고구려국은 중국 역사상의 변강 민족 정권'이라고 주장한 주류 관점의 논문이 처음으로 『광명일보』 학술신문에 공개적으로 발표되었다."라고 평가하였다.

고구려에 그치지 않고 이제는 고조선과 한민족 형성에까지 손을 뻗치기 시작하였다. 단군조선은 역사적 사실이 아니라고 하면서 신화로 치부해 버린다. 그리고 기자조선과 위만조선을 세운 기자와 위만은 중국에서 건너온 사람이니 이들 나라는 중국의 식민정권이라는 것이다. 우리 역사가 중국의 식민지에서 비롯되었다고 하여 일제 식민사관이나 별반 차이가 없게 되어 버렸다. 그런가 하면 한민족의 형성에 중국에서 건너간 사람들이 많이 섞였다는 주장까지 등장한다. 이런 주장의 사례를 하나 들어보겠다.

> 삼한의 근간이 되는 민족은 韓族으로서 華夏族 계열인 周나라 종족의 한 지파에 속하고, 이외에도 東夷에 속하는 辰·秦 등 여러 민족이 있었다. 따라서 삼한은 중국 대륙의 내지로부터 한반도로 옮겨 들어간 古民族인 것이다.[7]

이런 과정은 단지 한 국가의 역사가 중국으로 넘어가느냐 마느냐 하는 문제에 그치는 것이 아님을 보여 준다. 중국 견해를 따르면 우리 역사의 기본적인 체계가 무너지고 만다. 한국 민족은 예족, 맥족, 한족이 근간이 되었다. 예족은 부여와 동예, 맥족은 고구려, 한족은 삼한을 이루었다.

그런데 한반도 북부와 만주를 무대로 한 예족과 맥족의 역사가 모두 중국사라고 한다. 기자조선-위만조선-한사군-고구려-발해로 이어지는 역사가 모두 중국사라는 것이다. 그러면 우리 무대는 한반도 남부로 줄어들고 만다. 여기에 가야사를 任那라 해서 일본이 가져가면 우리에게는 신라와 백제만 남는다. 나아가 삼한 사람도 중국에서 건너왔다고 하게 되면 우리의 정체성은 흔적 없이 사라지고 말 것이다.

중국에서 통용되는 역사 지도에는 연나라 장성이 청천강까지 뻗은 것으로 표시되어 있다(그림 9-4 참고). 현재의 조사 결과로는 요동지방과 한반도 북부에서는 장성 유적이 발견되지 않는다. 단지 청천강까지 중국 화폐가 발견되는 점을 들어 이렇게 표시를 해 놓았다. 이 지도만 보면 청천강까지는 중국 땅이었고, 그 이남의 평양에 고조선이 있었던 것처럼 여겨진다.

최근에는 연나라 장성에 대한 연구를 강화하여 30여 편의 논문이 발표되었고, 학자들을 동원하여 요동지방의 연나라 장성을 조사하고 있다고 한다.[8] 청천강까지 중국의 무대였음을 고고학적으로 밝히려는 것이다.

여기서 나아가 청천강 이남의 고조선마저 중국사라는 논리를 내세우기 시작하였다. 기자조선과 위만조선을 중국인의 국가로 보는 것이 그것이다. 심지어 최근에는 고조선을 '예맥족'의 국가가 아니라 '중화족'의 국가로 규정하기 시작하였다.

> 이에 화하문화를 특징으로 하는 燕문화, 고조선문화; 동호계의 선비문화, 거란문화, 몽골문화; 예맥계의 부여문화, 고구려문화; 숙신계의 발해문화,

7 李德山,「三韓考」,『중국의 동북변강 연구』, 고구려연구재단, 2004, p.299.
8 단국대학교 이종수 교수의 전언에 의함.

여진문화, 만주문화를 대표로 하는 동북 소수민족의 문화를 형성하였다.[9]

사실 고대에 한정하면 만주에서의 화하족 역할은 예맥족, 동호족, 숙신족의 계통에 비해 그리 크지 않은데, 화하인들이 점차 만주로 진출하던 시기이기 때문이다. 종래에는 만주의 역사를 설명하면서 3대 종족 계통만 들었다. 그런데 만주가 오랜 과거부터 중국의 무대였다고 하면서 그 논거를 보강하기 위해서 고조선을 화하족의 역사로 바꾸어 버린 것이다. 결과적으로 고조선, 부여, 고구려, 발해는 모두 중국사가 되어, 한반도 북부의 역사는 모두 중국의 일부가 되는 논리가 만들어지게 된다. 다음 언급은 이를 잘 보여 준다.

> 무엇이 동북문화인가? 개괄적으로 말하면, 그것은 동북지구를 지리공간 범위로 하여 장기간의 역사 진행 과정에서 형성된 것이니, 동호족계, 예맥족계 및 숙신족계 문화를 기초로 하고 華夏-漢 문화를 주체로 하여 역사 진행 과정에서 부단히 융합, 진보, 발전한 것으로서 민족 전통과 지역 특징을 선명하게 지닌 구역 문화이다.[10]

이 사실은 만주 역사 체계를 보여 주는 〈표 10-1〉에서도 잘 나타나 있다.[11] 이 표에서는 기자조선, 위만조선, 부여, 고구려, 발해를 만주 역사에 넣었다. 부여, 그리고 이 표에는 없지만 북옥저는 중국 학자들이 중국사로 당연시하고, 우리도 이 방면의 연구자가 별로 없어 방치하다시피 하고 있다. 부여나 북옥저는 만주에서 일어나 그곳에서 멸망했기에 중국에

9 黃斌 · 黃瑞, 『走進東北古國』, 遠方出版社, 2006, p.6.
10 위의 책, p.9.
11 위의 책, pp.7~8.

표 10-1. 東北 古國(政權) 沿革 簡表

명칭	창시자	주체 민족	존망 기간	멸망 원인
箕侯國	箕子	商人과 동북 토착	기원전 11세기~기원전 195년 商末~漢 高祖 12년	위씨조선이 대신함
衛氏朝鮮	衛滿	秦人과 예맥인	기원전 195년~기원전 108년 漢 高祖 12년~漢 武帝 元封 3년	한 무제 정벌
夫余國	解慕漱	夫余	기원전 2세기 말~기원후 494년 漢 武帝·昭帝~北魏 孝文帝 太和 18년	물길에 멸망
高句麗國	朱蒙	高句麗	기원전 37년~기원후 668년 漢 元帝 建昭 2년~唐 高宗 總章 원년	당·신라 연합군에 멸망
公孫氏 정권	公孫度	漢族	189~238년 漢 靈帝 中平 6년~魏 明帝 景初 2년	曹魏의 司馬 懿에 멸망
前燕國	慕容皝	鮮卑	337~370년 晋 成帝 咸康 3년~晋 廢帝 太和 5년	前秦에 멸망
後燕國	慕容垂	鮮卑	384~408년 晋 孝武帝 太元 9년~安帝 義熙 4년	高雲이 대신함
北燕國	高雲 馮跋	鮮卑	408~436년 晋 安帝 義熙 4년~北魏 太武帝 太延 2년	北魏에 멸망
渤海國	大祚榮	靺鞨	698~926년 당 則天武后 聖曆 원년~요 태조 天顯 원년	遼에 멸망
大遼國	耶律阿保機	契丹	916~1125년 요 태조 神冊 원년~요 天祚帝 保大 5년	金에 멸망
東丹國	耶律倍	渤海族	926~982년 요 태조 天顯 원년~요 景宗 乾亨 4년	遼가 폐지함
大金國	完顔阿骨打	女眞	1115~1234년 금 태조 收國 원년~금 哀宗 天興 3년	몽골에 멸망
東夏國	蒲鮮萬奴	女眞	1217~1233년 금 宣宗 貞祐 원년~금 哀宗 天興 3년	몽골에 멸망
扈倫國	納齊布祿	女眞	1406~1561년 명 成祖 永樂 4년~명 世宗 嘉靖 40년	哈達, 葉赫, 輝發, 烏拉 4부로 나뉨
後金國 (1636년 부터 淸)	努爾哈赤	女眞(滿族)	1616~1644년 명 神宗 萬曆 44년~명 毅宗 崇禎 17년	1644년 入關 하여 전국 정권이 됨

서는 의심의 여지 없이 중국사로 다루고 있다. 논쟁의 대상이 되지 않는 것처럼 여기고 있는 느낌이다. 그런데 부여는 고구려의 원류가 되는 나라이고, 북옥저는 한국 전통문화로 내세울 수 있는 온돌 문화의 발상지이니, 우리로서는 놓칠 수 없는 나라이다. 따라서 이들 역사에 대한 연구도 활성화해야 한다.

한편 우리가 중국 학계를 주시하듯이 그들도 우리를 주시하고 있다는 사실을 염두에 두면서 글을 쓸 필요가 있다. 2009년 말에 다시 문을 연 집안 박물관이 일주일 만에 폐쇄하는 사태가 벌어졌는데, 자세한 내막은 알 수 없지만 한국인의 방문과 관련이 있다고 한다. 필자는 이 무렵에 중국을 방문하였는데, 그쪽 연구자로부터 한국 측이 과도하게 민족주의적으로 나아가고 있고, 중국에서 한마디 말을 하면 한국 측에서 과민하게 반응한다는 불만을 들은 적이 있다. 중국에서 한국 측의 연구들을 주시하고 있는 것이다. 또 동북아역사재단에서 내부 간행물로 발해 西古城 보고서를 번역해 내면서 해제를 실은 일이 있었다. 이것을 어떻게 중국에서 입수했는지 한국에서 발해사를 왜곡하고 있다고 심각하게 지적한 중국 당국의 문건이 2010년에 내려왔다고 한다. 이런 점에서 우리 학계에서도 중국에 꼬투리를 잡힐 수 있는 일은 삼가야 하겠다.

3. 북한: 강화되는 주체사관

북한에서 학술 방면의 비판은 이미 2004년 '동명왕 출생 2300돐 기념 고구려사 전국학술토론회'에서 시작되었다. 여기서 동북공정의 핵심 주장들을 일일이 비판하면서 고구려의 독자성을 강조하였다.

그렇지만 중국의 동북공정에 대해서 공식적인 비난은 자제해 왔다. 지금까지도 '중국', '동북공정'이라는 말을 한마디도 언급하지 않고 '다른 나라 학계'나 '일부 나라의 학자'라는 말로 에둘러 지적한다. 중국에 의존하는 정치적·경제적 상황 때문에 제대로 반박하지 못하는 것이 분명하다. 필자는 2007년 10월 러시아 블라디보스토크에서 열린 학술회의에 직접 참가하였는데, 여기서 동북공정 문제가 불거졌지만 북한 학자는 단지 "진리가 이긴다."라는 말만 했을 뿐이다.

예외적으로 2008년 8월 캐나다 밴쿠버 학술회의에서 북한 학자들이 중국 학자들을 면전에서 직접 강경하게 비판했다고 한다. 그동안의 태도로 볼 때 의외의 일인데, 아마 비공개회의였기에 가능했을 것이다. 이때 북한에서 제작한 역사 지도를 공개했다고 하는데, 이것이 동북공정에 대한 가장 최근의 대응 결과물이라 평가할 수 있다.

필자는 2009년 평양을 방문했을 때 이 지도책[12]을 입수하여 내용을 검토할 수 있게 되었다. 이 책은 109면에 걸쳐 104개 지도를 수록하고 있는데, 구석기시대에서 시작하여 3·1운동까지를 대상으로 삼았다. 이 책 첫머리에 실려 있는 〈표 10-2〉는 북한의 역사 인식 체계를 집약적으로 보여 준다. 구석기시대에서 청동기시대까지 원시시대, 고조선에서 삼국 이전까지 고대 노예사회, 삼국에서 1860년대 초엽까지 중세 봉건사회, 1860년대 중엽부터 1926년까지 근대, 1926년부터 현재까지 현대로 삼았다. 이 시대구분은 오래전에 제시된 것으로서 남한 학계보다 고대를 앞 시기로 대폭 끌어올리고, 중세사회를 지나치게 길게 보는 것이 특징적이다.

이 시대구분표를 통해 2000년대부터 크게 바꾸어 나가기 시작한 고대사 체계를 일목요연하게 살펴볼 수 있다. 1980년대부터 주체사관의 기치 아래 과거와 다른 역사 체계를 엮기 시작하였고, 최근에 이르러서는 학문적으로 도저히 용인하기 어려운 결과를 낳고 말았다. 역사가 북한의 정치적 논리에 왜곡되어 버렸기 때문이다.

12 사회과학원·국가측지국, 『조선력사지도첩』, 지도출판사, 2007.

표 10-2. 조선력사 시대구분표

<table>
<tr><th rowspan="2">시대</th><th rowspan="2">시기</th><th rowspan="2" colspan="2">시대 및 국가 이름</th><th colspan="2">기간</th></tr>
<tr><th>부터</th><th>까지</th></tr>
<tr><td rowspan="6">원시</td><td rowspan="6"></td><td rowspan="3">구석기시대</td><td>전기</td><td>100만 년 전</td><td>30만 년 전</td></tr>
<tr><td>중기</td><td>30만 년 전</td><td>5만 년 전</td></tr>
<tr><td>후기</td><td>5만 년 전</td><td>1만 5천 년 전</td></tr>
<tr><td colspan="2">중석기시대</td><td>1만 5천 년 전</td><td>9천 년 전</td></tr>
<tr><td colspan="2">신석기시대</td><td>B. C. 7천 년기</td><td>B. C. 3천 년기 초엽</td></tr>
<tr><td colspan="2">청동기시대</td><td>B. C. 4천 년기 후반기</td><td>B. C. 3천 년기 초</td></tr>
<tr><td rowspan="6">고대
(노예사회)</td><td rowspan="6"></td><td colspan="2">전조선(단군조선)</td><td>B. C. 30세기 초</td><td>B. C. 15세기 중엽</td></tr>
<tr><td colspan="2">후조선</td><td>B. C. 15세기 중엽</td><td>B. C. 194년</td></tr>
<tr><td colspan="2">부여</td><td>B. C. 15세기 중엽</td><td>B. C. 219년</td></tr>
<tr><td colspan="2">구려</td><td>B. C. 15세기 중엽</td><td>B. C. 277년</td></tr>
<tr><td colspan="2">진국</td><td>B. C. 12세기경</td><td>A. D. 1세기 초</td></tr>
<tr><td colspan="2">만조선</td><td>B. C. 194년</td><td>B. C. 108년</td></tr>
<tr><td rowspan="13">중세
(봉건사회)</td><td rowspan="7">삼국</td><td colspan="2">고구려</td><td>B. C. 277년</td><td>668년</td></tr>
<tr><td colspan="2">후부여</td><td>B. C. 2세기 초</td><td>494년</td></tr>
<tr><td colspan="2">백제</td><td>B. C. 1세기 말엽</td><td>660년</td></tr>
<tr><td colspan="2">전기신라</td><td>A. D. 1세기 초중엽</td><td>676년</td></tr>
<tr><td colspan="2">가야</td><td>A. D. 1세기 중엽</td><td>562년</td></tr>
<tr><td colspan="2">동부여</td><td>285년</td><td>494년</td></tr>
<tr><td colspan="2">북부여</td><td>4세기 중엽</td><td>5세기 중엽</td></tr>
<tr><td rowspan="4">발해 및
후기신라</td><td colspan="2">발해</td><td>698년</td><td>926년</td></tr>
<tr><td colspan="2">후기신라</td><td>676년</td><td>935년</td></tr>
<tr><td colspan="2">후백제</td><td>900년</td><td>936년</td></tr>
<tr><td colspan="2">태봉</td><td>901년</td><td>918년</td></tr>
<tr><td></td><td colspan="2">고려</td><td>918년</td><td>1392년</td></tr>
<tr><td></td><td colspan="2">리조</td><td>1392년</td><td>1860년대 초엽</td></tr>
<tr><td>근대</td><td></td><td colspan="2">리조</td><td>1860년대 중엽</td><td>1926년</td></tr>
<tr><td>현대</td><td></td><td colspan="2"></td><td>1926년</td><td>현재</td></tr>
</table>

전조선(단군조선)령역 (B. C. 30세기초—B. C. 15세기중엽)

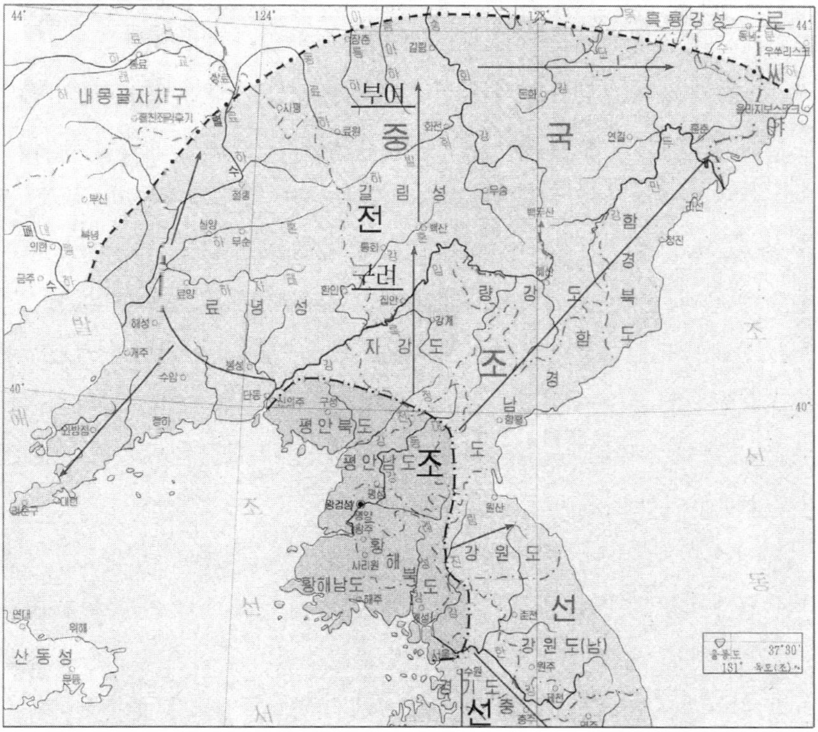

그림 10-7. 단군조선 영역과 연대

최근의 역사 인식은 2004년에 펴낸 『조선고대사연구』 1 · 2 · 3에서도 확인할 수 있다. 이 책들에는 모두 6편의 긴 논문이 실려 있는데,[13] 역사 지

13 공명성, 「구려사연구」, 『조선고대사연구』 1, 사회과학출판사, 2004.
계승무, 「고대시기 조선민족의 형성에 대한 력사적고찰」, 『조선고대사연구』 1, 사회과학출판사, 2004
강룡남, 「단군에 대한 우리 선조들의 리해와 숭배」, 『조선고대사연구』 2, 사회과학출판사, 2004.
권승안, 「일제의 단군말살책동과 그를 반대한 우리 인민들의 투쟁」, 『조선고대사연구』 2, 사회과학출판사, 2004.
전대준, 「고조선의 정치제도」, 『조선고대사연구』 3, 사회과학출판사, 2004.
공명성, 「《삼국지》 한전에 대한 연구」, 『조선고대사연구』 3, 사회과학출판사, 2004.

도책을 작성하기 위한 사전 정지 작업처럼 여겨진다. 이 논문과 지도책을 함께 묶어 북한 고대사학의 특징을 열거해 보겠다.

첫째, 초기 상고사의 연대를 대폭 끌어올리고 그 사이의 공백을 메우고 있다. 우선 단군조선의 시작을 기원전 30세기 초로 끌어올린 데서 확인할 수 있다(지도 p.6, 그림 10-7). 연대의 유일한 근거는 이른바 단군릉에서 발굴된 유골의 연대 측정치이다. 그에 따르면 1993년 기준으로 5011년 전이 된다는 것이다.[14] 단순 계산하면 기원전 3018년이 되어 이를 기초로 30세기 초로 잡은 것 같다. 이것은 『三國遺事』의 단군신화에 단군이 중국 요임금과 동시기에 왕이 되었다는 '與高同時'라는 관념으로 회귀하는 것이다. 다시 말해 문헌 고증에 바탕을 둔 근대 학문을 포기하고, 과거 전통시대의 인식으로 돌아간 것이다.

단군릉의 개건은 이를 상징적으로 보여 준다. 과거에 이미 단군릉은 사실이 아니라고 내린 결론을 뒤집고 1994년에 거대한 건조물로 꾸며 대대적인 선전을 한 것이다. 또 1960년대에 고조선의 중심지가 요동에 있었다고 내린 결론도 뒤집고 평양으로 설정해 버렸다.

이렇게 고조선의 시작을 대폭 올린 뒤에 단군조선의 후국으로 구려국, 부여가 병존한 것으로 설정한다. 고구려는 기원전 277년에 환인에서 건국되었고, 그 전에 환인 지방에는 그 전신인 구려국이 있었다고 주장한다. 기원전 30세기 중엽에 구려국이 후국으로 존재하였고,[15] 기원전 3세기 초에 부여에서 남하해 온 고주몽 집단이 구려에 이동해 와서 계루부를 장악한 다음에 기원전 277년에 연나부 왕권을 대신하여 고구려를 세웠다는 것이다.[16] 이와 동일하게 우리가 말하는 부여도 후부여라 하고, 그 앞

---

14 전대준, 앞의 논문, p.13.
15 공명성, 앞의 논문, p.18.
16 위의 논문, p.97.

삼국령역(6세기말엽—7세기중엽)

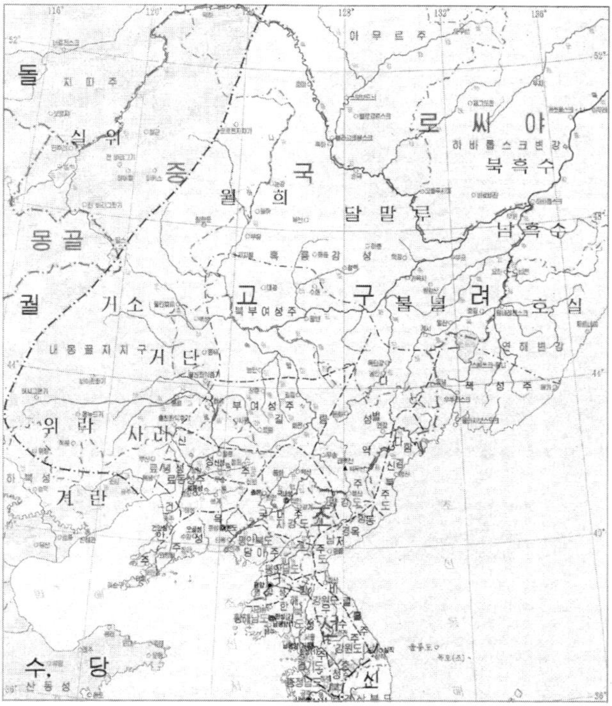

그림 10-8. 고구려의 북쪽 경계

에 단군조선의 후국으로 부여국을 상정한다.

그러나 그 근거는 사료적 가치가 없는 것이다. 『후한서』 예전에 '예 및 옥저, 구려는 본래 모두 조선의 땅'이라는 기록과 『帝王韻紀』에 '조선, 신라, 고례, 남북옥저, 동북부여, 예, 맥이 모두 단군의 후예'라는 기록에 근거를 두고 있다.[17] 그렇지만 『후한서』의 기록은 예, 옥저, 고구려 땅은 고조선 지역이었던 곳이라는 선언적 성격을 띠고 있을 따름이다. 이를 토대로 고조선과 동시대에 예, 옥저, 고구려가 존재한 것으로 해석하거나,

17 위의 논문, pp.7~8.

고구려 이전에 따로 구려국이 있었다고 해석하는 것은 자의적이다. 게다가 『제왕운기』는 후대의 문헌으로서 고려시대의 단군 인식에 관한 사료는 될지언정 고조선의 역사를 전하는 것으로 이해할 수는 없다. 역시 실증성을 포기한 것이라 평가할 수 있다.

둘째, 영토 범위를 대폭 확대하였다. 이것은 고조선과 고구려의 영역도에서 확연히 드러난다. 고구려의 사례를 보면 『수서』, 『당서』는 제쳐놓고 유독 『통전』의 주석에 사방 6천 리였다는 기록만 의존해서 아무르강 너머 시베리아까지 영역을 설정하였다(지도 p.36, 그림 10-8). 아마 중국 역사지도집에서 당나라 영토를 바이칼 너머, 아무르강 너머까지 설정해 놓은 것에 대한 대응인 것으로 생각된다.

셋째, 대외항쟁을 특히 강조해서 지도를 만들었다. 주체사관의 기본 골격이 내부적으로는 계급투쟁, 대외적으로는 대외항쟁을 강조하는 것인데, 여기에 충실하여 중국과의 전쟁, 외세와의 전쟁에 대해서 독립된 지도로 상세히 다루었다. 그러한 지도의 마지막 종착이 미국 함대의 격침과 반일투쟁이다.

넷째, 평양 중심 의식을 대폭 강화하였다. 주체사관이 등장하면서 우리 역사는 평양을 중심에 두고 단군조선-고구려-발해-고려-조선-북한으로 정통성이 계승된 것으로 설명해 왔다. 그런 의식은 도성도에서 잘 드러난다. 이 지도책에는 삼국시대 도성도로 고구려 평양성만 등장한다(지도 p.32, p.33). 그런데 이해할 수 없는 것은 고려시대 도성도로 서경인 평양도만 나타나고(지도 p.63) 개성지도는 찾을 수 없다. 개성은 북한에 있는 땅이고 고려시대 수도인데도 대상으로 삼지 않았다. 물론 조선시대에도 평양성만 등장하고(지도 p.90) 한양은 없다.

이것은 평양을 조선민족의 발상지요 세계 5대 문명의 발상지로 설정했기 때문일 것이다. 그러한 사례로서 논문의 한 구절을 인용해 보겠다.

> 조선민족은 민족의 원시조인 단군과 박달족에 의하여 지금으로부터 반만년전에 산수 수려하고 경제적으로 유리한 지역인 평양지방에서 발원하여 그후 조선반도의 전체와 중국 동북지방에서 살고있던 우리 선조들을 모두 포섭하여 하나로 묶어 세움으로써 B. C. 3천년기말까지는 하나의 민족으로 형성된 력사가 오랜 민족이다. 세계력사를 놓고볼 때 조선민족과 같이 아득히 먼 옛날에 형성된 민족은 찾아보기 힘들며 이것은 세계인류문명사에 특기할 하나의 커다란 사변이었다.[18]

여기서는 새롭게 '박달족'을 제시하였지만, 다른 글에서는 '김일성민족'이라는 말까지 나올 정도이다.

다섯째, 낙랑이나 기자처럼 중국과 관련된 유적은 철저히 무시하거나 영토 밖으로 내몰았다. 한사군을 요동에 설정하고(지도 pp.14~15), 평양에는 최리의 낙랑국을 표시해 놓았다. 그런가 하면 평양의 안내책에는 단군 사당과 기자 사당을 대조적으로 설명해 놓은 것을 볼 수 있다. 단군 사당인 "숭령전은 조선의 원시조 단군과 고구려의 건국시조 동명왕(고주몽)을 제사 지내기 위하여 세운 사당집이다."라고 설명한 반면에 기자 사당인 "숭인전은 고려 말기의 사당 건물이다. 숭인전은 고려시기 건축술의 특징을 많이 보여 주는 유적으로서 평양에서 가장 오래된 건축물이다."라고 설명하면서 누구의 사당인지 언급하지 않았다.[19]

1950년대까지 전해지던 평양성 일대의 箕子墓(箕子陵), 箕宮, 箕井은 자취를 감추고, 1994년에 단군릉만 피라미드처럼 만들어 놓았다. 함께 전래해 온 단군릉과 기자릉 가운데 단군릉은 크게 선전하면서 기자릉은 도외시하였다. 그런 점에서 자신의 주장에 유리한 것만 강조하고 불리한 것

---

18 계승무, 앞의 논문, p.219.

19 『조선관광 안내』, 국가관광총국, 2002, pp.45~46.

고구려유민들의 반침략투쟁과 발해 건국(668년—698년)

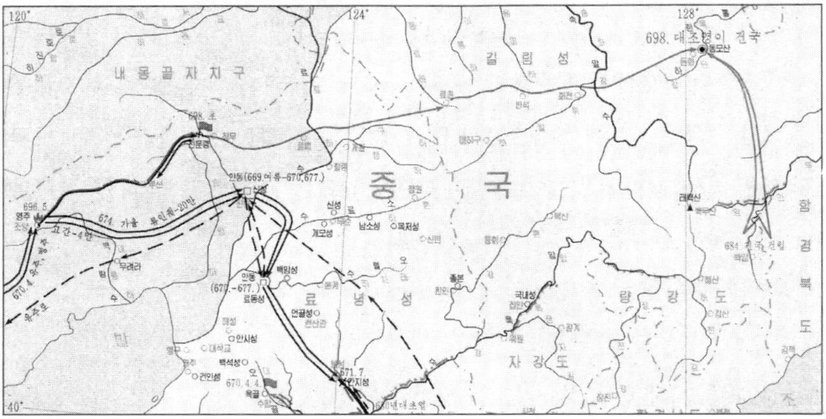

그림 10-9. 발해의 건국

은 흔적을 없애는 선택적인 태도를 취하고 있다. 이에 따라 중국 학자가 북한이 기자조선의 흔적을 말살했다고 반박한 적도 있다.

여섯째, 발해가 고구려 계승국임을 강조하기 위해서 발해의 건국 연대를 끌어올렸다. 676년 삼국통일로부터 얼마 되지 않은 680년대 초엽 압록수 하류에서 고려국이 섰고, 684년에는 고구려 유민들이 태백산 남쪽(함경북도 일대)에서 진국을 건립하였으며(지도 p.42, 그림 10-9), 698년 초에 다시 고구려 유민들이 진국을 창건했다고 주장한다(지도 p.43). 이렇게 해서 고구려의 멸망과 발해의 건국 사이에 있는 30년의 간극을 메우려 시도하였다. 발해와 통일신라 사이에 고려후국을 설정하는 것도 이 때문이다(지도 p.44). 그렇지만 이것도 사료적 근거가 없다.

서경을 집안으로, 동경을 청진으로 비정하는 것도 문제이다. 이렇게 함으로써 우리 역사의 중심 무대를 한반도 안, 평양 가까이 끌어들이려고 한다. 조선시대에 과거 역사를 모두 한반도 안으로 끌어들였던 것처럼 결과적으로 만주에서 전개된 한국사를 소홀히 하는 결과를 빚을 우려가 있다.

이상이 대략 살펴본 특징들이다. 북한에서는 1980년대부터 고대사 체계를 크게 바꾸어 왔고, 점차로 남한의 인식, 즉 전통적 견해와 멀어져 가고 있다. 이것은 주체사관을 전면에 내세우면서 발생한 현상이다. 특히 2000년대 들어서 사료 비판은 거의 포기하였다. 과거 기록에 대한 비판 없이 자신들의 입맛에 맞는 내용만 취사선택해 역사를 구성하기 시작하였다. 실증 면에서 근대 학문보다 수준이 떨어지는 실학자들의 견해를 무비판적으로 받아들이는 것도 그러하다. 이 지도책은 그러한 역사 만들기의 본보기이다.

이 지도책에서는 우리 민족이 평양을 중심으로 한반도 안에서 주체적으로 살아오면서 중국의 침략에 맞서 싸워 온 것을 강조한다. 그러면서 중국과 대등하게 역사가 시작되었다고 주장하여 구석기시대를 100만 년 전으로 올리고, 단군조선도 기원전 30세기 초까지 끌어올렸다. 이에 맞추어 부여와 고구려의 시작도 『삼국사기』보다 무려 15세기나 끌어올리고 말았다. 심지어 고구려 계승성을 강조하기 위해서 발해의 건국 연대도 앞당겨 놓았다.

이렇게 역사의 중심지는 한반도 안에 있는 것으로 상정하면서 오히려 영역은 시베리아까지 확장해 놓았다. 이렇게 된 데에는 중국의 동북공정 영향도 없지 않았을 것이니, 이에 대한 반발로 주체사관이 더욱더 국수주의적으로 변하며 역주행하고 있다.

점점 더 이질화되어 가는 북한의 역사 체계에 대해서 어떻게 대응할 것인지 숙고해야 할 것이고, 이를 위해서 그들의 역사 체계 변화를 계속 추적해 가는 연구 검토를 해야 하겠다. 북한의 일방적 주장은 남북한 학계가 공동으로 중국의 논리에 대응하는 데에 불협화음을 가져올 것이기 때문이다. 다른 한편으로 이 지도책은 중국에서 동북공정의 역사관을 더욱 강화하는 빌미를 마련해 줄 가능성도 있다.

4. 남한: 국수주의와 탈민족주의 사이에서

동북공정이 시작되어 종료되기까지 한·중 간에 벌어졌던 주요한 사건들을 간략히 정리하면 〈표 10-3〉과 같다. 이를 중심으로 그동안 경과를 간단히 검토해 보겠다.

동북공정은 주지하다시피 2002년 2월부터 5년간 중국 만주(동북지방)의 역사와 정책을 연구해 온 사업이다. 그러나 이것은 단순한 연구 사업이 아니라 우리 역사를 중국 것으로 만들려는 의도도 지니고 있었음에도 까마득히 모르고 있다가, 뒤늦게 언론에 처음 보도되어 알려지게 되었다. 이 무렵에 고구려 유적을 유네스코 세계문화유산에 등재하기 위해서 외부인의 출입을 차단한 채 대대적으로 유적을 보수하고 있다는 사실까지 알려지면서 국내 여론이 들끓기 시작하였다. 연일 이슈가 되어 언론에 오르내리자 이 사태를 심각하게 여긴 중국에서 2004년 2월에 외교부 부부장을 파견하여 이 문제를 학술 차원에서 풀어나가기로 합의하였다.

그 뒤에 주춤하던 여론은 그해 7월에 고구려 유적의 유네스코 등재가 성사된 뒤에 다시 바뀌었다. 중국에서 고구려가 중국사라고 대대적으로 선전하기 시작하였고, 몇 개월 전에 중국 외교부 홈페이지의 한국 안

표 10-3. 동북공정 주요 연표

연도	월	사건
2002	2	동북공정 시작
2003	7	동북공정 국내 첫 보도
2004	2	중국 왕이 외교부 부부장 내한
	3	고구려연구재단 출범
	7	고구려 유적 유네스코 공동 등재
	8	중국 우다웨이 외교부 부부장 내한하여 5개 항 합의
2006	9	동북아역사재단 출범
2007	1	동북공정 종료

내문에서 고구려를 삭제한 사실도 알려지면서 중국을 성토하는 분위기가 고조되었다. 이해 8월 아테네 올림픽에서 한국 여자 양궁이 중국을 아슬아슬하게 누르고 우승을 차지하자 『서울신문』에서는 동북공정을 염두에 두어 '고주몽의 딸들 中도전 눌렀다'는 표제어를 뽑기도 하였다. 이처럼 스포츠 기사에서도 동북공정이 활용될 정도였다. 이리하여 8월 말에 다시 중국이 외교부 부부장을 파견하여 정치적 개입을 하지 않고 학술 교류를 위해서 노력한다는 5개 항에 합의하였다. 그러나 중국 외교부 홈페이지에서 고구려 역사는 끝내 복구되지 못하였고, 오히려 정부 수립 이전의 한국 역사가 모두 삭제되는 수모를 겪었다. 앞서 지적한 것처럼 최근에는 더욱 개악되어 있다. 물론 한·중 간에 합의한 학술 교류도 지금까지 제대로 이루어지지 않고 있다.

사실 한·중 합의는 정치적 제스처에 불과하다. 필자는 2005년 7월에 중국 길림성 길림시에 있는 龍潭山城을 방문한 적이 있다. 가장 북쪽에 있는 고구려 성터이다. 부여에서 갈라져 나온 고구려가 나중에 세력을 뻗쳐 북쪽으로 여기까지 올라왔다. 그런데 성문 앞에 "고구려인은 결코 조선인이 아니다."라는 안내판이 새롭게 붙어 있었다. 고구려인은 고조선과 무관하고 오히려 중국의 殷商에서 갈라져 나왔다고 설명되어 있었다. 한국사에서 떼어내 중국사에 갖다 붙이려는 의도를 공개적으로 드러낸 것이다. 더구나 제목만 보면 마치 과거의 고조선뿐 아니라 현재의 조선과 무관하다는 인상까지 심어 주었다. 중국에서는 한국을 흔히 조선, 남조선이라 부르기 때문이다. 귀국한 뒤에 국내 신문에 사진을 제보하여 기사화되자[20] 이 안내판은 즉시 철거되었다. 이것만 보아도 이런 일을 벌이지 않겠다는 한·중 간 합의를 제대로 지켜나갈지 의문스럽다. 그간에 벌어졌

---

20 「고구려는 한족이 세운 국가」, 『조선일보』 2005. 7. 29.

던 국내의 대응 양상을 몇 가지 범주로 나누어 정리해 보겠다.[21]

1) 신문과 방송

동북공정이 국내에서 초미의 관심사가 되었을 때 그 중심에 있었던 것은 학계가 아니라 언론이었다. 이때까지만 해도 중국에 대한 체계적인 연구기관이나 자료 수집 시스템이 없었다. 우연히 연변을 방문했던 기자가 현지에서 전해 듣고 취재를 해서 국내에 알려지게 된 것이다. 그것이 2003년 7월 15일에 『중앙일보』가 「"고구려를 중국사의 일부로" 中학계 '역사 빼앗기' 대규모 프로젝트」라는 기사로 보도한 것이다. 그리고 8월 20일에는 『동아일보』에 「中 당보 "고구려史는 중국史" 신동아 9월호 시론 全文 게재」라는 기사가 보도되었다. 이후로 언론이 앞서가고 학자들이 뒤따라가는 형국이 이루어졌다. 그해 11월부터 본격적으로 동북공정 관련 칼럼, 좌담이 신문에 실렸고, 국내 학회의 대책이나 반크·시민연대 등의 민간 활동, 국회의원의 결의안, 서명운동 등 다양한 활동도 등장하였다.

신문이 여론 형성의 견인차 역할을 했지만, 감성적인 접근이 많았던 것도 사실이다. 문제의 해결보다는 중국과의 대립을 부추기는 측면이 강조된 것을 부정할 수 없다. 우리 사회가 큰 목소리를 내야만 정부에서 관심을 기울일 뿐이니 전략적 차원에서 이해되는 면도 분명히 있기는 하다.

문제는 그러한 주장이 상대방에게 어떻게 비치느냐 하는 점이다. 2004년 7월에 게재된 중국의 한 신문 자료에는, "한국의 『조선일보』는 심지어 한국 교수가 외국으로부터 구매한 몇 장의 사진을 가지고 중국의 모

---

21 이 글은 원래 임기환, 김영심, 박장배, 조법종, 이신철과 함께 공동 연구한 결과물이다. 이때 필자는 개별 연구를 통합하여 발표하기로 되어 있어서, 국내의 연구 동향에 대해서는 이들 연구도 참조하여 작성하였다. 다만 공동 발표가 무산되어 이 글의 작성 경위와 일부 내용의 출처를 여기에 밝혀둔다.

지방은 바로 한민족 조상의 영토라고 보도하기까지 하였다. 중국은 이에 대해서 이성적이고 냉정한 반응을 보였다. 중국 학자는 역사적, 과학적인 태도로 고구려 고대 문명을 봐야지 문제를 정치적으로 가져가서는 안 된다고 말했다."[22]라고 적었다. 우리가 중국 측의 태도를 정치적이라 항변한 데에 대해서 국내 『조선일보』, 이형구, 신용하의 견해를 인용하면서 누가 더 정치적이냐고 반문하였다.

방송의 보도는 이보다 늦어서 KBS에서는 2003년 10월 12일에 〈한·중 역사 전쟁—고구려는 중국사인가〉라는 심층 보도를 방영한 것을 필두로 2004년 초에는 〈고구려기행〉, 〈대고구려〉, 〈남북공동제작 다큐멘터리〉 등을 방영하였다. 이와 함께 다른 방송사에서도 기획 특집을 속속 마련하였다. 동북공정이 다시 이슈화된 때인 2004년 8월 25일에는 SBS 뉴스추적에서 〈고구려, 발해사 왜곡〉을 방영하였고, 2004년 10월 31일에는 KBS 일요스페셜에서 〈동북공정과 한반도, 중국은 무엇을 노리나〉를 방영하였다.

이로부터 어느 정도 준비 기간이 흐른 뒤에는 고구려와 발해를 주제로 한 사극을 경쟁적으로 방영하였다. MBC의 〈주몽〉(2006. 5~2007. 3)과 〈태왕사신기〉(2007. 9~2007. 12), SBS의 〈연개소문〉(2006. 7~2007. 6), KBS의 〈대조영〉(2006. 9~2007. 12)이 그것이다. 특히 주몽은 시청률에서 40%를 넘어 신기록을 세울 정도로 고구려 열풍을 일으켰다. 그렇지만 고대국가를 강대국이라는 측면에서 그리고 황제국이라는 측면에서 지나치게 강조하는 등 동북공정에 대한 반감을 이용하여 대중의 역사의식을 왜곡하는 부작용도 있었다. MBC 홈페이지에 실려 있는 〈주몽〉의 기획 의도는 다음과 같다.

---

22 「高句麗是誰的歷史?高句麗遺産之爭」, 『三聯生活周刊』; travel.sohu.com 전재 자료(2004. 7. 30).

'우리 민족이 가장 아름다웠던 시간', '우리 민족이 세계의 중심이었던 시간', 그 시간을 만난 적이 있는가! 드라마 주몽은 감히 아무도 찾아가보지 못했던 시간 속으로 벅찬 장정을 나선다. 중국 제국을 무릎 꿇리고 두려움 없이 세계와 맞섰던, 역사상 가장 놀라운 승리의 시간이 2000년의 벽을 넘어 브라운관으로 찾아온다.

이에 대해서 실제로 방영 과정에서 역사 왜곡이 많다는 비판이 적지 않았다. SBS 홈페이지에 실려 있는 〈연개소문〉의 기획 의도도 크게 다르지 않다.

역사의 이면에 함몰되어 있는 고구려는 우리 민족의 저력과 웅지를 가장 잘 대변했던 초강대국이었다. 광활한 대륙으로 영토를 넓혔던 광개토대왕, 수나라를 무너뜨린 을지문덕, 당태종 이세민을 무릎 꿇린 연개소문, 이들이 있었기에 고구려는 중국에 당당히 맞설 수 있었다. … 중국의 동북공정이라는 역사기만을 획책하여 고구려 역사 없애기에 급급하고 있다. 이 드라마는 연개소문을 중심으로 그가 살았던 격동의 세월을 극화하여 우리 민족의 정체성을 확인하고 묻혀있는 고구려의 역사를 되살리고자 한다. 아울러 민족의 혼과 정기를 일깨워 세계를 향해 웅비할 수 있는 대한민국 미래의 비전을 제시하고자 한다.

그 뒤로는 〈천추태후〉, 〈선덕여왕〉, 〈김수로〉, 〈근초고왕〉 등의 사극으로 분위기를 이끌어 갔지만, 여기서도 그런 부정적 측면이 도사리고 있었다. 심지어 2006년 9월 초에는 KBS를 필두로 하여 언론이 갑자기 동북공정 문제를 들고나온 적이 있는데, 이것은 드라마를 띄우기 위한 것으로 보여 동북공정을 언론에서 상업적으로 이용한 면도 보인다. 일반인은 독서가 아니라 사극을 통해서 역사 지식을 얻는데, 이들 드라마는 사실의 고증을 떠난 퓨전 사극을 지향하고 있기에 국수주의적 사고를 확산시키는 통로를 제공하고 있는 것이다.

2) 민족주의 사학과 재야 사학

이제부터는 학계의 활동을 정리하겠다. 고구려사나 발해사를 전공하는 연구자들은 동북공정의 논리를 비판하면서 고구려가 우리 역사임을 밝히는 작업을 지속적으로 추진하였다. 고구려연구재단이나 동북아역사재단의 사업도 여기에 초점을 맞추었다.

학계에서는 특히 고구려 문제에 집중했던 면이 있다. 고구려 연구자가 고조선, 발해 연구자보다 더 많은 현실을 반영한 것이기도 하고, 이들보다는 고구려가 한국인의 가슴에 더 가깝게 느껴졌기 때문이기도 할 것이다. 따라서 국내에서는 고구려와 관련된 많은 학술회의가 개최되었다.

고구려에 관한 핵심적인 주제는 고구려의 기원, 중국과의 관계, 고구려의 계승성 등이었다. 주로 동북공정에 대응하는 논리를 제시하는 데에 치우침으로써 오히려 다양한 고구려사 연구를 저해한 측면이 있었다. 또 국내외 학술회의가 너무 잦다 보니 연구 성과는 양적으로 팽창했지만, 연구 내용에서 질적인 발전이 보이지 않은 것으로 평가된다. 소수의 연구자가 매번 학술회의에 동원되면서 연구 자원이 고갈되어 동일한 내용이 반복되는 문제를 노정하였다.

고구려 차원에서 벗어나 좀 더 넓은 시야에서 고구려를 바라보는 것도 필요할 것이다. 고구려가 중국사라는 논리에 대해서 조목조목 반박하는 것도 중요하지만, 고구려가 백제, 신라와 불가분의 관계에 있음을 밝히는 것도 중요하다. 예를 들어 삼국을 하나로 묶을 수 있으면서 다른 역사와는 구별되는 배타적인 요소들을 찾아낼 필요가 있다. 삼국시대에 중국이 이미 '해동삼국'이라는 말을 사용했던 사실은 중요한 시사를 던져 준다.

그 밖에 산성 중심의 방어 체계나 조우관 풍습, 온돌의 사용 등 다양한 측면에서의 접근이 가능하다.

동북공정에 대응하기에 급급한 나머지 지나치게 고구려에 집중되었던 면도 반성해야 한다. 고조선, 민족 형성, 발해, 고려 이후의 역사에도 관심을 쏟아야 할 것이다. 예를 하나만 들어 보겠다. 한 중국 학자는 고구려, 발해를 중국사라고 하면서 한국사는 신라사가 핵심이라 주장하였다. 그러면서 통일신라의 국경선, 고려의 국경선, 조선의 국경선을 보면 신라인들이 북방으로 점차 확장하는 과정이었다는 것이다. 중국 땅을 신라인이 빼앗아 가는 과정이라고 강변하였다. 고려 말기에 명나라가 둔 鐵嶺衛가 요동이 아니라 한반도 북부에 있었다고 하여 한반도 북부는 원래 중국 땅이라는 근거로 삼기도 하였다.

그런데 이에 반박할 수 있는 실마리가 될지도 모르는 고고학 자료가 하나 조사되었다. 그동안 윤관이 여진족을 물리치고 쌓은 9성의 위치를 두고 원산만에 있었는지 두만강 건너편에 있었는지가 논쟁이 되어 왔다. 최근에 러시아 고고학자가 두만강 건너 중국과 러시아 국경에 걸쳐 있는 성터 하나를 조사하였는데, 고려시대에 쌓은 것이라 한다. 만약에 이것이 사실이라면 윤관의 9성 중 하나일 가능성이 있다. 이런 유적의 조사에도 힘을 기울여 총체적으로 중국의 논리에 반박할 수 있는 기반을 다져야 하겠다.

학술회의를 개최하면서 막상 토론 마무리에 가서는 허무하게 끝나버리고 마는 것을 여러 차례 목도하였다. 중국을 향해 아무리 고치라고 해도 메아리만 돌아올 뿐이니, 우리로서는 문제점을 지적하면서 그들의 수용만을 기대할 수밖에 없는 한계에 직면해 있다. 중국은 한국 측 연구에 귀를 기울이지 않고 자신들의 논리만 확대 재생산하고 있다. 아예 한국의 견해를 무시한다. 그러니 양국 연구자가 토론을 통해서 결론을 이끌어 내는 일은 현실적으로 불가능하다. 중국은 고구려의 유적과 유물을 독점하면서 우리의 접근을 차단한다. 여기에 한국 측 연구의 한계가 있다. 더구나 경제력 상승에 따라 중국의 외교 영향력이 높아지고 있는 점도 간과해서는 안 될 것이다. 제3국에서는 누구의 견해를 따를지 짐작이 어렵지 않다.

한편 국내 학계에서는 민족주의에 더욱 경도되는 경향을 보이는 경우도 많았다. 동북공정의 논리에 대응하다 보니 지나치게 우리 식으로만 이해하려는 것도 우려할 만한 일이다. 중국과 한반도 국가의 조공책봉 관계에 대한 해석을 예로 들어 보겠다.

중국 학자들은 조공과 책봉, 기미제도의 연구를 통해 주변 민족이 중원에 예속되어 있었던 사실을 강조하려 한다. 고구려와 발해를 중국의 속국으로 보는 주된 근거이기도 하다. 시대에 따라 조공책봉 관계가 변화했음에도 불구하고, 이런 관계가 가장 공고했던 시기를 기준으로 삼아 모든 시대가 마치 그러했던 것처럼 규정한다. 현실적으로 어떻게 변화되었는지보다는 이념형에 매몰되어 있는 경향이 있다. 아울러 중원과 이민족의 상호 작용보다는 중원의 일방적 관점에서 설명하는 데에 주력한다. 이 제도를 매개로 하여 발생한 중원으로의 구심력만 언급하고 있을 뿐이지 그로부터 벗어나려는 원심력은 무시된다.

2010년 10월 중국 杭州의 박물관을 답사하면서 '宋城千古情'이라는 가무쇼를 관람하였다. 한국을 비롯한 외국의 여행객들이 많이 찾는 무대였다. 그런데 송나라 황제의 생일잔치에 고려 사신이 이끌고 온 무용단이 공연하는 장면이 들어 있었다. 고려 사신은 황제를 알현한 뒤 그 옆에 앉아서 구경하였다. 태국의 한 쇼에서도 아리랑 공연이 들어 있는 것을 본 적이 있는데, 이처럼 한국 여행객이 많은 것을 배려해서 이 장면을 넣은 것인지 아니면 고려가 송나라의 조공국이었음을 강조하기 위해서 넣은 것인지 분간이 되지 않았다. 그렇지만 왠지 조공국으로서의 고려를 강조하는 것 같다는 생각을 떨쳐 버릴 수 없었다.

한국 측의 연구는 당연히 중국의 주장에 대한 대응의 형태를 띤다. 따라서 이념형보다는 실현형, 구심력보다는 원심력에 더 관심을 기울인다. 그런데 이 방면에서도 학문적 객관성에 문제점을 드러낸 측면이 있다. 조공과 책봉은 본질적으로 상하관계를 전제로 한 정치적 행위이므로, 강자에 대한 약자의 臣屬을 표현한 것임이 틀림없다. 그런데 국내 학계에서는 이들이 외교 의례의 한 형태에 불과하다든가 경제적 교류가 중심이었다는 견해에 과도하게 의존함으로써 정치적 상하관계의 의미를 약화하려 한다.

조공책봉 관계는 분명 정치적 주종관계에 따른 것이다. 경제적 교류는 정치적 행위보다 부차적이다. 한족 정권이 이민족에게 조공한 사례를 들어 한족 정권이 언제나 종주국이었던 것은 아니라고 지적하지만, 그렇다고 한반도의 국가가 종주국이었던 적이 없었던 사실도 상기해야 한다. 중원에서 파견한 사신을 朝貢使로 표현한 적이 한 번도 없다. 그 대신에 신라에는 탐라가 조공하고, 고려에는 여진이 조공하고, 조선에는 琉球와 野人 등이 조공해 온 것으로 기록되어 있다. 따라서 한반도를 중심에 놓고 볼 때 주변 민족으로부터 조공을 받고, 중원 왕조에 조공을 바치는 국제질서가 형성되어 있었다는 사실을 인정해야 한다.

그렇지만 조공책봉은 외교적 의례일 뿐이지 독립성을 결여한 속국을 판단하는 기준이 될 수 없다. 고구려, 백제, 신라, 발해 모두 중국에 조공책봉 관계를 맺었음에도 고구려와 발해만 중국사라고 하는 논리, 또 가장 밀접한 조공책봉 관계를 맺었던 조선은 한국사라고 하면서 중원 세력에 대적할 정도로 대등성마저 보였던 고구려는 중국사라고 하는 논리는 모두 자체 모순을 가진다. 오히려 이런 점을 지적해야 한다.

조공책봉은 중원의 국가와 그 주변 국가 사이에 일반적으로 맺은 외교관계였다. 따라서 한국사를 넘어서 아시아의 시각에서 이 문제를 접근할 필요가 있다. 물론 이 방면에 대해서 동양사 연구자들을 중심으로 학술회의를 연 적이 있지만 한국사와 연계하려는 노력이 부족했던 것도 사실이고, 국사학자는 이를 활용하는 데에 소홀한 감이 있다.

한편으로 국사 교과서도 더욱 민족주의적 성향을 띠기 시작하였다. 2007년 2월에 교육인적자원부는 갑자기 교과서 일부를 수정한다고 발표하였다. 청동기시대의 시작을 대폭 끌어올리고, 단군조선에 대한 기술도 일부 수정한다는 것이었다. 언론에서는 중국 동북공정에 대응하고, 고조선을 신화에서 역사로 끌어올리게 되었다고 평가하였다. 그러나 학계의 의견 수렴이 제대로 이루어진 것은 아니었고, 오히려 여론의 눈치를 본 것이었다. 엄밀성과 학설적 보수성을 지켜야 할 국사 교과서가 일부 정치인과 여론에 좌지우지되는 것은 문제가 심각하다. 동북공정을 비판하면서 그와 동일한 방법으로 대응하면 아무런 소용이 없다.

이전의 교과서에서도 이와 비슷한 문제가 있었으니, 1980년대에 일본의 한국사 왜곡에 대응하면서 재야 사학자들의 주장을 반영하여 교과서를 수정한 적이 있다. 당시에 단군신화를 역사가 아닌 신화로 다룬다고 비판하여 여론몰이를 하였고, 이에 따라 교과서가 크게 수정되어 그 유산이 지금껏 내려오고 있다. 교과서에서는 단군왕검의 건국을 B. C. 2333년으로 명기하여 마치 이 연대가 역사적 사실인 것처럼 오해하도록 만들었다. 기원전 24세기는 국가가 출현할 수 없는 신석기시대인 것만 보아도 이 연대의 허구성을 짐작할 수 있다.

더욱 문제가 되는 것은 동이족의 분포 지역과 고조선의 세력 범위라는 지도이다. 고조선의 세력 범위가 고구려 최대 판도 때보다 더 크게 그려져 있으니, 뒤에 비록 '영토 범위' 대신에 '세력 범위'라는 표현으로 완화했지만 이렇게 넓게 그려 놓은 것은 이미 학문에서 일탈한 것이다. 그런가 하면 산둥반도와 만주 및 한반도를 아우르는 동이족의 분포 범위를 설정한 것도 사실과 어긋난다. 산둥 일대에 동이족이 퍼져 있던 시기와 만주·한반도에 동이족이 살고 있던 시기는 서로 다르고, 두 지역의 동이족도 실체가 서로 다르다. 이를 무시하고 하나의 범주로 넓게 그려 놓은 의도는 누구나 짐작할 수 있을 것이다. 이 그림이 처음 등장한 것이 바로 1980년대 전반이다.

이 두 가지만 보더라도 1980년대 재야 사학자들의 입김이 얼마나 셌는지를 충분히 짐작할 수 있다. 여기에 하나 더 제기할 것은 우리 구석기시대의 연대가 70만 년 전까지 올라간다고 표현한 점이다. 국사 교과서의 처음 시작 부분부터 검증되지 않은 연대가 올라와 있다. 이것은 중국의 북경 원인을 의식하여 제시한 것으로서 국내 학계에서 누구도 자신 있게 내세울 수 있는 연대가 아니다. 그럼에도 버젓이 국사 교과서에 검증된 것처럼 실려 있는 것은 우리 구석기의 연대도 북경 원인 못지않게 오래되었다는 선언에 불과하다.

최근에 검인정 교과서로 바뀌면서도 이런 서술은 변하지 않았다. 2011년부터 사용되는 교과서에서는 청동기시대가 기원전 15세기, 철기시대가 기원전 5세기에 시작한 것으로 서술하였다. 이런 주장이 전혀 없는 것은 아니다. 가장 최근에 나온 고고학 개설서에서는 청동기시대의 시작에 대해서 "1990년대에는 무문토기 출토 주거지의 방사성탄소연대를 근거로 기원전 13세기로 올려 잡게 되었다. 다시 최근에는 무문토기가 기원전 15세기에 발생하였고, 청동기시대도 기원전 15세기부터 시작되었다는 학설이 제기되어 현재 논의가 진행 중이다."[23]라고 서술되어 있고, 또 철기시대의 시작에 대해서 "한국고고학에서 초기 철기시대라 부르는 시기는 대체로 기원전 300년 무렵부터 기원전 100년경까지를 말한다. … 중국 동북지방에서는 좀 더 이른 시기부터 철기가 등장하였으며, 한반도에서 건너간 것으로 판단되는 일본의 초기 철기 문화가 기원전 4~3세기경으로 소급되기 때문에 한반도에서도 초기 철기시대의 상한은 기원전 4세

23 한국고고학회, 『한국 고고학 강의』 개정 신판, 사회평론, 2010, p.84.

기 이전으로 올라갈 가능성이 높다."[24]라고 서술되어 있다. 이렇게 학계보다 앞서가는 내용을 교과서에 싣도록 집필 지침을 만든 것이다. 교과서는 통설을 중심으로 안정적으로 써야 함에도 이런 사태가 벌어진 배경이 무엇인지 한번 반추해야 할 것이다.

필자가 교과서 내용을 사전에 검정하면서 이 문제를 수정하도록 지적했으나, 집필 지침에 그렇게 지시되어 있다고 해서 집필자들은 이를 고치지 않았다. 그렇지만 '고조선의 세력 범위'라는 표현은 '고조선 관련 문화 범위'로 표현을 완화하였고, '동이족의 분포' 지도도 삭제하도록 하였다.

과도한 민족주의는 급기야 국수주의 성향을 강화해 주었다. 시중 서점에서는 한국 고대사 서가에 재야 역사학자들의 책이 화려한 제목을 달고 전문 연구자의 책을 압도하면서 독자를 현혹하고 있다. 국사편찬위원회에서 제공하는 논저 목록에도 몇 년 전부터 이들의 역사책이 등재되기 시작하였다. 이 책들이 얼마나 팔리는지는 모르겠지만, 일본의 극우 서적이나 중국식 역사에 대응한다는 명분으로 또 다른 왜곡을 불러오고 있다.

2003년 8월에 한국으로 급파된 중국의 우다웨이 외교부 아시아 담당 부부장은 한국의 역사 왜곡을 문제 삼으면서, 그 사례로서 1983년 정부 산하 연구기관에서 발행한 보고서에 들어 있는 '만주 진주' 문제를 거론했다고 한다. 이 기사를 보면서 3국 간 악순환의 고리가 떠올랐다. 일본의 역사 왜곡은 우리 사회에 국수주의적 성향을 키워 주었고, 그것이 동북공정이라는 중국의 역공을 초래했다는 생각이 들었다.

1970년대 말부터 이른바 재야 사학자들의 목소리가 점차 커지기 시작하였고, 이 영향을 강하게 받은 軍에서는 중국과 시베리아까지 우리 영토였다는 팽창사관이 정훈 자료로 사용되었다. 1982년에 터진 일본 역사 교과서 왜곡 사건은 이들의 움직임에 강한 추진력을 제공해 주었다. 일본

---

24 위의 책, p.123.

의 역사 왜곡은 거꾸로 국내의 국수주의 사관이 득세하는 계기를 마련해 준 것이다. 중국에서 거론한 연구기관의 보고서도 이런 분위기에서 나온 것으로 짐작된다.

이러한 국수주의 경향은 동북공정, 일본의 역사 왜곡을 자양분으로 계속 성장해 왔다. 이들은 중국 신화에 보이는 蚩尤 등 상당수의 인물이 우리 민족의 선조라고 주장하고, 중원이 우리 민족의 고향이거나 이를 우리 민족이 차지했다고 주장한다. 중국이 북한을 점령할지 모른다는 위기감이 확산되면서 재야 사학에 더욱 기울어지는 사회 분위기가 조성되고 있다. 고조선에 관한 대중 강연에서는 전문 연구자가 자신의 견해를 제대로 피력하기 어려울 정도로 재야 사학에 심취한 청중들이 공박하는 일이 벌어지곤 한다.

고고학이나 고대사를 전공하지 않은 역사학자 또는 사회학자까지 이러한 분위기에 동참하는 경향을 보여 심히 우려스럽다. 가장 대표적인 것이 遼河文明이라 일컫는 紅山文化의 주인공 문제이다.

홍산문화[25]는 西遼河 유역에서 일어난 후기 신석기시대의 농경문화로서 지역적 특성을 강하게 지니고 있다. 내몽골 동남부, 요령성 서부, 하북성 북부, 길림성 서부에 분포하는데, 요하 중·상류와 대릉하 중·상류가 중심 지역이다. 연대는 대략 기원전 4500년에서 3000년 사이이다. 주거지와 무덤, 제사 유적 등 다양한 유적이 발굴되었는데, 특히 彩紋과 之字紋을 특징으로 하는 토기, 무덤에서 다수 발견된 玉器, 石棺墓 무덤, 후기에 나타나는 壇·廟·塚, 즉 제단·신전·적석총이 이 문화의 가장 큰

25 홍산문화와 이를 둘러싼 논의에 대해서는 다음을 참조하였다.
송호정, 「요하유역 고대문명의 변천과 주민집단」, 『중국 동북지역 고고학 연구현황과 문제점』, 동북아역사재단, 2008.
이해련, 「홍산문화의 연구현황과 문제점」, 위의 책.
이재현, 「요서지역의 문명 및 초기국가 형성에 관한 연구현황과 문제점」, 위의 책.

특색을 이룬다.

대표적인 유적인 牛河梁 유적이 1983년부터 발굴되면서 요하 유역에 꽃피운 새로운 문명으로 인식하기 시작하였고, 1990년대 중반부터는 이를 세계에서 가장 오래된 문명으로 생각하기 시작하였다. 이로써 중화문명의 기원에 대해서 대전환이 이루어졌다. 전통적으로는 중화주의의 근간인 中原中心說, 즉 黃河起源說이라는 단일기원설을 신봉해 왔지만, 만리장성 밖에서 새로운 문명이 발견됨에 따라 滿天星斗說, 즉 문명의 다원기원설이 제기된 것이다. 이것은 통일적 다민족국가설과도 상통한다. 문명의 지표에 대해서도 금속기 발명, 문자 사용, 도시 출현을 들다가 홍산문화의 발견에 따라 玉器 등을 부장하는 禮制의 출현을 추가하게 되었다.

2004년 적봉에서 개최된 홍산문화 학술회의는 요하문명론을 부각하는 전기가 되었다. 여기서 중국 학자들은 홍산문화의 주인공이 黃帝族의 후예이며 顓頊과 帝嚳의 후예라고 주장하였으며, 황제족의 후예들인 예족과 맥족이 부여, 고구려, 발해 등을 세웠다고 하였다.

2006년 6월에는 요령성 박물관에서 遼河文明展을 열어 중화문명의 하나로 다루었다. 이 전시에서 중화민족은 중원의 炎帝 神農氏 華族 집단, 동남 연해안의 夏族 집단, 동북 燕山 남북의 황제족 집단이 Y자형으로 일체를 이루며 형성된 것으로 설명하였다(그림 10-10). 최근에 요령성 박물관에서 요하문명을 소개한 대중서를 내면서 그 범위를 구석기에서 만주족까지 다루되 다행히 고조선, 고구려, 발해는 포함하지 않았다.[26]

중국의 고구려 연구자인 耿鐵華는 그의 저서에서 앞선 주장을 충실히 따랐다.

동북은 중국 고대 문명 발상지의 한 곳이다. 홍산문화 제단, 여신묘, 적석

26 遼寧省博物館 편, 『走進遼河文明』, 遼寧人民出版社, 2009.

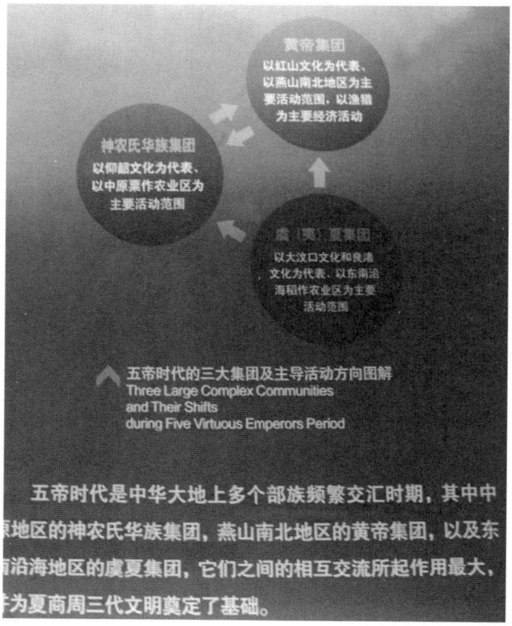

그림 10-10.
중화민족의 형성(요령성 박물관 전시)

무덤군의 발견은 일찍이 5000년 전에 중화문명이 幽·燕 지대, 즉 대릉하와 노합하 상류의 농업과 목축업이 모두 적합한 지대에 나타났다는 것을 말해 준다. 이곳은 또한 … 사학 선배들이 인정하는 商人이 발족한 지방이다. 근래의 고고학 발굴은 商이 동북에서 먼저 일어났다는 여러 문헌 기록이 더욱 합리적이었다는 것을 말하여 준다.

商族人들은 동북에서 생활하면서 동북문화의 발전과 각 민족의 기원, 융합과 발전에 극히 중요한 영향을 끼쳤다. 기원전 1600년, 湯은 무리를 이끌어 夏桀을 멸하고 중원에 입주하였는데, 일부 주민은 남으로 내려가고 일부 주민은 남아 동북 각 민족의 선조가 되었다. 秦漢 시기 동북의 고구려·부여 민족은 殷商 유민의 후예인 것이다.[27]

---

27 耿鐵華 지음, 박창배 번역, 『중국인이 쓴 高句麗史』 상, 고구려연구재단, 2004, p.15.

이 논리는 결국 고조선, 부여, 고구려, 발해가 모두 중화문명에 속한다는 결론에 이르게 한다. 우리로서는 민감해질 수밖에 없다. 이에 따라 홍산문화에 대한 연구가 중요한 과제로 떠올랐으나, 우리 학계에서는 이를 감당할 만한 연구 역량이 제대로 갖추어져 있지 않은 실정이다. 이 틈을 타고 국내에서는 아마추어적이고 국수주의적인 주장이 세력을 확장하였다. 홍산문화는 고조선 문화이고, 이것을 중국이 빼앗으려는 것이 요하문명론이며, 식민주의사학에 젖은 국사학자들은 이에 대해서 제대로 대응하지 못하고 있다는 주장이 빠르게 확산되었다.

사회학을 전공한 우실하는 자신의 저서에서 '열린 민족주의', '흐름과 교류의 역사관'을 강조하면서 다음과 같이 지적하였다.

> 요하문명을 건설한 진정한 주인공들은 누구일까요? 이들이 과연 신화와 전설 시대의 인물인 황제의 후예들일까요? 현재의 중국 땅에 있다고 해서, 그들이 모두 신화와 전설 시대로부터 중국인이라고 할 수 있을까요? 그들은 한·중·일·몽골의 공동 조상이었습니다. 그들의 일부는 남하하여 상나라를 세운 중국의 조상이고, 또 다른 일부는 예·맥족의 선조로 고조선·부여·고구려·발해를 세운 주체였고, 현재의 몽골을 있게 한 몽골의 조상이기도 합니다. 결국 요하문명과 홍산문화를 건설한 주인공들은 한·중·몽골의 공통 조상일 수밖에 없습니다.[28]

일견 설득력이 있고 한·중 간의 분쟁을 조정할 수 있는 객관적인 견해처럼 보인다. 하지만 언론을 통해서는 오히려 고조선을 빼앗는다는 자극적인 주장으로 변형시켜 무비판적으로 대서특필하여 역사관을 혼란스

28 우실하, 『동북공정 너머 요하문명론』, 소나무, 2007, pp.394~395.

럽게 만들었다.[29]

홍산문화가 그 뒤에 중국인이나 한국인으로 이어졌는지는 현재의 정보로는 전혀 알 수 없다. 홍산문화의 주인공에 대한 중국 측 주장은 검증할 수 없는 것이다. 이때는 신석기시대이니 문헌 기록이 등장하는 시기와 큰 시간적 격차가 있으며, 그와 관련된 중국의 문헌 기록이라는 것도 그동안 역사적 사실이라기보다 전설로 받아들여져 왔던 것이다. 이렇게 무리한 논리를 우리도 동일하게 이용하여 반론을 제기하는 것은 문제가 아닐 수 없다.

고조선이 문헌에 등장하는 것은 기원전 4세기경이고, 『관자』의 기록을 그대로 믿는다고 해도 기원전 7세기경이다. 홍산문화는 이로부터 수십 세기나 올라간 기원전 30~40세기대에 해당하는데, 이를 연결할 수 있는 방법은 없다.

이 문화에서 자신에게 유리한 요소만 가져다 주장하는 것도 비학문적 태도이다. 홍산문화의 전체 모습과 흐름을 따지지 않고, 한반도의 어느 유적에서 옥 귀걸이가 나왔다든가 우하량 여신묘에서 곰 상이 발견되었다는 등 단편적인 사실을 침소봉대하고 있다. 그럼에도 이런 사실이 언론을 통해 발표되어 민족의식을 자극하였다.[30] 홍산문화에 보이는 옥제품이나 원통형 토기 등의 유물상은 한국의 신석기 문화와는 분명히 다르다.

이 문화의 특징을 이루는 요소들인 석관묘의 출현, 채도의 등장, 옥기 부장, 단·묘·총의 제사 유적은 홍산문화의 앞 시기에도 그 뒤의 청동기 시대에도 나타나지 않는다. 전후에서 연속성이 확인되지 않는다. 일시 등장했다가 사라진 문명임을 시사한다. 따라서 현재의 중원과 연결할 수 없

---

29 우실하, 「단군조선, 동북아문명의 공동발원지」, 『동아일보』 2007. 9. 27.
우실하, 「북방 DNA 간직한 홍산문화, 중국역사 되면 단군은 중국인」, 『중앙선데이』 2010. 9. 5.

30 우실하, 위의 기사.

듯이 현재의 한반도와도 연결할 수 없는 문명이다. 이것이 고고학의 상식이고 역사학의 상식이다. 더구나 중국 것이 아니면 우리 것이라는 것도 오늘날의 관점에서 바라본 현대인의 오만일 뿐이다.

그럼에도 근래에는 일부 원로학자들마저 동조하고 있어 우려스럽다. 김용섭은 홍산문화를 단군신화에 선행하는 시기, 하가점 하층 문화를 단군신화 시기로 설정하였다.

> 그런데 이 홍산문화 가운데서도, 특히 그 만기(晩期, 기원전 3500~3000)의 문화수준은, 앞에서 언급한 바와 같이, 대단히 높은 것으로 파악되고 있어서, 세인을 놀라게 하였다(주 21의 우실하 논문 참조). 그뿐만 아니라 그 문화내용(무덤)의 주인공이, 고조선의 그것과 같은 것으로 이해되고 있어서, 앞으로 더 많은 연구가 있어야 분명해지겠지만, 이제는 단군신화를 신화로만 돌릴 수 없게 되었다고 하겠다."[31]

신용하도 고조선의 형성에 대해서 다음과 같이 설명하였다.

> 최근 중국 고고학계가 다수 발굴하여 주목을 받은 '홍산문화' 유적들은 '맥'부족의 신석기시대 유적 · 유물이라고 필자는 판단하고 있다. B. C. 3500년경의 우하량 유적들과 홍산문화 유적들은 '맥'부족의 문화를 많이 알려주고 있다.[32]
>
> 또한 '한강문화'에서 기원한 '한'족과 '홍산문화'를 배경으로 한 '맥'족과 요하문화를 배경으로 한 '예'족의 결합은 고조선의 발전방향을 남쪽보다 북

31 김용섭, 『東아시아 역사 속의 한국문명의 전환』, 지식산업사, 2008, pp.76~77.
32 신용하, 『고조선 국가형성의 사회사』, 지식산업사, 2010, p.95.

쪽으로 향하게 하는 데 크게 작용했다고 볼 수 있다.[33]

한영우도 한국사 개설서에서 홍산문화와 단군신화를 일치시키고, 심지어 산동의 大汶口 문화마저 동이족 아사달 문화라고 서술하였다.[34]

이런 분위기가 확산하면 1980년대의 경험에서 보듯이 중국은 오히려 이를 빌미로 해서 동북공정의 논리를 강화해 나갈 우려가 있다. 또한 우리가 중국이나 일본에 역사 왜곡의 시정을 요구하기 어려워질 것이다. 그런 점에서 중국이나 일본의 역사 왜곡, 교과서 분석 등의 작업과 병행해서 우리 스스로에 대한 내부 점검도 필요한 시점이다.

3) 탈국사론[35]

고대사 연구자가 아닌 역사학자 가운데는 양국 모두 민족주의 때문에 문제가 발생한 것이라 하여 민족주의사학을 비판하거나 나아가 탈민족주의를 내세운 견해를 제시하였다. 심지어 국사해체론 또는 민족해체론까지 들고 나왔으니, 그 중심에 임지현 등 일군의 연구자들이 있다.

임지현은 동아시아 3국이 서로 대립하면서 실제로는 각기 이를 이용하여 자신의 입지를 강화하는 '적대적 공범관계', '내연의 적'을 이루고 있음을 지적하였다. 이 주장에 대해서는 다분히 공감이 간다. 그러나 그 해결 방안으로 민족의 해체, 국사의 해체를 주장하는 데에 이르러서는 선뜻 동의하기 어렵다. 그의 주장이 역사적 실체를 간과하고 있다고 판단되기 때문이다.

---

33 위의 책, p.134.
34 [추기] 한영우, 『다시찾는 우리역사』, 제2전면개정판, 경세원, 2014, pp.78~81.
35 송기호, 앞의 책, 제9장 참조.

냉전 체제가 무너지면서 세계는 동서의 대립에서 민족의 대립, 종교의 대립으로 전환되었다. 이념 아래 가려져 있던 민족, 종교가 마침내 수면 위로 드러난 것이다. 여기서 민족 간의 갈등을 해결하기 위해서 민족을 해체해야 한다는 것은 문제의 본질을 호도할 뿐이지 결코 현실적인 해결책을 제시하는 것이 아니다. 마치 종교적 갈등을 해결하려고 종교를 없애야 한다는 주장과 같은 것이기 때문이다. 엄연히 존재하는 실체를 인정하고 그를 통해 갈등을 완화하려는 노력이 현실적이고 실현 가능한 것이다. 과도한 민족주의에 대한 비판은 수용해야겠지만, 그 해결책으로 민족해체론을 제기하는 것은 이상론에 불과하다. 문제 해결이 아닌 담론의 차원, 문제 제기의 차원에 머물고 말 것이다. 역사 이론에 그치지 않고 실제 역사 서술을 통해서 이를 실현할 수 있는 방안이 마련되지 않으면 공허한 이론일 따름이다.

민족해체론과 같은 문제의식에서 제기된 것이 '동아시아사론'이다. 민족과 국가의 틀을 깨지 않는 한 이런 문제를 해결할 수 없다는 논리에서 한국사, 중국사, 일본사가 아니라 이를 아우르는 동아시아 역사로 재구성되어야 한다고 주장한다. 이것은 1990년대부터 꾸준히 제기되어 온 동아시아 공동체론과 연관되어 있다. 실제로 그러한 주장이 힘을 얻어 동아시아사 교과서가 사용될 예정이다. 그런 시각에서 고구려는 중국사도 한국사도 아닌 고구려인의 역사요 동아시아의 역사라는 주장이 제기되었다. 김기봉, 정두희 등의 글에 이런 내용이 담겨 있다.

그런데 동아시아 평화 구축이라는 과제와 고구려가 동아시아사라는 논리는 서로 다른 문제이다. 게다가 1000년 이상 각자 독립된 역사 공간을 유지해 온 틀을 깨고 과연 동아시아 공동체를 건설할 수 있는지도 미지수이다. 국가와 민족을 근대의 산물로 보는 서양의 시각을 동아시아 역사에 그대로 적용하고 있는 데에도 동의하기 어렵다. 설령 이런 문제들을 극복하고 동아시아 공동체 건설, 동아시아 역사 구성이 가능하더라도 또 다른 선 긋기요 바운더리 설정에 불과하다. 동아시아라는 폐쇄적 공간을 다시 만들어 내는 것이기 때문이다.

최장집의 지적처럼 근래에 동아시아 공동체론의 담론이 확산되어 나아감에도 불구하고, 실제는 이 지역에서 어떠한 구체적 움직임도 전혀 보이지 않는다는 사실에 주목할 필요가 있다. 이것은 유럽의 사정과 동아시아의 사정이 다르다는 것을 단적으로 보여 준다. 한·중·일의 힘이 균형을 이루지 못하는 상태에서 공동체를 형성하는 것은 쉬운 일이 아니다. 이러한 근본적 취약점을 안고 있는 동아시아사론은 그만큼 비현실적일 수밖에 없다.

김한규가 독립된 역사 공간으로서 '요동사(만주사)'를 설정한 것도 주목할 만하다. 최근에는 이를 확장하여 동아시아의 천하국가론을 제기하였다. 동아시아에 여러 개의 공동체를 설정하고, 이들이 포도송이의 포도알처럼 자리 잡아 조화를 이루면서 일종의 집합체를 이룬 것으로 설명하였다.

그는 이런 주장을 통해 한·중 간의 싸움을 해결할 수 있다고 생각하였다. 요동사란 제3의 역사를 설정한다는 점에서 임지현의 '변경의 역사'와도 통한다고 할 수 있다. 그러나 요동사에 고조선, 고구려, 발해 등을 포함하고, 한반도 중남부의 백제와 신라만을 한국사에 넣은 그의 주장에도 근본적인 오류가 있다. 삼한은 본래 마한, 진한, 변한을 의미하지만 이미 삼국시대 말기부터 고구려, 백제, 신라를 지칭하기도 하였다. 그럼에도 그는 삼한=삼국의 개념을 부정하는 잘못을 범함으로써 본래의 삼한(마한, 진한, 변한) 역사만 한국사라는 엉뚱한 주장을 하였다. 아울러 삼국을 아우르는 '海東三國'이라는 용어의 존재도 간과하고 말았다. 扶餘隆의 묘지명에 고구려와 백제를 '兩貊'으로 표현한 것도 양자가 불가분의 관계에 있음을 단적으로 보여 준다. 따라서 신라·백제와 고구려를 서로 갈라놓는 작업은 시작부터 잘못된 것이다.

그 밖에 '문명 교류'의 차원에서 실크로드 문화를 조명하거나 '유라시아'의 관점에서 유목민과 농경민을 세계사를 움직인 두 개의 수레바퀴로 바라보기도 한다. 이것은 중국 일변도의 아시아사를 벗어나는 데 기여할 수 있을 것이지만, 동북공정에서 제기된 현안을 해결하는 일과는 거리가 있다.

4) 시민과 정부

시민단체의 반응으로 넘어가겠다. 동북공정이 불거진 직후에 시민단체인 '일본교과서바로잡기운동본부'가 공개토론회를 개최하였고, 원래 일본의 역사 왜곡에 대응하여 결성되었던 것을 확대하여 '아시아 평화와 역사교육연대'로 재출범하였다. 이후 이 단체는 다른 시민단체와 함께 고구려연구재단, 동북아역사재단과 같은 정부 측 대응기구를 만들 때 동북아역사 분쟁을 다루는 민간 연구기관이 되어야 한다고 강력히 요구하기도 하였다. 이 밖에 丹월드가 만든 국학 연구기관인 국학원도 고조선, 단군을 중심으로 동북공정의 비판에 동참하여 활발한 활동을 벌였지만, 재야 사학적 인식에서 탈피해야 하는 과제를 안고 있다.

또 사이버 외교사절단 모임인 반크(VANK)는 고구려 기념우표를 제작하여 전 세계에 배포하며 대응하였다. 2008년에는 개인이 미국 신문에 고구려가 한국사임을 알리는 광고를 실은 적이 있지만, 고구려가 마치 북경 일대까지 차지했던 것처럼 묘사된 것은 아쉬운 일이다.

한국소설가협회가 2004년 1월 명동에서 "고구려가 중국이면 중국은 몽골족이냐?" 등을 내세우며 거리 행진을 벌이는 시위를 벌인 것을 필두로 문화예술계에서도 다양한 대응에 나섰다. 고구려나 발해 관련 전시회가 다수 열렸고, 고구려를 주제로 한 오페라, 뮤지컬, 무용극 등도 선보였다.

온라인에는 지금도 동북공정에 대응하는 카페들이 있다. 동북공정이 진행되어 국내에서 크게 논란이 일어났을 때 네티즌의 활동이 활발하였고, 2007년 이후에는 현저히 줄어든 것이 다음, 네이버 등의 카페 조사에서 확인되었다.

정부의 대응은 처음에 소극적이었다. 동북공정에 대한 첫 보도가 나간 뒤 몇 개월간 아무런 반응을 보이지 않았다. 정부가 공식 견해를 밝힌 것은 10월 23일 국회에서의 답변이었다. 그러다가 여론이 비등해지자 교육과학기술부를 중심으로 대응기구를 만드는 방향으로 선회하였다. 이리하여 2004년 3월 동북공정에 대응하기 위한 고구려연구재단이 출범하였다. 이 과정에서 한·중·일 역사 논쟁에 대응하는 동북아역사센터로 만들자는 견해와 고구려사를 중심으로 동북공정에 대응하는 고구려연구재단으로 만들자는 견해가 맞섰다. 또한 정부기관으로 하느냐 민간기관으로 하느냐를 두고 의견이 갈렸다. 결국 고구려연구재단이라는 독자적인 연구재단을 설립하였고, 이 무렵에 불거진 고구려 유적의 유네스코 등재 문제를 적극적으로 지원하여 북한 유적이 등재되는 결실을 가져왔다. 그 뒤에 연구 결과물을 쏟아냈으나 2년 반 만에 해체되는 운명을 맞았다. 동북아역사재단이 2006년 9월에 출범하면서 흡수된 것이다. 이후 고구려에 집중되었던 연구는 동아시아로 확대되는 긍정적인 결과를 가져왔지만, 다른 한편으로는 중국의 역사 왜곡뿐 아니라 일본과의 역사·영토 분쟁까지 담당함으로써 종전보다 집중도가 떨어졌다. 아울러 동북공정이 마무리된 2007년에 이를 종합적으로 검토하는 작업을 하지 않은 것은 분명 반성해야 할 일이다.

또 하나 지적할 것은, 고구려연구재단 출범 때부터 외교 전략과 학술지원을 분리해서 외교부(외교통상부)와 교육부(교육과학기술부)가 각각 지원하는 형식을 취함으로써 구조적인 취약성이 나타나게 된 점이다. 역사 분쟁은 기본적으로 상대의 견해를 반박하고 싸움을 벌이는 것인데 외교통상부의 입장은 중국과의 마찰을 최소화하려는 경향을 보여 왔다. 연구 과제 선정에서도 이 사항이 고려되는 경우가 있었으니, 이것은 동북아역사재단이 운신할 수 있는 폭을 제한하는 것이었다. 정부가 주도하는 연구기관의 한계를 노정한 것이다. 재단이 소극적 대응이냐 적극적 대응이냐를 두고 방황하고 있는 느낌이다. 앞으로 학술 지원의 성격이 더욱 강화되어야 제대로 된 활동을 할 수 있을 것이다.

그 밖에 한국학중앙연구원은 국회의원의 지원 아래 한국학진흥사업단을 꾸려 왔다. 동북공정에 대응할 수 있는 연구들을 지원한다는 명분이었지만 실제로는 재야 사학의 입김이 강하게 작용하는 결과를 빚고 말았다.

5. 맺음말: 미래를 위한 반성

일본 연구자의 반응도 주목할 필요가 있다. 일본은 이 논쟁에서 제3자에 속하여 뜨겁게 반응한 것은 아니지만, 그동안 발해나 고구려 등을 연구해 온 것을 보면 전혀 무관심했던 것은 아니다. 역사 분쟁에 대해서 본격적인 관심을 표한 연구자로 중국 唐代史 전공자이면서 그 입장에서 渤海史를 연구해 온 古畑徹을 들 수 있다.[36] 그는 동북공정의 후기에 중국과 한국에서 역사의 兩屬論, 즉 공유론이 등장하는 분위기를 제시하면서, 이것이 양국 간의 싸움을 해결할 수 있는 실마리가 될 수 있다고 제언하였다. 하지만 고구려사 공유론은 중국에서 주장하고 있는 것으로서, 한국에서는 받아들이기 어려운 것이다. 돌궐사를 몽골과 터키의 공동 유산으로 바라본다는 사실은 필자가 처음 지적한 것으로 생각되는데,[37] 애초 고구려의 공유 문제를 제기하려 한 것은 아니었으니 그의 오해라고 할 수 있다.

---

36 古畑徹, 「中韓高句麗歷史論争のゆくえ」, 『東アジア共生の歴史的基礎 — 日本 · 中国 · 南北コリアの対話』, 御茶の水書房, 2008.
古畑徹, 「歴史の争奪 — 中韓高句麗歴史論争を例に」, 『メトロポリタン史学』 6, 2010.

37 송기호, 앞의 책, p.340.

이상으로 동북공정을 둘러싸고 전개된 중국과 북한, 남한, 일본의 동향을 정리해 보았다. 남한에서 비학문적 동북공정의 논리나 중화주의 이념을 비판하고 여기에 대응하면서, 우리의 논리 구조도 이를 추종하고 있다는 점은 반성해야 한다. 이런 차원의 논의로는 상대방을 설득할 수 없다. 아마추어 역사학자나 국수주의적 주장을 제외하더라도 그동안 제시된 동북공정에 대한 대응 논리가 국내용이 아니라 중국이나 제3국의 연구자들까지 제대로 설득시킬 수 있을 정도로 학문적 엄밀성, 진지성과 객관성을 유지했는지 되돌아볼 필요가 있다. 그런 점에서 우리 사회에 팽배해 있는 국수주의적 분위기를 완화하고 엄밀한 실증성에 토대를 둔 이론이 확산할 수 있도록 동북아역사재단이 노력해야 한다.

그동안 수행해 왔던 사업 방향을 재검토하는 작업도 필요하다. 국민교육에 필수적인 교과서 문제에 대해서 재단에서는 거리를 두어 왔지만, 앞으로는 국사 교육이나 수능 시험 정책 등에도 적극적으로 발언하거나 관여해야 할 것이다. 동북공정과 일본 역사 교과서 왜곡이 불거졌던 2004년에는 국사 과목을 독립시키고 국사 교육을 강화하겠다고 하더니, 2009년 개정 교육과정에서는 한국사가 고교 선택과목이 되었고, 수능에서도 선택 사항이 되어 버렸다. 또 서울대학교 입학시험에서 국사를 필수로 요구하였지만, 2005년 제7차 교육과정에서 수능 등급 부여가 상대평가제로 바뀌면서 서울대학교 응시자를 제외하고는 국사를 선택하지 않는 부작용을 낳았다. 오히려 일본에서는 역사 수업시수가 증가한 것과 대조적이다. 이와 같은 전반적인 국사 교육 정책에도 관심을 기울여야 할 것이다.

한편으로 재단과 연계되는 국내외 연구자들을 보면, 매우 한정된 범위에 머물고 있는 것을 느낄 수 있다. 역사 왜곡에 대응하는 힘을 기를 수 있는 길은 중국과 일본까지 포함하여 많은 동조자를 확보하는 데에 있다. 우리와 다른 견해를 가진 연구자일수록 이들을 설득하고, 사고를 전환시키는 작업이 필요하다. 그런 점에서 한·중·일, 나아가 다른 지역의 연구자들까지 하나로 묶는 네트워크의 확장을 강화할 필요가 있다.

여기에 더하여 고려할 점은 국내에 유학하고 있는 중국·일본을 비롯한 외국 유학생들을 위해서 워크숍을 개최하는 등 장기적인 투자 전략도 필요하다는 것이다. 그들이 귀국하여 한국을 대변하도록 만드는 것이 미래를 위해서 중요하다. 앞서 지적했지만 한국 학자의 주장을 정부의 공식 견해로 오해하는 중국 학자에게 한국에서의 연구 상황을 설명해 준 사람이 바로 한국에 와서 연구한 학자였다.

동북공정은 끝났지만 앞으로 발해 유적을 유네스코에 등재하는 문제를 두고 다시 한번 논란이 불거질 것으로 생각된다. 중국 흑룡강성에서는 길림성의 고구려 유적 등재에 자극을 받아, 발해 유적을 등재하기 위한 준비를 해 오고 있다. 그 일환으로 2000년대에 들어 중국에서 중요한 발해 유적들을 대대적으로 발굴하였다. 길림성에서는 六頂山 고분군, 龍頭山 고분군 龍海 구역, 西古城, 八連城을 발굴하였고, 흑룡강성에서는 上京城을 발굴하였다.

지금은 발굴 결과를 정리하여 보고서로 내는 중인데, 서고성 및 상경성의 발굴보고서는 이미 출간하였고,[38] 1992~1995년까지 진행된 흑룡강성 寧安市 虹鱒魚場 고분군의 보고서도 최근에 출간하였다.[39] 근시일 내에 육정산, 팔련성, 용두산고분군 보고서가 출간될 예정이다.[40] 이런 일련

---

38 吉林省文物考古研究所·延邊朝鮮族自治州文化局·延邊朝鮮族自治州博物館·和龍市博物館 편저, 『西古城—2000~2005年度渤海國中京顯德府故址田野考古報告』, 文物出版社, 2007.
黑龍江省文物考古研究所, 『渤海上京城—1998~2007年度考古發掘調査報告』 上·下, 文物出版社, 2009.

39 黑龍江省文物考古研究所, 「黑龍江寧安市虹鱒魚場墓地的發掘」, 『考古』 1997-2.
黑龍江省文物考古研究所, 『寧安虹鱒魚場—1992~1995年度渤海墓地考古發掘報告』 上·下, 文物出版社, 2009.

40 [추기] 2012년에 육정산, 2014년에 팔련성 보고서가 출간되었고, 용두산 보고서는 2019년 현재 미간이다.
吉林省文物考古研究所·敦化市文物管理所, 『六頂山渤海墓葬—2004~2009年清理發掘報

의 작업은 유네스코 등재를 염두에 두고 진행한 것이라 한다. 다른 한편으로 발굴한 발해 유적을 역사 공원으로 꾸며 관광지로 만드는 작업도 진행하고 있다.

이에 대한 대응도 준비해야 할 것이다. 중국에서는 중국 역사로 만들기 위해서 단독으로 등재할 것으로 예상되는데, 북한·러시아 연구자들과 공동 대응할 필요가 있다. 북한이나 러시아 연해주의 발해 유적을 묶어 공동으로 등재함으로써 동아시아 공유의 역사 자산으로 만드는 것이 필요하다는 판단이다. 그런 점에서 유네스코 잠정 목록(Tentative Lists)을 지속해서 모니터링하는 것도 필요하다. (2011년)

告』, 文物出版社, 2012.
吉林省文物考古研究所·吉林大學邊疆考古研究中心·琿春市文物管理所, 『八連城—2004~2009年度渤海國京東故址田野考古報告』, 文物出版社, 2014.

제11장 대외관계에서 본 발해 정권의 속성

1. 머리말

중국 학계가 발해국의 속성에 대해서 '粟末靺鞨이 주체가 되어 건립된 당나라 地方政權'으로 규정하고 있는 사실은 이제 주지하는 바가 되었다. 이 두 개의 명제 가운데 속말말갈 주체설에 대해서는 문헌 자료와 고고 자료를 토대로 그 문제점을 지적한 뒤에 오히려 '고구려인 주체설'이 역사적 사실에 부합된다는 사실을 이미 지적하였다.[1] 따라서 이 글에서는 '당나라 지방정권설'에 대한 검토를 진행하고자 한다. 이것은 당나라와 발해 사이의 국가 위상과 관련된 문제이므로 자연히 발해 대외관계와 연결되어 검토가 이루어질 것이다.

중국 학계에서 발해국의 속성 또는 당나라와의 관계를 다룬 논문은 이 글 말미의 '참고 논문'(본서 p.393)에 제시한 것처럼 30편에 이른다. 이를 개괄해 보면 대체로 두 개의 시기에 집중되어 있는 사실을 발견할 수 있다. 첫째 시기는 1980~1983년 사이로서 1982년에 정점을 이루었고, 둘째 시기는 2001~2004년 사이로서 2004년에 정점을 이루었다. 그 중간에

1 송기호, 「大祚榮의 出自와 발해의 건국과정」, 『아시아문화』 7, 한림대학교 아시아문화연구소, 1991; 송기호, 『渤海政治史研究』, 一潮閣, 1995 재수록.
송기호, 「六頂山 古墳群의 성격과 발해 건국집단」, 『汕耘史學』 8, 1998; 송기호, 『발해 사회문화사 연구』, 서울대학교출판문화원, 2011 재수록.

는 몇 년에 한 편꼴로 적은 편이다. 연구자로서는 魏國忠, 孫玉良, 楊雨舒, 嚴聖欽 등이 주도적인데, 특히 魏國忠이 당나라 國書 문구에 착안하여 '당나라 감독관(長史)의 발해 파견'을 제기하였고, 回俊才 · 董振興 · 孫玉良은 '車書本一家' 시구에 착안하여 발해 예속성의 근거로 삼았는데, 이러한 주장은 그 뒤 다른 연구자들에게도 답습되었다.

현재 중국의 역사 교과서에서는 吐蕃의 內地性을 상징하는 '和同爲一家'와 함께 발해의 내지성을 상징하기 위해서 '車書本一家'가 중요한 개념어로 활용되고 있다.[2] 이처럼 단순한 문예적 비유를 들어서 예속성을 따진다고 한다면, 821년 平盧軍節度使 薛苹(薛平)이 신라를 들어서 비록 外夷이지만 內地와 다름이 없다[3]는 비유도 신라가 당나라 지방정권이라 주장할 수 있는 중요한 근거가 될 수 있겠다. 또 당 高祖가 突厥 可汗과 南越 추장을 보고 胡越이 一家를 이루었다고 한 발언[4]을 두고 두 곳이 중국 영토가 되었다고 주장할 수 있는지 해명되어야 한다. 이에 대한 그들의 답이 무엇이든간에 이들은 단순한 비유어에 불과한 것으로 보는 것이 순리이겠다.

첫째 시기는 중국에서 개혁개방 정책이 실시되면서 학문적 연구가 재개되던 초기 단계였다. 그런데 이때 발표된 논문 제목에는 '지방정권', '당 왕조에 예속', '당 왕조 관할'이라는 표현이 그대로 드러나서 연구 의도를 뚜렷이 알 수 있게 한다. 이러한 주장은 그 직후에 발간된 일련의 발해사 개설서로 정리되어 나타났다.[5] 둘째 시기는 1996년경부터 고구려의 귀속

2 임상선, 『일본 및 중국 역사 교과서의 발해사 관련 내용 분석』, 한국교육개발원, 2002, pp.31~33, pp.39~41.

3 『唐會要』 권86, 奴婢, 「長慶元年(821)三月, 平盧軍節度使薛苹奏, 應有海賊該掠新羅良口, 將到當管登萊州界及緣海諸道, 賣爲奴婢者. 伏以新羅國雖是外夷, 常稟正朔, 朝貢不絕, 與內地無殊. …」.

4 『舊唐書』 권1, 高祖本紀: 「高祖命突厥頡利可汗起舞, 又遣南越酋長馮智戴詠詩, 既而笑曰, 胡越一家, 自古未之有也.」.

5 王承禮, 『渤海簡史』, 黑龍江人民出版社, 1984.

문제를 집중적으로 연구하기 시작하고,[6] 2002년부터는 東北工程이 개시된 일련의 동향과 궤를 같이한다. 이때의 연구는 주로 첫째 시기의 주장을 심화하는 것이지만, "고구려도 중국의 민족이라면, 발해 건국자가 고구려인이라도 발해가 중국에 예속되었다는 결론에는 변화가 없게 된다."[7]는 새로운 주장도 제기되었다. 이것은 종래 고구려설을 극구 부인하던 태도에 변화를 보이는 것으로서, 장차 중국 학계에서 고구려-발해를 묶어서 중국사로 주장해 나갈 단초를 여는 것으로 판단된다.

발해국의 속성에 대해서 그동안 발표된 글을 검토하면 미묘한 변화가 감지된다. 1980년대 전반까지는 '唐代 黑龍江地區의 지방봉건정권'(張泰湘, 1979),[8] '당조의 藩屬政權'(魏國忠 · 朱國忱, 1981), '중국 소수민족 건립의 지방정권'(嚴聖欽, 1981), '당조 統轄下의 지방민족정권'(莊嚴, 1982), '당왕조 轄屬의 소수민족 지방정권'(楊昭全, 1982), '區域性 지방민족정권으로 특수한 邊地 州郡'[9]으로 각각 규정하였는데, 표현은 다르지만 '중국 소수민족이 세운 지방정권'이라는 데서는 공통적이다. 그런데 뒷 시기에는 '지방정권'의 성격을 좀 더 세분함으로써 두 가지 흐름으로 나뉘는 양상이 보인다. 발해가 '地方自治政權'이었는가 아니면 '地方割據政權'이었는가 하는 점이다.

두 개념의 차이는 孫進己가 고구려의 성격을 설명하면서 "반항하던 시기는 지방할거정권이라는 칭호가 마땅하지만, 복종하던 시기는 지방할거정권이라기보다는 지방자치정권이라고 함이 당연하다. 또한 고구려의

朱國忱 · 魏國忠, 『渤海史稿』, 黑龍江省文物出版編輯室, 1984.
李殿福 · 孫玉良, 『渤海國』, 文物出版社, 1987.

6 余昊奎, 「중국의 東北工程과 高句麗史 인식체계의 변화」, 『韓國史研究』 126, 2004, pp.289~299.

7 肖紅, 「從渤海國和中央皇朝關係的演變看渤海國的歸屬性質」, 『北方文物』 2004-1, p.89.

8 이 글 말미의 '참고 논문'에 수록된 것은 이와 같은 방식으로 출전을 밝혀두겠다.

9 朱國忱 · 魏國忠, 앞의 책, p.1.

반항과 복종이라는 양자를 놓고 본다면 반항보다는 복종을 위주로 하였으므로, 그 기본적인 성격은 지방자치정권이었고 간혹 경우에 따라서 지방할거정권이기도 하였다."[10]고 구분해 놓은 데에서 확인할 수 있다. 지방할거정권이 지방자치정권보다 상대적으로 독립성이 더 강하다는 것이다.

林樹山은 羈縻州를 民族自治州의 중세기 형태로 파악하여 발해를 '민족자치정권'으로 보았다.[11] 莊嚴도 발해의 독립성을 부정하면서 독자적 年號는 오늘날의 '민족자치'와 유사한 것으로 설명하였다.[12] 이런 설명은 현재의 소수민족 자치를 염두에 둔 것으로 두 개념 가운데 어디에 가까운지 판단하기에는 모호하다. 그러나 于汝波 등은 大祚榮이 책봉을 받음으로써 할거정권에서 당조 중앙정부 예속하의 지방정권으로 변했다고 하였다.[13] 명확한 개념을 제시하지는 않았지만 발해를 지방자치정권으로 규정한 것이 틀림없다. 이것은 肖紅의 글에서 더욱 분명하게 구체화되었다. 중국 강역 안의 정권을 지방할거정권, 지방자치정권, 직할지방정권으로 유형화한 뒤에 발해는 지방자치정권에 속하는 것으로 보았다.[14] 그녀의 소속 기관이 瀋陽東亞研究中心이므로 앞에 인용한 孫進己의 견해를 원용한 것으로 생각된다. 뒤에 인용하는 郭素美의 글에서도 '지방민족자치정권'이라는 용어를 사용하였다.

반면에 지방할거정권이라는 견해도 있다. 李殿福·孫玉良의 저서에서는 '봉건지방할거세력'으로 정의를 내렸다.[15] 앞서 인용한 于汝波 등의 글

10 孫進己, 「中國 高句麗史 연구의 개방과 번영의 6년」, 『고구려의 역사와 문화유산』, 한국고대사학회·서울시정개발연구원, 2004, p.122.

11 林樹山, 「唐朝對渤海國實行的民族自治政策」, 『黑河學刊』 1991-4, p.84.

12 莊嚴, 「渤海是唐朝統轄下的地方民族政權」, 『遼寧大學學報』 1982-4, p.71.

13 于汝波·鍾少異·張忠, 「論渤海與唐朝的政治關係」, 『7~8世紀東亞地區歷史與考古國際學術討論會論文集』, 北京大學考古文博院·大阪經濟法科大學 編, 科學出版社, 2001, p.82.

14 肖紅, 앞의 논문, p.89, p.92, p.96.

15 李殿福·孫玉良, 앞의 책, p.1.

에서도 대조영 책봉 이전을 '할거정권'으로 설명하였다.

이 밖에 명확한 개념을 제시하지는 않았으나 발해가 당나라에 예속된 정권으로 보면서도 내부적으로는 많은 재량권을 가지고 자치를 누렸던 것으로 생각하는 연구자들도 있다. 일찍이 魏國忠은 당 왕조에 종속된 藩屬王國이면서 일정 정도 '自治'勸力을 지니고 있었다고 지적하였다.[16] 莊嚴도 중앙정권이 승인한 자치권을 누렸다고 지적하였다.[17] 許憲范은 자주성이 아주 강한 기미정권으로서 형식으로는 당조의 지방민족정권이었지만 실제로는 독립 자주의 민족정권이었다고 생각하였으니,[18] 이것은 조선족 학자의 시각을 드러낸 것이다. 禹碩基 등이 쓴 논문에서도 발해는 기미주로서 당나라에 예속된 지방민족정권이라고 하면서도, 독자적 연호 사용이나 대외 자주권 등을 열거한 뒤에 다른 한편으로는 발해가 전제군주국가로서 당나라의 藩國이었던 이중적 성격을 띠고 있었다고 주장하였다.[19] 楊雨舒도 발해국이 상당한 자주권을 부여받았다고 지적하였다.[20]

郭素美와 魏國忠의 최근 글에서도 자주성과 자치를 인정하였다. 이들은 발해가 내부적으로 皇上, 天孫 등의 용어를 사용한 것을 들어서 고도의 자치를 실행했음을 인정하면서도, 결코 완전한 주권을 가진 독립국가는 아니었고 당나라 영토 안의 1개 '國中之國'으로 규정하였다.[21] 두 사람은 동일하게 '國中之國'이라는 신조어를 사용하고 있는데, 특히 필자가

16 魏國忠 · 朱國忱, 「渤海國政治制度述略」, 『求是學刊』 1981-3, p.43.
魏國忠, 「唐代渤海都督府長史考略」, 『黑河學刊』 1983-4; 『東北民族史研究』 2, 中州古籍出版社, 1995 재수록, p.163.

17 莊嚴, 앞의 논문, p.72.

18 許憲范, 「淺談唐代羈縻州府與渤海政權的性質」, 『延邊大學學報』 1989-2 · 3합, p.513.

19 禹碩基 · 劉毅 · 竇重山 主編, 『渤海國與東亞細亞』, 遼寧大學出版社, 1995, pp.110~111.

20 楊雨舒, 「渤海國與唐朝關系述略」, 『東北史地』 2004-8, p.22.

21 郭素美, 「渤海國歷史的歸屬」, 『北方論叢』 2002-2, p.111.
魏國忠, 「渤海國的歷史歸屬和歷史地位」, 『東北邊疆歷史與現狀系列研究工程』 2004-1, pp.4~6, p.9.

발표한 발해국의 위상 논문[22]에 자극되어 반론을 제기한 측면이 있다.

지금까지 중국 학자들이 생각해 온 발해국의 속성을 유형화해 정리해 보았다. 그렇지만 발해를 당나라 영토 '내부에 존재'했던 지방정권으로 규정하는 데에는 모두 의견이 일치한다. 따라서 이들이 지방정권이라고 주장하는 근거가 무엇인가를 검토해 보지 않을 수 없다. 〈표 11-1〉은 그러한 근거로 제시된 사항을 정리한 것이다. 이 표에 제시한 15개 항목은 주관적일 수밖에 없고, 항목마다 독립적이지 않고 상호 불가분의 관계에 있는 것도 있다. 그렇지만 중국 학자들이 무엇을 염두에 두고 있는지에 대해서 대체적인 윤곽을 파악할 수 있다.

가장 많이 언급된 순서로 보면 ①, ④·⑨, ③, ②·⑧, ⑤가 되는데, 이 가운데 ②, ③, ④는 羈縻府州 체제로 엮을 수 있고, ⑤는 ①과 연관하여 설명할 수 있다. 이 밖에 ⑧은 ①에서 ⑤까지의 것을 모두 아우를 수 있다. ⑧과 ⑨는 추상적인 것으로서 자의적으로 해석할 소지가 있다. 稱臣했다거나 당 문화를 적극 수용했던 것은 당나라 주변 국가에서 흔히 보이기 때문에, 이것을 가지고 발해가 지방정권이었다고 말할 수는 없다. 발해가 지방정권이라는 결론을 내려놓고 그 결론에 억지로 끌어다 붙이는 것일 따름이다. 그렇다면 자연히 朝貢·册封 문제와 羈縻府州 체제를 어떻게 이해하느냐가 핵심 쟁점으로 떠오르게 된다.

따라서 이 글에서는 발해가 당나라 지방정권으로 규정할 수 있는지를 중국 연구자들의 논거를 중심으로 비판적으로 검토해 보고자 한다.

22 宋基豪, 「皇帝 칭호와 관련된 발해 사료들」, 발해사 국제학술회의 발표 요지, 1993. 3. 26; 宋基豪, 『渤海政治史硏究』, 一潮閣, 1995 재수록.

표 11-1. 발해가 당나라 지방정권인 근거들

	① 朝貢 冊封	② 都督府 설치	③ 長史 파견	④ 唐의 감독 (節度 監押)	⑤ 納質 宿衛	⑥ 발해 官吏에게도 관직 수여	⑦ 助討 出兵	⑧ 唐에 稱臣	⑨ 唐 文化 수용	⑩ 溫庭筠 詩句	⑪ 靺鞨 건국 주체	⑫ 肅愼 이래 중국 영토	⑬ 멸망 후 歸屬	⑭ 발해인 認識	⑮ 주변국 認識
張泰湘, 1980	○								○						
回俊才 외, 1980										○					
魏國忠 외, 1981	○	○	○	○	○		○	○	○						
嚴聖欽, 1981	○							○	○		○				
孫玉良, 1982										○					
莊嚴, 1982	○			○	○	○		○	○						
楊昭全, 1982	○	○		○	○	○			○		○	○			
姜守鵬, 1982	○	○		○										○	○
嚴聖欽, 1982	○							○	○						
魏國忠, 1983			○												
孫玉良, 1983	○	○	○	○	○			○	○	○		○			
褚慶福, 1983	○	○	○	○		○		○	○					○	
李殿福 외, 1987	○	○	○	○	○			○	○	○					
許憲范, 1989	○	○			○										
林樹山, 1991	○		○	○	○				○						
禹碩基 외, 1995	○		○		○			○							
于汝波 외, 2001	○	○	○	○	○			○						○	
郭素美, 2002	○	○	○	○							○		○		○
楊雨舒, 2004	○		○	○		○		○	○						
肖紅, 2004	○										○				
魏國忠, 2004	○	○	○	○					○		○	○	○		

2. 朝貢과 册封

朝貢은 이미 중국 先秦時代부터 시작된 외교 행위이다. 그렇지만 황제를 알현하는 행위인 '朝'와 토산품 선물을 바치는 행위인 '貢'이 합쳐진 '朝貢'이라는 단어는 『漢書』에 처음 등장하였고, 당나라 때 와서야 보편적으로 사용되는 전문용어로 정착되었다고 한다.[23]

조공은 원래 稱臣·事大에 동반되는 것으로서 上下關係, 主從關係를 전제로 한다. 이것이 전형적인 경우라고 한다면, 그 밖에 의례적이고 명목적인 경우도 많았다. 중국에서는 전통적으로 "天無二日, 土無二王." 또는 "溥天之下, 莫非王土, 率土之濱, 莫非王臣."의 생각을 가지고 있었다. 이런 관념은 수평적이고 대등한 국제관계를 용납할 수 없었으니, 전통시대에 중국과 맺은 외교관계는 모두 조공관계로 변환되어 기록되었다.

이에 따라 韓中 외교관계의 성격에 대해서도 의견이 엇갈려 왔다. 金庠基는 일찍이 조공의 이면에는 경제적·문화적 교류가 자리 잡고 있었고 정치적 관계는 명목적인 것이었음을 지적하였고,[24] 이 견해는 그 뒤 역사의 주체적 인식과 연계되면서 한국사 연구자들에게 큰 영향을 주었다. 이에 대해서 全海宗은 반론을 제기하였다. 중국과의 조공관계는 굴욕적인 것으로서 정치적 목적이 제일 중요하였고, 경제문화의 교류는 부산물에 불과하다고 주장하였다.[25]

한국사 전체를 통관해 보면 시기에 따라 조공의 성격이 매우 달랐다. 중국과 가장 전형적이고 밀접한 조공관계를 맺었던 나라는 朝鮮이다. 조공제도는 명나라 때 고도로 발달하였으니, 이때 조공 국가가 최다였고 조

---

23 李云泉, 『朝貢制度史論 — 中國古代對外關係體制研究』, 新華出版社, 2004, p.1.
24 金庠基, 「朝貢의 經濟的 意義」, 『古代韓中關係史의 研究』, 韓國史研究會 編, 三知院, 1987.
25 全海宗, 「韓中 朝貢關係 概觀」, 『韓中關係史研究』, 一潮閣, 1970, p.56.

공 규모도 최대였다. 그런 상황에서 조선은 가장 빈번히 명나라에 조공을 하였다. 청나라가 건국된 뒤에는 제일 먼저 조공 체제에 편입되었고 최후까지 조공관계를 유지한 나라였다.[26] 이처럼 중국에 정치적 예속성을 가장 강하게 띠고 있었던 조선을 명나라 또는 청나라의 지방정권으로 규정하지 않는다고 한다면, 조선 이전의 다른 국가들이 독립국가가 아니라고 하는 견해는 받아들이기 어렵다.

일반론에서 벗어나 구체적으로 당나라 조공 국가의 실태를 살펴보겠다.

A-① 凡四蕃之國, 經朝貢已後, 自相誅絕及有罪見滅者, 蓋三百餘國, 今所在者, 有七十餘蕃.(『唐六典』 권4, 主客郎中)

이 자료에 따르면 藩國 가운데 조공을 했다가 사라진 국가는 300여 국이 되고, 현존하는 국가는 70여 국이 된다. 이 문장 다음에는 조공국 명단이 註釋으로 나열되어 있다.

A-② 謂三姓葛邏祿, 處蜜, 處月, 三姓咽蔑, 堅昆, 拔悉蜜, 窟內有姓殺下, 突厥, 奚, 契丹, 遠番靺鞨, 渤海靺鞨, 室韋, 和解烏羅護, 烏素固, 達末婁, 達垢, 日本, 新羅, 大食, 吐蕃, 波斯, 拔汗那, 康國, 安國, 石國, 俱戰, 提敦律國, 罽賓國, 東天竺, 西天竺, 南天竺, 北天竺, 中天竺, 吐火羅, 米國, 火尋國, 骨咄國, 訶毗施國, 曹國, 拂菻國, 謝颶敦時山屋馱國, 獅子國, 真臘國, 尸科佛誓國, 婆利國, 葱領國, 俱位國, 林邑國, 護密國, 怛沒國, 悒怛國, 烏萇國, 迦葉彌羅國, 無靈心國, 蘇都瑟那國, 史國, 俱密國, 于建國, 可薩國, 遏曜國, 習阿薩般國, 龜茲國, 疏勒國, 于闐國, 焉耆國, 突騎施等七十國, 各有土境, 分為四蕃焉.(上

26 李云泉, 앞의 책, pp.75~134, pp.273~275.

同[27])

開元 연간(713~741)의 조공국들로서, 동쪽으로 日本·新羅 등, 서쪽으로 大食·波斯·拂菻國·5天竺·獅子國 등, 북쪽으로 堅昆·室韋 등, 남쪽으로 尸科佛誓(尸利佛誓)國·真臘國 등 모두 67개국이 열거되어 있다. 그렇지만 당나라의 주요 조공 국가였던 驃國, 占城, 高麗(高句麗), 百濟, 南詔, 回紇 등이 포함되어 있지 않다.[28] 또 渤海도 渤海靺鞨로 표기되어 遠蕃靺鞨(黑水靺鞨)과 병기되어 있다.

이 조공국 명단에는 遠蕃靺鞨, 烏素固, 達末婁, 達垢 등 국가로 분류할 수 없는 세력 집단이 들어 있는가 하면, 분명히 당나라 지방정권에 속하지 않았던 日本, 百濟, 大食, 波斯, 天竺 등도 들어 있다. 따라서 조공 국가 여부만 가지고는 당나라에 대해서 독립적인 국가였는지 여부를 판단할 수 없다. 지금의 영토를 기준으로 삼아서 일본, 불름국, 천축국, 사자국 등 현재 외국이 된 국가와 돌궐, 토번, 말갈 등 현재 중국의 소수민족이 된 국가로 양분하는 견해[29]가 있다. 그러나 이것은 당시의 시대적 상황을 반영하는 것이 아니다. 만일 이 기준에 따르면 신라는 한국사에 속하고 발해는 중국사에 속하게 된다. 따라서 양국의 속성을 비교하여 검토할 필요가 있다.

먼저 신라와 발해가 조공에서 차이가 드러나는지 살펴보겠다. 〈표 11-2〉를 보면, 발해가 중국에 사신을 보낸 횟수는 146회에 이른다. 여기에 참고사항 표시(*)가 되어 있는 사례 및 발해인지 여부가 미확인된 사례를 포함하면 더 늘어날 가능성이 있다. 146회 가운데는 後梁 5회, 契丹 1회, 後

27 국명 표기가 판본마다 조금씩 다른데, 여기서는 中華書局 1992년판 『唐六典』에 따랐다.

28 黎虎, 『漢唐外交制度史』, 蘭州大學出版社, 1998, p.315.

29 위와 같음.

唐 3회가 들어 있어서 당나라에 파견된 횟수는 137회이다. 파견 이유는 朝貢, 來朝, 賀正으로 표현된 것이 대다수이고 交易, 學生 입학, 謝恩, 告哀, 宿衛, 鷹 등의 方物 獻上, 要請 등의 사례도 약간 보인다. 당나라에 대립적이었던 武王 통치 18년간에 24회 이상 파견하여 1년 평균 1.33회였고, 반대로 당나라 문물 수입에 적극적이었던 文王 통치 57년간에는 50회 이상 파견하여 평균 0.88회에 달하였으니, 당나라와 발해의 정치적 대립 여부도 조공 빈도에 크게 영향을 주지 않은 것 같다.

당나라(번진 포함)에서 발해에 사신을 파견한 횟수는 최소한 16회가 된다. 참고사항 표시(*)를 한 사례들도 사신을 파견했을 가능성이 충분히 예견되지만 기록에는 사신 파견 여부가 명시되어 있지 않아 생략했으므로, 실제 횟수는 더 많았을 것이다.

이상 발해와 중국 사이의 사신 왕래는 두 나라 조정 사이의 외교관계를 반영하는 것이지만, 756년 張元澗, 758년 王進義는 당나라 지방정부 차원에서 발해에 파견된 사신이고, 832년 賀守謙과 833년 張建章도 발해 조정과 당나라 지방정부 차원의 교류에 해당한다. 그러나 이런 사례는 소수에 불과하고 대부분은 중앙정부에서의 공식적인 외교였다.

한편 통일신라는 발해의 존속 기간과 겹치는 698~926년 사이에 모두 127회를 파견하였다. 여기에는 도중에 중단된 2회, 사신이 표류 익사한 2회가 포함되어 있지 않다. 파견 이유로 역시 朝貢, 賀正이 대부분을 차지하고, 그 밖에 宿衛, 慶賀, 方物 및 사람 獻上, 학생 입학, 要請, 告哀 · 告嗣位, 謝恩, 探候 등이 약간 포함되어 있다. 당나라에서 통일신라에 사신을 파견한 횟수는 23회에 이른다.

두 나라를 비교하면, 파견 횟수나 파견 이유에서 특별한 차이가 드러나지 않는다. 양국 모두 사신 파견이 빈번하였으니 발해는 1.6년마다 1회, 같은 시기에 통일신라는 1.8년마다 1회에 이른다. 당나라 후기의 혼란으로 사신 파견 기록이 많이 누락된 점을 감안하면 실제는 이 평균치보다 높았을 것이다. 이 평균치는 고구려가 평균 2.1년, 백제는 1.7년, 신라는 1.6년이었던 통계치[30]와도 두드러진 차이를 보이지 않는다. 중국에서 양국에 사신을 파견한 횟수는 발해 16회 이상, 통일신라 23회에 이르러, 여기서도 그다지 큰 차이점을 발견할 수 없다. 다만 당나라의 사신 출신을 볼 때 통일신라에는 학자적 관료를 파견한 데 비해 발해에는 內使, 中官, 內侍, 內養 등으로 표현되는 환관들을 다수 파견한 차이가 있지만,[31] 이것이 두 나라의 위상을 좌우하는 요소가 될 수는 없다.

이상의 비교를 통해 사신 파견에서 양국의 위상을 구분할 만한 명확한 차이가 없음을 확인할 수 있다. 이제 朝貢에 대응하여 中國에서 冊封한 사례까지 〈표 11-3〉을 토대로 검토해 보겠다.

중국에서 발해왕을 책봉하거나 발해 사신에게 벼슬을 내린 사례는 모두 49회에 이른다. 이 가운데에는 발해 멸망 후 1회도 포함되어 있다. 靺鞨로 표기되어 발해인 여부가 불확실한 718년의 1례는 제외하였다.

중국 학자들은 발해 관리들을 책봉한 사실을 들어서 당나라가 발해 내정에 간여한 것으로 설명하면서 발해국의 예속성을 주장하기도 한다.[32] 이것은 어디까지나 중국에 조공사신으로 갔던 인물들에 대한 책봉으로서 발해 내정과는 무관한 것이고, 수여된 당나라 벼슬마저도 상징적인 것일 뿐이다.

사실 『冊府元龜』 褒異(권974~976)를 살펴보면, 벼슬 수여가 발해에만 독특한 것이 아니고 중국에 사신으로 온 인물들의 노고에 대한 포상의 의

---

30 權悳永, 『古代韓中外交史 — 遣唐使硏究』, 一潮閣, 1997, p.294.

31 權悳永, 「8, 9세기 '君子國'에 온 唐나라 使節」, 『新羅文化』 25, 동국대학교 신라문화연구소, 2005, pp.116~117.

32 莊嚴, 앞의 논문, p.70.
楊昭全, 「渤海是我國唐王朝轄屬的少數民族地方政權」, 『求是學刊』 1982-2; 『高句麗渤海硏究集成』 4, 哈爾濱出版社, 1997 재수록, p.470.
褚慶福, 「對唐王朝管轄渤海幾個問題的探討」, 『博物館硏究』 1983-1, p.48.
楊雨舒, 앞의 논문, p.21.

미가 큰 것임을 확인할 수 있다. 그러기에 다음 사례처럼 외국 사절들에 일괄해서 벼슬을 내리기도 하였다.

B-① 開元六年(718) … 二月戊午, 契丹·新羅·米國·石國·靺鞨·錢利·鞨涅蕃守竝遣使來朝, 各授守中郎將, 還蕃.(『冊府元龜』 권974, 外臣部, 褒異 1)

B-② (開元)十九年(731) … 二月癸卯, 遠蕃靺鞨遣使賀正, 授將軍, 放還蕃. 戊午, 新羅遣其臣金志良來賀正, 授太僕少卿員外置, 賜帛六十匹, 放還蕃. … 己未, 渤海靺鞨遣使來朝正, 授將軍, 賜帛一百疋, 還蕃.(『冊府元龜』 권975, 外臣部, 褒異 2)

이제 왕을 책봉한 경우에만 한정하면, 발해는 19회가 확인되고 같은 시기에 신라는 16회가 확인되어 책봉 횟수에서 큰 차이가 없다. 다만 大欽茂는 적어도 6회의 冊封과 進封이 있었고, 大嵩璘도 4회의 冊封과 進封이 있었으니, 이와 같은 累封 사례는 신라에서 보이지 않는다.

이러한 국왕 책봉도 본질적으로 외교상의 臣屬關係를 반영하는 것일 뿐이지 결코 중화제국의 일부라는 증거가 될 수는 없다. 19세기 말에 청나라가 일본과 프랑스, 미국 등에 "조선은 청의 속국이지만, 청의 영토는 아니다."라고 한 지적을 상기할 필요가 있다.[33] 거란 太祖나 금 太祖처럼 건국한 뒤에 자신의 권위를 위해 책봉을 능동적으로 요구하기도 하였다.[34] 거란 태조 耶律阿保機는 後梁에 책봉을 요구하였고, 금 태조 阿骨打

33 李成珪, 「中華帝國의 팽창과 축소—그 이념과 실제」, 『歷史學報』 186, 2005, p.118.

34 『新五代史』 권72, 四夷附錄 1, 「梁遣太府卿高頃·軍將郎公遠等報聘. 逾年, 頃還, 阿保機遣使者解里隨頃, 以良馬·貂裘·朝霞錦聘梁, 奉表稱臣, 以求封冊. 梁復遣公遠及司農卿渾特, 以詔書報勞, 別以記事賜之, 約共舉兵滅晉, 然後封冊為甥舅之國.」.

는 자신이 황제를 칭하면서도 遼에 요구하였다. 그럼에도 책봉의 성격에 대해서 중국에서 일방적인 견해를 제기하고 있으므로 좀 더 검토해 보고자 한다.

발해와 신라 양국의 위상을 반영하는 중요한 관건은 왕의 册封號 형식과 그 位階이다. 먼저 册封號의 형식 문제이다.[35] 중국은 前漢時代에 外臣에 대해서 그 집단의 首長임을 인정하는 王, 侯, 君, 長의 칭호를 수여하는 데에 그치다가, 後漢時代에 들어서면서 外臣의 君長 칭호와 함께 內臣의 官職을 부여하는 경향을 보이기 시작하였다.[36] 이에 따라 고구려가 故國原王 25년(355)에 前燕으로부터 本國王號와 함께 營州諸軍事, 征東大將軍, 營州刺史, 樂浪公을 부여받은 것[37]을 필두로 하여 三國은 內臣과 外臣의 직책을 동시에 받기 시작하였다. 그 뒤로 책봉호는 4~6세기에 品+官(外官)+爵의 3요소로 구성되다가 隋唐 이후에 品(文散官, 武散官)+官(職事官)+勳(勳官)+爵(封爵)의 4요소로 구성되었다.[38] 고려시대의 왕들까지도 이러한 책봉호를 받았지만, 조선시대에 들어오면 다시 朝鮮國王의 명

『遼史』 권28, 天祚皇帝本紀 2, 天慶 7년, 「是歲, 女直阿骨打用鐵州楊朴策, 即皇帝位, 建元天輔, 國號金. 楊朴又言, 自古英雄開國或受禪, 必先求大國封册. 遂遣使議和, 以求封册.」.

35 册封, 封册은 원래 官爵 수여에 해당하는 '册'과 관작에 따른 封地 수여에 해당하는 '封'이 결합된 용어이지만, 外臣 책봉에 封地가 규정된 사례는 별로 없고 그마저 虛封에 불과하여 '封'의 의미는 별로 없다. 隋唐 시기만 해도 '食實封', '眞號'를 붙인 극히 일부를 제외하고 內臣의 食邑號도 虛數에 불과하였다(徐連達, 「隋唐的封爵制度」, 『合肥教育學院學報』 1984-1, p.89).

36 谷川道雄, 「東アジア世界形成期の史的構造 ―册封體制を中心として」, 『隋唐帝國と東アジア世界』, 汲古書院, 1979, p.97.

37 『晉書』 권110, 載記, 慕容儁, 「高句麗王釗遣使謝恩, 貢其方物. 儁以釗爲營州諸軍事·征東大將軍·營州刺史, 封樂浪公, 王如故.」.
『資治通鑑』 권100, 晉 穆帝, 「(永和十一年)十二月, 高句麗王釗遣使詣燕納質修貢, 以請其母. 燕主儁許之, 遣殿中將軍刁龕送釗母周氏歸其國, 以釗爲征東大將軍·營州刺史, 封樂浪公, 王如故.」.

38 高明士, 「從天下秩序看古代的中韓關係」, 『中韓關係史論文集』, 中華民國韓國研究學會, 臺北, 1983, p.90.

칭만 수여되는 것으로 변모하였다.[39]

이러한 변화 과정을 보면 355년 이전과 조선시대에는 철저히 外臣으로 규정되었던 반면에 355년부터 고려시대까지는 外臣이면서 內臣인 모양새를 지니게 되었다. '晉率善穢佰長'이나 '魏率善韓佰長'처럼 중국의 國名이 앞에 내세워지는 것도 外臣 官印의 특징이라고 한다.[40] 이를 보면 355년 이후에는 형식상 중국의 內臣으로 편입된 양상을 띠었다.

이를 근거로 발해가 당나라 內臣이었다는 주장도 제기되었다. 예를 들어 楊雨舒는 渤海郡王(渤海國王)은 단순한 爵位로서 品級의 고저를 나타내는 데에 불과하고 忽汗州都督이 실제 관직으로서 의미가 있다고 하였고,[41] 肖紅도 발해왕이 받은 爵 및 당나라 중앙관직과 지방관직을 들어서 발해가 정식으로 당나라의 지방자치정권이 되었다고 주장하였다.[42] 그러나 중국의 內職을 받은 사례는 三國과 渤海, 高麗에서 공통으로 나타난다. 따라서 이들이 모두 중국의 內臣으로 분류되든가, 아니면 內職을 받은 것은 명목적인 것이고 실제로는 外臣으로 대우받았다고 해석해야 할 것이다. 어느 쪽이 옳은 해석인지는 자명할 수밖에 없다. 조공의 측면에서 중국 조정에 가장 밀착되어 있었던 조선이 오히려 外臣의 책봉호만 받았다는 사실은 책봉호를 토대로 내신인가 외신인가를 따질 수 없음을 암시한다.

발해 학생이 당나라에서 賓貢進士科에 응시한 것만 보아도 이들이 외국인으로 취급되었음을 확인할 수 있다.[43] 이 견해에 대해서 魏國忠은 당시 외국의 개념에 중국 밖의 국가뿐 아니라 당 직할지 밖의 주변 소수민

39 沈載錫, 『高麗國王 冊封 研究』, 혜안, 2002, p.39.
40 金子修一, 『隋唐の國際秩序と東アジア』, 名著刊行會, 2001, p.39.
41 楊雨舒, 앞의 논문, p.21.
42 肖紅, 앞의 논문, p.92.
43 宋基豪, 「唐 賓貢科에 급제한 渤海人」, 『李基白先生古稀紀念 韓國史學論叢』 上, 古代篇·高麗時代篇, 一潮閣, 1994; 앞의 책, 1995, p.177.

족정권도 포함된다는 반론을 제기하였으나[44] 외국에 속했던 것을 소수민족정권으로 규정하면서 여기에 억지로 맞추려는 해석에 불과하다.

중국의 책봉이 명목적이었다는 사실은 李成珪의 지적에서도 확인할 수 있다. 그는 "이민족 군장에 대한 州郡職의 제수는 실질적인 內臣化가 아니라 분해된 帝國을 虛號로 재건하려는 관념의 遊戲"로 규정하였다.[45] 중국에서 받은 관작은 국내에서 전혀 통용되지 않았을 뿐 아니라 동아시아 국가들 사이에서도 이를 사용하지 않았으며, 爭長事件으로 보아서 당 조정에서조차도 이것이 별 의미가 없었다고 분석하였다. 결론적으로 책봉을 매개로 한 동아시아 세계 형성론을 주장한 일본 학자들의 견해에 문제가 있음도 지적하였다.

이 논지에서 하나 예외가 되는 것은 일본이 발해에 보낸 國書에 발해왕의 책봉호가 등장하는 사실이다.[46] 이 문구는 발해 國書가 아니라 일본국서에 해당한다는 점에 주목할 필요가 있다. 과연 발해 스스로 국서에 자신의 위상을 낮추어 일본에 사신을 파견했겠느냐 하는 점이 의문으로 떠오른다. 渤海郡王으로 칭한 사례가 역사서뿐 아니라 고문서에도 나타나므로 후대의 윤색이 아니고, 발해군이나 발해군왕은 발해 측의 표현으로서, 內臣的인 작호인 '渤海郡王'을 일찍부터 외교상에서 활용했다는 주장도 제기되었다.[47] 그러나 이러한 사례가 유일한 것이고, 또한 발해 자신의 국서에는 등장하지 않는다는 점에서 발해인 스스로 선택은 아니었던 것 같다. 이성규의 지적처럼 만약 발해가 중국 관작으로 통교를 하고자

44 魏國忠, 앞의 논문, 2004, pp.5~6.

45 李成珪, 「中國의 分裂體制模式과 東아시아 諸國」, 『韓國古代史論叢』 8, 한국고대사회연구소 편, 가락국사적개발연구원, 1996, p.272.

46 『續日本紀』 권32, 光仁天皇, 「(寶龜三年; 772)二月, … 己卯〈卄八〉, 賜渤海王書云, 天皇敬問高麗國王, … 爰洎神龜四年(727), 王之先考左金吾衛大將軍·渤海郡王遣使來朝, 始修職貢, 先朝嘉其丹款, 寵待優隆. … 今省來書, 頓改父道, 日下不注官品姓名, 書尾虛陳天孫僭號.」.

47 金子修一, 앞의 책, pp.277~278.

했다면, 일본이 반발할 정도로 발해가 抗禮했을 리가 없을 것이다.[48] 사실 이 문장을 보면 天孫을 칭한 것에 대한 반발로 당나라 책봉호를 대비시켜 쓰고 있다. 이곳의 渤海郡王이라는 명칭은 발해인 스스로 쓴 것이 아니라 천황제 질서 의식에서 일본이 선택한 용어에 불과하다.

다음으로, 册封號의 位階 문제로 넘어가겠다. 주지하다시피 당나라의 官制는 品, 官, 勳, 爵의 4개 단위로 구성되어 있다. 官職은 內職과 外職으로 결합되어 있으니, 발해의 경우 左驍衛大將軍은 당나라의 內職, 忽汗州都督은 外職에 해당하고, 신라의 경우 左威衛大將軍은 內職, 使持節大都督雞林州諸軍事·雞林州刺史는 外職에 해당한다.

발해와 신라에 내린 册封號도 이러한 네 가지 요소를 갖추고 있으니, 〈표 11-3〉을 토대로 재정리한 것이 〈표 11-4〉이다. 발해 초기에는 武職을 받다가 8세기 중반에 文職으로 변경되었는데, 이것은 통일신라의 책봉이 8세기 전반에 武職에서 文職으로 바뀐 것과 동일하여 당나라 책봉 정책의 일환으로 보인다.

발해왕이 받은 官階는 종3품이 주류를 이루면서 進封時에 정3품, 정2품으로 승격되었다. 이것은 신라가 시종일관 종1품이었던 것과 대비된다. 內職의 경우에는 초기에 정3품 武職이었다가 8세기에 들어서 오히려 종3품 文職으로 떨어졌다. 다만 進封時에 정1품까지 올라간 것을 볼 수 있다. 신라의 경우에 정3품 武職으로 발해와 동일했다가 8세기 후반부터 정1품 文職으로 승격된 것과 비교된다. 大昌勃價가 勳官을 받은 한 사례가 있기는 하지만 발해왕이 받은 경우는 없다. 이에 비해서 신라는 정2품에 준하는 12轉의 上柱國을 지속해서 받았다.

封爵에서는 발해왕이 郡王이었다가 國王으로 승격되었지만 신라는 시종일관 國王이었다. 이런 점에서 볼 때 신라는 항상 外臣으로 대우받았

---

48 李成珪, 앞의 논문, 1996, p.315.

표 11-4. 발해 · 통일신라 책봉 등급 비교표

연도	발해					통일신라			
	品	官	勳	爵	비고	品	官	勳	爵
702/3						정2품(武)	정3품(武)		정1품(王)
705/7				종1품(郡王)					
707						종1품(武)			
713		정3품(武)		종1품		종1품(武) 정2품(文)	정3품(武)	정2품	정2품(郡公) 정1품(王)
719		정3품(武)		종1품					
727 이전		정3품(武)		종1품					
733						종1품(文)			
737/8		정3품(武)		종1품					
738						종1품(文)			정1품
742~756	정2품(文)	정3품(文)			進封				
743						종1품(文)			정1품
762		정1품		정1품(王)	進封				
766~779		정1품			進封				
768						종1품(文)			정1품
785							정1품(文)		정1품
795		정3품(?)		종1품					
798	종3품(文)	정1품(文)		정1품	進封				
800						종1품(文)	정1품(文)		정1품
805	정3품(文)	정1품(文)			進封	종1품(文)	정1품(文)	정2품	정1품
806		정1품(文)			進封				
809	종3품(文)	종3품(文)		정1품					
812						종1품(文)	정1품(文)	정2품	정1품
813	종3품(文)	종3품(文)		정1품					
818	종3품(文)	종3품(文)		정1품					
820	정3품(文)	정1품(文)			進封				
831	종3품(文)	종3품(文)		정1품		종1품(文)	정1품(文)	정2품	정1품
841						종1품(文)	정1품(文)	정2품	정1품
858	종3품(文)	종3품(文)		정1품					
865						종1품(文)	정1품(文)	정2품	정1품
878						종1품(文)	정1품(文)		정1품

官의 경우 內職만 대상으로 삼았다. 外職은 羈縻州와 관련된 것이고, 州 · 都督府가 각각 3등급이 있어 都督, 刺史의 품계를 파악하기 어렵다. 또 追贈은 제외하였다.

으나 발해는 명목적이기는 하지만 처음에 內臣으로 취급되다가 나중에 外臣으로 대우받았던 차이가 보인다. 아울러 발해 지배자는 '渤海國王'이었던 반면에 신라 지배자는 주로 '新羅王'으로 봉해진 차이도 있다. 金子修一의 견해에 따르면, 당나라에 가까운 蕃域에게 王을 수여한 반면에 이보다 먼 絕域이게는 國王을 수여한 것이 많았다고 한다.[49] 이에 따라 칭호에서 王 → 國王 → 德化王 → 郡王의 서열을 매길 수가 있다고 한다.[50] 이런 점에서 발해가 신라보다 한 단계 아래로 취급되었음을 발견할 수 있다. 따라서 발해는 신라보다 당나라에서의 지위가 낮았다. 아울러 발해는 신라보다 더 먼 거리에 있는 絕域으로 인식되었다는 점에서, 신라가 독립국이라면 발해는 더욱더 독립국일 수밖에 없다는 결론을 내릴 수가 있다.

이상으로 보건대 발해는 신라보다 조금 낮은 대우를 받았음이 분명하다. 다만 文王 후기에 진봉을 받아서 內職의 등급이 신라보다 높았던 적이 있다. 大欽茂가 762년에 檢校太尉가 되었다가 그 뒤에 司空, 太尉로 진봉되었는데, 신라에서는 785년에 元聖王이 처음으로 檢校太尉에 오르게 된다. 그러나 이것은 일시적인 현상이었다. 그렇다면 이러한 등급의 차이가 독립국과 지방정권으로 나눌 수 있는 기준이 되는지 생각해 볼 필요가 있다.

사실 당나라가 양국을 대우한 차이가 이러한 정권 속성을 결정하는 요소가 될 수 없다. 이것은 당나라에서 규정하고 있는 蕃望의 차이에 불과하다. 이에 대해서는 다음 기록이 참고된다.

C. 凡四夷君長, 以蕃望高下爲簿, 朝見辨其等位.(『新唐書』 권48, 百官志 3, 鴻臚寺)

49 金子修一, 앞의 책, pp.66~67, pp.175~192.
50 위의 책, p.227.

蕃望이라는 당나라 內地의 郡望에 비견되는 것으로서 해당 국가의 强弱과 大小, 국제적 지위의 高低, 당나라와의 이해관계와 친밀 정도 등에 따라 국가의 등급을 정한 것이다. 그것은 구체적으로 藩國王의 책봉 등위로 나타나고, 사신의 朝見 자리 배치 및 사신 접대 등의 순서로 나타난다.[51] 冊封號에서는 品과 官이 우선적이었고, 勳과 爵은 그다음의 고려 사항이었다.[52] 이처럼 당나라 주변국은 上下 순위가 정해져 있었으니, 당나라 조정에서 각국 사신들 간에 爭長事件이 일어난 것도 이와 연관된 것이었다.[53]

이 蕃望과 관련하여 金子修一의 연구가 주목된다.[54] 그의 분석에 따르면 9세기 초에 吐蕃이 가장 중요하게 취급되었고, 그다음이 回紇·新羅·渤海였으며, 南詔는 이보다 아래였다. 그런데 9세기 말에 이르면 回鶻·南詔가 상위였고, 그다음이 新羅·渤海·黠戛斯였으며, 그 뒤로 契丹, 牂牁, 退渾·党項·吐蕃이 이어졌다고 한다. 이로 보건대 당 조정에서의 국가 等位는 시기에 따라 변모하는 것을 알 수가 있으니 吐蕃은 최상위였다가 최하위에 가깝게 떨어져 버렸다. 여기서 주목되는 것은 발해가 신라 다음이기는 하지만 양국 모두 2위 자리를 안정적으로 지키고 있다는 점이다. 삼국시대에 고구려, 백제, 신라가 海東三國으로서 거의 동등하게 취급되었던 것처럼[55] 신라와 발해도 같은 그룹으로 인식하였다.

---

51 福田忠之, 「唐朝之東北亞諸國觀及東北亞諸藩國國際地位—以唐代各國爭長事件爲中心」, 『盛唐時代與東北亞政局』 北京大學盛唐硏究叢書, 上海辭書出版社, 2003, pp.384~387.
黎虎, 앞의 책, p.320.

52 高明士, 앞의 논문, p.138.

53 金子修一, 앞의 책, pp.64~66.
福田忠之, 앞의 논문, pp.374~383.

54 金子修一, 앞의 책, pp.250~251.

55 金子修一은 당나라가 삼국에만 독특하게 王號와 郡王號를 동시에 준 사실을 지적하였고(金子修一, 앞의 책, p.55), 古畑徹은 삼국이 一體가 되어 중국의 外 또는 內·外로 취급되었음을 지적하였다(古畑徹, 「1~7세기 倭와 中國의 朝貢·冊封關係의 性格에 대하여—日本의 中國史硏究者의 見解를 中心으로」, 『高句麗硏究』 18, 2004, pp.704~705).

한편 金子修一은 다음 사료를 근거로 당나라가 신라와 발해를 동등하게 취급했다고 주장하면서 다른 한편으로 당 內地처럼 종속적으로 취급한 증거로 보았다.[56]

D. 德宗以大曆十四年(779)五月卽位, 閏五月丙子詔曰, 天下諸州府及新羅渤海歲貢鷹鷂者皆罷, 旣來者所在放之.(『冊府元龜』 권168, 帝王部, 却貢獻)

그러나 貢獻을 물리친 『冊府元龜』 권168, 却貢獻의 다른 기록들을 검토해 보면, 이 문장은 天下諸州府와 新羅 · 渤海의 단순한 나열에 불과한 것임을 알 수 있다. 만주와 한반도는 예로부터 매의 특산지로 유명하여 조공품에 매가 들어 있었다. 따라서 이 자료만 가지고 신라와 발해가 마치 당 내지로 취급되었다는 주장에는 공감할 수가 없다.

이상으로 조공과 책봉을 근거로 발해가 당나라 지방정권에 불과했다는 논리에 문제가 있음을 확인할 수 있었다. 사실 조공, 책봉의 본질을 보더라도 명목적인 성격이 강한 것이었기에 이를 근거로 실질을 논하는 것은 무리일 수밖에 없다.

3. 羈縻州와 長史

발해는 당나라로부터 忽汗州 또는 渤海都督府로 규정되었다. 〈표 11-3〉에서 보듯이 발해를 忽汗州로 삼고 발해왕을 忽汗州都督으로 임명하였다. 渤海都督府라는 명칭은 『新唐書』 지리지에 유일하게 나오는 것으로 보아서 '발해 지역에 설치한 도독부'라는 의미로 해석하는 것이 나을 것

56 金子修一, 앞의 책, pp.288~289, p.329.

이다. 따라서 당나라가 발해에 설치한 명목상의 행정구역은 忽汗州였다.[57]

이것은 발해가 당나라 羈縻府州 체제에 속하게 되었음을 의미한다. 羈縻란 중원 왕조가 주변 이민족에게 말굴레를 씌우거나 소고삐를 달아서 자신들 맘대로 제어하는 것을 의미한다.[58] 그 수단으로는 册封, 和親(婚姻), 互市, 通使, 盟誓 등과 같이 恩信으로 회유하거나 아니면 威武로 굴복시키는 두 가지 방식이 있었다. 以夷制夷 방식도 역시 그중의 하나였다.[59] 이러한 정책은 이미 先秦 시기에 시작하여 漢唐 시기에 발전하고 元明淸 시기에 쇠퇴하는 과정을 겪었으며, 제도적으로는 兩漢 시기에 屬國制, 唐宋 시기에 羈縻府州(峒)制, 明代에 羈縻衛所制, 元明淸 시기에 土司制 등으로 나타났다.[60]

기미 체제에 속했다는 것은 조공·책봉관계에 있는 경우보다 중국에 더 예속적이었음을 의미한다.[61] 사료 A-①, ②에 나열된 70여 국 가운데 기미부주를 설치하거나 기미부주 명목을 가지고 있는 나라는 24개에 불과하다고 한다.[62] 그런 점에서 羈縻體制에 속한 것이 조공국에 속한 것보

57 譚其驤, 「唐代羈縻州述論」, 『紀念顧頡剛學術論文集』, 巴蜀書社, 1990; 『長水集』 續編, 人民出版社, 1994 재수록, p.145.

58 『史記』 권117, 司馬相如傳, 「耆老大夫薦紳先生之徒二十有七人, 儼然造焉. 辭畢, 因進日, 蓋聞天子之於夷狄也, 其義羈縻〈索隱案, 羈, 馬絡頭也. 縻, 牛韁也. 漢官儀, 馬云羈, 牛云縻. 言制四夷如牛馬之受羈縻也.〉勿絕而已.」.

59 崔明德, 「論隋唐時期的“以夷攻夷”, “以夷制夷”和“以夷治夷”」, 『中央民族大學學報』 1994-3; 復印報刊資料, 『中國古代史』 先秦至隋唐, 1994-7.
이민족에 대한 분열정책의 의도는 다음과 같은 鼂錯, 夏州都督 竇靜의 언급에서 잘 나타나 있다.
「夫卑身以事彊, 小國之形也, 合小以攻大, 敵國之形也, 〈師古日, 彼我力均, 不能相勝, 則須連結外援, 共制之也.〉 以蠻夷攻蠻夷, 中國之形也. 〈師古日, 不煩華夏之兵, 使其同類自相攻擊也.〉」(『漢書』 권49, 鼂錯傳)
「分其地, 析其部落, 使其權弱勢分, 易為羈制, 自可永保邊塞, 俾為藩臣.」(『舊唐書』 권61, 竇靜傳)

60 彭建英, 『中國古代羈縻政策的演變』, 中國社會科學出版社, 2004, p.1, p.13.

61 李成珪, 앞의 논문, 2005, p.104, p.118.

62 李云泉, 앞의 책, p.40.

다 더 좁은 의미로 해석할 수 있다. 중국에 편입된 강도에서 볼 때 領域化(內地化) → 羈縻 → 册封 → 朝貢의 순서로 강약의 차이가 있었다.[63] 발해와 신라에는 爵號만 준 것이 아니라 羈縻州 이름의 官號를 부가하였고, 國書 양식도 '皇帝敬問', '皇帝問'의 형식이 아닌 '勅'의 형식을 띠고 있어서 당 질서에 강하게 편입되어 있었음을 반영하였다.[64] 이러한 종속성이 발해의 지방정권설과 곧바로 연계될 수 있는지는 더 따져 보아야 할 것이다.

당나라에서 羈縻府州의 설치는 태종이 突厥 降戶를 처리하는 과정에서 본격적으로 시작되었다.[65] 그 후 주변 민족 지역에 속속 都護府, 都督府, 州, 縣의 명칭을 지닌 기미부주를 설치하였으니, 보편적이고 대규모화된 것은 돌궐 평정부터 開元 연간 黑水都督府의 설치까지 100여 년간이었다고 한다.[66] 특히 기미지배가 가장 강력했던 시절은 640년대~670년대 사이로서 7세기였고, 종전보다 많은 이민족 수장에게 더 높은 작호를 수여하기 시작한 中唐 이후에는 파탄이 나기 시작했다고 한다.[67] 이미 687년경 북방에 대한 기미지배가 붕괴되기 시작하였고,[68] 동북지방에 대해서

63 栗原益男, 「七,八世紀の東アジア世界」, 『隋唐帝國と東アジア世界』, 汲古書院, 1979, pp.140~141.

64 栗原益男, 위의 논문, p.152.

65 唐代의 기미 정책에 대해서는 彭建英의 책 외에도 다음 논문을 참조.
林超民, 「羈縻府州與唐代民族關係」, 『思想戰綫』, 雲南大學學報, 1985-5.
張國慶, 「略論唐初東北少數民族地區羈縻府州的設置」, 『黑河學刊』 1988-2.
王可, 「律和羈縻術是唐代調節民族關係的工具」, 『中央民族學院學報』 1990-1.
譚其驤, 앞의 논문.
龔蔭, 「"羈縻政策"述論」, 『貴州民族研究』 1991-3.
金浩東, 「唐의 羈縻支配와 北方 遊牧民族의 對應」, 『歷史學報』 137, 1993.
馬馳 · 馬文軍, 「唐代羈縻府州與中央關係初探」, 『陝西師大學報』 1997-1.
김종복, 「高句麗 멸망 이후 唐의 지배 정책—安東都護府를 중심으로」, 『史林』 19, 首善史學會, 2003.
高明士, 「隋唐天下秩序與羈縻府州制度」(www.eurasianhistory.com/data/articles/a02/732.html 또는 www.tanghistory.com/bbs/dispbbs.asp?boardID=3&ID=1983&page=1).

66 林超民, 위의 논문, p.51.

67 馬一虹, 「渤海と唐の關係」, 『アジア遊學』 6, 勉誠出版, 1999, p.47.

68 김호동, 앞의 논문, p.168.

는 696년 李盡忠·孫萬榮의 반란으로 安東都護府·營州 방어선을 잃어 버리고 幽州로 후퇴함으로써 붕괴가 시작되었으니,[69] 발해에 대한 기미주 설치는 이미 그 한계를 드러내던 때였다.

당나라 기미부주에 대해서는 다음 두 사료가 참고된다.

E-① 唐興, 初未暇於四夷, 自太宗平突厥, 西北諸蕃及蠻夷稍稍內屬, 即其部落列置州縣. 其大者為都督府, 以其首領為都督·刺史, 皆得世襲. 雖貢賦版籍, 多不上戶部, 然聲教所暨, 皆邊州都督·都護所領, 著于令式. 今錄招降開置之目, 以見其盛. 其後或臣或叛, 經制不一, 不能詳見. 突厥·回紇·党項·吐谷渾隸關內道者, 為府二十九, 州九十. 突厥之別部及奚·契丹·靺鞨·降胡·高麗隸河北者, 為府十四, 州四十六. 突厥·回紇·党項·吐谷渾之別部及龜茲·于闐·焉耆·疏勒·河西內屬諸胡·西域十六國隸隴右者, 為府五十一, 州百九十八. 羌·蠻隸劍南者, 為州二百六十一. 蠻隸江南者, 為州五十一, 隸嶺南者, 為州九十二. 又有党項州二十四, 不知其隸屬. 大凡府州八百五十六, 號為羈縻云.(『新唐書』 권43하, 地理志 7하, 羈縻州)

E-② 凡天下三百六十州, 自後併省, 迄於天寶, 凡三百三十一州存焉, 而羈縻之州八百.(『唐會要』 권70)

E-①의 사료에 따르면, 기미부주의 특징은 세 가지로 요약된다. 첫째, 蕃地에 州縣을 설치하여 그 首領으로 하여금 都督이나 刺史로 삼아 통치를 책임지웠으며, 그 직책은 세습되었다. 중원 왕조의 직할지인 正州에 대비시켜 기미부주를 蕃州라고도 부르는데, 정주에는 중앙에서 관리를 파

69 李松濤, 「論契丹李盡忠,孫萬榮之亂」, 『盛唐時代與東北亞政局』, 北京大學盛唐研究叢書, 上海辭書出版社, 2003, p.99.

견하지만, 기미부주는 수령의 자치에 맡겼다. 둘째, 대체로 貢賦와 版籍을 戶部에 보고하지 않았다. 정주는 중앙에 戶口를 보고하고 賦稅를 상납하였으나, 번주는 그러하지 않았다. 뒤에 인용할 사료 H-②에는 開元 28년(740) 戶口 파악에 羈縻州郡이 포함되어 있지 않은 것을 볼 수 있다. 따라서 徐堅의 말대로 羈縻는 중국의 법이 관철되는 지역이 아니었다.[70] 셋째, 이러한 번주는 邊州의 都督이나 都護가 관리하였으니, E-① 사료에는 기미주 전체는 아니지만 關內, 河北, 隴右, 劍南, 江南, 嶺南의 6道에 예속된 府州의 숫자가 기술되어 있다. 그리고 이러한 기미제도는 당나라 律令格式에 규정되어 있었다. 대개 이 세 가지 특징이 정주와 번주를 구분하는 기준이 될 수 있으나, 일부 예외적인 사례도 있어서 양자에서 어느 쪽에 속하는지 모호한 경우도 있다고 한다.[71]

당나라가 설치한 기미부주는 856개에 이르렀으니 이것은 360개 正州의 2.4배에 달한다. 營州 지역에 설치한 기미부주만 해도 21府, 96州에 달하였다.[72] 그 숫자만 보아도 이런 기미부주가 모두 당나라 영토였고 당나라 지방정권이었다고 보기는 어렵다. 기미지배의 강도에서 볼 때, 유목민족은 농경민족보다 약하게 관철되었고, 농경민족 가운데에서도 멀리 떨어진 石國, 波斯보다 백제, 고구려에 강하게 관철되었으며, 高昌國의 경우에는 거의 內地化되었을 정도였다.[73] 기미부주에서 볼 때도 이러한 다양성이 나타나는데, 譚其驤은 邊外의 原住地에 설치한 것과 內地 遷徙 뒤에

---

70 『新唐書』 권199, 徐堅傳, 「時監察御史李知古兵擊姚州渳河蠻, 降之, 又請築城, 使輸賦傜. 堅議, 蠻夷羈縻以屬, 不宜與中國同法, 恐勞師遠伐, 益不償損.」.

71 譚其驤, 앞의 논문, pp.138~139.

72 楊曉燕, 「唐代平盧軍與環渤海地域」, 『盛唐時代與東北亞政局』, 北京大學盛唐研究叢書, 上海辭書出版社, 2003, p.169 및 p.204 附表一.
孫玉良은 동북지방에 22都督府, 79州를 둔 것으로 계산하였다(孫玉良, 「唐朝在東北民族地區設置的府州」, 『社會科學戰線』 1986-3; 『高句麗渤海研究集成』 4, 1997 재수록, p.509).

73 栗原益男, 앞의 논문, p.150.

설치한 것으로 양분하여 전자를 本土羈縻州, 후자를 僑蕃州로 불렀고, 후자는 분명히 당나라 영토 주권에 속하는 데에 비해서 전자는 다시 몇 가지 정황으로 나누어야 할 정도로 복잡하다고 하였다.[74] 楊曉燕은 그의 제안을 수용하여 각각 外蕃과 內蕃으로 부른 뒤에, 營州都督府 관할 아래의 외번으로 饒樂都督府, 松漠都督府, 忽汗州都督府, 鷄林州都督府 등을 들었고, 내번으로 燕州, 威州, 遼州 등을 들었다.[75] 이처럼 명칭에서도 내번은 외자이지만 외번은 두 글자로 되어 있어 차이가 나타난다.

그러면 本土羈縻州 또는 外蕃에 속했던 홀한주도독부는 당나라 영토와 어떻게 연관 지어야 할 것인가. 이에 대해서 譚其驤은 일부 邊州의 경우 正州와 羈縻州를 왔다 갔다 하는데 이런 부류는 중국 판도에 속한다고 하였다. 반면에 일부 기미주는 시종 虛名에 불과하여 당나라 영역 밖의 이웃나라, 이웃 민족으로 보아야 하는데, 그러한 대표적 사례가 홀한주도독부라 지적하였다. 또한 발해는 실질적으로 1개 독립국으로서 당나라의 책봉을 받은 것은 事大의 의례에 불과한 것이라고도 설명하였다.[76] 金子修一도 신라와 발해처럼 1國1羈縻州의 형식을 띠는 것은 독립국임을 인정한 것이며, 단지 형식적으로 당나라의 屬州였을 뿐이라 지적하였다.[77] 그럼에도 중국 동북지방의 연구자들은 기미부주의 다양성을 인정하지 않고 이구동성으로 발해에 설치한 羈縻都督府를 근거로 발해가 당나라의 지방정권이었다고 주장한다. 內蕃과 外蕃 여부를 따지지 않고 모두 동일한 존재로 이해하고 있는 것이다.

이것은 역사적 실상을 무시하는 것으로서 발해에 설치한 기미주는 高句麗·百濟의 故地에 각각 설치한 安東都護府와 熊津都督府, 新羅에 설

74 譚其驤, 앞의 논문, p.144.
75 楊曉燕, 앞의 논문, p.169.
76 譚其驤, 앞의 논문, p.145.
77 金子修一, 「中國から見た渤海國」, 『シニカ』 9, 大修館書店, 1998; 앞의 책, p.324.

치한 鷄林州都督府와 동등하게 허울에 불과하다. 더구나 安史의 난을 계기로 당 왕조의 국력이 쇠락하면서 기미정책도 파탄되기에 이르렀다는 점을 염두에 두어야 한다.[78] 다시 말해 당 왕조에서도 기미정책의 盛衰가 나타나는데, 발해=지방정권설을 주장하는 연구자들은 이러한 시간적 변화를 전혀 고려하지 않고 기미제도의 이념 또는 전성시대의 모델만 염두에 두고 있다는 데에 문제가 있다.

발해에 설치했던 기미주가 명목적이었던 것은 다음 두 가지 사례에서도 뒷받침된다. 回紇의 수령 吐米度가 646년 권력을 찬탈한 뒤에 '自稱可汗', '私自號可汗' 하여 당나라의 공인을 받지 못했음에도 당으로부터 어떠한 응징도 받지 않았음은 당나라 기미제도의 한계를 분명히 보여 준다.[79] 발해도 이처럼 당나라의 용인을 받지 않은 상태에서 왕의 諡號를 추증하고 독자적 年號를 사용하였으니, 다음 사료에서 '私'자가 부가된 것은 이를 잘 말해 준다.

> F. 玄宗開元七年, 祚榮死, 其國私諡爲高王. 子武藝立, … 私改年曰仁安. … 武藝死, 其國私諡武王. … 欽茂死, 私諡文王.(『新唐書』 권219, 渤海傳)

忽汗州都督으로 처음 임명된 高王 때부터 이미 '私諡'가 등장하였고, 이것은 당나라와 대립했던 武王, 당나라에 우호적이었던 文王까지 지속되었다. 아마 그 뒤의 諡號와 改元도 당나라의 용인 없이 계속되었을 것이다. 年號를 위시하여 宣詔省, 許王府와 같은 황제 체제를 표방한 부분에 대해서 당나라는 어떠한 제재도 가하지 않았다.

이런 상황은 안사의 난이 일어나기 이전부터 벌어졌다. 그러니 당나

78 彭建英, 앞의 책, p.171.
79 김호동, 앞의 논문, p.171.

라 국력이 쇠퇴하여 藩鎭이 발호하던 시기에 기미 체제의 통제력은 얼마나 상실되어 있었을 것인지 짐작할 만하다. 더구나 안사의 난 직후인 762년에 발해가 渤海郡王에서 渤海國王으로 진봉되었으니, 이것은 발해의 독립성을 더욱 인정한 결과이다. 金子修一의 분석에 따르면, 郡王은 契丹이나 奚처럼 대체로 당나라에 內屬한 이민족에 수여한 반면에, 王은 독립적으로 활동하던 이민족에게 수여한 것이 많았다고 한다.[80] 이런 점에서 보면, 명목적이기는 하지만 이때 당의 內臣에서 外臣으로 전환된 것이어서[81] 발해의 위상은 한층 더 높아진 것을 의미한다.[82]

다음으로, 발해가 독립국이 아니었다는 주장의 근거로서 長史의 파견을 든다. 이와 관련된 사료는 다음 하나뿐이다.

> G. 勅渤海王大彝震, 王子大昌輝等自省表陳賀并進奉事, 具悉. … 今因王子大昌輝等廻國, 賜卿官告及信物, 至宜領之. 妃及副王長史平章事等, 各有賜物, 具如別錄.(『文苑英華』 권471, 與渤海王大彝震書. 封敖)

이것은 830년대에 당이 발해 국왕에게 보낸 칙서의 일부이다. 마지막에 선물 수여 명단이 등장하는데, 그 대상으로 妃, 副王, 長史, 平章事가 나열되어 있다. 여기에 처음 주목한 魏國忠은 왕, 왕비, 副王(東宮), 平章事(宰相)는 발해 통치 집단의 핵심 인물들이지만, 동궁과 재상 사이에 놓인 長史는 그 놓인 위치로 보아 중요한 인물임에도 『新唐書』 발해전에 보이지 않는다고 하면서, 이것은 분명 당나라에서 파견한 관리일 것이라 추정

80 金子修一, 앞의 책, p.54.
81 浜田耕策, 「渤海國の對唐外交 —時期區分とその特質」, 『日本と渤海の古代史』, 山川出版社, 2003, p.54.
82 郡王에서 王으로 진봉된 사례는 7세기에 3건이 확인되는데(金子修一, 앞의 책, p.55), 이 경우는 당나라 세력이 강대하던 시절로서 상대방에 대한 優待의 의미가 강하다. 아울러 삼국에만 독특하게 郡王과 王을 동시에 수여하여 이중적 대우를 하였다.

하였다.[83] 나아가 이때는 변경의 통제와 관리가 쇠퇴한 시기인데, 장사가 파견되었다면 그 이전의 전성 시기에도 당연히 파견되었을 것이라고 하면서 무왕의 登州 공격이 지난 뒤부터 파견되었을 것이라 추정하였고, 이것은 발해 정권이 당 왕조에 예속되었다는 새로운 증거라고 주장하였다. 그 뒤의 많은 연구자가 그의 견해를 추종하였다.

長史는 秦漢 시대에 邊郡, 丞相府, 將軍幕府에 설치되었던 관직으로서, 당나라 때 와서는 지방의 都護府·都督府·州, 중앙의 16衛 및 王府에 두루 설치한 보좌관이었다. 이들의 권한이 강해지면서 때로는 장사의 主官이나 蕃王까지 감독하는 역할도 했다고 한다. 장사가 주변 이민족에 파견된 사례도 보이는데, 黑水靺鞨에 장사를 두어 監領했던 것이 대표적이다.[84] 이 밖에 고구려를 멸망시키고 安東都護府를 설치한 뒤에 토착지배자와 중국 관리가 공동으로 통치하도록 조처를 내리기도 하였다.[85] 그러나 몇 년이 지나지 않아 華人 관리는 혁파되고 말았으니,[86] 이렇게 단기간에 그친 점도 염두에 두어야 한다.

이와 비슷한 것으로 돌궐의 감독관인 吐屯이 있다. 西突厥에서 西域諸國王에게 모두 頡利發의 칭호를 부여하고 각국에 吐屯 1인씩 파견하여 부세 징수를 감독시켰다.[87] 黑水靺鞨에서 東突厥에 吐屯의 파견을 요청한

---

83 魏國忠, 「渤海都督府長史小考」, 『北方論叢』 1982-2.
魏國忠, 앞의 논문, 1995(1983).

84 『舊唐書』 권199하, 靺鞨傳, 「開元十三年(725), 安東都護薛泰請於黑水靺鞨內置黑水軍. 續更以最大部落爲黑水府, 仍以其首領爲都督, 諸部刺史隸屬焉. 中國置長史, 就其部落監領之.」.

85 『新唐書』 권220, 高麗傳, 「剖其地為都督府者九, 州四十二, 縣百. 復置安東都護府, 擢酋豪有功者, 授都督·刺史·令, 與華官參治, 仁貴為都護, 總兵鎮之.」.

86 『資治通鑑』 권202, 唐 高宗, 「(儀鳳元年[676])二月甲戌, 徙安東都護府於遼東故城, 先是有華人任安東官者, 悉罷之.」.

87 『舊唐書』 권194하, 突厥傳하, 「其西域諸國王悉授頡利發, 并遣吐屯一人監統之, 督其征賦. 西戎之盛, 未之有也.」.

사례도 있다.[88] 吐屯은 突厥의 官名[89]으로 吐屯發이라고도 불리는데, 屬國에 상주하면서 행정과 징세를 감독하였다. 당나라가 흑수말갈에 파견한 長史도 대체로 이와 비슷한 역할을 했을 것이다. 이런 정황을 볼 때 당나라가 발해에 長史를 파견하여 감독했을 개연성이 있고, 그렇다면 발해가 당나라에 예속적이었다는 주장에 상당한 힘을 실어 줄 수도 있다.

그러나 그 주장을 뒷받침하기 위해서는 몇 가지 더 고려해야 한다. 발해의 독자적 관직으로 장사가 설치되었을 가능성이 있다. 吐谷渾에는 중국 제도를 따라서 長史, 司馬, 將軍, 王, 公, 僕射, 尚書, 郎中 등의 관직이 있었고,[90] 黠戛斯에도 宰相, 都督, 職使, 長史, 將軍, 達干六 등의 관직이 있었다.[91] 이를 고려하면 발해에도 長史의 직책이 마련되어 있었을 가능성이 있다. 832년에 王宗禹가 발해에서 돌아와 左右神策軍, 左右三軍, 120司를 설치한 사실을 그림으로 보고하였으니,[92] 이보다 전에 발해 官制가 변모되었을 것이고 이때 장사가 설치되었을지도 모른다. 증거는 제시하지 못했지만 金毓黻은 大內相 또는 左右相이 겸직한 발해의 관직으로 이해하였다.[93]

이보다 더 중요한 것은 당나라가 발해에 보낸 國書에서 存問 대상이

88 『舊唐書』 권199하, 渤海靺鞨傳, 「(開元)十四年(726), 黑水靺鞨遣使來朝, 詔以其地為黑水州, 仍置長史, 遣使鎮押. 武藝謂其屬日, 黑水途經我境, 始與唐家相通. 舊請突厥吐屯, 皆先告我同去. …」.

89 『舊唐書』 권194상, 突厥상, 「始畢可汗咄吉者, 啟民可汗子也. … 其子弟謂之特勤, 別部領兵者皆謂之設, 其大官屈律啜, 次阿波, 次頡利發, 次吐屯, 次俟斤, 並代居其官而無員數, 父兄死則子弟承襲.」.

90 『新唐書』 권221상, 吐谷渾傳, 「其官有長史 · 司馬 · 將軍 · 王 · 公 · 僕射 · 尚書 · 郎中, 蓋慕諸華為之.」.

91 『新唐書』 권217하, 黠戛斯傳, 「其官, 宰相 · 都督 · 職使· 長史 · 將軍 · 達干六等. 宰相七, 都督三, 職使十, 皆典兵. 長史十五, 將軍 · 達干無員.」.

92 『舊唐書』 권17하, 文宗本紀하, 「(太和六年: 832)十二月, … 戊辰, 內養王宗禹渤海使廻, 言渤海置左右神策軍左右三軍一百二十司, 畫圖以進.」.

93 『渤海國志長編』 권15, 職官考, 其他內官.

명기된 5개의 사례 가운데 1개에서만 長史가 나타난다는 사실이다. 〈표 11-5〉에서 보듯이 당나라에서 주변 민족에 보낸 국서, 그리고 일본에서 발해에 보낸 국서에서 장사가 등장하는 것은 사료 G가 유일하다. 이를 본다면, 魏國忠처럼 발해 거의 모든 시기에 당에서 장사를 파견했다는 것은 입론이 취약할 수밖에 없다. 앞서 제시한 長史나 華人 관리 파견, 吐屯 파견은 지속적이기보다는 일시적인 조치들이다. 나아가 번진 세력이 발호하던 9세기 전반에 당나라가 발해에 감독관을 파견한 것은 믿기 어렵고, 설령 파견되었다고 하더라도 그들의 권한은 극히 제한적일 수밖에 없었을 것이다.

당나라가 발해에 장사를 파견했는지 여부는 확실히 판단할 수 없다. 장사의 파견을 인정한다 하더라도 단 1회 국서에 등장하는 점과 그 시기가 당나라 쇠퇴기라는 점에서 이들의 역할은 상징적인 의미밖에 없었다고 판단된다. 따라서 이 자료를 토대로 당나라가 장사를 파견하여 지속적으로 발해 내정을 감독하고 통제했다고 주장하는 것은 과장에 불과하다.

당나라는 長史 파견뿐 아니라 변경 지역에 押蕃使를 설치하여 발해를 관리했다고 주장하기도 한다. 사료 E-①에 설명되어 있듯이 邊州의 都督이나 都護가 羈縻府州를 관리하였으니, 발해의 경우에는 처음에 營州都督이 관할하다가 706년에 幽州都督으로 옮겨졌고, 740년 이후에는 平盧軍節度使로 변경되었다가 안사의 난이 일어난 뒤에는 山東에 본거를 둔 淄靑平盧節度使가 관리를 맡았다.[94] 그런데 변경의 節度使가 압번사의 신분으로 담당했던 사무는 朝貢 관리, 貢物 운송, 蕃情 보고, 過所(통행증) 관

94 楊昭全, 앞의 논문, p.470.
玄宗 때의 烏知義로부터 891년 王師範까지 12명의 책임자 명단은 다음 논문에 적시되어 있다.
孫玉良, 「唐朝對渤海的經營與管轄」, 『黑龍江文物叢刊』 1983-4, p.20 및 林樹山, 앞의 논문, p.86.

표 11-5. 蕃書의 存問 대상

국명	存問 대상
廻鶻	內外宰相及判官 · 摩尼師等/內外宰相 · 官吏 · 師僧等
	卿及部下諸官并右相阿波兀等 · 部落黒車子達怛等
突厥	卿及平章事 · 首領 · 部落
	可汗及平章事并首領 · 部落
	可汗及平章事 · 部落
	兒及平章事 · 首領 · 百姓已下
	兒及平章事 · 部落 · 百姓
	兒及平章事 · 首領 · 百姓
	兒及平章事 · 首領 · 百姓
吐蕃	贊普及平章事 · 首領并百姓以下
	贊普及平章事 · 部落 · 百姓等
	贊普及公主/平章事及首領已下
	贊普及平章事已下
	贊普及平章事 · 首領 · 百姓
	贊普及平章事 · 首領 · 百姓
	贊普 · 公主及平章事 · 首領 · 百姓等
黠戛斯	可汗·休泰 · 將相已下
	可汗 · 休泰 · 將相以下
南詔	卿及首領 · 百姓
	首領 · 百姓等
	卿及首領 · 部落 · 百姓
	卿及首領已下
	卿及百姓已下
	卿等
驃國	卿/官吏 · 百姓等
新羅	卿及首領 · 百姓以下
	卿及首領 · 百姓
	卿及吏人
	卿/官吏 · 僧道 · 將士 · 百姓等
渤海	卿及衙官 · 首領· 百姓
	卿及衙官 · 百姓

표 11-5에서 계속

국명	存問 대상
渤海	卿及衙官 · 百姓已下
	卿及首領 · 百姓等
	卿/妃及副王 · 長史 · 平章事等
奚	汝等部落 · 百姓
	卿及將士 · 百姓(卿及衙官)以下
	卿及衙官 · 將士
契丹	卿及衙官 · 軍吏 · 刺史以下及諸部落百姓
	卿及首領 · 百姓
	及衙官 · 刺史 · 縣令并百姓以下
	卿/兵馬使以下
突騎施	可汗及公主 · 衙官 · 纛官 · 首領 · 百姓
護密	卿及首領以下(卿及將士)
	卿及首領 · 百姓已下
媳匿國	卿及首領 · 百姓等
勃律國	卿及首領以下
諸國	卿及首領 · 將士 · 百姓等
罽賓國	卿及首領以下
日本國	卿及首領 · 百姓
日本 → 渤海	王及首領·百姓
	王/官吏·百姓
	境局之內
	王及所部

전거: 『文苑英華』 권468~471의 蕃書 1~4. 단, 日本에서 渤海에 보낸 國書는 『日本逸史』, 『日本三代實錄』에 의거하였음.

리와 같은 외교실무였다.[95] 평로치청절도사가 겸직했던 押新羅渤海兩蕃使의 업무도 대체로 외교 관련 屬國 사무 관리, 渤海館 · 新羅館 관리, 통

95 黎虎, 앞의 책, pp.508~516.

행증명서 발행, 육로·해로 운수 무역 담당 등과 같은 것이었으니,[96] 이러한 사실을 들어서 발해가 당나라에 예속되었다고 주장할 수는 없다. 더구나 평로치청절도사는 765년부터 발해뿐 아니라 신라까지 포괄하여 관리하였으므로,[97] 발해의 예속성을 운위하려면 신라도 그렇게 판단해야 할 것이다.

이상의 고찰 결과, 단순히 발해가 기미부주에 속했다는 사실만으로는 당나라 지방정권이라는 주장을 뒷받침할 수 없음을 확인할 수 있었다. 아울러 당나라가 발해에 감독관인 長史를 일시 파견했을 가능성을 완전히 배제할 수는 없지만, 설령 그렇더라도 그 시기로 보아서 장사의 역할은 극히 제한적일 수밖에 없었을 것이다. 그리고 押蕃使가 담당했던 것은 외교실무였으므로 이 또한 예속성의 증거가 될 수는 없다.

4. 疆域과 歷史: 맺음말을 대신하여

중국 학자들이 발해가 당나라 지방정권이었다는 주요 논거로 삼고 있는 조공과 책봉, 그리고 기미부주 제도를 면밀히 검토한 결과 그들의 주장은 역사적 실체와 거리가 있음을 확인할 수 있다. 조공·책봉 관계와 기미부주 제도를 주장의 근거로 삼는 것 자체가 처음부터 무리일 수밖에 없다. 당나라 국력의 興衰에 따라 조공·책봉과 기미부주의 성격도 변모했을 것

96 姜清波, 「試論唐代的押新羅渤海兩蕃使」, 『暨南學報』 27-1, 2005, pp.91~92.
아울러 平盧淄青節度使에 대해서는 다음 논문이 참조가 된다.
樊文禮, 「唐代平盧淄青節度使略論」, 『烟台師範學院學報』 哲史版, 1993-2; 復印報刊資料 『魏晋南北朝隋唐史』 1993-9.

97 『新唐書』 권65, 方鎭表 2, 「青密 … 永泰元年(765) … 淄青平盧節度增領押新羅渤海兩蕃使.」.

인데, 중국 학자들은 이러한 시간적 변화를 무시하고 가장 전성기 때의 모델을 가지고 모든 시기를 규정해 버리고 있는 것도 문제이다. 당나라를 고정불변의 강력한 통일제국으로 인식하고 있다고 할 수 있다. 다시 말해서 제도의 실제보다는 이념과 이상이 기준이 되고 있다. 이것은 역사적 접근 태도가 아니다. 내심으로는 중국 학자들도 이러한 문제점을 인식하고 있을 것이다.

당나라에 조공한 국가가 70여 국에 이르고, 책봉을 받은 당나라 주변의 지배자는 수를 셀 수 없이 많은데, 이를 모두 당나라 지방정권으로 규정할 수는 없다. 856개에 달하는 羈縻府州를 모두 당나라 영토로 규정할 수도 없는 노릇이다. 결국 이 가운데 일부는 당나라 영토로, 일부는 독립지역으로 양분할 수밖에 없을 것이니, 무엇을 그 기준으로 삼아야 하는가에 중국 학자들의 고민이 있다.

張景泉은 藩屬, 즉 '지방민족정권'에 속하는 것으로 발해를 들면서, 이것은 독립국이 아니라고 주장하였다.[98] 그러면서 번속은 유동성이 있어서 한국과 월남처럼 때로는 떨어져 나가 근대적 의미의 독립국이 되기도 했다고 설명하였다. 사실 청나라는 영토를 本部(內地)와 藩部(藩屬)로 구분하여 번속 지역(번부)은 중국 영토가 아닌 것으로 인식하였는데, 서구열강의 침탈에 직면하면서 중국 영토라 주장하기 시작했다고 한다.[99] 1906년에는 번부를 담당하는 부서가 理藩院에서 理藩部로 개편되면서 외무 행정에서 내무 행정으로 변모되었고, 종래에 사용하던 '藩部'도 중국 내부의 '邊疆'으로 변하였다. 또한 본부와 번부의 일체화 정책과 궤를 같이하여 中華民族, 少數民族 개념도 새로이 등장하였다.[100]

---

98 張景泉, 「藩屬問題淺議」, 『長白學圃』 10, 1994.

99 박상수, 「중국 근대 '민족국가(nation-state)'의 창조와 '변강' 문제—청말~민국시기 '변강'인식의 변천」, 『중국의 변강 인식 및 인접 지역과의 갈등』, 한신대학교출판부, 2007.

100 박장배, 「중국의 '少數民族' 정책과 지역구조—지역 재구성 및 '西部大開發'과 관련하여」,

이런 역사적 배경으로 중국 학자들이 항상 염두에 두고 있는 것이 현재의 변강 소수민족이다. 다시 말해서 번속국 가운데 중국의 소수민족 지역이 된 곳과 외국이 된 지역을 기준으로 해서 과거 역사를 재단하고 있다. 현재의 영토가 기준이 되는 것으로서, 지금까지 장구하게 논급한 조공·책봉, 기미부주는 실상 여기에 종속되어 있다. 조공국가를 현재의 국경을 기준으로 양분한 사례를 앞에서 지적한 바 있지만, 이것은 중국의 연구에서 일반적인 현상이다.

잘 알려져 있듯이 중국에서는 1950년대 이래 중국사의 범위를 현재 중국의 강역을 기준으로 할 것인가 아니면 역대 왕조의 강역을 기준으로 할 것인가에 대해서 많은 논쟁이 있었지만, 현재를 기준으로 하는 입장이 최종 승리를 거두었으며,[101] 지금까지도 역사 해석에서 이 기준은 변경되지 않고 있다. 예를 들어 譚其驤은 "우리들은 어떻게 역사상의 중국이라는 문제를 처리할 것인가? 우리들은 청나라가 통일을 완성한 이후, 제국주의가 중국을 침입하기 이전의 청나라 판도, 구체적으로 1750년대부터 1840년대 아편전쟁 이전의 중국 판도를 가지고 역사 시기의 중국 범위로 삼을 수 있다. 이른바 역사 시기의 중국은 이를 범위로 삼아야 한다. 수백 년이든 수천 년이든 이 범위 안에서 활동한 민족은 모두 중국 역사상의 민족이고, 이 범위 안에 건립한 정권은 모두 중국 역사상의 정권이다. 간단히 회답하면 이와 같다. 이 범위를 벗어나는 것은 중국 민족이 아니며,

---

『중국의 '동북공정' 그 실체와 허구성』 고구려연구재단 학술회의 발표문, 2004. 10. 26, pp.110~111.

101 謝保成, 「建國以來史學理論和史學方法問題討論簡介」, 『中國歷史學年鑒(1987)』, 人民出版社, 1988.
金翰奎, 「古代 東아시아의 民族關係史에 대한 現代 中國의 社會主義的 理解」, 『東亞研究』 24, 1992.
朴漢濟, 「新胡漢體制論」, 『魏晋隋唐史研究』 4, 1998, pp.21~22.
이개석, 「현대 중국 역사학 연구의 추이와 동북공정의 배경」, 『중국의 '동북공정' 그 실체와 허구성』 고구려연구재단 학술회의 발표문, 2004. 10. 26, pp.18~19.

중국 정권이 아닌 것이다."[102]라고 하여 현대 중국 영토의 모태가 된 청나라 판도가 역사상 중국의 범위라고 주장하였다.

그러나 당나라 역사를 논할 때 현재의 영토 또는 청나라의 영토를 기준으로 하면, 역사적 실상을 제대로 파악할 수가 없다. 당나라 때 인식된 당시의 영토는 이와 달랐기 때문이다. 이에 관해 다음 사료를 검토할 필요가 있다.

H-① 高宗時, 平高麗 · 百濟, 遼海已東, 皆為州, 俄而復叛, 不入提封.(『舊唐書』 권38, 지리지 1, 序言)

H-② 今舉天寶十一載(752)地理, 唐土東至安東府, 西至安西府, 南至日南郡, 北至單于府. 南北如前漢之盛, 東則不及, 西則過之.〈漢地東至樂浪 · 玄菟, 今高麗 · 渤海是也. 今在遼東, 非唐土也. 漢境西至燉煌郡, 今沙州, 是唐土. 又龜茲, 是西過漢之盛也.〉 開元二十八年(740), 戶部計帳, 凡郡府三百二十有八, 縣千五百七十有三. 羈縻州郡, 不在此數. 戶八百四十一萬二千八百七十一, 口四千八百一十四萬三千六百九, 應受田一千四百四十萬三千八百六十二頃一十三畝.(『舊唐書』 권38, 지리지 1, 序言)

H-② 사료에 따르면, 당나라 전성기의 영토는 동쪽으로 安東府에 이르고 북쪽으로 單于府에 이르렀다고 하였다. 여기서 안동부는 고구려를 멸망시키고 설치한 安東上都護府를 가리키고, 선우부는 東突厥에 설치한 單于大都護府를 가리킨다.[103] H-①의 사료에서는 고구려, 백제를 멸망시

102 譚其驤, 「歷史上的中國和中國歷代疆域」, 『中國邊疆史地研究』 1991-1; 『長水集』 續編, 人民出版社, 1994 재수록, p.2.

103 唐代의 都護府에 대해서는 다음 논문을 참조.
唐啓淮, 「唐代都護府述略」, 『西南師範學院學報』 1982-1.

켰을 때 遼海 동쪽이 당나라 영토로 편입되었으나 뒤에 반란을 일으킨 뒤에는 당나라 영토에서 벗어났다고 하였다.

668년 평양에 설치했던 안동도호부는 676년에 遼東故城(遼陽)으로 옮기면서 華人 관리는 모두 혁파되었고, 백제 지역에 두었던 熊津都督府도 建安故城으로 옮겼으며, 677년에는 안동도호부가 다시 新城으로 옮겼으니,[104] H-①은 이때의 상황을 가리킨다. 따라서 고구려, 백제의 멸망 후 얼마 되지 않아서 당나라의 판도에서 벗어났다고 할 수 있다.

안동도호부는 그 뒤 698년 都督府로 고쳤다가 705년 都護府로 되돌려서 幽州都督이 兼領하였으며, 714년 平州(河北 盧龍)로, 743년 遼西郡故城(遼寧 義縣 부근)으로 옮겼다가 761년에 폐지되었다.[105] 그렇다면 752년 당시에 안동도호부는 요하 서쪽에 있었으니, 이 무렵 당나라 영토는 요하 서쪽에 그치고 요하 동쪽은 이미 당나라 영토가 아니라고 인식되었다.

開元 18년(730)에 조칙을 내려서 59개 邊州를 확정하였는데, 여기에도 안동도호부가 포함되어 있다.

I. 十八年十一月勅, 靈·勝·涼·相·代·黔·嶲·豐·洮·朔·蔚·嬀·檀·安東·疊·廓·蘭·鄯·甘·肅·瓜·沙·嵐·鹽·翼·戎·愼·威·西·牢·當·郎·茂·驩·安北·庭·單于·會·河·岷·扶·拓·安西·靜·悉·姚·

104 『資治通鑑』 권202, 唐 高宗, 「(儀鳳元年: 676)二月甲戌, 徙安東都護府於遼東故城, 先是有華人任安東官者, 悉罷之. 徙熊津都督府於建安故城, 其百濟戶口先徙於徐·兗等州者, 皆置於建安.」.

105 『中國歷史大辭典』 隋唐五代史卷, 上海辭書出版社, 1995, pp.284~285.
『舊唐書』 권39, 地理志 2, 「安東都護府, 總章元年(668)九月, 司空李勣平高麗. … 其年十二月, 分高麗地爲九都督府, 四十二州, 一百縣, 置安東都護府於平壤城以統之. 用其酋渠爲都督·刺史·縣令, 令將軍薛仁貴以兵二萬鎭安東府. 上元三年(676)二月, 移安東府於遼東郡故城置. 儀鳳二年(677), 又移置於新城. 聖曆元年(698)六月, 改爲安東都督府. 神龍元年(705), 復爲安東都護府. 開元二年(714), 移安東都護於平州置. 天寶二年(743), 移於遼西故郡城置. 至德(756~757)後廢.」.

雅·播·容·燕·順·忻·平·靈·臨·薊等五十九州, 爲邊州.(『唐會要』 권24, 諸侯入朝)

邊州는 국경지대의 주요 교통로에 위치하여 외교 업무를 담당하던 지방행정기구였는데, 이 모두 陸路에만 개설하였고 沿海 지역에는 설치하지 않았다.[106] 당나라 영토의 위축과 확장에 따라 邊州의 소재지도 변할 수밖에 없었다. 전성기인 730년에 안동도호부가 변주에 해당하였으니, 당나라 최대 판도의 범위가 동쪽에서 여기까지 미쳤던 것으로 판단해도 문제는 없다. 따라서 안동도호부 밖에 있던 발해는 당연히 당나라 밖의 국가였다. 사료 E-①에 규정되어 있듯이 邊州의 都督·都護가 이끄는 羈縻州는 당나라 영토라고 할 수 없는 것이다.

다시 H-②의 사료로 돌아가서 註釋 부분에 주목해 볼 필요가 있다. 한나라 때는 동쪽으로 낙랑군과 현도군에 이르렀는데 당나라 때의 영토는 이보다 줄어들어 遼東 지역의 고구려와 발해는 당나라 땅이 아닌 것으로 설명하고 있다. 그 반면에 한나라 땅은 서쪽으로 돈황군에 이르렀는데 당나라 때의 沙州로서 당시에 당나라 땅이었다고 설명하였다. 이것만 보아도 고구려, 발해가 당나라 역사에 속한다는 주장은 당시의 상황을 무시하고 현재의 입장에서 제기된 것이라는 사실을 알 수 있다. 이처럼 기미부주도 당나라 영토의 內外 여부가 판단 기준이 되어야지 현재 영토의 內外 여부가 판단 기준이 되어서는 안 된다.

당에 유학한 발해와 신라의 학생들은 進士科가 아니라 賓貢科에 응시하였으니, 당에서 이들을 모두 외국으로 인식했기 때문이다. 고려와 조선 초기의 학생들도 중국에서는 외국인이었다. 다만 몽골 제국에서는 빈공과를 폐지하여 고려 학생들이 내국인과 동일하게 制科에 응시하였고, 발해

---

106 黎虎, 앞의 책, pp.412~413.

멸망 후 그 후예도 요에서 빈공과가 아니라 진사과에 응시하였다. 이처럼 과거시험에서도 당은 발해를 외국으로 취급하였다.

결국 조공, 책봉, 기미의 속성에 따라 발해 정권이 지방정권이었는지 아니면 완전한 독립국이었는지 결정되는 것이 아니다. 표면적으로 불거진 이 논의들은 사실 내면에 잠복해 있는 현재의 영토 문제, 소수민족 문제로 환원되어 버리고 만다. 그런 점에서 역사의 판단 기준을 當時과 當今 가운데 어느 쪽을 택할 것인가에 대해서 韓中學界가 평행선을 달린다면 역사 논쟁은 결코 수그러들 수가 없을 것이다. 어느 쪽이 역사학의 본령에서 벗어나 있는지는 굳이 말하지 않아도 알 수 있다.

이처럼 한중 학계는 과거와 현재의 시점에서 현격한 차이를 드러낸다. 그뿐 아니라 제도를 바라볼 때 명분이나 이념을 볼 것인가 실제를 볼 것인가에 대해서도 차이가 나타난다. 중국 학계, 특히 동북지방의 연구자들은 조공, 책봉, 기미의 理想型을 바라보고 그에 따라 역사적 사실을 재단하고 있는 데에 비해서 한국 학계에서는 실제로 어떻게 관철되었는지에 더 관심을 기울인다. 중국 학계가 시간적 흐름에 따른 변화를 무시하는 듯한 태도도 여기에 기인한다. 특정 국가의 자율성과 예속성을 판단하는 문제도 여기서 간극이 발생하게 된다.

이에 더하여 중국 학계는 중국으로부터의 시각에 고정되어 있고, 한국 학계는 중국 밖으로부터의 시각에 고정되어 있다는 점도 들어야 하겠다. 중국 학계에서는 역사 해석에서 주변 국가에 대한 입장 배려가 부족한 것이 사실이다. 반면에 우리 학계에서는 민족주의적 시각에 사로잡혀 우리에게만 통하는 논리를 양산하는 것이 아닌가 우려될 때가 있다. 따라서 상대방의 입장을 이해하면서 더욱 객관적인 사실을 규명해 나가는 것이 필요하겠다. (2006년)

참고 논문

張泰湘,「唐代黑龍江地區的地方封建政權 一渤海」,『奮鬪』 1979-8.

陳連開,「唐朝渤海黑水兩都督府述略」,『歷史敎學』 1980-3.

回俊才 · 董振興,「詩書本一家 一從一首唐詩看古渤海與唐王朝的隷屬關係」,『北方論叢』 1980-4.

魏國忠 · 朱國忱,「渤海國政治制度述略」,『求是學刊』 1981-3.

嚴聖欽,「渤海國是我國少數民族建立的一個地方政權」,『社會科學輯刊』 1981-2.

姜守鵬,「渤海隷屬于唐朝」,『學習與探索』 1982-4.

魏國忠,「渤海都督府長史小考」,『北方論叢』 1982-2.

嚴聖欽,「論渤海國與唐朝的關係」,『黑龍江文物叢刊』 1982-1.

楊昭全,「渤海是我國唐王朝轄屬的少數民族地方政權」,『求是學刊』 1982-2.

莊嚴,「渤海是唐朝統轄下的地方民族政權」,『遼寧大學學報』 1982-4.

孫玉良,「車書本一家 一訂正一則有關唐代渤海史料的傳訛」,『歷史研究』 1982-1.

魏國忠,「唐代渤海都督府長史考略」,『黑河學刊』 1983-4.

孫玉良,「唐朝對渤海的經營與管轄」,『黑龍江文物叢刊』 1983-4.

褚慶福,「對唐王朝管轄渤海幾個問題的探討」,『博物館研究』 1983-1.

王成國,「略論唐代渤海與東北各族的關係」,『東北地方史研究』 1986-3.

李殿福 · 孫玉良,『渤海國』, 文物出版社, 1987.

許憲范,「淺談唐代羈縻州府與渤海政權的性質」,『延邊大學學報』 1989-2 · 3합.

林樹山,「唐朝對渤海國實行的民族自治政策」,『黑河學刊』 1991-4.

禹碩基 · 劉毅 · 竇重山 主編,『渤海國與東亞細亞』, 遼寧大學出版社, 1995.

徐德源,「從考釋大氏王室稱號變化看渤海隷屬唐朝的過程」,『遼寧大學學報』 1996-5.

烏云達賚,「渤海是唐朝的系縻國」,『鄂溫克的起源』, 內蒙古大學出版社, 1998.

于汝波 · 鍾少異 · 張忠,「論渤海與唐朝的政治關係」,『7~8世紀東亞地區歷史與考古國際學術討論會論文集』, 北京大學考古文博院 · 大阪經濟法科大學 編, 科學出版社,

2001.
楊雨舒,「渤海人對中原文明的心理認同」,『社會科學戰線』2001-6.
劉曉東,「"車書本一家"的考古學詮釋—論渤海文化與中原唐文化的趨同性」,『北方文物』2002-1.
郭素美,「渤海國歷史的歸屬」,『北方論叢』2002-2.
程妮娜,「從唐朝對東北羈縻府州的統轄關係論渤海政權的歸屬問題」,『中國東北邊疆研究』中國社會科學出版社, 2003.
肖紅,「從渤海國和中央皇朝關係的演變看渤海國的歸屬性質」,『北方文物』2004-1.
魏國忠,「渤海國的歷史歸屬和歷史地位」,『東北邊疆歷史與現狀系列研究工程』2004-1.
武玉環,「渤海與高句麗族屬及歸屬問題探析」,『史學集刊』2004-2;「渤海與高句麗族屬, 族俗的比較研究」, 연변대학 발표문, 2005. 7.
楊雨舒,「渤海國與唐朝關系述略」,『東北史地』2004-8.

표 11-2. 渤海·統一新羅와 唐·五代 사이 使臣往來

연도	발해왕	신라왕	渤海 → 唐	唐 → 渤海	新羅 → 唐	唐 → 新羅
698	1高王	孝昭王	?〈Y?聖曆中〉(朝貢)			
699					②(朝貢)	
700						
701						
702		聖德王				④〈702/703〉(弔問, 聖德王册封)
703					①(?) ?(?)	
704						
705			?〈Y?中宗時〉大門藝(入侍)	?〈Y?中宗時〉張行岌(大祚榮招慰)	③(朝貢) ⑨(朝貢)	
706					④(朝貢) ⑧(朝貢) ⑩(朝貢)	
707					⑫(朝貢)	
708						
709					⑥(朝貢)	
710					①(朝貢)	
711			⑪靺鞨(方物): 발해?		⑫(朝貢)	
712					②(朝貢) ⑫(朝貢)	③(玄宗 즉위 통보, 聖德王 개명 요구)
713			⑫靺鞨王子(交易, 禮拜): 발해?	②崔忻(大祚榮册封)	②(朝貢) ⑥(朝貢)	
714			?(學生入學)		②(賀正, 宿衛) ⑩(朝貢)	
715						
716			윤⑫東蕃·遠蕃靺鞨(來朝): 발해?		③(賀正)	
717			⑤靺鞨(來朝, 方物): 발해?		③(朝貢) ⑤(朝貢)	
718			②大逑藝(來朝, 宿衛) ②靺鞨(來朝): 발해?		②(朝貢)	
719	2武王			⑥吳思謙(弔問, 大武藝册封)	①(賀正) ⑤(朝貢)	

표 11-2에서 계속

연도	발해왕	신라왕	渤海 → 唐	唐 → 渤海	新羅 → 唐	唐 → 新羅
720				*⑧?(大都利行册封) ⑨張越(거란 협공 제안)		
721			⑪渤海郡靺鞨大首領(來朝)			
722			⑪味勃計(來朝, 鷹 헌상)		⑩(賀正)	
723					④(方物, 上表)	
724			②賀祚慶(賀正)		②(賀正) ⑫(?)	
725			①烏借芝蒙(賀正, 方物) ④謁德(來朝) ⑤大昌勃價(來朝, 宿衛)		?(慶賀)	
726			③大都利行(來朝, 宿衛, 貂鼠 헌상) ⑪大義信(拜謁, 方物) ?〈Y?〉馬文軌·葱勿雅(大門藝 처벌 요청) ?〈Y?〉(대문예 처벌 재요청)	?〈Y?〉李道邃·源復(大武藝安撫)	④(賀正, 宿衛) ⑤(朝貢)	
727			⑧大寶方(來朝) ⑩靺鞨(來朝, 方物): 발해?		①(賀正)	
728			⑨菸夫須計(來朝)		⑦(학생 입학 要請, 宿衛)	
729			②/③大胡雅(來朝, 宿衛) ②/③(鷹 헌상) ②/③(鯔魚 헌상) ⑧大琳(來朝,宿衛)		①(賀正) ⑨(朝貢)	
730			①靺鞨大郎雅(來朝, 賀正, 方物) ②智蒙(來朝, 方物) ⑤烏那達利(來朝, 方物) ⑨靺鞨(朝貢/來朝, 方物): 발해?		②(朝貢, 宿衛, 方物) ⑩(朝貢)	

표 11-2에서 계속

연도	발해왕	신라왕	渤海 → 唐	唐 → 渤海	新羅 → 唐	唐 → 新羅
731			②渤海靺鞨(來朝, 賀正) ?〈Y?〉李盡彦(?) ⑩渤海靺鞨/遠蕃靺鞨 大取珍(來朝)	秋〈Y?〉內使·崔尋挹(大武藝 安撫)	②(賀正, 方物)	
732			*⑨(登州 공격) *?〈Y?〉(刺客을 보내 大門藝 공격)	*夏〈Y?〉: 大朗雅에 勅書 기탁	①(賀正) ⑨(宿衛)	
733			*윤③(馬都山 공격)		⑫(賀正, 宿衛, 方物)	①(발해 공격 요청, 관작 추가 수여)
734					④(賀正)	
735			?〈Y?〉大茂慶 (입조, 인물 교체 요청)	*春〈Y?〉: 大茂慶에 勅書 기탁 *秋〈Y?〉: 多蒙固에 勅書 기탁	①(賀正) ②~③ 사이(謝恩, 要請) ⑫(朝貢)	
736			③〈735/736〉大蕃(來朝) ?靺鞨首領 聿棄計(來朝): 발해?		⑥(賀正, 謝恩)	
737	3文王	孝成王	①木智蒙(來朝) ④公伯計(鷹鶻 헌상) ⑧〈735?〉多蒙固(來朝) ?(737/738)段守簡에 딸린 사자(入朝, 貢獻)	?〈737/738〉段守簡(弔問, 大欽茂 册封)	②(賀正) ⑫(告哀, 告嗣位)	
738			⑥(唐禮등 필사) 윤⑧(方物)		③(賀正)	②(추증·조문, 책봉)
739			②大勗進(鷹 헌상/來朝) ⑩受福子(謝恩)			
740			⑩(方物)			③(왕비 책봉)
741			②失阿利(賀正) ④(鷹鶻 헌상)			
742		景德王			⑤(朝貢)	
743			⑦大蕃(來朝, 宿衛)			⑤(조문, 景德王 책봉)
744					윤②(賀正) ④(謝恩, 方物) ⑩/⑫(賀正)	

표 11-2에서 계속

연도	발해왕	신라왕	渤海 → 唐	唐 → 渤海	新羅 → 唐	唐 → 新羅
745					④(朝貢)	
746			③(賀正)		②(賀正)	
747			①(賀正, 方物)		①(賀正)	
748					?(方物)	
749			③(鷹 헌상)			
750			③(鷹 헌상)			
751						
752						
753			③(賀正)		①(賀正)	
754			①(賀正)			
755					④(賀正)	
756			*玄宗 연간(712~756) 29회	⑦~⑫ 사이, 張元澗(병마 징발)		
757					①(賀正)	
758			?王進義 대신 따로 사신을 파견하여 安史의 亂 정세 파악	④王進義(唐 소식 전달) *?발해 사신에 칙서 기탁	⑧(朝貢)	
759			?일본 사신 高元度와 함께 보냄			
760						
761					②(宿衛)	
762				*?(大欽茂進封)	⑨(?)	
763				⑩以前, 韓朝彩(?) ?〈763~772 사이〉張光祚(?)	④(朝貢)	
764			?〈Y?〉王誕(朝貢)		?(謝恩)	
765		惠恭王			④(朝貢)	
766						
767			⑦(來朝) ⑧(朝貢) ⑨(朝貢) ⑪(朝貢) ⑫(朝貢) *767~775 사이, 매년 1회, 혹 격년마다 1회, 혹 1년에 2~3회씩		冬(告哀, 請冊封)	

표 11-2에서 계속

연도	발해왕	신라왕	渤海 → 唐	唐 → 渤海	新羅 → 唐	唐 → 新羅
768					⑨(?)	?(조문, 惠恭王·王母 책봉)
769			③(朝貢) ⑫(朝貢)			
770						
771						
772			⑤(朝貢) 秋(朝貢)		⑤(賀正)	
773			④(來朝, 方物) ⑥(賀正) ⑪(朝貢) 윤⑪(來朝) ⑫(來朝/朝貢)		④(賀正, 方物) ⑥(謝恩)	
774			①(來朝) *②質子 大英俊 귀국 ⑫(來朝)		④(朝貢) ⑩(賀正)	
775			①(朝貢) ⑤(朝貢) ⑥(朝貢) ⑫(朝貢)		①(?) ⑥(朝貢)	
776					⑦(朝貢) ⑩(朝貢)	
777			①(日本舞女 헌상, 方物) ②(鷹 헌상) ④(朝貢) ⑫(來朝, 方物)		⑫(朝貢)	
778						
779			*매년 鷹 헌상 중지 조치 *大曆 연간(766~779) 25회	*?〈大曆 연간〉(大欽茂 進封)		
780		宣德王	⑩(朝貢)			
781						
782			⑤(朝貢)		윤①(?)	
783						
784					?(?)	

표 11-2에서 계속

연도	발해왕	신라왕	渤海 → 唐	唐 → 渤海	新羅 → 唐	唐 → 新羅
785		元聖王				①/②(宣德王 책봉)
786					④(?)	
787						
788						
789					?(?)	
790					?(?)	
791			①大常靖(來朝) ⑧大貞翰(來朝, 宿衛)			
792			윤⑫渤海押靺鞨使 楊吉福(朝貢)		?(獻上)	
793	4大元義		*建中(780~783)·貞元(785~805) 4회			
794	5成王 6康王		①/②大淸允(來朝)			
795			⑫靺鞨都督 密阿古 귀국: 발해?	②殷志贍(弔問, 大嵩璘 冊封)		?(?)
796						
797						
798			⑪大能信 귀국	*③(大嵩璘進封)		
799		昭聖王			?(告哀, 方物)	
800		哀莊王				④(조문, 昭聖王·王母·王妃 冊封)
801						
802						
803						
804			⑪(朝貢)		⑪(賀正)	
805			?(朝貢)	*⑤(大嵩璘 進封)		?(哀莊王·왕모·왕비 책봉, 德宗 죽음과 順宗 즉위 통보)
806			⑫(朝貢) *元和 연간(806~820) 16회	*⑨/⑩(大嵩璘 進封)	⑧(?) ⑫(?)	

표 11-2에서 계속

연도	발해왕	신라왕	渤海 → 唐	唐 → 渤海	新羅 → 唐	唐 → 新羅
807			?楊光信(進奉端午使) ⑫(朝貢)			
808					⑦(謝恩, 冊封書 要請)	
809	7定王	憲德王	①(賀正?)	①中官 元文政(弔祭, 大元瑜 冊封)	⑩(謝恩)	
810			①高才嵐(朝貢) ⑪大延眞(方物)		⑩(獻上, 順宗 명복 祈願)	
811						
812	8僖王		①(賀正?) ⑫(朝貢)		④(賀正, 告哀, 請冊封)	⑦(헌덕왕·왕비 책봉)
813			⑫王子·辛文德(朝貢)	①內侍 李重旻(大言義 冊封)		
814			①高禮進(朝貢, 佛像 헌상) ⑪(鷹鶻 헌상) ⑫大孝眞(朝貢)			
815			①卯貞壽 귀국 ②大昌慶 귀국 ③귀국 ⑦大庭俊(朝貢)		①(?)	
816			②高宿滿(?) ③大誠愼(朝貢) ⑪(朝貢)		?(宿衛)	
817			②(朝貢)		?(노비 금지 要請)	
818	9簡王 10宣王		②/③李繼嘗 (告哀/朝貢)?(朝貢)	*⑤(大仁秀 冊封)	?(獻上)	
819						⑦(군사 요청)
820			윤①(朝貢) ⑫(朝貢)	*윤①(大仁秀 進封)	②(?) ⑪(?)	②(憲宗 죽음과 穆宗 즉위 통보)

표 11-2에서 계속

연도	발해왕	신라왕	渤海 → 唐	唐 → 渤海	新羅 → 唐	唐 → 新羅
821			?〈Y?長慶 연간〉 大公則·愼能至(?) ?〈Y? 長慶 연간〉 발해왕자(?) *長慶 연간(821~824) 4회			
822			①(朝貢)		⑫(賀正, 宿衛, 要請)	
823			?〈Y?長慶 연간〉大多英·大定順(?)			
824			②大聰叡(宿衛/朝貢)			
825			③(朝貢) *寶曆 연간(825~827) 2회		⑤(要請)	?(穆宗 죽음과 敬宗 즉위 통보)
826		興德王	①(朝貢)		⑫(?)	
827			④(朝貢) ?(賀正)		④(朝貢)	⑫(조문, 興德王·王母 책봉, 敬宗 죽음 통보)
828			⑫(朝貢)		?(?) ⑫(?)	
829			⑫(朝貢)			
830	11大彝震		⑫(朝貢) ?〈Y?咸和 연간〉 大昌輝(朝貢)		⑫(?)	
831				①內養 王宗禹?(大彝震 冊封)	②(?) ⑪(?)	
832			②/③大明俊(朝貢) ?賀守謙(幽州 방문)	*⑫內養 王宗禹 귀국		
833			①高寶英(謝恩, 학생 입학·귀국 요청) ②大光晟(來朝)	秋, 張建章(발해 답방)		
834						
835						
836		僖康王	⑫(朝貢)		⑥頃(謝恩, 宿衛) ⑫(宿衛, 要請)	

표 11-2에서 계속

연도	발해왕	신라왕	渤海 →唐	唐 →渤海	新羅 →唐	唐 →新羅
837			①大明俊(賀正, 학생 입학)			
838		閔哀王	②(賀正?)			
839		神武王 文聖王	⑫大延廣(朝貢)		⑦(獻上)	⑥頃(神武王 책봉, 위로)
840			*③圓仁이 발해 사신 목격 *<u>文宗 연간(827~840) 12회</u>		④(告哀, 要請)	
841			?〈Y?武宗時〉(瑪瑙杯 진상) ?〈Y?〉 王子 大昌輝 *<u>會昌 연간(841~846) 4회</u>	?〈Y?〉 大昌輝에 칙서 등 기탁		⑦(文聖王·王妃 책봉, 文宗 죽음과 武宗 즉위 통보)
842						
843			②(黠戛斯 사신이 上席)			
844						
845						
846			①大之蕚(朝賀/入朝)		②(?)	
847						윤③頃(武宗 죽음과 宣宗 즉위 통보, 弔祭·책립)
848						
849						
850					?(?)	
851						
852						
853						
854						
855						
856					?(賀正)	
857	12大虔晃	憲安王				
858				*②(大虔晃 冊封)	?(?)	
859						

표 11-2에서 계속

연도	발해왕	신라왕	渤海 →唐	唐 →渤海	新羅 →唐	唐 →新羅
860			*咸通 연간(860~873) 3회			
861		景文王				
862					?(?): 익사	
863						
864					?〈Y?〉(告哀, 請册封)	
865						④(弔祭, 景文王 책봉)
866						
867						
868						
869					?(謝恩, 方物, 要請)	
870					夏(宿衛)	
871	13大玄錫					
872			?烏昭度 급제			
873			③崔宗佐 · 大陳潤(축하 사절, 일본 표착)			
874						④(僖宗 즉위와 改元 통보)
875		憲康王				
876					冬(?)	
877						
878					?(?): 중단	④(憲康王 책봉)
879						
880						
881						
882					?(朝貢, 探候)	
883						
884					?〈Y?〉(?)	
885					?(慶賀, 要請)	

표 11-2에서 계속

연도	발해왕	신라왕	渤海 → 唐	唐 → 渤海	新羅 → 唐	唐 → 新羅
886		定康王				
887		眞聖 女王			?〈Y?眞聖王 時〉(?)	
888						
889						
890						
891					夏(慶賀, 要請)	
892			?高元固 급제			
893			*<u>大玄錫 연간 4회</u>		?(納旌節): 익사 ?(告奏, 賀正): 중단	
894	14大瑋 瑎?					
895				*⑩/⑪(大瑋瑎 冊封)		
896					?(?)	
897		孝恭王	⑦大封裔(賀正)		?(賀正, 告讓 位, 要請) ?〈Y?孝恭王 初〉(謝恩, 告 嗣位)	
898						
899						
900						
901						
902						
903						
904						
905						
906	15大諲 譔?		?烏昭度(朝貢) ?烏光贊 급제			③(孝恭王 책봉)
907			⑤大昭順(後梁, 朝貢) *<u>顯德 연간(954~959) 까지 항상 파견</u>			

표 11-2에서 계속

연도	발해왕	신라왕	渤海 → 唐	唐 → 渤海	新羅 → 唐	唐 → 新羅
908			①崔禮光(後梁, 朝貢)			
909			③大誠諤(後梁, 朝貢, 여자·방물 헌상)			
910						
911			⑧(後梁, 方物)			
912		神德王	⑤大光贊(後梁, 表文, 방물/朝貢)			
913						
914						
915						
916						
917		景明王				
918			②(契丹)			
919						
920						
921						
922						
923						
924		景哀王	①大禹謨(後唐, 朝貢) ⑤大元讓(後唐, 方物/朝貢)	*?(吳越國, 발해왕 책봉)		
925			②裴璆(後唐, 방물·奴子)			
926						

이 표에서 통일신라 자료는 權悳永, 『古代韓中外交史』(일조각, 1997) 및 權悳永, 「8, 9세기 '君子國'에 온 唐나라 使節」(『新羅文化』 25, 2005)에 주로 의거하였음.

◯의 숫자: 月 표시, 'Y?': 연도 불명(예: '?〈Y?〉'는 年月 불명), (?): 使行目的 未記載, '/': 기록에 따른 차이를 의미, '발해?': 발해국인지 靺鞨 집단인지 불명, *: 참고사항

표 11-3. 발해·통일신라의 冊封·褒異

연도	발해						통일신라					
	王名	品(階)	官	勳	爵	출전	王名	品(階)	官	勳	爵	출전
702/703							金興光	輔國大將軍(정2품)	行豹韜衛大將軍(정3품), 鷄林州(大)都督		新羅王(정1품)	舊唐書199상
705/707	大祚榮(?)		忽汗州都督		渤海郡王(종1품)	五代會要30						
707							金興光	驃騎大將軍(종1품)				唐會要95
713	大祚榮		左驍衛員外大將軍(정3품), 忽汗州都督		渤海郡王(종1품)	舊唐書199下, 資治通鑑210, 冊府元龜964	金興光	驃騎(大)將軍(종1품), 特進(정2품)	行左威衛大將軍(정3품), 使持節大都督雞林州諸軍事, 雞林州刺史	上柱國(정2품)	樂浪郡公(정2품), 新羅王	三國史記8
?	大祚榮 아들 大武藝				桂婁郡王(종1품)	舊唐書199下						
718	大祚榮 아들 大述藝	懷化大將軍(정3품상)	行左衛大將軍員外置(정3품)			冊府元龜974						
	靺鞨 사신: 발해?		守中郎將(정4품하)			冊府元龜974						
719	大祚榮 추증	特進(정2품)				冊府元龜974						
	大武藝		左驍衛大將軍(정3품), 忽汗州都督		渤海郡王(종1품)	舊唐書199하						

표 11-3에서 계속

연도	발해						통일신라					
	王名	品(階)	官	勳	爵	출전	王名	品(階)	官	勳	爵	출전
720	大武藝 아들 大都利行				桂婁郡王 (종1품)	册府元龜 964						
721	渤海郡 靺鞨大首領		折衝			册府元龜 974						
722	味勃計	〈錦袍·金魚袋〉	大將軍			册府元龜 975						
724	賀祚慶	游擊將軍 (종5품하)				册府元龜 975						
725	謁德		果毅			册府元龜 975						
725	大武藝 동생 大昌勃價	〈紫袍·金帶·魚袋〉	左威衛員外將軍(종3품)			册府元龜 975						
726	大都利行		左武衛大將軍員外置(정3품)			册府元龜 975						
726 이후	大門藝		左驍衛將軍 (종3품)			舊唐書199하						
727 이전?	大武藝		左金吾衛大將軍(정3품)		渤海郡王	續日本紀32						

표 11-3에서 계속

연도	발해						통일신라					
	王名	品(階)	官	勳	爵	출전	王名	品(階)	官	勳	爵	출전
727	大昌勃價			襄平縣 開國男 (종5품상)		冊府元龜 975						
728	大都利行 추증	特進(정2품)	鴻臚卿(종3품)			冊府元龜 975						
	菸夫須計		果毅			冊府元龜 975						
729	大武藝 동생 大胡雅	游擊將軍(종5품하)〈紫袍·金帶〉				冊府元龜 975						
	大武藝 동생 大琳		中郎將 (정4품하)			冊府元龜 975						
730	智蒙	〈緋袍·銀帶〉	中郎將 (정4품하)			冊府元龜 975						
	烏那達利		果毅			冊府元龜 975						
731	遠蕃靺鞨/渤海靺鞨 사신		將軍			冊府元龜 975						
	大取珍		果毅			冊府元龜 975						

표 11-3에서 계속

<table>
<tr><th rowspan="2">연도</th><th colspan="6">발해</th><th colspan="6">통일신라</th></tr>
<tr><th>王名</th><th>品(階)</th><th>官</th><th>勳</th><th>爵</th><th>출전</th><th>王名</th><th>品(階)</th><th>官</th><th>勳</th><th>爵</th><th>출전</th></tr>
<tr><td>733</td><td></td><td></td><td></td><td></td><td></td><td></td><td>金興光</td><td>開府儀同三司(종1품)</td><td>寧海軍使</td><td></td><td></td><td>舊唐書199상</td></tr>
<tr><td>736</td><td>大武藝 동생 大蕃</td><td></td><td>太子舍人員外(정6품상)</td><td></td><td></td><td>册府元龜975</td><td></td><td></td><td></td><td></td><td></td><td></td></tr>
<tr><td rowspan="2">737</td><td>公伯計</td><td></td><td>將軍</td><td></td><td></td><td>册府元龜975</td><td rowspan="2"></td><td rowspan="2"></td><td rowspan="2"></td><td rowspan="2"></td><td rowspan="2"></td><td rowspan="2"></td></tr>
<tr><td>多蒙固</td><td>〈紫袍·金帶〉</td><td>左武衛將軍(종3품)</td><td></td><td></td><td>册府元龜975</td></tr>
<tr><td>737/738</td><td>大欽茂</td><td></td><td>左金吾(衛)大將軍(정3품), (忽)汗州都督/左驍衛大將軍(정3품), 忽汗州都督</td><td></td><td>渤海郡王</td><td>唐會要96, 册府元龜965/舊唐書199하</td><td></td><td></td><td></td><td></td><td></td><td></td></tr>
<tr><td rowspan="2">738</td><td rowspan="2"></td><td rowspan="2"></td><td rowspan="2"></td><td rowspan="2"></td><td rowspan="2"></td><td rowspan="2"></td><td>金興光 추증</td><td></td><td>太子太保(종1품)</td><td></td><td></td><td rowspan="2">舊唐書199上</td></tr>
<tr><td>金承慶</td><td>開府儀同三司(종1품)</td><td></td><td></td><td>新羅王</td></tr>
</table>

표 11-3에서 계속

연도	발해						통일신라					
	王名	品(階)	官	勳	爵	출전	王名	品(階)	官	勳	爵	출전
739	人欽茂 동생 大勗進	〈紫袍 金帶〉	左武衛大將軍員外置同正(정3품)			册府元龜975						
	優福子	〈紫袍·銀帶〉	果毅			册府元龜975						
740							金承慶妃				新羅王妃	唐會要95, 新唐書220
741	失阿利		郎將			册府元龜975						
742~756	大欽茂(累加)	特進(정2품)	太子詹事(정3품), 太子賓客(정3품)			册府元龜965						
743	大欽茂 동생 大蕃		左領軍衛員外大將軍(정3품)			册府元龜975	金憲英		襲兄官爵		新羅王	舊唐書199상
762	大欽茂		檢校太尉(정1품)		渤海國王(정1품)	新唐書219						
766~779	大欽茂(累拜)		司空(정1품), 太尉(정1품)			舊唐書199下						
768							金乾運	開府儀同三司(종1품)			新羅王	舊唐書199上, 新唐書220

표 11-3에서 계속

연도	발해						통일신라					
	王名	品(階)	官	勳	爵	출전	王名	品(階)	官	勳	爵	출전
785							金良相		檢校太尉(정1품), 都督鷄林州刺史, 寧海軍使		新羅王	舊唐書199上
785							金敬信		襲官爵		新羅王	舊唐書199上
791	大常靖		衛尉卿同正(종3품)			舊唐書199下						
794	왕자 大淸允		右衛將軍同正(종3품)			舊唐書199下						
795	大嵩璘		(左〈右〉驍衛大將軍?), 忽汗州都督		渤海郡王	册府元龜965						
798	大嵩璘	銀靑光祿大夫(종3품)	檢校司空(정1품)		渤海國王	舊唐書199下						
798	王姪 大能信		左驍騎衛中郎將(정4품하)			舊唐書199下						
798	茹富仇		右武衛將軍(종3품)									
800							金俊邕	開府儀同三司(종1품)	檢校太尉(정1품)		新羅王	舊唐書199上

표 11-3에서 계속

연도	발해						통일신라					
	王名	品(階)	官	勳	爵	출전	王名	品(階)	官	勳	爵	출전
805	大嵩璘	金紫光祿大夫(정3품)	檢校司空(정1품) 또는 簡較司徒(정1품)			舊唐書199下, 冊府元龜965	金重(興)	開府儀同三司(종1품)	簡較太尉(정1품), 使持節大都督鷄林州諸軍事, 雞林州刺史, 兼持節充寧海軍使	上柱國(정2품)	新羅王	冊府元龜965
806	大嵩璘		檢校太尉(정1품)			舊唐書199下						
809	大元瑜	銀青光祿大夫(종3품)	檢校祕書監(종3품), 忽汗州都督		渤海國王	舊唐書199下						
812							金彥昇	開府儀同三司(종1품)	檢校太尉(정1품), 持節大都督鷄林州諸軍事, 兼持節充寧海軍使	上柱國(정2품)	新羅國王	舊唐書199上
							妻				妃	
813	大言義	銀青光祿大夫(종3품)	檢校祕書監(종3품), (忽汗州)都督		渤海國王	舊唐書199下						
818	大仁秀	銀青光祿大夫(종3품)	檢校祕書監(종3품), (忽汗州)都督		渤海國王	舊唐書199下						
820	大仁秀	金紫光祿大夫(정3품)	檢校司空(정1품)			舊唐書199下						

표 11-3에서 계속

연도	발해						통일신라					
	王名	品(階)	官	勳	爵	출전	王名	品(階)	官	勳	爵	출전
831	大彝震	銀靑光祿大夫(종3품)	檢校秘書監(종3품), (忽汗州)都督		渤海國王	舊唐書199下	金景徽	開府儀同三司(종1품)	簡較太尉(정1품), 使持節鷄林州諸軍事, 鷄林州大都督, 寧海軍使	上柱國(정2품)	新羅王	册府元龜965
841							金慶膺	開府儀同三司(종1품)	檢校太尉(정1품), 使持節大都督雞林州諸軍事, 兼持節充寧海軍使	上柱國(정2품)	新羅王	三國史記11
858	大虔晃	銀靑光祿大夫(종3품)	檢校秘書監(종3품), (忽汗州)都督		渤海國王	舊唐書18下						
865							金膺廉	開府儀同三司(종1품)	檢校太尉(정1품), 持節大都督雞林州諸軍事	上柱國(정2품)	新羅王	三國史記11
878							金晸	開府儀同三司(종1품)	使持節檢校太尉(정1품), 大都督雞林州諸軍事		新羅王	三國史記11
895	大瑋瑎(加官)					唐會要57						
924	大元謙		試國子監丞			册府元龜976						
925	裴璆	右贊善大夫				册府元龜976						
929	高正詞		太子洗馬			册府元龜976						

통일신라의 경우는 高明士, 『從天下秩序看古代的中韓關係』(『中韓關係史論文集』, 中華民國韓國研究學會, 臺北, 1983), pp.128-132에 주로 의거하였음.

부록

발해사 연구의 길

처음 한국사를 연구하려고 하면 무엇부터 손을 대야 할지 당혹스럽다. 대학원에 진학하기 전에 학부 과정에서 무엇을 준비해야 할지도 막연하다. 근래에는 아무런 준비 없이 대학원에 들어와 갈피를 못 잡는 경향이 있는데, 아직 우리에게는 연구자가 되는 과정을 안내해 주는 가이드북이 없다.

이 글의 목적은 필자가 한 연구자로서 그동안 발해사를 연구해 온 과정을 회고함으로써, 이제 막 연구자의 길에 들어선 이들이 각자의 길을 찾는 데에 조금이나마 도움을 주려는 데 있다. 다른 학문도 마찬가지겠지만, 한국사 연구자의 길은 수많은 모색의 과정이요 끝없는 고민의 행로이다. 더욱이 사료가 적은 고대사는 칠흑 속에서 실낱같은 빛을 찾는 격이므로 그 방황의 강도는 더할 수밖에 없다.

1. 발해를 찾기까지

발해사를 연구하겠다는 생각은 대학 3학년을 마치고 군복무를 위해 휴학한 1978년경에 처음 갖게 되었다. 지금까지 35년 이상 발해사 연구에 매진하게 된 시발점이었다. 대학에 입학한 후 몇 차례의 탐색 끝에 얻은 결론이었다.

인문계열에 입학한 뒤에 국사학과 김철준 교수의 교양강의를 들으면서 한국 고대사를 연구하기로 마음먹었다. 물론 대학 입학 전의 경험도 그런 결정에 영향을 주었다. 필자의 고향 대전에는 산성이나 보루가 많아서 어렸을 때 산 위에서 쉽게 접하곤 하였다. 이들이 바로 삼국 항쟁의 산물이라는 것은 연구자가 된 후에 알게 되었다. 그뿐 아니라 중학생 때는 무령왕릉이 발굴되어 신문에 대서특필되었으니, 그 신문을 스크랩해 두었던 기억이 난다. 그 뒤로 역사 관계 기사를 스크랩해 두곤 하였다. 가난했지만 신문은 구독했던 시절이다.

그리하여 필자는 한국 고대사 연구로 방향을 정했지만, 앞으로 어떤 것을 연구해야 할지 막막하였다. 대학 초년생으로서는 당연한 고민이었지만, 고등학교 3학년 때부터 국사학과에 입학해서 한국사를 연구하겠다고 공언한 마당에 기대에 부응해야 한다는 조바심도 있었다.

처음에는 기마민족설에 심취하여 이와 관련된 책이나 논문을 읽었다. 시베리아에서 한반도를 거쳐 일본 열도에 이르는 장대한 스케일은 지금 봐도 초년생을 반하게 할 만한 주제이다. 이 무렵에 사서 읽은 에가미 나미오(江上波夫)의 『기마민족국가』 문고본을 지금도 연구실에 갖고 있다. 3학년 1학기에 선택한 한국 고대사 강의는 오픈 노트로 시험을 보았다. 본인이 문제를 정하고 이에 대해서 논하는 식이었다. 그래서 기마민족과 관련된 『삼국사기』의 자료를 나름대로 정리해서 답안을 작성했더니 C+ 학점이 나왔다. 말[馬]과 관련된 자료를 정리한 것으로 기억하는데, 자기 스스로 공부한 것을 적는 것이 중요하다는 말만 믿었다가 낭패를 보았고, 이 주제는 안 되겠구나 하는 생각에 과감히 포기해 버렸다.

그다음에 포착한 주제가 샤머니즘이다. 기마민족설 때문에 시베리아에 눈을 돌리게 되었고, 거기서 시베리아 샤머니즘과 한국의 샤머니즘의 관련성을 알게 되었다. 니오라쩨의 책을 번역한 『시베리아 제민족의 원시종교』라든가 엘리아데의 『샤머니즘』 등을 접하게 된 것이다. 특히 샤머니즘이 시베리아에서 출발하여 한반도까지 퍼져 나갔지만, 대부분 지역이 공산화되면서 샤머니즘의 원형이 한국에 잘 남아 있게 되었다는 엘리아데의 설명이 매력적으로 느껴졌다. 그러나 이를 역사 연구에 어떻게 활용할 수 있을지 도무지 방안이 서지 않았다. 그래서 이 주제도 포기하였다.

시베리아에서 조금 가까이 만주로 눈을 돌리자 발해가 눈에 들어왔다. 교과서에는 우리 역사로 되어 있지만 연구가 어렵다는 이유만으로 방치되어 있었다. 이 사실에 내가 한번 해 보겠다는 도전 의식이 생겼다. 필자의 인생관은 지금도 '남이 하지 않는 것을 한다'는 것이다. 한국사를 택한 것도 이 떠문이고, 발해사를 택한 것도 역시 이 때문이다. 이리하여 마침내 앞으로 일구어 갈 황무지를 발견하게 되었다.

2. 연구의 첫걸음

발해사를 연구하겠다고 결정했지만, 어디부터 손을 대야 할지 막막하였다. 지침이 될 만한 글이 하나도 없었다. 도대체 국내외에서 무슨 연구가 이루어졌는지도 도통 알 수 없었다. 그래서 처음 시작한 것이 논저 목록의 작성이었는데, 이때가 마침 휴학 시절이었다. 1978년에 6개월간의 병역 의무를 마치고 가을 학기에 복학했으나 두통 때문에 다시 1년 반을 휴학하였다. 휴학 기간에 자료 수집차 곳곳을 돌아다녔다.

서울대학교 도서관의 신간과 구간 도서실은 물론이고, 국회도서관과 남산에 있던 국립중앙도서관을 뒤지면서 목록을 작성하고 자료를 복사하였다. 도리야마 기이치(鳥山喜一)의 『발해사상의 제문제』는 국내 국회도서관에만 보관되어 있어서 당시 국회의원 보좌관으로 있던 선배의 도움을 받아 복사할 수 있었다. 일제강점기에 간행된 『신동아』의 글을 복사하기 위해 동아일보사를 찾아갔지만 하필 그 책은 결본이었다. 나중에 유득공의 『발해고』(2000)를 번역해 낼 때도 이 당시에 국립중앙도서관에서 복사한 필사본을 저본으로 삼았다.

적성국가의 불온 간행물로 분류된 중국이나 북한 자료의 입수가 문제였다. 일본에서 수입된 서적은 북한을 비롯한 공산권 관련 내용을 칼로 도려내거나 매직으로 검게 칠하던 시절이었다. 삼청동에 있던 경남대학교 극동문제연구소에서 선배의 도움을 받아 일부 간행물을 열람하였고, 이 기관의 이름으로 현재 민속박물관 자리에 있던 국립중앙박물관 불온 간행물 서고에서 중국의 고고학 자료를 복사할 수 있었다. 1973년 『문물』에 발표된 하남둔(河南屯) 고분 발굴보고를 이렇게 구하였다. 당시에 불온 간행물을 보려면 비밀 취급 인가증이 있어야 하였고, 복사는 꿈도 꾸지 못하던 때라서 선배들의 도움을 받아서 어렵게 구한 것이다.

북한 자료는 더욱 구하기가 어려웠다. 순수 학술 자료도 쉬쉬 하며 비밀리에 복사해 보던 때였다. 마침 북한의 고고학 연구를 집대성한 주영헌의 『발해문화』가 일본어로 번역된 것을 구해 읽으면서 노트에 빼곡히 정리하였다. 몇 년 뒤에 고고학과 대학원 강의에 나오신 윤무병 충남대학교 교수가 북한에서 나온 원본을 빌려주어 복사할 수 있었다. 이렇게 북한 간행물을 겨우 구해 볼 수 있었다.

일제강점기에 나온 『동경성』(1939) 보고서를 구하는 것도 쉽지 않았다. 서울대학교 구간 도서실을 비롯하여 어디를 가도 동방고고학총간 시리즈 가운데 이 책은 빠져 있었다. 고고학과 동료를 통해서 일본 오카야마 이과대학의 조수이던 가메다 슈이치(龜田修一) 선생과 연결되어 전체를 복사해 받을 수 있었다. 이 책은 나중에야 국내에 영인본으로 나왔다. 또 규슈대학의 니시타니 다다시(西谷正) 교수는 필자가 발해사를 공부한다는 것을 알고 정효공주 무덤 발굴보고서 및 화룡 북대고분군 발굴보고서가 실린 학술지를 보내주었다. 서해 5도 조사 시 인연을 맺은 서울신문사 황규호 문화부장님과 연결되어 1984년 국내에 정효공주 벽화를 처음 소개하였고, 이 인연은 1990년 서울신문사의 특집 사업으로 이어져 처음 만주 땅을 밟을 수 있었다.

친구 모친이 두계 이병도 선생과 친척이어서 함께 댁을 방문한 적이 있었다. 이때 가지고 있던 정혜공주 묘지명에 관한 논문을 보여 주셨다. 이리하여 김육불이 1956년에 쓴 논문을 구할 수 있었는데, "김육불이 아직 살아 있어."라고 하신 말씀이 지금도 기억에 생생하다. 두계 선생은 이 무렵에 출간된 『한국고대사연구』 일본어판에서 정혜공주가 3년상을 치른 것을 지적한 코멘트를 달았는데, 이 또한 발해의 고구려 계승성에 주목하는 계기가 되었다. 1996년 발해사 저서로 두계학술상을 받았을 때, 당시의 추억을 떠올리기도 하였다.

이 무렵 전곡 구석기 유적 발굴 현장에서 만난 최무장 건국대학교 교수를 통해서도 논문 한 편을 구할 수 있었다. 당시에 최 교수는 발해 고고 논문을 모아서 번역서를 준비하고 있었는데, 마침 두계 선생으로부터 얻은 자료를 건네주고 왕청리(王承禮) 선생이 1979년에 발표한 육정산고분군 논문을 구할 수 있었다. 이런 자료들을 토대로 「길림성 돈화지방을 중심으로 한 발해고고학의 현황에 대하여」라는 제목의 학부 졸업논문을 작성하였고, 이 가운데 정혜공주 묘지명에 관한 내용만 추려 「발해 정혜공주묘비의 고증에 대하여」(1981)라는 논문을 발표하였다.

막상 논문을 작성하려니 어떻게 문장을 써야 할지 난감하였다. 그래서 여러 논문을 읽으면서 모범이 될 만한 사례를 찾았다. 그 결과 이기백·한영우 교수의 문장을 선택하였다. 단문 위주로 문장이 간결하고 뜻이 명료했기 때문이다.

노트 가득 작성한 논저 목록을 본 이태진 국사학과 교수가 학술지에 발표하라고 권유하였다. 『한국사연구』 33호에 실렸다는 「발해사관계 논저목록」(1981)이 그것이다. 학술지에 논저 목록이 실렸다는 것이 지금으로서는 이상하겠지만, 당시로서는 그 정도로 발해사 연구에 대한 정보가 없었다.

자료 수집과 관련하여 에피소드 하나가 떠오른다. 서병국 당시 관동대학교 교수가 1980년에 발해와 신라의 국경선인 니하가 강릉 부근의 연곡천이라는 논문을 발표하였다. 필자는 설악산 등반 길에 일행에서 홀로 떨어져 주문진을 거쳐 성터 등의 유적이 있다는 논문 내용을 확인하러 버스를 타고 소금강으로 갔다. 그런데 그게 막차였다. 오도 가도 못한 채 시골 가게 앞에서 술을 걸치던 청년들이 따라 주는 소주를 사발로 받아먹은 후 어느 할머니 집에서 잠을 자게 되었다. 물론 술을 견디지 못해 비 오는 밤 마당에 나와 토해 내는 고생을 하였다. 다음 날 일어나 식사를 하고 나니 할머니가 민박 요금을 내라고 하였고, 호의로 재워 줬다고 생각하고 있었기에 당혹스러웠었다.

논문에서 지적한 현장을 둘러보면서 연곡천은 그야말로 개천 정도라서 도저히 국경선이 될 수 없다는 결론을 내렸다. 그런 다음에 강릉문화원을 찾아가 논문의 근거가 된 『임영지』를 빌려 복사하였다. 복사기가 갓 나온 때라서 당시에는 지금처럼 건식이 아니라 파라핀을 입힌 습식 복사지였다. 서울에서 찾아온 학부생에게 친절하게 자료를 보여 주고 복사할 수 있도록 배려해 주었다는 고마운 기억이 있다.

이렇게 해서 발해사 연구의 길로 접어들었고, 주변의 동료는 이런 필자를 '송발해'로 불러 주었다. 같은 시기에 가야사를 공부하던 김태식 현 홍익대학교 교수는 '김가야'라고 불렀다. 필자는 나중에 아들에게도 진국이라는 국명에서 '震'자를 따와서 이름을 지어 주었는데, 연구에 의미를 부여하고자 함이었다.

3. 고고 자료의 활용

한국사를 전공하려면 사회학이나 인류학과 같은 인접 학문을 공부해야 한다는 얘기를 듣고, 사회학사나 인류학 과목을 수강하였다. 특히 고대사와 인류학의 결합은 김철준 교수의 '이부체제' 논문으로부터 내려오는 전통이었다. 그러나 얄팍한 공부였지만 인류학 이론은 도저히 연구에 적용하기 어렵겠다는 생각을 가지게 되었고, 이에 고고학에 생각이 미쳤다. 인류학은 이론이나 사례의 활용과 관련되지만, 고고학은 원사료를 찾아내는 것이나 마찬가지였기에 매력이 있었다. 더구나 문헌 기록이 거의 없는 발해를 공부하려면 고고 자료를 이용하는 것이 필수였다.

이리하여 국사학과생으로는 처음으로 고고학을 부전공하였다. 국사학과와 고고학과 학부생실을 번갈아 드나들었고, 학부와 대학원을 통틀어서 고고학과 김원용 교수의 강의를 제일 많이 선택하였다. 필자를 필두로 해서 1980년대 중반까지 고고학을 부전공하는 국사학과 학생이 이어지다가 지금은 단절되고 말았다. 대학원에 가서 연구자가 되겠다는 꿈을 학부 시절부터 꾸던 학생들이 1980년대의 암울함에 묻혀 중단된 것이다.

고고학을 공부했지만 발굴 현장을 경험하기란 타학과생으로서 쉬운 일이 아니었다. 흔암리 유적이나 전곡 구석기 유적의 현장을 방문한 적이 있었다. 전곡에서는 주변 벽돌공장에서 추려낸 돌 가운데 석기 같은 것을 마대 가득 담아 끌고 오니, 황용훈 경희대학교 교수가 그렇게 하면 석기가 부서진다고 하면서도 하나씩 감정을 해 준 적이 있었다. 또 충주댐 발굴 현장에 며칠 머물면서 유물 촬영을 해 주고, 고고학과 최몽룡 교수가 쥐어 준 수고비로 스위스 칼과 여름용 침낭을 샀는데, 지금도 보관하고 있다. 발굴 때마다 사용하는 트라월도 최몽룡 교수가 미국에서 사 온 것을 필자에게 선물로 준 것이다.

발굴 경험은 4학년 말인 1980년 가을에 시작되었다. 국립문화재연구소에서 경기도 양주에 있는 대모산성을 발굴하게 되었는데, 지도교수인 김철준 교수가 추천해 주어 참여하였다. 산성 발굴은 국내에서 처음이었기에 쉽지 않은 일이었다. 매일 아침 산을 올라야 하는 일이 고되었으나 덕분에 성치 않은 필자의 건강이 제법 좋아졌다. 대학원에 입학하여 학과 조교가 된 이듬해에도 학과의 배려로 발굴에 참여하였다. 이 당시에 주머니 모양의 저장혈을 국내에서 처음 발굴하였다. 그뿐 아니라 최몽룡 교수의 배려로 1981년과 이듬해에 서울신문사 주최인 백령도, 연평도 등의 서해5도 조사에 다녀온 것도 큰 자산이 되었다.

1984년 한림대학교로 자리를 옮긴 뒤부터 본격적으로 발굴에 관여하였다. 춘성군 신매리의 지석묘와 주거지를 노혁진 교수와 함께 발굴하였다. 또 여주 매룡리 용강골고분군은 김정기·최영희 교수와 함께 두 차례 발굴하여, 사진 촬영에서 보고서 작성까지 책임을 맡았다. 또 양구군, 평창군, 영월군, 홍천군의 유적 조사를 담당하여 『강원도의 선사문화』(1986)와 『홍천군의 전통문화』(1987)를 공저로 펴냈다. 이 과정에서 사학과에 함께 몸담고 있던 노혁진·김정기·최영희 교수의 도움을 많이 받았다.

이 경험들은 발해 고고 자료를 이해하는 데에 간접적이나마 큰 도움이 되었다. 비록 현장에는 가 보지 못했지만, 보고서에서 어느 부분이 중요하고 어느 부분이 문제가 있는지를 판별할 수 있는 능력을 키워 주었기 때문이다. 예를 들어 중국 길림성 돈화의 강동 24개석 옆에서 쪽구들(온돌) 유구가 발굴되어 서로 병존했던 것으로 보고되었으나, 층위를 자세히 보면 선후 관계의 유구라는 결론을 얻을 수 있다. 앞으로 고대사를 연구하려면 발굴 현장에 참여해야 하고, 가능하면 보고서까지 써 봐야 발굴 보고서를 있는 그대로 받아들이지 않고 비판적으로 활용할 수 있음을 지금도 학생들에게 강조하고 있다.

이런 발굴 경험은 마침내 연해주의 발해 유적 현장에서 활용할 수 있었다. 고려학술문화재단의 지원을 받아 러시아 연구자와 공동으로 1993년 8월에 아브라모프카 말갈 주거지를 발굴하였고, 1995년 여름에는 마리야노프카 발해 성터를 발굴하였다. 그 외에도 몇 차례의 시굴 조사가 있었다. 1997년 말에 외환위기가 닥치면서 발굴은 더는 이루어지지 못하였다. 2000년대에 들어서는 다른 기관에서 시행한 체르냐치노 고분군과 주거지, 크라스키노 성터, 소콜로프카 유적, 콕샤로프카 1 성터 등의 발굴 현장을 자문위원으로서 참관할 수 있었다. 중국의 발해 유적은 발굴은커녕 현장조차 접근하기 어려운 것이 현실이지만, 동청고분군과 서고성의 발굴 현장을 비공식적으로 참관할 수 있는 행운도 있었다. 그러나 북한의 발해 유적은 아직 접근조차 할 수 없어 안타깝다.

고고 자료를 확보했다고 해서 이를 연구에 제대로 활용하는 것은 쉽지 않다. 고고학자의 연구와 역사학자의 연구는 접근 방식이 다를 수밖에 없다. 국내의 고고학자는 유형 분류와 편년이라는 기초 작업에 집중하는 경향이 강하지만, 역사학자는 여기에 머물 수 없다. 어떻게 해서든지 문헌 사료와의 결합을 시도하고 역사적 의미를 끌어내는 데에 집중해야 한다. 그러나 결코 쉬운 일이 아니므로 이 고민은 항상 따라다녔다.

처음에는 학부 졸업논문처럼 돈화지방의 고고 자료를 종합적으로 정리하고 필자의 코멘트를 다는 정도였다. 대학원에 들어가서도 고고 자료를 이용하여 석사학위논문을 쓰려고 노력하였다. 묘상 건축물에 관한 것을 쓰느냐 多人葬에 관한 것을 쓰느냐, 한 주제를 선택하지 못하고 고민만 거듭하였다. 이를 들은 노태돈 교수가 다인장을 쓰라고 해서 석사학위논문의 주제가 될 수 있었다. 당시에는 고분의 구조나 출토 유물에 대한 연구가 주류를 이루었고, 인골 출토가 희귀해서 매장법에 대한 연구가 거의 없었다. 하지만 발해 고분에서는 인골이 흔히 발굴되었고, 여러 사람이 함께 매장된 경우가 많았다. 인골 배치에서 주종관계가 드러나는 것으로 생각되어 이를 발해의 사회 구성과 연결시켜 해석해 보았다. 당시에는 수집 가능한 고고 자료를 망라하여 심혈을 기울여 쓴 것이었지만, 지금에 와서는 하나의 시도였다고 평가할 수밖에 없다. 이 때문에 학사학위논문과 석사학위논문은 『발해 사회문화사 연구』(2011)에 수록하지 않았다.

이후로는 발해 城址나 연해주의 발해 유적 연구 동향과 같은 자료 정리 성격의 글을 발표하기는 했지만 주로 문헌 연구에 집중하였다. 그러다가 고고 자료를 중심으로 연구한 「육정산 고분군의 성격과 발해 건국집단」(1998)을 발표하였는데, 「대조영의 출자와 발해의 건국 과정」(1991)이라는 문헌 연구를 뒷받침하는 것이었다. 「속말말갈의 원류와 부여계 집단 문제」(2003)는 속말말갈족의 원류를 밝힌 것으로서 그 후속 연구였다. 이후에도 「용해구역 고분 발굴에서 드러난 발해국의 성격」(2010), 「발해건축사 연구 동향과 콕샤로프카1 성터 건물지의 성격」(2012) 등에 이르기까지 고고 자료를 활용하는 글을 발표하였다.

발해사는 아니지만 「사당동 요지 출토 명문 자료와 통일신라 지방사회」(1997), 「고대의 문자생활」(2002), 「부여사 연구의 쟁점과 자료 해석」(2005) 등도 고고 자료를 중심으로 한 연구였다. 그리고 급기야 온돌에 관한 연구로 발전하였다. 발해 유적에서 온돌 유구가 상당수 발굴되었고, 과거에 샤프쿠노프 에. 붸. 교수와의 대화에서 온돌은 고조선에서 시작되어 발해까지 전래된 것이라는 말을 들은 것이 계기가 되었다. 물론 온돌은 한국 고유의 것이라는 전제 아래 발해의 고구려 계승성을 주장하는 근거로도 활용되고 있었다.

그러나 막연한 추정에 그치고 있었을 뿐이지 실증적인 연구는 없었다. 온돌에 관한 문헌 기록은 희소하지만, 20년 전부터 국내에서 본격적으로 발굴되기 시작한 온돌 유구들이 필자를 이 연구에 끌어들였다. 북방의 온돌 보고서를 모두 정리한 결과 온돌은 두만강 유역의 북옥저 지역에서 처음 시작되어 고구려로 유입되었고, 그 뒤에 다시 발해로 전수되었다는 결론을 얻어 『한국 고대의 온돌』(2006)을 출간하였다. 당시에는 자료가 방대하여 미처 정리하지 못했던 남한 지역의 보고서를 망라하여 발생 시기부터 조선시대까지 이르는 통사로서 『한국 온돌의 역사』(2019)를 저술하여 마무리하였다.

4. 넓어지는 시야

발해사 연구는 국제적일 수밖에 없다. 영토가 한국과 중국 및 러시아에 걸쳐 있고, 이에 더해서 일본까지 연구에 참여하고 있으니 한국사에서 가장 국제적인 연구 대상이 되어 있다. 따라서 발해사를 제대로 연구하기 위해서는 문헌과 고고 자료를 함께 다룰 수 있어야 하고, 여기에 일본과 중국 및 러시아의 연구를 읽을 수 있어야 함을 누누이 학생들에게 강조하곤 한다. 이런 준비는 학부 시절부터 해야 하는데, 지금은 그런 준비 없이 막연히 대학원에 진학하는 형편이니 발해사 연구자를 배출해내기가 쉽지 않다. 3년 전에는 대학원 수업에 중국어책을 포함했더니 아무도 수강 신청을 하지 않아 할 수 없이 강의를 변경해야만 하였다.

앞으로 한국사를 연구하겠다는 마음으로 대학에 입학하였고, 그러기 위해서는 일본어가 필요하겠다는 생각이 들어 학부 1학년 겨울방학 무렵에 일본어 학원에 다녔다. 불과 3개월 정도였는데, 그 뒤로는 직접 사전을 찾아가면서 일본어책을 읽어 나갔다. 처음에 '많다'는 의미의 澤山을 한자식으로 읽어서 무슨 뜻인지 혼란을 겪었던 기억이 있다. 그 당시 광화문 근처에 살고 있었는데, 종로 1가에 일본어 서점이 있어서 자주 드나들면서 책을 샀다. 에가미 나미오의 문고본을 포함해서 현재 필자의 연구실에 있는 일본어책 중에는 이때 구입한 것이 많다.

발해사를 연구하겠다고 마음먹고 중국 자료를 구하면서 중국어를 해득해야만 하는 상황이 되었다. 당시에는 중국과 단절되어 있어서 장차 중국어가 필요할 것이라는 생각을 전혀 하지 못하던 시절이다. 대학 3학년을 마치고 병역 의무 기간에 중국어 문법책을 읽었고, 그다음에는 사전을 찾아가면서 논문을 떠듬떠듬 읽어 나갔다. 중국어 발음을 한 마디도 못하는 절름발이였다. 처음에는 簡字를 알지 못해서 고생이 많았다. 谷이 穀, 云이 雲의 간자라는 사실을 몰라서 문장 해석에 혼란을 겪기도 하였다.

곡식을 가는 갈판인 穀磨盤을 谷磨盘이라 쓰니 왜 '골짜기'라는 말이 나오는지, 云紋이 도대체 어떤 무늬라서 '이를' 云자가 나오는지 혼란스러웠다. 홍콩의 친척을 통해서 간단한 사전을 구하면서, 간체자 읽는 것이 한결 편하게 되었다.

정효공주 무덤에서 '31건의 사람 骨骼'이 채집되었다는 보고서를 보고, 석사학위논문을 쓸 때 31개체의 인골이 발굴된 것으로 이해했으나 연변 방문 때 알아보니 2명분 31개 인골이라는 의미였다. 보고서 작성에 참여한 엄장록 선생에게 '골격'이라는 단어를 사용하여 오해할 수밖에 없었다고 하니, 그도 나중에 사전을 찾아보고 수긍하였다. 대륙의 정보가 전혀 없었던 때라서 당시 다른 연구자의 번역서를 보면 고유명사를 번역하기도 하는 등 오류가 많은 것도 이 때문이다.

그런가 하면 중국에서 ㄱ자형 평면을 가진 석실분을 刀形이라 하는 이유를 도무지 이해할 수 없었다. 나중에 방학봉 선생에게 물었더니 넓적한 중국식 칼을 그려 주는 것이었다. 우리의 칼만 생각하니 이해될 리 없었다.

석사학위논문을 준비하던 무렵에 고고학과 대학원생을 통해 한양대학교 김병모 교수가 중국의 고고학 잡지를 구독하고 있는 사실을 알게 되었고, 감사하게도 殉葬에 관한 자료들을 복사할 수 있는 기회를 얻을 수 있었다. 그리고 1983년부터는 홍콩의 三聯書店을 통해서 중국의 고고학 잡지를 구독하기 시작하였고, 그 인연은 30년 가까이 지난 지금까지 이어진다. 많을 때는 16종까지 구독했지만 지금은 6종으로 줄였다. 지금 가지고 있는 잡지에 결호가 많은 것은 당시의 사정을 반영한다. 적성국가에서 발행된 것이면 순수 고고학 잡지라도 불온 간행물로 취급되어 중간에서 압수되었기 때문이다. 때로는 연세대학교 앞에 있던 국제우체국으로 호출되어 압수 절차를 밟기도 하였다. '고고 공작'이니 '사회과학전선'이니 하는 용어는 중국에서 흔히 쓰는 말이지만, '공작'이니 '전선'이니 하는 용어 때문에 압수되기도 하였다.

삼련서점을 통해 구입한 책에는 왕청리 선생의 『발해간사』(1984)가 들어 있었다. 이 책을 보는 순간 발해 역사도 체계적으로 공부할 겸 해서 번역해 보겠다는 욕심이 생겼다. 석사를 마치고 1984년 2월에 한림대학교 아시아문화연구소의 연구원으로 간 직후였다. 한문 실력이나 중국어 실력이 제대로 갖추어지지 않았지만 나름대로 심혈을 기울여 번역하였고, 마침내 『발해의 역사』(1987)라는 제목으로 연구소 번역총서로 간행하였다. 그런 과정을 거치면서 발해에 대한 그림을 어느 정도 그릴 수 있게 되었고, 중국의 발해사 연구 시각을 비판할 수 있게 되었다. 이 번역서가 중국에도 알려져 1990년 처음 연변에 갔을 때 역자 서문을 읽은 엄장록 선생이 필자가 나이가 지긋한 줄 알았다고 말한 기억이 있다.

학부 시절에 일본어 서점에 갔다가 발해사 연구에 중요한 책을 하나 발견하였다. 일본에서 간행된 『세계 고고학 사전』에는 중국과 북한 및 러시아의 고고학 정보가 담겨 있었다. 상권은 사전이고, 하권은 논저 목록과 분포 지도 등이 수록되어 있었다. 그런데 아쉽게도 북한 부분은 잘려 나간 상태였다. 그래서 일본에서 직접 구할 수 있는 방법을 모색하였다. 마침 가르치던 고등학생의 이모가 재일교포여서, 두 달 과외를 하는 대신에 책을 사달라고 부탁하였다. 당시 한 달 과외비가 4만 원이었는데, 책값은 8만 원 정도였던 것으로 기억한다.

이와 비슷한 경험은 하나 더 있다. 이화여대 교수가 자신의 조상인 강홍립 장군의 전기를 쓰면서 만주 역사를 개관해 줄 사람을 찾고 있었고, 그 부탁이 필자에게 왔다. 어떻게 사례를 해야 하느냐는 물음에 사전을 하나 사달라고 하였다. 당시 중국 서점은 명동 중국 대사관 부근과 창덕궁 앞에 있었다. 집에서 가까운 창덕궁 앞의 알타이 서점에 종종 갔으나 25사나 『중국고금지명대사전』은 돈이 없어 구경만 하였다. 그래서 이 사전이 필요하다고 한 것이고, 지금까지 연구실 책상 앞에 꽂아두고 종종 참고하고 있다. 당시에 종로 2가 YMCA 건물 양식당에서 티본스테이크라는 것을 처음 얻어먹었다.

『세계 고고학 사전』을 통해 연해주에서도 발해 연구가 이루어지고 있다는 사실과 함께 샤프쿠노프 에. 붸. 선생이 쓴 책의 존재도 알게 되었다. 그래서 이 책을 구하고자 백방으로 노력하여 일본 교토대학 도서관에 소장되어 있다는 것을 확인하였다. 학교 도서관을 통해 복사 신청을 하면서 사진 부분은 마이크로필름으로도 보내달라고 요청하였다. 마이크로필름은 인화할 곳을 찾지 못하다가 경향신문사 박석흥 문화부장의 도움을 받을 수 있었다. 이렇게 해서 『경향신문』에 자료를 공개하게 되었고, 이것이 인연이 되어 나중에 「발해사 연구의 몇 가지 문제점」(1987)이라는 글을 『계간 경향』에 발표하게 되면서 추후 연구해 갈 방향을 잡을 수 있었다. 이 글은 초보자로서 몇 가지 중요 주제에 대한 생각을 서툴게 정리한 것인데, 의외로 반응이 있어서 영어, 프랑스어, 일본어로 번역되었다.

샤프쿠노프 에. 붸. 선생의 책을 읽기 위해 러시아어를 공부할 방도를 찾았다. 마침 언어학과에 러시아어 강좌가 학부 과목으로 개설되어 있는 것을 알고 대학원생이지만 청강할 수 있는지 물었지만 강사 선생은 안 된다고 하였고, 할 수 없이 정식으로 수강하게 되었다. 엉성한 러시아어 실력으로 연해주의 발해 고고학 부문만 번역하여 「연해주의 발해 문화 유적」(1985)이라는 글로 발표하였고, 이것은 연해주의 발해 유적을 이해하는 길잡이 역할을 하였다. 그러나 번역은 쉽지 않았다. 당시에는 국내에 러시아어 사전이 없었고, 일본어 사전 또는 복사를 거듭해서 잘 보이지도 않는 북한의 로조사전을 이용할 수밖에 없었다. 고고학 용어는 사전에 제대로 등재되어 있지 않았다. 연해주에서는 지금 중국의 고고 용어를 차용하고 있지만, 당시에는 치미나 귀면와 등을 일본어로 부르고 있었다. 이를 몰랐으니 '시비'니 '오니가바라'니 하는 용어의 뜻이 무엇인지 애를 먹었다. 필자의 번역은 모스크바대학 유학생이던 정석배 전통문화대학 교수와 함께 작업한 『러시아 연해주와 발해 역사』(1996)로 종료되었고, 그 뒤로는 러시아 학자의 논문이 국내에 직접 실리기 시작하였다.

1980년대 전반 처음 번역할 때 연해주의 유적들이 도대체 어디에 있는지 알 수 없었다. 『세계 고고학 사전』의 지도에 간략히 몇 개가 표시되어 있는 것이 전부였다. 연해주의 상세지도를 국내에서 구하는 것은 불가능하였다. 이 또한 미국에 유학하고 있던 선배의 도움을 받았다. 도서관에서 A4 용지에 나누어 복사한 것을 우송 받아서, 일일이 결합하여 테이프로 붙인 다음에 전지 복사를 하였다. 그래도 유적의 정확한 위치를 찾기는 어려웠고, 1992년에 처음 답사하면서 비로소 고고학 사전의 분포도도 정확하지 않다는 것을 알았다.

하나의 언어를 더 이해하면 그만큼 시야가 넓어진다. 똑같이 발해를 바라보지만 각 나라에서의 문제의식이 다르기에 중국인의 사고, 러시아인의 사고, 북한인의 사고, 일본인의 사고가 서로 다를 수밖에 없다. 우리가 미처 생각하지 못한 것까지 모두 고려하면서 연구해야 더욱 객관적이 되면서 시야도 넓어지게 될 것이다. 그런 점에서 어학은 시야 확대에 필수적인 도구이다.

5. 글자 하나의 힘

발해사를 선택했으나 학부생으로서 어떤 사료가 있는지조차 알 수 없었다. 그래서 카드에 사료를 하나씩 적어 나갔다. 당시에는 이런 식으로 카드를 만들어 카드 박스에 분류해서 담았는데, 컴퓨터가 보급되면서 이 방식은 사라졌다.

그러던 중에 태학사에서 갓 영인한 김육불의 『발해국지장편』을 알게 되었다. 사료가 모두 정리되어 있으니 정말 반가운 책이었다. 그러나 기쁨도 잠시였고 막상 사료를 읽으려 하니 도대체 어디서부터 끊어 읽어야 할지 막막하였다. 이 무렵에 표점이 찍힌 25사도 영인되어 서로 대조하면서 읽기 시작하였고, 기왕의 논문에 인용된 사료와도 대조하면서 조금씩 해석하고 이해하기 시작하였다. 그런 점에서 김육불의 책은 필자에게 발해사 연구를 인도한 첫 번째 등불이었다.

1970년대까지는 동국대학교 이용범 교수가 유일한 발해사 연구자였다. 서울대학교 동양사학과에도 강의를 나왔지만, 아쉽게도 발해사 강의는 듣지 못하고 복학한 뒤에 거란사 강의를 들을 기회를 얻었다. 발해사를 공부한다는 사실은 석사학위논문을 쓰고 난 뒤에서야 말씀드릴 수 있었다.

1980년대 초에 졸업정원제를 실시하면서 교수 정원이 대폭 확대되어, 석사학위논문만 쓰면 교수가 되던 호시절이었다. 필자도 1년 뒤에 교수가 되는 조건으로 1984년 초에 한림대학교 아시아문화연구소의 연구원으로 가게 되었다. 그런데 석사학위논문 작성에 온 힘을 쏟고 나니 그다음에 또 무엇을 써야 할지 막막하였다. 당시에는 논문 심사를 받고 나면 몸이 아프거나 심하면 입원까지 하는 일이 흔하였다. 그 정도로 다들 진을 빼며 논문을 썼었다.

고대사는 사료가 적은 만큼 일관된 주제를 가지고 연작으로 논문을 쓰기가 어려운데, 발해사는 더욱 그러하다. 하나의 논문을 쓰고 나면 그 다음에 무엇을 써야 할지 연구 주제를 찾느라 허덕인다. 그러기에 조그만 꼬투리 하나도 놓치지 말아야 한다. 우연히 떠오르는 발상도 항상 메모해 두는 버릇을 가져야 한다. 석사학위논문을 쓸 때 고민하는 문제의 해답을 꿈속에서 얻어 벌떡 일어나 메모한 적도 있다. 꿈속에서도 이것은 꼭 적어 두어야지 하는 생각에 잠을 깬 것이다. 그런 것들이 발전하여 논문으로 완성되는 경우가 있었다.

이기백 교수가 부여 사료에 보이는 '斷刑獄'의 '斷'자 하나의 해석으로 논문을 쓴 것도 고대사 연구에서 글자 하나가 지닌 무게를 느끼게 한다. 그러기에 사료를 한 글자씩 되새기면서, 그리고 '왜 그런가?'의 물음을 반복하면서 읽어 나가는 습관을 들여야 한다. 거기서 어느 날 갑자기 아이디어가 튀어나오는 경험을 할 때가 있다.

조선시대 발해 연구를 정리했지만 어떤 식으로 논문을 구성해야 할지 감이 잡히지 않았는데, 새벽 버스를 타고 다른 대학에 시간 강의를 가다가 갑자기 정리된 목차가 떠올랐다. 그렇게 해서 발표한 것이 「조선시대 사서에 나타난 발해관」(1991)이다. 문제가 풀리지 않으면 내던지고 여행을 떠나는 것도 좋은 방법이라고 생각한다. 차창을 바라보며 사색에 잠기다가 어느 순간 엉킨 실타래가 풀리는 경험을 몇 번 했기 때문이다. 반대로 정리되지 않은 채 생각나는 대로 붓 가는 대로 쓰다 보면 문제가 해결되는 경우도 있다.

1980년대에 발표된 글들은 발해사 연구를 위한 방황과 모색의 결과이다. 발해사를 탐색하면서 내 자리를 찾아가는 과정이었다. 그런 과정에서 발표한 「동아시아 국제관계 속의 발해와 신라」(1989)는 발해와 신라가 대립적인 것만은 아니었다는 사실을 밝힌 것으로서, 교과서에서 서로 대립적이었다고 한 서술이 바뀌는 계기가 되었다. 이 글은 남북국시대론의 한 근거를 제시한 것으로 한국고대사연구회에서 발표한 「남북국시대론의 기초적 검토」(1991)로 확장되었으나, 이듬해 학회지가 아니라 연구회 회보에 실리는 바람에 그 뒤 연구자들이 읽지 못하는 결과를 가져왔다.

1990년대에 들어서야 비로소 필자 나름으로 의미 있는 글을 쓰기 시작하였다. 그 논문들을 재정리하여 『발해의 역사적 전개 과정과 국가 위상』(1995)이라는 제목으로 박사학위논문을 제출하였고, 다시 『발해 정치사 연구』(1995)라는 제목으로 출간하였다. 거창한 제목과는 달리 발해사가 도대체 어떻게 전개되었는지를 밝히는 실증적인 논문들로 구성하였다.

여기서 나름대로 자부하는 부분은 발해가 추구했던 국가적 위상 문제이다. 발해는 대외적으로 왕국이면서 내부적으로는 황제국을 지향했던 外王內帝의 이중성을 띠는 국가였음을 밝힌 것이다. 이것도 아주 조그만 단서에서 출발하였다. 1990년에 처음 연변에 갔을 때 연변대학 방학봉 교수가 정효공주 묘지명에 보이는 皇上이라는 단어를 언급한 적이 있다. 필자가 왕청리 선생의 번역서 서문에서 중국의 발해관을 비판하였고, 방학봉 교수도 이에 동조하면서 문왕을 황상이라고 불렀는데 어찌 당나라 지방정권이 될 수 있는가 하여 의기투합했었다.

그 뒤에 중요한 금석문 자료를 구해서 「함화4년명 발해 비상 검토」(1992)를 발표하였고, 이것이 위의 대화를 발전시키는 계기가 되었다. 황수영의 『한국금석유문』에 일본 오하라(大原) 미술관에 소장된 발해 불상의 명문이 소개되어 있었지만, 띄엄띄엄 누락되어 있어서 이해하기 어려웠다. 자료 수집을 모색하다가 당시 국립중앙박물관의 후배를 통해 그 미술관으로부터 사진을 받을 수 있었다. 사진 속 명문은 모두 읽어낼 수 있었고 논문도 작성하게 되었다. 1996년 초에는 명문의 신빙성에 반신반의하던 규슈대학의 하마다 고사쿠(濱田耕策) 교수와 함께 미술관에 직접 가서 실견할 수 있었다.

이 명문에 許王府라는 관청이 등장한다. 허왕부란 허왕의 관청이니, 이것은 발해 왕 아래 허왕이라는 또 다른 왕이 있는 것을 의미한다. 왕 아래 왕이 있는 것이다. 이것이 황상의 단어와 연결되니, 비록 왕이라 불렸지만 발해 왕은 황제와 같은 존재였다는 사실이 떠올랐다. 그런 생각을 하니 흔히 알고 있는 『신당서』 발해전의 구절이 새삼 눈에 들어왔다. 宣詔省이나 詔誥舍人에 '詔'가 들어가 있는 것이다. 이것은 왕의 명령인 教가 아니라 황제의 명령인 詔로 불렸기 때문일 것이라는 생각이 들었다. 글자 하나 속에 큰 사실이 숨어 있었던 것이다. 통일신라에서 宣教省이라 부른 것과도 대비되었다. 게다가 발해는 연호를 '사사로이' 사용했다고 하였으니, 연호의 사용도 황제의 권한에 속하는 것이었다. 이러한 작은 사실들을 모아서 「황제 칭호와 관련된 발해 사료들」(1993)이라는 학술 발표문으로 완성하였다.

정효공주 무덤이 있는 용두산 고분군을 발굴한 결과를 발표한 잡지를 받아본 순간 뛸 듯이 기뻤다. 발해 왕의 배우자를 皇后로 지칭한 비문이 발굴되었다는 것이다. 20년 전의 내 주장이 옳았다는 것을 증명하는 것이었기에 「용해구역 고분 발굴에서 드러난 발해국의 성격」(2010)이라는 글로 발표하였다. 국립문화재연구소가 연해주에서 발굴한 건물지도 황제국에 걸맞은 7廟가 있던 자리로 생각되어 「발해건축사 연구 동향과 콕샤로프카1 성터 건물지의 성격」(2012)으로 발표하였다.

이처럼 글자 한둘에서 출발하여 마침내 발해국의 위상을 밝히기에 이르렀다. 고대사에서 글자 한 자의 힘이 이처럼 세기에 사료를 곱씹으며 읽는 훈련이 무엇보다 필요하다.

6. 만주로, 연해주로

제대로 고대사를 연구하려면 역마살이 끼어 있어야 한다. 갈수록 컴퓨터 세대가 되어 혼자만의 공간에 눌러앉아 연구하는 버릇이 들어가는 것 같다. 움직이길 싫어하는 사람은 고대사를 전공할 자격이 없다. 현장에 가지 않고 상상만의 역사를 할 수 없다. 기록이 희소한 발해사는 더욱 그러하다.

초기에는 발해 현장에 갈 수 있다는 생각을 꿈에도 꾸지 못하였다. 1989년에야 해외여행 자유화 조치가 내려졌으니, 그전에는 외국으로 간다는 생각을 하기 어려웠고 더욱이 공산권 국가는 그 가능성이 거의 없어 보였다. 학교에서 영어를 배웠지만 그것을 써먹을 수 있을 것이라는 기대를 하지 못하던 시절이다. 그러기에 장래를 위해 발해사는 그만두고 백제사와 같이 접근 가능한 분야로 바꾸라는 진심 어린 충고도 학과 교수로부터 들은 적이 있다.

이런 상황에서 현지의 발해 유적은 머릿속에 상상으로 떠올릴 수밖에 없었다. 그런데 어느날 갑자기 중국이 열리면서 그 기회가 필자 옆에 와 있었다. 1990년 8월에 서울신문사에서 기획한 중국의 발해 유적 조사단에 참여하는 행운을 얻었다. 지금은 연변을 2시간 정도면 갈 수 있지만, 당시에는 서울에서 홍콩을 거쳐 북경에 들어간 다음에 하루를 자고 국내선 비행기를 타고 다시 심양을 거쳐 연길로 가야 해서 꼬박 이틀이 걸렸다. 화룡 서고성과 정효공주 무덤, 동청 발해 고분군, 돈화 강동 24개석, 상경성을 주마간산으로 돌아보았지만 그 자체가 무한한 감동이었다. 비공식적이나마 발굴 현장도 참관하였다. 차 안에서는 정영진 당시 연변박물관장을 붙들고 그동안 궁금했던 사항들을 봇물처럼 쏟아내서 다른 일행으로부터 그만하라는 말까지 여러 번 들었다.

이듬해 8월에 다시 한번 발해 유적을 찾았다. 이번에는 중국어 한마디 못하면서 연길을 홀로 들어갔다. 중국과의 수교는 이로부터 1년 뒤에 이루어졌으니 무시무시한 '중공'을 홀로 여행하는 것은 그야말로 모험이었다. 그렇지만 1년 전에 가 보지 못한 발해 유적을 꼭 찾고 싶었다. 이때 발해 건국지인 돈화의 동모산을 한국인으로는 처음 올라갔고, 학부 졸업 논문을 쓰게 해 준 육정산의 정혜공주 무덤도 방문하였으며, 북한이 건너다 보이는 훈춘의 팔련성에도 가 볼 수 있었다. 전년에 찍은 삼채 그릇 사진이 국내 한 연구자의 책에 실린 사실을 알게 된 중국 연구자가 박물관에 책임을 추궁하는 것을 목격하고는 중국과의 교류가 쉽지 않을 것을 실감하였다.

이렇게 시작된 만주 답사는 발해 유적을 넘어서 청동기시대, 고구려 유적으로 확대되었다. 수교 1년 뒤인 1993년 여름에 국사학과 대학원생을 인솔하여 고조선, 부여, 고구려 유적을 답사한 것을 필두로 만주의 남쪽 끝인 여순에서 북쪽 끝인 만주리까지, 서쪽 끝인 연산산맥에서 동쪽 끝인 동녕과 훈춘까지 16차례 만주를 돌아다녔다. 여기에 중국의 오르도스 등 다른 지역까지 포함하면 중국 방문이 28차례에 이른다.

특히 2000년 9월에는 중앙일보 답사단의 일원으로 압록강, 두만강을 따라 국경선 탐사를 했는데, 압록강 상류에서 개울 하나를 사이에 둔 북한 땅을 건너다보면서 통일의 염원을 더욱 다지게 되었다. 이때 국경선 탐사에서 깊숙한 오지에 있던 장백 영광탑을 새벽안개 속에 찾았고, 3국의 국경이 만나는 두만강 하구의 방천까지 내려갈 수 있었다.

지금도 중국은 고구려나 발해에 관한 국제회의를 금지하고 있다. 1993년 집안에서 열린 '고구려문화 국제학술회의'의 여파이다. 은퇴한 70대의 중국 노학자가 일본 연구자로부터 발해사 특강을 해달라는 요청을 받았으나 당국의 허락을 받지 못해 일본 방문이 무산되었을 정도이다. 2001년에 하얼빈에서 비공식적으로 열린 발해사 학술 토론회에서, 중국 연구자들과 이틀에 걸쳐 열띤 토론을 벌인 적이 있다. 필자는 녹초가 되어 휴식 시간에 숙소로 올라가 누워 있었는데, 중국 측에서는 그때 한 노학자의 주도 아래 단체로 대응회의를 했다는 사실이 기억에 새롭다. 그러나 그 회의는 문제가 되었고, 조직을 맡았던 연구자는 하얼빈을 떠나고 말았다. 이후에는 그런 회의가 한 번도 열린 적이 없다.

20여 년의 세월이 지나면서 중국은 급격하게 발전하였다. 그럴수록 유적 상황도 크게 변해 가고 있으니, 하루라도 빨리 현장을 보지 않을 수 없다. 1991년에 방문했을 때는 방치되다시피 하던 육정산고분군이 그 뒤에 한국인의 방문이 늘면서 철조망을 치고 경찰이 지키면서 접근을 금지하였다. 2011년에 다시 방문한 훈춘 팔련성에는 유적을 발굴한 뒤에 전시관을 세우고 있었지만 한국인은 접근도 하지 못하게 하였다. 성터 부근에는 훈춘으로 들어가는 고속도로 인터체인지가 들어서 있어 20년 전에 온통 논이어서 어디가 성터인지 알 수 없었던 주변 환경이 크게 변해 있었다. 변하기는 서고성도 마찬가지이다. 과거에는 성안에 마을이 있고 북벽 옆으로 도로가 지났지만, 지금은 모두 정비되어 변해 버렸다. 정효공주 무덤 아래에 있던 고분들은 풀더미 속에 잠들고 있었으나, 그로부터 20년 뒤에는 전체를 발굴하여 유적공원을 만들어 놓고는 역시 한국인의 접근을 막았다.

1997년에 목단강 하류의 해림 양초구 고분군을 답사하니, 석실분들이 발굴된 상태로 노출되어 있었다. 댐이 건설되면서 수몰 위기에 처해 있어 구제발굴을 한 뒤에 복구하지 않은 것이었다. 당시에 가 보지 않았더라면 영원히 볼 수 없었을 것이다.

현장을 가 보아야 자연환경을 이해할 수 있고, 그것은 역사를 제대로 이해하는 밑거름이 된다. 2001년 10월에 상경성을 가다가 시골 음식점에서 점심을 하게 되었다. 메뉴 가운데 누에 요리가 있어서 갑자기 누에를 무엇으로 키우는지 궁금해졌다. 뽕나무가 자라지 않는 북쪽 지방이었기 때문이다. 그곳에서는 누에를 참나무 숲에 풀어놓아 키운다는 대답을 듣고, 발해 상경성에서 명주가 특산물이 될 수 있었던 환경을 이해하게 되었다.

또 북한에서는 발해 동경이 팔련성이 아니라 청진 부거석성에 해당한다는 주장을 펴왔다. 초겨울에 배를 타고 일본으로 가려면 항구가 얼지 않아야 한다는 근거를 내세웠다. 제법 그럴듯해 보였다. 그런데 연해주 크라스키노 성터를 방문했을 때 러시아 학자에게 물었더니, 특이하게도 이 성터 앞의 포시에트 만은 염도가 달라서 겨울에 얼지 않는다는 것이다. 그래서인지 이곳은 발해 때 鹽州였고, 근대에는 소금 생산지였다. 그러니 발해 사신이 연해주에서도 초겨울에 배를 탈 수 있었던 것이다. 이 대답으로 역시 현장의 중요성을 깨닫게 되었다. 팔련성을 방문한 북한 학자들이 부거석성보다 더 크다는 사실을 확인하고는 당혹스러워했다는 후문이다.

연해주의 발해 유적을 방문할 기회를 얻은 것도 행운이었다. 1990년

국교가 수립된 뒤 2년이 지나고 군사도시인 블라디보스토크가 대외적으로 개방된 해인 1992년 8월에 꿈에도 생각하지 못한 연해주를 답사하였다. 현장에 가 보니 과거에 크루글라야 성터라고 하던 것이 노보고르데예프카 성터로 이름이 바뀌어 있었다. 또 막연히 찾아 두었던 유적의 위치를 제대로 확인할 수 있었다. 그 뒤로 몇 차례의 답사와 학술회의, 말갈 주거지와 발해 성터의 발굴에 참여하였으니, 이것은 전적으로 장도빈 선생의 자제이신 고합그룹의 장치혁 회장님 덕택이었다. 그러기에 답사 초기에는 먼 거리를 고생하지 않고 헬기를 타고 누빌 수 있었다.

블라디보스토크의 아르세니예프 박물관에는 발해 유물이 전시되어 있는데, 발해 귀고리를 착용한 모습을 보여 주기 위해 일본 여인의 모습을 그려 놓았다. 당시에 이 그림은 잘못된 것이라고 지적했으나, 지금도 그대로 걸려 있다. 앞서 언급한 고고학 용어처럼 일본의 영향을 많이 받고 있었다. 그러다가 이러한 교류를 통해 러시아 연구자들이 한국의 연구를 비로소 이해하기 시작하였다. 필자도 샤프쿠노프 에. 붸. 외에 다수의 연구자와 교유하는 계기가 되었다.

1997년 말에 일어난 외환위기로 러시아 답사에 제동이 걸렸다. 그러나 이후에 러시아에서 공부한 고고학자들이 배출되어 국내에 자리 잡으면서 몇몇 기관에서 연해주 발굴에 참여하였다. 이런 과정에서 유적 발굴의 자문 역할을 하면서 여러 차례 현장을 참관하는 기회를 더 가질 수 있었다. 그 결과 학술 발표회까지 포함하여 2012년까지 21회 연해주를 방문하였다. 서양인들이 극동까지 와서 발해사를 연구하니, 우리와 다른 그들의 발상은 발해사 연구에 새로운 자극을 주곤 하였다. 중앙아시아 문화와의 연계성을 알게 된 것도 그들의 연구가 준 선물이다.

1996년 초에는 하마다 고사쿠 교수의 초청으로 일본 규슈대학에 50일간 머물면서 일본의 발해 관련 유적과 유물을 찾아다녔다. 오하라 미술관의 발해 불상을 찾아갔고, 발해라는 글자가 쓰인 목간이 발굴된 백화점

자리를 찾아갔으며, 이시야마테라(石山寺)에 가서는 발해 사신 이거정이 전해 준 다라니경 발문을 보자고 했다가 연구자를 소개받아 사진을 처음으로 구할 수 있었다. 또 후루하타 도루(古畑徹) 교수 연구실을 무작정 찾아가 처음 만났고, 고지마 요시타카(小嶋芳孝) 가나자와가쿠인대학 교수로부터 눈이 펑펑 내리던 날 발해 사신이 도착했던 후쿠라 항구까지 안내를 받을 수 있었다.

연해주의 연구자가 몽골에서 공동 발굴을 한 친톨고이 유적은 발해 유민이 멀리 몽골에까지 끌려간 역사적 사실을 고고 자료로 확인해 주었는데, 2009년에 현장을 답사하는 기회를 얻었다. 이렇게 해서 중국과 러시아, 일본과 몽골의 현장을 찾아다녔으나, 아쉽게도 북한의 발해 유적은 접근조차 못 하고 있다. 2009년 국립문화재연구소의 도움으로 평양을 방문하여 박물관에서 발해 유물을 실견할 수 있었던 것은 그나마 다행이다.

초창기 유적 답사는 『발해를 찾아서』(1993, 2017 개정)로 정리하였고, 북한의 발해 유적을 찾는 날이 오면 그때 다시 증보판을 내려고 한다. 또 그 뒤의 답사기를 포함한 대중적인 글을 모아 『발해를 다시 본다』(1999, 2008 개정)를 펴냈다. 서울대학교박물관장으로 있을 때는 중국과 북한의 유적에 제대로 접근하지 못하는 아쉬움을 달래고자 위성사진과 항공사진으로 전시회를 열면서 『하늘에서 본 고구려와 발해』(2008)라는 도록을 펴냈다.

7. 마무리하며

발해사 논문을 쓸 때는 우리 견해의 대척점에 있는 중국 연구자들마저 수긍할 수 있는 논리인지를 항상 염두에 두었다. 그러기 위해서는 민족주의적 해석이나 아전인수 격 국내용 주장은 배제할 수밖에 없다. 사료가 적다고 하지만 실증적 근거를 제시하지 못한 채 단지 자신의 주견만 내세워서는 안 되는 것이다.

이런 생각이 결실을 보아서인지 중국 연구자들도 필자 주장을 경청해 주었고, 논문도 여러 편 번역해 주었다. 1997년 길림성 고고연구소 왕샤(王俠) 소장은 필자의 논문을 읽었다고 하면서 투병 중인데도 저녁 대접을 해 준 고마운 기억이 있고, 2004년 흑룡강성 박물관에 갔을 때도 이런 이유로 대접을 받았다. 그런가 하면 발해의 건국에 관한 필자의 의견에 당혹스러웠는지 노학자인 웨이궈중(魏國忠) 선생이 중심이 되어 집필한 『발해국사』(2006)에는 필자에 대한 비판이 들어 있다.

연구에서 핫이슈가 되는 문제는 뒤로 미루어 두었다. 고구려 계승성 문제가 그것이다. 첨예하게 대립되어 있는 문제를 초보 시절에 잘못 다루면 두고두고 수렁에 빠질 수 있겠다는 생각이 들어서, 먼저 주변 문제를 건드리다가 마지막에 핵심 문제로 뛰어들고자 하였다. 그래서 이 주제에 대해서는 나중에 와서야 하버드대학 학술회의에서 「발해의 고구려 계승성」(2005)이라는 글로 처음 발표하였고, 「발해의 고구려 계승성 보론」(2007) 등으로 이어졌다.

발해사는 연구자가 별로 없는 외로운 분야이다. 고대사 교수의 채용에서도 현장이 없는 발해사는 신라사나 백제사 등에 밀리기 십상이다. 논문 인용지수로 연구업적을 평가하게 되면 연구자들이 신라사 등으로 몰려가고 발해사는 자칫 고사할 수밖에 없다. 그러나 미래 통일한국을 위해서는 꼭 필요한 분야이다. 북한이 남한과 통일되어야 하는 역사적 당위성은 북방의 고구려나 발해 역사가 한국사의 한 부분이었다는 데서 찾아야 한다. 현장에 접근할 수 없다는 이유로 북방의 역사를 소홀히 해서는 안 된다. 조선 후기 실학자들이 발해사를 연구했기에 200여 년이 지난 지금 후손들이 우리 역사라고 자신 있게 말할 수 있는 것이다. 조선 전기만 해도 발해사를 우리 역사로 다루지 않았기 때문이다. 이처럼 지금 당장보다는 몇십 년 내지 몇백 년 뒤를 위한 학문이 인문과학이 아닌가?

지금까지 연구의 핵심은 발해가 '고구려를 계승한 외왕내제의 국가'였음을 실증적으로 밝힌 것이라고 할 수 있다. 이 명제는 처음부터 연역적으로 생각해낸 것이 아니라 그간의 연구를 통해 귀납적으로 얻은 것이다. 그런 연구들을 모아서 『발해 정치사 연구』(1995)와 『발해 사회문화사 연구』(2011)로 정리하였고, 『발해 사학사 연구』를 출간하여 3부작으로 삼고자 한다. 그런 다음 필자 나름의 발해사 역사상을 정리하여 개설서를 내놓을 예정이다.

발해사 연구에서 보람을 찾을 수 있었던 것은 발해와 신라의 관계에 대한 서술을 바꾼 점이다. 또 2005년도부터 국립중앙박물관에 발해실을 처음으로 마련하였는데, 일본 유물이나 러시아 유물을 빌려 오는 데 조금이나마 도움을 주었다. 이보다 앞서 서울대학교박물관에서 일본 도쿄대학의 발해 유물을 빌려 와 전시회를 열면서 『해동성국 발해』(2003)를 펴냈던 것이 인연이 되었고, 또 러시아 연구자와의 교류도 인연이 되었다.

2013년 케임브리지대학에 연구년으로 가 있으면서 들은 얘기이다. 유럽에서 한국학에 관심을 두는 이유 가운데 하나가 한국이 중국 옆에서 어떻게 살아남았는지 하는 점이라는 것이다. 유럽 거리 곳곳에서 중국어가 들리는 상황이니, 유럽인의 중국에 대한 공포가 점점 커지는 것 같다. 필자도 중국을 여러 차례 다니면서 나날이 변하고 발전하는 것을 목격하였다. 처음 방문했을 때부터 압도하는 무서운 힘을 절감한 바 있다. 2003년에 불거진 동북공정은 그런 생각을 정리하는 계기가 되었다. 「중국의 한국고대사 빼앗기 공작」(2003)에서 시작하여 『동아시아의 역사분쟁』(2007)이라는 책으로 발전하였고, *The Clash of Histories in East Asia*(2010)로 번역되었다. 또 이를 주제로 하는 핵심교양 과목을 개발하여 지금까지 강의하고 있다.

40대 후반의 나이가 되면서 발해사만 연구해서는 안 되겠다는 생각이 들었다. 고대사는 사료가 적어 하나의 주제만 파고들다가는 정년 때까지 새로운 연구를 해내기가 쉽지 않은 것을 보아 왔다. 또 발해사라는 한 주제에 매몰되어 깊고 좁게 천착했으니, 이제는 얕고 넓게 한국사를 바라보고 싶었다. 그래서 『삼국사기』에서 시작하여 『고려사』를 거쳐 『조선왕조실록』에 이르기까지 10년 이상 틈틈이 생활사와 관련된 사료를 추려 냈다. 실록 번역본만 완독하는 데 7년이 걸렸다. 이렇게 해서 모은 사료를 주제별로 분류하여 매달 원고지 60매 분량으로 2005년 2월부터 11년간 건축학계 잡지에 연재하였다. 그리고 이를 재정리하여 『이 땅에 태어나서』(2009), 『시집가고 장가가고』(2009), 『말 타고 종 부리고』(2009), 『농사짓고 장사하고』(2014), 『과거보고 벼슬하고』(2014), 『임금되고 신하되고』(2014), 『강 넘고 바다 건너』(2016) 일곱 책으로 출판하였다.

그동안 연구자의 길을 돌아보건대 도구의 발달은 필자에게 막대한 도움이 되었다. 조교 시절에 처음 타자기를 두 손가락으로 두드리기 시작하였고, 1984년 한림대학교로 옮긴 뒤에는 전동타자기로 발전하였다. 그리고 1988년 초 마침내 20메가 하드디스크가 장착된 컴퓨터를 처음 구입하여 삼보의 보석글 프로그램을 사용하니, 글을 쓰는 데 너무나 편리하였다. 그로부터 몇 년 뒤에 훈글 프로그램이 나오면서 지금까지 의존하고 있다. 악필에다가 꾹꾹 눌러쓰는 버릇을 가진 필자로서는 마음대로 편집하고 검색할 수 있는 컴퓨터의 편리성을 누구보다 잘 활용한 것 같다. 너무 매달리다 보니 지금은 키보드만 두드리면 통증이 일어나는 병에 걸리고 말았다.

마지막 하나는 운동이다. 필자는 병약한 체질로 태어나서 개근상을 받은 적이 거의 없었다. 더구나 고등학교 2학년 때 앓게 된 폐결핵으로 대학 1학년 때까지 3년간 치료를 받아 건강이 더욱 나빠졌다. 위장 장애와 두통은 평생 안고 사는 고질이다. 이 때문에 대학원에 들어가서도 과연 장차 연구 생활을 해 나갈 수 있을지 심각한 고민에 빠진 적이 있었다. 그나마 이를 이길 수 있게 해 준 것이 30년간 쳐 온 테니스였다. 그것이 아니었다면 벌써 스스로 도태되었을지 모른다. 40대까지는 능력 있는 연구자와 그렇지 않은 연구자로 나뉘지만, 50대부터는 건강 때문에 연구할 수 있는 연구자와 그렇지 못한 연구자로 나뉘는 것 같다. 그런 점에서 지속적인 연구를 위해 건강관리는 무엇보다 중요하다. (2014년)

▌수록 논문의 출처 ▌

제1장 「南北國時代論의 기초적 검토」, 『한국고대사연구회 회보』 24호, 1992.

제2장 「남북국의 전쟁, 경쟁과 교류」, 『신라사학보』 45, 2019.

제3장 「조선시대 史書에 나타난 발해관」, 『韓國史研究』 72, 1991.

제4장 「한국의 역사가—柳得恭」, 『韓國史 市民講座』 12, 1993.

제5장 「柳得恭의 『渤海考』와 成海應」, 『朝鮮의 政治와 社會』, 崔承熙教授停年紀念論文集刊行委員會, 집문당, 2002.

제6장 「北韓의 渤海史 · 統一新羅史 研究」, 『北韓의 古代史研究』, 역사학회 편, 일조각, 1991.

제7장 「일본에서 접근한 발해사—酒寄雅志와 石井正敏의 저서를 읽고」, 『歷史學報』 174, 2002.

제8장 「러시아 연해주의 발해사 연구」, 『알타이학의 어제와 오늘』, 서울대학교출판문화원, 2015.

제9장 「중국의 한국고대사 빼앗기 공작」, 『역사비평』 65, 겨울호, 역사비평사, 2003.

제10장 「중국의 동북공정, 그 후」, 『韓國史論』 57, 서울대학교 국사학과, 2011.

제11장 「대외관계에서 본 발해 정권의 속성」, 『한국 고대국가와 중국왕조의 조공 · 책봉관계』 고구려연구재단 연구총서 15, 2006.

부록 「발해사 연구의 길」, 『한국 고대사 연구의 시각과 방법』 노태돈 교수 정년기념논총 1, 사계절, 2014.

3부작에 수록하지 않은 발해사 논문

「渤海 貞惠公主墓碑의 고증에 대하여」, 『韓國文化』 2, 서울대학교 한국문화연구소, 1981.

「발해의 '多人葬'에 대한 연구」, 『韓國史論』 11, 서울대학교 국사학과, 1984.

「渤海史 연구의 몇가지 問題點」, 『季刊 京鄕』 1987년 여름호, 경향신문사, 1987; 『韓國古代史論』 한길역사강좌 12, 한길사, 1988.

「발해의 歷史와 思想」, 『傳統과 思想(III)』, 韓國思想史大系 88-1, 한국정신문화연구원, 1988.

「渤海史 硏究 動向」, 『韓國上古史學報』 창간호, 한국상고사학회, 1988. 12.

「발해에 대한 신라의 양면적 인식과 그 배경」, 『韓國史論』 19, 서울대학교 국사학과, 1988.

「북한의 발해사 연구와 『발해사』」, 『발해사』, 이론과실천, 1989.

「東아시아 國際關係 속의 渤海와 新羅」, 『韓國史 市民講座』 5, 일조각, 1989.

「발해 城址의 조사와 연구」, 『韓國史論』 19, 國史編纂委員會, 1989.

「발해사 연구의 문제점—발해와 신라의 외교관계를 중심으로」, 『韓國上古史—연구현황과 과제』, 民音社, 1989.

「북한의 발해 고고학과 『발해문화』」, 『역사와 현실』 3, 역사비평사, 1990.

「渤海人의 生活—服飾을 중심으로」, 『服飾』 28, 1996.

「만주의 발해·부여 유적 답사 보고」, 『한반도와 중국 동북 3성의 역사 문화』, 서울대학교출판부, 1999.

「史實과 前提—발해 고분 연구의 경우」, 『韓國文化』 25, 2000.

「발해사 조각그림 맞추기」, 『한국사 시민강좌』 28, 일조각, 2001.

「대흠무—발해를 만든 제왕」, 『63인의 역사학자가 쓴 한국사 인물 열전』 1, 한영우선생정년기념논총 간행위원회, 돌베개, 2003.

「발해의 천도와 그 배경」, 『한국고대사연구』 36, 한국고대사학회, 2004.
「동아시아 역사 충돌—대응과 반성」, 『21세기 한국 고등교육의 미래와 인문학』, 2005 한국하버드옌칭학회 학술대회 발표문, 2005.
「발해건축사 연구 동향과 콕샤로프카1 성터 건물지의 성격」, 『건축역사연구』 80, 한국건축역사학회, 2012.
「渤海 武王代 對唐紛爭의 경과 검토—玄宗 勅書 4首와 馬都山 전투 자료를 중심으로」, 『한국연구』, 2021년 발표 예정.

▌참고문헌 ▌

I. 문헌 자료

1. 중국 문헌

『契丹國志』『舊唐書』『唐六典』『唐會要』『明一統志』『文苑英華』『史記』『盛京通志』『隋書』『新唐書』『新五代史』『遼史』『資治通鑑』『晉書』『册府元龜』『清一統志』『太平廣記』『漢書』

2. 한국 문헌

『椓亭集』『疆界考』『京都雜誌』『高麗史』『古芸堂筆記』『紀年兒覽』『灤陽錄』『大東掌攷』『大東地志』『東國文獻備考』『東國史略』『東國歷代總目』『東國地理誌』『東國通鑑』『東國通志』『同文廣考』『東文選』『東史綱目』『東史世家』『東史會綱』『東事』『東輿圖』『渤海考』『三國史記』『三國遺事』『三峯集』『星湖僿說』『星湖僿說類選』『修山集』『新增東國輿地勝覽』『雅亭遺稿』『與猶堂全書』『研經齋全集』『燕臺再游錄』『燃黎室記述』『泠齋集』『日省錄』『林下筆記』『貞蕤集』『正祖實錄』『青莊館全書』『楓岩輯話』『韓客巾衍集』『漢京識畧』『海東繹史』『海東繹史續』

3. 일본 문헌

『本朝文粹』『續日本紀』『日本書紀』『入唐求法巡禮行記』『遍照發揮性靈集』

II. 저서

『古代能登の對岸世界』, TOGIシンポジウム, 2004.
『古代日本海文化の源流と發達』, 環日本海金澤國際シンポジウム, 1985.
『越の海, 波濤の道 ― 古代國際交流の據點 · 北陸』, 北陸電力株式會社 地域總合研究所, 1994.
『위대한 수령 김일성 동지의 혁명사상에 의한 민족문화유산연구』, 사회과학출판사, 1972.
『조선관광 안내』, 국가관광총국, 2002.
『조선사람의 기원에 관한 인류학적 연구』, 과학백과사전출판사, 1978.
『中國歷史大辭典』隋唐五代史卷, 上海辭書出版社, 1995.
Far Eastern National University, International Conference, *The Ancient History of States in North-Eastern Asia*, Vladivostok, 2007. 10. 2.
The First International Symposium of Bohai Culture—To the 1300 anniversary of the foundation of Bohai state, Primorski historic-archaeological society *Antiquities of North-Eastern Eurasia* (Vladivostok), The Society of North-Eurasian Studies (Tokyo), Vladivostok, 1996. 10. 3.-5.

강인욱 외, 『고고학으로 본 옥저문화』, 동북아역사재단, 2008.
강인욱, 『춤추는 발해인』, 주류성, 2009.
耿鐵華 지음, 박창배 번역, 『중국인이 쓴 高句麗史』, 고구려연구재단, 2004.
고구려연구재단 · 러시아극동 역사고고민속학연구소, 『2005년도 러시아 연해주 크라스키노성 발굴보고서』, 고구려연구재단, 2006.
高句麗研究會 · 러시아科學院 시베리아分所 考古民族學研究所, 『러시아 연해주 발해 절터』, 학연문화사, 1998.
과학원 력사연구소, 『삼국 시기의 사회 경제 구성에 관한 토론집』, 과학원출판사, 1958; 일송정, 1989 재간.
과학원 력사연구소, 『조선통사』, 1956.
과학원 력사연구소, 『조선통사』, 1962.
郭沫若 主編, 『中國史稿地圖集』, 地圖出版社, 1979.
국립문화재연구소, 『한러 공동발굴특별전 아무르 · 연해주의 신비』(도록), 2006.
국립문화재연구소 · 러시아과학원 시베리아지부 고고학민족학연구소, 『돌고예 오제로 유적』, 2009.
국립문화재연구소 · 러시아과학원 시베리아지부 고고학민족학연구소, 『러시아 아무르강 하류 수추섬 신석기시대 주거유적 발굴조사보고서』 I · II · III, 2001 · 2002 · 2003.
국립문화재연구소 · 러시아과학원 시베리아지부 고고학민족학연구소, 『연해주 불로치까 유적』 I · II · III, 2004 · 2005 · 2006.
국립문화재연구소 · 러시아과학원 시베리아지부 고고학민족학연구소, 『트로이츠코예 고분군』, 2008.
국립문화재연구소 · 역사학고고학민속학연구소, 『연해주 콕샤로프카-1 평지성』, 2012.
국립문화재연구소 · 역사학고고학민속학연구소, 『연해주의 문화유적』 I · II · III, 2007 · 2008 · 2010.
국제고려학회 · 러시아 극동국립대학교 한국학대학, *IV International Conference on Korean Studies*, 발표 요지, 2010. 10. 4.~7.
權悳永, 『古代韓中外交史 ―遣唐使研究』, 一潮閣, 1997.
金子修一, 『隋唐の國際秩序と東アジア』, 名著刊行會, 2001.
吉林省文物考古研究所 · 敦化市文物管理所, 『六頂山渤海墓葬 ―2004~2009年清理發掘報告』, 文物出版社, 2012.
吉林省文物考古研究所 · 吉林大學邊疆考古研究中心 · 琿春市文物管理所, 『八連城 ―2004~2009年度渤海國京東故址田野考古報告』, 文物出版社, 2014.
吉林省文物考古研究所 · 延邊朝鮮族自治州文化局 · 延邊朝鮮族自治州博物館 · 和龍市博物館 편저, 『西古城 ―2000~2005年度渤海國中京顯德府故址田野考古報告』, 文物出版社, 2007.
吉林省文物志編委會, 『吉林市郊區文物志』, 1983.
김기흥, 『삼국 및 통일신라 세제의 연구―사회변동과 관련하여』, 역사비평사, 1991.
金文植, 『朝鮮後期經學思想研究』, 一潮閣, 1996.
金鎭浩 주, 『註釋 二十一都懷古詩』, 東京, 1955.
김용섭, 『東아시아 역사 속의 한국문명의 전환』, 지식산업사, 2008.
金毓黻, 『渤海國志長編』, 華文書局, 중국, 1934.
김재윤, 『연해주 및 인접한 동아시아 신석기시대 후기의 토기 연구(Керамика позднего неолита Приморья и сопредельных территорий Восточной

Азии)』, 2010. 5.
김정배 편, 『북한이 보는 우리 역사』, 을유문화사, 1989.
譚其驤 주편, 『中國歷史地圖集』, 地圖出版社, 1982.
譚其驤 주편, 『簡明中國歷史地圖集』, 中國地圖出版社, 1991.
동북아역사재단 · 러시아극동 역사고고민속학연구소, 『2006년도 러시아 연해주 크라스키노 성 발굴보고서』, 동북아역사재단, 2007.
동북아역사재단 · 러시아과학원 극동분소 역사고고민속학연구소, 『2007년도 러시아 연해주 크라스키노 성 발굴보고서』, 동북아역사재단, 2008.
동북아역사재단 · 러시아과학원 극동분소 역사고고민속학연구소, 『2008년도 연해주 크라스키노 성 발굴보고서』, 동북아역사재단, 2010.
동북아역사재단 · 러시아과학원 극동분소 역사고고민속학연구소, 『2009년도 연해주 크라스키노 성 발굴보고서』, 동북아역사재단, 2011.
동북아역사재단 · 러시아과학원 극동분소 역사고고민속학연구소, 『2010년도 연해주 크라스키노 성 발굴보고서』, 동북아역사재단, 2011.
동북아역사재단 · 러시아과학원 극동분소 역사고고민속학연구소, 『2011년도 연해주 크라스키노 성 발굴보고서』, 동북아역사재단, 2012.
藤塚隣, 『清朝文化東傳の研究』, 國書刊行會, 1975.
디야코바 오. 웨. 외, 『퉁구스-만주에 관한 당면 문제—제1회 샤프쿠노프 기념논문집』, 극동과학출판사, 블라디보스토크, 2008: Дьякова О. В. и др., Тунгусо-Маньчжурская Проблема Сегодня (Первые Шавкуновские Чтения), Дальнаука, Владивосток, 2008.
리용중, 『후삼국의 출현과 고려에 의한 그의 통일』, 과학원출판사, 1963.
문명대 · 이남석 · Voldin V. I. 외, 『러시아 연해주 크라스키노 발해 사원지 발굴보고서』, 고구려연구재단, 2004.
박시형, 『조선토지제도사』, 과학원출판사, 1960.
박시형, 『발해사』, 김일성종합대학출판사, 1979; 박시형 저, 송기호 해제, 『발해사』, 이론과실천, 1989 재간.
朴泰根 역주, 『國譯 北征日記』, 한국정신문화연구원, 1980.
볼딘 V. I. · 겔만 E. I., 『2004년도 러시아 연해주 발해 유적 발굴보고서』, 고구려연구재단, 2005.

北韓研究所,『北韓社會科學院이 發刊한 '朝鮮史' 批判』, 北韓研究叢書 5, 1978.

北海道開拓記念館,『第40回特別展 ロシア極東諸民族の歷史と文化 ― ロシア科學アカデミ ― 極東支部所藏資料』, 1994.

빅토르 아파나셰프 저, 김성환 역,『역사적 유물론』, 백두, 1988.

사회과학원 고고학연구소,『발해의 성곽과 건축』 조선고고학전서 41, 진인진, 2009.

사회과학원 고고학연구소,『흑룡강성 및 남연해주일대의 고대집자리』 조선고고학전서 20, 진인진, 2009.

사회과학원 력사연구소,『력사사전』, 사회과학출판사, 1971.

사회과학원 력사연구소,『조선통사』, 1977; 오월, 1988 재간.

사회과학원 력사연구소,『조선전사』, 1979.

사회과학원 · 국가측지국,『조선력사지도첩』, 지도출판사, 2007.

汕耘紀念事業會,『汕耘張道斌全集』, 時事文化社, 1982.

上田雄,『渤海使の研究 ― 日本海を渡った使節たちの軌跡』, 明石書店, 2002.

샤프쿠노프 에. 웨.,『발해국과 연해주의 발해 문화 유적』, 과학출판사, 레닌그라드, 1968: Шавкунов Э. В., Государство Бохай и памятники его культуры в Приморье. Наука, Л., 1968.

샤프쿠노프 에. 웨.,『12~13세기 여진-우디게 문화와 극동 퉁구스족의 기원 문제』, 과학출판사, 모스크바, 1990: Шавкунов Э. В., Культура чжурчжэней-удигэ XII-XIII вв. и проблема происхождения тунгусских народов Дальнего Востока. Наука, М. 1990.

샤프쿠노프 에. 웨. 엮음, 송기호 · 정석배 옮김,『러시아 연해주와 발해 역사』 대우학술총서 번역 97, 민음사, 1996.

沙弗庫諾夫 Э. В. 외 저, 宋玉彬 역,『渤海國及其俄羅斯遠東部落』, 東北師範大學出版社, 1997.

徐秉琨 · 孫守道 主編,『東北文化』, 商務印書館, 1996.

石井正敏,『日本渤海關係史の研究』, 吉川弘文館, 2001.

石川縣立歷史博物館,『魅惑の日本海文化』, 1990.

石川縣立歷史博物館,『波濤をこえて ― 古代 · 中世のアジア交流』, 1996.

陝西博物館 편.『隋唐文化』, 中華書局, 1990.
成于衆 역, 王德厚·候玉成 校,『蘇聯極東史—從遠古到17世紀』, 哈爾濱出版社, 1993.
小嶋芳孝 외,『對岸諸國における渤海硏究論文集』, 北陸電力株式會社 地域總合硏究所, 1997.
소련과학원 동양학연구소,『한국학 논저목록(1917~1970)』, 과학출판사, 모스크바, 1981.
孫進己 저, 임동석 역,『東北民族源流』, 동문선, 1992.
孫進己,『東北民族史硏究』 1, 中州古籍出版社, 1994.
송기호,『발해를 찾아서—만주, 연해주 등 답사기』, 솔, 1993; 개정증보판, 2017.
송기호,『渤海政治史硏究』, 一潮閣, 1995.
송기호,『발해를 다시 본다』, 주류성, 1999; 개정증보판, 2008.
송기호,『한국 고대의 온돌—북옥저, 고구려, 발해』, 서울대학교출판부, 2006.
송기호,『동아시아의 역사분쟁』, 솔, 2007.
Song Kiho, *The Clash of Histories in East Asia*, Northeast Asian History Foundation, 2010.
송기호,『발해 사회문화사 연구』, 서울대학교출판문화원, 2011.
宋寯鎬,『柳得恭의 詩文學 硏究』, 太學社, 1985.
스트류첸코 이. 게. 외,『연해주의 역사 유적 및 문화 유적』 자료 집성, 제2부, 고고 유적, 러시아과학원 극동지부 극동민족 역사학·고고학·민족학연구소, 1991: Стрюченко И. Г. и др., Памятники истории и культуры Приморского края (Матералы к Своду), Часть II, Археологические памятники, Ин-т истории, археологии и этнографии народов Дальнего Востока ДВО РАН, Владивосток, 1991.
신상석,『민족논쟁의 결산』, 일송정, 1989.
新潟大學環日本海硏究會,『渤海と環日本海交流』 環日本海論叢 第8號, 1995.
신용하,『고조선 국가형성의 사회사』, 지식산업사, 2010.
沈載錫,『高麗國王 冊封 硏究』, 혜안, 2002.
아르쩨미예바 N. G. 지음, 정석배 옮김,『연해주 여진의 주거 건축』, 학연문화사,

2011.

아르테미예프 아. 에르. 책임편집, 『동부 아시아의 고대사와 중세사—발해 건국 1300주년에 부쳐: 국제학술회의(블라디보스토크 1998년 9월 21~26일) 자료집』, 블라디보스토크, 2001: Артемьев А. Р., Древняя и средневековая история Восточной Азии -К 1300-летию образования государства Бохай: Материалы междунар. науч. конф.(Владивосток, 21~26 сентября 1998г.), Владивосток, 2001.

아르테미예프 아. 에르., 『아무르강 하류의 15세기 불교 사원』, 블라디보스토크, 2005: Артемьев А. Р. Буддийские храмы XV в. в низовьях Амура, Владивосток, 2005.

안드레예바 줴. 붸. 책임편집, 『고대 및 중세의 러시아 극동—발견, 문제점, 가설』, 극동과학출판사, 블라디보스토크, 2005: Андреева Ж. В. отв. редактор, Росийский Дальний Восток в древности и средневековые (открытия, проблемы, гипотезы), Дальнаука, Владивосток, 2005.

楊志軍 主編, 『東北亞考古資料譯文集』 渤海專號, 北方文物雜誌社, 1998.

楊志軍 主編, 『東北亞考古資料譯文集』 高句麗, 渤海專號, 北方文物雜誌社, 2001.

楊志軍 主編, 『東北亞考古資料譯文集』 4, 北方文物雜誌社, 2002.

楊志軍 主編, 『東北亞考古資料譯文集』 5, 北方文物雜誌社, 2004.

黎虎, 『漢唐外交制度史』, 蘭州大學出版社, 1998.

『역사비평』 편집위원회 엮음, 『역사용어 바로쓰기』, 역사비평사, 2006.

연변박물관, 『연변문화유물략편』, 연변인민출판사, 1989.

연해주 문화유적 조사단 편, 『연해주에 남아 있는 발해—沿海州 渤海遺蹟 調査報告』, 高麗學術文化財團, 1999.

영남대학교 박물관, 『영남대박물관 소장 韓國의 옛 地圖』, 1998.

吳文銜 主編, 『東北亞考古資料譯文集』 俄羅斯專號, 北方文物雜誌社, 1996.

오클라드니코프 아. 페., 『연해주의 먼 과거—연해주의 고대사 및 중세사 개관』, 연해주 서적출판사, 블라디보스토크, 1959: Окладников А. П., Далёкое прошлое Приморья (Очерки по древней и средневековой истории Приморского края). Примор. кн. изд-во, Владивосток, 1959.

Okladnikov A. P., "The Soviet Far East in Antiquity: An Archaeological and Historical Study of the Maritime Region of the U.S.S.R.", *Translations from Russian Sources*, No. 6, Arctic Institute of North America, University of Toronto, Canada, 1965.

オクラドニコフ ア・ペ・ 저, 加藤九祚・加藤晋平 역, 『シベリアの古代文化ーアジア文化の一源流』, 講談社, 1974.

オクラドニコフ ア・ペ・ 외 저, 荻原眞子 외 역, 『シベリア極東の考古學』 2, 沿海州篇, 河出書房新社, 1982.

王承禮, 『渤海簡史』, 黑龍江人民出版社, 1984.

王承禮 저, 송기호 역, 『발해의 역사』, 한림대학교 아시아문화연구소, 1987.

王雅軒・王鴻賓・蘇德祥 주편, 『中國古代歷史地圖集』, 遼寧教育出版社, 1990.

遼寧省博物館 편, 『走進遼河文明』, 遼寧人民出版社, 2009.

禹碩基・劉毅・竇重山 主編, 『渤海國與東亞細亞』 遼寧大學出版社, 1995.

우실하, 『동북공정 너머 요하문명론』, 소나무, 2007.

원호식 편, 『러시아 연해주 발해유적』, 대륙연구소, 1994.

魏存成, 『高句麗考古』, 吉林大學出版社, 1994.

柳得恭 지음, 송기호 옮김, 『발해고』 한국고전총서 1, 홍익출판사, 2000.

유득공 지음, 김종복 옮김, 『정본 발해고』, 책과함께, 2018.

Юү Дыггон 저, Ц. Цэрэндорж 역, 『Пархэгийн Шинждэд(발해고)』, Улаанбаатар, 2014.

李健才, 『東北史地考略』, 吉林文史出版社, 1986.

李基白・李基東, 『韓國史講座』 I, 古代篇, 일조각, 1982.

李成市 지음, 김창석 번역, 『동아시아의 왕권과 교역—신라・발해와 정창원 보물』, 청년사, 1999.

李云泉, 『朝貢制度史論—中國古代對外關係體制研究』, 新華出版社, 2004.

李殿福・孫玉良, 『渤海國』, 文物出版社, 1987.

李殿福・孫玉良 공저, 姜仁求・金瑛洙 공역, 『高句麗簡史』, 삼성출판사, 1990.

日野開三郎, 『小高句麗國の研究』 東洋史學論集 제8권, 三一書房, 1984.

임상선, 『일본 및 중국 역사 교과서의 발해사 관련 내용 분석』, 한국교육개발원,

2002.
장국종, 『발해사연구』 2, 사회과학출판사, 1988.
赤羽目匡由, 『渤海の政治と社会』, 吉川弘文館, 2011.
전준현, 『조선인민의 반침략투쟁사』 고조선 - 발해편, 과학백과사전종합출판사, 1988.
田村晃一 편, 『環日本海地域の古代文化交流 ― 日ロ共同研究による』, 文部省科學研究費報告書, 1995.
田村晃一, 『古代國家渤海と日本の交流に關する考古學的調査』, 平成8年度~平成10年度科學研究費補助金(海外學術調査)研究成果報告書, 1999.
田村晃一 외, 『「日本道」關連渤海遺跡の考古學的調査』 平成11·12年度科學研究費補助金研究成果報告書, 2001.
田村晃一, 『クラスキノ(ロシア·クラスキノ村における一古城跡の發掘調査)』, 渤海文化研究中心, 2011.
鄭良婉, 『朝鮮朝後期 漢詩 研究』, 성신여자대학교출판부, 1983.
鄭玉子, 『朝鮮後期 文學思想史』, 서울대학교출판부, 1990.
정진헌, 『실학자 유득공의 고대사 인식』, 신서원, 1998.
鳥居龍藏, 『人類學及人種學上より見たる北東亞細亞』, 岡書院, 東京, 1924.
鳥居龍藏, 『滿蒙の探査』, 萬里閣書房, 東京, 1928.
鳥山喜一 저, 船木勝馬 편, 『渤海史上の諸問題』, 風間書房, 1968.
조선유적유물도감편찬위원회, 『조선유적유물도감』 8, 발해편, 외국문종합출판사, 평양, 1991.
趙二玉, 『統一新羅의 北方進出 研究』, 서경문화사, 2001.
조중 공동 고고학 발굴대, 『중국 동북 지방의 유적발굴보고(1963~1965)』, 사회과학원출판사, 1966.
佐佐木信彰, 『多民族國家中國の基礎構造 ― もうひとつの南北問題』, 世界思想社, 1988.
朱國忱 · 魏國忠, 『渤海史稿』, 黑龍江省文物出版編輯室, 1984.
酒寄雅志, 『渤海と古代の日本』, 校倉書房, 2001.
주영헌, 『중국 동북 지방의 고구려 및 발해 유적 답사 보고』, 사회과학원출판사, 1966.
주영헌, 『발해문화』, 사회과학출판사, 1971.

朱榮憲 저, 永島暉臣愼 역,『高句麗の壁畫古墳』, 學生社, 1972.

中國社會科學院考古研究所 편저,『六頂山與渤海鎮—唐代渤海國的貴族墓地與都城遺址』, 中國田野考古學報告集 考古學專刊 丁種 56號, 中國大百科全書出版社, 1997.

千寬宇 편,『韓國上古史의 爭點』, 일조각, 1975.

코징 A. 지음, 김영수 옮김,『사적유물론적 민족이론』, 아침, 1989.

콘스탄티노프 F. V. 저, 김창선 편역,『사적유물론』, 새길, 1988.

크루샤노프 아. 이. 책임편집,『소련 극동사—고대부터 17세기까지』, 과학출판사, 모스크바, 1989: Крушанов А. И. отв. редактор, История Дальнего Востока СССР (С древнейших времён до XVII века). Наука, М., 1989.

크루샤노프 아. 이. 책임편집,『소련 극동사—봉건 및 자본주의(17세기~1917년 2월)』, 과학출판사, 모스크바, 1991: Крушанов А. И. отв. редактор, История Дальнего Востока СССР (в эпоху феодализма и капитализма(XVII в.-февраль 1917 г.)). Наука, М., 1991.

크루샤노프 아. 이.(Крушанов А. И.) 책임편집, 成于衆 역, 王德厚·候玉成 校,『蘇聯極東史—從遠古到17世紀』, 哈爾濱出版社, 1993.

彭建英,『中國古代羈縻政策的演變』, 中國社會科學出版社, 2004.

河宇鳳,『朝鮮後期 實學者의 日本觀 硏究』, 일지사, 1989.

한국고고학회,『한국 고고학 강의』 개정 신판, 사회평론, 2010.

한국전통문화학교 · 극동국립기술대학교,『연해주 체르냐찌노 5 발해고분군』 I · II · III · IV, 2005 · 2006 · 2007 · 2009.

한국전통문화학교 · 극동국립기술대학교 · 역사학고고학민족학연구소,『연해주 체르냐찌노 2 옥저 · 발해 주거유적』 I · II, 2008 · 2009.

한국전통문화학교 · 러시아과학원 극동지소 역사학고고학민족학연구소,『연해주의 발해유적과 꼰스딴찌노브까 1 주거유적』, 2010.

한성백제박물관 · 부산박물관,『러시아연해주문물전 프리모리예』, 2014.

韓永愚,『鄭道傳思想의 硏究』 개정판, 서울대학교출판부, 1983.

韓永愚,『朝鮮前期 史學史 硏究』, 서울대학교출판부, 1981.

韓永愚,『朝鮮後期史學史硏究』, 일지사, 1989.

糀谷好晃 편,『松原客館の謎にせまる—古代敦賀と東アジア』, 氣比史學會, 1994.
환동해고고학연구회 편,『철기시대 한국과 연해주—크로우노프카 문화와 중도식토기문화의 비교연구』 환동해고고학 총서 1, 주류성, 2009.
黃斌 · 黃瑞,『走進東北古國』, 遠方出版社, 2006.
黃淳九 역주,『海東韻記』, 태학사, 1970.
黑龍江省文物考古研究所,『渤海上京城—1998~2007年度考古發掘調査報告』, 文物出版社, 2009.
黑龍江省文物考古研究所,『寧安虹鱒魚場—1992~1995年度渤海墓地考古發掘報告』, 文物出版社, 2009.

III. 논문

「권두언: 우리 나라 력사를 조선 인민의 립장에서, 로동 계급의 립장에서 연구 분석하자」,『력사과학』 1961-1.
「발굴 및 답사 소식」(1),『조선고고연구』 1986-1.
「부록: 몇개의 발해건축에 대한 외관복원」,『고고민속론문집』 3, 사회과학출판사, 1971.
「자료: 신라 장적 잔본(新羅帳籍殘本)」,『력사과학』 1957-4.
「최근년간 조선고고학연구에서 이룩한 주요성과」,『조선고고연구』 1986-1.
「해방 후 발굴 년표」,『고고민속』 1965-1.
「해방후 조선 고고학이 걸어 온 길」,『문화유산』 1960-4.

江谷寬,「沿海州における佛教遺蹟—渤海時代のアブリコソボ寺院」,『古代學』 13-2, 1966.
강룡남,「단군에 대한 우리 선조들의 리해와 숭배」,『조선고대사연구』 2, 사회과학출판사, 2004.
강만길,「남북한 역사인식의 같은 점과 다른 점」,『창작과 비평』 63, 1989년 봄호.
姜錫和,「丁若鏞의 地方制改革案 研究」,『國史館論叢』 34, 1992.

姜守鵬, 「渤海隷屬于唐朝」, 『學習與探索』 1982-4.
강인욱 · Kluyev N. · 김재윤 외, 「한러 국경지역서 만난 철기유적 바라바쉬-3 얀꼽스끼문화 주거지 발굴」, 『계간 한국의 고고학』 2008년 봄호.
姜清波, 「試論唐代的押新羅渤海兩蕃使」, 『暨南學報』 27-1, 2005.
姜熺靜, 「발해 후기의 불교조각과 신앙」, 『동악미술사학』 4, 東岳美術史學會, 2003.
Gelman E. I. and Boldin V. I., "Koguryŏ's Influence on Parhae (Bohai) Culture", *Journal of Inner and East Asian Studies*, Vol. 1, Koguryo Research Foundation, 2004.
겔만 E. I., 「제2장 고르바트카 성터 발굴보고서」, 『2004년도 러시아 연해주 발해 유적 발굴보고서』, 고구려연구재단, 2005.
Gelman Evgenia I., "발해의 옛 도시 고르바뜨까에 대한 조사 총화", *the Ancient History of States in North-Eastern Asia*, Far Eastern National University, International Conference, Vladivostok, 2007. 10. 2.
耿鐵華 · 林至德, 「集安高句麗陶器的初步研究」, 『文物』 1984-1.
계승무, 「고대시기 조선민족의 형성에 대한 력사적고찰」, 『조선고대사연구』 1, 사회과학출판사, 2004.
高明士, 「從天下秩序看古代的中韓關係」, 『中韓關係史論文集』, 中華民國韓國研究學會, 臺北, 1983.
高明士, 「隋唐天下秩序與羈縻府州制度」(www.eurasianhistory.com 또는 www.tanghistory.com)
高錫珪, 「'紀年兒覽'에 나타난 李萬運의 歷史認識」, 『韓國文化』 8, 서울대학교 한국문화연구소, 1987.
古畑徹, 「1~7세기 倭와 中國의 朝貢 · 册封關係의 性格에 대하여 — 日本의 中國史研究者의 見解를 中心으로」, 『高句麗研究』 18, 2004.
古畑徹, 「中韓高句麗歴史論争のゆくえ」, 『東アジア共生の歴史的基礎 — 日本 · 中国 · 南北コリアの対話』, 御茶の水書房, 2008.
古畑徹, 「歴史の争奪 — 中韓高句麗歴史論争を例に」, 『メトロポリタン史学』 6, 2010.
谷川道雄, 「東アジア世界形成期の史的構造 — 册封體制を中心として」, 『隋唐帝國と東アジア世界』, 汲古書院, 1979.

공명성, 「《삼국지》 한전에 대한 연구」, 『조선고대사연구』 3, 사회과학출판사, 2004.
공명성, 「구려사연구」, 『조선고대사연구』 1, 사회과학출판사, 2004.
龔蔭, 「“羈縻政策”述論」, 『貴州民族研究』 1991-3.
郭素美, 「渤海國歷史的歸屬」, 『北方論叢』 2002-2.
국립문화재연구소 · 역사학고고학민속학연구소, 「소콜로프카 유적 발굴조사」, 『연해주의 문화유적』 II, 2008.
權悳永, 「8, 9세기 ‘君子國’에 온 唐나라 使節」, 『新羅文化』 25, 동국대학교 신라문화연구소, 2005.
권승안, 「일제의 단군말살책동과 그를 반대한 우리 인민들의 투쟁」, 『조선고대사연구』 2, 사회과학출판사, 2004.
권오영, 「식민사학의 극복과 고대한일관계—김석형 ‘고대한일관계사’(한마당, 1988)」, 『한국역사연구회회보』 2, 한국역사연구회, 1989.
旗田巍, 「朝鮮民主主義人民共和國を訪れて」, 『朝鮮と日本人』, 勁草書房, 1983.
吉林省考古研究室 · 集安縣博物館, 「集安高句麗考古的新收穫」, 『文物』 1984-1.
金子修一, 「中國から見た渤海國」, 『シニカ』 9, 大修館書店, 1998.
金基興, 「新羅 ‘村落文書’에 대한 新考察」, 『韓國史研究』 64, 1989.
金文植, 「成海應의 經學觀과 對中國 認識」, 『韓國學報』 70, 일지사, 1993.
金庠基, 「朝貢의 經濟的 意義」, 『古代韓中關係史의 研究』, 韓國史研究會 編, 三知院 1987.
김석형, 「력사연구에서 당성의 원칙과 력사주의 원칙을 관철할데 대하여」, 『력사과학』 1966-6.
김 알렉산드르, 「대한민국에서의 발해사 연구」, 『러시아와 아시아 태평양지역』 2003-3, 블라디보스토크: А. Ким, Изучение истории Бохая в Республике Корея // Россия и АТР, No. 3, Владивосток, 2003.
김 알렉산드르, 「발해국사—남한의 연구자료에 의함」, 박사학위논문 요약문, 블라디보스토크, 2007: Ким Александр Алексеевич, История государства Бохай (по материалам исследований южнокорсйских учёных), Автореферат диссертации на соискание ученой степени кандидата исторических наук, Владивосток, 2007.

김영하, 「후기신라와 발해의 성립」, 『북한의 한국사인식』 I, 한길사, 1990.
김용간 · 황기덕, 「기원전 천년기전반기의 고조선문화」, 『고고민속』 1967-2.
金允朝, 「泠齋 柳得恭 詩 硏究」, 성균관대학교 한문학과 석사학위논문, 1986. 2.
김은숙, 「일본과의 관계」, 『신라의 대외관계와 국제교류』, 경상북도, 2016.
김장겸, 「고려의 고구려옛땅 남부지역 통합」, 『력사과학』 1986-1.
김정배, 「北韓出土 延熙二年銘 土器」, 『泰東古典硏究』 10, 태동고전연구소, 1993.
김종복, 「高句麗 멸망 이후 唐의 지배 정책—安東都護府를 중심으로」, 『史林』 19, 首善史學會, 2003.
김종혁 · 김지철, 「신포시 오매리 금산발해건축지 발굴중간보고」, 『조선고고연구』 1989-2.
김종혁 · 김지철, 「신포시 오매리 절골1호발해건축지 발굴보고」, 『조선고고연구』 1990-2.
김준진, 「리용중 저, '후삼국의 출현과 고려에 의한 그의 통일'에 대하여」, 『력사과학』 1964-4.
金昌順, 「'주체사상의 역사과학' 批判」, 『統一論叢』 3-2, 국토통일원, 1983.
金哲埈, 「修山 李種徽의 史學」, 『韓國史學史硏究』, 서울대학교출판부, 1990.
金哲埈, 「益齋 李齊賢의 史學」, 『韓國史學史硏究』, 서울대학교출판부, 1990.
金太順, 「渤海墓葬硏究中的幾個問題」, 『考古』 1997-2.
金翰奎, 「古代 東아시아의 民族關係史에 대한 現代 中國의 社會主義的 理解」, 『東亞硏究』 24, 1992.
金香, 「關于天孫的理解」, 『北方文物』 1988-2.
김혁철, 「실학자 류득공의 발해력사관」, 『력사과학』 1991-1.
金浩東, 「唐의 羈縻支配와 北方 遊牧民族의 對應」, 『歷史學報』 137, 1993.
盧泰敦, 「高句麗 遺民史 硏究」, 『韓沽劤博士停年紀念史學論叢』, 지식산업사, 1981.
노태돈, 「대조영, 고구려인인가 말갈인인가」, 『역사비평』 겨울호, 1989.
노태돈, 「고려로 넘어온 발해 박씨에 대하여—신라와 발해 간의 교섭의 한 사례 연구」, 『한국사연구』 141, 2008.
노혁진, 「中島式土器의 由來에 대한 一考」, 『호남고고학보』 19, 2004.
니끼친 Yu. G., 「끄라스끼노 성터 부근의 발해 고분 발굴(2003년)」, 『연해주 체르냐찌노 5 발해고분군(IV)』, 2009.
段鵬琦, 「渤海墓葬的發掘」, 『新中國的考古發現和研究』, 文物出版社, 1984.
段鵬琦, 「渤海上京龍泉府遺址的調査與發掘」, 『新中國的考古發現和硏究』, 文物出版社, 1984.
譚其驤, 「唐代羈縻州述論」, 『紀念顧頡剛學術論文集』 巴蜀書社, 1990; 『長水集』 續編, 人民出版社, 1994 재수록.
譚其驤, 「歷史上的中國和中國歷代疆域」, 『中國邊疆史地硏究』 1991-1; 『長水集』 續編, 人民出版社, 1994 재수록.
唐啓淮, 「唐代都護府述略」, 『西南師範學院學報』 1982-1.
도유호, 「민족 문화 유산의 계승 발전과 고고학 및 민속학 연구소의 당면 과업」, 『문화유산』 1957-1.
董學增, 「吉林東團山原始,漢,高句麗,渤海諸文化遺存調査簡報」, 『博物館硏究』 1982-1.
藤田亮策, 「新羅九州五京攷」, 『朝鮮學論考』, 藤田先生記念事業會, 1963.
디야꼬바 O. V. 저, 강인욱 역, 「연해주 중세시대 성지에 보이는 고구려의 전통」, 『계간 한국의 고고학』 2007년 봄호.
디야꼬바 O. V. 저, 정석배 역, 「연해주 발해문화의 토기―지리, 형식 분류, 기원」, 『高句麗硏究』 25, 고구려연구회, 2006.
디야꼬바 O. V. 저, 정석배 역, 「러시아 연해주 발해유적 발굴의 결과와 의의」, 『高句麗渤海硏究』 38, 고구려발해학회, 2010.
디야코바 오. 붸., 「발해인의 도기 제조에 보이는 말갈 전통」, 『소련 극동의 고고자료』 소련과학원 극동학센터 극동민족 역사학 · 고고학 · 민족학 연구소, 블라디보스토크, 1981: Дьякова О. В., Мохэские традиции в гончарстве бохайцев // Материалы по археологии Дальнего Востока СССР. Ин-т истории, археологии и этнографии народов Дальнего Востока ДВНЦ АН СССР, Владивосток, 1981.
디야코바 오. 붸., 『소련 극동의 중세 초기 도기들―4~10세기의 사료로서』, 과학출판사, 모스크바, 1984: Дьякова О. В., Раннесредневековая керамика Дальнего Востока СССР (Как исторический источник IV-X вв.). Наука, М., 1984.

梁泰鎭, 「'조선전사'의 編纂體系와 時代史 區分 批判」, 『統一論叢』 3-2, 국토통일원, 1983.

梁泰鎭, 「北韓史學界의 硏究性向 分析—特히 1960年代를 前後하여」, 『北韓學報』 7, 1983.

력사연구소 고대 및 중세사 연구실, 「자료: 통일 신라 시대의 금석문」, 『력사과학』 1958-2.

렴주태, 「함경북도에서 새로 알려진 유적과 유물」, 『고고민속』 1965-2.

리여성, 「석굴암 조각과 사실주의」, 『문화유산』 1957-4.

리정기, 「청해토성 및 교성리토성 답사보고」, 『고고민속』 1967-4.

리준걸, 「유적소개 새로 발굴된 24개돌」, 『력사과학』 1984-2.

리준걸, 「함경남북도 일대의 발해 유적 유물에 대한 조사 보고」, 『조선고고연구』 1986-1.

리준걸, 「새로 알려진 고구려와 발해의 금귀걸이」, 『조선고고연구』 1987-4.

리지린, 「조선고대사회의 성격」, 『력사과학론문집』 2, 1971; 『古代朝鮮の基本問題』 學生社, 1974 번역 수록.

림건상, 「신라의 '정전제'에 대하여」(1) · (2), 『력사과학』 1977-4, 1978-1.

림호성, 「연해주에서 드러난 발해의 활과 화살에 대한 고찰」, 『조선고고연구』 1994-1.

馬一虹, 「靺鞨與朝鮮半島諸國的關系」, 『靺鞨、渤海與周邊國家、部族關系史硏究』, 中國社會科學出版社, 2011.

馬一虹, 「渤海と唐の關係」, 『アジア遊學』 6, 勉誠出版, 1999.

馬馳 · 馬文軍, 「唐代羈縻府州與中央關係初探」, 『陝西師大學報』 1997-1.

武玉環, 「渤海與高句麗族屬及歸屬問題探析」, 『史學集刊』 2004-2; 「渤海與高句麗族屬, 族俗的比較硏究」, 연변대학 발표문, 2005. 7.

武田幸男, 「奴隷制と封建制」, 『朝鮮史入門』, 太平出版社, 1966.

므일니꼬바 L. N. · 네스쩨로프 S. P. 저, 정석배 역, 「西아무르 유역의 말갈 뜨로이쯔꼬예 그룹 토기와 민족문화사」, 『高句麗渤海硏究』 32, 2008.

바실리예바 테. 아., 「조국의 문헌을 통해서 본 연해주 발해 유적 연구사」, 『소련 극동의 중세 그고학에 관한 새로운 자료』, 소련과학원 극동지부 극동민족 역사학 · 고고학 · 민족학 연구소, 블라디보스토크, 1989: Васильева Т. А., История изучения бохайских памятников Приморья в отечественной литературе // Новые материалы по средневековой археологии Дальнего Востока СССР. Ин-т истории, археологии и этнографии народов Дальнего Востока ДВО АН СССР, Владивосток, 1989.

朴南守, 「신라 浿江鎭典의 정비와 漢州 西北境의 郡縣 설치」, 『東國史學』 54, 2013.

박상수, 「중국 근대 '민족국가(nation-state)'의 창조와 '변강' 문제—청말~민국시기 '변강'인식의 변천」, 『중국의 변강 인식 및 인접 지역과의 갈등』, 한신대학교출판부, 2007.

朴性鳳, 「'조선전사' 원시 · 고대 · 고려편의 분석 비판」, 『國史館論叢』 3, 국사편찬위원회, 1989.

朴性鳳, 「'조선전사'에 나타난 古代史觀 批判」, 『統一論叢』 3-2, 국토통일원, 1983.

박시형, 「신라 장적(新羅帳籍)의 연구」, 『력사과학』 1957-6.

박시형, 「다산 정약용의 력사관」, 『정다산』 1962; 『정다산 연구』, 한마당, 1989.

박시형, 「발해사 연구를 위하여」, 『력사과학』 1962-1.

박시형, 「발해력사는 조선력사의 한 부분이다」, 『력사과학』 1976-3.

박영해, 「발해는 고구려를 계승한 국가」, 『력사과학』 1986-3.

박영해, 「발해의 대외관계에 대하여」, 『력사과학론문집』 12, 과학백과사전출판사, 1987.

박윤무, 「발해석실봉토무덤에 대한 고찰」, 『발해사연구』 2, 연변대학 발해사연구실 편, 연변대학출판사, 1991.

박장배, 「중국의 '少數民族' 정책과 지역구조—지역 재구성 및 '西部大開發'과 관련하여」, 『중국의 '동북공정' 그 실체와 허구성』, 고구려연구재단 학술회의 발표문, 2004. 10. 26.

朴鐘鳴 역, 「渤海史研究のために」, 『古代朝鮮の基本問題』 學生社, 1974.

박진욱, 「우리나라 활촉의 형태와 그 변천」, 『고고민속』 1967-1.

박진욱, 「최근년간 우리 나라 동해안일대에서 발굴된 발해유적들과 그 성격에 대하여」, 『연변대학조선학국제학술토론회론문집』, 학술토론회조직위원회, 1989.

朴泰根, 「러시아의 동방경략과 수교이전의 한러교섭」, 『韓露關係100年史』, 韓國史研

究協議會, 1984.
朴漢濟, 「新胡漢體制論」, 『魏晋隋唐史研究』 4, 1998.
方善柱, 「新唐書 新羅傳 所載 長人記事에 對하여」, 『史叢』 8, 1963.
樊文禮, 「唐代平盧淄青節度使略論」, 『烟台師範學院學報』 哲史版, 1993-2; 復印報刊資料 『魏晋南北朝隋唐史』 1993-9.
丙疇, 「柳泠齋의 懷古歌」, 『漢陽』 4-7, 1965.
福田忠之, 「唐朝之東北亞諸國觀及東北亞諸藩國國際地位 — 以唐代各國爭長事件爲中心」, 『盛唐時代與東北亞政局』, 北京大學盛唐研究叢書, 上海辭書出版社, 2003.
北村秀人, 「高麗時代の渤海系民大氏について」, 『三上次男博士喜壽記念論文集』 歷史編, 平凡社, 1985.
浜田耕策, 「渤海史をめぐる朝鮮史學界の動向 — 共和國と韓國の南北國時代論について」, 『朝鮮學報』 86, 1978.
浜田耕策, 「大欽茂(文王)時代 — 渤海의 歷史的 性格」, 『高句麗研究』 6, 1999.
浜田耕策, 「渤海國の對唐外交 — 時期區分とその特質」, 『日本と渤海の古代史』, 山川出版社, 2003.
謝保成, 「建國以來史學理論和史學方法問題討論簡介」, 『中國歷史學年鑒(1987)』, 人民出版社, 1988.
三上次男, 「新羅東北境外における黑水 · 鐵勒 · 達姑等の諸族に就いて」, 『高句麗と渤海』, 吉川弘文館, 1990.
샤프쿠노프 웨. 에., 「발해국의 동쪽 국경선 문제에 대하여」 // 『러시아와 아시아 태평양지역』 2005-4, 블라디보스토크: Шавкунов В. Э., К вопросу о восточной границе государства Бохай // Россия и АТР, No. 4, Владивосток, 2005.
샤프쿠노프 에. 웨. · 셰메니첸코 엘. 예. 저, 송기호 역, 「소련 연해주의 발해 문화 연구」, 『韓國史論』 23, 1990.
샤프쿠노프 에. 웨. 저, 송기호 역, 「연해주에서 출토된 발해의 청동제 符節」, 『韓國古代史論叢』 3, 한국고대사회연구소, 1992.
샤프쿠노프 에. 웨., 「객관적인 입장에서 — 한국 연구자들의 연구 활동에 나타난 발해(대한민국 송기호의 발표문에 의함)」, 『러시아와 아시아 태평양지역』 1992-2, 러시아과학원 극동지부 극동민족 역사학 · 고고학 · 민족학연구소, 블라디보스토

크: Шавкунов Э. В., С объективных позиций-Бохай в трудах корейских исследователей (По публикациям Сон Ки Хо, Республика Корея)—// Россия и АТР, No. 2, Ин-т истории, археологии и этнографии народов Дальнего Востока ДВО РАН, Владивосток, 1992.

샤프쿠노프 에. 붸., 「러시아에서의 발해사 연구」, 『발해의 민족 형성과 연구사』, 발해사 국제학술회의 발표 요지, 고려대학교 민족문화연구소, 1993. 3. 26; 『渤海史의 綜合的 考察』 민족문화연구총서 68, 고려대학교 민족문화연구원, 2000 재수록.

샤프쿠노프 에. 붸., 「발해 문화 형성의 특징에 대하여」, 『러시아과학원 극동지부 통보』 1995-1, 블라디보스토크: Шавкунов Э. В., О специфических особенностях формирования культуры Бохая // Вестник Дальневосточного отделения российской академии НАУК, No. 1, Владивосток, 1995.

샤프쿠노프 에. 붸., 「아브리코스 佛堂 부근에서 발견된 石燈 基臺石」, 『러시아과학원 극동지부 통보』 1995-3, 블라디보스토크: Шавкунов Э. В., Находка постамента каменного фонаря вблизи Абрикосовской кумирни // Вестник Дальневосточного отделения российской академии НАУК, No. 3, Владивосток, 1995.

샤프쿠노프 에. 붸., 「마리야노프카 성터에서 출토된 독특한 모양의 부싯쇠 손잡이」, 『러시아과학원 극동지부 통보』 1996-2, 블라디보스토크: Шавкунов Э. В., Уникальный держатель от кресала из Марьяновского городища // Вестник Дальневосточного отделения российской академии НАУК, No. 2, Владивосток, 1996.

徐德源, 「從考釋大氏王室稱號變化看渤海隸屬唐朝的過程」, 『遼寧大學學報』 1996-5.

徐連達, 「隋唐的封爵制度」, 『合肥教育學院學報』 1984-1.

徐炳國, 「新唐書渤海傳所載 泥河의 檢討」, 『東國史學』 15·16합, 1981.

石井正敏, 「朝鮮における渤海觀の變遷 —新羅~李朝」, 『朝鮮史研究會論文集』 15, 1978.

石井正敏, 「初期日渤交涉における一問題 —新羅征討計劃中止との關連をめぐって」, 『日本渤海關係史の研究』 吉川弘文館, 2001.

薛虹, 「蘇聯的渤海史研究 — 兼評蘇聯對渤海國的研究」, 『中國史研究動態』 1983-1.
薛虹, 「外國的渤海史研究」, 『學習與探索』 1982-6.
小島武男, 「ロシヤに於ける渤海研究者及び文獻について」, 『史學』 10-1, 三田史學會, 東京, 1930.
蘇聯大使館新聞處 供稿, 「渤海王國的遺迹」, 『考古』 1960-1.
손영종, 「발해의 서변에 대하여」 1 · 2, 『력사과학』 1980-1 · 2.
손영종, 「발해는 조선 중세의 당당한 독립국가」, 『력사과학』 1990-2.
孫玉良, 「渤海紀年訂補」, 『社會科學戰線』 1982-1.
孫玉良, 「車書本一家 — 訂正一則有關唐代渤海史料的傳訛」, 『歷史研究』 1982-1.
孫玉良, 「唐朝對渤海的經營與管轄」, 『黑龍江文物叢刊』 1983-4.
孫玉良, 「唐朝在東北民族地區設置的府州」, 『社會科學戰線』 1986-3; 『高句麗渤海研究集成』 4, 1997 재수록.
孫玉良, 「柳得恭與《渤海考》」, 『學習與探索』 1986-6.
孫仁杰, 「高句麗積石墓葬具研究」, 『高句麗研究文集』, 延邊大學出版社, 1993.
孫進己, 「讓渤海史研究成爲促進東北亞各國友好的橋梁」, 『博物館研究』 2002-3.
孫進己, 「中國 高句麗史 연구의 개방과 번영의 6년」, 『고구려의 역사와 문화유산』, 한국고대사학회 · 서울시정개발연구원, 2004.
송기호, 「발해의 '多人葬'에 대한 연구」, 『韓國史論』 11, 1984.
宋基豪, 「沿海州의 발해 문화 유적」, 『白山學報』 30 · 31합, 1985.
송기호, 「발해 멸망기의 대외관계 — 거란 · 후삼국과의 관계를 중심으로」, 『韓國史論』 17, 서울대학교 국사학과, 1987; 『渤海政治史研究』, 일조각, 1995 재수록.
宋基豪, 「渤海史 研究 動向」, 『韓國上古史學報』 1, 1988.
송기호, 「발해에 대한 신라의 양면적 인식과 그 배경」, 『韓國史論』 19, 서울대학교 국사학과, 1988.
宋基豪, 「東아시아 國際關係 속의 渤海와 新羅」, 『韓國史 市民講座』 5, 일조각, 1989.
宋基豪, 「발해 城址의 조사와 연구」, 『韓國史論』 19, 국사편찬위원회, 1989.
송기호, 「북한의 발해사 연구와 '발해사'」, 『발해사』, 이론과실천, 1989.
송기호, 「북한의 발해 고고학과 '발해문화'」, 『역사와 현실』 3, 1990.
송기호, 「서평: 고구려사를 바라보는 또 하나의 시각 — 『高句麗簡史』」, 『韓國古代史

論叢』 1, 한국고대사회연구소, 1991.
송기호, 「大祚榮의 出自와 발해의 건국과정」, 『아시아문화』 7, 한림대학교 아시아문화연구소, 1991; 송기호, 『渤海政治史研究』, 一潮閣, 1995 재수록.
송기호, 「조선시대 史書에 나타난 발해관」, 『韓國史研究』 72, 1991.
송기호, 「南北國時代論의 기초적 검토」, 『한국고대사연구회 회보』 24호, 1992.
송기호, 「발해사, 남북한·중·일·러의 자국 중심 해석」, 『역사비평』 1992년 가을호; 「발해사 이해를 위하여」, 『발해를 찾아서』 개정판, 솔, 2017 재수록.
宋基豪, 「한국의 역사가—柳得恭」, 『韓國史 市民講座』 12, 1993.
宋基豪, 「唐 賓貢科에 급제한 渤海人」, 『李基白先生古稀紀念 韓國史學論叢』 上, 古代篇·高麗時代篇, 一潮閣, 1994.
송기호, 「渤海國의 位相」, 『渤海政治史研究』, 一潮閣, 1995.
송기호, 「해외 발해 유적의 조사 현황과 방향」, 『해외소재 우리역사 관련 문화유적의 현황과 보존』, 문화재연구소, 1995. 5. 24.
宋基豪, 「渤海의 地方 統治와 그 실상」, 『韓國 古代社會의 地方支配』, 韓國古代史研究 11, 한국고대사연구회, 新書苑, 1997; 『발해 사회문화사 연구』, 서울대학교출판문화원, 2011 재수록.
송기호, 「한·일간의 거리 좁히기: 거울 저편의 肖像을 보며—李成市의 두 저서를 읽고」, 『韓國史論』 41·42합, 1999.
송기호, 「六頂山 古墳群의 성격과 발해 건국집단」, 『汕耘史學』 8, 1998; 『발해 사회문화사 연구』, 서울대학교출판문화원, 2011 재수록.
송기호, 「대흠무—발해를 만든 제왕」, 『63인의 역사학자가 쓴 한국사 인물 열전』 1, 돌베개, 2003.
송기호, 「중국의 한국고대사 빼앗기 공작」, 『역사비평』 65, 겨울호, 역사비평사, 2003.
Song Kiho, "China's Attempt at "Stealing" Parts of Ancient Korean History", *The Review of Korean Studies*, Vol. 7, No. 4, The Academy of Korean Studies, 2004.
송기호, 「동아시아 역사 충돌: 대응과 반성」, 『21세기 한국 고등교육의 미래와 인문학』, 2005 한국하버드옌칭학회 학술대회 발표문, 2005. 6. 29.
송기호, 「渤海의 高句麗 繼承性 補論」, 『東아시아 속의 渤海와 日本』 2007. 11. 3. 한

일국제심포지엄;『발해 사회문화사 연구』, 서울대학교출판문화원, 2011 재수록.
송기호, 「五京制의 연원과 역할」, 『발해 사회문화사 연구』, 서울대학교출판문화원, 2011.
송기호, 「발해건축사 연구 동향과 콕샤로프카1 성터 건물지의 성격」, 『건축역사연구』 80, 한국건축역사학회, 2012.
송준호, 「《열하기행시주》에 나타난 류득공의 문화 의식」, 『애산학보』 5, 1987.
송호정, 「북한에서의 고·중세사 시기구분」, 『역사와 현실』 창간호, 한국역사연구회, 1989.
송호정, 「요하유역 고대문명의 변천과 주민집단」, 『중국 동북지역 고고학 연구현황과 문제점』, 동북아역사재단, 2008.
승성호, 「발해초기의 성과 무덤에 대하여」, 『조선고고연구』 1998-1.
申一徹, 「1950年代 北韓의 國史觀 形成」, 『北韓』 1975-4.
신형식, 「統一新羅에 대한 '조선전사'의 敍述과 그 批判」, 『북한이 보는 우리 역사』, 을유문화사, 1989.
심재연, 「강원도 중도식토기 문화에 보이는 동북지방 요소」, 『국가형성에 대한 고고학적 접근』, 한국고고학회, 2007.
楊昭全, 「渤海是我國唐王朝轄屬的少數民族地方政權」, 『求是學刊』 1982-2; 『高句麗渤海研究集成』 4, 哈爾濱出版社, 1997 재수록.
楊雨舒, 「渤海人對中原文明的心理認同」, 『社會科學戰線』 2001-6.
楊雨舒, 「渤海國與唐朝關系述略」, 『東北史地』 2004-8.
楊虎·譚英杰·張泰湘, 「黑龍江古代文化初論」, 『中國考古學會第一次年會論文集(1979)』, 文物出版社, 1980.
楊曉燕, 「唐代平盧軍與環渤海地域」, 『盛唐時代與東北亞政局』, 北京大學盛唐研究叢書, 上海辭書出版社, 2003.
嚴聖欽, 「渤海國是我國少數民族建立的一個地方政權」, 『社會科學輯刊』 1981-2.
嚴聖欽, 「論渤海國與唐朝的關係」, 『黑龍江文物叢刊』 1982-1.
余昊奎, 「中國學界의 高句麗 對外關係史 研究現況」, 『韓國古代史研究』 31, 한국고대사학회, 2003.
余昊奎, 「중국의 東北工程과 高句麗史 인식체계의 변화」, 『韓國史研究』 126, 2004.

歷史系敦化文物普查隊第二小組,「敦化縣二十四塊石遺址調查記」,『吉林大學人文科學學報』1958-3.

烏云達賚,「渤海是唐朝的系縻國」,『鄂溫克的起源』, 內蒙古大學出版社, 1998.

오장환,「신라 장적에서 본 9세기 전후 우리 나라의 사회 경제 형편에 대한 몇 가지 문제」,『력사과학』1958-5.

王可,「律和羈縻術是唐代調節民族關係的工具」,『中央民族學院學報』1990-1.

王成國,「略論唐代渤海與東北各族的關係」,『東北地方史研究』1986-3.

王承禮,「敦化六頂山渤海古墓群調查簡記」,『吉林省文物工作通訊』1957.

王承禮,「敦化六頂山渤海墓清理發掘記」,『社會科學戰線』1979-3.

王承禮 · 曹正榕,「吉林敦化六頂山渤海古墓」,『考古』1961-6.

王勇,「渤海商人李光玄について―『金液還丹百問訣』の史料紹介を兼ねて」,『アジア遊學』6, 勉誠出版, 1999.

姚玉成,「俄羅斯尼古拉耶夫斯克遺址出土魚形青銅信符考實」,『北方文物』1993-3.

禹碩基 · 劉毅 · 竇重山 主編,『渤海國與東亞細亞』, 遼寧大學出版社, 1995.

于汝波 · 鍾少異 · 張忠,「論渤海與唐朝的政治關係」,『7~8世紀東亞地區歷史與考古國際學術討論會論文集』, 北京大學考古文博院 · 大阪經濟法科大學 編, 科學出版社, 2001.

魏國忠,「渤海都督府長史小考」,『北方論叢』1982-2.

魏國忠,「唐代渤海都督府長史考略」,『黑河學刊』1983-4;『東北民族史研究』2, 中州古籍出版社, 1995 재수록.

魏國忠,「渤海國的歷史歸屬和歷史地位」,『東北邊疆歷史與現狀系列研究工程』2004-1.

魏國忠 · 朱國忱,「渤海國政治制度述略」,『求是學刊』1981-3.

魏存成,「渤海王室貴族墓葬」,『中國考古學會第三次年會論文集』, 文物出版社, 1984.

魏存成,「高句麗,渤海墓葬之比較」,『古民俗研究』1990-1.

魏存成,「第二松花江中游地區的靺鞨,渤海墓葬」,『北方文物』1998-1.

劉振華,「渤海大氏王室族屬新證―從考古材料出發的考察」,『社會科學戰線』1981-3.

劉曉東,「渤海墓葬的類型與演變」,『北方文物』1996-2.

劉曉東,「"車書本一家"的考古學詮釋―論渤海文化與中原唐文化的趨同性」,『北方文物』 2002-1.

尹熙勉, 「韓百謙의 學問과 '東國地理誌' 著述動機」, 『震檀學報』 63, 1987.

栗原益男, 「七,八世紀の東アジア世界」, 『隋唐帝國と東アジア世界』, 汲古書院, 1979.

이개석, 「현대 중국 역사학 연구의 추이와 동북공정의 배경」, 『중국의 '동북공정' 그 실체와 허구성』, 고구려연구재단 학술회의 발표문, 2004. 10. 26.

李光麟, 「北韓의 考古學 ―특히 도유호의 硏究를 中心으로」, 『東亞硏究』 20, 1990.

李光麟, 「北韓의 歷史學」, 『東亞硏究』 16, 서강대학교 동아연구소, 1988.

李光麟, 「北韓學界에서의 '古朝鮮' 硏究」, 『歷史學報』 124, 1989.

李基東, 「新羅 下代의 王位繼承과 政治過程」, 『新羅骨品制社會와 花郎徒』, 一潮閣, 1984.

李基東, 「新羅 下代의 浿江鎭」, 『新羅骨品制社會와 花郎徒』, 一潮閣, 1984.

李基東, 「北韓에서의 古朝鮮 硏究」, 『韓國史 市民講座』 2, 일조각, 1988.

이기동, 「북한 역사학의 특성과 고대사 서술」, 『문학과 사회』 5, 문학과지성사, 1989년 봄호.

李南奭, 「크라스키노 고분 발굴 성과와 고고학적 의의」, 『전망』 8, 대륙연구소, 1993.

李德山, 「三韓考」, 『중국의 동북변강 연구』, 고구려연구재단, 2004.

李東源 역, 劉鳳翥 校, 「爲了渤海史的硏究」, 『渤海史譯文集』, 黑龍江省社會科學院歷史硏究所, 1986.

李萬烈, 「朝鮮後期의 渤海史認識」, 『韓沽劤博士停年紀念史學論叢』, 지식산업사, 1981.

李美子, 「『新唐書』 新羅傳·『太平廣記』 新羅條의 "長人國"기사에 관한 고찰」, 『白山學報』 65, 2003.

이블리에프 아. 엘.·볼딘 붸. 이., 「크라스키노 성지 조사의 성과와 연해주 발해고고학에서의 의의」, 『2006년도 러시아 연해주 크라스키노 성 발굴보고서』, 동북아역사재단, 2007.

이블리예프 A. L. 저, 강인욱 역, 「러시아 연해주 발해고고학 연구의 어제와 오늘」, 『계간 한국의 고고학』 2007년 여름호.

이블리예프 아. 엘., 「발해사 개관」, 『선사 및 중세 시기의 러시아 극동: 발견, 문제, 가정』, 극동과학출판사, 블라디보스토크, 2005: Ивлиев А. Л., Очерк истории

Бохая // Российский Дальний Восток в древности и средневековье: открытия, проблемы, гипотезъ, Дальнаука, Владивосток, 2005.
李成珪,「中國의 分裂體制模式과 東아시아 諸國」,『韓國古代史論叢』8, 한국고대사회연구소 편, 가락국사적개발연구원, 1996.
李成珪,「中華帝國의 팽창과 축소—그 이념과 실제」,『歷史學報』186, 2005.
李成市,「渤海史研究における國家と民族—「南北國時代」論の檢討を中心に」,『朝鮮史研究會論文集』25, 1988.
李成市,「渤海の對日本外交への理路」,『古代東アジアの民族と國家』, 岩波書店, 1998
李成市,「八世紀新羅·渤海關係の一視角—『新唐書』新羅傳長人記事の再檢討」,『古代東アジアの民族と國家』岩波書店, 1998.
李松濤,「論契丹李盡忠,孫萬榮之亂」,『盛唐時代與東北亞政局』, 北京大學盛唐研究叢書, 上海辭書出版社, 2003.
李龍範,「渤海史研究의 回顧와 國史」,『韓國思想』1964-7.
李龍範,「柳得恭 渤海考」,『韓國의 古典百選』新東亞 1969-1 부록, 동아일보사.
李龍範,「渤海王國의 形成과 高句麗遺族」上·下,『東國大學校論文集』10·11, 1972·1973;「渤海王國의 社會構成과 高句麗遺裔」,『中世 滿洲·蒙古史의 研究』, 동화출판공사, 1988 재수록.
李龍範,「冷齋 柳得恭」,『李乙浩博士停年紀念 實學論叢』, 全南大 湖南文化研究所, 1975.
李龍範,「實學者의 渤海史觀」, 연세대학교 국학연구원 16회 실학공개강좌 발표 요지, 1983. 6. 29.
李龍範,「解題—淵泉先生 東史世家」,『東方學志』38, 1983.
李佑成,「南北國時代와 崔致遠」,『創作과批評』38, 1975;『韓國의 歷史像』, 創批新書 41, 創作과批評社, 1982 改稿.
李運鐸,「朝鮮發現渤海二十四塊石建築址」,『博物館研究』1984-2.
이원우,「중국학자의 오키나와 영유권 주장에 관한 동향」,『동북아역사문제』2010년 11월호.
이재현,「요서지역의 문명 및 초기국가 형성에 관한 연구현황과 문제점」,『중국 동북지역 고고학 연구현황과 문제점』, 동북아역사재단, 2008.

李殿福 · 孫玉良, 『渤海國』, 文物出版社, 1987.
李泰鎭, 「新羅 統一期의 村落支配와 孔烟」, 『韓國史硏究』 25, 1979.
이해련, 「홍산문화의 연구현황과 문제점」, 『중국 동북지역 고고학 연구현황과 문제점』, 동북아역사재단, 2008.
이현혜, 「沃沮의 기원과 문화 성격에 대한 고찰」, 『韓國上古史學報』 70, 2010.
日野開三郎, 『小高句麗國の研究』 日野開三郎 東洋史學論集 8, 三一書房, 1984.
林相先, 「柳得恭의《渤海考》異本 : 유득공 著, 송기호 譯, 2000, 『발해고』, 홍익출판사」, 『歷史學報』 166, 2000.
임상선, 「'渤海人' 李光玄과 그의 道教書 檢討」, 『韓國古代史研究』 20, 2000.
임상선, 「발해 크라스키노성에 나타난 고구려 문화 요소」, 『2005년도 러시아 연해주 크라스키노성 발굴보고서』, 고구려연구재단, 2006.
임상선, 「『金液還丹百問訣』의 저자 李光玄과 그의 行績」, 『인문학논총』 13-2, 경성대학교 인문과학연구소, 2008.
林樹山, 「蘇聯濱海邊區的渤海文化遺存」, 『東北考古與歷史』 1, 1982.
林樹山 역, 蔡曼華 · 姚鳳 校, 「渤海國及其在濱海邊區的渤海文化遺存」, 『民族史譯文集』 1985-13, 中國社會科學院民族研究所歷史研究室資料組編.
林樹山, 「唐朝對渤海國實行的民族自治政策」, 『黑河學刊』 1991-4.
林樹山 · 姚鳳, 「蘇聯對渤海國的研究」, 『中國史研究動態』 1981-12.
林超民, 「羈縻府州與唐代民族關係」, 『思想戰線』 雲南大學學報, 1985-5.
張景泉, 「藩屬問題淺議」, 『長白學圃』 10, 1994.
張國慶, 「略論唐初東北少數民族地區羈縻府州的設置」, 『黑河學刊』 1988-2.
張國鍾 저 · 李成出 역, 「渤海の領域と五京制」, 『高句麗 · 渤海と古代日本』 在日本朝鮮社會科學者協會 歷史部會 編, 雄山閣, 1993.
張道斌, 「暗雲짙은 舊韓末」, 『思想界』 1962-4.
장상렬, 「발해상경돌등의 째임새」, 『고고민속』 1967-3.
장상렬, 「발해건축의 력사적위치」, 『고고민속론문집』 3, 사회과학출판사, 1971.
장상렬, 「동선관문의 건축 년대와 형식」, 『력사과학』 1985-2.
장상렬, 「발해의 도시성에 대하여」, 『조선고고연구』 1987-3.
莊嚴, 「渤海是唐朝統轄下的地方民族政權」, 『遼寧大學學報』 1982-4.

장철만,「발해무덤의 고구려적성격에 대하여」,『조선고고연구』 1998-4.
張泰湘,「唐代黑龍江地區的地方封建政權 —渤海」,『奮鬪』 1979-8.
張泰湘,「唐代渤海率賓府辨」,『歷史地理』 1983-2.
在日朝鮮人科學者歷史部會 역,「渤海史研究のために」,『渤海文化』 부록, 雄山閣, 1979.
褚慶福,「對唐王朝管轄渤海幾個問題的探討」,『博物館研究』 1983-1.
赤羽目匡由,「渤海・新羅接壤地域における黒水・鉄勒・達姑の諸族の存在様態—渤海の邊境支配の一側面」,『渤海の政治と社会』, 吉川弘文館, 2011.
赤羽目匡由,「新羅泉井(井泉)郡の位置について」,『渤海の政治と社会』, 吉川弘文館, 2011.
赤羽目匡由,「八世紀中葉における渤海の対新羅関係の一側面 —『三國史記』所引、買耽『古今郡國縣道四夷述』逸文の分析」,『渤海の政治と社会』, 吉川弘文館, 2011.
전대준,「고조선의 정치제도」,『조선고대사연구』 3, 사회과학출판사, 2004.
전덕재,「新羅 下代 浿江鎭의 設置와 그 性格」,『大丘史學』 113, 2013.
전영률,「…력사과학이 걸어온 자랑찬 40년」,『력사과학』 1983-3; 이병천 편,『북한학계의 한국근대사논쟁』 창비신서 90, 창작과비평사, 1989 재수록.
전주농,「조선 고고학의 창시자 추사 김 정희」,『문화유산』 1961-4.
田中俊明,「渤海建國初期의 對新羅關係」,『北方史論叢』 10, 2006.
田村晃一,「ロシア沿海州における渤海時代遺跡の調査概報 — 平成9年度調査」,『北方ユーラシア學會會報』 10, 北方ユーラシア學會, 1998.
田村晃一,「ロシア沿海州における渤海時代遺跡の調査(第二次)」,『青山史學』 16, 1999.
田村晃一 외,「2001年度ロシア・クラスキノ土城發掘調査概要報告」,『青山史學』 20, 2002.
田村晃一,「クラスキノ土城の調査とその意義」,『발해 고고학의 최신 성과』, '해동성국—발해' 서울대학교박물관 특별전 기념 국제학술대회 발표 요지, 2003. 8. 22.
田村晃一・V. I. ボロディン 외,「ロシア沿海州における渤海時代遺跡の調査概報(1)」,『青山考古』 14, 東京, 1997.
全海宗,「韓中 朝貢關係 概觀」,『韓中關係史研究』, 一潮閣, 1970.

鄭求福, 「韓百謙의 史學과 그 影響」, 『震檀學報』 63, 1987.
程妮娜, 「從唐朝對東北羈縻府州的統轄關係論渤海政權的歸屬問題」, 『中國東北邊疆研究』, 中國社會科學出版社, 2003.
井上秀雄, 「新羅王畿の構成」, 『新羅史基礎研究』, 東出版, 1974.
정석배, 「체르냐찌노 2 주거유적—제5차 한러 공동 연해주 발해 문화유적 발굴조사」, 『계간 한국의 고고학』 2007년 겨울호.
정석배, 「한러 공동 발해유적 발굴조사의 성과와 과제」, 제51회 전국역사학대회 발표문, 2008. 5. 31.
정석배, 「러시아의 발해 연구 동향과 쟁점」, 『동아시아의 발해사 쟁점 비교 연구』, 동북아역사재단, 2009.
정석배, 「아무르·연해주 지역의 말갈—연구현황과 과제」, 『高句麗渤海研究』 35, 2009.
정석배, 「꼰스딴찌노브까 1 주거유적 쪽구들 연구」, 『高句麗渤海研究』 38, 2010.
정석배, 「연해주 발해시기의 유적 분포와 발해의 동북지역 영역문제」, 『高句麗渤海研究』 40, 2011.
정석배 · 니끼친 Yu. G., 「체르냐찌노 5 발해고분군의 고분유형과 출토유물」, 『고구려연구』 26, 2007.
鄭永振, 「高句麗 · 渤海 · 靺鞨 墓葬形制 比較研究」, 『百濟研究』 22, 1991.
鄭永振, 「최근년간 중국동북지역에서의 발해유적 조사 발굴과 발해사연구동향」, 『韓國上古史學報』 9, 1992.
정요근, 「통일신라시기의 간선교통로—王京과 州治 · 小京 간 연결을 중심으로」, 『한국고대사연구』 63, 2011.
鄭鎭憲, 「泠齋 柳得恭의 生涯와 業績」, 전북대학교 사학과 석사학위논문, 1982. 2.
정찬영 · 김세익, 「조선 노예 소유자 사회의 존재 시기 문제에 대한 론쟁 개요」, 『력사과학』 1961-3.
젤레즈냐코프 카. 아.(Железняков К. А.) 저, 孫秀仁 역, 「阿什河下游河灣地帶考古調查收穫」, 『黑龍江文物叢刊』 1983-2.
趙珖, 「朝鮮後期의 歷史認識」, 『韓國史學史의 研究』, 한국사연구회 편, 을유문화사, 1985.

조성을, 「조선 후기 사학사 연구현황」, 『韓國中世社會 解體期의 諸問題』 上, 한울, 1987.

早乙女雅博, 「渤海と高句麗」, 『日本と渤海の古代史』, 山川出版社, 2003.

趙二玉, 「『新唐書』 新羅傳長人記事의 長人國—新羅의 靺鞨認識과 관련하여」, 『지역과 역사』 19, 2006.

趙虹光, 「渤海上京龍泉府城址調査發掘工作的回顧」, 『北方文物』 1988-2.

좌담회, 「북한에서는 우리 역사를 어떻게 보는가」, 『역사비평』 1988년 겨울호.

주영헌, 「발해 중경 현덕부에 대하여」, 『고고민속』 1966-2.

주영헌, 「발해는 고구려의 계승자」, 『고고민속』 1967-2.

주영헌, 「발해의 공예」, 『고고민속』 1967-1.

朱國忱 · 魏國忠, 「再論渤海王國的族屬問題」, 『北方論叢』 1983-1.

酒寄雅志, 「渤海國家の史的展開と國際關係」, 『朝鮮史研究會論文集』 16, 1979.

酒寄雅志, 「東北アジアのなかの渤海と日本」, 『渤海と古代の日本』, 校倉書房, 2001.

酒寄雅志, 「八世紀における日本の外交と東アジアの情勢—渤海との關係を中心として」, 『渤海と古代の日本』, 校倉書房, 2001.

池內宏, 「眞興王の戊子巡境碑と新羅の東北境」, 『滿鮮史研究』 上世 제2책, 吉川弘文館, 1960.

池斗煥, 「實學關係研究論著總目錄」, 『泰東古典研究』 3, 1987.

陳連開, 「唐朝渤海黑水兩都督府述略」, 『歷史教學』 1980-3.

채태형, 「발해 동경룡원부-훈춘 팔련성설에 대한 재검토」, 『력사과학』 1990-3.

채희국, 「발해의 정혜공주묘와 정효공주묘에 대하여」, 『조선고고연구』 1988-2.

肖紅, 「從渤海國和中央皇朝關係的演變看渤海國的歸屬性質」, 『北方文物』 2004-1.

崔明德, 「論隋唐時期的"以夷攻夷","以夷制夷"和"以夷治夷"」, 『中央民族大學學報』 1994-3; 復印報刊資料, 『中國古代史』, 先秦至隋唐, 1994-7.

崔聖銀, 「渤海(698-926)의 菩薩像 樣式에 대한 考察」, 『高句麗 · 渤海 研究』 II, 강좌 미술사 14, 발해미술特輯號, 1999.

Ch'oe Yong-ho, "History in North Korea: its Role and Characteristics", *Journal of East and West Studies*, No. 1, Yonsei University, 1976.

Ch'oe Yong-ho, "Reinterpreting Traditional History in North Korea", *Journal of*

Asian Studies, Vol. XL, No. 3, 1981.
최운학, 「자료 발해 정혜공주 묘비」, 『력사과학』 1965-3.
최원희, 「우리 나라 삼국 및 통합 신라 시기의 직물 생산과 염색」, 『고고민속』 1963-1.
최종택, 「漢江流域 高句麗土器 硏究」, 『韓國考古學報』 33, 1995.
クラスキノ土城發掘調査團, 「2002年度ロシア・クラスキノ土城發掘調査概要報告」, 『青山考古』 21, 青山考古學會, 2003.
클류에프 N. A · 강인욱, 「2004~2006년 러시아 연해주 드보랸카1유적의 발굴과 연해주로 초기신석기 및 청동기문화전파의 문제(Раскопки памятника Дворянке-1 в Приморье в 2004-2006 гг., -к проблемам среднего раннего неолита и распространиния бронзовой культурыы в Приморье)」, 『동북아문화연구』 19, 동북아시아문화학회, 2009.
土肥義和, 「敦煌發見 漢文文書에 나타난 韓國關係 記事에 관하여」, 『大東文化硏究』 23, 성균관대학교 대동문화연구원, 1989.
포노소프 붸. 붸., 「동경성 유적에 대한 초보 보고」 『東京城』 부록, 東方考古學叢刊 甲種 第五册, 東京 · 京都, 1939: Поносов В. В., Предварительное сообщение о разведке развалин Дунцзин-Чэна // Tung-Ching-Ch'êng, Tokyo & Kyoto, 1939.
韓圭哲, 「연해주 발해유적 발굴과 향후 발해사 연구의 과제」, 『전망』 8, 대륙연구소, 1993.
韓吉彦, 「論新羅國的社會經濟構造的性質」, 『歷史硏究』 1987-11.
韓永愚, 「變造와 歪曲의 史學」, 『月刊朝鮮』 1985년 4월호; 「北韓의 歷史學」, 『韓國의 文化傳統』, 을유문화사, 1988 재수록.
한인호, 「우리 나라 중세 도시리방제도에 대하여」, 『조선고고연구』 1987-2.
한인호, 「발해의 령광탑」, 『조선고고연구』 1988-3.
許憲范, 「淺談唐代羈縻州府與渤海政權的性質」, 『延邊大學學報』 1989-2·3합.
홍형우, 「연해주 초기철기시대의 연구 현황과 과제」, 『철기시대 한국과 연해주』, 주류성, 2009.
和田軍一, 「淳仁朝に於ける新羅征討計劃について」 1 · 2, 『史學雜誌』 35-10 · 11, 1924.

和田清,「明初の滿洲經略」下,『東亞史研究』滿洲篇, 東洋文庫, 1955.
回俊才 · 董振興,「詩書本一家 一從一首唐詩看古渤海與唐王朝的隷屬關係」,『北方論叢』1980-4.
黑龍江省文物考古工作隊,「渤海上京宮城第2,3,4號門址發掘簡報」,『文物』1985-11.
黑龍江省文物考古研究所,「黑龍江寧安市虹鱒魚場墓地的發掘」,『考古』1997-2.

▌찾아보기 ▌

〔ㅅ〕

〔ㅇ〕

〔ㅊ〕

발해 사학사 연구

송기호

이 책은 발해 연구사에 관한 논문을 모은 것으로서, 필자의 발해사 연구 3부작의 마지막 책에 해당한다. 모두 3부로 구성했으니, 제I부는 남북국시대론, 제II부는 조선시대 및 북한, 일본, 러시아의 발해 연구 동향, 제III부는 중국의 동북공정과 그 대응을 주제로 삼았다.

'南北國時代'라는 용어 사용의 타당성을 제일 먼저 다루었다(제1장). 柳得恭이 일찍이 발해와 신라가 남북국을 이루었다고 서술하였으나, 신라 중심의 역사관 때문에 이 견해는 적극적으로 받아들여지지 못하였다. 또 여러 이유를 들어 이 용어 사용에 반대하는 견해도 제기되었다. 그러나 발해와 신라를 포괄하는 시대구분 용어로서 '남북국시대'가 가장 적절하다고 판단된다.

남북국시대를 설정하려면 발해사가 한국사에 속한다는 사실이 먼저 입증되어야 한다. 이 사실은 발해의 고구려 계승성, 신라와의 관계 등을 통해 규명될 수 있는데, 전자는 두 번째 책에서 이미 다루었고, 이 책에서는 후자의 문제를 다루었다(제2장).

발해는 통일신라와 항상 적대적이었다는 견해가 지금까지 通說을 이루었고, 이를 근거로 양국을 아우르는 남북국시대 설정에 회의적인 시각을 드러내는 경우도 있었다. 그러나 발해 東京과 신라 국경도시까지 상설적인 교통로가 개설되어 있었고, 신라 국경에 쌓은 長城에는 왕래 시설인 關門이 있었으니, 이것만으로도 양국 사이에 대립만 했던 것이 아니라 교류도 활발했음을 확인할 수 있다. 여느 국가들처럼 양국 사이에 대립과 경쟁, 교류가 병존했던 것이다.

다음으로 조선시대 발해 연구사 및 대표적인 연구자인 유득공의 생애를 검토하였다. 조선 후기 실학자들이 발해사를 연구한 사실은 이미 알려져 있으나, 조선 초기에 발해를 한국사와 무관한 인접 국가로 인식하다가 조선 후기에 고구려 계승국으로 인식하기 시작하였고, 다시 신라와 대등한 독립국으로 인식하는 단계로 나아간 변화 과정을 새롭게 규명하고, 그러한 변화가 나타나게 된 계기를 살펴보았다(제3장). 또 지리 고증을 통해 발해 地名의 실제 위치를 찾아가는 실증적인 연구 과정도 추적하였다.

『渤海考』를 저술한 유득공의 생애는 제대로 알려져 있지 않아 그의 생애와 저술을 정리하였고(제4장), 그 후 새롭게 확인된 자료를 토대로 이를 보완하였다(제5장). 특히 『발해고』를 번역하면서, 기왕에 알려진 9考本(1卷本) 외에도 이를 增補한 異本이 존재한다는 사실을 발견하게 된 것은 중요한 성과이다.

해방 후 북한의 역사 인식은 신라 중심에서 고구려-발해 중심으로 점차 바뀌었고, 연구도 자연히 북방사에 집중되었다(제6장). 이에 맞추어 삼국 통일 대신에 후삼국 통일을 최초의 통일로 여기게 되었고, 통일신라도 통합신라, 후기신라로 명칭을 점차 변경해 갔다.

북한 역사학의 주요 성과로서 발해사 연구를 들 수 있다. 발해사 연구의 주도자는 문헌사의 朴時亨과 고고학의 朱榮憲이다. 박시형은 1962년 논문에서 연구의 방향성을 제시하였고, 주영헌은 그의 연구를 고고학적으로 뒷받침하였다. 특히 함경도에서 발해 유적을 찾아낸 것은 높이 평가할 만하다. 그렇지만 발해의 고구려 계승성에만 집착하는 한계도 있다.

일본은 그들 나름의 세계관에 갇혀서 발해를 바라본다. 발해와 통일신라는 시종 대립적이었고, 이를 이용하여 일본이 동아시아 삼국의 질서를 주도한 것으로 이해한다(제7장). 일본의 新羅征討計劃에 발해를 끌어들였다는 주장도 그 일환으로 제기되었다. 기왕의 연구들을 모은 酒寄雅志와 石井正敏의 연구서에도 이런 시각이 투영되어 있으나, 실상과는 거리가 있는 것으로 생각된다. 제2장이 이에 대한 필자의 비판적 연구에 해당한다.

러시아 연해주에서도 오래전부터 독자적인 연구가 이루어졌다(제8장). 우리가 발해 유적에 접근할 수 있는 유일한 지역이기도 하다. 그러나 발해의 변방인 연해주의 고고 자료를 중심으로 연구하기 때문에, 자연히 靺鞨 중심으로 발해사를 이해함으로써 실체 인식에 문제점을 안고 있기도 하다.

중국은 일찍부터 발해를 '粟末靺鞨이 주체가 되어 세운 당나라의 지방정권'으로 규정해 왔다. 그러다가 2000년대에 들어와서는 고구려, 고조선 등 다른 한국 고대사 분야도 중국사로 편입하려는 東北工程을 정부의 지원 아래 시행하였다(제9장).

이에 대해서 남한에서는 전문적인 연구기관을 설립하는 등 국가적인 대응을 하였으나, 다른 한편으로 국수주의적 역사 인식도 팽배하는 부작용을 낳았다(제10장). 북한도 고구려 고분의 유네스코 등재나 역사 지도 제작으로 대응했으나 주체사관을 강화하면서 역사 왜곡은 더욱 심해졌다.

중국에서는 발해를 당나라 지방정권이었다고 하여 독립국으로 인정하지 않지만, 그들이 근거로 삼고 있는 朝貢과 冊封, 羈縻의 속성에 따라 지방정권인지 독립국인지가 결정되는 것은 아니다(제11장). 당나라 당시에는 발해를 외국으로 인식하였는데, 지금에 와서 현재의 영토를 기준으로 발해사의 성격을 변경하려는 것은 잘못이다.

문헌 기록이 적은 데다가 유적 현장마저 쉽게 접근하기 어려워 한국에서 발해사를 연구하는 것은 전혀 쉽지 않다. 이에 따라 필자가 오랜 기간 이 분야에서 연구해 온 경험을 후학에게 전수하는 글로 작성하여 이 책을 마무리하였다(부록).

渤海史學史研究

宋基豪

本書爲筆者渤海研究3部作的最後一本，主要收錄了渤海研究史的相關論文。內容一共分爲三部，並依次選取了四個主題。第I部爲南北國時代論，第II部爲朝鮮時代及朝鮮(北韓)、日本、俄羅斯的渤海研究動向，第III部爲中國的東北工程及應對。

開篇首先探討了"南北國時代"這一用語的妥當性(第1章)。柳得恭很早前就提出過渤海與新羅爲南北國，但因爲長期以來以新羅爲中心的史觀，他這一見解並未得到廣泛認可。此外，因爲其他各種原因而出現的反對使用這一用語的見解，書中也一一進行了敘述。但筆者認爲，在區分總括了渤海與新羅的時代史時，"南北國時代"這一用語是最恰當不過的了。

要設定南北國時代的話，首先要證明渤海史屬於韓國史這一事實。而這一事實通過渤海的高句麗繼承性、與新羅的關係等來可以辨明，前者已在三部作的第二部中論證過，本書則要探討後者的問題(第2章)。

通常學術界的普遍觀點是渤海與統一新羅長期處於敵對關係，在這種根據、依據下，看待"南北國時代是包括了這兩國的時代"這一設定時多多少少會帶有些懷疑的眼光，但是渤海的東京與新羅的國境都市間有常設的交通路，在新羅國境上建造的長城上也設有關門這一用於往來的設施。僅憑這一點也可以確認兩國間不僅是對立、對峙的關系，它們之間的交流也較爲活躍。和任何國家一樣，這兩國間的對立、競爭及交流應該是並存的。

接下來筆者會一一梳理朝鮮時代渤海研究史及代表性研究者柳得恭的生平。朝鮮後期的實學家們研究渤海史的這一事實早已廣爲人知。朝鮮初期時認爲渤海是與韓國史無關的鄰國，而從朝鮮後期起，實學家們開始認爲渤海是高句麗的繼承國，之後他們認爲渤海是與新羅平等的獨立國家。對此筆者將在書中重新梳理、論證這種認識上的階段別變化之過程及引起此變化的契機(第3章)，且對於通過地理考證來尋找渤海地名實際方位的實證性之研究過程也會做一定追尋與論述。

『渤海考』的著者柳得恭，對其生平人們所知甚少，因此本書將用一整章篇幅來整理他的生平及著述(第4章)，之後將在最新獲得確認的新材料基礎上對此加以補充及完善(第5章)。特別是在翻譯『渤海考』的過程中，發現除了已知的9考本(1卷本)外，還有增補異本的存在這一事實，可謂是筆者收穫的重大成果。

解放後朝鮮(北韓)的歷史認知由以新羅爲中心逐漸轉移到以高句麗—渤海爲中心，研究也自然集中至北方史方面(第6章)。因此他們不將三國統一視爲最初的統一，而將後三國的統一視爲最早的統一，統一新羅的名稱也逐漸轉變爲“統合新羅”、“後期新羅”。

渤海史研究可謂是朝鮮(北韓)歷史學的主要成果。主導渤海史研究的有文獻史方面的朴時亨及考古學方面的朱榮憲。朴時亨在1962年的論文中指出了研究的方向性，朱榮憲則從考古學方面對其研究進行補充與完善，特別是他發現了位於咸鏡道的渤海遺址，獲得了極高的評價。但他們的研究只執着於強調渤海的高句麗繼承性，有着不少局限。

此外，日本由於禁錮在自身的世界觀中而用此視角來看待渤海。在他們看來渤海與統一新羅始終處於對立的狀態，而日本則利用這一點主導了東亞三國的秩序(第7章)。日本將渤海拖入其新羅征討計劃中的主張也屬於其中一環。收錄了他們本人以往研究成果的酒寄雅志和石井正敏的研究論著中也滲透折射出這一研究視角。筆者認爲他們的研究與真相相距甚遠，因此第2章應屬筆者對此的批判性研究。

俄羅斯很早以前就在濱海邊疆區(沿海州)開展了獨樹一幟的研究(第8章)，那裡也是我們(韓國學者)能夠接觸到的唯一的渤海遺蹟區。但因爲濱海地區(沿海州)位於渤海的邊境，這裡進行的研究主要以考古材料爲主，自然而然地就以靺鞨爲中心來理解渤海史，因此這些研究及認識都存在着一定問題。

中國很久以前就主張渤海是"粟末靺鞨"成爲主體後建立的唐代地方政權，不僅如此，2000年以後，在中國政府的支持下，中國史學界開始了東北工程，將高句麗、古朝鮮等韓國古代史的其他領域也編入至中國史中(第9章)。

針對此，韓國建立起專門研究機關，從國家層面上採取了應對措施，但也產生了一定的副作用，即國粹主義的歷史認識開始大行其道(第10章)。而朝鮮則採取了向世界遺產名錄申報高句麗古墳、製作歷史地圖等措施來應對，但隨着主體史觀的強化，他們對歷史的歪曲也變得愈發嚴重了。

中國主張渤海是唐代的地方政權，並不承認渤海爲獨立國家，但判斷一個國家是屬於地方政權還是獨立國家是不可以依照他們所謂的朝貢、册封、羈縻這些證據的屬性來決定的(第11章)。當時的唐朝將渤海視爲外國，但中國卻以現在的領土為準試圖變更渤海史的性質，這一做法是不可取的。

不僅文獻紀錄相當少，而且韓國學者也不容易接觸遺址現場，韓國的渤海史研究舉步維艱，因此筆者將多年來在此領域積累的研究經驗整理成篇，以傳承給後學，用它作爲本書的結束(附录)。

송기호(宋基豪)

1956년 대전 출생으로 서울대학교 인문대학 국사학과를 졸업하고 동 대학에서 석·박사 학위를 취득하였다. 한림대학교 사학과 조교수를 거쳐 서울대학교 국사학과 교수로 재직하였다. 2020년 9월에 석좌교수로 임명되었고, 현재 명예교수다. 서울대학교 기록관장(2001~2005, 2012)과 박물관장(2007~2011)을 역임하였고, 미국 하버드대학 옌칭연구소(1997~1998), 캐나다 브리티시 컬럼비아대학(2006), 영국 케임브리지대학(2013)에서 연구년을 보냈다. 학부 시절부터 발해사를 연구하여 다수의 논저를 발표하였고, 근래에는 생활사 연구도 진행하였다.

주요 저서

『발해의 역사』, 1987(번역서).

『발해를 찾아서』, 1993 초판; 2017 개정증보판.

『발해 정치사 연구』, 1995.

『러시아 연해주와 발해 역사』, 1996(공동 번역).

『발해를 다시 본다』, 1999 초판; 2008 개정증보판.

『발해고』, 번역서, 2000 초판; 2020 신개정판.

『한국 고대의 온돌: 북옥저, 고구려, 발해』, 2006.

『동아시아의 역사분쟁』, 2007; *The Clash of Histories in East Asia*, 2010(영문 번역서).

『이 땅에 태어나서』 우리역사읽기 1, 2009 초판; 2015 개정증보판.

『시집가고 장가가고』 우리역사읽기 2, 2009 초판; 2015 개정증보판.

『말 타고 종 부리고』 우리역사읽기 3, 2009 초판; 2015 개정증보판.

『발해를 왜 해동성국이라고 했나요?』, 2010.

『발해 사회문화사 연구』, 2011.

『농사짓고 장사하고』 우리역사읽기 4, 2014.

『과거보고 벼슬하고』 우리역사읽기 5, 2014.

『임금되고 신하되고』 우리역사읽기 6, 2014.

『강 넘고 바다 건너』 우리역사읽기 7, 2016.

『한국 온돌의 역사』, 2019.